首批四川历史名人文化研究中心四川大学“苏轼研究中心”重点项目

成都文理学院重点项目

曾枣庄三苏研究丛刊

歷代蘇軾研究概論

曾枣庄 著

巴蜀書社

三苏研究一大家

——写在“曾枣庄三苏研究丛刊”出版之际

陶武先

欣闻“曾枣庄三苏研究丛刊”（下称“丛刊”）即将付梓，由衷祝贺！于三苏研究，我是外行，仅属拥趸；于枣庄先生，尚未谋面，可算神交。我借闲暇时日，粗略拜读过“丛刊”一些文稿，大致了解其研究经历：枣庄先生皓首穷经、专心致志，倚重文献整理、史料研究、作品传播，兼备基础性、论述性、独立性，其三苏研究领域广阔、重点深入，形式多样、著述丰硕。“丛刊”不仅展示出使人受益的学术成果，更蕴含着令人敬重的治学精神。

对“不平”之事而严谨求真。“有不得已者而后言”①、严谨求真“鸣不平”，贯穿于枣庄先生的三苏研究历程。（一）情不忍则鸣。所谓“登山则情满于山，观海则意溢于海”②，由衷爱戴、景仰苏轼，自然容不得对其歪曲和抹黑。20 世纪 70 年代末 80 年代初，为驳斥将苏轼视为“典型的投机派”“动摇的中间派”，求“议论常公于身后”③，他毅然改变原来的研究方向，转而从容研究苏轼。“心正而笔正”，写成《苏轼评传》，客观评述其稳健革新的政治主张和从不“俯身从众，卑论趋时”的高尚人格。（二）疑不解则鸣。学贵有疑，有疑则进。大胆提问，小心求证，从而得出确切结论，是常用的研究方法。他研究苏洵，始于其置疑苏轼与王安石的政见分歧与苏洵是否相关，不指名道姓批评王安石的《辨奸论》是否为苏洵所作。为此，他深入研究，撰写了学界第一部关于苏洵的学术传记——《苏洵评传》，力证《辨奸论》出自苏洵，探求苏轼反对王安石激进变法的家学渊源。（三）理不通则鸣。世上没

① （唐）韩愈：《送孟东野序》，见《昌黎先生文集》。

② （南朝·梁）刘勰：《文心雕龙·神思》。

③ 宋孝宗《苏文忠公赠太师制》对苏东坡的评价，见（宋）郎晔《经进东坡文集事略》。

有两片完全相同的树叶，何况乎人？《宋史》记载“辙与兄轼无不相同”，他不以为然，深感有悖常理。于是，从人物性格、治世主张、学术观点、文艺思想、诗文风格等多方面分析比较苏轼、苏辙兄弟异同，写成《苏辙评传》（又名《苏辙兄弟异同论》）。其中关于“苏辙为政长于其兄”等论述具有突破性、开创性，标志着他的三苏研究更加理性、成熟。宋代理学家程颐曾言：“致思如掘井，初有浑水，久后稍引动得清者出来。人思虑，始皆溷浊，久自明快。”① 枣庄先生力行如此。凡欲做成学问、达成事功者，应当不在例外。

从对象之专而拓展深入。立体、多维展示作为文学家、史学家、政治家、艺术家的三苏，深入、全面呈现其精神内蕴、艺术特征、人格魅力，并着力关注其相互联系和社会影响，实现由点到面的拓展，由表象到本质的深入，是枣庄先生赋予“丛刊”的鲜明特色。（一）注重由此及彼，由表及里，由个体向整体拓展。“不一则不专，不专则不能。”② 其三苏研究发轫于研究苏轼，由此横向、纵向拓展研究领域，进而由一苏到三苏，由本人特征到姻亲门生，由文献到年谱，由文艺作品到思想价值。修本而应末，举纲而张目，内涵向深，外延趋广，系列逐渐丰厚。（二）注重“博观约取，厚积薄发”③，由通博向专精深入。他倡行“读书宜博，研究宜专”。非但爬梳剔抉研究对象个体资料，而且全面客观掌握相关素材，以“博”纵观时空之广，以“专”追溯方位之深，在更宽视野中精准探索，尽量规避不“博”而“专”的局限，“博”而不“专”的空泛。正如“操千曲而后晓声，观千剑而后识器”④，掌握的史料愈翔实，研究愈深入，论述愈透彻，致力追求渊博史学、宏富史才、独到史识于一体。（三）注重“考述并重，文史合一”，由资料性向思想性凝练。“一要有明确的研究方向，二要全面占有资料，三要弄清基本事实，四要坚持独立思考。”这是他的学术心得，源于他的学术实践。对于“丛刊”中涉及的研究课题，他坚持从原始资料发端，多渠道梳理源头，独到地确定选题，由感觉而倾向，由倾向而观点，由观点而论证。这种以史料与文献为源头活水、

① （宋）程颢、程颐：《二程全书·河南程氏遗书》。
② （宋）苏轼：《应制举上两制书》，见《苏轼文集》。
③ （宋）苏轼：《稼说送张琥》。
④ （南朝·梁）刘勰：《文心雕龙·知音》。

文学与史学相得益彰的研究方法，利于防止唯“考”而简单堆砌，唯“述”而苍白说教，实现以“史”证“文”、以“文”化“史”、文史呼应。培根有言：“我们应该像蜜蜂，既采集百花，又专心整理，这样才能酿出香甜的蜂蜜来。”“丛刊”的形成也可印证：善集“百家之美”，可成“一家之言”。

步空白之域而探索创新。“非取法至高之境，不能开独造之域。”① 枣庄先生不仅将苏轼研究扩展到苏洵、苏辙，整理出版多部关于三苏的著作，而且在宋代文献整理、文学研究和古代文体学研究领域多有著述，具有填补学术空白的意义。其屡“开独造之域”，皆因“取法至高之境”。（一）批评精神首当其冲。多客观评判，少主观取舍，“事非目见耳闻”，不“臆断其有无”。词为长短句，而长短句不一定为词，不少人对这类文体学常识若明若暗。对此，他如鲠在喉，坦率批评近半个世纪不重视文体知识教学与科研，并自发研究中国古代文体学，编纂了《中国古代文体学资料集成》《中国古代文体学史》《中国古代文体分类学》，开学界之先河。（二）协作精神难能可贵，“独学而无友，则孤陋而寡闻”②。他注重与国内学者携手，鼎力推动三苏研究，筹建“曾枣庄三苏文化研究室”。他积极倡导和推动海内外开展三苏学术研究，与十余位海外生友长期合作，为研究三苏文化拓展新的视野、扩充国际影响起到了“推波助澜”的作用。（三）进取精神不可或缺。尽管于三苏研究，学界能出其右者不多，但他依然坚持“不懂就学”，笔耕不辍。其于花甲之年罹患癌症，犹自持“做最坏思想准备，尽量往好处努力”的信念，手不释卷、心无旁骛，不断取得新的成果；于耄耋之年，求知欲不减，进取心未退，犹以“只争朝夕”的执着，结集出版“丛刊”。借势“路漫漫其修远兮，吾将上下而求索”。他锲而不舍，登高行远，为有限的生命增添了认识事物的现实可能。

临浮躁之风而潜心治学。“凡学问之为物，实应离‘致用’之意味而独立生存，真所谓‘正其谊不谋其利，明其道不计其功’。质言之，则有‘书呆

---

① （清）刘开：《与阮芸台宫保论文书》，见《刘孟涂集》。
② （汉）戴圣：《礼记·学记》。

子'，然后有学问也。"[①] 枣庄先生之治学，有如梁启超所言之"书呆子"。（一）宁静而远功利。他说"问学之道，贵在坚持"，深谙求近功乃树故步自封的藩篱，坚信"骤长之木，必无坚理；早熟之禾，必无嘉实"[②]。面对学术造假、论文剽窃屡禁不止和草率成册、粗制滥造等屡见不鲜的不正之风，他时常拍案而起，"不合时宜"地较真到底。对有人不经深入研究就"古今中外的文章都敢写，赶时髦，报刊需要什么就写什么"的功利做法，他不愿苟同，坚持如切如磋，潜心治学。"丛刊"系列十本专著，成稿时间跨度三十六载，方才结集出版，足见其专注。（二）淡泊而远名累。他深畏"为学大病在好名"[③]"盛名之下，其实难副"[④]，因而甘居冷门、不凑热闹，博学好思、笃行不倦。坚持探赜与索隐，兀兀以穷年，传播三苏文化，扩大三苏影响，从不计较"采得百花成蜜后，为谁辛苦为谁甜"。因研究三苏成就斐然，被誉为"苏学界权威专家"，他为此诚惶诚恐、坚辞不受："真要有权威，尤其是公认的权威，问题就大了。"谦逊地表示自己只是做了一些古籍整理工作，足见其清醒。（三）尚实而远浮漂。他主张博览群书而不唯书，博采众长而不迷长，围绕具体问题独立思考、深入探索，坚持把三苏研究作为责无旁贷的使命，而非投机取巧的捷径。对于所从事的研究，他说："中华文化博大精深，为世界所仰慕，我们为先辈留下的文化遗产而自豪。作为学者，有义不容辞的责任，要尽自己的一份力量，让中华文化发扬光大。"足见其务实。"为学做事，忌求近功；求近功，则自画气沮，渊源莫及。"[⑤] 诚然，养成大拙方知巧，学到如愚始是贤。学问、事业有成，还真少不得"书呆子"精神。

"丛刊"对三苏的研究，不止于"形"的复制、"术"的回味，更在于"神"的接续、"道"的弘扬；未囿于怀念贤哲、重温过往，更重视镜鉴今人、启迪未来。"丛刊"面世，其意义正在于为广大读者敞开了一扇从遥远张望到翔实了解三苏的文化之窗。传承文化，一代人有一代人的责任。枣庄先生数

---

① 梁启超：《清代学术概论》。

② （明）徐祯稷：《耻言》。

③ （明）王阳明：《传习录》。

④ （南朝·宋）范晔：《后汉书·黄琼传》。

⑤ （清）黄宗羲：《明儒学案》。

十年研究三苏，无疑为弘扬中华文化精神、发掘传承先贤经典，做出了贡献。如果“丛刊”出版，能启发为学者“穷不忘道，老而能学”[1]、治世者“守其初心，始终不变”[2]，那么，枣庄先生的艰辛付出便得到了时代升华。

莫道桑榆晚，红霞尚满天。致敬枣庄先生的学识和奉献！

① （宋）苏轼：《黄州上文潞公书》。

② （宋）苏轼：《杭州召还乞郡状》。

苏海探赜四十年

——“曾枣庄三苏研究丛刊”序

谢桃坊

我与枣庄先生是同时代人，而且是新时期以来进入学术界的。1979 年暑假，我在成都市和平街（原骆公祠街）四川省图书馆特藏部书库古籍阅览室查阅苏轼乌台诗案资料，于此与枣庄相识。他告诉我关于乌台诗案须读三种书——《东坡乌台诗案》《诗谳》和《眉山诗案广证》。我甚佩服他于文献资料之熟悉。此后我们一同报考中国社会科学院，同作为助理研究员被录取，但随即四川大学中文系杨明照先生请枣庄回去主持编注《苏轼全集》，我则于 1981 年初到四川社会科学院文学所工作。1984 年由枣庄介绍我为上海古籍出版社写作《柳永》小册子。枣庄数十年来是我在成都最好的老友，他对学术事业的执着与勤奋，与其成就之丰硕与卓著，这是我学术友人中甚为罕见的。

1956 年，我以同等学力考入西南师范学院中文系。同年枣庄考入中国人民大学历史系国际共产主义运动史专业，大学毕业后分配到四川大学马列主义教研室教政治学和哲学。1975 年在“崇法批儒”的社会思潮中，因苏轼曾经反对王安石变法，被认为是儒家，属于反动派、顽固派，典型的政治投机者。枣庄向来景慕三苏的为人，他认为：“儒家未必不如法家。骂苏轼为反动派，我也无所谓，这是政治问题、立场问题，时过境迁，立场一变，结论也会变；骂苏轼是顽固派，我仍无所谓，因为顽固也可说是立场坚定。……但骂苏轼是‘投机派’而且‘典型’，我就完全不能接受了，因为这是人品问题。投机者，迎合时势以谋取个人私利是也。”由此他决心系统地研究苏轼。清代学者王文诰以一生的精力完成《苏文忠公诗编注集成总案》，他在《苏诗总案》里写了《苏海识余》，认为关于苏轼的研究如面对汪洋的大海，故称为“苏海”。枣庄自 1975 年，孜孜不倦地由苏轼研究开始，发展为对三苏的全面研究，迄今已四十余年。今由巴蜀书社出版的“曾枣庄三苏研究丛刊”计收《历代苏轼研究概论》《苏轼评传》《苏洵评传》《苏辙评传》《三苏选集》《三苏文艺理论作品选注》《苏洵苏辙论集》《苏轼论集》《三苏姻亲后代师友门生论集》和《苏辙年谱》十种，这是枣庄研究三苏的成果的汇集，亦是总结性的标志。

自 1949 年以来，学术界因受到庸俗社会学观念的支配，充分肯定王安石为杰出的政治家，而变法是具有进步性质的政治改革。苏轼因为反对王安石变法，因而他是“大地主阶级顽固派”，“他在政治上站在旧党一边，没有看到新法对人民有利的也是主要的一面”，“他的政治观点基本上是保守的、顽固的”，苏轼“反对新法的诗歌一般说来表现了保守落后的政治倾向”，因此苏轼不断受到政治批判。改革开放以来，学术界拨乱反正，解放思想，以新的观念和方法重新探讨学术问题。这时重新评价苏轼成为研究宋代文史的一个突破口。然而当时王水照、朱靖华和刘乃昌等学者试图说明苏轼虽然曾经反对新法，但后来在《与滕达道书》里表示了忏悔，认识到过去反对新法是拘于“偏见”，“所言差谬”。此见解实源于 1957 年漆侠之说。苏轼在贬谪黄州时期与友人滕甫第十九书云：“吾侪新法之初，辄守偏见，至有异同之论。虽此心耿耿，归于忧国，而所言差谬，少中理者。今圣德日新，众化大成，回视向之所执，益觉疏矣。若变志易守，以求进取，固所不敢；若哓哓不已，则忧患愈深。”漆侠认为：“苏轼的这个忏悔书，不单单表明了他自己的政治态度，而且表明了和他同一类型的动摇派分子的政治态度。”这似乎可以说明苏轼的政治态度是前后不一致的，是变化的，他既然对自己反对新法表示忏悔，则可从维护变法的角度予以原谅了。枣庄于《文学评论丛刊》1979 年第三辑发表《论苏轼政治主张的一致性》，他认为：“王安石主张变法当然是革新派。但革新也不是只此一家，别无分店的。苏轼一生虽然反对王安石变法，但不能因此就说他反对变革，只是他们的具体变革主张不同而已。因此，我认为不但不应该把苏轼划入顽固派，也不应把他划作‘动摇’的‘中间派’，而应把他划入革新派。只是他算不上激进的革新派，而是具有更多的改良色彩的革新派。”枣庄继于《文学评论》1980 年第四期发表《苏轼〈与滕达道书〉是忏悔书吗?》，在考辨第十九书写作时间的基础上认为：“当时，他和滕达道在政治上的处境都很困难，因此，他对老友进京可能出现的问题说：我们错了（吾侪新法之初辄守偏见），他们对了（今圣德日新，众化大成），不要再‘哓哓不已’了，否则忧患愈深。这与其说是对过去反对新法表示忏悔，还不如说是在劝老友以言为戒。戒则戒矣，但并没有因此放弃自己的政治主张。这就是这封信的基本精神。”这样给苏轼以新的社会评价，在某种意义上开启了中国古代文史研究的一个新方向。枣庄发表此两文时，尚下放在中学教语文，《文学评论》的编辑侯敏泽，支持枣庄的意见，使两文能在权威刊物发表，可见当时学术界的公正态度。1981 年枣庄的专著《苏轼评传》由四川人民出版社出版，关于对苏轼的评价，他认为：“王安石变法毕竟也是地主阶级的改良，本身就具有很大的局限性，在实际推行的过程中也确实存在不少问题。怎么能因为苏轼反对这样一种变法就全盘否定苏轼呢”，“我们应该如实承认苏轼一生都在反对王安石变法，但他一生也主张革新，只是具体的革新主张与王安石不同而已。他一生不仅在文学的各个领域颇富革新精神，而且在政治上也从来没有放弃过他的‘丰财’‘强兵’‘择吏’的革新主张，并在他力所能及的范围内，为宋王朝的‘丰财’‘强兵’，为巩固宋王朝的统治做了不少工作。他一生光明磊落，直言敢谏，始终坚持自己的政治主张”，“苏轼不仅是政治上主张革新的，而且在文学艺术的各个领域也颇富革新精神，取得了巨大成就，产生了深远影响”。枣庄对苏轼的评价表现出学者的锐气与个性，在当时确实起到了振聋发聩的作用，奠定了他研究“三苏”的学术基础，他的学术见解得到了学术界的支持，而他也由此成名。我之所以回顾这一段历史，因它是枣庄学术的光辉起点，而且在学术思想史上是有一定意义的。

对王安石的评价，这又涉及苏洵的《辨奸论》，文中的“奸”是指王安石。宋人邵伯温在《邵氏闻见录》卷九记述富弼于北宋熙宁二年（1069）谈到王安石“至得位乱天下，方知其奸”。清代学者李绂和蔡上翔开始怀疑《辨奸论》为邵伯温所作。1974 年史学家邓广铭认为：“邵伯温却把苏洵装扮成一个预言家模样，料定王安石必然要执政当权，届时又必然为祸天下……因而邵伯温的此文此书一出，立即出现一犬吠影、百犬吠声的情况，在士大夫当中被普遍哄传开来。王安石的真实精神面貌，从此就被邵伯温所勾画的一副鬼脸给掩盖住了。”刘乃昌的《苏轼同王安石的交往》发表于《东北师大学报》1981 年第一期，认为《辨奸论》绝非出自苏洵的手笔。枣庄随即发表《苏洵〈辨奸论〉真伪考》，他说：“我在研究苏轼的过程中，发现苏轼同王安石的政见分歧实际上从苏洵就开始了。过去有人说苏洵《辨奸论》是伪作，但我从苏洵的其他文章以及苏洵的同时代人，特别是苏洵的友人如韩琦、张方平、鲜于侁等人的言论中，发现了大量与《辨奸论》相似的观点，证明《辨奸论》对王安石的不指名的批评并非‘一反众议’，而是当时的‘众议’之一，只是用语更加尖锐而已。”他认为苏洵对王安石的厌恶开始于嘉祐元年（1056）以前，苏、王相诋开始于嘉祐元年初次相识之时，其后矛盾越来越尖锐，到嘉祐六年（1061）苏轼兄弟在应制科试的问题上几乎已经到了白热化的程度。正是在这种背景下，嘉祐八年（1063）王安石之母死，苏洵独不往吊，而作《辨奸论》的。文章的观点和用语与苏洵的其他著述一致，说明它确为苏洵手笔。

关于苏辙的研究是向来为学术界所忽略的。苏辙曾参与了王安石变法，在此期间突出地表现了特殊的政治革新的主张。北宋熙宁二年（1069）王安石为参知政事，朝廷设置三司条例司以推行新法，苏辙为三司条例司属官。枣庄认为苏辙向神宗皇帝上书，批评神宗继位以来所施之政“失先后之次”，提出以治财当先的革新朝政的主张。在这个问题上，苏辙与神宗、王安石的看法是基本一致的，这大概就是他们把苏辙安置在变法机构任职的重要原因。但在如何理财的问题上，苏辙同神宗、王安石的看法就不一致了。从“去事之所以害财者”出发，苏辙首先主张去冗官，减任子自大臣始，百司减员；其次是去冗兵，去冗费。由于苏辙反对“求财而益之”，因此他在条例司同王安石发生争论，对青苗法、盐法和铸钱等问题表示了不同的意见，并于是年八月写了《制置三司条例司论事状》对新法做了全面批评。由此可见，在政治革新和实施变法的问题上政治家们主张的复杂性，因而进一步肯定了苏轼和苏辙皆是北宋的政治革新者。枣庄发挥了在哲学、政治学和历史学上的个人学术优势，能在新时期拨乱反正的社会学术思潮的背景下探讨三苏与王安石变法的关系，重新肯定三苏进步的政治革新主张，给予了三苏以合理的历史定位。这是他对中国学术发展所作出的最大贡献。

当我们看待学者在某个学术领域所取得的成就时，必然关注的是这位学者是否解决此领域中的系列的学术难题，也许它们是狭小的问题，却由此可见到学者真正的学术水平。枣庄在长期的三苏研究中是认真解决了所涉及的系列的学术难题的。清代学者王文诰的《苏文忠公诗编注集成总案》四十五卷，实为一部最详尽的苏轼年谱，以资料翔实、考证精密著称，具有极高的学术价值。枣庄的《读王文诰〈苏诗总案〉札记》发表于《中华文史论丛》1983年第三期，对王文诰著作中存在的狭小的学术问题进行了考辨，如苏洵与史经臣、史沆交游的时间；苏洵与张俞居青城山白云溪的时间；苏洵《忆山送人》的写作时间；苏洵与雷简夫订交的时间与地点；《忆山送人》中之“吴君”为谁；苏洵《送吴待制中复知潭州》的写作时间；苏洵幼女之死及《自尤》的写作时间；苏洵《九日和魏公》的写作时间；苏轼与蔡襄论书的时间；苏轼《江上值雪效欧阳体》的写作时间；苏轼《屈原庙赋》的写作地点；苏辙《巫山庙》诗是否收入《南行集》；梅尧臣《老翁泉》的写作时间；苏洵《谢赵司谏启》中赵司谏为谁；苏洵《木假山记》的写作时间等等问题的考辨，皆在比较史料之后纠正了王文诰之失误。我当时读了此文极佩服枣庄治学的谨严和研究的深入。此札记是读《苏诗总案》第一、二卷时所发现的问题，我劝枣庄将整个《苏诗总案》彻底清理一番，当是一部博大精深著作。枣庄说这太难了。可惜此札记未再写下去。关于三苏的亲属，这与三苏研究似乎无重要关系，但他们的事迹和诗文却又与亲属的联系不可能分开，因而从家族文化的角度研究三苏是绝不可忽视的。为此，枣庄对三苏的后人与姻亲进行了细致的考察。苏轼的长子苏迈为中书舍人石昌言孙女婿，次子苏迨娶欧阳修孙女，幼子苏过娶翰林学士范镇孙女，苏辙长子苏迟娶翰林学士梁颢曾孙女，苏适和苏远娶龙图阁直学士黄实之二女。由此可见宋代士大夫间以家族联姻结为一种政治利益的关系。关于苏小妹的传说甚多，皆以为她是苏洵的幼女，苏轼之妹，嫁与著名词人秦少游。枣庄使用了重要资料辨明秦少游之妻为徐成甫之长女文美。苏小妹死于皇祐四年（1052），年仅十八岁。此年秦少游仅四岁。苏小妹本是才气超群而命运悲惨的女子，明代以来的小说和戏剧将这一悲剧人物改写成喜剧人物了。在这些考证中，枣庄使用了罕见的和新发现的资料，解决了三苏研究中细微而困难的学术问题。此外关于三苏合著《南行集》的探索、苏轼著述生前编刻情况、辨苏轼《叶氏宗谱序》之伪、南宋苏轼著述的刊刻情况、清人注苏诗的情况、苏辙《东坡先生墓志铭》之真伪、二苏合著《岐梁唱和诗集》的原貌和苏洵诗文的系年等等狭小的学术问题，枣庄均作了细密的考辨，充分体现了研究的深入。

我们纵观枣庄的治学方法，特别是三苏研究中，明显是建立在实证研究的基础上的。他很重视对史料的搜集与辨析，特别是在整理资料方面开展了大量的艰苦工作。他汇编有《三苏全书》《苏诗汇评》《苏词汇评》《苏文汇评》，编著了《苏辙年谱》，整理了苏洵的《嘉祐集》和苏辙的《栾城集》，编选了《三苏文艺理论作品选注》。由此体现出枣庄研究三苏的一个宏伟的计划，并且是以占有资料为基本条件的。

枣庄在总结四十余年的治学经验时曾说：

我从自己的研究工作中逐渐悟到，从事研究工作，一定要有明确的研究方向。人生的精力有限，真正能在一两个研究领域有所突破，就很不错了。这里有一个博与专的问题，我觉得读书宜博，研究宜专。真正对一两个领域作了深入研究，知识面就自然扩大了。我跟着苏轼转了几个圈，就大大扩充了知识面，有了明确的研究方向，就会注意收集所研究问题的有关资料。否则，一些极有价值的资料会在眼皮底下跑掉。以后想起，可能再也查不到了。二要全面占有资料。我这几十年主要是在做资料员。不是建立在全面占有资料的基础上的所谓“新论”，即使能造成轰动效应，也不可能持久。三要弄清基本事实，进行作家研究，我主张从年谱开始，对该作家的生平事迹及作品先进行编年。我觉得只有如此，研究工作才比较扎实。

枣庄的治学范围除三苏研究外，尚以二十年的主要精力主持并完成了

《全宋文》的巨编，还在宋代文史研究上取得丰硕的成就。他的三苏研究成就卓著，学术影响也特别巨大。他的治学途径与方法既有个性，亦是治学的普遍可行的规则，于三苏研究中的体现尤为明显。这皆值得我们学习和借鉴。

当评价一位学者的学术成就时，我们的确应肯定他“真正能在一两个研究领域有所突破就很不错了”。枣庄在三苏研究和宋代文史研究方面皆有所突破，皆取得了重大成就。他是一位真正的学者，有坚定的意志，明确的目标，宏大的气魄，执着的追求，在某种程度上推进了宋代文史研究的发展，尽到了学者的历史使命。我们对一位学者的评价应该见到其主要的学术贡献，不应求全责备，学术的局限或某些失误是不可避免的。枣庄在三苏研究中长于政治的、历史的批评，深入地解决了若干困难的学术问题，发挥了实证方法的优长，这是我们应充分肯定的。然而每位学者的知识结构和研究方法必然存在局限。枣庄缺乏艺术的敏感，对三苏文艺的研究是较为粗疏的，艺术分析因而难以深入。例如论及苏轼在文学史上的地位时，着重论述了“苏轼诗的现实主义精神和浪漫主义风格”。在庸俗社会学盛行时期，文学理论界以西方流派“现实主义”和“浪漫主义”附会中国古代文学史，这在理论上是一个时代思潮的谬误。再如在《苏轼研究史》中论及20世纪苏诗的整理与研究仅用三千四百余字，而且仅谈苏轼诗整理并未及研究。这部《苏轼研究史》计六十余万字，实际上仅是苏轼传记与诗集的整理史，它出版于2001年，时枣庄已患绝症，是在极端艰苦的境况中完成的。我当时读了此著，于扉页上记下初读的感受：

此著可谓苏轼文献资料史，而于苏轼研究史涉及争议的问题，几乎未谈及。苏轼之历史定位应是文学家，而于其文学评价基本上被忽略。20世纪是关于苏轼研究的新阶段，即所谓“衰落”而“复炽”，惜乎亦未接触重要学术问题，仅述传记资料及集子整理之事。凡此皆未能给历史人物定位所致，而亦反映出著者学术之局限。著者已申明“当恕病人”，又复何言！

也许我过于苛求了。在学术界我也听到某些学者对枣庄的指摘，有公开批评的，也有以书信方式散发而进行攻击的。这也属于自然的学术现象，然而我以为这些学者的看法是偏颇的或具私人成见的，他们并未客观看待枣庄的整个学术成就，也未见到其在中国现代学术发展中的意义。这一切是不可能动摇枣庄在现代学术史上的地位的。我谨祝老友健康长寿，在学术上更臻高境。

2017 年 7 月 13 日酷暑于爽斋

三苏带我走进宋代

——“曾枣庄三苏研究丛刊”自序

曾枣庄

我一生的研究工作，主要集中在两个领域：一是三苏，二是宋代。对三苏，既整理其著作文献，又对他们三父子进行全面的、综合的研究；对宋代，主要是整理宋文，并对宋代文学做多视角的研究。可以说，宋代的三苏、三苏的宋代，耗费了我一生的精力，但值得！

我研究苏轼，始于20世纪“文革”期间。“文革”中的“批林批孔”运动，因苏轼反对王安石变法，被定为儒家、反动派、顽固派、典型的投机派。骂苏轼为儒家，我无所谓，即使当时正在崇法批儒，但在我心目中，儒家未必不如法家；骂苏轼为反动派，我也无所谓，这是政治问题、立场问题，时过境迁，立场一变，结论也会变；骂苏轼是顽固派，我仍无所谓，因为顽固也可说是立场坚定，是“不可夺者，峣然之节”（宋孝宗《苏轼特赠太师制》）的另一种说法，是“从来不因自己的利益或舆论的潮流而改变方向”（林语堂《苏东坡传》）的另一种说法。但骂苏轼是“投机派”而且“典型”，我就完全不能接受了，因为这是人品问题。投机者，迎合时势以谋取个人私利是也。在宋神宗、王安石推行新法时，以苏轼的才华，只要稍加附和，进用可必；但他却反对新法，并因此离开朝廷，被投进监狱，还几乎被杀头。在高太后、司马光当政时，以他们对他的器重，只要稍加附和，或稍加收敛，不太锋芒毕露，不难位至宰相。但他却反对尽废新法，并因此而奔波于朝廷和地方之间，“坐席未暖，召节已行，精力疲于往来，日月逝于道路”（苏轼《定州谢到任表》）。世间哪有这样不合时宜的“典型投机派”呢？为回答这些问题，我决心系统研究苏轼，出版了《苏轼评传》（四川人民出版社，1982年），为苏轼“翻案”。

研究苏轼，自然避不开他的父亲苏洵、弟弟苏辙。但我感到，对同为唐宋八大家的苏洵、苏辙，学界的研究很薄弱，甚至连他们的别集都还未经整理校点。于是我与金成礼先生合作出版了《嘉祐集笺注》（上海古籍出版社，1993 年），与马德富先生合作点校了《栾城集》（上海古籍出版社，1987 年），与舒大刚先生共同主编了《三苏全书》（语文出版社，2001 年），并陆续出版了《苏洵评传》（四川人民出版社，1983 年）、《苏辙年谱》（陕西人民出版社，1986 年）、《三苏选集》（黑龙江人民出版社，1993 年，与曾涛合注）、《苏辙评传》（台湾五南图书出版公司，1995 年）、《三苏传》（台湾学海出版社，1995 年）、《三苏文艺思想》（四川文艺出版社，1985 年）、《苏诗汇评》（四川文艺出版社，2000 年）、《苏文汇评》（四川文艺出版社，2000 年）、《苏词汇评》（台湾文史哲出版社，1998 年，与曾涛合著），主编了《苏轼研究史》（江苏教育出版社，2001 年）等。

从苏轼到苏洵、苏辙，极大地拓展了我的视野，为我开展宋代文献的研究整理和对宋代文学做多视角研究创造了条件。我对三苏的研究虽然一生都未停止，但主要还是集中在我学术工作的前半期。后半期，我把主要精力放在宋代文献、宋代文学方面，耗时二十年之久与刘琳先生和川大古籍所的同仁共同完成了《全宋文》的编纂，还先后主编了《宋文纪事》（曾枣庄、李凯、彭君华编，四川大学出版社，1995 年）、《中华大典·宋辽金元文学分典》（江苏古籍出版社，1999 年）、《中国文学家大辞典（宋代卷）》（中华书局，2004 年）、《中国大百科全书（第二版）》（宋代文学部分）（中国大百科全书出版社，2009 年）、《宋代辞赋全编》（曾枣庄、吴洪泽主编，四川大学出版社，2008 年）、《宋代传状碑志集成》（四川大学出版社，2012 年）、《宋代序跋全编》（齐鲁书社，2015 年）等，出版了《论西昆体》（台湾丽文文化公司，1993 年）、《北宋文学家年谱》（曾枣庄、舒大刚著，台湾文津出版社，1999 年）、《宋文通论》（上海人民出版社，2009 年）、《宋代文学编年史》（曾枣庄、吴洪泽著，凤凰出版社，2010 年）、《文星璀璨：北宋嘉祐二年贡举考论》（复旦大学出版社，2010 年）等。

回顾四十多年的研究道路，做的工作也不可谓不多，因此多少有些心得，概括起来，不外以下几点：

一是对古代文化、古代文学的研究是完全可以自学的。我在中国人民大学其实是学国际共产主义运动史专业即马列主义的，涉足中国古典文学完全是社会原因和个人兴趣所致。

二是研究工作一定要从资料工作做起，这样研究工作才会有根基，不致人云亦云，甚至胡说八道。

三是要多请教，多切磋。在我几十年的研究工作中，老一辈的专家学者，如陈逸夫先生、王朝闻先生、任继愈先生、邓广铭先生、程千帆先生、缪钺先生、王利器先生、杨明照先生、戴逸先生、孔凡礼先生等都给了我不少指导和启发。与同辈的学者，如许嘉璐先生、章培恒先生、刘乃昌先生、王水照先生、谢桃坊先生、刘尚荣先生等，亦常就学术问题开展争论与争鸣；与晚一辈的学者如舒大刚先生、吴洪泽先生、李凯先生、彭君华先生等，亦多有合作。只有这样做学问，才能有生气。

四是不要在学术热点乃至时政观点上跟风。学术界也像其他行业一样，不同时期有不同时期的热点、重点，但不是你的研究领域，不是你的研究所长就不要去乱掺和，写凑热闹的文章。更不要生硬地将当前的时事政治套入古代文化、古代文学的研究中去，那就不是在继承文化遗产，而是在糟蹋文化遗产了。

最后，感谢巴蜀书社出版我这套“曾枣庄三苏研究丛刊”十种，这十种基本汇集了我一生有关三苏的论著；感谢原四川省政协主席陶武先先生、四川省文史馆馆员谢桃坊先生为本书赐序；感谢巴蜀书社总编侯安国先生、李蓓女士及相关工作人员等为这套丛刊付出的心血；感谢陈小平先生及犬子曾涛对这套丛刊的精心校对；感谢所有关注我的三苏研究的朋友们！

2017 年 7 月 7 日

出版说明

2001年，曾枣庄教授约请衣若芬博士、舒大刚博士、洪瑀钦博士、池泽滋子博士、唐凯琳博士与他一起共同完成出版了学界首部《苏轼研究史》（江苏教育出版社），曾教授撰写了该书的主要部分，即历代有关苏轼研究的评述。这次推出“曾枣庄三苏研究丛刊”，为统一全书体例，只保留了原书曾教授撰写的部分，又将原书繁体字版改为简体字版并改名为《历代苏轼研究概论》，以飨读者。

目　录

序　一 …………………………………………………… 王水照（001）
序　二 …………………………………………………… 陈新雄（004）
序　三 ………………………………………………（日）筧文生（008）
前　言 …………………………………………………………（010）

第一章　“经纶不究于生前” ………………………………（019）
第一节　“他日文章必独步天下” ……………………………（019）
第二节　“讪谤谩骂，而无复人臣之节” ……………………（027）
第三节　“道大不容，才高为累” ……………………………（036）
第四节　“不知更几百年，方有如此人物” …………………（046）
第五节　《亡兄子瞻端明墓志铭》“非实录”吗？ …………（059）
第六节　苏轼著述生前编刻述略 ………………………………（068）
第二章　“议论常公于身后” ………………………………（082）
第一节　“一代文章之宗” ……………………………………（083）
第二节　“家有眉山之书”——南宋苏轼著述刊刻述略 ……（113）
第三节　南宋对苏轼生平的研究 ………………………………（137）
第三章　“苏学行于北” ……………………………………（145）
第一节　“诸家俱学大苏”——苏轼对金代文学的影响 ……（146）
第二节　“宗尚眉山之体”的元代文学…………………………（161）
第四章　“不好宋诗而独爱东坡” …………………………（185）

第一节　“操觚之士鲜不习苏公文” …………………………………（186）
第二节　明人对苏轼诗文的收集整理与刊刻 ……………………………（206）
第三节　明代对苏轼诗文的评点 ……………………………………（215）
第五章　“家诵户习皆东坡” ……………………………………………（231）
第一节　清人对苏轼著述的整理 ……………………………………（233）
第二节　清人的苏诗评 ………………………………………………（265）
第三节　清代的苏词评 ………………………………………………（322）
第四节　清代的苏文评 ………………………………………………（334）
第五节　清人对苏轼生平的研究 ……………………………………（347）
第六章　20世纪苏轼研究的凋落与“复炽” ……………………………（352）
第一节　苏诗的整理与研究 …………………………………………（352）
第二节　苏文的整理与研究 …………………………………………（356）
第三节　苏词的整理与研究 …………………………………………（360）
第四节　苏轼生平研究 ………………………………………………（372）
第五节　苏轼研究的全面繁荣 ………………………………………（381）
第七章　结语：论“苏学” …………………………………………………（386）

后　记 ………………………………………………………………………（399）
参考书目 ……………………………………………………………………（403）

序　一

王水照

枣庄先生是我订交二十多年的畏友，也是学苏、治苏的学术同道。他嘱我为其新著《苏轼研究史》作序，我实愧不敢当；但就这部新著的书内之丰富含蕴和书外的令人扼腕惊服的特殊意义而言，我又不能也不敢拒命。

说来有缘，我们是从 1980 年关于苏轼一封书简的评价之争而开始结交的，真应了俗话所谓的“不打不成交”。嗣后，我们一起参与中国苏轼研究学会的活动，互赠著述，交流心得，友谊日深，但仍时有学术交锋，如 1984 年关于苏轼诗歌分期的讨论。我们之间的争论和讨论，虽然连《苏轼研究史》上的小插曲也算不上，却是我们个人为人、治学的一种难得的锻炼，或许得益于宋人交友之道和苏轼自由争辩宗风的潜在孳乳吧。

在当今苏学研究中，枣庄先生是著述丰硕、自成一家的著名学者。可以毫不夸张地说，从苏学研究成果的数量来看，并世罕见其匹。他的评传系列：《苏轼评传》（1982）、《苏洵评传》（1983）、《苏辙评传》（1985）及《三苏传》（1995）；他的三苏文集笺注整理（合著）：《嘉祐集笺注》（1993）、《栾城集》（1987）、《三苏选集》（1993）；他的资料汇评系列：《苏诗汇评》《苏词汇评》《苏文汇评》（1998），等等。面对这三大系列以及他的“文存之一”的《三苏研究》（1999）中的大量论文，我们不禁肃然动容，被他焚膏继晷、呕心沥血，以学术为生命的精神所深深感动。还应提到，他除了三苏研究外，还主编了《全宋文》（约一亿字，1988 年开始出版，已出五十册）、《中华大典·宋辽金元文学分典》（一千二百万字，1999）这两部大型总集和类书，堪称宋代文献资料库，其学术贡献毋庸赘述。《宋文纪事》也是治宋学者案头必备之书。我曾戏称他为“拼命三郎”，语虽有失严肃，却是实情。

枣庄先生的苏学研究不仅成果数量惊人，且已形成自己的特色。比如，他既把苏轼放在整个文化背景中加以考察（如《北宋文学家年谱》即是以年谱形式所作的众多作家之交游考），对苏氏父子均进行了深入研究，并从同中之异的比较对勘中揭示苏轼独特的思想面貌；又如，评论、传记年谱、文集的全面整理等有关“苏学”的种种专题，他几已囊括殆尽，论述性、资料性兼具，用多种著作形式去逼近同一研究对象，也使他的研究富于整体感与系统性。

这部《苏轼研究史》，更使这种整体感与系统性得以大大加强，确切地说，是研究的整体感与系统性自身逻辑发展的必然。我最近为门生王友胜君的博士论文《苏诗研究史稿》所作序言中曾说：

几乎从苏轼生活的时代开始，就自然形成了一部长达九百多年的苏轼接受史。这部接受史，以二千七百多首苏诗、三百多首苏词、四千八百多篇苏文为解读接受的对象，又分属以理论阐述为主的学术研究、以作家创作借鉴为特点的文学创作、以阅读鉴赏为内容的大众阅览等三个层面，采取评论、笺注、编选、年谱、传记、吟诵、唱和、刊刻、传抄等不同传播接受媒介形式，具有十分丰富深刻的内涵，理应成为“苏学”研究中的一个有机构成。但迄今未见有关论著问世，不能不是很大的缺失。

友胜君就苏诗研究过程进行了再研究，对这个“缺失”做了初步弥补；枣庄先生的《苏轼研究史》则在广度和深度上对填补这一学术空白起了极大的作用。枣庄先生的新著又使我发现上述自己的说法应作两点修正：一是把苏轼接受史仅停留在苏诗、苏词、苏文等文学作品上。若从文学学科立论，当然也是可以的，但在外延上实可再作伸展。新著论述对象除诗、词、文外，还涉及书、画，乃至经学等方方面面，其范围之广、开掘至深、论述之要，应是第一部全面系统的苏轼研究史。其中不少章节先在报刊上发表时，已引起学界的瞩目。我也大多拜读过，对不少新颖论点留下深刻印象，但不免有窥斑尝脔之憾。如今全豹全鼎在眼，快何如之！二是把苏轼接受史仅停留在本国范围之内。若从中国文学学科立论，这也大致说得过去；但苏轼是一位有世界影响的伟大作家，其接受史应在内涵上再作深化。枣庄先生广邀各国友人共同撰作，设立日本、韩国、欧美等国的苏轼研究史述略诸章，让读者具体了解苏轼如何跨出国门而为域外人们热爱与接受的过程。这在已有的成果中，是并不多见的，相信会引起研究者们的兴趣。

枣庄先生的这部新著，是内容充实、有重要学术价值的苏学著作，也是他战胜病魔后奋力拼搏的产物。我读到的，不仅仅是方块汉字，而是读书人的近乎痴迷的自信，人生信念的自持与自律，以及实现一己生命价值的自豪。枣庄先生不幸于1998年11月罹患癌症，但他镇静自若地奉行自己“做最坏的思想准备，尽力往好处努力”的“老庄哲学”，怀抱平常心，挑战病魔，终于成为一位胜者。今年3月和5月，我在上海和南京的两次学术会议上与他晤见，他精神饱满，谈笑风生，完全与往昔一样，丝毫觉察不出刚与死神搏斗过的踪影。当他告诉我《苏轼研究史》竟在病后黾勉从事，已完稿蒇事时，我再一次感佩他的坚毅沉着，再一次感受到在“畏友”面前的自愧。我和枣庄先生年相若，稍长几岁，都已过了花甲，进入了人生之旅的晚年。我想起了南宋赵蕃的“难斋”，他命名此斋，乃取“末路之难”之义，典出《战国策·秦策五》：“诗云：‘行百里者半于九十。’此言末路之难。”末路，此非贬义词，而指最后一段路程，以喻晚年。晚年之难，一言难尽，思维迟钝而记忆锐减，精力不支而杂事丛脞；衰病日寻，犹白香山所云“病与乐天相伴住”，更是难逃之劫。但赵蕃以“难斋”自警，年垂知命，自视坎然，仍勤勤问学于朱熹，执弟子礼甚恭，努力在文化事业上续有建树。枣庄先生的晚年之难，实超出常人数倍，但他以克服“末路之难”为宗旨，以精进不息为鹄的，这部新著就是生动的例证。如何应对“末路之难”，也是我自己的人生课题。

我想不出怎样结束这篇短文，只好再重复苏词：“但愿人长久，千里共婵娟。”

序　二

陈新雄

稍有知识之国人，谈及苏轼，几乎无人不知。苏轼乃中国读书人之典范，亦即士一阶层，所愿效法之模范，悬为行为之准则。《宋史·苏轼传》曰："挺挺大节，群臣无出其右。"虽然在世之时，受小人忌恶挤排，不能安于其位，甚至于遭陷害，被系于御史台狱；六十岁后，尚被远贬至海南。可谓饱受折磨，历尽艰难。然人之一生，为忠、为奸、为君子、为小人，未盖棺论定，实难以确断。白居易《放言》诗云：

赠君一法决狐疑，不用钻龟与祝蓍。
试玉要烧三日满，辨材须待七年期。

周公恐惧流言日，王莽谦恭未篡时。
向使当初身便死，一生真伪复谁知。

《宋史·苏轼传论》堪称苏轼一生的盖棺定论：

器识之闳伟，议论之卓荦，文章之雄隽，政事之精明，四者皆能以特立之志为之主，而以迈往之气辅之，故意之所向，言足以达其有猷，行足以遂其有为，至于祸患之来，节义足以固其有守，皆志与气所为也。

"特立之志"，即独立意志，不为利诱，不为威逼，行其所当行，为其所当为；所谓"迈往之气"，乃孟子所言"自反而缩，虽千万人吾往矣"之浩然正气。即苏公《潮州韩文公庙碑》所云：

孟子曰："吾善养浩然之气。是气也，寓于寻常之中，而塞乎天地之间。"卒然遇之，则王公失其贵，晋、楚失其富，良、平失其智，贲、育失其勇，仪、秦失其辩。是孰使之然哉？其必有不依形而立，不恃力而行，不待生而存，不随死而亡者矣！故在天为星辰，在地为河岳，幽则为鬼神，而明则复为人，此理之常，无足怪者。

苏公此段议论实文文山《正气歌》所自出，而《宋史·苏轼传论》最后数言评断，最足以代表苏轼一生之立身行事。《传论》云：

或谓轼稍自韬戢，虽不获柄用，亦当免祸。虽然，假令轼以是而易其所为，尚得为轼哉！

苏轼之所以为苏轼，即在其不易所为而求免祸之气质。所以苏轼二字，即代表中国文化所陶冶出的读书人之典范。言及苏轼，即显现孟子所谓"富贵不能淫，贫贱不能移，威武不能屈"的大丈夫典型。

当苏轼首次遭奸小何正臣、舒亶、李定等诬陷，被贬谪至黄州，充当团练副使闲差之际，其友人李常赋诗以慰，言词哀戚，情绪黯然，苏轼作书相报曰：

吾侪虽老且穷，而道理贯心肝，忠义填骨髓，直需谈笑于死生之际。若见仆困穷，便相于邑，则与不学道者，大不相远矣。

处此困穷之境，颠沛流离之际，所发此言，直掷地有声，千载之下，犹见其生气凛然，实足使贪夫廉，懦夫立，吾辈尚友古人，舍此天下第一等人，尚友何人！

苏轼不仅气质感人，在文学史上，亦为才不世出之英杰。其所处时代，凡文学上具有之体，若古文、若骈文、若诗、若词，甚至于字、画，几无一不善，且创作丰盛，可谓前无古人，后无来者矣。

中国文学之分类，大略说来，不外诗、词及文章三类，但自古以来之作者，三者向难兼善，精于文章者，每每短于诗、词，精于诗者，亦难兼善词与文章，其精于词者，若求兼擅文章与诗，则尤其罕觏。本来文之与诗，诗之与词，不仅形式体制之差别而已。此三者之风格与韵味，实有其本质上之殊异；创制技术，亦大不相同。古来虽有以作文技术以赋诗，以作诗技巧以填词者，但决难使其三类作品，皆达第一流境界。就此而言，苏轼确实雄视千古，睥睨百代。无论骈文抑古文，与古今大家相较，皆不遑逊让。其古文人皆悉知，耳熟能详，于唐宋八大家中，较之他人，绝不逊色；至其骈文，虽不若古文之彰显，然在宋哲宗元祐元年，初任中书舍人，当制所行吕惠卿贬词，早已风动四方，天下传诵，作者固文辞锋利，痛快淋漓；读者亦感快如并剪，振奋人心。苏轼之诗，无论古诗、近体、短篇、歌行，无不卓绝，实李、杜之后第一。东坡于诗，实具有李白之天才，加上杜甫之功力，故处处表现出其特殊风格。吾人稍默诵其诗，名句之多，古今诗人，亦罕有其匹，就此一端，已足见其功力深厚矣。盖所谓名句，乃得我心之同然，先我拈出，故读其诗，于心有戚戚焉。苏轼之词，卓然成家，巍居第一，豪放之词，固其绝活；婉约之词，亦缠绵悱恻，哀婉动人。

苏轼诗文之成就，除禀赋极高之天分及后天丰富之学识外，而余以为，其小学造诣之深，文字、声韵、训诂痛下功夫，亦有以致之。邵博《邵氏闻见后录》云："李方叔云：东坡每出，必取声韵、音训、文字，复置行箧中。予谓：学者不可不知也。"

正因为苏轼平素注重小学，浸淫久，用功勤而造诣深，故于中国文字之行、音、义皆能确切掌握。犹如韩信将兵，多多益善，作文赋诗时，遇有字不适切，即换他字，有字方面，毫无踬礙，是以作文，如行云流水，行所当行，止所当止，无不赏心惬意，故表现于外者，乃出乎其类，拔乎其萃矣。

世人每谓从事小学研究，多斫伤创作灵感，然观东坡之所为，实大谬不然。余既从事小学研究，复又酷爱东坡诗词，而于东坡为人，尤为倾倒，浩然正气，挺挺大节，特力迈往，有为有守。其文章诗词，无不佳妙，迹其所以臻此高妙境界，非特无伤于小学之研究，抑且小学造诣之深，反大有助于文学之研究也。

曾教授枣庄，执教四川大学，锦江水碧，峨眉横翠，钟灵毓秀，才思旷逸。未识面前，久仰苏学巨擘，著述宏富。迨晤面后，更一见如故，古人有倾盖相知，君之与余，盖不须倾，则已推心者矣。密州初遇，赠以词云：“今朝相会喜迎眉，快饮何能辞老。”君亦以知己相许，特令以毛笔正楷书写，君裱之于壁，时时指正，则尤具深意者也。近岁于苏学也，膏油继晷，兀兀穷年，手不停披，提要钩玄，沉浸浓郁，含英咀华，闳中肆外，集其大成者矣。不仅此也，更约集中国内地、台湾，日本，韩国，美国诸地学者，共同撰述《苏轼研究史》，发扬苏学，可谓不遗余力者矣。余既佩苏长公之为人，又与君相知相惜，今其书成，盼余弁言数语，亦余所乐于赞襄者也。一为长公芳馥散于寰宇而喜，二为曾君苏学集其大成而乐。故虽粗陋不文，亦不免于献丑矣。是为序。

千禧年五月十日夏历庚辰四月初七日陈新雄谨序于台北市和平东路锲不舍斋。

序 三

（日）筧文生

2001年，正值苏轼辞世九百周年之际，在他的故乡眉山市隆重召开第十三届苏轼学术研讨会，并筹备了多种纪念活动。

这部由曾枣庄等编著的《苏轼研究史》，就是纪念苏轼逝世九百周年的大著。本书由十二章组成，第一至六章，叙述从北宋到现代对苏轼的评价、研究，第七章是历代对其书画的研究情况，第八章是历代对《易传》《书传》《论语说》的评价，第九至十一章是日本、韩国、欧美的苏轼研究史。本书既是对九百年来苏轼研究史的总体概括，当然更是21世纪苏轼研究的指南。

苏轼是中国历史上最杰出的文学家，在今天，恐怕持异议的人不多吧。之所以限定在“今天”，是因为三十年前有过这样一段历史，在“文化大革命”猖獗已极之际，苏轼被定罪为与革新派王安石敌对的保守派头目，红卫兵将其故乡眉山的三苏坟和三苏祠中的三苏像也捣毁了。

如果认为革新派等于好人，保守派等于坏人，用如此简单的观点去看待苏轼，那是好久以前的事了。对此事知之甚稔，且亲身经历过的，正是本书作者曾枣庄教授。

曾枣庄教授曾任四川大学古籍整理研究所所长、《全宋文》主编、《中华大典·宋辽金元文学分典》主编，并长期持之以恒地将精力放在以三苏为中心的宋代文学研究上。其成果，仅仅有关三苏的著述，就多达十四种。虽说所长之职早已让位给后进，在1998年秋又接受了直肠癌手术，但他在宋代文学研究领域的重要地位却没有改变。1999年，曾教授将此前发表在杂志上的论文汇集为《曾枣庄文存》三册刊印，第一册为《三苏研究》、第二册为《唐宋文学研究》、第三册为《棘园杂说》，前两种已出，后一种亦已编好待出。

我和曾教授见过两面。最初是在 1993 年秋，第二次是在 1999 年夏。前一次是在教授住宅中痛饮五粮液，后一次是在紧邻四川大学的望江公园内品茗畅谈。话题从三苏研究开始，从先秦到现代学术文化，一直谈到四川人的气质和川菜。我的提问很宽泛，包括他自身的生活态度，尤其是“文化大革命”时期的话题等等，不论什么事都谈得很坦率。

两度畅谈，曾教授留给我的印象，用“豪放磊落”这句话再恰当不过了。这样看来，与苏轼性格最相近的曾枣庄教授，撰写《苏轼研究史》，也是最恰当的吧。

祝愿曾教授完全康复，还像从前那样边饮四川名酒边畅谈。仅为简序。

日本·京都

2000 年 8 月 25 日

前　言

宋孝宗在《苏文忠公赠太师制》中说："经纶不究于生前，议论常公于身后。"[①] 前一句精确概括了苏轼的一生，后一句精确预见到历代对苏轼的评价。

苏轼（1036－1101），字子瞻，号东坡居士，眉州眉山（今属四川）人。他是北宋的著名文学家。任何名世的文学家几乎都是悲剧人物，任何传世的文学作品几乎都是悲剧作品，苏轼也不例外。有人说爱情是文学的永恒主题，我却认为爱情最多只能算是文学的永恒题材，理想同现实的矛盾才是人类社会的永恒矛盾，也是文学的永恒主题。我研究苏轼，常常为他的伟大抱负及他为实现自己的抱负而不屈不挠的奋斗精神所感动，也常常为他的理想无法实现而哀叹。他生活的年代，是北宋王朝的鼎盛年代，也是北宋王朝危机四伏的年代。在他生活的六十五年里，宋王朝为巩固自身的统治，进行过两次大的改革，即所谓庆历新政和熙宁变法。苏轼直接卷入了围绕熙宁变法所进行的斗争。这一斗争几乎长达半个世纪，导致的不是宋王朝统治的巩固，而是北宋的灭亡。苏轼从小"奋厉有当世志"[②]，认为"致君尧舜，此事何难"[③]。他历仕仁宗、英宗、神宗、哲宗，最后竟"致"出了宋徽宗这样的昏君、亡国之君，在他死后二十七年，北宋就灭亡了。宋仁宗读到苏轼兄弟的应试文章，喜曰"为子孙得两宰相"。但苏轼一生从未获得相位，相反，他从仕四十年，有三分之一的时间都是在贬所度过的，以至于他在临死前发出了"试问平生功业，黄州惠州儋州"的沉痛哀叹。可悲的现实和不幸的经历是对他"致君尧舜"的美妙理想的无情讽刺。

---

① 《经进东坡文集事略》卷首，文学古籍刊行社校点本，1857。

② 苏辙：《亡兄子瞻端明墓志铭》，《栾城后集》卷二二，上海古籍出版社校点本，1987。以下凡引《栾城集》只括注卷次，凡引苏辙其他各集则注书名、卷次。

③ 《水调歌头·中秋怀子由》，《傅幹注坡词》卷二，巴蜀书社刘尚荣校证本，1993。

任何真正的文学家都是深刻的思想家，他们的作品充满了对人生的观察、思考和感慨。苏轼也不例外，他的诗、词、文充满了儒、释、道入世与出世、进取与退避等看似相互矛盾，实际又颇为统一的思想。在他那看似轻松达观、游戏嬉笑的文字深层，隐藏着的是他痛苦的思索、彷徨、哀叹、呻吟。读他的作品，看不到他的眼泪，但感觉得到他的心在流血。林语堂的《苏东坡传》认为苏轼是天生的乐天派，李泽厚《美的历程》的看法却相反，认为苏轼是悲观厌世者。他们各说对了一半，苏轼恰恰是这看似矛盾的二者的统一。“人有悲欢离合，月有阴晴圆缺，此事古难全。但愿人长久，千里共婵娟”（卷一《水调歌头·中秋怀子由》）——这是达观，也是悲观，是一种无可奈何的自我安慰。《念奴娇·赤壁怀古》是苏轼豪放词的代表作，是一篇气壮山河的作品，也是寄慨万端的作品，通篇充满了作者的美妙理想同可悲现实的矛盾。他本希望像“千古风流人物”和三国时的“多少豪杰”那样建立功名，特别是希望像“公瑾当年”那样少年得志。但是，可悲的现实却是“早生华发”，一事无成，反落得贬官黄州，于是发出了“人生如梦”的哀叹。他的《赤壁赋》力图用老庄的听任自然、随缘自适、超然达观的处世哲学来解脱自己贬官黄州的苦闷。作者通过客人“如怨如慕”“如泣如诉”的洞箫声，引出了主客间关于人生意义的一场对话，实际上都是作者的独白，是他陷于深沉苦闷而又力求摆脱的矛盾心情的表露。作者通过客人之口说，像曹操这样不可一世的英雄，都被时间的流水洗尽了旧迹（“而今安在哉”），何况自己贬官黄州，已经“渔樵于江渚之上，侣鱼虾而友麋鹿”，还能在历史上留下甚么陈迹呢？“寄蜉蝣于天地，渺沧海之一粟。哀吾生之须臾，羡长江之无穷。”——人生太渺小了，太短促了！作者又不愿沉浸在这种悲凉的思想中，于是搬出老庄的处世哲学来自我安慰说，要会想，从变的一面看，人生固然短促渺小；但从不变的一面看，“则万物与我皆无尽也”。高官厚禄既“非吾之所有”，就只好“莫取”了；而“江上之清风与山间之明月”是“取之无禁，用之不竭”的，可以尽情享受而又与世无争。这也是一种无可奈何的自我安慰，掩藏着难以排解的苦闷。

苏洵曾教育二子说：“士生于世，治气养心，无恶于身。推是以施之人，不为苟生；不幸不用，犹当以其所知，著之翰墨，使人有闻焉。”（苏辙《历代论引》，《栾城后集》卷七）苏轼是牢牢记着这一先君遗训的。他在政治上无法实现自己的抱负后，就集中精力著书立说。他很看重自己的三部学术著作，用苏轼自己的话说就是：“抚视《易（传）》《书（传）》《论语（说）》三书，即觉此生不虚过。如来书所谕，其他何足道！”[①] 但苏轼在中国文化史上的贡献和影响，却不是他特别看重的这三部学术著作，而是他视为“不足道”的文学、艺术成就。理想同现实、目的和结果的差距实在太远了！

“议论常公于身后”一句，是宋孝宗概括南宋初年为苏轼恢复名誉时说的话，但用来概括苏轼逝世九百年来历代对他的评价也是大体符合实际的。

中国有句成语叫做盖棺论定。其实，情况很复杂，盖棺也未必能论定。因为论，不仅涉及被论的客体，而且还涉及论人的主体。人死了，被论者的所作所为已经完全结束，就客体言，似乎可以论定了。但恰恰因为人死了，被论者不能为自己辩解了，只能任论者胡褒乱贬，论就更不能定了。就客体生前而言，有权有势者如中国的历代皇帝，他们盖棺以前可由自己为自己论定。秦始皇生前，借李斯的如椽大笔，给自己的定论是：“圣德广密，六合之中，被泽无疆。”盖棺以后，他们自己为自己定的论不再上算，也只能由后人根据各自的需要来为他们定论。同一位秦始皇，贾谊的如椽大笔给他的定论却是：“怀贪鄙之心，行自奋之智，不信功臣，不亲士民，废王道，立私权，禁文书而酷刑法，先诈力而后仁义，以暴虐为天下始。”[②] 无权无势或权势不如人者的情况恰恰相反，他们生前由有权有势者为他们定论。苏轼生前历尽荣辱浮沉，在他未仕以前，因为与他人没有利害关系，得到的几乎是众口一词的好评。而入仕以后，特别是在卷入变法斗争以后，他的一些师友门生仍对他推崇备至，而变法派却把他骂得一钱不值，甚至把他投入监狱，远谪黄州、惠州和儋州。可见苏轼生前不但不能实现其“经纶”，也得不到公正一致的评论。

苏轼“身后”，对他的“议论”确实是“常公”的，南宋、元、明、清各

---

① 《答苏伯固》，《苏轼文集》卷五七，中华书局校点本，1986。

② 均见《史记》卷六《秦始皇本纪》，中华书局校点本，1959。

代对他的评价都很高。但也只是“常公”而已，苏轼去世后，在徽宗朝和20世纪“文化大革命”这两个时段，对苏轼的诋毁并不亚于他生前政敌对他的诋毁。

所谓南宋、元、明、清各代对他的评价都很高，也是就总体说的。在学术上，理学家们常批评他为杂学，好在苏轼自己似乎从未以纯儒自居。在文学上，历代都对他五体投地，但也不断有人批评他手滑笔快，用典用韵多有可议之处，江西诗派、尊唐派对他也偶有微词。

苏轼是中国文学史上的奇才，是历代研究得最多的文学家。就时代看，南宋、清代和最近二十年，苏轼研究成果最多。清末民初陈衍在《知稼轩诗叙》中说：“长公之诗，自南宋风行，靡然于金、元，明中熄，清而复炽。二百余年中，大人先生殆无不濡染及之者。”① 这是就苏诗对历代诗歌创作的影响说的，但整个苏轼研究也大体如此。需要补充的是，对苏轼的研究并非起于南宋，而是起于苏轼生前，从苏轼青少年时代起，就有不少对他的评述，只是北宋直观性的评述居多，深入研究远不如南宋。陈衍为清末人，自然仅仅讲到清代为止，因此还需补充清以后的九十年，这九十年的苏轼研究再次经历了“熄”而“复炽”的过程。这样，就整个苏轼研究史看，九百多年来，大体可分为六个时期：

“经纶不究于生前”的时期　　从小“奋厉有当世志”，一心想“致君尧舜”的苏轼，一生的多数时间都奔波于各地方任所和闲置于贬所，虽一次再次为其政敌所攻击，但却得到亲人、师友、门生及各地百姓的好评和热爱，其诗文生前刊刻之多、流传之广，在中国历史上似乎很难找到第二人。

南宋“风行”期　　上自皇帝、大臣，下至平民、“盗贼”均知敬爱苏轼；研究苏轼生平成风，南宋所编苏轼年谱不下十种；注释苏集成风，文有郎晔的《经进东坡文集事略》，词有傅幹《注坡词》，苏诗更号称有百家注，流传至今的既有分类注（传王十朋《百家注分类东坡先生诗》），又有编年注（《施顾注苏诗》）。

---

① 《石遗室文集》卷九，武昌刊本，1905。

金、元“靡然”期　所谓“靡然”，大概就是明人冯从吾所谓“北方之士，惟崇眉山苏轼之学”（《元儒学案》卷一），或清人翁方纲所说的“苏学行于北”（《石洲诗话》，人民文学出版社校点本，1982）。但金、元文人主要是学习、模仿苏轼诗、词、文的创作风格，“开启百年后文士之脉”（同上），至于对苏轼生平及其诗、词、文的研究，则根本不足以与南宋相比。

明代“中熄”期　受“文必秦汉，诗必盛唐”观点的影响，明人不重视宋代文学，但与“雅不好宋诗，而独爱东坡”（《雨村诗话》卷下）的清人李调元一样，明人对苏轼的喜爱似乎也不亚于任何一代。而苏轼研究，无论对苏轼生平，还是对苏轼诗、词、文的注释都根本不足以与前之南宋、后之清代媲美，但对苏轼作品的辑佚仍作了不少有益的工作。明代评点派盛行，出版过不少苏轼诗文的选评本，有利于苏轼诗文的普及。

清代“复炽”期　清代是苏轼研究的高峰，更是苏诗研究的高峰。其集中表现，一是苏诗注，不仅整理出版了历代广泛流传的《王注》，即朱从延《增刊校正王状元集注分类东坡先生诗》；整理出版了不绝如缕的施、顾注苏诗，即邵长蘅等补注的《施顾注苏诗》；而且清人自己注释苏诗成风，先后有查慎行《补注东坡先生编年诗》、翁方纲《苏诗补注》、冯应榴《苏文忠公诗合注》、王文诰《苏文忠公诗编注集成》、沈钦韩《苏诗查注补正》等。二是苏诗评，比较重要的有查慎行的《初白庵诗评》中的苏诗评、汪师韩的《苏诗选评笺释》、纪昀的《评苏文忠公诗》、赵克宜的《角山楼苏诗评注汇钞》等。特别是纪昀，他几乎尽评苏诗，正如梁章钜《退庵随笔》所说：“纪文达师评点本，尤为度人金针也。”三是清代的诗话、词话、曲话、赋话、四六话特多，对苏轼的诗、词、文都有很多精彩的评论。清末还有一部专评苏诗的诗话，即张道的《苏亭诗话》。四是苏轼生平研究，出现了王文诰《苏诗编注集成总案》，这实际是一部详尽的苏轼年谱，南宋以后，对苏轼生平的研究从未取得如此重要的成果。

现当代“熄”而“复炽”期　20世纪的前半叶战乱频仍；后半叶的前三十年又政治运动不断，禁忌很多，特别是“文化大革命”的十年，苏轼被扣上了反动派、顽固派、投机派等等帽子，苏轼研究几乎完全处于停顿状态。

物极必反，最近二十年，苏轼研究又全面复兴，取得了可与清人媲美的成就。对苏轼诗、文进行了全面的辑佚整理，中华书局相继出版了《苏轼诗集》《苏轼文集》。历代有很多人注苏诗，但却没有人注苏词，只有一部宋人傅幹的《注坡词》在很小的范围内以手抄本流传。20世纪相继出现了朱祖谋《东坡乐府编年》、龙榆生的《东坡词编年笺注》，最近三十多年更是笺注苏词成风，曹树铭、郑向恒、唐玲玲、薛瑞生多家皆有苏词全集注，傅幹《注坡词》也已整理出版问世。对苏轼生平的研究，近年也取得了重大成就，这就是王水照先生整理出版的《宋人所撰三苏年谱汇刊》和孔凡礼先生的新著《苏轼年谱》。有关苏轼的研究性专著，最近二十年尤多，并成立了全国苏轼学会，每两年开一次年会，至今已开了十二次，每次都出版有一本论文集。这对团结国内外苏轼研究工作者，相互交流研究心得，推动苏轼研究的深入发展，起了一定作用。

本书前六章将尽力描述这一过程，分期阐述历代苏轼研究的成果。

就研究领域、研究成果看，苏诗注，以南宋和清代的研究成就最高；苏词注和苏轼生平研究，以南宋和当代的研究成就最高；苏文注，则历代都是薄弱环节，只有南宋的《经进东坡文集事略》和明、清的苏文选评略值一提；苏轼的书画艺术为历代书画家所重视；苏轼的学术成就，对他自己最看重的《易传》《书传》和《论语说》的研究，却远比对他的文学、艺术成就的研究逊色，基本上没有人做过专门的深入研究，《论语说》甚至因此失传。本书第七、八两章就以研究历代对苏轼书画的评价、历代对苏轼《易传》《书传》《论语说》的评价为主要内容。

就地域看，苏轼不仅在国内有很多爱好者和研究者，在国外也有不少爱好者和研究者。日本、韩国不用说了，苏轼生前，他的作品已开始传入日、韩：“颖士声名动倭国，乐天辞笔过鸡林。”① 苏轼生前，韩国人就知道苏轼的文名，并有人以“轼”、“辙”为自己的儿子命名；以后海东江西派文人更沉醉于苏轼的赤壁风流——“拟把汉江当赤壁”；还有人搜集有关他的资料，编

① 秦观：“客有传朝议欲以子瞻使高丽，大臣有惜其去者，白罢之，作诗以纪其事”，《淮海集》卷三，上海古籍出版社，1994。一作孙觉诗。

成《东坡源流》。根据日本现有文字资料，《东坡词》至迟在日本嘉祯元年（南宋端平二年，1235）已由入宋日僧带回。日本的《四河入海》是四位日本僧人对苏诗的注释，是在中国明代陆续注解，而于日本天文三年（明嘉靖十三年，1534）成书。东京赖山阳（1780—1832）的生活年代相当于中国清王朝的乾、嘉时代，他编选的《东坡诗钞》，所附评语几乎可与清人的苏诗评媲美。近百年来，欧、美也开始出现苏轼的爱好者和研究者，特别是林语堂先生以英文出版《苏东坡传》以后。本书第九、十、十一凡三章，即研究日、韩、欧美对苏轼的研究。

以上是本书各章的内容。从中不难看出，本书的撰写方法是以时代先后为纲，系统研究宋、辽、金、元、明、清、现当代中国港台与国外研究苏轼的情况，着重阐述各代、各地在苏轼研究方面有什么新的特色和新的贡献。以分类阐述为纬，研究各代的苏轼生平研究、苏轼著述整理、对苏轼及其诗、词、文的评论。苏轼生平研究包括苏轼墓志、各代所撰年谱及较为分散的苏轼生平事迹考证；苏轼著述整理包括苏轼诗文合集、诗集、文集、词集及其他经、史、子著作的整理、注释、刊刻、选评和辑佚；历代对苏轼的评论将论及历代对苏轼人品、政治立场、学术成就、书画成就的评论，但以研究对苏轼文学成就的评论为主，着重研究对苏轼诗文词的综合性评论，对苏轼具体作品的评论只能举例，无法一一论及。苏轼作品的读者含研究者、创作者、普通读者三个层面，本书以论析历代苏轼研究者的研究成果为主，但历代文学家（创作者）对苏轼的很多评论也是本书论述范围，只是数量更大的普通民众，除偶尔曾举一些传闻外，因无文字资料，故无法论及。中国历来强调知人论世，意谓只有把一个历史人物置于他所处的时代中来研究，才能真正理解这一人物；逆定理也是正确的，可透过历史人物来观察他生活的时代，把一位历史人物理解透、理解正确了，也就有助于理解他所生活的时代。不仅研究苏轼应如此，而且研究“苏轼研究”、撰写苏轼研究史也应如此。我们力图通过对各个时代特色的总体把握来分析各个时代的苏轼研究成果和各个时代对苏轼的不同评价，同时也力图透过各个时代的颇为悬殊的苏轼研究成果和各个时代对苏轼的不同评价这一个案，来把握那一时代的总体特征。九百多年来，苏轼多次经历了“誉”与“毁”的否定之否定的过程，苏轼研究也多次经历了“炽”与“熄”的否定之否定的过程，都打上了深深的时代烙印。

苏轼是国内外研究得最多的文学家，今后研究苏轼的人仍会很多，很需要了解以前的研究状况，需要一部系统的入门书，这对苏轼研究者和广大苏轼爱好者，特别是对高等院校的教师、本科生和研究生都是很有用的。现在正是21世纪开始的时候，最近几年各个学科都在进行本学科学术史的研究，总结以前研究工作的得失，展望今后的研究方向，这是一件对推动今后研究深入发展非常有意义的工作。这正是我和我的一些朋友撰写《苏轼研究史》的缘由，并想以此纪念苏轼逝世九百周年。

本书引用资料，第一次出现时，一律详注出处，包括作者、篇名、书名（含版本或出版社、出版年月）、卷次（无卷次而篇幅较长者注页码），同一书，中国港台和国外作者，有时所用版本不同，均尊重原作者所用版本，不作统一；为省篇幅，经常引用的书，再次引用时，则只注作者、篇名（括注书名、卷次），不注版本；连书名也清楚的，则只注作者、篇名（括注卷次）；行文已交代作者、篇名的，只括注卷次；出现十分频繁，如苏辙《亡兄子瞻端明墓志铭》，则重复出现时只注作者和篇名，甚至只注篇名；序跋见于该书卷首、卷尾的，不注书名、卷次；凡重复出现而未重注书名（主要为别集）、版本者，可检书末所附主要征引书目索引；为省篇幅，较长的注文用脚注，较短的注文随文括注，因微机排版原因，也有少数较长的注文改用随文括注。

为醒目计，本书论及重要的苏轼研究者或重要的苏轼研究著作，均以黑体字出现。以论重要研究者为主者，人名为黑体字；以论重要诗话、笔记等为主者，书名用黑体字。一般提及的人名、书名，不用黑体字。

本书数字，除年月日、图书卷次、期刊数，用阿拉伯数字外，其他一律用中文数字，特别是引用古人文字，一般照旧。

我虽然从事苏轼研究有年，但仍然深感知识面不足以撰写这样一部《苏轼研究史》。为补自己知识面的不足，我约请了国内外一些友人同我一起撰写此书。这里对参与撰写本书的作者及其分工情况（以所撰写的章节在全书中的先后为序）略作介绍：

台湾“中央研究院”中国文哲研究所衣若芬博士，撰写第六章《本世纪苏轼研究的凋落与“复炽”》中的第六节《近五十年台港苏轼研究概述》和第七章《“书画皆精绝”——历代对苏轼书画的评价》。本书插页东坡像、东坡书迹、画迹、书影及其说明文字亦为若芬女士提供。

四川大学古籍研究所舒大刚博士，撰写第八章《“抚视三书，即觉此生不虚过”》。

韩国岭南大学洪瑀钦博士，撰写第九章《“拟把汉江当赤壁”——韩国苏轼研究述略》。

日本池泽滋子博士，撰写第十章《“颖士声名动倭国”——日本苏轼研究述略》，并提供《四河入海》的书影。

美国西华盛顿大学东亚文化研究中心唐凯琳博士，撰写第十一章《“横看成岭侧成峰”——西方汉学界苏轼的研究》。

除上述各章节外，其余皆由我执笔。

由于以上诸女士和诸先生的加盟，使本书内容更加丰富充实。由于我交往不广，还有一些国家的苏轼研究仍付阙如，只好留待今后有机会时再作补充。

为减少错误，我请古籍所的郭齐、李文泽、吴洪泽先生审读过本书样稿，王蓉贵先生为本书排版花了不少精力，在此深表谢意。本书得以顺利出版，还要特别感谢江苏教育出版社的王许林编审，他精心审阅书稿，核对资料，在编写体例上提供宝贵意见，其敬业精神是十分令人钦佩的。

附识：这次巴蜀书社出版我的“曾枣庄三苏研究丛刊”十种，为统一全书体例，不再收入原《苏轼研究史》中衣若芬博士、舒大刚博士、洪瑀钦博士、池泽滋子博士、唐凯琳博士等撰写的部分，只保留了我撰写的部分，但原书序言、前言、后记仍保持原样而改名为《历代苏轼研究概论》，特此说明。

曾枣庄

2017 年 12 月

第一章　“经纶不究于生前”

宋人对苏轼的评价，大体可分为四个阶段。在他入仕以前，得到的是众口一词的好评；在入仕以后，特别是在卷入变法派与反变法派的斗争后，是毁誉相参，乌台诗案、贬官黄州、远谪岭南以及他死后的徽宗朝，可说毁大于誉，但即使政敌仍不得不称许其文才，其师友门生对他的评价更未受政治因素的影响；在南宋前期，宋王朝鉴于北宋灭亡的教训，痛定思痛，认为是王安石变法导致北宋灭亡，故对反王安石变法的苏轼特别推崇；南宋中叶以后，尘埃落定，对苏轼的评价渐趋冷静客观，既对他作充分肯定，也有人指出其不足。宋孝宗《苏文忠公赠太师制》（《经进东坡文集事略》卷首）云：“方嘉祐全盛，尝膺特起之招；至熙宁纷更，乃陈长治之策。叹异人之间出，惊谗口之中伤。放浪岭海，而如在朝廷；斟酌古今，而善斡造化。不可夺者，峣然之节；莫之致者，自然之名。经纶不究于生前，议论常公于身后。人传元祐之学，家有眉山之书。朕三复遗书，久钦高躅。王佐之才可大用，恨不同时；君子之道闇而彰，是以论世。”“经纶不究于生前，议论常公于身后”二语，正好用来概括宋人对其“生前”“身后”的评价。从小“奋厉有当世志”的苏轼，一生根本无法实现“致君尧舜”的理想，他一生的多数时间都奔波于各地和闲置于贬所。本章主要研究苏轼生前（附论徽宗朝）时人对他的评价；研究苏轼著述在其生前的刊刻情况；苏辙的《亡兄子瞻端明墓志铭》对其一生的总结及晁说之对《墓志铭》的不公正的批评。

第一节　“他日文章必独步天下”

苏轼，字子瞻，号东坡，宋仁宗景祐三年（1036）十二月十九日生于眉州眉山（今四川眉山）。四川位于中国西南，眉山位于成都西南，岷江由北而南，纵贯全境，在眉山西南一百余里处有以秀丽著称于世的天下名山峨眉山。眉山境内也有一些浅丘。这里确实是山不高而秀，水不深而清，介岷、峨之间，为江山秀气所聚。宋人陆游在《眉州披风榭拜东坡先生遗像》诗中写道："蜿蜒回顾山有情，平铺十里江无声。孕奇蓄秀当此地，郁然千载诗书城。"（《陆游集》第1册卷九，1976年中华书局校点本）楼钥《饯李君亮著作守眉山分韵得翠字》云："天下大峨山，雄秀盘厚地。山虽不在眉，所在拥空翠。矫矫三苏公，挹此淑灵气。文章垂日星，照映盖一世。"（《攻媿集》卷二，四部丛刊初编本）在这"孕奇蓄秀"之地，孕育出"一代文宗"三苏父子，特别是苏轼，并不是偶然的。

陆游称眉山为"千载诗书城"，四川，特别是成都及其附近地区，自古以来就是文化发达的地区，在宋和宋代以前，特别是在文学领域，无论汉赋、唐诗还是宋词，四川可说都处于"表仪一代，领袖百家"的地位。汉赋四大家，有三家即司马相如、扬雄、王褒都是四川人。苏轼说："文章之风，惟汉为盛，而贵显暴著者，蜀人为多。盖相如唱其前，而王褒继其后，峨冠曳佩，大车驷马，徜徉乎乡闾之中，而蜀人始有好文之意。弦歌之声，与邹、鲁（孔子、孟子的故乡）比。"（卷四九《谢范舍人书》）开唐代诗风的陈子昂是四川人。李白、杜甫虽不在四川出生，但李白的青少年，杜甫的晚年都是在四川度过的，其他许多唐代诗人如初唐四杰也都到过四川，有"天下诗人皆入蜀"之称。晚唐、五代中原大乱，许多文人学士，如韦庄等人，都避乱于相对来说比较安定的西蜀，进一步促进了西蜀文化的繁荣，使西蜀成为当时全国文化中心之一。五代时花间词派一大群作家，其中多数都是西蜀人。宋初，赵匡胤平定后蜀孟昶，接着又爆发了全师雄为首的叛乱，给四川造成了很大的破坏，西蜀文化曾暂时低落。苏轼说："自孟氏入朝，民始息肩，救死扶伤不暇，故数十年间，学校衰息。"但是，经过宋初几十年的休养生息，随着经济的恢复，文化又逐渐繁荣起来。很多士人，"相继登于朝，以文章功业闻于天下。于是释耒耜而笔砚者（放下农具来读书的）十室而九，比之西刘（西汉）又以（已）远过。"（同上）在苏轼兄弟参加进士考试那一年，仅眉山一县被荐参加礼部进士考试的竟达四五十人之多，进士及第的就有十三人。苏轼受着这种发达文化的熏陶，对他后来在各个文学艺术领域都取得巨大的成就，无疑产生了有益的影响。不仅如此，宋初文坛承袭了晚唐、五代辞藻华丽而内容空虚的文风，而西蜀受“五代文弊”的影响要小些，西蜀文人仍“以西汉文词为宗师”。苏轼说：“吾州之俗有近古者三：其士大夫贵经术而重氏族，其民尊吏而畏法，其农夫合耦以相助。盖有三代（夏、商、周）、汉、唐之遗风，而他郡之所莫及也。”关于“士大夫贵经术”的情况，苏轼还进一步说：“始朝廷以声律取士，而天圣以前学者，犹袭五代文弊。独吾州之士，通经学古，以西汉文词为宗师。方是时，四方指以为迂阔。至于郡县胥吏，皆挟经载笔，应对进退，有足观者。”（卷一一《眉山远景楼记》）在整个文坛“犹袭五代文弊”时，眉州的士大夫却“贵经术”，“以西汉文词为宗师”，与欧阳修等人所倡导的古文革新合拍。苏轼父子三人后来深受欧阳修赏识，成为北宋诗文革新的主将，唐、宋散文八大家，三苏父子就占了三家，这与他们受西蜀文风的熏陶也有直接关系。

眉山苏氏为唐朝武则天时凤阁侍郎苏味道的后代，味道后贬为眉州（今四川眉山）刺史，迁益州（今四川成都）长史，未赴任就死了。一子未能回祖籍栾城，在眉州定居下来，从此，眉州才有苏姓[①]。苏味道以后，眉山苏氏“皆不显”，没有人再做过什么大官，直至苏洵之兄苏涣才开始外出做官，三苏父子才“崛起西南”，成为一代文宗。

最了解苏轼的首先当然是他的父母。他的母亲程氏是大理寺丞程文应的女儿，颇有文化。在苏洵宦学四方时，她就成了苏轼兄弟的家庭教师，对他们亲授以书。从苏辙《亡兄子瞻端明墓志铭》（《栾城后集》卷二二）中，可以看到她对幼年苏轼的评价：“公生十年，而先君游学四方，太夫人亲授以书。闻古今成败，辄能语其要。太夫人尝读《东汉史》，至《范滂传》，慨然太息。公侍侧曰：‘轼若为滂，夫人亦许之否乎？’太夫人曰：‘汝能为滂，吾顾不能为滂母耶！’公亦奋厉有当世志，太夫人喜曰：‘吾有子矣！’”《颍滨遗

① 刘昫：《旧唐书》卷九四《苏味道传》，中华书局校点本，1975。

老传（上）》曰："母成国太夫人程氏，亦好读书，明识过人，志节凛然，每语其家人，二子必不负吾志。"（《栾城后集》卷一二）"吾有子"，"二子必不负吾志"，就是程夫人对苏轼兄弟的评价。

苏洵少年时代喜欢游山玩水，二十七岁始大发奋，但屡试不第。他鉴于自己少不喜学，老大无成的教训，对苏轼兄弟进行了精心的培养教育。苏轼兄弟皆勤奋好学，文思敏捷，聪颖过人，以父亲苏洵为师（"皆师先君"）。在苏轼十来岁时，苏洵曾命苏轼作《夏侯太初论》。苏轼竟写出了"人能碎千金之璧，不能无失声于破釜；能搏猛虎，不能无变色于蜂虿"这样的警句，苏洵爱此论[①]。据苏籀《栾城遗言》记载："东坡幼年作《却鼠刀铭》……曾祖（苏洵）称之，命佳纸修写，钉于所居壁上。"[②] 赵令畤《侯鲭录》卷一（知不足斋丛书本）云："东坡十余岁，在乡里，见老苏诵欧公《谢宣诏赴学士院仍谢赐对衣金带及马表》。老苏令坡拟之，其间有云：'匪伊垂之带有余，非敢后也，马不进。'老苏喜曰：'此子他日当自用之。'"刘安世曰："尝记东坡自言，少年时与其父并弟同读郑公（富弼）《使北语录》，至于说大辽国主云：'用兵则士马物故，国家受其害；爵赏日加，人臣享其利。故凡北朝之臣劝用兵者，乃自为计，非为北朝计。'虏主明知利害所在，故不用兵。三人皆赞叹其言，以为明白而切中事机。时老苏谓二子曰：'古人有此意否?'东坡对曰：'严安亦有此意，但不明白。'老苏笑以为然。"[③] 在苏轼十四岁时，苏洵作《名二子说》[④]：

轮、辐（车轮上凑集于中心毂上的直木）、盖、轸（车箱底部四面的横木）皆有职乎车。而轼独若无所为者。虽然，去轼，则吾未见其为完车也。轼乎，吾惧汝之不外饰也。

① 王宗稷：《东坡先生年谱》，王水照《宋人所撰三苏年谱汇刊》，上海古籍出版社，1989。

② 《栾城遗言》，苏籀《双溪集》附，粤雅堂丛书本。所引《却鼠刀铭》见《苏轼文集》卷一九。

③ 马永卿：《元城语录》卷下引，畿辅丛书本。《汉书》卷六四下《严安传》引安上书曰："今徇南夷，朝夜郎，降羌僰，略薉州，建城邑，深入匈奴，燔其龙城，议者美之。此人臣之利，非天下之长策也。"

④ 曾枣庄、金成礼：《嘉祐集笺注》卷一五，上海古籍出版社，1993。

天下之车莫不由辙，而言车之功，辙不与焉。虽然，车仆马毙，而患亦不及辙。是辙者善处乎祸福之间也。辙乎，吾知免矣。

这篇短文，说明了他为两个儿子取名轼、辙的原因，表现了苏轼兄弟的不同性格以及苏洵对二子的担心和希望。在苏轼二十一岁时，苏洵在《上张侍郎第一书》（卷一二）中说：

洵有二子轼、辙，龆龀受经，不知他习。进趋跪拜，仪状甚野，而独于文字中有可观者。始学声律，既成，以为不足尽力于其间。读孟、韩文，一见以为可作。引笔书纸，日数千言，坌然溢出，若有所相。年少狂勇，未尝更变，以为天子之爵禄可以攫取。闻京师多贤士大夫，欲往从之游，因以举进士。洵今年几五十，以懒钝废于世，誓将绝进取之意，惟此二子不忍使之复为湮沦弃置之人。今年三月，将与之如（入）京师。

此信对苏轼兄弟的学问文章作了很高的评价。

少年时代的苏轼兄弟朝夕相处，苏辙对兄十分崇敬。他在《武昌九曲亭记》（卷二四）中回忆少年苏轼说：“昔余少年从子瞻游，有山可登，有水可浮，子瞻未始不褰裳先之。有不得至，为之怅然移日。至其翩然独往，逍遥泉石之上，撷林卉，拾涧实，酌水而饮之，见者以为仙也。”这大概是最早以仙比喻苏轼吧。以后苏轼竟取得了坡仙的雅号，宋李之仪《东坡先生赞》（《姑溪居士文集》卷一二，粤雅堂丛书本）云：“东坡仙人，岷峨异禀”；陈造《题韵类坡诗》（《江湖长翁文集》，四库全书本）云：“东坡仙伯之文，韩、欧伯仲”；明李贽选有《坡仙集》十六卷；叶矫然《龙性堂诗话初集》（清诗话续编本）云：“诗至天趣，亦难言矣。求之古人，其唯谪仙、坡仙乎！”苏辙《祭亡兄端明文》（《栾城后集》卷二〇）回忆说：“手足之爱，平生一人。幼学无师，受业先君。兄敏我愚，赖以有闻。寒暑相从，逮壮而分”；又《再祭亡兄端明文》（同上）说：“惟我与兄，出处昔同。幼学无师，先君是从。游戏图书，寤寐其中。曰予二人，要如是终”；又《题东坡遗墨卷后》（《栾城

第三集》卷二）说："少年喜为文，兄弟俱有名。世人不妄言，知我不如兄。篇章散人间，堕地皆琼英。凛然自一家，岂与余人争？"苏辙大量的诗、文，都记录、评论了苏轼的志向、才气和他们兄弟间的深厚情谊。

苏轼从小得到老师、长辈的一致好评，他在《范文正公文集叙》（卷一〇）中说："庆历三年，轼始总角入乡校，士有自京师来者，以鲁人石守道所作《庆历圣德诗》示乡先生。轼从旁窃观，则能诵习其词，问先生以所颂十一人者何人也？先生曰：'童子何用知之？'轼曰：'此天人也耶，则不敢知；若亦人耳，何为其不可！'先生奇轼言，尽以告之，且曰：'韩（琦）、范（仲淹）、富（弼）、欧阳（修），此四人者，人杰也。'时虽未尽了，则已私识之矣。"叶寘《爱日斋丛钞》卷四（四库全书本）说："眉山刘微之钜，教授郡城之西寿昌院，从游至百人，苏明允命东坡兄弟师之，时尚幼。微之赋《鹭鸶诗》诗，末云：'渔人忽惊起，雪片逐风斜。'坡从旁曰：先生诗佳矣，窃疑断章无归宿，曷若'雪片落蒹葭'乎？刘微之曰：'吾非若师也。'"又云："钜不第，郡三公以遗逸举，不应，乡人呼为孝廉。其卒，范镇悼以诗，有'案头曾立两贤良'之句。""两贤良"即指苏轼兄弟。

称美表彰苏轼的长辈有知益州张方平。张方平，字安道，号乐全，祖籍宋州，后徙扬州。知益州时，访知苏洵，并推荐苏洵为成都学官，但朝廷迟迟未作答复。他于是对苏洵说："远方不足成君名，盍游京师乎？"恰好嘉祐元年（1056）诏礼部贡举，苏洵接受了张方平的建议，决定送二子入京应试。苏洵父子三人离家到成都与张方平告别，苏轼在《乐全先生文集叙》（卷一〇）中说："轼年二十，以诸生谒公成都，一见，待以国士。"苏辙在《追和张公安道赠别》（《栾城第三集》卷一）诗叙里也说："予年十八，与兄子瞻东游京师。是时，张公安道守成都，一见，以国士相许。"苏轼兄弟向张方平呈交了自己的文章，张在《文安先生墓表》中说："初君（苏洵）将游京师，过益州与仆别，且见其二子轼、辙及其文卷，曰：'二子者将以从乡举，可哉？'仆披其卷曰：'从乡举，乘骐骥而驰闾巷也。六科所以擢英俊，君二子从此选，犹不足骋其逸力尔。'君曰：'姑为后图。'遂以就举。一上皆登进士第。再举制策，并入高等。今则皆为国士。”[①] 据无名氏《瑞桂堂暇录》（说郛本）载，张方平安排苏轼父子住于斋舍，第二天出了六道题来考苏轼兄弟，自己则于壁间密窥之。苏轼兄弟得题后，各自专心思考。苏辙对题目有疑，指以示轼。苏轼不言，只是举笔倒敲几案，意为“管子注”。苏辙疑而未决，又指第二题示轼。苏轼却勾去了第二题，并开始答卷。二人完卷后，出来交与张方平。张方平非常高兴，因为第二题本无出处，是他故意用来考察苏轼兄弟的判断力的。张方平对苏洵说：“二子皆天才，长者明敏尤可爱。然少者谨重，成就或过之。”就政治地位而言，张的判断是正确的，后来苏辙的官位高于苏轼。

第二位称美苏轼的长辈当推欧阳修。张方平修书向欧阳修推荐三苏，明李一公说：“（欧）文忠时在翰林，得明允、子瞻、子由著作，喜安道所荐得人，因谢安道曰：‘后来文章当属此人矣！’”[②] 嘉祐二年（1057）举行礼部考试，宋仁宗任命礼部侍郎兼翰林侍读学士欧阳修为主考官，国子监直讲梅尧臣负责编排详定等具体事务，试题是《刑赏忠厚之至论》。梅尧臣读到苏轼的文章，觉得“有孟轲之风”，把它转给欧阳修看。欧阳修看后，“惊喜以为异人”。本拟取为第一名，疑是门人曾巩所为，乃置第二（苏辙《亡兄子瞻端明墓志铭》）。苏轼的应试文章笔力豪骋，杜撰“皋陶曰杀之三，尧曰宥之三”语，欧、梅皆不知出自何书，问苏轼，轼答曰见《三国志·孔融传》注。欧查《三国志》，无此语，又问苏轼，轼回答说，曹操灭袁绍，以袁熙妻赐其子曹丕。孔融曰，昔武王伐纣以妲己赐周公。曹操惊问见于何经，融曰，以今日之事观之，意其如此。苏轼说，尧、皋陶之事，某亦意其如此。欧退而大惊曰，“此人可谓善读书，善用书，他日文章必独步天下”[③]。欧阳修喜得苏轼，并以培植其成长为己任。欧阳修《与梅圣俞书》云：“读轼书，不觉汗出。快哉！快哉！老夫当避此人放出一头地。……轼所言乐，乃某所得深者尔，不意后生达斯理也。”[④] 他在《与焦殿丞千之》（卷一五〇）说：“苏氏昆

---

① 《乐全先生文集》卷三九，四库全书本。

② 李一公《东坡密语》卷一六《志林》，明刻本。

③ 杨万里《诚斋诗话》，历代诗话续编本。

④ 《欧阳文忠公集·书简》卷六，四部丛刊初编本。

仲，连名并中，自前未有，盛事盛事。”其《举苏轼应制科状》（卷一一二）云：“新授河南福昌县主簿苏轼，学问通博，资识明敏，文采烂然，论议蜂出。其行业修饬，名声甚远。臣今保举，堪应材识兼茂明于体用科。”

为什么欧阳修等人这样赏识苏轼呢？除了他的应试文章的思想内容符合欧阳修等人的政治主张外，还因为他的文风也正符合欧阳修等人所大力提倡的诗文革新要求。苏轼在《上梅龙图书》（卷四九）中说：“轼长于草野，不学时文，词语甚朴，无所藻饰。意者执事欲抑浮剽之文，故宁取此，以矫其弊。”以“无所藻饰”之文矫正“浮剽之文”，这正是当时诗文革新的需要。

欧阳修是当时的文坛泰斗，由于他对三苏父子的称许、推崇，苏氏文章很快在京城乃至全国流传开来，产生了巨大影响。时人有很多这方面的记载，欧阳修《故霸州文安县主簿苏君墓志铭》（卷三四）云：“（苏洵）书既出，而公卿士大夫争传之。其二子举进士皆在高等，亦以文学称于世。眉山在西南数千里外，一日父子隐然名动京师，而苏氏文章遂擅天下。……自来京师，一时后生学者皆尊其贤，学其文，以为师法。”曾巩《苏明允哀词》云：“欧阳修为翰林学士，得其文而异之，以献于上。既而欧阳公为礼部，又得其二子之文，擢之高等。于是，三人之文章，盛传于世，得而读之者为之惊，或叹不可及，或慕而效之，自京师至于海隅障徼，学士大夫莫不人知其名，家有其书”[①]；又《赠职方员外郎苏君墓志铭》（卷四三）云：“洵果奋发力学，与其子轼、辙皆以文学名天下”；梅尧臣作《送曾子固苏轼》诗赠二人云：“楚蜀得曾苏，超然皆绝足。父子兄弟间，光辉自联属。”[②] 又作《题老人泉寄苏明允》（卷八）称美苏轼兄弟为“雏凤凰”：“日月不知老，家有雏凤凰。百鸟戢羽翼，不敢言文章。去为仲尼叹，出为盛时祥。方今天子圣，无滞彼泉傍。”

仁宗看了苏轼兄弟应试文章曾高兴地说：“朕今日为子孙得两宰相矣！”[③]苏轼应制科试后不久，仁宗嘉祐六年（1061）赴凤翔签判任，至英宗治平二

① 《元丰类稿》卷四一，中华书局校点本，1984。

② 朱东润：《梅尧臣集编年校注》卷二七，上海古籍出版社校点本，1980。

③ 《宋史》卷三三八《苏轼传》，元脱脱等《宋史》，中华书局校点本，1977。

年（1065）还朝判官告院。英宗未继位时，就听说苏轼的文名，因此想召苏轼入翰林知制诰（掌起草诏令）。据苏辙《亡兄子瞻端明墓志铭》载：“英宗在藩闻公名，欲以唐故事召入翰林。宰相限以近例，欲召试秘阁。上曰：‘未知其能否故试，如苏轼有不能耶？’”这句话充分表明英宗也像仁宗一样，对苏轼很器重。

第二节 “讪谤谩骂，而无复人臣之节”

苏轼应试、入仕以前，对苏轼的推奖几乎从无异辞。但在应试、入仕以后，却开始出现了不同的评论。有正常的政治分歧，如新旧两党的领袖人物王安石、司马光同苏轼的分歧；有无原则的排斥异己的党争，如王安石的新党党徒和司马光的旧党党徒对苏轼的打击；还有学派之争夹杂着的政治斗争，如洛蜀党争中洛党对苏轼的迫害。

苏轼参加制科考试所上的二十五篇《进策》《礼以养人为本论》和《御试制科策》，代表了苏轼在仁宗朝的政治主张，甚至可说代表了苏轼一生的政治主张；而这些主张同王安石的变法主张有很大不同，特别是苏轼的《进策》，其中有些话显然是针对数年前王安石《上仁宗皇帝书》而发的。这些政治主张，正是他在神宗朝和哲宗朝都屡遭贬斥的根源，对他的文学发展道路产生了深刻的影响。

苏轼同王安石一样，都是主张政治变革的。但变法与变革是两个既有联系又有区别的概念，变革的含义比变法广泛得多。苏轼是主张变革的，而王安石是主张变法的。苏辙说：“公（苏轼）与介甫（王安石）议论素异。”（《亡兄子瞻端明墓志铭》）就是说他们的主张从来不同，这种不同不是从神宗朝王安石变法推行以后开始的，而是在仁宗朝苏轼应制科试时就开始了。仁宗读了苏轼兄弟的文章，认为二人都是宰相之材，王安石却对苏轼的文章大为不满，“王安石尤嫉之”[①]。王安石曾对人说，苏轼的制策“全类战国文章，若安石为考官，必黜之”[②]。王安石当时任知制诰，虽然无权黜去苏轼兄弟，但他在为皇帝起草制词时，却隐隐约约地教训了苏轼一顿。王安石《应才识兼茂明于体用科守河南府福昌县主簿苏轼大理评事制》云：

尔方尚少，已能博考群书，而深言当世之务，才能之异，志力之强，亦足以观矣。

其使序于大理，吾将试尔从政之才。夫士之强学赡辞，必知要然后不违于道。择尔所闻而守之以要，则将无施而不称矣，可不勉哉！[③]

这里的“尔方尚少”，“深言当世之务”还不够，还要“试尔从政之才”，“强学赡词”还不够，“必知要然后不违于道”等等，显然都有言外之意在。

这与长辈如陈公弼出于对苏轼少年得志的担心而略加抑制是不同的。苏轼制科入等后，出任凤翔府签判，时宋选知凤翔，他们的关系很好。嘉祐八年正月，陈公弼接替了宋选的职务。陈公弼是四川青神人，是苏轼的同乡。他待下很严，威震旁郡，僚吏不敢仰视。但年轻气盛的苏轼却敢于同他争论。他后来在《陈公弼传》（卷一三）中说：“轼官于凤翔，实从公二年。方是时，年少气盛，愚不更事，屡与公争议，至形于颜色，已而悔之。”可见，有时他们的关系相当紧张。《邵氏闻见后录》卷一五云：

东坡初擢制科，签书判官事，吏呼苏贤良。公弼怒曰：“府判官何贤良也?”杖其吏不顾，或谒，入不得见。故东坡《客次假寐》诗：“虽无性命忧，且复忍斯须。”又《九日独不预府宴登真兴寺阁》诗：“忆弟恨如云不散，望乡心似雨难开。”其不堪如此。又《东坡诗案》云：“任凤翔府签判日，为中元节不过知府厅，罚铜八斤。”亦公弼案也。东坡作《府斋醮祷祈》诸小文，

---

① 王文诰：《苏文忠公诗编注集成总案》卷二，据武陵韵山堂刻本影印巴蜀书社，1985。
② 邵博：《邵氏闻见后录》卷一四，中华书局唐宋史料笔记丛刊本。
③ 王安石：《临川先生文集》卷五一，四部丛刊初编本。

公弼必涂墨改定，数往返。至为公弼作《凌虚台记》曰：“东则秦穆公祈年橐泉，南则汉武长杨五柞，北则隋之仁寿、唐之九成，计一时之盛，宏杰诡丽，坚固而不可动者，岂特百倍于台而已哉！然数世之后，欲求其仿佛，破瓦颓垣，无复存者，既已化为禾黍棘棘、丘墟陇亩矣，而况于此台欤？夫台不足恃以长久，而况于人事之得丧，忽往而忽来者欤。或者欲以夸世而自足，则过矣。”公弼览之，笑曰：“吾视苏明允犹子也，某犹孙子也。平日故不以辞色假之者，以其年少暴得大名，惧夫满而不胜也，乃不吾乐邪？”不易一字，亟命刻之石。

“不以辞色假之者，以其年少暴得大名，惧夫满而不胜也”，这就叫爱人以德。苏轼《凌虚台记》中的这通议论，显然是对陈公弼之讽诫：官高位显不足恃。陈也看懂了苏轼的意思，故说苏轼“乃不吾乐”；平时他对苏轼所拟文字涂改再三，对这篇讽刺他的文字却“不易一字，亟命刻之石”，这就叫长者风度。后来，他们的关系比较融洽了，同登凌虚台，举酒赋诗：“浩歌清兴发，放意末礼删。”[1]

熙宁二年（1069）二月苏轼服父丧期满回朝，朝廷政局已经发生了巨大变化。治平四年（1067）英宗病逝，神宗赵顼继位。熙宁元年（1068）以王安石为翰林学士，二年以王安石为参知政事，开始变法。首先建立了变法机构“制置三司条例司”（即由皇帝特命设置的制定户部、度支、盐铁三司条例的专门机构），接着相继推行均输、青苗、农田水利、免役、市易、方田均税等新法。苏轼兄弟在仁宗朝虽然主张改革，反对因循守旧，但并不同意王安石的变法理论。现在王安石的变法理论付诸实践了，因此，他们一回朝廷，很快就与王安石处于对立地位。

五月，王安石准备变科举，兴学校。神宗对此有些怀疑，征询意见，苏轼就写了《议学校贡举状》（卷二五），表示反对。神宗对苏轼的意见很重视，苏辙《亡兄子瞻端明墓志铭》云：

---

① 《苏轼诗集》卷五《凌虚台》，中华书局校点本，1982。

四年（当为“二年”之误），介甫欲变更科举，上疑焉，使两制三馆议之。公议上，上悟曰：“吾固疑此，得苏轼议，意释然矣。”即日召见，问：“何以助朕？”公辞避久之，乃曰：“臣窃意陛下求治太急，听言太广，进人太锐，愿陛下安静以待物之来，然后应之。”上竦然听受，曰：“卿三言，朕当详思之。”

神宗欲用苏轼修中书条例，遭到王安石的反对。据《续资治通鉴长编拾补》（中华书局影印本，1979）卷四熙宁二年五月载：

他日，上问王安石以“轼为人何如”，安石知轼素与己异，疑上亟用之也，因问上曰：“陛下何以召见轼？”上曰：“见轼议学校贡举异于诸人，故召见之。”且道轼对语。曰：“陛下何以召见臣？”朕为言：“见卿议事有所喻，故召问卿。”对曰：“陛下如此错矣。人臣以得召见为荣，今陛下实未知臣何如，但以臣言即召见，恐人争为利以进。”又谓“朕与人官太速，后或无状，不能始终，此说如何？”安石曰：“陛下与人官患不考实，虽与何害？”上曰：“轼又言兵，先动者为客，后动者为主，主常胜客，客常不胜。治天下亦然。人主不欲先动，当以静应之于后，乃胜天下之事，此说如何？”安石曰：“轼言亦是。然此道之经也，非所谓道之变。圣人之于天下，感而后应，则轼之言有合于此理。然事变无常，固有举事不知出此而圣人为之倡发者。譬之用兵，岂尽须后动然后能胜敌，顾其时与势之所宜而已。”上曰：“卿言如此，极精。”又言：“轼宜以小事试之，何如？”安石曰：“臣已屡奏，试人当以事。”“此言诚是也。”安石因极称惠卿。其后上复谓曾公亮曰：“苏轼奏对明敏，可试也。”公亮曰：“京师无可试者。”王安石曰：“轼亦非久当作府推。”上曰：“欲用轼修中书条例。”安石曰：“轼与臣所学及议论皆异，别试其事可也。”又曰：“陛下欲修中书条例，大臣所不欲，小臣又不欲。今轼非肯违众以济此事者也，恐欲故为异论，沮坏此事。兼陛下用人，须是再三考察，实可用乃用之，今陛下但见轼之言，其言又未见可用，恐不宜轻用。”

后来神宗屡次要用苏轼，都被王安石拒绝，《续资治通鉴长编拾补》卷七熙宁三年三月壬子条载：

初，轼为国子监考试官，时二年八月也。安石既得政，每赞上以独断，上专信任之。轼发策云：“晋武平吴以独断而克，苻坚伐晋以独断而亡。齐桓专任管仲而霸，燕哙专任子之而灭。事同功异，何也?”安石见之，不悦。上数欲用轼，安石必沮毁之。轼又尝上疏曰：“陛下自去岁以来，所行新政皆不与治世同道。”又作《拟进士对御试策》，上以轼所对策示王安石，安石曰：“轼材亦高，但所学不正。今又以不得逞之故，其言遂跌荡至此，请黜之。”曾公亮曰：“轼但异论耳，无可罪者。”他日安石又白上曰：“陛下何以不黜轼，岂为其才可惜乎？譬如调恶马须减刍秣，加鞭扑，使其贴服，乃可用。如轼者，不困之，使自悔而绌其不逞之心，安肯为陛下用？且如轼辈者，其才为世用甚少，为世患甚大，陛下不可不察也。”

当时，苏轼同变法派的矛盾确实越来越大，于是命苏轼摄开封府推官。苏辙《亡兄子瞻端明墓志铭》云：

介甫之党皆不悦，命摄开封推官，意以多事困之。公决断精敏，声问益远。会上元，有旨市浙灯，公密疏，旧例无有，不宜以玩好示人，即有旨罢。殿前初策进士，举子希合，争言祖宗法制非是。公为考官，退拟答以进，深中其病。自是论事愈力，介甫愈恨。御史知杂事者为诬奏公过失，穷治无所得。公未尝以一言自辨，乞外任避之，通判杭州。

苏轼于熙宁四年通判杭州，七年知密州，十年知徐州，元丰二年知湖州。他在地方上对新法分别采取了三种不同态度。一是“因法以便民，民赖以少安”。二是硬顶，对他认为不能“便民”只能“害民”的某些新法，敢于拒不执行。他知密州时，司农推行手实法，令民自报财产，又使人得告其不实；并规定不按时施行的“以违制论”。苏轼说：“违制之坐，若自朝廷，谁敢不从？今出于司农，是擅造律也。”不久，朝廷也感到手实法不便，废除了。三是“托事以讽”。他在地方上看到“有不便于民”的事，就把它记入诗中，“缘诗人之义，托事以讽，庶几有补于国”（《亡兄子瞻端明墓志铭》）。

在苏轼出任地方官这几年，不仅变法派与反变法派斗争激烈，而且在变法派内部争权夺位之争也愈演愈烈，反王安石者愈来愈多。神宗不得已，乃以王安石知江宁府。王安石举韩绛代己而以吕惠卿参知政事。吕惠卿是靠王安石一手提拔起来的，但他为副相后，一面与韩绛争权，一面防止重新起用王安石。韩绛自知不是吕惠卿的对手，暗请神宗复用王安石。熙宁八年二月王安石复相，十月吕惠卿罢，出知陈州。吕惠卿在陈州攻击王安石“罔上要君”，加之王安石之子死，悲痛不堪，再请去位。熙宁九年十月王安石第二次罢相，从此再未还朝。王安石罢相后，围绕变法在统治阶级内部所进行的一场严肃的政治斗争，逐渐演变成排斥异己的党争。熙宁年间苏轼反对新法，虽然被王安石排挤出朝，但王并未迫害他，其间一任通判，三任知州。元丰二年（1079）二月苏轼罢徐州任，改知湖州，于四月二十九日到任，仅仅三个月，七月二十八日就突然被朝廷派人逮捕了。被捕的直接原因是他在《湖州谢上表》（卷二三）中发了两句牢骚：“（陛下）知其愚不适时，难以追陪新进；察其老不生事，或能牧养小民。”“新进”“生事”等语刺痛了投机新法的人，他们就群起攻击陷害苏轼，连章弹劾。御史中丞李定说苏轼有四条“可废之罪”：一是“怙终不悔，其恶已著”；二是“傲悖之语，日闻中外”；三是“言伪而辨”“行伪而坚”；四是“陛下修明政事，怨己不用”，认为苏轼“讪上骂下，法所不宥”（朋万九《东坡乌台诗案》，丛书集成初编本）。监察御史里行舒亶攻击苏轼包藏祸心，怨望皇上，讪谤谩骂，无人臣之节。《东坡乌台诗案》引舒亶劄子云：

臣伏见知湖州苏轼近谢上表，有讥切时事之言，流俗翕然，争相传诵，忠义之士，无不愤惋。且陛下自新美法度以来，异论之入，固为不少，然其大不过紊乱事实，造作诡说，以为摇夺沮坏之计；其次又不过腹非背毁，行察坐伺，以幸天下之无成功而已。至于包藏祸心，怨望其上，讪谤谩骂，而无复人臣之节者，未有如轼也。盖陛下发钱以业贫民，则曰：“赢得儿童语音好，一年强半在城中。”陛下明法以课试群吏，则曰：“读书万卷不读律，致君尧舜知无术。”陛下兴修水利，则曰：“东海若知明主意，应教斥卤变桑田。”陛下谨盐禁，则曰：“岂是闻《韶》解忘味，迩来三月食无盐。”其他触物即事，应口所言，无一不以讥谤为主，小则镂板，大则刻石，传播中外，自以为能。其尤甚者，至远引衰汉梁、窦专朝之士，杂取小说燕蝠争晨昏之语，旁属大臣，而缘以指斥乘舆，盖可谓大不恭矣！

乌台诗案是北宋有名的文字狱。作为苏轼主要罪证的《钱塘集》虽然今已失传，但据宋人朋九万《东坡乌台诗案》所提及的四十三首诗、十四篇文章，至今仍存。被指控为攻击新法的诗文中确有专门讥刺新法的，如《戏子由》《寄刘孝叔》《山村五首》等诗。但有的纯粹是捕风捉影，深文周纳，最突出的例子就是把苏轼的《王复秀才所居双桧》（卷八）指控为对神宗“不臣”。原诗云：

凛然相对敢相欺，直干凌空未要奇。
根到九泉无曲处，世间惟有蛰龙知。

据叶梦得《石林诗话》卷上（历代诗话本）载，元丰初，苏子瞻系大理狱，神宗本无意深罪子瞻，时相王珪进呈，忽言苏轼于陛下有不臣意。神宗改容曰：“轼固有罪，然于朕不应至是，卿何以知之？”时相因举轼《桧》诗“根到九泉无曲处，世间惟有蛰龙知”之句，对曰：“陛下飞龙在天，轼以为不知己，而求之地下之蛰龙，非不臣而何？”神宗曰：“诗人之词，安可如此论？彼自咏桧尔，何预朕事？”时相语默。章惇亦从旁解之，遂薄其罪。惇尝以丑言诋时相曰：“人之害物，无所忌惮，有如是也！”这首诗描写了两株桧树“凛然相对”“直干凌空”，根到九泉，亦无曲处的雄姿，至多不过是苏轼借此抒发自己挺拔不屈的性情而已。

说来滑稽，苏轼诗文的第一个注本应推《乌台诗案》，注者竟是苏轼的政敌和他自己。周必大《二老堂诗话》云："元丰己未，东坡坐作诗讪，追赴御史狱。当时所供诗案，今已印行，所谓《乌台诗案》是也。靖康丁未岁，台吏随驾挈真案至维扬。张全真参政时为中丞，南渡取而藏之。后张丞相德远为全真作墓志，诸子以其半遗德远，充润笔，其半犹存全真家。余尝借观，皆坡亲笔。凡有涂改，即押字于下，而用台印。"《乌台诗案》的内容由两部分组成，一是李定、舒亶诸人弹劾苏轼的劄子，是对苏轼诗文的曲解；二是苏轼自己的供词，虽然在那样的政治压力下，有很多言不由衷的话，但也可看成是苏轼对自己所作诗文的解释。《乌台诗案·与王诜往来诗赋》交代《戏子由》诗云："'任从饱死笑方朔，肯为雨立求秦优。'意取《东方朔传》'侏儒饱欲死'及《滑稽传》'优旃谓陛楯郎，汝虽长，何益？乃雨立。我虽短，幸休居'，言弟辙家贫官卑，而身材长大，所以比东方朔陛楯郎，而以当今进用之人比侏儒优旃也。又云：'读书万卷不读律，致君尧舜知无术。'是时朝廷新兴律学，轼意非之，以谓法律不足以致君于尧舜。今时又专用法律而忘诗书，故言我读书万卷，不读法律，盖闻法律之中，无致君尧舜之术也。又云：'劝农冠盖闹如云，送老齑盐甘似蜜。'以讥讽朝廷新差提举官，所至苛细生事，发谪官吏，惟学官无吏责也。弟辙为学官，故有是句。又云：'生平所惭今不耻，坐对疲氓更鞭箠。'是时多徒配，犯盐之人例皆饥贫，言鞭箠此等贫民，轼平生所惭，今不耻矣，以讥讽朝廷盐法太急也。又云：'道逢阳虎呼与言，心知其非口诺唯。'是时张靓、俞希旦做监司，意不喜其人，然不敢与争议，故毁诋之为阳虎也。"以上是诗，《与王诜往来诗赋》又交代《杞菊赋并引》："不合云：'及移守胶西，意其一饱。而始至之日，斋馆索然，不堪其忧。'以非讽朝廷新法减削公使钱太甚，斋酝厨薄事皆索然无备也。"又云："轼又作《超然台记》云：'始至之日，岁比不登，盗贼满野，狱讼充斥。'意言连年蝗虫、盗贼、狱讼之多，以非讽朝廷政事阙失，并新法不便所致。及云'斋厨索然，日食杞菊'，以非讽朝廷新法减削公使钱太甚。"以上是文。苏轼一生还从来没有这样系统详尽地解释过自己的诗文，数量竟达五六十篇。

朝臣对乌台诗案的态度是很复杂的，李定、舒亶等人必欲置苏轼于死地；王珪等乘人之危，推波助澜；有的人避之唯恐不及，生怕连累自己；但敢于起来营救苏轼的人也不少，乌台诗案未能改变师友门生对苏轼的态度。

苏轼的前辈张方平，这时退隐南京，愤然上书营救苏轼。其《论苏内翰》（卷二六）云：

今日传闻有使者追苏轼，过南京，当属吏。臣不详知轼之所坐，而早尝识其为人，起远方孤生，遭遇圣明之世。然其文学实天下之奇才。向举制策高等，而犹碌碌无以异于流辈。陛下振拔，特加眷奖，由是材誉日著。轼自谓见知明主，亦慨然有报上之心。但其性资疏率，阙于慎重，出位多言，以速尤悔。顷年以来，闻轼屡有封章，特为陛下优容。四方闻之，莫不感叹圣明宽大之德，而尤轼僭易轻发之性。今其得罪，必缘故态。但陛下于四海生灵，譬如天之无不覆冒，如地之无不持载，如四时之无不化育，于一苏轼，岂所好恶。伏惟英圣之主，方立非常之功，固在广收材能，使之以器。若不弃瑕含垢，则人才有可惜者。

南京官吏不敢转呈，他就派儿子张恕上京到登闻鼓院投书。张恕徘徊不敢投，以后苏轼出狱，读到张方平奏疏副本，大惊失色。苏辙看了这封上疏，感慨道，难怪吾兄吐舌，苏轼不死，正得张恕之力。苏轼有何罪？只不过声名太高，与朝廷争胜。张方平却说苏轼是“天下之奇才”，这只会更加激怒神宗（《元城语录》卷下）。

当时朝廷许多内外大臣也劝谏神宗。章惇说，仁宗得轼以为一代之宝，现在反把他投入监狱，恐后世说陛下“听谀言而恶讦直”[①]。宰相吴充甚至说，曹操那样猜忌，还能容忍祢衡；陛下以尧舜为榜样，还不能容一苏轼？[②] 王安石当时已退居金陵，也上书说，安有圣世而杀才士乎？王安石是神宗器重的人物，虽已退隐，但这话仍很起作用。据说，这场公案就以王安石一言而决。王安石的弟弟王安礼也对神宗说，自古大度之君，不以语言谪人。若对苏轼行法，恐后世谓陛下不能容才。为了营救苏轼，正在病中的曹太后也出面干

① 周紫芝：《读诗谳》，《太仓稊米集》卷四九，四库全书本。
② 吕本中：《杂说》，十万卷楼丛书初编本。

预，她对神宗说，过去仁宗以制科得苏轼兄弟，高兴地说，他为子孙得两宰相。现在苏轼因诗入狱，会不会是仇人对他的中伤呢？

以上情况说明，当时营救苏轼的人，既有执政大臣，也有退居老臣，既有政治主张与苏轼一致的人，也有政治主张与苏轼对立的人。最感人的还是他的弟弟苏辙的《为兄轼下狱上书》（卷三六），一开头就写道："困急而呼天，疾痛而呼父母者，人之至情也。臣虽草芥之微而有危迫之恳，惟天地父母哀而怜之！"苏辙既动之以手足之情："臣早失怙恃，惟兄轼一人相须为命。今者窃闻其得罪，逮捕赴狱，举家惊号，忧在不测。……不胜手足之情，故为冒死一言。"又明之以罪有可恕："轼居官在家无大过恶，惟是赋性愚直，好谈古今得失"；"通判杭州及知密州日，每遇物托兴，作为歌诗，语或轻发"；但"向者曾经臣僚缴进，陛下置而不问，轼感荷恩贷，不敢复有所为"。最后又以古喻今，望神宗效汉文帝，"免（轼）下狱死"："昔汉淳于公得罪，其女子缇萦请没为官婢以赎其父，汉文因之遂罢肉刑。今臣蝼蚁之诚虽万万不及缇萦，而陛下聪明仁圣过于汉文远甚。臣欲纳在身官以赎兄轼。"

由于上下内外的多方营救，加上神宗本来也很赏识苏轼的才华，才于同年十二月二十九日结案：苏轼责授检校尚书、水部员外郎充黄州团练副使，本州安置，不得签书公事。苏辙、王诜也同受贬斥，司马光等数十人因与苏轼关系密切各罚铜二十斤（见《续资治通鉴长编》卷三〇一元丰二年十二月庚申）。

第三节 "道大不容，才高为累"

宋神宗很欣赏苏轼的才华，在苏轼贬官黄州期间，曾多次准备起用苏轼。元丰七年，神宗下手诏说："苏轼黜居思咎，阅岁滋深。人才实难，不忍终弃。"于是把苏轼从黄州团练副使改为离京城较近的汝州（今河南临汝）团练副使。

元丰八年三月神宗病逝。神宗是一位励精图治的皇帝，为了改变宋王朝积贫积弱的局面，他对内支持王安石变法，对西夏加强防御。苏轼虽然同神宗意见不合，在神宗在位的十八年中，他只有三年的时间在神宗身边，其余的时间都在任地方官或在贬所，但他对神宗励精图治的精神还是一直肯定的。他在《与王定国书》中说：“先帝升遐，天下所共哀慕，而不肖与公蒙恩尤厚。……无状罪废，众欲置之死，而先帝独哀之。而今而后，谁复出我于沟壑者？归耕没齿而已矣。”① 苏轼担心再没有人把他起于沟壑，完全错了。神宗一死，国内政局发生了很大变化，继位的哲宗年仅十岁，而由高太后权同听政。高太后一直反对王安石变法，她掌权后立即起用司马光为相，起用因反对新法而被贬斥的人，苏轼也在其中。

神宗病逝后两个月，苏轼就被命知登州（今山东蓬莱）。苏轼知登州仅五天，就被召还朝任礼部郎中，半月后，又升为起居舍人。不久又升为翰林学士。元祐二年（1087）苏轼又被擢为翰林学士兼侍读。苏轼在哲宗朝虽升官很快，但政治处境并不比神宗朝好多少，而且可说处境更加复杂。经过神宗将近二十年的统治，变法的目的并未达到，他在仁宗朝所说的“常患无吏”“常患无兵”“常患无财”的政治、军事、经济问题，可说一样都没有解决。王安石变法没有达到预期的目的，本来就反对王安石变法的司马光，一上台就尽废新法，要一切“皆如旧制”。原来参与王安石变法的大臣，自然想维护神宗时的原状，但在元祐初年，他们纷纷被逐出朝廷；原来就反对王安石变法而被排挤出朝廷，现在又重新起用的大臣，一般都支持司马光尽废新法，完全恢复仁宗朝的状况。苏轼在神宗朝虽深受新党的排斥打击，但他对司马光等的所作所为不尽赞成，他想“兼行二帝忠厚（仁宗）励精（神宗）之政”，做到“忠厚而不媮，励精而不刻”；“仁厚而事不废，核实而政不苛”（卷七《试馆职策问三首》、卷二七《辩试馆职策问劄子》）。总之，他想采纳仁宗、神宗两朝的长处，而避免两朝的弊端。正因为苏轼承认王安石变法也有一些合理方面，因此，他就不同意司马光尽废新法。苏轼同司马光的主要分歧表现在废除免役法，恢复差役法的问题上。他对司马光说：“差役、免役

① 魏齐贤、叶棻《圣宋名贤五百家播芳大全》卷五四，四库全书本。

各有利害。”免役法之害在于聚敛民财，弄得十室九空，钱聚于上，而下有钱荒之患；差役法之害在于老百姓经常为官府服劳役，不能专力于农，而贪官污吏得以乘机敲诈勒索。二者之害，大约相等，“今以彼易此，民未必乐”。苏轼认为：“虽大圣大贤之法不免于有弊。”他主张去其弊而不变其法，这样，“法相因则事易成，事有渐则民不惊”。他认为免役法在实际推行过程中有二弊，一是征收宽剩钱过多，二是移作他用，而不是用来雇役。他认为“尽去二弊而不变其法，则民悦而事易成”。由此可见，苏轼反对司马光尽废新法的理由几乎与过去反对王安石变法的理由完全相同：法不是万能的，“各有利害”，“虽大圣大贤之法不免于有弊”，关键在执法的人是否得当；反对骤变，主张“徐更议之”，认为“事有渐则民不惊”。

但司马光对苏轼的意见“大不以为然”，苏轼又根据他在密州推行给田募役法的经验，要求在河北、河东、陕西三路实行给田募役法，司马光仍以为不可。后来朝廷又命苏轼参与详定役法，苏轼仍坚持自己的看法，认为衙前之役可雇不可差，神宗的雇役法可守不可废，并在政事堂向司马光逐条陈述免役法不可废的理由。司马光怒形于色，苏轼也不让步，质问司马光道：难道今天做宰相就不允许我苏轼说完话吗？苏轼看出以司马光为首的一批人“专欲变熙宁之法，不复较量利害，参用所长”（卷二七《辩试官职策问劄子》），他考虑到自己的意不可能被采纳，于是一面要求解除他参与详定役法的差事，一面要求离开朝廷，出任地方官。

我们不可过分夸大了苏轼同司马光的分歧，苏轼在反对司马光“尽废新法”时，对新法仍然是基本上持反对态度的。苏轼在为哲宗草拟的《吕惠卿责授节度副使敕》（卷三九）中，指责吕惠卿“首建青苗，次行助役；均输之政，自同商贾；手实之祸，下及鸡豚。苟可蠹国以害民，率皆攘臂而称首”。其中除手实法是在王安石第一次罢相期间推行的以外，其他如青苗法、助役法、均输法等都是在王安石执政期间推行的，对吕惠卿的这一指责，实际也是对王安石变法的指责。苏轼还说：“熙宁以来，王安石用事，始求边功，构隙四夷……兵连祸结，死者数十万人。”（卷二七《缴词头状·沈起》）这段话表明，苏轼在元祐初年对王安石处理同少数民族关系的措施也是不满的。神宗去世后一年，元祐元年四月王安石也去世了。王安石在神宗朝两度为相，郓州（今山东东平）州学教授周穜上疏，主张“以故相王安石配享神宗皇帝”，苏轼坚决反对。他指责王安石的党徒吕惠卿等“或首开边隙，使兵连祸结；或渔利榷财，为国敛怨；或倡起大狱，以倾陷善良。其为奸恶，未易悉数，而王安石实为之首”。他甚至说：“王安石在仁宗、英宗朝，矫诈百端，妄窃大名，或以为可用；惟韩琦独识其奸，终不肯进。使琦不去位，安石何由得志?”（卷二九《论周穜擅议配享自劾劄子》）苏轼这些话表明，尽管苏轼同王安石的私交并不算坏，但在政治上他们始终是敌对的，即使在元祐初年苏轼也未改变反对王安石变法的态度。

苏轼在元祐初年的上述政治主张，既得罪了新党，也得罪了旧党，结果引起了新旧两党对他的不满和夹击。由于苏轼反对司马光废除免役法，恢复差役法，司马光已经准备把他赶出朝廷：“君实（即司马光）始怒，有逐公意。”司马光死后，旧党的一些人继续攻击苏轼：“因缘熙宁谤讪之说以病公，公自是不安于朝矣。”（苏辙《亡兄子瞻端明墓志铭》）苏轼还受到程颐及其门人的攻击。程颐是北宋著名的理学家，无论有什么事，都要搬出古礼来。苏轼认为他不近人情，常常讥诮他，因此二人结下了仇恨。苏轼说：“臣素疾程颐之奸，未尝假以色词，故颐之党人无不侧目。”（卷三二《杭州召还乞郡状》）当时朝廷形成了以苏轼为首，吕陶等为辅的蜀党和以程颐为首，朱光庭、贾易等为辅的洛党，史称“洛蜀党争”。苏轼曾说：“欲法仁祖之忠厚，而患百官有司不举其职，或至于媮；欲师神考之励精，而恐监司守令不识其意，流入于刻（刻薄）。”（卷七《试馆职策问》）右司谏贾易、右正言朱光庭抓住这两句话，弹劾苏轼谤讪先朝。苏轼反驳说，所谓媮与刻，是专指现在的百官有司及监司牧守不了解师法先帝的本意，以致苟安或刻薄，并非指先帝苟安或刻薄，“文理甚明，灿若黑白”。高太后也说，仔细看苏轼的文意，是指今日百官有司、监司守令而言，并非讥讽祖宗。高太后说了话，这一公案本应了结，但对苏轼的攻击并没有停止。苏轼说，神宗朝李定、舒亶等诬他诽谤朝廷，还有近似的地方，即“以讽谏为诽谤”；现在则是“以白为黑，以西为东”，连“近似”都说不上了（卷二九《乞郡劄子》）。

苏轼还受到已经失势，但势力仍不小的新党的攻击。由于苏轼任中书舍人时草拟贬斥吕惠卿的诏书，曾历数吕惠卿的过恶；弟弟苏辙为谏官，曾弹劾新党蔡确；特别是周穜上疏主张以王安石配享神宗，苏轼又上章弹劾，这一切引起了新党的不满。他们都“共出死力，构造言语”，攻击苏轼（卷二九《乞将台谏章疏降付有司根治劄子》）。苏轼说，他在“二年之中，四遭口语”。他如果追随众人，又觉得“内愧本心，上负明主”；如果“不改其操，知无不言，则仇怨交攻，不死即废”（卷二九《乞郡劄子》）。因此，他连上章疏，要求出任地方官。最后，于元祐四年以龙图阁学士出知杭州。

元祐六年三月苏轼被召还京，任吏部尚书。回朝不到半年，又于元祐六年八月出知颍州，次年二月又改知扬州。他在《送芝上人游庐山》（卷三五）中说：

二年阅三州，我老不自惜。
团团如磨牛，步步踏陈迹。

所谓“二年阅三州”，是指他元祐六年、七年先后知杭州、颍州、扬州。苏轼知扬州也只有半年，元祐七年八月又以兵部尚书召还朝廷，接着又兼侍读，不久改为礼部尚书。总的来说，苏轼在元祐年间是颇受朝廷重用的。用他自己的话说就是：“臣以草木之微，当天地之泽，七典名郡，再入翰林，两除尚书，三忝（有愧于）侍读，虽当世之豪杰，犹未易居；矧（何况）如臣之孤危，其何能副?”（卷二三《谢兼侍读表》）但是，由于遭到新旧两党的夹攻，在元祐八年中，他有一半的时间仍在做地方官，调动十分频繁，“筋力疲于往来，日月逝于道路。……朝廷非不用臣，愚蠢自不安位”（卷二四《定州到任谢表》）。

元祐八年九月，高太后去世，哲宗亲政，不再听从元祐执政大臣的意见，政局发生了很大变化。哲宗一亲政，就命苏轼出知定州（今河北定县）。不久又以“讥斥先朝”的罪名把他贬官英州（今广州英德）。还未到英州，又贬为宁远军节度副使，惠州（今广东惠州）安置。绍圣四年（1097）四月苏轼再贬儋州（今海南儋州市），时已六十二岁。宋代的海南十分荒凉，丁谓贬海南，作《有感》诗云：“今到崖州事可嗟，梦中常若到京华。程途何啻一万里，户口都无三百家。夜听猿啼孤树远，晓看潮上瘴烟斜。吏人不见中朝礼，麋鹿时时到县衙。”[①] 州城人口不到三百户，麋鹿甚至跑到县衙游玩，其荒凉就不难想象了。儋州的情况好不了多少，生活条件比惠州艰苦得不可比拟。苏轼说这里是食无肉、病无药、居无室、出无友、冬无炭、夏无泉的“六无”世界。儋州的气候炎热潮湿，容易生病，年过六旬的苏轼更难适应这里的气候。他说，这里的物品到了春夏之交，没有不发霉的；而人非金石，其何以堪？

元符三年（1100）正月，年仅二十七岁的哲宗病逝了，徽宗赵佶继位，政局在短时间内发生了有利于元祐党人的变化。哲宗当政年间被贬的官吏，已死的追复原官，录用其子孙；未死的逐渐内迁，苏轼也在其中。苏轼得到任便居住之命时，对究竟“居住”何处，很费了一番斟酌，最后仍决定居住在远离京城的常州。他在《与子由书》（卷六〇）中详尽叙述了他不能归颍昌，与弟团聚的原因：“北方事有决不可往颍昌近地居者”；“北行渐近，决不静尔”。可见苏轼决计不往颍昌是出于政治原因。北方发生了什么事？建中靖国元年（1101）向太后去世，徽宗亲政。徽宗是北宋最荒淫的皇帝，是直接招致北宋灭亡的亡国之君。他继位后，贬黜了绍圣年间当权的章惇，主要并不是因为章惇“专图报复，屡兴大狱”；而是因为章惇曾反对立他为帝。他虽然以韩忠彦、曾布为左右相，但实权是操在投机派、阴谋家曾布手里。曾布在徽宗初即位时力排章惇，以取相位；章惇罢相后，他又排斥刚刚起用的元祐老臣，以固相位。他大搞两面派，“进则必论元祐人于帝前，退则尽排元祐者于要路”[②]。他在向太后还政徽宗后，又打起变法派的旗号，向徽宗建言绍述父（神宗）、兄（哲宗）之政。徽宗最初想调和新旧两党，调和未成，就决心再度绍述新政。苏轼决计常州居住时，“朝廷命令，莫不是元丰而非元祐”，以元丰之政为是，以元祐之政为非，政治空气已为之一变。当时朝野起用苏

① 宋祝穆：《方舆胜览》卷一二，四库全书本。
② 《御编通鉴辑览》卷七九，四库全书本。

轼的呼声较高，但都为权臣、徽宗所阻。据《续资治通鉴长编拾补》卷一七载，右司谏陈祐劾曾布，乞罢之。布对徽宗言："众人谋欲逐臣，聚其党与，复行元祐之政。"徽宗回答道："安有是理？若更用苏轼、苏辙为相，则神宗法度无可言者。"

苏轼于建中靖国元年（1101）卒于常州（今属江苏）。对苏轼的去世，士人十分悲痛："太学之士数百人，相率饭僧慧林佛舍"（苏辙《亡兄子瞻端明墓志铭》）；"眉山公卒，太学生侯秦、武学生杨选素不识公，率众举哀，从者二百余人。"[①] 为哀挽祭文者尤多，其弟苏辙《祭亡兄端明文》（卷二〇）云："兄之文章，今世第一。忠言嘉谟，古之遗直。名冠多士，义动蛮貊。流窜虽久，此声不没。遗文粲然，四海所传。《易》《书》之秘，古所未闻。时无孔子，孰知其贤？以俟圣人，后则当然。"黄庭坚在得知苏轼去世后，致书苏辙云："端明二丈，人物之冠冕，道德文章足以增九鼎之重，不谓遂至于此，何胜殄瘁之悲。"[②] 晁补之《祭端明苏公文》云："间关岭海，九死来归，何嗟及矣，梁木其摧。"[③] 李之仪《东坡挽词》云："从来忧患许追随，末路文词特见知。肯向虞兮悲盖世，空惭赐也可言诗。炎荒不死疑阴相，汉水相招本素期。月堕星沉岂人力，辉光他日看丰碑。"[④] 李廌《追荐东坡先生疏》云："德尊一代，名满五朝。道大不容，才高为累。惟行能之盖世，致忌娼之为仇。久蹭蹬于禁林，不遇故去；遂飘零于障海，卒老于行。方幸赐环，忽闻亡鉴。识与不识，罔不尽伤；闻所未闻，吾将安倣！皇天后土，知一生忠义之心；名山大川，还千古英灵之气。系斯文之兴废，占吾道之盛衰。兹乃公议之共忧，非独门人之私义。所恨一违师席，九易岁华。意徒生还，遂为死别。慕子贡筑场之意，每罄哀诚；诵普贤行愿之文，庶资冥福。"（《五百家播芳大全文粹》卷八二）其中"皇天后土，知一生忠义之心；名山大川，还千古英灵之气"一联，尤为世传诵。徐积《苏子瞻挽词》云："起起公终矣，斯文将奈何。新书传异域，旧隐寄东坡。直道谋身少，孤忠为国多。死生公论在，高

① 陈师道：《后山丛谈》，学海类编本。

② 《豫章黄先生文集》卷一九，四部丛刊本。

③ 《济北晁先生鸡肋集》卷六一，四部丛刊初编本。

④ 《姑溪居士文集》卷一一，粤雅堂丛书本。

义出岷峨。”[①] 这些哀挽之词都对苏轼一生作了很高的评价。

但对苏轼的迫害并未因苏轼去世而停止。崇宁元年（1102）五月，追贬苏轼为崇信军节度行军司马，缴纳原追复的官诰。《宋大诏令集》卷二〇〇（中华书局排印本，1962）载其制词云：

敕：尔早由艺文，擢置儒馆。尝以谤讪抵罪，神考赦而不诛。元祐之间，躐登华近。扶持亲党，鼓倡群邪。肆为诋诬，以逞怨望。绍圣投之荒裔，聊正典刑。昨乃以误恩，复还朝著。推原罪慝，在所当诛。追削故官，置之冗散。庶其党类，知所惩创。

人已死了，还“追削故官”，目的就在于“惩创”其“党类”。八月诏司马光等二十一人子弟不得在京为官，其中含苏轼子弟。九月立元祐党籍碑，并下外路州军监司厅亦立石刊记，凡一百一十七人，不得在京差遣，并立石端礼门，其中亦有苏轼；崇宁二年（1103）四月，诏毁《东坡集》《东坡后集》印版（见《续资治通长编拾补》卷二〇、二一）。吴曾《能改斋漫录》卷一一（上海古籍出版社，1960）云：“崇宁二年有旨，应天下碑碣牓额，系东坡书撰者，并一例除毁。”宣和五年（1123）令开封府、四川路、福建路毁苏轼文集之板：“中书省言，勘会福建等路近印造苏轼、司马光文集等，诏令后举人传习元祐学术，以违制论。印造及出卖者与同罪，著为令。见印卖文集，在京令开封府，四川路、福建路令诸州军毁板。”[②] 宣和六年，诏有收藏苏、黄之文者，并令焚毁，犯者以大不恭论（《宋史》卷二二《徽宗四》）。韦居安《梅涧诗话》卷下引《夷坚戊志》云：“崇宁、大观间，蔡京当国，设元祐党禁，苏文忠文辞字画，存者悉毁之。……由是人莫敢读苏文。”因徽宗时严禁三苏文，当时的人“不敢显题轼名”，故把《苏氏易传》改名《毗陵易传》（因苏轼卒于毗陵即今常州）。文同《丹渊集》也把子瞻改为子平，文诚之《丹渊集拾遗卷跋》云：“诗中凡及子瞻者，率以子平易之，盖当时党祸未解，

① 徐积：《节孝先生文集》卷二七，康熙重刻本。

② 《宋会要辑稿》刑法二之八八，影印北京图书馆藏本。

故其家从而窜易。斯文厄至于如此，可胜叹哉!”

但更值得注意的是，即使在徽宗朝，也有人不满对苏轼的迫害，如梁师成。梁师成，字守道，慧黠习文法，粗知书，为宦官。政和间甚见宠用，官至太尉、开府仪同三司，群奸谄附，都人目为隐相。钦宗立，被缢杀。《宋史》卷四六八《梁师成传》云：“师成实不能文，而高自标榜，自言苏轼出子。是时，天下禁诵轼文，其尺牍在人间者皆毁去，师成诉于帝曰：‘先臣何罪?’自是，轼之文乃稍出。”从“高自标榜”“自言”等用语看，《宋史》作者对梁师成乃苏轼出子是持怀疑态度的。但如果事出无因，无论怎样“标榜”，恐怕也不至于认人为父，何况正处于“禁诵轼文”之时。朱熹（1130—1200）为南宋人，他生活的年代距苏过不远，也有类似记载，其所记必有所本。后人多不同意朱熹的论断，但对他提供的事实并不怀疑。朱彝尊《书晁以道〈苏叔党墓志〉后》认为，苏过不愿“显绝师成”是情有可原的：“因师成自言为东坡出子，尝诉于裕陵（当为祐陵，裕陵为神宗陵名）曰：‘先臣何罪，禁诵其文章，灭其尺牍?’于是先生遗文手迹始稍稍复出。叔党之不忍显绝师成者此也。”① 并认为朱熹所谓苏过以父事师成是没有根据的：“毁之者谓叔党谄事师成，自居干儿。夫师成既以东坡为父，称曰‘先臣’，则必以昆弟遇叔党，岂有业为兄弟而又降称干儿之理? 此助洛攻蜀者谤之。”清人伍崇耀《双溪集跋》在言及苏过与梁师成的关系时，甚至不惜以朱熹曾孙朱浚与贾似道的关系讥之。他说：“南宋君臣致敬苏氏，恩最优渥。而《朱子语录》称梁师成自谓东坡遗腹子，待苏叔党如亲弟兄，谕宅库云‘苏学士使一万贯以下不须复’。又称东坡子过、范淳夫子温皆出梁师成门，以父事之，又有某人亦然。师成妻死，欲丧以母礼，方疑忌某人，不得已衰绖而往，则某人先衰绖在帷下矣。又《宋稗类钞》称贾秋壑柄国时，浙漕朱浚每有劄子禀事，必称‘某万拜覆’，时人谓之‘朱万拜’，乃晦翁曾孙也。噫! 明德之后，必有达人，而欲其克绳祖武，风节、文章两无所愧，亦甚难矣。”② 总之，人们对苏过同梁师成的关系或惋惜，或辩护，却很少有人怀疑梁师成为“东坡出子”。

---

① 《曝书亭集》卷五二，四部丛刊本。

② 苏籀：《双溪集》附，粤雅堂丛书本。

又如颇受徽宗宠信的道士林灵素，清人宋长白云：“林灵素以海上青牛耸动人主，及见元祐党碑乃稽首，徽宗怪而问之，对曰：‘碑上姓名皆天上星宿，臣敢不稽首。’尝有诗曰：‘苏、黄不作文章客，童、蔡翻为社稷臣。三十年来无定论，不知奸党是何人。’又尝上疏曰：‘蔡京鬼之首，童贯国之贼。’遂封锁前后赐物，私出国门而去。林之强直如此，不得以方士少之。”①

以上是徽宗近臣不满徽宗禁毁苏集的记录，下层百姓，尤其是读书人对此也颇不满。王明清《挥麈录》卷三（丛书集成初编本）云：“崇宁初，诏郡国刊元祐党籍姓名。太守呼（李）仲宁使劖之，仲宁曰：‘小人家旧贫窭，止因开苏内翰、黄学士（庭坚）词翰，遂至饱暖。今日以奸人为名，诚不忍下手。’守义之，曰：‘贤哉，士大夫所不及也！’馈以酒而从其请。”这是刻工不肯劖苏轼于党人碑。费衮《梁溪漫志》卷七云：“宣和间，申禁东坡文字甚严，有士人窃携坡集出城，为阍者所获，执送有司，见集后有一诗云：‘文星落处天地泣，此老已亡吾道穷。才力谩超生仲达，功名犹忌死姚崇。人间便觉无清气，海内何曾识古风？平日万篇谁爱惜，六丁收拾上瑶宫。’京尹义其人，且畏累己，因阴纵之。”这是士人私藏苏集的记载。

苏轼生前，其诗文就广为流传，朋万九《东坡乌台诗案》云：东坡文字，“流俗翕争相传诵”，其“文字传于人者甚众”；朱弁《曲洧旧闻》卷八云：“东坡诗文落笔辄为人所传诵”；《独醒杂志》卷三云：“东坡守徐州，作燕子楼乐章，方具稿，人未知之。一日，忽哄传于城中，东坡讶焉，诘其所从来，乃谓发端于逻卒。东坡召而问之。对曰：‘某稍知音律，尝夜宿张建封庙，闻有歌声，细听乃此词也，记而传之，初不知何谓。’东坡笑而遣之。”徽宗禁毁苏集后，苏轼的只言片纸反而声价猛涨。朱弁《曲洧旧闻》卷八云：“崇宁、大观间，海外诗盛行，后生不复有言欧公者。是时朝廷虽尝禁止，赏钱增至八十万，禁愈严而传愈多，往往以多相夸。士大夫不能诵坡诗，便自觉气索，而人或谓之不韵。”杨万里《杉溪集后序》（《诚斋集》卷八三，四部丛刊本）云：“是时书肆畏罪，坡、谷二书皆毁其印，独一贵戚家刻印印之，率

① 《柳亭诗话》卷一六，清康熙天茁园刻本。

黄金斤易坡文十，乃所以昌斯文也。”可见利用禁书牟取暴利，古已有之，只是于今为烈罢了。清人施闰章《续苏长公外纪序》亦云：“及辗转迁谪，琐屑于岭南瘴厉之乡，滨死而后返，其所为文乃益奇。其书画笔札，言语之类，往往散落于人间，盈海内外，无所不至，殆非迁谪不及此。……崇、观间，以党祸诏毁其墨迹，禁其诗文，而禁之愈严，传之愈盛，士大夫以不能诵坡语为耻。盖其令名大节见于朝廷、被诸天壤者，既已炳然如日星，而其余技杂见，又无所不工，故其流风为天下所爱慕，至于片言只字，宝贵之不衰。此得之天授，非可强而致也。”赵翼《瓯北诗话》卷五云：“东坡诗文，及身已盛行。当徽宗朝禁锢苏、黄集甚严，至有藏于衣褐，间道出京，为逻人所获者。绍兴间，洪景庐在英州，坡集已漫漶，忽得一翻刻本，为之畅然。事见《容斋随笔》。后一二十年，陆放翁又得一翻刻本，亦喜而跋之。是南渡四五十年，坡集已两翻版，可见其流布之盛也。”总之，“禁愈严而传愈多”，禁反而变成了倡，这是统治者所始料未及的。

第四节　“不知更几百年，方有如此人物”

以上论述了苏轼入仕之后，深深卷入了当时新旧两党的斗争，一直无法实现其政治抱负。以下论述同时代人对当时政治、其人品的评价，新旧两党虽往往相反，但对其才气和文学成就评价，即使其政敌也无异辞。

在乌台诗案中，李定是迫害苏轼的急先锋，但他也不得不承认苏轼为“天下奇才”。邵博《邵氏闻见后录》卷二一载：“李定自鞫东坡狱，势不可回。一日，于崇政殿门外语同列曰：‘苏轼，奇才也。’俱不敢对。又曰：‘轼前二三十年所作诗文，引援经史，随问即答，无一字之差，真天下奇才也。’叹息久之。盖世之公论，至仇怨不可夺也。”

元丰七年七月，苏轼赴汝州贬所途中经金陵（今江苏南京）。王安石自熙宁九年罢相后，一直闲居于此，他听说苏轼将过金陵，穿着野服，骑着毛驴，来到江边见苏轼。苏轼说，我今天是穿着野服见大丞相。王安石笑着回答说，礼仪难道是为我们这些人设的吗？两人见面非常随便，并同游蒋山。他们在一起诵诗说佛，相互唱和，愉快地度过了几天。苏轼《同王胜之游蒋山》（卷二四）诗中有“峰多巧障目，江远欲浮天”之句，王安石读后拊几赞叹道：“老夫平生所作诗，无此二句。”王安石在《和子瞻同王胜之游蒋山》（卷一六）序中说：“余爱其‘峰多巧障目，江远欲浮天’之句，故次其韵。”他赞颂苏轼是“墨客真能赋，留诗野竹娟”。苏轼有《雪后书北台壁》（卷一二）诗，结句为“空吟冰柱忆刘叉”。刘叉，唐代诗人，其诗敢于揭露统治者的荒淫。王安石和这首诗多达六篇，称赞苏轼“直须诗胆付刘叉”（卷一八《读眉山集次韵雪诗》）。王安石还曾称赞苏轼说：“不知更几百年，方有如此人物。”（蔡絛《西清诗话》，宋诗话辑佚本）从上述不难看出，王安石对苏轼的文才是十分钦佩的，而且对苏轼的直言敢谏也是赞赏的。苏轼对王安石也是如此，他在《次荆公韵》（卷二四）中写道：

骑驴渺渺入荒陂，想见先生未病时。
劝我试求三亩宅，从公已觉十年迟。

王安石隐居金陵到这时只有八年，“十年”是整数。“从公已觉十年迟”一语，表现了苏轼对王安石急流勇退是很仰慕的。有人把此句作为苏轼对反对新法表示忏悔，这是不符合苏轼原意的，这样解释与上句语气也不贯。所谓“劝我试求三亩宅”，是说王安石曾劝苏轼买田金陵，以便朝夕相见。苏轼也曾有此打算，他在仪真（今江苏仪征）《与王荆公书》（卷五〇）中说：

近者经由，屡获请见，存抚教诲，恩意甚厚。……轼始欲买田金陵，庶几得陪杖履，老于钟山之下。既已不遂，今仪真一住又已二十日，日以求田为事，然成否未可知也。若幸而成，扁舟往来，见公不难矣。

这些诗和信都表明苏轼打算随王安石一起隐居金陵。陆游《跋东坡谏疏草》云：“天下自有公论，非爱憎异同能夺也。如东坡之论时事，岂独天下服其忠，高其辩，使荆公见之，其有不抚几太息者？东坡自黄州归，见荆公于半山，剧谈累日不厌，至约以卜邻以老焉。公论之不可掩如此，而绍圣诸人乃遂其忮心，投之岭海必死之地，何哉！”（《渭南文集》，1976年中华书局《陆游集》校点本）

苏轼的师友门生更未因苏轼政治上受排斥打击而改变对他的看法，甚至可说对他更加尊敬。郑獬在《大理寺丞苏轼可殿中丞制》中说：“汝以高文典册，伏对于大庭，忠言俊气，直出诸生之右。宜擢之不次，绝群而进，尚可岁月之累耶？”（《郧溪集》卷二，湖北先正遗书本）就在苏轼受到新党排斥时，张方平在《举李大临苏轼充谏官》（卷三〇）中说：“殿中丞直史馆苏轼，文学通博，议论精正……堪充谏官。”陈襄《熙宁经筵论荐》中推荐苏轼，称其“豪俊端方，所学虽不长于经术，然子史百氏之书，无所不览。文辞美丽，擅于一时。居官敏恕，尤通政事。”（《古灵先生文集》卷一，四库全书本）陈襄与苏轼同官杭州，曾以司马相如称美苏轼：“郊原芳意动游人，湖上晴波见跃鳞。……寄语文园（司马相如）何所苦，且来相伴一寻春。”（卷六《和苏子瞻通判在告中闻余出郊以诗见寄》）范祖禹《荐士劄子》（《范太史集》卷一九，四库全书本）说：“知杭州苏轼，文章为时所宗，名重海内，陛下所自拔擢，不待臣言而可知。臣窃观轼，忠义许国，遇事敢言，一心不回，无所顾望。然其立朝，多得谤毁。盖以刚正疾恶，力排奸邪，尤为王安石、吕惠卿之党所憎，腾口于台谏之门，未必非此辈也。陛下举直错枉，别白邪正，以致今日之治，如轼者，岂宜使之久去朝廷？况轼在经筵进读，最为有补。臣愚伏望圣慈早赐召还。今尚书阙官，陛下如欲用轼，何所不可？朝廷选授，常患乏才，每一官阙，久之不补。今有一苏轼而不能用，不知更求何者为才也，臣窃为陛下惜之。”其《荐讲读官劄子》（卷二六）云：“苏轼文章为天下第一，其名亚于司马光，但忌嫉之者多，此在陛下主张而用之耳。”文同《中秋夜试院寄子平（即苏轼）》亦称其才华笔力：“之人富才华，笔力趫且壮。”（文同《丹渊集》卷九，四部丛刊初编本）正如王辟之所云：“子瞻文章议论，独出当世，风格高迈，真谪仙人也。至于书画，亦皆精绝。故其简笔，才落手即为人藏去，有得真迹者，重于珠玉。子瞻虽才行高世，而遇人温厚，有片善可取者，辄与之倾尽城府，论辨唱酬，间以谈谑，以是尤为士大夫所爱。”（王辟之《渑水燕谈录》卷四，中华书局唐宋史料笔记丛刊本）

像当年在欧阳修周围形成了以曾巩、王安石及三苏父子为门生的文人群体一样，在苏轼遭到政敌打击排挤时，在他周围也形成了以苏门四学士（黄庭坚、张耒、晁补之、秦观）或六君子（外加陈师道、李廌）为代表的文人集团，他们对苏轼崇拜到极点。受韩愈影响，宋人多有强烈的文统观念，苏轼也不外。李廌《师友谈记》云：“东坡尝言文章之任，亦在名世之士相与主盟，则其道不坠。方今太平之盛，文士辈出，要使一时之文有所宗主。昔欧阳文忠以是任付与某，故不敢不勉。异时文章盟主，贵在诸君，亦如文忠之付某也。”这里所谓的“诸君”，即指苏门四学士或苏门六君子。苏轼《答李昭玘书》（卷四九）云：“黄庭坚鲁直、晁补之无咎、秦观太虚、张耒文潜之流，皆世未之知，而轼独先知之。”此为苏门四学士所本，这是苏门四学士的最早记载。苏轼《答李方叔》（卷五三）云：“比年于稠人中，骤得张、秦、黄、晁及方叔、履常辈。”此为苏门六君子所本，陈亮据此编《苏门六君子文粹》。

宣和四年七月释惠洪在《跋三学士帖》（《石门文字禅》卷二七，四部丛刊初编本）中写道：“秦少游、张文潜、晁无咎，元祐中俱在馆中，与黄鲁直为四学士，而东坡方为翰林，一时人物之盛，自汉唐已来未有也。”元祐元年，苏轼考试馆职，黄鲁直为集贤校理，晁无咎为太学正，张文潜为太学录（《续资治通鉴长编》卷四四三），有著名的《武昌西山》唱和诗，苏轼有《西山诗和者三十余人，再用前韵为谢》（卷二七）。元祐二年有著名的西园雅集，凡十六人。三年，苏轼知礼部贡举，黄庭坚等为参详官，诸人颇多唱和。这正是惠洪所说的“一时人物之盛，自汉唐已来未有也”。

黄庭坚《上苏子瞻书》中说：“阁下学问文章度越前辈，大雅恺弟约博后来。立朝以直言见排摈，补郡辄上课最，可谓声实相当，内外称职。凡此数者，在人为难兼，而阁下所蕴，海涵地负，特所见于一州一国者耳。惟阁下之渊源如此，而晚学之士，不愿亲炙光烈，以增益其所不能，则非人之情也。”（《豫章黄先生文集》卷一九）并寄以《古风》诗二章。张耒本为苏辙学生，因辙而及轼门，《宋史》卷四四四《张耒传》云：“（耒）游学于陈，学官苏辙爱之，因得从轼游，轼亦深知之，称其文汪洋冲澹，有一唱三叹之声。”张耒《杞菊赋》称美苏轼说：“胶西先生（苏轼时知密州），为世达者，文章行义，遍满天下。出守胶西，曾是不饱。先生不愠，赋以自笑。先生哲人，太守尊官，食若不厌，况于余焉。”（《张耒集》卷一，中华书局校点本，1990）晁补之《上苏公书》（卷五一）云：“阁下布衣单车，崎岖出蜀，一日而声振四方，四方之士，拱手而来降，向风而交驰，可谓有盖天下之名矣。横身当职，不肯碌碌，出辞吐气，无所阿避，可谓有服天下之实矣。”其《七述》（卷二八）云：“予尝获侍于苏公，苏公为予道杭之山川人物，雄秀奇丽，夸靡饶阜，名不能殚者。且称枚乘、曹植《七发》《七启》之文，以谓引物连类，能究情状。退而深思，仿其事为《七述》，意者述公之言而非作也。眉山先生怀道含光，陆沉于俗，日与嵇、阮赋诗饮酒，谈笑自足，洎然若将终身焉。”陈师道《送苏公知杭州》称其为“一代不数人，百年能几见”之人（《后山居士文集》卷一，上海古籍出版社影印宋刊本，1984）；其《再次韵苏公示两欧阳》（卷二）云：“公诗周鲁后，曳曳垂天云”；在《怀远》诗中对苏轼远谪岭南尤为不平：“海外三年谪，天南万里行。生前只为累，身后更须名。未有平安报，空怀故旧情。斯人如有此，无复涕纵横。”（卷五）李廌《汝阴倡和集后序》亦称“先生文章忠义为当世准的，其所寓山川国邑，犹且使人怀慕想望，矧其宾从寮寀有英伟隽杰者乎！”（《济南集》卷六，宋人集丙编本）李廌《师友谈记》（学津讨原本）还载有一则笑话，东坡扈从燕醴泉观，优人相与自夸文章为戏，一优云：“吾之文章，汝辈不及也。”众优曰：“何也？”曰：“汝不见吾头上子瞻乎？”“头上子瞻”谓帽，因为当时士大夫效东坡戴桶高檐帽，名子瞻样。清人俞樾感慨道：“当时优人竟于御前为此语，足见宋禁令之阔疏，而子瞻之名动九重，亦后世人臣所莫及矣。”（《春在堂随笔》，上海进步书局春在堂全集本）

当时称美苏轼的不只苏门四学士或六君子，他的其他生友，无论在他青云直上之日，或在他不得志之时，也对他称颂备至。孔武仲《再用韵和子瞻》（《清江三孔集》卷六，影印文渊阁《四库全书》本）云：“子瞻得家法，自少不勤苦。戏剧入场屋，名声振寰宇。凝思肤寸云，落笔万点雨。中间触机阱，窘若带箭虎。坎轲连交游，冻饿及稚乳。归来直玉堂，得失亦相补。”郑侠《上苏端明》云：“昔向东坡览古文，长嗟简策锁风云。那知日月归元首，立见夔龙遇放勋。夷夏生灵真久困，圣贤膏泽有前闻。帡幪天地期功业，妙画奇书请暂焚。”（郑侠《西塘先生文集》卷九，万历刊本）毕仲游《上苏子瞻学士书》云：“足下天资甚美，喜善疾恶。自立朝以来，祸福利害系身者未尝及言；而言之所及，莫非人事之大体，则亦无可加矣。”（《西台集》卷八，四库全书本）苏轼知定州，辟李之仪入幕，李自然以此为荣，其《次韵东坡所和滕希靖雪浪石诗》（卷四）云：“平生所愿识荆州，别乘还容接胜流。异日奔腾惊海面，新诗清绝似槎头。常嗟盛事千年隔，谁谓余光一旦收。便觉诗源得三昧，目中无复有全牛。”其妻胡文柔对苏轼也十分尊敬：“余从辟苏轼子瞻府，文柔屡语余曰：‘子瞻名重一时，读其书，使人有杀身成仁之志，君其善事之。’……子瞻既贬，手自制衣以贶曰：‘我一女子，得是等人知我，复何憾？’”（卷五〇《姑溪居士妻胡氏文柔墓志铭》）李昭玘《上眉阳先生书》中说：“徐（州），先生旧治也，风迹未远，门生故吏多出庠序，而半在官府。每相过者，论先生德义，诵先生文章，堂上琅琅，终日不绝。某获代者舒尧文也。尧文……言先生与人交，略去圭角，洞见肺腑，恐不亲见己，人亦自忘其鄙吝而不知所以化。一日，登黄楼曰：‘此苏公燕集之地也，酒后喜为文章，尽箧中无留纸，如方盘大斛，泻出珠贝，照烂磊落，铄手夺目。众人排捽，争先取之，惟恐其攫之不多也。’”（《乐静集》卷一〇，四库全书本）王巩《寄上苏子瞻书》中说：“今与公语凡昼夕十有九，颇识公之毫厘间，信乎瞻之在前，忽然在后，如天之不可阶而升也。至于论文章，一字一音，莫不谆谆然反复罄尽，若将拔其尤而授之。”（无名氏《国朝二百家名贤文粹》卷一〇〇，宋庆元眉州书隐斋刊本）赵鼎臣《问候苏内翰启》云：“伏以某官熙朝间气，冠古真儒。所谓千载之逢，奋于百世之上。躬蹇蹇以匪故，民岩岩而具瞻。续《春秋》以著书，权衡王道；傍《离骚》而掞藻，衣被词人。”（《竹隐畸士集》，卷一〇，四库全书本）其《上苏内翰端明启》称其“传孟子之大醇，亚仲尼之将圣。鸿文参乎造化，高谊薄于穹旻。凤凰景星，世人争睹；泰山北斗，学者具瞻。”（同上）毛滂《贺苏内翰启》（毛滂《东堂集》卷五，四库全书本）称其“嘉祐之间，共识凤凰景星之瑞；元丰之末，益知泰山北斗之尊。霜雪所余，波涛既定。及见松筠之茂，已缄鲛鳄之馋。出入群经，熟沈浸于浓郁；徘徊清禁，遂黼藻于王言。陈义甚高，独立不惧。”又《上苏内翰书》（卷六）云：“本朝以文章耸动搢绅之伍者，天下最知有欧阳文忠公，中间先生父子兄弟怀才抱道，吐秀发奇，又相鸣于翰墨之囿，如长江大河，浩无畔岸，崇岩峭壁，万仞崛起，此天下所以目骇耳回，而披靡于下风也。……先生之名满天下，虽渔樵之人，里巷之儿童，马医厮役之徒，深山穷谷之妾妇，莫不能道也，是天下所共知也。”

这里值得注意的是苏轼门人虽然深受苏轼影响，但苏门四学士却没有一人完全步苏轼的后尘，黄诗瘦劲，秦词婉约，张诗平易，晁则古雅，特别是黄诗秦词，都与苏轼大异其趣。他们尊崇苏轼，但均可以自由地批评苏轼。从文学角度批评苏轼的，首先应推黄庭坚，他在《答洪驹父书》（卷一九）中说：“东坡文章妙天下，其短处在好骂。”《韵语阳秋》卷二载：“鲁直谓东坡作诗，未知句法。”陈师道以为东坡词“如教坊雷大使之舞，虽极天下之工，要非本色”；批评苏诗“始学刘禹锡，故多怨刺”“晚学太白”“然失于粗”；“诗欲其好，则不能好矣。王介甫以工，苏子瞻以新，黄鲁直以奇。而子美之诗，奇常、工易、新陈，莫不好也”（《后山诗话》）。秦观《答傅彬老简》（《淮海集笺注》卷三〇，上海古籍出版社校注本，1994）则公开说苏轼之文不如苏辙：“阁下谓蜀之锦绮，妙绝天下，苏氏蜀人，其于组丽也，独得之于天，故其文章如锦绮焉。其说信美矣，然非所以称苏氏也。苏氏之道，最深于性命自得之际，其次则器足以任重，识足以致远，至于议论文章，乃其与世周旋，至粗者也。阁下论苏氏，而其说止于文章，意欲尊苏氏，适卑之耳。阁下又谓三苏之中，所愿学者，登州（苏轼）为最优，于此尤非也。老苏先生，仆不及识其人；今中书（苏轼）、补阙（苏辙）二公，则尝身事之矣。中书之道，如日月星辰，经纬天地，有生之类，皆知仰其高明。补阙则不然，其道如元气，行于混沦之中，万物由之而不知也。故中书尝自谓：‘吾不及子由。’仆窃以为知言。”

或许正因为黄庭坚是较早提到苏轼“短处”的人，在南北宋之际遂演变成所谓苏、黄“争名”说。苏轼同黄庭坚的友谊真可感天地，动鬼神。但有人却说苏、黄互相争名：“元祐文章，世称苏、黄，然二公当时争名，互相讥诮”（胡仔《苕溪渔隐丛话》前集卷四九）；“苏、黄各因玄真子（即张志和）《渔父词》增为长短句互相讥评”；或说黄争名于苏：“鲁直欲为东坡之迈往而不能，于是高谈句律，务以自立而相抗”[①]；或说苏不满黄与己齐名：“（山谷）受知于东坡先生，而名达夷夏，遂有苏、黄之争。坡虽喜出我门下，然胸中似不能平也。”（吴坰《五总志》，四库全书本）

苏、黄争名，实际上根本不存在，为什么从宋代起，就一直有这种说法呢？原因很复杂，重要原因之一就是苏轼及其门人虽然形成了所谓“元祐体”，但“元祐体”可谓散体，这一大群作家既无统一的理论纲领，也无共同的艺术风格。苏轼曾批评王安石说：“文字之衰，未有如今日者也。其源实出于王氏。王氏之文未必不善也，而患在于好使人同己。”（《答张文潜书》）苏轼的特点就在于不求其门人“同己”，而力主要自成一家。他的门生几乎一无例外地深受他的影响，但却找不出一个亦步亦趋，步其后尘的门人。黄庭坚也未卷入苏轼同新党和洛党的斗争，当苏轼抨击吕惠卿等“或首开边隙，使兵连祸结；或渔利榷财，为国敛怨；或倡起大狱，以倾陷善良。其为奸恶，未易悉数，而王安石实为之首”（卷二九《论周穜擅议配享自劾劄子》）时，在群起否定王安石的元祐初年，黄庭坚却发出了“真是真非安在，人间北看成南”（《山谷诗注》卷三《次韵王荆公题西太一宫壁》，武英殿聚珍版）的感慨。“方苏门与程子学术不同，其徒互相攻诋，独涪翁超然其间，无一语党同。……此其天资高明，不淄不磷，岂苏门一时诸人可望哉！”（黄震《黄氏日钞》卷六五）苏氏不但不要求门人“同己”，而且门人还可自由批评先生。了解苏门关系的这一特点，就会觉得他们间的相互批评是正常现象，否则就会给人以争名的口实。

苏轼是一个风趣幽默、喜欢戏谑的人物，爱同老朋友开玩笑。苏轼关于

① 王若虚：《滹南诗话》卷中，人民文学出版社校点本，1983。

黄庭坚笔下的渔父“太澜浪”，“鲁直乃欲平地起风波”等事，也属戏谑之词。又如，苏轼《龟山》诗有“身行万里半天下，僧卧一庵初白头”句。黄庭坚认为“初白头”当为“初日头”，意谓“此僧负暄于初日耳”。张耒不以为然，黄说：“岂有用‘白’对‘一’乎？”张耒后来问苏轼，苏轼说：“若是黄九要改作‘日头’，也不奈他何！”（张耒《明道杂志》，学海类编本）黄庭坚斤斤于句律，故坚持认为“初白头”当为“初日头”，这大概就是后来所谓黄讥苏诗“不入律”的缘起之一吧！但改为“初日头”，却兴味索然，而入律又是作诗的起码要求，故苏轼说奈何他不得，显然也是开玩笑。再如，曾敏行《独醒杂志》（知不足斋丛书本）卷三载：“东坡尝与山谷论书，东坡曰：‘鲁直近字虽清劲，而笔势有时太瘦，几如树梢挂蛇。’山谷曰：‘公之字固不敢轻议，然间觉褊浅，亦甚似石压蛤蟆。’二公大笑，以为深中其病。”不知苏、黄性格者，又会以为这是在“相互讥诮”，但他们却虚怀若谷，各自“以为深中其病”。

苏轼与其门人之间既多戏谑与批评，为什么仅仅产生了苏黄争名说，而没有产生苏陈、苏秦、苏晁争名说呢？这是因为陈、秦、晁在文坛的地位还不足以与苏轼争名，只有黄庭坚的声名才足以附会成苏黄争名说，特别是在南宋之际形成以黄庭坚为代表的江西诗派之后。周行己《寄鲁直学士》云：“当今文伯眉阳苏，新词的皪垂明珠，我公江南独继步，名誉籍甚传清都。”“江南独继步”“传清都”等语，说明黄还未到京任职，这首诗可能作于元丰末年，黄庭坚在苏轼门人中已取得“独继步”的地位。晁补之《题黄鲁直新柑帖》云：“元祐末，有苏黄之称。”李公择从孙，名列江西诗派的李彭在《上黄太史鲁直》中甚至说：“扈圣当元祐，雄名独擅场。”这个“独”字把苏轼也排斥在外了，仿佛黄庭坚独自成了元祐诗坛的领袖。这虽然不符合实际，但至少反映了“元祐体”中宗黄一派即后来的江西诗派的看法。陈师道虽被称为苏门六君子之一，但他却学诗于黄而是苏：“仆于诗初无法，然少好之，老而不厌，数以千计。及一见黄豫章，尽焚其稿而学焉。”（《后山居士文集》卷一一《答秦观书》，上海古籍出版社影印宋刻本，1984）另一苏门弟子秦少章亦“句法本黄子”（苏轼《次韵范淳父送秦少章》卷三五）。葛立方《韵语阳秋》卷一二云：“柳展如，东坡甥也，不问道于东坡，而问道于山谷。”可见在苏轼的门生亲友中，有一部分人实际是黄庭坚的弟子，在他们的心目中，当然是山谷“最擅场”了。

以上论述了苏轼同时代人对苏轼的总体评价，下面再论述苏轼同时代人对其诗、词、文等文学成就的评价。

关于苏文，苏轼《自评文》（卷六六）曾说：“吾文如万斛泉源，不择地皆可出，在平地滔滔汩汩，虽一日千里无难。及其与山石曲折，随物赋形，而不可知也。所可知者，常行于所当行，常止于不可不止，如是而已矣。其他虽吾亦不能知也。”对苏文特点的评价，恐怕没有比他自己的概括更准确的了。苏辙认为：“子瞻之文奇，予文但稳耳。”（苏籀《栾城遗言》）黄庭坚虽说坡文“短处在好骂”，但也承认“东坡文章妙天下”①。在徽宗朝禁毁苏集时，李之仪《答人求所为诗文书》（卷一六）中说：“其如风雷雨雹之骤作，崩腾汹涌之掀击，出没后先，耸一时之壮气，极天地之变化，则吾东坡老人，未可轻议。虽时所禁，要亦不得而舍。”释惠洪认为“东坡盖五祖戒禅师之后身，以其理通，故其文澹然如水之质，漫衍浩荡，则其波亦自然而成文。盖非语言文字也，皆理故也。自非从般若中来，其何以臻此？其文自孟轲、左丘明、太史公而来，一人而已”（《石门题跋》卷二《跋东坡仇池录》，津逮秘书本）。王庠《与东坡手书》（《国朝二百家名贤文粹》卷一〇〇）云：“公之文，四渎也。浩浩乎，浑浑乎，其源之来长，洁而无杂，则是有得于孟子之粹；涵空成顷，□行地中，其气之雄深自然，有得于子长之奇。千里一弯，万里一□，而无荀卿奔放之患；晓烟夕月，四时备润泽之景，而无扬雄艰苦之癖。至于汇百家之异流，经纬天下，泽及万物，虽支疏灌溉，亦足以起丰年，而其用卒归于仲尼之□，故能卓然明道，去邪说之乱真也。自元丰来，先帝患文章陋甚，幸公救敝扶衰，黄、晁、秦、张辈从而和之，士方回悟而变取士之法矣。”李格非《论文章之横》还指出了苏轼文章纵横恣肆的特点：“余尝与宋遐叔言孟子之言道，如项羽之用兵，直行曲施，逆见错出，皆当大

① 《山谷全书·正集》卷八《答洪驹父书》，清光绪二十年义宁州署重刻本。

败而举世莫能当者，何其横也。左丘明之于辞令亦甚横。自汉后千年，唯韩退之之于文、李太白之于诗，亦皆横者。近得眉山《筼筜谷记》《经藏记》，又今世横文章也。夫其横乃其自得，而离俗绝畦径间者，故众人不得不疑，则人之行道文章，政恐人不疑耳。”（张邦基《墨庄漫录》卷六，稗海本）由此可见时人对苏文评价之高，即使在禁毁苏集时。北宋前期的古文运动存在着文道之争、骈散之争，在欧阳修之前，宋文虽也取得了一定成就，但正如苏轼所说：“宋兴七十年……斯文终有愧于古，士亦因陋守旧，论卑气弱。”（卷一〇《六一居士集叙》）但在欧阳修、曾巩、王安石、三苏父子之后，正如苏辙《欧阳文忠公神道碑》（《栾城后集》卷二三）所说：“祖宗之治，礼文法度，追迹汉唐，而文章之士杨（亿）、刘（筠）而已。及公之文行天下，乃复无愧于古。”而苏轼之文在从“有愧于古”到“无愧于古”中是起了巨大作用的。

关于苏诗，苏辙《子瞻和陶渊明诗集引》称“其诗比杜子美、李太白为有余”，后人未必尽以为然，但他称“公诗本似李、杜，晚喜陶渊明”（《亡兄子瞻端明墓志铭》），却大体符合苏轼一生实际的。李之仪称苏轼“新诗清绝似槎头”（卷四《次韵东坡所和滕希靖雪浪石诗》），对苏诗“千首高咏赓欲遍”（卷五《观东坡集》）。陈师道对苏诗时有不满，其《后山诗话》云：“苏子瞻以新，黄鲁直以奇。而子美之诗，奇常、工易、新陈，莫不好也。”又云：“苏诗始学刘禹锡，故多怨刺，学不可不慎也。晚学太白，至其得意，则似之。然失于粗，以其得之易也。”“新”“粗”“多怨刺”，确实深中苏诗之病。晁说之反驳苏辙所谓苏诗胜李、杜之说云：“或以东坡之诗胜李、杜而比陶渊明者，其言大可惧哉！”（卷一四《和陶引辨》）他对苏轼大和陶诗也不以为然，其《答李持国先辈书》云：“足下爱渊所赋《归去来辞》，遂同东坡先生和之，是则仆之所未喻也。建中靖国间，东坡和《归去来》，初至京师，其门下宾客又从而和之者数人，皆自谓得意也。陶渊明纷然一日满人目前矣。参寥忽以所和篇视予，率同赋，予谢之曰：‘造之者富，随之者贫。童子无居位，先生无并行。与吾师共推东坡一人于渊明间可也。’参寥即索其文袖之，出吴音曰：‘罪过公，悔不先与公语。’今辄以厚于参寥者厚于吾年侄，何

如?”（卷一五）

据王兆鹏、刘尊明《历史的选择——宋词历史地位的定量分析》（《文学遗产》四期，1995）统计，辛词现存达六百二十九首，为宋代第一。苏词现存三百六十二首，为宋代第二，北宋第一。历代对苏词的品评次数，达八百六十一次，为宋代第一[①]。由此可见历代对苏词的重视。清人刘熙载说：“太白《忆秦娥》，声情悲壮；晚唐、五代，惟趋婉丽；至东坡始能复古。后世论词者或转以东坡为变调，不知晚唐、五代乃变调也。”（《艺概》卷四，上海古籍出版社校点本，1984）这话是颇有道理的。词的发展经历了三个阶段，词在中唐初兴的时候，因为来自民间，虽然形式短小，还不成熟，但内容还比较广泛，格调也较清新；词言情，词为艳科，是在晚唐，特别是五代，经过文人的所谓“提高”之后，晚唐的温庭筠、五代的“花间词”，就是这种艳词词风的代表，被称为婉约词，直至苏轼以前没有根本转变；苏轼在前人成就的基础上另辟蹊径，创立了词风迥然不同的豪放词。苏轼是自觉地要在柳词之外别树一帜，苏门四学士之一的秦观作《满庭芳》词，中有“销魂，当此际，香囊暗解，罗带轻分。谩赢得青楼，薄幸名存”等语。秦观自会稽入京见苏轼，苏轼对秦观表示不满说：“不意别后，公却学柳七作词!”秦观回答道：“某虽不学，亦不如是。”苏轼反问道：“‘销魂，当此际’，非柳七语乎?[②]”由此可见，苏轼不愿其门人写柳永式的艳词。他在《与鲜于子骏书》（卷五三）中说：“近却颇作小词，虽无柳七郎（永）风味，亦自是一家。呵呵！数日前猎于郊外，所获颇多。作得一阕，令东州壮士抵掌顿足而歌之，吹笛击鼓以为节，颇壮观也。”过去的词多以婉丽为美，他却以自己的词“颇壮观”自豪。这封信无可置疑地证明苏轼创作豪放词并非偶尔心血来潮，而是相当自觉的。李清照的《词论》，强调词“别是一家”，词要写得来与诗不同；苏轼强调他的词“自是一家”，写得来与北宋前期的婉约词发展到顶点的柳永不同。这“自是一家”显然就是他在《与陈季常书》（卷五三）中所说的豪放一家。俞文豹《吹剑续录》（知不足斋丛书本）载：“东坡在玉堂，有幕

① 第二为姜夔，五百四十七次；第三为周邦彦，五百二十三次；辛词居第四，为四百七十八次。

② 曾慥：《高斋诗话》，学海类编本、宋诗话辑佚本。

士善讴，因问‘我词比柳词何如’，对曰：‘柳郎中词只好十七八女孩儿，执红牙拍板唱“杨柳岸，晓风残月”。学士词须关西大汉，执铁板唱“大江东去”。’公为之绝倒。”这位“善讴”的幕士，用非常形象的语言，道出了以柳永为代表的婉约词和以苏轼为代表的豪放词的不同特点，婉约词香而软，豪放词粗而豪。

后世都认为苏轼在词史上的创造性贡献最大，但北宋人并不怎样认可苏轼对词的创造性贡献。步苏轼的豪放词的后尘有他的一些门人，黄对苏词评价也较高，认为苏轼《卜算子》（缺月挂疏桐）“语意高妙，似非吃烟火食人语。非胸中有万卷书，笔下无一点尘俗气，孰能至此！”（卷二六，《跋东坡乐府》）；《醉翁操》“落笔皆超逸绝尘耳”（《山谷题跋》卷二《跋子瞻醉翁操》）。晁补之亦学苏词，王灼《碧鸡漫志》卷二（知不足斋丛书本）云：“东坡先生以文章余事作诗，溢而作词。……晁无咎、黄鲁直皆学东坡韵制，得七八。”《四库全书总目》卷一九八亦云：“补之为苏门四学士之一……其词神姿高秀，与轼实可肩随。陈振孙于《淮海词》下记补之之言曰：少游词如‘斜阳外，寒鸦数点，流水绕孤村’，虽不识字人，亦知是天生好言语。观所品题，知补之于此事特深，不但诗文之擅长矣。”冯煦云：“晁无咎为苏门四士之一，所为诗余，无子瞻之高华，而沈咽则过之。”（《蒿庵论词》，人民文学出版社校点本，1984）正因为晁词学苏词，因此他为苏词辩护说：“居士词横放杰出，自是曲中缚不住者。”（《苕溪渔隐丛话》后集卷三三）但在苏门四学士中，词的创作成就最大的秦观，走的完全是与苏轼不同的道路，而苏门六君子之一的陈师道甚至批评苏词“非本色”：“退之以文为诗，子瞻以诗为词，如教坊雷大使之舞，虽极天下之工，要非本色。”（《后山诗话》）李之仪的词风也与苏词不同，他的《跋吴师道小词》历评北宋词人，而对苏词却不予置评。北宋论词之作甚少，夏承焘先生把南北宋之际的李清照的《词论》断为“宋人最早的一篇论词的文字”。其实比李清照长三十六岁的李之仪有不少论词之文，而《跋吴思道小词》，其重要性并不亚于李清照的《词论》。对苏诗，李之仪是“千首高咏赓欲遍”（卷五《观东坡集》）；对苏文，在时禁方严时，他声称“未可以轻议”；而对苏词，不仅在这篇跋语中，就是在其他文章中也未予置评。《跋戚氏》主要歌颂苏轼的才思敏捷，也未论及苏词得失。之仪论词，推崇《花间》，强调词格，认为长短句“自有一种风格”，看来他对苏轼以诗为词也是不以为然的。他当然不可能像李清照那样指责苏词“皆句读不葺之诗”，于是只好以不表态作为表态了。李清照的《词论》因未论及南宋词人，一般认为作于北宋末。李之仪与吴可的交往也主要在北宋末（卷三六《吴思道藏海斋记》，作于政和五年，即1115年）。这一老一少，一男一女的二李，同在北宋末年分别提出了长短句“自有一种风格”“词别是一家”的论点，一对苏词避而不论，一谓苏词皆“句读不葺之诗”，颇能说明当时词坛的倾向，这大概就是苏轼以诗为词，当时应者寥寥的原因吧！

最早的词话应推北宋杨绘的《时贤本事曲子集》（词话丛编本）。杨绘（1027—1088），字元素，号无为子，绵竹（今属四川）人。皇祐五年进士，历开封推官，徙兴元府。神宗立，召修起居注，知谏院。与曾公亮忤，改兼侍读，不拜。后累官翰林学士，为御史中丞。又忤王安石，出知亳州。元祐初以天章阁待制知杭州，卒于官。绘为人表昭洞达，一出于诚，为时所重。《时贤本事曲子集》原书久佚，今存九则（其中苏轼共四则）为梁启超、杨万里所辑，见《词话丛编》。内容正如书名，为词之本事，今存所记苏词本事四则，这就是《满庭芳》（三十三年，飘流江海）、《满江红》（忧喜相寻）、《虞美人》（湖山信是东南美）、《减字木兰花》（双龙对起）。如关于《减字木兰花》的背景，杨绘《时贤本事曲子集》云：“钱塘西湖有诗僧清顺居其上，自名藏春坞。门前有二古松，各有凌霄花络其上。顺常昼卧其下。时子瞻为郡，一日，屏骑从过之，松风骚然，顺指落花觅句，为赋此词。”他的这类记载因为最早，多为各种苏轼年谱和词话所沿袭。

第五节 《亡兄子瞻端明墓志铭》“非实录”吗？

宋代第一个对苏轼生平作系统论述的是苏辙所作的《亡兄子瞻端明墓志铭》，这是应苏轼之命而作的，《墓志铭》说：“公始病，以书属辙曰：‘即死，葬我嵩山下，子为我铭。’辙执书哭曰：‘小子忍铭吾兄！’”一个“忍”（作岂忍解）字，充分表达了苏辙当时的悲痛心情。虽不忍，仍不能违命。

此文为研究苏轼生平提供了最原始最权威的资料，以后各种苏轼的传记和年谱皆沿于这一《墓志铭》。《宋史》卷三三八《苏轼传》没有增添什么新内容，倒是删了一些未必当删的文字。《墓志铭》全文约七千五百字，首写苏轼之死在当时所引起的强烈反应：“吴越之民相与哭于市，其君子相弔吊于家，讣闻四方，无贤愚皆咨嗟出涕，太学之士数百人，相率饭僧慧林佛舍。”次写苏轼的家世，然后依次写苏轼一生经历，最后叙其妻室、后代、葬地及其著述、书法、性格，以铭文终。苏轼生平中的某些细节，恐怕只有作为亲兄弟的苏辙才能提供，如“太夫人尝读《东汉史》，至《范滂传》，慨然太息。公侍侧曰：‘轼若为滂，夫人亦许之否乎？’太夫人曰：‘汝能为滂，吾顾不能为滂母耶？’”《宋史》卷三三九《苏辙传》说：“辙与兄进退出处，无不相同，患难之中，友爱弥笃，无少怨尤，近古罕见。”“患难之中，友爱弥笃”的亲弟弟，为兄作《墓志铭》，自然充满了抒情色彩。除开头的“执书哭曰：‘小子忍铭吾兄’”外，铭文结尾也充满感情：“我初从公，赖以有知。抚我则兄，诲我则师。皆迁于南，而不同归。天实为之，莫知我哀。”

但晁公武《毗陵东坡祠记》（费衮《梁溪漫志》卷四引，上海古籍出版社校点本，1985）载“景迂生（晁说之）之语”，却批评苏辙《东坡先生墓志铭》“非实录”：

公（苏轼）之葬也，少公黄门（苏辙）铭其圹，亦非实录。其甚者以赏罚不明罪元祐，以改法免役坏元丰；指温公才智不足，而谓公之斥逐出其遗意；称蔡确谤谠可赦，而谓公之进用自其迁擢；章子厚之贼害忠良，而谓公与之友善；林希之诋诬善类，而云公尝汲引之。呜呼，若然，则公之《上清储祥》《忠清粹德》二碑及诸奏议、著述，皆诞谩欤？

所谓“以赏罚不明罪元祐”指《东坡先生墓志铭》（下同）“尝侍上读祖宗宝训，因及时事，公历言今赏罚不明，善恶无所劝沮”。

“以改法免役坏元丰”指“二年，迁中书舍人。时君实方议改免役为差役。差役行于祖宗之世，法久多弊。编户充役不习，官府吏虐使之，多以破产。而狭乡之民，或有不得休息者。先帝知其然，故为免役，使民以户高下出钱，而无执役之苦。行法者不循上意，于雇役实费之外，取钱过多，民遂以病。若量出为入，毋多取于民，则足矣”。

“称指温公才智不足，而谓公之斥逐出其遗意”指“君实为人，忠信有余，而才智不足，知免役之害，而不知其利，欲一切以差役代之。方差官置局，公亦与其选，独以实告，而君实始不悦矣。尝见之政事堂，条陈不可。君实忿然，公曰：‘昔韩魏公刺陕西义勇，公为谏官，争之甚力，魏公不乐，公亦不顾，轼昔闻公道其详。岂今日作相，不许轼尽言耶?’君实笑而止。公知言不用，乞补外，不许。君实始怒，有逐公意矣，会其病卒乃已”。

“蔡确谤谶可赦”指“时谏官言前宰相蔡持正（确）知安州，作诗借郝处俊事以讥刺时事，大臣议逐之岭南。公密疏言：朝廷若薄确之罪，则于皇帝孝治为不足；若深罪确，则于太皇太后仁政为小累。谓宜皇帝降敕置狱逮治，而太皇太后内出手诏赦之，则仁孝两得矣。宣仁后心善公言而不能用”。

“谓公之进用自其（蔡确）迁擢”，“林希之诋诬善类，而云公尝汲引之”，指“朝廷缘先帝意欲用公，除起居舍人。公起于忧患，不欲骤履要地，力辞之，见宰相蔡持正自言，持正曰：‘公徊翔久矣，朝中无出公右者。’公固辞。持正曰：‘今日谁当在公前者?’公曰：‘昔林希同在馆中，年且长。’持正曰：‘希固当先公耶?’卒不许。”

“章子厚之贼害忠良，而谓公与之友善”指“公旧善门下侍郎司马君实及知枢密院章子厚”。

“若然，则公之《上清储祥》《忠清粹德》二碑及诸奏议、著述，皆诞谩欤”，前者指苏轼元祐六年所作《上清储祥宫碑》（卷一七）对元祐之政的歌颂，有云：“臣观上（哲宗）与太皇太后所以治天下者，可谓至矣。检身以律物，故不怒而威；捐利以予民，故不藏而富；屈己以消兵，故不战而胜；虚心以观世，故不察而明。虽黄帝、老子，其何以加此。本既立矣，则又恶衣菲食，卑宫室，陋器用，斥其赢余，以成此宫，上以终先帝（神宗）未究之志，下以为子孙无疆之福。”后者即《忠清粹德》之碑，指苏轼所作的《司马温公神道碑》对司马光的歌颂[①]：“公以文章名于世，而以忠义自结人主。……方其退居于洛，眇然如颜子之在陋巷，累然如屈原之在陂泽，其与民相忘也久矣，而名震天下如雷霆，如河汉，如家至而日见之。闻其名者，虽愚无知如妇人孺子，勇悍难化如军伍夷狄，以至于奸邪小人，虽恶其害己仇而疾之者，莫不敛衽变色，咨嗟太息，或至于流涕也。元丰之末，臣自登州入朝，过八州以至京师，民知其与公善也，所在数千人，聚而号呼于马首曰：‘寄谢司马丞相，慎毋去朝廷，厚自爱以活百姓。’如是者，盖千余里不绝。至京师，闻士大夫言，公初入朝，民拥其马，至不得行，卫士见公，擎跽流涕者，不可胜数，公惧而归洛。辽人、夏人遣使入朝，与吾使至虏中者，虏必问公起居，而辽人敕其边吏曰：‘中国相司马矣，慎毋生事开边隙。’其后公薨，京师之民罢市而往吊，鬻衣以致奠，巷哭以过车者，盖以千万数。”

苏辙《亡兄子瞻端明墓志铭》的上述记载真的“非实录”，而与苏轼《上清储祥宫碑》《司马温公神道碑》及苏轼的各种奏议、著述相矛盾吗？非也。

《上清储祥宫碑》歌颂元祐之政，《司马温公神道碑》歌颂司马光，都是文中应有之义，至于苏轼的“诸奏议、著述”则完全不能证明晁说之所谓《墓志》“非实录”，只能证明晁说之所说“非实录”。

关于苏轼与司马光的关系，苏轼《乞郡劄子》（卷二九）云：“臣与故相司马光，虽贤愚不同，而交契最厚。光既大用，臣亦骤迁，在于人情，岂肯异论。但以光所建差役一事，臣实以为未便，不免力争。”其《辩试馆职策问劄子》（卷二七）讲得更详尽：“臣前岁自登州召还，始见故相司马光，光即与臣论当今要务，条其所欲行者。臣即答言：‘公所欲行者诸事，皆上顺天心，下合人望，无可疑者。惟役法一事，未可轻议。何则？差役、免役，各有利害。免役之害，掊敛民财，十室九空，钱聚于上，而下有钱荒之患；差役之害，民常在官，不得专力于农，而贪吏猾胥，得缘为奸。此二害轻重，盖略相等，今以彼易此，民未必乐。’光闻之愕然，曰：‘若如君言，计将安

① 之所以名“忠清粹德”，是因为“上以御篆表其墓道，曰忠清粹德之碑，而其文以命臣轼”。

出?’臣即答言:‘法相因则事易成,事有渐则民不惊。昔三代之法,兵农为一,至秦始分为二,及唐中叶,尽变府兵为长征之卒,自尔以来,民不知兵,兵不知农,农出谷帛以养兵,兵出性命以卫农,天下便之,虽圣人复起,不能易也。今免役之法,实大类此。公欲骤罢免役而行差役,正如罢长征而复民兵,盖未易也。先帝本意,使民户率出钱,专力于农,虽有贪吏猾胥,无所施其虐。坊场河渡,官自出卖,而以其钱雇募衙前,民不知有仓库纲运破家之祸,此万世之利也,决不可变。’”陈善《扪虱新话》(儒学警悟本)卷下云:“子由晚年,似知役法之不可尽废,故谓司马公为不晓吏事,然亦自一出一入。其作《东坡墓志》,载东坡论役法一事,似是后来饰说。”从苏轼《乞郡劄子》《辩试馆职策问劄子》可看出,苏辙《东坡墓志》载东坡论役法一事并非“后来饰说”,而确实是苏轼当时的主张。但苏辙对免役法确实经历了由主张可废到主张不可尽废的过程(所谓“一出一入”)。元祐初年,执政大臣中既有反变法派,也有变法派。苏辙不仅要求贬逐那些“建议造事”的变法派大臣,而且认为新起用的反变法派大臣司马光等也不能胜任国事。他说:“门下侍郎司马光、尚书左丞吕公著虽有忧国之志而才不逮心。”(卷三六《乞选用执政状》)在役法问题上,苏辙兄弟同司马光首先发生分歧,但他们兄弟在这个问题上的看法也不完全一致。苏轼认为:“差役免役,各有利害”,“以彼易此,民未必乐”;苏辙却认为“差役可行,免役可罢,不待思虑而决”。但苏辙也反对司马光限期废除免役法。他说:“朝廷自行免役至今仅二十年,官私久已习惯,今初行差役,不免有少龃龉”;“今中外用事臣僚多因新法进用,既见朝廷革去宿弊,心不自安,必因差役之始,民间小有不便,指以为言,眩惑圣聪,败乱仁政”(同上《论罢免役钱行差役法状》)。苏辙认为州县役钱皆有余剩,足支数年。他主张以这笔钱继续雇役一年。苏辙的主张显然是谨慎可行的,但司马光不但不能接受苏轼维持免役法的主张,连苏辙推迟一年施行差役法的意见也不能接受。

谓“称蔡确谤讟可赦”亦为“实录”,有苏轼元祐四年《论行遣蔡确劄子》(卷二九)可证:“窃闻臣寮有缴进蔡确诗,言涉谤讟者。臣与确元非知旧,实自恶其为人。今来非敢为确开说,但以此事所系国体至重,天下观望二圣所为，若行遣失当，所损不小。臣为侍从，合具奏论。若朝廷薄确之罪，则天下必谓皇帝陛下见人毁谤圣母，不加忿疾，其于孝治，所害不浅。若深罪之，则议者亦或以谓太皇太后陛下圣量宽大，与天地等，而不能容受一小人谤怨之言，亦于仁政不为无累。臣欲望皇帝陛下降敕，令有司置狱，追确根勘，然后太皇太后内出手诏云：'吾之不德，常欲闻谤以自儆。今若罪确，何以来天下异同之言。矧确尝为辅臣，当知臣子大义，今所缴进，未必真是确诗。其一切勿问，仍榜朝堂。'如此处置，则二圣仁孝之道，实为两得。天下有识，自然心服。"

至于谓苏轼与章惇子厚"友善"也是事实。章惇是苏轼任凤翔签判时所结识的好友。在神宗朝他是支持王安石变法的，他们的政治态度虽不同，但仍保持着友谊，时有唱和。在乌台诗案中，章惇曾营救苏轼，王巩《闻见近录》（知不足斋丛书本）云：

王禹玉（珪）辄曰："轼尝有'此心惟有蛰龙知'之句，陛下飞龙在天而不敬，乃反欲求蛰龙乎?"章子厚曰："龙者非独人君，人臣皆可以言龙也。"上曰："自古称龙者多矣，如荀氏八龙，孔明卧龙，岂人君也?"及退，子厚诘之曰："相公乃欲覆人之家族耶?"

叶梦得《石林诗话》卷上对此亦有记载，葛立方《韵语阳秋》（四库全书本）卷五云："坡系狱时，子厚救解之力为多。"元丰年间章惇官至门下侍郎，哲宗即位后改知枢密院事。当司马光要立即废除免役法，恢复差役法时，他明知司马光的主张有疏略差错，却不加评议，任其施行；既已施行，他才论列可否，与司马光争于殿上，戏侮司马光，二人闹得水火不相容。对于章惇同司马光之间的激烈争吵，苏轼兄弟的态度是不完全相同的。苏轼只是私下劝告章惇说，司马光"时望甚重"，"不可慢"（《亡兄子瞻墓志铭》）。苏辙却上章要求罢免章惇枢密使之职。他说："差役之利，天下所愿，贤愚共知，行未逾月，四方鼓舞，惇犹巧加智数，力欲破坏。臣窃恐朝廷缓急有边防之事，战守之机，人命所存，社稷所系，使惇用心一一如此，岂不深误国计!"（卷三七《乞罢章惇知枢密院事状》）由于苏辙等人的交章弹劾，章惇被黜知汝州。苏轼与章惇虽在政见上有分歧，特别是在元祐以后分歧尤大，但这并未妨碍他们相友善。徽宗建中靖国元年，苏轼自海南贬所遇赦北归，而章惇被远谪岭南，苏轼在《与章致平（章惇子）书》（卷五五）中说：“某与丞相（指章惇）定交四十余年，虽中间出处稍异，交情固无所增损也。闻其高年，寄迹海隅，此怀可知。但以往者，更说何益，惟论其未然者而已。主上（指徽宗）至仁至信，草木豚鱼所知也。建中靖国之意，可恃以安。又海康风土不甚恶，寒热皆适中。舶到时，四方物多有，若昆仲先于闽客、广舟准备，备家常要用药百千去，自治之余，亦可以及邻里乡党。又丞相知养内外丹久矣，所以未成者，正坐大用故也。今兹闲放，正宜成此。然只可自内养丹，切不可服外物也。（舒州李惟熙丹，化铁成金，可谓至矣，服之皆生胎发。然卒为痈疽大患，皆耳目所接，戒之！戒之！）某在海外，曾作《续养生论》一首，甚欲写寄，病困未能。到毗陵，定叠检获，当录呈也。”苏轼此信作于去世前不久，对章惇的关切之情，仍跃然纸上。

林希与苏辙兄弟本来关系密切，苏轼同林希间的唱和诗和往还书信都不少，诗如《林子中以诗寄文与可及余，与可既殁，追和其韵》（卷一九）、《次韵林子中、王彦祖唱酬》、《次韵林子中蒜山亭见寄》、《次韵林子中见寄》（以上皆卷三二）、《和林子中待制》、《次韵答黄安中，兼简林子中》（以上皆卷三三）、《次韵林子中春日新隄书事见寄》（卷三五）等。《与林子中书》凡五首（卷五五），其中一首云：“忽见报，当使高丽。方喜得人，又见辞免，何也？不知得请否？此本劣弟差遣，遂为老兄所挽，然比公之还，仆亦不患贫矣。呵呵。且寄数字，贵知此行果决如何？若不能免，遂浮沧海观日出，使绝域知有林夫子，亦人生一段美事也。”这一切都说明他们原来的关系很密切，他曾向蔡确推荐林希是完全可能的。

至于“林希之诋诬善类”，那是以后的事，主要指林希起草的《苏辙降官知袁州制》和《苏轼散官惠州安置制》。林希起草的《苏辙降官知袁州制》（《宋大诏令集》卷二〇六），不仅历诋苏辙一生所为，而且兼及其父兄。但被钉在历史的耻辱柱上的，并不是苏辙，倒是林希自己：

大中大夫、知汝州苏辙，父子兄弟挟机权变诈之学，惊愚惑众。辙昔以贤良方正对策于廷，专斥上躬，固有异志。有司言辙怀奸不忠，如汉谷永，宜在罢黜。我仁祖优容，特命以官。在神考时，献书纵言时事，召见询访，使预讨论。与轼大倡丑言，未尝加罪。仰惟二圣厚恩，宜何以报？垂帘之初，老奸擅国，置在言路，使诋先朝，乃以君父为仇，无复臣子之义。愎忮（执拗违逆）深阻，出其天资。援引猬浮，盗窃名器。专恣可否，畴敢谁何？至与（吕）大防中分国柄，罔上则合谋取胜，循私则立党相倾。排嫉忠良，眩乱风俗。朕既洞察险诐，犹肆诞慢。假托虚词，规喧朝听。

苏辙读到这篇制词，不禁哭泣道："某兄弟固无足言，先人何罪耶!"（王楙《野老记闻》，四库全书本）是呵，即使所数苏辙一生"过恶"皆属事实，关苏洵何事？为什么要扯到他父亲头上去？何况所列"过恶"，全是颠倒黑白。林希也完全明白自己是在颠倒黑白。《宋史》卷三四三《林希传》载，章惇以林希为中书舍人，且许以为执政。当时尽黜元祐群臣，"自司马光、吕公著、大防、刘挚、苏轼、辙等数十人之制，皆希为之，词极其丑诋，至以'老奸擅国'之语阴斥宣仁（高太后），读者无不愤叹。一日，希草制罢，掷笔于地曰：'坏了名节矣!'"从他自知"坏了名节"可看出，他心中并非不明是非，但为厚利所诱，不惜违背良心，颠倒黑白。周煇《清波杂志》（中华书局唐宋史料笔记丛刊本）卷六云：

林文节子中以启贺东坡入翰苑，曰："父子以文章名世，盖渊、云、司马之才；兄弟以方正决科，迈晁、董、公孙之学。"其褒美如此。后草坡责惠州告词云："敕具位轼：元丰间有司奏轼罪恶甚众，论法当死。先皇帝赦而不诛，于轼恩德厚矣。朕初即位，政出权臣，引轼兄弟以为己助，自谓得计，罔有悛心，忘国大恩，敢肆怨诽。若讥朕过失，何所不容；乃代予言，诬诋圣考。乖父子之恩，害君臣之义。在于行路，犹不戴天；顾视士民，复何面目。以至交通阉寺，矜泽倖恩，市井不为，缙绅共耻。尚屈彝典，止从降黜。今言者谓某指斥宗庙，罪大罚轻，国有常刑，朕非可赦，宥尔万死，窜之远方。虽轼辩足以饰非，言足以惑众，自绝君亲，又将奚怼？保尔余息，毋重尔愆。可责授宁远军节度副使，惠州安置。”极于丑诋如此。

章惇后来不仅没有让林希做执政大臣，而且把他逐出朝廷。徽宗立，林希又以“老奸擅国”等语被夺职，忧愧而死。苏轼自海南北归时，在《与子由书》（卷六〇）中说：“林子中（希）病伤寒十余日便卒，所获几何？遗臭无穷，哀哉哀哉！”林希的可耻下场，确实可为有文无行者诫！

以上均可证明晁说之所谓《墓志》“非实录”不足为凭，只能证明晁说之所说反而“非实录”。为什么晁说之会有此说呢？晁公武的解释是：“公（苏轼）当元祐时，起于谪籍，登金门玉堂，极礼乐文章之选。及章、蔡窜朋党于岭表，而公独先；朝廷追复党人官爵，而公独后。立朝本末，彰明较著如此，岂有他哉！昔陈仲弓送中常侍父之葬，非以为贤；从者詈楚公子曰‘隶也不力’，非以为不肖，皆有为而发。岂少公之意，或出于此，非耶？后世不知其然，惟斯言是信，则为盛德之累大矣。”意思是说，像苏轼这样“立朝本末，彰明较著”者，不会因颂扬而更贤，也不会因詈骂而被认为不肖，褒与贬都无累其“盛德”。这样解释“少公之意”，恐怕很难令人信服。

倒是王文诰《苏诗编注集成》、平步青《霞外攟屑》卷七（上海古籍出版社，1980）的解释更令人信服。平步青云：

王文诰《苏诗编注集成》云：自元丰八年十二月自登州召还，至元祐元年八月，凡九阅月，无日不在搅扰之中。而群小之攻元祐者，亦于此时附和变法干进，杂沓莫辨矣。墓志于此处连下“君实始不悦矣”“有逐公意矣”“自是不安于位矣”三句，以“台谏多君实之人，皆希合求进”二句为纲领，截清九月情形，并该括前后九年朝局在内，盖不欲著之，而又不欲失此意，故为拖沓之笔以晓后人也。本传删去，此意全失之矣。王氏之言最得文定撰志苦心。景迁慕温公为人，故不满文定。子止述之，乃一家言，反非实录矣。

苏辙不欲显著苏轼同司马光的分歧，而更不欲不著此意，“故为拖沓之笔以晓后人”。晁说之因“慕温公（司马光）为人，故不满文定（苏辙)”，此语颇重要。晁说之（1059—1129)，字以道，自号景迂生，清丰（今河南清丰）人，端彦子。元丰五年（1082）登进士第。南宋初，官至徽猷阁待制兼侍读。他博通六经，尤长于《易》，著述多达三十余种，今存者仅《嵩山文集》（又名《景迂生集》)、《晁氏客语》。他之所以号景迂，就是因为司马光号迂夫、迂叟，景迂者景慕迂叟司马光是也。他对苏轼也很尊敬，作《东坡先生画像赞》，谓“世五百年，生命世才”。但他对苏轼、苏辙之说多有不满，曾作《太刚辩》（卷一四）反驳苏轼《刚说》：“东坡作《刚说》，以谓太刚则折者，鄙夫患失之论也”；作《和陶引辩》（卷一四），批评苏轼的和陶诗与苏辙的《子瞻和陶渊明诗集引》。而苏辙《亡兄子瞻端明墓志铭》有不满司马光的话，故他批评《墓志》“非实录”。但如上所论，真正“非实录”者，诚如王文诰、平步青所说，非苏辙之言，乃晁说之、晁公武之言。

第六节　苏轼著述生前编刻述略

关于苏轼著述，苏辙《亡兄子瞻端明墓志铭》说：“先君（苏洵）晚岁读《易》，玩其爻象，得其刚柔、远近、喜怒、逆顺之情，以观其词，皆迎刃而解。作《易传》未完，疾革，命公述其志。公泣受命，卒以成书，然后千载之微言焕然可知也。复作《论语说》，时发孔氏之秘。最后居南海，作《书传》，推明上古之学，多先儒所未达。……有《东坡集》四十卷、《后集》二十卷、《奏议》十五卷、《内制》十卷、《外制》三卷。公诗本似李、杜，晚喜陶渊明，追和之者几遍，凡四卷。”这是苏轼去世时编纂的苏轼著述情况。苏轼是北宋最有魅力的文学家，他的诗文拥有广泛的读者，无论在他生前还是死后，都有很多人为他编辑、刊刻过各式各样的集子。这里先叙述苏轼生前，其著述的编刻情况。

三苏父子合著的《南行集》

嘉祐四年（1059）十月，三苏父子自眉山出发，南行赴京。他们沿岷江、长江而下，一路游山玩水，赋诗作文，于同年十二月初到达江陵。苏轼在十二月八日于江陵所作的《南行前集·叙》（卷一〇）中说：“己亥之岁，舟行适楚。舟中无事，博弈饮酒，非所以为闺门之欢。山川之秀美，风俗之朴陋，贤人君子之遗迹，与凡耳目之所接者，杂然有触于中而发于咏叹。盖家君之作与弟辙之文皆在，凡一百篇，谓之《南行集》。”

嘉祐五年（1060）正月五日，三苏父子离开江陵，陆行北上，于同年二月中旬到达京城开封。“自江陵至京师，途中所为诗文又七十三篇，为《南行后集》，（苏）辙有《南行后集·引》。”可惜苏辙的这篇《引》，《栾城集》失载，我们是从宋人孙汝听的《苏颖滨年表》上得知的。

以上二集合称《南行集》，共收诗文一百七十三篇。这是三苏父子亲自编辑的第一部也是唯一一部合著的诗文总集，对了解北宋中叶三苏父子南行所经之地的民间疾苦、民族关系、风土人情、名胜古迹，对比较三苏父子诗文的不同风格，都具有重要意义。《南行集》在三苏生前是否刊行过，不得而知。但后来是刊行过的，《宋史》卷二〇八《艺文志》所载“南征集一卷”或即此书（“征”疑“行”字的形近而讹），《重编东坡外集序》也载有《南行集》的书名。此书早已失传，清人王文诰在《苏诗总案》中说，《南行前集》一百篇，还可辑得四十五篇。但因苏洵在南行途中所作诗文不可考，故无法恢复《南行集》。北京图书馆所藏宋残本《类编增广老苏先生大全文集》中有苏洵二十首佚诗，其中大部分作于南行途中。根据这些佚诗，不仅可以断定《嘉祐集》中的一些文章作于南行途中，并可进一步断定《东坡集》中的其他一些诗文，也作于南行途中。关于《南行前集》，王文诰经多方搜求，认为尚存“七十一篇”，“已佚去二十九篇”，并说，“公（苏轼）所谓《南行集》者不可求其全矣”（《苏诗总案》卷二）。今天仍无法“求其全”，但除王文诰所说的“七十一篇”外，从《嘉祐集》《类编增广老苏先生大全文集》还可得苏洵诗九篇：《游陵（凌）云寺》《游嘉州龙岩》《初发嘉州》《题仙都山鹿并叙》《题仙都观》《过木枥观并引》《题白帝庙》《神女庙》《寄杨纬》；从《东坡集》还可得苏轼诗十二首：《治易洞》《严颜碑》《永安宫》《和张均题峡山》《雪诗》八首。可见《南行前集》尚存九十二篇，只佚八篇。关于《南行后集》，王文诰说："查注卷二采编公自荆至京师诗三十八首，今考《栾城集》仅有七首，皆为《南行后集》之诗也。"（同上）除苏轼兄弟这四十五首外，还可得苏洵诗文九篇：《王荆州画像赞》《和杨节推见赠》《丹棱杨君墓志铭》《与杨节推书》《答张子立见寄》《荆门惠泉》《襄阳怀古》《万山》、《昆阳城》；苏轼诗两篇（《新滩》《庞公》）、赋一篇（《昆阳城赋》）；苏辙残诗一篇（《渚宫》）。总计五十八篇，尚佚十五篇。也就是说，整部《南行集》一百七十三篇，尚存一百五十篇，只佚二十三篇，即将近百分之八十七的诗文仍然存世。

苏轼兄弟合著的《岐梁唱和诗集》

嘉祐六年（1061）十二月苏轼初从政，任凤翔（今属陕西）签判，苏辙留在京城开封侍父。这是苏轼兄弟第一次远离，无限思念，频通书讯。苏轼在凤翔所作诗，苏辙在开封几乎都有和篇；苏辙在开封所作诗，苏轼在凤翔也有和作。"诗成十日到，谁谓千里隔？一日寄一篇，忧愁何足掷！"（苏轼《次韵子由除日见寄》，卷三）这是当时苏轼兄弟岐（岐山，代凤翔）梁（开封）唱和的真实写照。这样一直持续到英宗治平元年（1064）十二月苏轼离开凤翔回京为止。苏轼兄弟当时曾把他们在这期间的唱和诗编为《岐梁唱和诗集》，有苏辙的《次韵姚孝标判官见还〈岐梁唱和诗集〉》（卷三）可证：

伯氏文章岂敢知，岐梁偶有往还诗。
自怜兄力能兼弟，谁肯埙终不听篪？
西虢春游池百顷，南溪秋入竹千枝。
恨君曾是关中吏，属和追陪失此时。

埙是古代的陶制乐器，篪是古代的竹制乐器。埙篪（亦作壎篪）合奏，声音和谐。《诗经·大雅·板》有"有埙如篪"语，《小雅·何人斯》有"伯氏吹埙，仲氏吹篪"语，以后常用来赞美兄弟和睦。这首诗的前四句即写他们兄弟的岐梁唱和，并赞美"伯氏文章"大大超过自己；后四句写苏轼在凤翔的游踪，并感叹当时同在关中的姚孝标未能同苏轼"属和追陪"。如果说

《南行集》是三苏父子亲自编辑的唯一一部诗文合集，那么《岐梁唱和诗集》就是苏轼兄弟亲自编辑的唯一一部唱和诗集。苏轼兄弟一生唱和之作很多，但亲自编辑成书的却只有这一部。

《岐梁唱和诗集》在苏轼兄弟生前是否刊行过，也史无明文。如果《东坡外集》卷首《重编东坡外集序》所说的《坡梁集》的“坡”字为“岐”字之误，那么此书至少后来曾镌版行世，可惜现在也失传了。但这些诗仍多分别保存在《栾城集》卷一、卷二和《苏轼诗集》卷三至卷五中。把这些诗辑录出来，仍可恢复《岐梁唱和诗集》的大体面貌。这是一件很有意义的工作，这些同题唱和诗同《南行集》中的同题分韵诗一样，有助于研究和比较苏轼兄弟的思想和诗风。

《钱塘集》

有两种，一为王诜编，成为乌台诗案的罪证材料。苏轼因与王安石政见不合，于熙宁四年（1071）离开朝廷，通判杭州，七年离任。苏辙《为兄轼下狱上书》（卷三六）说：“（苏轼）顷年通判杭州及知密州日，每遇物托兴，作为诗歌，语或轻发。向者曾经臣僚缴进，陛下置而不问。轼感荷恩贷，自此深自悔咎，不敢复有所为。但其旧诗已自传播。”苏辙所说的“臣僚”是无头公案，未指明为谁。据王铚《元祐补录》载，这位“臣僚”就是著名的《梦溪笔谈》的作者沈括。乌台诗案涉及苏轼杭、密、徐、湖四州的诗文，但主要是通判杭州和知密州时的诗文，特别是《钱塘集》。《东坡乌台诗案·御史台检会送到册子》说：“检会送到册子，题名《元丰续添苏子瞻钱塘集》全册，内除目录更不抄写外，其三卷并录附中书门下。”从“元丰续添”四字可知，熙宁年间可能已有人印行过《钱塘集》，至乌台诗案时，至少已两次印行《钱塘集》。《东坡乌台诗案·监察御史里行何正臣劄子》说：“轼所为讥讽文字传于世者甚众，今独取镂版而鬻于世者进呈。”可见《钱塘集》在当时曾“镂版而鬻于世”。

二为陈师仲编。师仲，字传道，彭城（今江苏徐州）人，苏门六君子之一的陈师道之兄。苏轼贬黄州后，在《答陈师仲书》（卷四九）中说，苏轼知徐州，与之“一再见”；乌台诗案中，“偶有相关及者”，但陈毫不“介意”；苏轼贬黄州，陈任钱塘主簿，所作诗文“十常有四五见及（苏轼）或及舍弟（苏辙）”。苏轼《与陈传道书》（《东坡续集》卷四）说：“钱塘诗皆率然信笔，一一烦收录，只以暴其短耳。”又说：“数日前屡常（即陈师道）自徐来宋相别。”此指元祐四年六月苏轼出知杭州，途经商丘（宋），陈师道自徐州来谒见苏轼。时苏轼还未到杭州任，可见书中所说“钱塘诗”当指熙宁间苏轼通判杭州时所作诗。很可能经过乌台诗案，《元丰续添苏子瞻钱塘集》已毁板，曾任钱塘主簿的陈师仲又为苏轼重编了一部《钱塘集》。

苏轼在另一封《与陈传道书》中说：“某方病市人逐利，好刊某拙文，欲毁其板，矧欲更令人刊耶？当俟稍暇，尽取旧诗文，存其不甚恶者为一集。以公过取其言，当令录一本奉寄。今所示者，不惟有脱误，其间亦有他人文也。”从“尽取旧诗文，存其不甚恶者为一集”和“其间亦有他人文”等语气看，这封信所说的“今所示者”，绝非前封信中所说的“钱塘诗”。“今所示者”很可能包括了截至写信时苏轼的全部诗文，而不仅仅限于钱塘，仅仅限于诗。陈师仲是苏轼诗文的热心收集者，但看来缺乏去粗取精、去伪存真的辨别能力。苏轼所说“当为删去其不合道理者，乃可存耳”，“一一烦收录，只以暴其短耳”；“不惟有脱误，其间亦有他人文也”，说明了他前后所编的《超然集》《黄楼集》、“钱塘诗”以及“今所示”的苏轼集，都存在求多不求精的毛病。

《超然集》《黄楼集》

皆陈师仲编。苏轼在《答陈师仲书》中说：“见为编述《超然》《黄楼》二集，为赐尤重。从来不曾编次，纵有一二在者，得罪日皆为家人妇女辈焚毁尽矣。不知今仍在足下许。”按熙宁七年（1074）九月至元丰二年（1079）二月，苏轼先后知密州和徐州。《超然集》是苏轼知密州时所作的诗文的辑集。苏轼知密州，曾葺园北旧台，苏辙名其台曰超然台，并作《超然台赋》（卷一七），苏轼也作有《超然台记》（卷一一）。陈师仲以《超然》名其密州集本此。《黄楼集》是苏轼知徐州时所作诗文的辑集。苏轼知徐州，黄河决口，水汇徐州城下。苏轼亲率军民防洪，徐州得以保全。为防水之再至，苏轼又组织徐州人民改筑外城，创四木岸，并于东门建大楼，以土能压水，垩以黄土，名之曰黄楼。陈师仲以《黄楼》名轼徐州集本此。

熙宁末年行世的《眉山集》

王安石有《读〈眉山集〉次韵〈雪诗〉五首》《读〈眉山集〉，爱其雪诗能用韵，复次韵一首》，均载《临川文集》卷一八。这部《眉山集》，不详编者。王安石次韵的苏轼雪诗指熙宁七年十二月苏轼初知密州时所作的《雪后书北台壁二首》（卷一二）。其中第一首用“尖”字韵，第二首用“叉”字韵，今存王安石前后次韵诗六首都是次韵后一首的。《眉山集》既收有《雪后书北堂壁》，可见此集刊行的时间上限当在熙宁七年末，很可能在熙宁八年以后，因为编辑、雕版尚需时日。苏轼还有《谢人见和前篇二首》（卷一二），确如王文诰所说“明系答安石者”。第二首末四句“得酒强欢愁底事，闭门高卧定谁家？台前日暖君须爱，冰下寒鱼渐可叉”，显然为王安石罢相而发。王安石熙宁七年四月至八年二月第一次罢相，这时他还不可能读到《眉山集》，不可能次韵苏轼诗，苏轼当然也就不可能作这两首“谢人见和”诗。苏轼的谢诗只可能作于熙宁九年十月王安石第二次罢相之后。无论王安石的次韵和苏轼的谢诗，都没有乌台诗案的痕迹，因此，《眉山集》行世的时间下限可能在元丰二年七月乌台诗案发生以前。

《眉山集》在当时流传很广，秦观《答傅彬老简》云：“蒙录示《寄苏登州书》并《题〈眉山集〉后》。”苏轼起知登州为元丰八年六月，十月十五日抵登州，进谢上表，至官五日，被命还朝，可见傅彬老《寄苏登州书》当在这段时间，《题〈眉山集〉后》亦当在此前不久。

苏门六君子之一的李廌《师友谈记》有如下一个笑话：

章元弼顷娶中表陈氏，甚端丽。元弼貌寝陋，嗜学。初《眉山集》有雕本，元弼得之也，观忘寐。陈氏有言，遂求去，元弼出之。元弼每以此说为朋友言之，且曰：“缘吾读《眉山集》而致也。”

章元弼因读《眉山集》废寝忘食，招致年轻貌美的妻子同他离婚，可见当时士人对苏轼诗文的酷爱。

元丰末、元祐初，在契丹所统治的地区《眉山集》亦已广为流传。元祐元年初，苏轼"与子由入京时，北使已问（二苏）所在"；同年末，苏轼"馆伴北使，（北使）屡问三苏文"（《苏轼诗集》卷三一《次韵子由使契丹至涿州见寄》自注）。苏轼在《记虏使诵诗》中说："昔余与北使刘霄会食，霄诵仆诗云：'痛饮从今有几日，西轩月色夜来新。公岂不饮者耶？'虏亦喜吾诗，可怪也！"最初曾拟以苏轼出使高丽，秦观《客有传朝议欲以子瞻使高丽，大臣有惜其去者，白罢之，作诗以纪其事》可为证："文章异域有知音，鸭绿差池一醉吟。颖士声名动倭国，乐天辞笔过鸡林。节髦零落毡吞雪，辩舌纵横印佩金。奉使风流家世事，几随浪泊海东青。"[①] 元祐四年（1089）冬，苏辙出使契丹，在《神水馆寄子瞻兄》（卷一六）中说："谁将家集过幽都，逢见胡人问大苏。莫把文章动蛮貊，恐妨谈笑卧江湖。"苏轼在《次韵子由使契丹至涿州见寄》（卷三一）中也说："毡毳年来亦甚都，时时鴂舌问三苏。那知老病浑无用，欲向君王乞镜湖。"苏辙出使契丹归来后所上的苏辙《北使还论北边事劄子》（卷四二）云："臣等初至燕京，副留守刑希古相接送，令引接殿侍元辛传语臣辙云：'令兄内翰（谓臣兄轼）《眉山集》已到此多时，内翰何不印行文集，亦使流传至此？'及至中京，度支使郑颛押宴，为臣辙言先臣洵所为文字中事迹，颇得尽其委曲。及至帐前，馆伴王师儒谓臣辙：'闻常服伏苓，欲乞其方。'盖臣辙尝作《服伏苓赋》，必此赋亦已到北朝故也。臣等因此料本朝印本文字多已流传到彼，其间臣僚章疏及士子策论，言朝廷得失、军国利害盖为不少。兼小民愚陋，惟利是视，印行戏亵之语，无所不至。若使尽得流传北界，上则泄漏机密，下则取笑夷狄，皆极不便。访闻此等文字贩入虏中，其利十倍。人情嗜利，虽重为赏罚，亦不能禁。"苏辙主张釜底抽薪，"禁民不得擅开版印行文字"。由此可见，由于契丹主好文，加之又与宋接壤，契丹君臣对宋王朝的著名文人了如指掌，元祐年间契丹对三苏文章都很熟悉。

① 《淮海集》卷三，上海古籍出版社，1994。一作孙觉诗。

契丹所刊《大苏小集》

耶律楚材《怀古一百韵寄韵张敏之》云：“辽家遵汉制，孔教祖宣尼。焕若文章备，康哉政事熙。朝廷严衮冕，郊庙奏埙篪。”可见辽文化与汉文化几乎无别。《辽史》卷一〇三《文学传序》亦云：“辽起松漠，太祖以兵经略方内，礼文之事固所未遑。及太宗入汴，取晋图书、礼器而北，然后制度渐以修举。至景、圣间，则科目聿兴，士有由下僚擢升侍从，骎骎崇儒之美。”清人沈德潜《辽诗话序》云：“辽自唐季，基于朔方，虽地处北鄙，文墨非其所尚，然享年二百，圣、兴、道三宗，雅好词翰，咸通音律，有国乐、雅乐、大乐、散乐、铙歌、横吹乐。东丹王倍聚书万卷，平王隆先著有《阆苑集》。文学之臣，若萧韩家奴、耶律昭、刘辉、耶里孟简，皆淹通风雅，特以诗传者罕，故无人焉为之援述绪言，申译遗句耳。”周春《辽诗话序》：“辽人诗后世无传，于是移剌名流、二丹才士，与燕、云十六州之文人，胥莫能举其姓氏矣。然试观求《草堂》之全部，诵三苏之文章，其诗人有灵，苦心所诣，亦复不能尽泯。”

王辟之《渑水燕谈录》卷七说：“张芸叟奉使大辽，宿州馆中有题子瞻《老人行》于壁者。闻范阳书肆亦刻子瞻诗数十篇，谓《大苏小集》。子瞻才名重当代，外至夷虏，亦爱服如此！芸叟题其后云：‘谁题佳句到幽都，逢着胡儿问大苏。’”《老人行》并非苏轼所作，胡仔《苕溪渔隐丛话》后集卷二八云：“世传《前集》乃东坡手自编者，随其出处，古律诗相间，谬误绝少。如《御史府》诸诗，不欲传之于世，《老人行》与赵令《题申王画马图》非其所作，故皆无之。”“芸叟题其后”也是张冠李戴，把苏辙诗（见《栾城集》卷一六）误记在张芸叟名下了。但这则材料表明，苏轼诗文不仅在契丹臣僚中广为流传，而且在契丹民间也广为流传；不仅《眉山集》已传入契丹，而且“范阳书肆”还印有《大苏小集》。

《汝阴唱和集》

元祐六年（1091）八月，苏轼知颍州（今安徽阜阳）。颍州是三国时曹魏所置汝阴郡的治所。时赵令畤为颍州签判，陈师道为州学教授，欧阳修之子欧阳棐、欧阳辩居母丧亦在汝阴。他们经常宴饮于颍州西湖，时相唱和。汪师韩《诗学纂问》（清诗话本）说："东坡守颍，与赵令畤德麟，陈师道无己唱和，有《汝阴唱和集》。"

京师印本《东坡集》

邵博《邵氏闻见后录》卷一九载："苏仲虎言：有以澄心纸乞求坡书者，（东坡）令仲虎取京师印本《东坡集》，诵其中诗即书之。至'边城岁暮多风雪，强压香醪与君别'。东坡阁笔，怒目仲虎云：'汝便道香醪？'仲虎惊惧久之，方觉印本误以'春醪'为'香醪'也。"按"边城岁暮多风雪，强压香醪与君别"，是苏轼《送曾仲锡通判如京师》（卷三七）中的两句诗。曾仲锡，温陵人，定武通判。苏轼于元祐八年十月至次年闰四月知定州，时与曾仲锡以诗唱和，交往颇多。苏轼又有《次韵曾仲锡元日见寄》（同上）诗，可见曾离定州赴京师应在元祐八年末。施宿《东坡先生年谱》亦系《送曾仲锡通判如京师》于元祐八年。收有此诗的京师印本《东坡集》也只可能刊刻于元祐八年以后。但元祐八年后苏轼远谪岭南，不大可能还有人敢刻收有苏轼《次韵曾仲锡元日见寄》诗的京师印本《东坡集》。因此，刘尚荣先生《宋刊苏轼全集考》的论断是大体可信的[①]，他说："《邵氏闻见后录》关于'京师印本《东坡集》'的记载，是无稽之谈，此本似乃'子虚乌有'，托名'苏仲虎言'亦在借以骗人。"苏仲虎即苏符，苏轼长子苏迈的次子。据四川眉山出土的《苏符行状》，苏符卒于"（绍兴）二十六年七月丁未，年七十"。绍兴二十六年即1156年，上数七十年，当生于元祐元年（1086）。《行状》说苏符"事东坡公凡十五年"，苏轼卒于建中靖国元年（1101），时苏符恰十五岁。苏轼于元祐九年（1094）贬官惠州（今广东惠阳），苏迈未随行，苏符时八岁。年龄太小，苏轼令苏符取书诵诗事，不太可能在此以前。绍圣三年（1096）二月苏迈携全家到惠州探望苏轼，苏符也在其中，年十岁。同年四月苏轼再贬儋州（今海南儋州市），也只有苏过同行。其后直至元符三年（1100）苏轼北归

① 刘尚荣：《苏轼著述版本论丛》，巴蜀书社，1988。下引刘氏论文，未特别注明者，均见此书。

时，苏迈、苏符父子才同苏轼重聚于广州，并随同北归。因此，苏轼“令仲虎取京师印本《东坡集》，诵其中诗”，只可能在绍圣四年（1097）闰二月至四月随苏迈去惠州探视苏轼，又于元符三年（1100）侍苏轼北归时，其余时间，苏符都不在苏轼身边。因此，“令仲虎取京师印本《东坡集》，诵其中诗”之事，也只能在上述两个时段内。但正如刘尚荣所说：“惠州相聚的两个多月，适逢苏轼再谪海南的前夜，谁还会‘以澄心纸求东坡书’？至于北归途中，苏轼病魔缠身，前程未卜，怕更无心为人书写‘边城岁莫多风雪’之类壮语。”但刘先生的考证只能否定东坡“令仲虎取京师印本《东坡集》”的记载和这种“京师印本《东坡集》”中有“边城岁暮多风雪，强压香醪与君别”诗，却未必能否定“京师印本《东坡集》”存在本身，因为苏轼门人之一的李之仪就有《观东坡集》（《姑溪居士集》卷五）诗：

今朝又读《东坡集》，记得原州鞠狱时。
千首高吟赓欲遍，几多强韵押无遗。
固知才气原无敌，独有心期老不欺。
泪尽九原无路见，冰霜他日看青枝。

又陈振孙《直斋书录解题》卷一七（上海古籍出版社校点本，1987）说《东坡集》四十卷是“坡公无恙时已行于世”；胡仔《苕溪渔隐丛话后集》卷二八说“《前集》（即《东坡集》）乃东坡手自编者”；苏轼去世时，苏辙的《亡兄子瞻端明墓志铭》说苏轼“有《东坡集》四十卷”，均证明苏轼生前已有《东坡集》存世。焉知不就是“京师印本《东坡集》”呢？《东坡集》的版本也许不止一种，但很难排斥中有“京师印本《东坡集》”。

刘沔编录的苏轼诗文集二十卷及其与《东坡后集》二十卷的关系

苏轼《答刘沔都曹书》（卷四九）云：

蒙示书教及编录拙诗文二十卷。轼平生以语言文字见知于世，亦以此取疾于人。得失相补，不如不作之安也。以此常欲焚弃笔砚，为瘖默人。而习气宿业，未能尽去，亦谓随手云散鸟没矣。不知足下默随其后，掇拾编缀，略无遗者。览之惭汗，可为多言之戒。然世之蓄轼诗文者多矣，率真伪相半，又多为俗子所改窜，读之使人不平。然亦不足怪，识真者少，盖从古所病。……今足下所示二十卷，无一篇为伪者，又少谬误。

王文诰《苏诗总案》系此信于元符三年三月谪居海南时。按时间先后分体编排的《东坡后集》则编此信于《答谢民师书》（卷四九）后，而《答谢民师书》则作于是年十一月北归途中。《答刘沔都曹书》中有云："幼子（苏）过文益奇。在海外孤寂无聊，（苏）过时出一篇见娱，则为数日喜，寝食有味。以此知文章如金玉珠贝，未易鄙弃也。"这段话虽也可理解为"海外"所说，但更像北归途中回忆"海外"的语气。

苏轼一生对别人为自己所编的诗文集很少称许，但对刘沔所编的这二十卷诗文却赞不绝口："掇拾编缀，略无遗者"；"无一篇伪者，又少谬误"。最值得注意的是"略无遗者"四字，仅仅二十卷，苏轼已称"略无遗者"，肯定不是苏轼一生的诗文；也不会是选本，因为选本不存在遗不遗的问题；我估计是编录的苏轼晚年的诗文，即苏轼罢杭州知州任以后的诗文，也就是"已行于世"的《东坡集》未收的诗文。苏轼去世时，苏辙说他有"《（东坡）后集》二十卷"。很可能这二十卷《后集》就是在刘沔编录的二十卷诗文的基础上，增补其后所作诗文编辑而成的。《后集》收有苏轼去世前不久的诗文，可见也不是刘沔编录的二十卷诗文的原貌。孙觌《与苏守季文（苏籍）》云："《东坡后集》或云即刘元忠（即刘沔）所集二十卷[①]，容有未尽也。"说明无论"刘沔所集二十卷"还是《东坡后集》所收苏轼晚年诗文皆不全。

---

① 此从 1999 年学苑出版社《孔凡礼古典文学论集》所收《苏轼生平几个问题的考察》之说。孔文据《永乐大典》卷八九九引徐恢《月台集·蒙刘元中沔数示东坡诗》，此诗详尽道及刘沔收集苏轼晚年诗文的情况："思无邪公（即苏轼）天所赞，汩汩词源倒河汉。一篇新出纸为贵，万国争传金可换。晚节投荒无芥蒂，毕景著书自娱玩。天之所宝雷电取，渠不爱惜风雨散。两河漕僚（当指刘沔）真好事，五莞遗文尽收案。似闻倾盖剧推许，亲以削牍定真赝（指苏轼《答刘沔都漕书》）。分传饷我枉银钩，贫室骤惊满珠贯。无玷共推玉界尺，争求当置铁门限。世人不识蔡伯喈，欲向图书觅王粲。"

陈慥所刻《苏尚书诗集》

黄庭坚《答何斯举书》（《山谷别集》卷一八），其二云：“陈季常所刻《苏尚书诗集》，烦为以厚纸印一本见寄，只封在鸿父（洪羽，黄庭坚甥）处亦可尔。”其三云：“寄惠苏公诗集，亦自有用处，要欲得一本厚纸者藏之名山耳。季常所寄，亦是此一种纸，当料理季常为用厚纸印耳。”其四云：“宗伯苏端明之诗笔，语妙天下，于今为独步，当激赏其妙处，率马以为骥也。”此似亦为陈慥季常所刻《苏尚书诗集》而发。

“张宾老所编并载于蜀本”的《东坡词》

在北宋，词一般多集外单行，黄庭坚有《跋东坡乐府》（《豫章先生文集》卷二六）、《跋东坡长短句》（《山谷题跋》卷九），所举为苏轼单篇词作，是否为东坡词集还不敢肯定。黄丕烈士礼居旧藏毛晋汲古阁影宋钞本《东坡拾遗词》，后录有曾慥跋语：“《东坡先生长短句》既镂版，复得张宾老所编并载于蜀本者悉收之。”张宾老，名康国（1056—1109），北宋末扬州人，第进士。宋徽宗知其能词章，迁翰林学士。累官知枢密院事，《宋史》卷三五一有传。从曾跋可知，北宋末还有“张宾老所编并载于蜀本”的《东坡词》。从“载于蜀本”可知，此《东坡词》似附于蜀本《东坡集》。因已失传，不可知其详。

《易传》《论语说》《书传》

以上所说都是苏轼或他人所编的各种形式的苏轼诗文集，还未包括苏轼的《易传》《论语说》《书传》等专著及其他一些杂著。

从苏轼《黄州上文潞公书》（卷四八）和晚年《答苏伯固》（卷五七）、《与郑靖老书》（卷五六）及苏辙《亡兄子瞻端明墓志铭》看，苏轼在黄州只完成了《易传》和《论语说》。贬官岭南期间，继续修改《易传》《论语说》，并“草得《书传》十三卷”。苏轼对自己完成的这三部专著是很珍视的，他渡海北归，在《书合浦舟行》（卷七一）中说：“自海康适合浦，遭连日大雨，桥梁尽坏，水无津涯。……所撰《书》《易》《论语》皆以自随，世未有别本。

（苏轼）抚之而叹曰：‘天未丧斯文，吾辈必济！’已而果然。”苏轼临死前，又郑重地把这三部书托付钱济明，他对钱说：“某前在海外了得《易》《书》《论语》三书，今尽以付子。愿勿以示人，三十年后会有知者。”[①] “在海外了得《易》《书》《论语》”，可见苏轼在海南曾对黄州完稿的《易传》《论语说》作过修订。

《东坡志林》

苏轼《与郑靖老书》说：“《志林》竟未成，但草得《书传》十三卷，甚赖公两借书籍检阅也。”这里把《志林》与《书传》并提，可见都是史书性质。《东坡后集》卷一一收《志林》十三首，皆为史论，显然就是苏轼“未成”之《志林》。今存二卷本、五卷本、十二卷本《东坡志林》，或收苏轼笔记文，或杂收史论和笔记，已非苏轼海南所著《志林》的原貌。

《艾子杂说》

陈振孙《直斋书录解题》卷一一云：“《艾子》一卷。……相传为东坡作，未必然也。”戴埴《鼠璞》（学津讨源本）云：“世传《艾子》为东坡所作，皆一时戏语，亦有所本。其说一蟹不如一蟹，出《圣宋掇拾》。”从“未必然”“世传”均可看出，认为此书不一定是苏轼所作。但李治《敬斋古今黈拾遗》卷二则肯定此书“真出坡手”：“载《艾子杂说》凡四百零一事，虽俱俳优俚俗之语，而所托讽大有切中于时病者，却应真出坡手。”周紫芝《夜读〈艾子〉书其尾》（《太仓稊米集》卷七）云：“万里投荒海一隅，八年蜑子与同居。可怜金殿銮坡日，浑在蛮烟瘴雨余。奇怪谁书《方朔传》，《滑稽》空著子长书。不知平日经纶意，晚作儿曹一笑娱。”周紫芝（1081—?）为南北宋之际人，苏轼去世时，他已二十岁，他这首诗无可辩驳地证明苏轼贬官海南时，确实著有《艾子》或《艾子杂说》。张端义《贵耳集》亦有“东坡《艾子》有曰”的记载。

---

① 何薳：《春渚纪闻》卷六，中华书局唐、宋史料笔记丛刊本。

综合上述可以看出，苏轼诗文在其生前曾被多次辑集，有他本人编辑或本人参与编辑的，如《南行集》《岐梁唱和诗集》《和陶诗》《东坡集》，但更多的是别人为他编辑的。有友人为他编的，如陈师仲、刘沔；也有政敌为他编的，如舒亶所“印行四册”。有宋王朝辖区编的，也有契丹辖区编的（如《大苏小集》）。有别集，也有总集，如《南行集》《汝阴唱和诗集》均带总集性质。有所仕之地自成一集的，如《钱塘集》《超然集》《黄楼集》；也有收到编集时为止的，如《眉山集》、京师印本《东坡集》。有单收诗的，如《岐梁唱和诗》《和陶诗》；也有诗文合集，如刘沔所“编录拙诗文二十卷”。苏轼生前，其诗文的“镂版行世”，基本上都是旁人特别是书贾所为。苏轼说“某方病市人逐利，好刊某拙文”，这“市人”即指书贾。苏轼诗文被书贾大量刊刻，除了反映北宋印刷业的发达外，主要是因为他的作品具有深刻的社会意义和感人的艺术魅力，从而赢得了大量的读者。这就是苏轼一生虽屡遭贬责，作品虽被严加禁毁，却仍获得广泛流传的原因。

第二章 “议论常公于身后”

——南宋“风行”期

苏轼去世后二十七年，即1127年，金兵大举南下，俘虏了徽、钦二宗，宣告了北宋王朝的灭亡。康王赵构在南京（今河南商丘）即位，重建宋王朝，改年号为建炎。金兵继续南侵，赵构节节败退，退到杭州，“直把杭州作汴州”，史称南宋。南宋王朝鉴于北宋灭亡的教训，特别推崇二程理学，推崇过去反对过王安石新法的人。宋钦宗刚即位，就下诏说，当讲孔、孟之正道，察安石旧说之不当，以济中兴。随即起用程颐的得意门生杨时为右谏议大夫兼侍讲、国子祭酒。杨时上书说：“今日之祸，实安石有以启之。安石挟管、商之术，饰六艺以文奸言，变乱祖宗法度。”并请钦宗“毁去（王安石）配享（孔庙）之像”①。高宗一即位，也大力提倡程颐的“正心诚意”之说，攻击变法派是“曲学阿世”。正是在这种背景下，苏轼特别受到重视，政治上为他恢复名誉，对他的文学艺术成就给予了很高的评价；大量刊刻苏轼著述，其诗词文皆有人作注，尤其是苏诗，号称百家注，既有分类注，又有编年注；对苏轼生平事迹作了全面深入的研究，各种苏轼年谱不下十种，成为中国历史上第一个苏轼研究高峰。但南宋批评苏轼者也不少，有因文学流派不同而批评苏轼者，有因学术思想不同而批评苏轼者，还有从考据学角度批评苏轼用典多误者。

---

① 《杨龟山先生集》卷一《上钦宗皇帝疏》，康熙四十六年杨氏重刻本。

第一节 “一代文章之宗”

一、“一时廷臣，无出其右”

南宋王朝首先起用苏轼后代，为苏轼恢复名誉。建炎二年（1128）二月以苏轼之孙宣教郎苏符为国子监丞[1]。五月，司农寺丞苏符以祖父苏轼政和中复职未尽诉于朝，诏苏轼立朝履历，最为显著，追复端明殿学士，尽还合得恩数（同上，卷一五）。绍兴元年（1131）八月，苏符再次上言苏轼复官未尽，特赠资政殿学士、朝奉大夫（同上，卷四六）。绍兴九年（1139）九月，援范镇家赐制例，诏汝州郏城县故资政殿学士苏轼坟寺以旌贤广惠为名（同上，卷一三二）。宋孝宗乾道六年（1170）九月，赐苏轼谥曰文忠，九年（1173）二月特赠苏轼为太师（《宋史》卷三四《孝宗》二）。

宋孝宗在《苏轼文集序》（郎晔《经进东坡文集事略》卷首）中，对苏轼作了很高的评价：

故赠太师谥文忠苏轼，忠言谠论，立朝大节，一时廷臣，无出其右。负其豪气，志在行其所学。放浪岭海，文不少衰。力斡造化，元气淋漓。穷理尽性，贯通天人。山川风云，草木华实，千汇万状，可喜可愕。有感于中，一寓之于文。雄视百代，自作一家。浑涵光芒，至是而大成矣。朕万几余暇，紬绎诗书，他人之文，或得或失，多所取舍。至于轼所著，读之终日，亹亹忘倦，常置左右，以为矜式，可谓一代文章之宗也欤！乃作赞曰：维古文章，言必己出。缀词缉句，文之蟊贼。手抉云汉，斡造化机。气高天下，乃克为之。猗嗟若人，冠冕百代。忠言谠论，不顾身害。凛凛大节，见于立朝。放浪岭海，侣于渔樵。岁晚归来，其文益伟。波澜老成，无所附丽。昭晰无疑，优游有余。跨唐越汉，自我师模。贾马豪奇，韩柳雅健。前哲典刑，未足多

---

① 李心传：《建炎以来系年要录》卷一三，上海古籍出版社本，1992。

美。敬想高风，恨不同时。掩卷三叹，播以声诗。乾道九年闰正月望，选德殿书赐苏峤。

南宋臣僚对孝宗这篇赞词称颂备至，陆游《上殿劄子》（卷四）云：“臣伏读御制《苏轼赞》曰：‘手抉云汉，斡造化机，气高天下，乃克为之。’呜呼，陛下之言，典谟也。轼死且九十年，学士大夫徒知尊诵其文，而未有知其文之妙在‘气高天下’者。今陛下独表而出之，岂惟轼死且不朽，所以遗学者，顾不厚哉！”刘兴祖《摛文堂集序》（慕容彦逢《摛文堂集》卷首，常州先哲遗书本）云：“古今以文名家者多矣。其有兼作者之妙，为百代之师者，文忠苏公而已。是以皇上万几之暇，亲御翰墨，为之序赞，有曰：‘他人之文，或得或失，多所取舍。至于轼所著，读之终日，亹亹忘倦，常置左右，以为矜式。’大哉王言，诚万世不刊之典！当时学士大夫有经品题，皆足以垂世，况深蒙见知者乎？”刘克庄《诗境集序》（《后村先生大全集》卷九七，四部丛刊初编本）云：“本朝评坡文者众矣，往往称其天才超轶、笔力浩大而已。至我阜陵独曰：‘气高天下，乃克为之。’呜呼！阜陵之言，可谓尽坡公之平生矣。”陈岩肖《庚溪诗话》（历代诗话续编本）亦云：“今东坡诗文，乃蒙当代累朝神圣之主知遇如此，使忌能者之臣谮言不入，且道流之语未必可信，解注之士出于一时之急，而当宁以轼之忠贤而确信之，身后恩宠异常。此诚尧舜之君乐取诸人以为善，而轼遂被此光荣，不其伟哉！”

理宗端平二年（1235）正月，诏胡瑗、孙复、邵雍、欧阳修、周敦颐、司马光、苏轼、张载、程颢、程颐等十人从祀孔子庙庭（《宋史》卷四二《理宗》二）。度宗咸淳元年（1265）九月，宰执访司马光、苏轼、朱熹后人，贤者能者各上其名录用（同上，卷四六《度宗》）。可见南宋诸帝对苏轼都十分推崇。

因苏轼牵连而被贬者亦复官，如朱师服任礼部侍郎，坐与苏轼往来，入党籍。师服《安置兴国军谢表》云：“首元祐之谪籍，二纪于兹；尾神考之从班，一人而已。夤缘轼、辙之度岭，初一承颜；先后安、李之当途，未尝通问。”（《能改斋漫录》卷一二）绍兴五年（1135）六月，复宝文阁待制。

甚至连统治者视作盗贼的人亦知敬重苏轼。绍兴二年（1132）冬，虔州谢达攻惠州，纵其徒焚掠，独葺苏轼白鹤观故居，祭奠而去。绍兴三年(1133)冬，黎盛攻潮州，焚民居，毁其城而去。黎盛登开元寺塔，望吴氏故居，问曰：“是非苏内翰藏图书处否?”麾兵救之，民赖免者甚众(《建炎以来系年要录》卷六一、卷七一)。

南宋士大夫对苏轼的敬重更远远超过一般民众，南宋大量的诗文集、诗话、笔记，有不少对苏轼及其作品的评论。孙觌有一首诗，诗题颇长：《绍兴壬子，某南迁过疎山上一览亭，见拟东坡煨芋诗刻龛之壁间，诗律句法良是，殆不能辨，乃宣卿侍郎守临川时所拟作也。后数日道次安仁县，一士人吴君出宣卿诗数十解示余，奇丽清婉，咀嚼有味，如啖蔗然，读之惟恐尽。于是拊卷三叹而后知公置力于斯文久矣。又二十年宣卿筑室荆谿山中，别营一堂，以平生所蓄东坡诗、文、杂言、长短句、残章断稿、尺牍、游戏之作，尽椟藏其中，号景坡，自书榜仍为记刻之。某欲具小舟造观，而宣卿召用。今以集撰守吴，乃赋诗为之先》。诗云：“东坡百世师，乘云上骑箕。文章日月光，气敌嵩华齐。诸儒望先觉，坐待成风勦。一斤应手挥，郢鼻无留垩。公生不并时，关楗同一机。”(《鸿庆居士集》卷六，常州先哲遗书本)王十朋《游东坡十一绝》(《梅溪王先生文集》卷一五，四部丛刊本)云：“再闰黄州正坐诗，诗因迁谪更瑰奇。读公赤壁词并赋，如见周郎破贼时。”又《国朝名臣赞·苏东坡》(同上，卷一一)云：“东坡文章，百世之师。群邪所仇，斂不及施。万里南迁，而气不衰。我读公文，慕其所为。愿为执鞭，恨不同时。”李流谦《与郑择可辨属字书》(《澹斋集》卷一〇，四库全书本)云：“自有文章以来，未有若东坡先生者也。其人非特雄于翰墨，忠义之节，劲果之气，横绝古今。观其立朝尊君亲上之心根乎天性。”刘克庄《丰湖》(卷一二)云：“岷峨一老古来少，杭颍二湖天下无。帝恐先生晚牢落，南迁犹得管丰湖。”敬仰之情皆溢于言表。

二、“居士之文如万斛泉源”

从南宋起，苏轼之文，历代都作为供人学习的楷范，吕祖谦《古文关键·总论》认为，东坡之文“波澜出于《战国策》《史记》，亦得关键法，当

戒他不纯处。”（吕祖谦《古文关键》，金华丛书本）

南宋已有韩、柳、欧、苏的提法，王十朋《读苏文》（卷一九）：“唐、宋文章，未可优劣。唐之韩、柳，宋之欧、苏，使四子并驾而争驰，未知孰后而孰先，必有能辨之者”；“不学文则已，学文而不韩、柳、欧、苏是观，诵读虽博，著述虽多，未有不陋者也”。他比较数子优劣云：“韩、欧之文，粹然一出于正，柳与苏好奇而失之驳。至论其文之工、才之美，是宜韩公欲推逊子厚，欧阳子欲避路放子瞻出一头地也”；“贾谊赋过相如，扬子云不知也。柳子厚《平淮西》雅过韩退之，子厚自能知之。子厚之文，温雅过班固；退之之文，雄健过司马子长。欧阳公得退之之纯粹，而乏子厚之奇。东坡驰骋过诸公，简严不及也。”（同上，《杂说》）王十朋认为，苏轼比王安石更能与韩愈比并，其《书欧阳公赠王介甫诗》云：“‘翰林风月三千首，吏部文章二百年。老去自怜心尚在，后来谁与子争先。’此欧阳公赠介甫诗也，介甫不肯为退之，故答欧公诗云：‘他日略曾窥孟子，终身何敢望韩公。’由此观之，介甫之所成就与退之孰优孰劣，必有能辨之者。予谓欧公此诗可移赠东坡，赠者不失言，当者无愧色。”（卷一九）

南宋文人从不同角度总结过苏文特色，或谓其学植根深，其文多有所本。俞琰《书斋夜话》卷四云：“先儒作文，皆有所本，六经是也，试略举东坡之文言之。如《祭统》云：‘天子有善，让德于天；诸侯有善，归之天子。’东坡《喜雨亭记》乃云：‘太守不有，归之天子；天子不有，归之太虚。’其说盖本《祭统》。又《乐记》云：‘夫物之感人无穷，而人之好恶无节，则已物至而人化物也。’东坡《王君宝绘堂记》乃云：‘君子可以寓意于物，而不可以留于物。’其说盖本《乐记》。”

南宋不少人都认为苏文出于《庄子》，邵博《邵氏闻见后录》卷一四云：“东坡早得文章之法于《庄子》，故于诗文多用其语。”李耆卿《文章精义》（四库全书本）亦云：“子瞻文学《庄子》（入虚处似，《凌虚台记》《清风阁记》之类是也）、《战国策》（论利害处似，《策略》《策别》《策断》之类是也）、《史记》（终篇惟作他人说，末后自己只说一句，《表忠观碑》之类是也）、《楞严经》（《鱼枕冠颂》之类是也）。子瞻文字到穷处，便济之以此一着，所以千万人过他关不得。”张镃《仕学规范》（四库全书本）卷三引《潜溪诗眼》云：“老坡作文工于命意，必超然独立于众人之上。……其源出于《庄子》，故其论刘伶、庄子、阮千里、阎立本，皆于世人意外，别出眼目，其平日取捨文章亦多以此为法。”罗大经《鹤林玉露》（中华书局唐宋史料笔记丛刊本）乙编卷三云：“《庄子》之文，以无为有；《战国策》之文，以曲作直。东坡平生熟此二书，故其为文，横说竖说，惟意所到，俊辨痛快，无复滞碍。其论刑赏也，曰：‘当尧之时，皋陶为士。将杀人，皋陶曰杀之三，尧曰宥之三，故天下畏皋陶执法之坚，而乐尧用刑之宽’；其论武王也，曰：‘使当时有良史如董狐者，则南巢之事，必以叛书；牧野之事，必以弑书。而汤、武，仁人也，必将为法受恶。周公作《无逸》，曰：‘殷王中宗，及高宗，及祖甲，及我周文王，兹四人迪哲。’上不及汤，下不及武王，其以是哉；其论范增也，曰：‘增始劝项梁立义帝，诸侯以此服从，中道而弑之，非增意也。夫岂独非其意，将必力争而不听也。不用其言，而杀其所立，羽之疑增，自此始矣’；其论战国任侠也，曰：‘楚、汉之祸，生民尽矣，豪杰宜无几，而代相陈豨从车千乘。萧、曹为政，莫之禁也。岂惩秦之祸，以为爵禄不能尽縻天下之士，故少宽之，使得或出于此也耶。’凡此类，皆以无为有者也。其论厉法禁也，曰：‘商鞅、韩非之刑，非舜之刑，而所以用刑者，则舜之术也。’其论唐太宗征辽也，曰：‘唐太宗既平天下，而又岁岁出师，以从事于夷狄。盖晚而不倦，暴露于千里之外，亲击高丽者再焉。凡此者，皆所以争先而处强也。’其论从众也，曰：‘宋襄公虽行仁义，失众而亡；田常虽不义，得众而强。是以君子未论行事之是非，先观众心之向背。谢安之用诸桓，未必是，而众之所乐，则国以乂安。庾亮之召苏峻，未必非，而势有不可，则反成危辱。’凡此类，皆以曲作直者也。叶水心云：‘苏文架虚行危，纵横倏忽，数百千言，读者皆如其所欲出，推者莫知其所自来，古今议论之杰也。’”

苏轼实际泛学古人，周必大《二老堂诗话》谓其学白乐天，“本朝苏文忠公不轻许可，独敬爱乐天，屡形诗篇。盖其文章皆主辞达，而忠厚好施，刚直尽言，与人有情，于物无著，大略相似。谪居黄州，始号东坡，其原必起于乐天忠州之作也。”王正德《余师录》（四库全书本）卷三谓其晚年学柳宗元，“东坡晚年叙事文字，多法柳子厚，而豪迈之气非子厚所能及也。”卷四云：“东坡教人读《战国策》，学说利害；读贾谊、晁错、赵充国章疏，学论事；读《庄子》，学论理性；又须熟读《论语》《孟子》《檀弓》，要志趣正当。读韩、柳文数百篇，要知作文体面。”可见苏轼自己泛学古人，并以此教人。

苏轼不仅是北宋古文运动的完成者，而且使宋代四六文为之一新。欧阳修在《苏氏四六》（卷一三〇）中说：“往时作四六者多用古人语及广引故事，以炫博学，而不思述事不畅。近时文章变体，如苏氏父子以四六叙述，委曲精尽，不减古人。自学者变格为文，迨今三十年，始得斯人。不惟迟久而后获，实恐此后未有能继者尔。自古异人间出，前后参差不相待。余老矣，乃及见之，岂不为幸哉!”杨囦道《云庄四六余话》（丛书集成初编本）称苏轼长于四六文，云：“皇朝四六……东坡雄深浩博，出于准绳之外”；又云：“本朝四六……至东坡，于四六曰：‘禹治兖州之野，十有三载乃同；汉筑宣防之宫，三十余年而定。方其决也，本吏失其防而非天意；及其复也，盖天助有德而非人功。’其力挽天河而涤之，偶俪甚恶之气一除，而四六之法亡矣。”俞文豹《清夜录》（宛委山堂说郛本）云：“看坡公制诰，用故事明白敷畅。”黄震《黄氏日钞》（四库全书本）卷六二亦云：“二十七卷，启三十首，皆散文之句，语相似而便于读耳。陆宣‘公奏议体也”；又云：“青词祝文，皆以情与神语。”

苏文语意高妙，善于创新，陈模《怀古录》（中华书局校点本，1993）卷下云：“若徒具题目兴造之由，而无所发明，则滔滔者皆是。须是每篇有所发明，有警策过人处，方可传远。只如东坡作《宝绘堂记》，却反说爱画者自是一病。作《思堂记》却说有所思便不好。都是后面略略收归来题目，便捉缚他不住。《众妙堂记》只说梦起，《盖公堂记》只说乡人有病痞者起，凡数百言，只于后面一两行说作堂之意，此等又岂可以律以常体？又如《赤壁赋》，自我作古，又岂可律之以《楚辞》拍调？”

苏文圆活多变，出奇无穷，起伏曲折，顺逆自如。黄震《黄氏日抄》卷六二云：“东坡之文，如长江大河，一泻千里。至其混浩流转、曲折变化之妙，则无复可以名状。盖能文之士莫之能尚也。而犹长于指陈世事，述叙民生疾苦。方其年少气锐，尚欲泛扫宿弊，更张百度，有贾太傅流涕汉廷之风。及既惩创王氏，一意忠厚，思与天下休息，其言切中民隐，发越恳到，使岩廊崇高之地，如亲见闾阎哀痛之情，有不能不恻然感动者，真可垂训万世矣。呜呼休哉!”李耆卿《文章精义》云：“文有圆有方。韩文多圆，柳文多方。(《晋问》之类是也)。苏文方者亦少（惟《上神宗万言书》《代张方平谏用兵书》数篇方)，圆者多。”又云：“韩如海，柳如泉，欧如澜，苏如潮”；“《论语》气平，《孟子》气激，《庄子》气乐，《楚辞》气悲，《史记》气勇，《汉书》气怯。文字顺易而逆难，《六经》都顺，惟《庄子》、《战国策》逆，韩、柳、欧都顺（《封建论》一篇逆)，惟苏明允逆，子瞻或顺或逆，然不及明允处多。”

苏文常杂以谐谑，善于游戏三昧。何薳《春渚纪闻》卷六记“先生尝谓刘景文与先子曰：‘某平生无快意事，惟作文章，意之所到，则笔力曲折无不尽意。自谓世间乐事，无逾此者。’”沈作喆《寓简》（四库全书本）卷五云：“前辈谓今古文章无不可作对者。……东坡表启乐语中，间有全句对，皆得于自然，游戏三昧，非用意巧求也。”楼钥《跋杨叔禹所藏东坡帖》（卷七七）云：“人言作文当如作家书。长公家书即文也，如此等帖，可以吊丧问疾而废之乎?”李耆卿《文章精义》云：“退之虽时有讥讽，然大体醇正。子厚发之以愤激，永叔发之以感慨，子瞻兼愤激感慨而发之以谐谑。读柳、欧、苏文，方知韩文不可及。”

三、“诗格极于高古”

南宋对苏诗的研究，比对苏词、苏文的研究更加充分，他们深入研究并概括了苏诗的各种特色。宋文的风貌，欧阳修已完成；宋诗形成与唐诗有别的风貌，是到王安石、苏轼、黄庭坚才完成的。陈善《扪虱新话》下集卷三云：“欧阳公诗，犹有国初唐风气。公能变国朝文格，而不能变诗格。及荆公、苏、黄辈出，然后诗格遂极于高古。”吕本中《童蒙诗训》（宋诗话辑佚本）称苏集古今之大成：“自古以来，语文章之妙，广备众体，出奇无穷者，唯东坡一人。极风雅之变，尽比兴之体，包括众作，本以新意者，唯豫章一人。此二者当永以为法。”又云：“余尝谓开元之李、杜，元祐之苏、黄，皆集诗之大成者，故群贤于此四公，尤多品藻。盖欲发扬其旨趣，俾后来观诗者，虽未染指，固已能知其味之美矣。”

苏轼一生诗风几变，而以晚年诗最工。正如苏辙所说：“公诗本似李、杜，晚喜渊明。”（《亡兄子瞻端明墓志铭》）又云：“东坡谪居儋耳，独喜为诗，精炼华妙，不见老人衰惫之气。”（《子瞻和陶渊明诗集》）学问是随年龄的增长而不断积累的，故苏轼晚年诗尤工。韩驹《陵阳先生室中语》（说郛本）云：“诗道无有穷尽，如少陵出峡、子瞻过海后诗愈工。若使二公出峡过海后未死，作之不已，则尚有妙处，又不止于是也。”陆游《跋东坡诗草》（卷二七）：“东坡此诗云：‘清吟杂梦寐，得句旋已忘。’固已奇矣。晚谪惠州，复出一联云：‘春江有佳句，我醉堕渺莽。’则又加于少作一等。近世诗人，老而益严，盖未有如东坡者也。学者或以易心读之，何哉！”胡仔《苕溪渔隐丛话》后集卷三〇云：“吕丞相《跋杜子美年谱》云：‘考其笔力，少而锐，壮而肆，老而严，非妙於文章，不足至此。’苕溪渔隐曰：‘余观东坡自南迁以后诗，全类子美夔州以后诗，正所谓老而严者也。’……鲁直亦云：‘东坡岭外文字，读之使人耳目聪明，如清风自外来也。’观二公之言（含苏辙）如此，则余非过论矣。”巩丰《后耳目志》（说郛本）云：“东坡平生诗学刘梦得，字学徐季海，晚年妙处，乃不减李、杜、颜、杨。”《彦周诗话》（历代诗话本）云：“东坡海南诗、荆公钟山诗，超然迈伦，能追逐李、杜、陶、谢。”朱弁《风月堂诗话》卷上云：“东坡文章，至黄州以后，人莫能及，唯黄鲁直诗时可以抗衡。晚年过海，则虽鲁直亦瞠若乎其后矣。或谓东坡过海虽为不幸，乃鲁直之大不幸也。”朱弁《曲洧旧闻》（知不足斋丛书本）卷九云：“或曰：东坡诗始学刘梦得，不识此论诚然乎哉？予应之曰：予建中靖国间在参寥座，见宗子士暕以此问参寥，参寥曰：‘此陈无己之论也。东坡天才，无施不可，以少也实嗜梦得诗，故造词遣言，峻峙渊深，时有梦得波峭。然无己此论，施于黄州以前可也。坡自元丰末还朝后，出入李、杜，则梦得已有奔逸绝尘之瞰矣。无己近来得渡岭越海篇章，行吟坐咏，不绝舌吻。常云：此老深入少陵堂奥，他人何可及！其心悦诚服如此，则岂复守昔日之论乎？’予闻参寥此说三十余年矣，不因吾子，无由发也。”楼钥《跋旧答李希岳启》（卷七五）云：“少尝问从兄编修景山：‘老杜、韩、柳洎本朝欧、苏、半山、山谷诸公，晚而诗文益高，何耶？’兄曰：‘文章，精神之发也。学问既充，精神有养，故老而日进。’余尝佩服斯言。”《后村诗话》后集（中华书局，1983年校点本）卷一云：“坡公海外笔力，益老健宏放，无忧患迁谪之态。黄、秦皆不能及，李文饶亦不能及。”

苏诗长于用典，朱弁《风月堂诗话》（中华书局校点本，1988）卷下云：“晁以道云：‘指呼市人如使儿。’东坡最得此三昧。其和人诗用韵妥帖圆成，无一字不平稳。盖天才能驱驾，如孙、吴用兵，虽市井乌合，亦皆为我臂指，左右前却，在我顾盼间，莫不听顺也。前后集似此类者甚多，往往有首唱不能逮者。”又云：“参寥……尝与客评诗，客曰：‘世间故实小说，有可以入诗者，有不可以入诗者。惟东坡全不拣择，入手便用。如街谈巷说、鄙俚之言，一经坡手，似神仙点瓦砾为黄金，自有妙处。’参寥曰：‘老坡牙颊间别有一副炉鞴，他人岂可学耶？’座客无不以为然。”黄彻《䂬溪诗话》（历代诗话续编本）卷一〇云：“坡集有全篇用事者，如《贺人生子》，自‘郁葱佳气夜充闾，喜见徐卿第二雏’至‘我亦从来识英物，试教啼看定何如’，《戏张子野买妾》，自‘锦里先生自笑狂，身长九尺鬓眉苍’至‘平生谬作安昌客，略遣彭宣到后堂’，句句用事，曷尝不流便哉？”费衮《梁溪漫志》卷四云：“东坡词源如长江大河，汹涌奔放，瞬息千里，可骇可愕，而于用事对偶，精妙切当，人不可及。如《张子野买妾》诗，全用张氏事；《祭徐君猷文》，全用徐氏事；《送李方叔下第》诗，用‘古战场’‘日五色’，皆当家事，殆如天成。徐君猷、孟亨之皆不饮，作诗戏之，用徐邈、孟嘉饮酒事，仍各举当时全语以为对。”胡仔《苕溪渔隐丛话》前集卷三八引《漫叟诗话》云：“东坡最善用事，既显而易读，又切当。若《招持服人游湖不赴》云：‘却忆呼卢袁彦道，难邀骂坐灌将军。’《柳氏求字答》云：‘君家自有元和足，莫厌家鸡更问人。’天然奇作。”苏轼甚至用自己的诗为典故，《䂬溪诗话》卷四云：“用自己诗为故事，须作诗多者乃有之。……坡赴黄州过春风岭有两绝句，后诗云：‘去年今日关山路，细雨梅花正断魂。’至海外又云：‘春风岭下淮南村，昔年梅花曾断魂。'又云：'柯邱海棠吾有诗，独笑深林谁敢侮。'又《画竹》云：'吾诗固云尔，可使食无肉。'"《童蒙诗训·古人诗文特长》云："老杜歌行与长韵律诗，后人莫及；而苏、黄用韵、下字、用故事处，亦古所未到。"

苏轼长于用典，与其学问深厚是分不开的。苏诗根柢在诗骚，《扪虱新话》上集卷三云："苏、黄文字妙一世，殆是天才难学，然亦尚有蹊径可得而寻。东坡常教学者但熟读《毛诗·国风》与《离骚》，曲折尽在是矣；又或令读《檀弓》上下篇。……世人好谈苏、黄多矣，未必尽知苏、黄好处。今《毛诗·国风》与《楚辞》、《檀弓》并在，不知当如何读，曲折处当复如何，苏、黄之作又复如何？李太白曰'但得酒中趣，勿为醒者传'也。然虽如是，与其远想颇、牧，不若暗合孙、吴，便是苏、黄犹在。"

苏诗长于次韵，吕本中《与曾吉甫论诗第一帖》云："东坡、太白诗，虽规摹广大，学者难依，然读之使人敢道，澡雪滞思，无穷苦艰难之状，亦一助也。要之，此事须令有所悟入，则自然超越诸子。悟入之理，正在工夫勤惰间耳。……近世次韵之妙，无出苏、黄，虽失古人唱酬之本意，然用韵之工，使事之精，有不可及者。"（《苕溪渔隐丛话》前集卷四九引）《梁溪漫志》卷七云："作诗押韵是一奇。荆公、东坡、鲁直押韵最工，而东坡尤精于次韵，往返数四，愈出愈奇。如作梅诗、雪诗押'暾'字、'叉'字，在徐州与乔太傅唱和押'粲'字，数诗特工。荆公和'叉'字数首，鲁直和'粲'字数首，亦皆杰出。盖其胸中有数万卷书，左抽右取，皆出自然。初不著意要寻好韵，而韵与意会，语皆浑成，此所以为好。若拘于用韵，必有牵强处，则害一篇之意，亦何足称。……后人不晓此理，才到和韵处，以不胜人为耻，必剧力冥搜，纵不可使，亦须强押，正如醉人语言，全无伦类，可以一笑也。"

苏诗形象生动，《容斋三笔》（上海古籍出版社校点本，1987）卷一一云："东坡初赴惠州，过峡山寺，不值主人，故其诗云：'山僧本幽独，乞食况未还。云碓水自舂，松门风为关。石泉解娱客，琴筑鸣空山。'既至惠州，残腊独出，至栖禅寺，亦不逢一僧，故其诗云：'江边有微行，诘曲背城市。平湖春草合，步到栖禅寺。堂空不见人，老稚掩关睡。所营在一食，食已宁复事。客行岂无得，施子净扫地。风松独不静，送我作鼓吹。'后在儋耳作《观棋》

诗，记游庐山白鹤观，观中人皆阖户昼寝，独闻棋声，云：‘五老峰前，白鹤遗址。长松荫庭，风日清美。我时独遊，不逢一士。谁欤棋者？户外屦二。不闻人声，时闻落子。’其寂寞冷落之味，可以想见，句语之妙，一至于此。”韦居安《梅涧诗话》（历代诗话续编本）云：“梅格高韵胜，诗人见之吟韵多矣，自和靖‘香影’一联，为古今绝唱，诗家多推尊之。其后东坡次少游‘槁’字韵，及谪罗浮时赋古诗三篇，运意琢句，造微入妙，极其形容之工，真可企𡺸孤山。以此见骚人咏物，愈出而愈奇也。”

苏诗长于譬喻，《容斋三笔》卷六：“韩、苏两公为文章，用譬喻处，重复连贯，至有七八转者。……苏公《百步洪》诗云‘长洪斗落生跳波，轻舟南下如投梭。水师绝叫凫雁起，乱石一线争磋磨。有如兔走鹰隼落，骏马下注千丈坡。断弦离柱箭脱手，飞电过隙珠翻荷’之类是也。”苏轼这里用了舟如投梭，兔走鹰落，骏马下坡，断弦离柱，利箭离弦，电光闪烁，露珠翻荷等来形容水流湍急。这种连珠炮式的比喻，甚至一句连用两个比喻，把“险中得乐”形容得淋漓尽致，给人以强烈的印象。敖陶孙《臞翁诗评》（说郛本）云：“本朝苏东坡如屈注天潢，倒连沧海，变眩百怪，终归雄浑。”陈造《题韵类坡诗》（《江湖长翁集》卷三一，四库全书本）：“东坡仙伯之文，韩、欧伯仲。其於诗，迈往劲直之气，溢于言外。而其严密腴丽，清而不浮，工而不露，学者与子美表里可也。”

苏诗驰骋豪迈，如长江大河，遇物赋形，又有自然之妙。《怀古录》卷上云：“东坡于诗，人所难言者，己则霈然有余，且是驰骋而无往不可。其题《画雁》云：‘野雁见人来，未动意先改。不知君何处，得此无人态。’如‘耕田欲雨刈欲晴，去得顺风来者怨。若使人人祷辄遂，造物应须日千变。’如‘杜陵评书贵瘦硬，此语未公吾不凭。短长肥瘦各有态，玉环飞燕谁敢憎？’如‘治家不求富，读书不求官。恰似饮不醉，陶然有饮欢。’如‘周公与管蔡，恨不茅三间’，如‘论画以形似，见与儿童邻。赋诗必此诗，定非知诗人。’此皆立意高卓，而辞又足以达其意。‘三杯洗战国，一斗销强秦’，‘空肠得酒芒角出，肺腑槎牙生竹石’，‘大儿汾阳中令君，小儿天台坐忘真。平生不识高将军，手污吾足乃敢瞋’。此又以文气胜。《饮湖上初晴后雨》云：

‘却把西湖比西子，淡妆浓抹总相宜。’《泛雪溪》云：‘清风定何物，可爱不可名。所至如君子，草木有嘉声。’《眉子石砚歌》云：‘游人指点小巏处，中有渔阳胡马嘶。’‘青山偃蹇如高人，平时不肯入官府。高人自与山有约，不待招邀满庭户。’此则以物为人。《次韵王滁州见寄》：‘斯人何似似春雨，歌舞农夫怨行路。’此则又以人而为物。如长江大河，遇物赋形，有自然之妙。”又云：“东坡《和陶杂诗》云：‘斜日照孤隙，始知空有尘。微风动众窍，谁信我忘身。一笑问儿子，与汝定何亲。从我来海南，幽绝无四邻。耿耿如缺月，独与良庚晨。此道固应尔，不当怨尤人。’《东坡》诗云：‘家童烧枯草，走报暗井出。一饱未可期，瓢饮已可必。’亦皆有旷适之意。然其旷适者，却与渊明不同。盖其一气赶从后，飘飘然豪俊之气终不掩，故止可以为东坡之诗，而非渊明之诗也。”这里指出苏诗立意高卓，辞足意达；以气胜，即使抒写旷适之意，而其豪俊之气终不可掩；或以物拟人，或以人拟物，遇物赋形，有自然之妙。

苏诗滑稽好谑，蔡絛《诗评》云：“东坡诗天才宏放，宜与日月争光。凡古人所不到处，发明殆尽，万斛泉源，未为过也。然颇恨方朔极谏，时杂以滑稽，故罕逢蕴藉。”（《苕溪渔隐丛话》后集卷三三引）吕本中《童蒙诗训》云：“东坡长句波澜浩大，变化不测，如作杂剧打猛诨入，却打猛诨出也。”黄彻《䂬溪诗话》卷四云：“坡有‘试问高吟三十首，何如低唱两三杯’，又‘譬如长鬣人，不以长为苦。归来被上下，一夜著无处’。《大觉真赞》云：‘书生大抵多穷相，金眼除非是党公。’皆笑林语也。”

四、“一洗绮罗香泽之态”

前已论及，苏轼同时代人对苏轼以诗为词并不重视，直至南北宋之际，特别是进入南宋之后，丢掉了半壁河山，在民族危亡关头，苏轼借词言志，以词抒慨，才被越来越多的词人所认同。《苕溪渔隐词话》卷一云：“东坡‘大江东去’赤壁词，语意高妙，真古今绝唱。近时有人和此词，题一亭壁间，不著其名，语虽粗豪，亦气概可喜。今谩笔之，词曰：‘炎精中否，叹人材委靡，都无英物。戎马长驱三犯阙，谁作连城坚壁。楚汉吞并，曹刘割据，白骨今如雪。书生钻破简编，说甚英杰。天意着我中兴，吾君神武，小曾孙周发。海岳封疆俱效职，狂虏何劳退灭。翠羽南巡，叩关无路，徒有冲冠发。孤忠耿耿，剑锋冷侵秋月。’”这是典型的仿苏词以自抒感慨的词作。因此，南宋对苏轼以诗为词的评价几与北宋末年完全不同。《苕溪渔隐丛话》后集卷二六云：“子瞻佳词最多，其间杰出者如‘大江东去，浪淘尽千古风流人物’，赤壁词；‘明月几时有，把酒问青天’，中秋词；‘落日绣帘卷，亭下水连空’，快哉亭词；‘乳燕飞华屋，悄无人，桐阴转午’，初夏词；‘明月如霜，好风如水，清景无限’，夜登燕子楼词；‘楚山修竹如云，异材秀出千林表’，咏笛词；‘玉骨那愁瘴雾，冰肌自有仙风’，咏梅词；‘东武城南，新堤固，涟漪初溢’，宴流杯亭词；‘冰肌玉骨，自清凉无汗’，夏夜词；‘有情风，万里卷潮来，无情送潮归’，别参寥词；‘缺月挂疏桐，漏断人初静’，秋夜词；‘霜降水痕收，浅碧鳞鳞露远洲’，九日词。凡此十余词，皆绝去笔墨畦径间，直造古人不到处，真可使人一唱而三叹。若谓以诗为词，是大不然。子瞻自言‘平生不善唱曲，故间有不入腔处’，非尽如此。后山乃比之教坊司雷大使舞，是何每况愈下？盖其谬耳。”王灼《碧鸡漫志》（知不足斋丛书本）卷二驳斥对苏轼以诗为词的非议云：“东坡先生以文章余事作诗，溢而作词曲，高处出神入天，平处尚临镜笑春，不顾侪辈。或曰：‘长短句中诗也。’为此论者，乃是遭柳永野狐之毒。诗与乐府同出，岂当分异？若从柳氏家法，正自不分异耳。……东坡先生非心醉于音律者，偶尔作歌，指出向上一路，新天下耳目，弄笔者始知自振。今少年妄谓东坡移诗律作长短句，十有八九，不学柳耆卿，则学曹元宠。虽可笑，亦勿用笑也。”胡寅《酒边集后序》云：“及眉山苏氏，一洗绮罗香泽之态，摆脱绸缪宛转之度，使人登高望远，举首高歌，而逸怀浩气，超然乎尘垢之外，于是《花间》为皂隶，而柳氏为舆台矣！①”刘辰翁《辛稼轩词序》云：“词至东坡，倾荡磊落，如诗如文，如天地奇观，岂与群儿雌声学语较工拙；然犹未至用经用史，牵《雅》《颂》入郑魏也。”②他们对苏词不入律多辩护说：“世言东坡不能歌，故所作乐府词多不协。晁以

① 胡寅：《斐然集》卷一九，中华书局校点本，1993。
② 刘辰翁：《须溪集》卷六，四库全书本。

道云：‘绍圣初，与东坡别于汴上，东坡酒酣，自歌《古阳关》。’则公非不能歌，但豪放不喜裁剪以就声律耳。”（《老学庵笔记》卷五）

南宋中叶以后，形成宋、金南北对峙局面，词坛也形成以苏、辛为代表的豪放派与以姜夔、张炎为代表的格律派。不论豪放派词人还是格律派词人，都十分推崇苏词。范开《稼轩词序》云：“世言稼轩居士辛公之词似东坡，非有意于学坡也，自其发于所蓄者言之，则不能不坡若也。坡公尝自言与其弟子由为文至多，而未尝敢有作文之意；且以为得于谈笑之间，而非勉强之所为。公之于词亦然。苟不得之于嬉笑，则得之于行乐；不得之于行乐，则得之于醉墨淋漓之际，挥毫未竟，而客争藏去。或闲中书石，兴来写地，亦或微吟而不录，漫录而焚稿，以故多散逸。是亦未尝有作之之意，其於坡也，是以似之。”① 豪放二字既可形容苏、辛之同，同属豪放词派；也可形容苏、辛词风之异，苏放辛豪：“东坡之词旷，稼轩之词豪。”（王国维《人间词话》，人民文学出版社校点本，1982）苏轼常被前人喻为仙，苏词似仙境，辛词仍属人境。王鹏运《半塘老人遗稿》云：“词家苏、辛并称，其实辛犹人境也，苏其殆仙乎。”

格律派词人也不否认苏词成就，只是更强调其与格律派词相通之处。如张炎《词源·杂论》云：“东坡词如《水龙吟》咏杨花、咏闻笛，又如《过秦楼》《洞仙歌》《卜算子》等作，皆清丽舒徐，高出人表。《哨遍》一曲，隐括《归去来辞》，更是精妙，周、秦诸人所不能到。”沈义父《乐府指迷·豪放与协律》亦云：“近世作词者，不晓音律，乃故为豪放不羁之语，遂借东坡、稼轩诸贤自诿。诸贤之词，固豪放矣，不豪放处，未尝不协律也。”

五、南宋对苏轼的批评

在南宋，特别是在南宋中叶以后，尘埃落定，南宋初年把北宋王朝的覆灭归罪于王安石变法的思潮已渐成过去，对苏轼的评论也渐趋冷静，有因文学流派不同而批评苏轼者，有因学术思想不同而批评苏轼者，还有从考据学

① 邓广铭：《稼轩词编年笺注》附录。

角度批评苏轼者。但与北宋不同，已很少有人再从政治、人品角度批评苏轼。

苏、黄互评诗词书画，互相戏谑的记载，虽屡见于同时代人的诗话、笔记，但所谓苏、黄“争名”，相互讥诮之说却出现在苏、黄死后。这显然与江西诗派的形成有关。在苏、黄死后，“师坡者萃于浙右，师谷者萃于江右”，“故后之学者因生分别”（吴坰《五总志》）。绍兴七年六月，宋高宗也曾说：“蜀中之士多学苏轼父子，江西之士多学黄庭坚。”（《建炎以来系年要录》卷一一一）在南宋，除苏、黄争名说之外，还出现了苏、黄优劣说。或苏、黄并尊，谓苏、黄各有所长，如吕本中虽作《江西宗派图》推崇黄庭坚，但对苏轼他也同样尊崇，其《童蒙诗训》云：“自古以来语文章之妙，广备众体，出奇无穷者，唯东坡一人；极风雅之变，尽比兴之体，包括众作，本以新意者，唯山谷一人。此二人当永为法。”又云：“读《庄子》，令人意宽思大敢作，读《左传》，使人入法度，不敢容易，此二书不可偏废也。近世读东坡、鲁直诗亦类此。”这无异于说，苏、黄各有特点，不可偏废。杨万里也有同样的看法，其《江西宗派诗序》以列御寇御风而行，朝阆风，夕不周，出入乎宇宙之间与楚灵均（屈原）饮兰之露，餐菊之英，乘桂舟、驾玉车，比李、苏和杜、黄：“今夫四家者流，苏似李，黄似杜。苏、李之诗，子列子之御风也；杜、黄之诗，灵均之乘桂舟、驾玉车也。无待者神于诗者欤？有待而未尝有待者，圣于诗者欤？嗟乎！离神与圣，苏、李，苏、李乎尔！杜、黄，杜、黄乎尔！合神与圣，苏、李不杜、黄，杜、黄不苏、李乎？然则诗可以易而言之哉？”其《诚斋诗话》亦李、杜、苏、黄并提：“学诗者于李、杜、苏、黄诗中，求此等类，诵读沈酣，深得其意味，则落笔自绝矣。”

或尊苏抑黄，王十朋《读东坡诗》（卷一四）对“苏不如黄”之说，曾痛加驳斥：“学江西诗者，谓苏不如黄；又言韩、欧二公诗，乃押韵文耳。予虽不晓诗，不敢以其说为然。因读坡诗，感而有作：东坡文章冠天下，日月争光薄《风》《雅》。谁分宗派故谤伤，蚍蜉撼树不自量。堂堂天人欧阳子，引鞭逊避门下士。……谁与争先惟大苏，谪仙退之非过呼。胸中万卷古今有，笔下一点尘埃无。武库森然富摛掞，利钝一从人点检。暮年海上诗更高，和陶之诗又过陶。地辟天开含万汇，少陵相逢亦应避。北斗以南能几人，大江之西有异议。”这里认为苏诗超过陶、李、杜、韩，因纠偏而成过激之论。林光朝《读韩柳苏黄集》以丈夫女子之别形容苏之自然与黄之雕饰，有也明显的扬苏抑黄倾向：“苏、黄之别，犹丈夫女子之应接。丈夫见宾客，信步出将去；如女子，则非涂泽不可。”

或尊黄抑苏，自江西诗派形成后，所谓“自宋兴以来，（黄庭坚）一人而已”（《苕溪渔隐丛话》后集卷三二）的扬黄抑苏之论，逐渐甚嚣尘上。曾季狸《艇斋诗话》云：“东坡之文妙天下，然皆非本色，与其他文人之文、诗人之诗不同。文非欧、曾之文，诗非山谷之诗，四六非荆公之四六，然皆自极其妙。”陈长方《步里客谈》卷下云：“子瞻文章去黄远甚，黄之诗律，苏亦不逮也。”钱文子《山谷外集诗注序》云：“山谷之诗与苏同律，而语尤雅健，所援引者乃多于苏。”

南宋前期的诗坛围绕江西诗派争论，有发展江西诗说和反对江西诗说两种倾向。南宋前期属于江西诗说一派的诗话有《许彦周诗话》《珊瑚钩诗话》《竹坡诗话》《藏海诗话》《风月堂诗话》《艇斋诗话》《诚斋诗话》等，他们推崇苏、黄，有的更推崇黄。

《许彦周诗话》，许顗撰。顗，字彦周，襄邑（今河南睢县）人。生卒年不详。年十七曾在金陵与李端叔游，重和中在洪州，宣和中游嵩山，后又与释惠洪在长沙谈诗说艺，颇多唱和。进士及第，绍兴初调官未遂，绍兴二十年曾为儒林郎、永州军事判官。其人善诗画，喜戏谑，通禅理。建炎二年作《许彦周诗话》一卷，兼有评论、考释、记事性质。他论诗推崇苏：“东坡海南诗、荆公钟山诗，超然迈伦，能追逐李、杜、陶、谢”；“东坡诗不可指摘轻议，词源如长河大江，飘沙卷沫，枯槎束薪，兰舟绣鹢，皆随流矣；珍泉幽涧，澄泽灵沼，可爱可喜，无一点尘滓。”但他尤其推崇黄：“鲁直作诗，用事押韵，皆超妙出人意表’，“精妙明密，不可加矣”。他认为要作好诗，“读书不厌多”，只有“熟读唐李义山诗与本朝黄鲁直诗而深思焉”，才能去掉“作诗浅易鄙陋之气”。李商隐是宋初西昆派所推崇的，他把李商隐与黄庭坚相并论，可见他已看出江西诗派与西昆派的关系。《四库全书总目·彦周诗话》提要称此书“宗元祐之学，故所述苏、黄绪论为多。其品第诸家，颇为有识”，是完全符合实际的。但他对江西派诗风也并不完全赞同，反对在诗中堆砌典故：“凡作诗正尔填实，谓之点鬼簿，亦谓之堆垛死尸。”

《竹坡诗话》，周紫芝撰。紫芝（1081—?），字少隐，自号竹坡居士，宣城（今属安徽）人。绍兴中进士及第，曾任枢密院编修官，出知兴国军。著有《太仓稊米集》七十卷。其《竹坡诗话》论诗多主江西派诗说，认为“凡诗人作语，要令事在语中而人不知”；“自古诗人文士，大抵皆祖述前人作语”。他喜用“点铁成金”语评诗，如“山谷点化前人语入诗，而其妙如此，诗中三昧手也”；也很推崇苏轼：“白乐天《长恨歌》云：‘玉容寂寞泪阑干，梨花一枝春带雨。’人皆喜其工，而不知其气韵之俗也。东坡作送人小词云：‘故将别语调佳人，要看梨花枝上雨。’虽用乐天语，而别有一种风味，非点铁成金手，不能为此也。”全书以很大篇幅考证故实和词语出处，也显然受江西诗派“无一字无来历”的影响。

《藏海诗话》，吴可撰。可，字思道，号藏海居士，金陵（今江苏南京）人。生卒年不详，宣和末官至团练使，责授武节大夫致仕。论诗多袭苏轼之说，如“凡文章先华丽而后平淡”，“方少则华丽，年加长渐入平淡也”，这正是苏轼《与侄书》中所说的“凡文字，少小时须令气象峥嵘，采色绚烂。渐老渐熟，乃造平淡”。又多袭江西派诗说，提倡学杜，如“学诗当以杜为体，以苏、黄为用”；“诗且以数家为率，以杜为经，余为兼经也”。他还喜欢以禅喻诗，提倡顿悟：“凡作诗如参禅，须有悟门。少从荣天和学，尝不解其诗云：‘多谢喧喧雀，时来破寂寥。’一日于竹亭中坐，忽有群雀飞鸣而下，顿悟前语，自尔看诗，无不通者。”

《风月堂诗话》，朱弁撰。弁（? —1144），字少章，自号观如居士，歙州婺源（今属江西）人。少颖悟，读书日数千言。既冠入太学，晁说之奇其诗，妻以兄女。第进士。靖康之乱，家破南归。建炎初，奋身自献，奉使金国，拘于云中十六年，守节不屈，拒仕刘豫，拒受金官。绍兴三年和议成，弁得归。十四年卒。为文慕陆贽，援据精博，曲尽事理。诗学李义山，词气雍容，不蹈险怪奇涩之弊。著有《聘游集》四十二卷、《书解》十卷、《曲洧旧闻》三卷、《续骫骳说》一卷、《新郑旧诗》一卷、《南归诗文》一卷、《杂书》一卷。《宋史》卷三七三有传。所著《风月堂诗话》二卷，论诗推崇苏、黄："东坡文章至黄州以后，人莫能及，惟黄鲁直诗时可以抗衡；晚年过海，则虽鲁直亦瞠乎其后矣"；"西昆体句律太严，无自然态度，黄鲁直深悟此理，乃独用昆体功夫而造老杜浑成之地"。"句律太严，无自然态度"也正是江西诗派末流的弊端，故力倡自然以救其弊："诗人胜语，咸得于自然，非资博古。……大抵句无虚词，必假故实；语无空字，必究所从。拘挛补缀而露斧凿痕迹者，不可与论自然也。"

葛立方**《韵语阳秋》**二十卷，也是一部推崇苏、黄而又欲救其失的著作。立方（？—1164），字常之，号嬾真子，其先丹阳（今属江苏）人，后徙吴兴（今浙江湖州），"世为儒家"（《宋史·葛宫传》）。绍兴八年进士，官至吏部侍郎。著有《归愚集》《西畴笔耕》。《韵语阳秋》篇幅较长，内容繁杂，大体以类相从，以记事、考释居多，诗学见解主要集中在前两卷中。论诗显受江西诗派影响，如"欲下笔，当自读书始'；"诗家有换骨法，谓用古人意而点化之，使加工也"。但他主张"浑然天成"，不满江西诗派的刻意求奇，其自序云："谢朝华之已披，起夕秀于未振，学诗者尤当领此。陈腐之语，固不必涉笔，然求去其陈腐不可得，而翻为怪怪奇奇、不可致诘之语以欺人，不独欺人而且自欺，诚学者之大病也。"他力主诗贵平淡："陶潜、谢朓诗皆平易有思致，非后来诗人怵心刿目雕琢者所为也。"但平淡并不等于"拙易"："大抵欲造平淡，当自组丽中来，落其芳华，然后可造平淡之境。如此则陶、谢不足进矣。今人多作拙易诗，而自以为平淡，识者未尝不绝倒也。"（卷一）此亦苏轼之说。

自北宋中叶，宋诗形成有别于唐诗的风貌以来，南宋的诗话不仅有宗苏、宗黄之异，而且还有宗宋、宗唐之别，如张戒的《岁寒堂诗话》、黄彻的《䂬溪诗话》、姜夔的《白石道人诗说》等，都不满宋诗，而提倡唐诗，往往苏、黄并贬，立论与江西诗派迥异，但更富有理论色彩，把宋诗话发展到一个新的高度。

张戒，字定甫（一作定复），正平（今山西新绛）人。生卒年不详。宣和六年进士。绍兴初累官左迪功郎、夔州路关寨干办官。五年以赵鼎荐，召对，改左丞议郎、国子监丞，除秘书郎。七年提举福建路茶事。八年正月召为监察御史，七月除殿中侍御史，十一月除司农少卿。坐上疏乞留赵鼎，出知泉州。未几罢，往依岳飞。十二年以诋和议勒停。二十七年复左宣教郎，主管台州崇道观。《宋史翼》卷一二有传。所著**《岁寒堂诗话》**二卷，上卷以探讨诗歌理论为主，兼论历代诗人诗作，下卷为杜诗篇评。全书着重阐明自己的诗歌见解，不涉杂事，是一部理论性较强的诗话。他论诗以言志为本，开卷即云：“建安陶、阮以前诗，专以言志；潘、陆以后诗，专以咏物；兼而有之者，李、杜也。言志乃诗人之本意，咏物特诗人之余事。”又云：“诗者，志之所之也。情动于中而形于言，岂专意于咏物哉?”他论诗强调韵味，认为言志之诗才有韵味：“古诗苏、李、曹、刘、陶、阮，本不期于咏物，而咏物之工，卓然天成，不可复及。其情真，其味长，其气胜，视《三百篇》几于无愧，凡以得诗人之本意也。……句中若无意味，譬之山无烟云，春无草树，岂复可观？阮嗣宗诗，专以意胜；陶渊明诗，专以味胜；曹子建诗，专以韵胜；杜子美诗，专以气胜。然意可学也，味亦可学也，若夫韵有高下，气有强弱，则不可强也。”又云：“韵有不可及者，曹子建是也；味有不可及者，渊明是也”；“韦苏州诗，韵高而气清；王右丞诗，格老而味长”，都是从韵味角度评诗之短长。唐、宋诗人，他最推崇杜甫，批评苏轼“专以刻意为工”。他说：“王介甫只知巧语之为诗，而不知拙语亦诗也。山谷只知奇语之为诗，而不知常语亦诗也。欧阳公诗专以快意为主，苏端明诗专以刻意为工，李义山诗只知有金玉龙凤，杜牧之诗只知有绮罗脂粉，李长吉诗只知有花草蜂蝶，而不知世间一切皆诗也。惟杜子美则不然，在山林则山林，在廊庙则廊庙，遇巧则巧，遇拙则拙，遇奇则奇，遇俗则俗，或放或收，或新或旧，一切物，一切事，一切意，无非诗者。故曰‘吟多意有余’，又曰‘诗尽人间与’，诚哉是言。”他反对苏、黄以议论为诗：“《国风》《离骚》固不论，自汉、魏以来，诗妙于子建，成于李、杜，而坏于苏、黄。余之此论，固未易为俗人言也。子瞻以议论作诗，鲁直又专以补缀奇字，学者未得其所长，而先得其所短，诗人之意扫地矣。……苏、黄习气净尽，始可以论唐人诗；唐人声律习气净尽，始可以论六朝诗；镌刻之习气净尽，始可以论曹、刘、李、杜诗。”

反对苏、黄以用典为博，以押韵为工："诗以用事为博，始于颜光禄而极于杜子美；以押韵为工，始于韩退之而极于苏、黄。……苏、黄用事、押韵之工，至矣尽矣，然究其实，乃诗人中一害，使后生只知用事、押韵之为诗，而不知詠物之为工，言志之为本也，风雅自此扫地矣。"

黄彻（？—1159），字常明，莆田（今属福建）人。与张戒同为宣和六年进士，历任辰州辰溪县丞、县令、源州军事判官、麻阳、嘉鱼、平江县令，后因忤权贵而弃官归里，著**《䂬溪诗话》**。其自序云："予宦游湖外十余年，拙直忤权势，投印南归。自寓兴化之䂬溪，闭门却扫，无复功名意，不与衣冠交往者五年矣。平居无事，得以文章自娱，时阅古今诗集，以自遣适。故凡心声所底，有诚于君亲，厚于兄弟朋友，嗟念于黎元休戚及近讽谏而辅名教者，与予平日旧游所经历者，辄妄意铺凿，疏之窗壁间。未几，钞录成帙，而以《䂬溪诗话》名之。至于嘲风雪，弄草木而无与于比兴者，皆略之。"这里交代了写作此书的背景和主旨。"近讽谏而辅名教"，就是他评诗的着眼点，因此全书对杜甫十分推崇。黄庭坚批评苏诗云："诗者，人之性情也，非强谏诤于庭，怨詈于道，怒邻骂座之所为也。"黄彻反驳道："余谓怒邻骂座固非诗本旨，若《小弁》亲亲，未尝无怨；《何人斯》'取彼谮人，投畀豺虎'，未尝不愤。谓不可谏诤，则又甚矣，箴规刺诲，何为而作？古者帝王尚许百工各执艺事以谏，诗独不得与工技等哉？故谲谏而不斥者，惟《风》亦然。……忠臣义士欲正君定国，惟恐所陈不激切，岂尽优柔婉晦乎？"（卷一〇）这里不只反驳黄，而且反驳了儒家温柔敦厚的诗教，这是十分大胆的。江西诗派论诗多强调读书的作用，黄彻则认为读书、阅历都很重要，他说："书史蓄胸中，而气味入于冠裾；山川历目前，而英灵助于文字。太史公南游北涉，信非徒然。"

姜夔（1155？—1221？），字尧章，号白石道人，饶州鄱阳（今江西鄱阳）人。终生不仕。淳熙十三年南游长沙，浮湘江，登衡山，赴吴兴，居苕溪白石洞天附近，自号白石道人。中年以后，长居临安，来往江、浙、赣、皖。早年从学于萧德藻，后又与范成大、杨万里、尤袤、辛弃疾等游。庆元间，上《大乐议》《圣宋铙歌鼓吹曲》，后卒于临安。著有《白石道人诗集》《白石道人歌曲》《玉瑟考古图》《续书谱》等。《宋史翼》有传。在学诗上，他也经历了从江西诗派入手到摆脱江西诗派的过程。《白石道人诗集自序》自谓早年“三薰三沐师黄太史氏，居数年，一语不敢吐，始大悟学既病，顾不若无所学之为得，虽黄诗亦复偃然高阁矣”。**《白石道人诗说》**一卷，正是他出入江西诗派的创作经验总结，提出了气象、体面、血脉、韵度、布置、精思、用事、活法、含蓄、意格、句法、高妙等一系列范畴和法则，实际都在纠正以苏、黄为代表的宋诗弊端。他说：“大凡诗，自有气象、体面、血脉、韵度。气象欲其浑厚，其失也俗；体面欲其宏大，其失也狂；血脉欲其贯穿，其失也露；韵度欲其飘逸，其失也轻”；“作大篇，尤当布置，首尾匀停，腰腹肥满”；“诗之不工，只是不精思耳。不思而作，虽多亦奚为”；“学有余，约以用之，善用事者也；意有余，而约以尽之，善措词者也；乍叙事而间以理言，得活法者也”；“语贵含蓄……若句中无余字，篇中无长语，非善之善者也；句中有余味，篇中有余意，善之善者也”；“意格欲高，句法欲响。……句意欲深欲远，句调欲清欲古欲和，是为作者”；“诗有四种高妙分……碍而实通，曰理高妙；出自意外，曰意高妙；写出幽微，如清潭见底，曰想高妙；非奇非怪，剥落文采，知其妙而不知其所以妙，曰自然高妙。”他既反对过分雕刻，也反对粗制滥造：“雕刻伤气，敷演露骨。……人所易言，我寡言之；人所难言，我易言之，自不俗。”他既讲变化，又讲法度：“波澜开阖，如在江湖中，一波未平，一波已作；如兵家之阵，方以为正，又复是奇，方以为奇，忽复是正。出入变化，不可纪极，而法度不可乱。”他对诗体作了简明扼要的分类：“守法度曰诗，载始末曰引，体如行书曰行，放情曰歌，兼之曰歌行，悲如蛩螿曰吟，通乎俚俗曰谣，委曲尽情曰曲。”此书篇幅很短，却不涉纪事、考证，也不标举诗作诗句，全为谈理说法，极具理论价值。诗话自产生以来，像他这样不枝不蔓、简明中肯地论说诗法，这还是第一部。

南宋后期，江西诗派仍有一定影响，但已是永嘉四灵和江湖派的天下，他们改学晚唐，“猥杂细碎，诗以大敝”（《四库全书总目·唐诗品彙》提要）。因此出现了以否定宋诗著称于世的严羽的**《沧浪诗话》**。严羽（1197?—1241?），字仪卿，一字丹邱，号沧浪，邵武（今属福建）人。为人粹温中有奇气，终生不仕，早年家居，后避乱江西，乱后还乡，再度出游，足迹远至川鄂，晚年隐居于乡，不知所终。事迹略具朱震《严羽传》。此书分为五门：诗辨、诗体、诗法、诗评、考证，末附《答吴景仙书》。论诗推崇盛唐，谓诗之众体至唐始备。他以禅喻诗，提倡妙悟，反对宋诗的议论化、散文化倾向，对苏、黄和江湖派都深表不满，认为："夫诗有别材，非关书也；诗有别趣，非关理也。然非多读书，多穷理，则不能极其至，所谓不涉理路，不落言筌者上也。诗者，吟咏情性也。盛唐诸人，惟在兴趣，羚羊挂角，无迹可求。故其妙处，透彻玲珑，不可凑泊。如空中之音，相中之色，水中之月，镜中之象，言有尽而意无穷。近代诸公乃作奇特解会，遂以文字为诗，以才学为诗，以议论为诗。夫岂不工，终非古人之诗也，盖于一唱三叹之音，有所歉焉。且其作多务使事，不问兴致，用字必有来历，押韵必有出处，读之反覆终编，不知着到何处。其末流甚者，叫噪怒张，殊乖忠厚之风，殆以骂詈为诗。诗而至此，可谓一厄也。然则近代之诗无取乎？曰有之，我取其合於古人者而已。国初之诗，尚沿袭唐人，王黄州学白乐天，杨文公、刘中山学李商隐，盛文肃学韦苏州，欧阳公学韩退之古诗，梅圣俞学唐人平淡处。至东坡、山谷始自出己意以为诗，唐人之风变矣。"（《沧浪诗话·诗辩》）他在《答吴景仙书》中说："（吴景仙）又谓盛唐之诗'雄深雅健'，仆谓此四字但可评文，于诗则用'健'字不得，不若《诗辩》'雄浑悲壮'之语为得诗之体也。毫厘之差，不可不辨。坡、谷诸公之诗，如米元章之字，虽笔力劲健，终有子路未事夫子时气象。盛唐诸公之诗，如颜鲁公书，既笔力雄壮，又气象浑厚，其不同如此。只此一字，便见我叔脚根未点地处也。"他对自己的诗论十分自负："仆之《诗辩》，乃断千百年公案，诚惊世绝俗之谈，至当归一之论。其间说江西诗病，真取心肝刽子手。以禅喻诗，莫此清切。是自家实证实悟者，是自家闭门凿破此片田地，即非傍人篱壁，拾人涕唾得来者。"（同上）其所论亦为历代论诗者所信服，李东阳《怀麓堂诗话》云："严沧浪所论超离尘俗，真若有所自得，反覆譬说，未尝有失。顾其所自为作，徒得唐人体面，而亦少超拔警策之处。"和春《正德王氏本沧浪严先生吟卷跋》云："惜哉！《诗辩》等作，其识精，其论奇，其语峻，其旨远，断自一心，议定千古。至于指妙悟为入门，取上乘为准则，陋余子为声闻，评辨考证，种种诣极，故谈者尚焉。……噫，识诗者宋季以来无逾沧浪。”胡应麟《诗薮》杂编卷五云：“南渡人才，远非前宋之比，乃谈诗独冠古今。严仪卿崛起烬余，涤除榛棘，如西来一苇，大畅玄风。昭代声诗，上追唐、汉，实有赖焉。”毛晋《沧浪诗话跋》云：“诸家诗话，不过月旦前人，或拈警句，或拈瑕句，聊复了一段公案耳。惟沧浪先生《诗辩》《诗体》《诗法》《诗评》《诗证》五则，精切简妙，不袭牙后。其《与临安表叔吴景仙》一书，尤诗家金针也。”毛先舒《诗辩坻》卷三云：“严仪卿生宋代，能独睹本朝诗道之误，谓‘近代诸公乃作奇特解会，遂以文字才学议论为诗，于一唱三叹之音，有所歉焉。其末流甚者，叫噪怒张，乖忠厚之风’。论眉山、江西，亦可称沈著痛快，真敻绝之识，其书之足传宜也。”其诗歌成就虽远不及其诗论，但亦“粹温中有奇气……为诗宗盛唐，自《风》《骚》而下，讲究精到。石屏戴复古深所推敬。”（黄公绍《沧浪吟卷序》）但严羽所谓“以文为诗，以才学为诗，以议论为诗”的著名批评，就苏诗而论，可说有三种情况：一是苏诗也具有“以文为诗，以才学为诗，以议论为诗”的特点，如《观鱼台》：“欲将同异较锱铢，肝胆犹能楚越如。若信万殊归一体，子今知我我知鱼。”全诗都是隐括《庄子》，读之确实如同嚼蜡。但《题西林壁》《洗儿》等诗，虽不是以形象取胜，而却能以理趣取胜，读起来仍觉得“言有尽而意无穷”，就在于它善于从人们司空见惯的事物中，发掘出一些颇富哲理的思想。三是在东坡诗中也有不少堪与唐诗媲美的作品，有的感情奔放，气势雄浑，粗犷豪迈；有的文笔细腻，自然流丽，清新隽永。正如沈德潜《说诗晬语》（人民文学出版社校点本，1979）所指出的：苏轼“天马脱羁，飞仙游戏，穷极变化，而适如意中之所欲出”。这段话道出了苏轼的豪放不羁的浪漫主义特点及其风格的多样性。

宋代还有一些诗话总集，辑有不少对苏诗的评论，比较有名的有阮阅的《诗话总龟》、胡仔的《苕溪渔隐丛话》、魏庆之的《诗人玉屑》。阮阅，字闳休，自号散翁、松菊道人，舒城（今属安徽）人。北宋宣和中知郴州，作《郴江百咏》。南宋建炎元年知袁州，致仕后居宜春。《诗话总龟》原名《诗总》，成书于宣和五年（1123），凡十卷；刊刻于绍兴年间，改名《诗话总龟》，今本多达一百卷，显有后人所补。胡仔，字元任，绩溪（今属安徽）人，以荫授迪功郎、两浙转运司干办公事，官至奉议郎、知常州晋陵县，后卜居湖州苕溪。所著《苕溪渔隐丛话》分前后两集，前集成书于绍兴十八年（1148），后集成书于乾道三年（1167）。其前集自序云："绍兴丙辰，余侍亲赴官岭右，道过湘中，闻舒城阮阅昔为郴江守，尝编《诗总》，颇为详备。行役匆匆，不暇从知识间借观。后十三年，余居苕水，友生洪庆远、从宗子彦章，获传此集。余取读之，盖阮因古今诗话以诸家小说，分门增广，独元祐以来诸公诗话不载焉。考阮编此《诗总》，乃宣和癸卯，是时元祐文章，禁而弗用，故阮因以略之。今予遂取元祐以来诸公诗话，及史传小说所载事实，可以发明诗句及增益见闻者纂为一集。凡《诗总》所有，此不复纂集，庶免重复；一诗而二三其说者则类次为一，间为折衷之；又因余旧所闻见，为说以附益之。"可见胡仔的《苕溪渔隐丛话》是为补阮阅的《诗总》而作，多为辑录以前诗话，间亦有他们自己的评论。《前集》卷三八至卷四六，《后集》卷二八至卷三〇凡十二卷，都为评苏专卷。魏庆之，字醇甫，南宋建安（今属福建）人。黄升旸《诗人玉屑序》云："诗话之编多矣，《总龟》最为疏驳，其可取者唯《苕溪丛话》，然贪多务得，不泛则冗，求其有益于诗者，如披沙简金，闷闷而后得之，故观者或不能终卷。友人魏菊庄，诗家之良医也，乃出新意，别为是编。自有诗话以来至于近世之评论，博观约取，科别其条，凡升高自下之方，繇粗入精之要，靡不登载。"虽不无溢美之嫌，但此书确实比前二书编排更得法，繁简亦适中。三书皆多为辑录前人之评，重要的已引，故不重复。

北宋理学家重理轻文，特别因为洛蜀党争，似乎理学家都否定文学，否定苏轼。其实不尽如此，特别是到了南宋，理学家往往并不完全否定文学艺术，只是要求它服务于道而已。南宋理学家对苏轼既有批评，也有肯定。他们从理学家温柔敦厚的儒家诗教出发，批评苏诗多怨谤，《龟山语录》（四部丛刊续编本）云："子瞻诗多于讥玩，殊无恻怛爱君之意。"又云："作诗不知风雅之意，不可以作。诗尚谲谏，唯言之者无罪，闻之者足以戒，乃为有补。

若谏而涉于毁谤，闻者怒之，何补之有？观苏东坡诗，只是讥诮朝廷，殊无温柔敦厚之气，以此人故得而罪之。”但他们却称扬苏轼的忠直，南北宋之际的著名理学家杨时在《冰华先生文集序》（卷二五）中称颂苏轼为一时儒宗：“冰华先生钱公讳世雄，字济明，常州晋陵人也。公年十六七时，其诗已为名流所称。比壮，游东坡苏公之门。与之方轨并驰者皆一时豪英，而东坡独称其‘探道著书，云升川增’，则其推与之意至矣。然公以是取重于世，亦以是得罪于权要，废之终身，卒以穷死。……余窃谓东坡文妙天下，为时儒宗，士有得其一言者皆足以名世，况知之之深乎？”南宋后期的著名理学家魏了翁《杨少逸〈不欺集〉序》（《鹤山先生大全集》卷五五，四部丛刊本）云：“人知苏氏为辞章之宗也，孰知其忠清鲠亮、临生死利害而不易其守，此苏氏之所以为文也。”南宋末理学家谢枋得《重刊苏文忠公诗序》（《叠山集》卷二，四库全书本）对苏轼一生的不幸遭遇深表同情：“有道如苏文忠公，竟为世所屈，始熙宁，讫靖康，权炉消铄，势浪摧压，身后难未歇也。道无损，世变何忍言！”对洛蜀党争深表惋惜：“公大节细行，如秋月脱云，寒潭见底，惜其道与程正公不同。党祸自此起，贤者不相知，果不可谓之命欤，抑亦可谓之命欤！为川、洛学者两怒交毁，自陷其师。我思圣贤，以作汝民极相勉，一念偏党，人心无所归会矣，民极将谁望耶？”他称美孝宗对苏轼的推崇，为其恢复名誉：“淳熙天子尊先猷以劝臣节，海内家有眉山书矣。”称美“其文如灵凤祥麟，不必圣人然后识。……帝张咸池于洞庭，鸟高飞，鱼深潜。渝歌郢曲，童儿妇女拊掌雀跃矣。光岳全气，震为大音，涵古游今，斯人几见。”感慨世间自有公论，“与公为仇者”早已灰飞烟灭：“王、吕而下，章、蔡而上，以国事与公为仇者众矣，生平亦能诗文，岂不工巧，今人不借之齿牙，公论果至是而定乎？此谓民彝，此谓天道！”全文都洋溢着对苏轼的崇敬之情。

这里特别值得一提的是朱熹，他是宋代理学的集大成者，文学创作成就也颇高，正如郭齐《朱熹诗词编年笺注·前言》所说：“且不说两宋理学诗人中根本无人能与朱熹相提并论，就是整个南宋，除少数大家而外，在诗歌的质量和数量上能超过朱熹者也屈指可数。”朱熹对苏轼的评价颇复杂，他称美苏轼的气节和文辞，却痛诋苏轼思想不纯。陈澧《东塾读书记》卷二一曾列举朱熹对苏轼的称颂云："壬寅岁（1182）《跋杨深父家藏东坡帖》：'杨深父示余从东坡公与其先世往来手书，知二公相与之欢始终不替。而又足见人心公论所在，又不可以刑祸屈也。'庆元丁巳（1197）《跋东坡书李杜诸公诗》云：'捧玩再三，不胜敬叹。'庆元己未（1199）《跋张以道家藏东坡枯木怪石》云：'其傲风霆，阅古今之气，犹足以想见其人。以道东西南北未尝宁居，而能挟地以俱，宝玩无斁，此意已不凡矣。'又《跋陈光泽家藏东坡竹石》云：'东坡老人英秀后凋之操，坚确不移之姿，竹君石友，庶几似之。百世之下，观此画者，尚可想见也。'其推重东坡如此，与昔时（指作《答汪尚书书》时，见后）大不同。"除陈氏所举外，朱熹称美苏轼处还多，如"东坡议论虽不能无偏颇，其气节直是有过人处，如说孔北海、曹操，使人凛凛有生气"；"东坡善议论，有气节"（《朱子语类》卷一三〇）；"大抵朝廷文字，且要论事情利害是非令分晓。今人多先引故事，如论青苗，只是东坡兄弟说得有精神，他人皆说从别处去。"（《朱子语类》卷一三九）；"苏氏文辞伟丽，近世无匹，若欲作文，自不妨模范"（《朱熹文集》卷四〇《答程允夫书》）。朱熹所著《名臣言行录》记载了不少苏轼的忠言谠论。他还有不少诗，也表现了他对苏轼的崇敬，如《和李伯玉用东坡韵赋梅花》《与诸人用东坡韵共赋梅花，适得元履书，有怀其人，因复赋此以寄意焉》《丁丑冬在温陵陪敦宗李丈与一二道人同和东坡惠州梅花诗，皆一再往反。昨日见梅，追省前事，忽忽五年，旧诗不复可记忆，再和一篇，呈诸友兄一笑同赋》《楞伽院（李氏山房，在折桂西十里，李公择读书处。有东坡记文、诗刻、枯树墨跋）》《栖贤院三峡桥》等等。

但朱熹从其理学出发，对苏轼的离经叛道之说多有不满。

一是指责苏轼华而不实："苏氏议论切近事情，固有可喜处，然亦谲矣。至于衒浮华而忘本实，贵通达而贱名检，此其为害，又不但空言而已。然则其所谓可喜者，考其要归，恐亦未免于空言也"；"坡文雄健有余，只下字亦有不贴实处。"（《朱子语类》卷一三〇）

二是认为"坡文只是大势好，不可逐一去点检"，"坡文不可以道理并全篇看，但当看其大者”（卷一三九）；他批评苏轼《骏灵王庙碑》《伏波庙碑》《韩文公庙碑》道：“如东坡一生读尽天下书，说无限道理。到得晚年过海，做过《骏灵王庙碑》，引唐肃宗时恍惚升天，见上帝，以宝玉十三枚赐之，云中国有大灾，以此镇之。今此山如此，意其必有宝云云，更不成议论，似丧心人说话！其他人无知，如此说尚不妨，你平日自视为如何，说尽道理，却说出这般话，是可怪否！‘观于海者难为水，游于圣人之门者难为言’，分明是如此了，便看他们这般文字不入”；“《骏灵王庙碑》无见识，《伏波庙碑》亦无意思。伏波当时在广西，不在彼中，记中全无发明。扬曰：‘不可以道理看他。然二碑俊健。’曰：‘然。’又问：‘《睟真阁铭》好？’曰：‘这般闲戏文字便好，雅正底文字便不好。如《韩文公庙碑》之类，初看甚好读，子细点检，疏漏甚多。’”其他如“东坡说得高妙处，只是说佛，其他处又皆粗”；“苏子瞻虽气豪善作文，终不免疏心处”（均见卷一三九）；“东坡晚年诗固好，只文字也多是信笔胡说，全不看道理”（同上，卷一四〇）。他认为这都是苏轼才气过人所造成，因此，有才之人不可学苏：“人有才性者，不可令读东坡等文。有才性人，便须取入规矩；不然，荡将去”（卷一三九）；“苏才豪，然一滚说尽，无余意”（卷一四〇）。

三是文道关系，指责苏轼“文自文而道自道”，不懂得“文便是道”：“道者，文之要本；文者，道之枝叶。惟其要本乎道，所以发之于文，皆道也。三代圣贤文章，皆从此心写出，文便是道。今东坡之言曰：‘吾所谓文，必与道俱。’则是文自文而道自道，待作文时，旋去讨个道来入放里面，此是他大病处。只是他每常文字华妙，包笼将去，到此不觉漏逗。说出他本根病痛所以然处，缘他都是因作文，却渐渐说上道理来；不是先理会得道理了，方作文，所以大本都差。”（卷一三〇）

朱熹还著《杂学辨》（《朱文公文集》卷七二），首列《苏氏易解》，其序云：“苏氏不知其说，而欲以其所臆度者言之，又畏人之指其失也，故每为不可言、不可见之说以先后之，务为闪倏滉漾不可捕捉之形，使读者茫然，虽欲考之，而无所措其辨。殊不知性命之理甚明，而其为说至简。今将言之，而先曰不可言；既指之，而又曰不可见。足以眩夫未尝学问之庸人矣，由学者观之，岂不适所以为未尝见、未尝知之验哉？然道衰学绝，世颇惑之，故为之辨。”朱称苏学为杂学，是汪应辰引起的。汪应辰（1118—1176），字圣锡，信州玉山（今江西玉山）人。绍兴五年进士第一，反对秦桧卖国，累官吏部尚书。他少从吕本中、胡安国游，后又与吕祖廉、张栻、朱熹相友善，与理学家关系密切。他颇推崇苏轼：“蜀士甚盛，大率以三苏为师”；认为把苏轼与王安石“同贬，恐或太甚，论法者必原其情，愿更察之”。（汪应辰《与朱元晦书》，《文定集》卷一五，四库全书本）。朱熹《答汪尚书》反驳汪氏说：“今乃欲专贬王氏（安石），曲贷二苏，道术所以不明，异端所以益炽，实由于此。”[1] 朱氏认为苏学之害远远超过王氏新学：

苏学邪正之辨，终未能无疑于心。盖熹前日所陈，乃论其学儒不至而流于诐淫邪遁之域。窃味来教，乃病其学佛未精，而滞于智虑言语之间，此所以多言而愈不合也。夫其始之辟禅学也，岂能明天人之蕴，推性命之原，以破其荒诞浮虚之说而反之正哉？如《大悲阁》《中和院记》之属，直掠彼之粗以角其精，据彼之外以攻其内，是乃率子弟以攻父母，信枝叶而疑本根，亦安得不为之诎哉？近世攻释氏者，如韩、欧、孙、石之正，龟山犹以为一杯水救一车薪之火，况如苏氏以邪攻邪，是束缊灌膏而往赴之也，直以身为烬而后已耳。来教又以为苏氏乃习气之弊，虽不知道而无邪心，非若王氏之穿凿附会，以济其私邪之学也。熹窃谓学以知道为本，知道则学纯而心正，见于行事，发于言语，亦无往而不得其正焉。如王氏者，其始学也，盖欲凌跨扬、韩，掩迹颜、孟，初亦岂遽有邪心哉？特以不能知道，故其学不纯，而设心造事，遂流入于邪。又自以为是，而大为穿凿附会以文之，此其所以重得罪于圣人之门也。苏氏之学虽与王氏若有不同者，然其不知道而自以为是则均焉。学不知道，其心固无所取则以为正；又自以为是而肆言之，其不为王氏者，特天下未被其祸而已。其穿凿附会之巧，如来教所称论成佛、说老子之属，盖非王氏所及。而其心之不正，至乃谓汤、武篡弑，而盛称荀彧，

① 《朱熹集》卷三〇，四川教育出版社校点本，1996。

以为圣人之徒。凡若此类，皆逞其私邪，无复忌惮，不在王氏之下。借曰不然，而原情以差其罪，则亦不过稍从末减之科而已，岂可以是为当然而莫之禁乎？……今日之事，王氏仅足为申、韩、仪、衍，而苏氏学不正而言成理，又非杨、墨之比。

其《答汪尚书》还从南宋形势说明苏学之害甚于王学：

王氏、苏氏则皆以佛老为圣人，既不纯乎儒者为之学矣，非恶其如此，特于此可验于吾儒之学无所得。而王氏支离穿凿，尤无义味，至于甚者，几类俳优。本不足以惑众，徒以一时取合人主，假利势以行之，至于已甚。故特为诸老先生所诽诋，在今日则势尽祸极，故其失人人得见之。至若苏氏之言，而切近人情，其智识才辩，谋为气概，又足以振耀而光煌之，使听者欣然而不知倦，非王氏之比也。然与道学则迷大本，论事实则尚权谋，衒浮华，忘本质，贵通达，贱名教。此其害天理，乱人心，妨道术，败风教，亦岂尽出王氏之下哉？……使其得志，则凡蔡京之所为，未必不身为之也。

朱熹还反驳汪氏“今世人诵习（苏文），但取其文章之妙而已，初不止于求道也，则其舛谬牴牾，似可置之”之论：“语及苏学，以为世人读之，止取文章之妙，初不于此求道，则其失自可置之。夫学者之求道，固不于苏氏之文矣。然既取其文，则文之所述有邪有正，有是有非，是亦皆有道焉，固求道者之所以不可不讲也。讲去其非，以存其是，则道固于此乎在矣，而何不可之有？若曰惟其文之取，而不复识其理之是非，则是道自道，文自文也。”

他在《与芮国器》（卷三七）中还说：“苏氏之学以雄深敏妙之文煽其倾危变幻之习，以故被其毒者沦肌浃髓而不自知。今日正当拔本塞源，以一学者之听，庶乎其可以障狂澜而东之。若方且惩之而又遽有取其所长之意，窃恐学者未知所择，一取一舍之间，又将与之俱化而无以自还。是则执事者之所宜忧也。”其《答詹元善》（卷四六）云：“苏氏兄弟乃以仪、秦、老、佛，合为一人，其为学者心术之祸最为酷烈，而世莫之知也。”

由此可见，朱熹对苏轼的批评涉及洛蜀党争、苏王之争、儒释之争、文道之争等多个层面。

南宋学者多指出苏轼用典之误，陈昉《颍川语小》（四库全书本）卷下云："用事之误，虽杜少陵不能免，而苏文忠公颇多，前辈评之详矣。止是不切之诗文，亦何所害，若告君之辞，岂容不谨?"严有翼所著《艺苑雌黄》、邵博《邵氏闻见后录》卷一六、洪迈《容斋随笔》、叶大庆《考古质疑》卷五等，都曾详列苏轼用典之误。其中《考古质疑》后出，所列最详。洪迈《容斋三笔》卷三也曾指出苏轼和陶诗之误："《陶渊明集·归田园居》六诗，其末'种苗在东皋'一篇，乃江文通杂体三十篇之一，明言敩陶征君《田居》，盖陶之三章云：'种豆南山下，草盛豆苗稀。晨兴理荒秽，带月荷锄归。'故文通云：'虽有荷锄倦，浊酒聊自适。'正拟其意也。今陶集误编入，东坡据而和之。又'东方有一士'诗十六句，复重载于《拟古》九篇中，坡公遂亦两和之，皆随意即成，不复细考耳。"但有些所谓苏轼用典之误并不一定是苏轼之误，而是纠误者自己之"轻发"，如洪迈《容斋四笔》卷一六驳《艺苑雌黄》云：

严有翼所著《艺苑雌黄》，该洽有识，盖近世博雅之士也。然其立说颇务讥诋东坡公（今说郛本《艺苑雌黄》已无此则），予尝因论玉川子《月蚀》诗，诮其轻发矣。又有八端，皆近于蚍蜉撼大木，招后人攻击。如《正误篇》中，摭其用五十本葱为"种薤五十本"，发丘中郎将为"校尉解摸金"，扁鹊见长桑君，使饮上池之水，为"仓公饮上池"，郑余庆烝胡芦为卢怀慎云，如此甚多。坡诗所谓抉云汉，分天章，万斛泉源不择地而出。若用葱为薤，用校尉为中郎，用扁鹊为仓公，用余庆为怀慎，不失为名语，于事何害？公岂一一如学究书生，案图索骏，规行矩步者哉。《四凶篇》中，谓坡称太史公多见先秦古书，四族之诛，皆非殊死，为无所考据。《卢橘篇》中，谓坡咏枇杷云"卢橘是乡人"，为何所据而言。《昌阳篇》中《昌蒲赞》，以为信陶隐居之言，以为昌阳，不曾详读《本草》，妄为此说。《苦荼篇》中，谓"《周诗》记苦荼"为误用《尔雅》。《如皋篇》中，谓"不向如皋闲射雉"与《左传》杜注不合，其误与江总"暂往如皋路"之句同。《荔枝篇》中，谓四月食荔枝诗，爱其体物之工，而坡未尝到闽中，不识真荔枝，是特火山耳。此数者或是或非，固未为深失，然皆不必尔也。最后一篇遂名曰《辨坡》，谓雪诗云“飞花又舞谪仙檐”，李太白本言送酒，即无雪事。“水底笙歌蛙两部”，无笙歌字。殊不知坡借花咏雪，以鼓吹为笙歌，正是妙处。“坐看青丘吞泽芥”，“青丘已吞云梦芥”，用芥字和韵，及以泽芥对溪岭，可谓工新。乃以为出处曾不蒂芥，非草芥之芥。“知白守黑名曰谷”正是老子所言，又以为老子只云为天下谷，非名曰谷也。如此论文章，其意见亦浅矣。

苏轼是才子型人物，其文确实如万斛泉源，不择地而出，不可能像学究书生那样案图索骏，规行矩步。《邵氏闻见后录》卷一六答童子问也曾举出苏轼用典之误十余条，最后写道：“‘东坡信天下后世者，宁有误邪?’予应之曰：‘东坡累误千百，尚信天下后世也。’童子更曰：‘有是言，凡学者之误亦许矣。’予曰：‘尔非东坡，奈何?’”这一回答看似无理，但实际上回答得很好，苏轼可以有这种错误，他人不可援例。正如叶大庆《考古质疑》所云：“后生晚学，影响见闻，乃欲以是藉口，岂知以东坡则可，他人则不可，当如鲁男子之学柳下惠可也。”或如《扪虱新话》下集卷一所云：“东坡诗用事多有误处……盖惟大才可以阔略，余人正不可学。”或如《许彦周诗话》所云：“东坡诗，不可指摘轻议，词源如长河大江，飘沙卷沫，枯槎束薪，兰舟绣鹢，皆随流矣。珍泉幽涧，澄泽灵沼，可爱可喜，无一点尘滓，只是体不似江湖。读者幸以此意求之。”

第二节　“家有眉山之书”——南宋苏轼著述刊刻述略

从苏轼去世到北宋灭亡仅有二十七年，但这二十七年与南宋一百五十三年相比较，苏轼亡灵的处境虽有天渊之别，而对苏轼著述的热心刊刻却毫无二致。本朝人刊刻本朝人著述之多，苏轼恐怕堪称第一。苏轼去世后，宋徽宗、蔡京曾严禁苏文，崇宁二年（1103）四月诏毁苏轼印版。但越禁流传越广，就在北宋末、南宋初，编刻、注释苏轼诗文成风。陆游《老学庵笔记》载有“苏文生，吃菜羹；苏文熟，吃羊肉”的民谣。这都充分说明了北宋末、南宋初苏轼著述的流行。

王文诰《苏文忠公诗编注集成·凡例》云：“王注《百家》（指题王十朋《百家注分类东坡先生诗》），半皆绍（圣）、（元）符、崇（宁）、（大）观之人。”他还把这百家分作四类，前两类都是苏轼或黄庭坚的生友：“（百家注）自黄鲁直、陈无己、苏养直、刘无言、韩子苍、潘邠老、潘仲达、秦少仪而外，曾空清为子宣（曾布）子，李商老为公择从孙，诸家并在门墙之列，是为一类。谢无逸、谢幼盘、饶德操、徐师川、何人表、王立之、汪信民、江端本、李希声、晁叔用、杨信祖、夏均父、高还还，起自崇、观，终于南渡，为鲁直血属，而三洪又其甥也。诸家由鲁直而溯祖，是为一类。”阮元《苏文忠公诗编注集成序》明确指出，苏诗四注本、五注本皆出现在北宋末，而且不止刊刻一次：“坡公北归，有前后集编年注，则赵次公、宋援、李德载、程缜四家也。李敬斋《古今黈》，谓之四注本。继有林子仁者复附益之，改四注为五注。考子仁于政和中赐号高隐居士，而自政和上溯建中靖国，仅十七载，注已两刊。德洪亲见黄鲁直，而谓坡公海外诗中朝士大夫编集已尽，可为崇（宁）、（大）观时刊行四注、五注之证。是编年注出于北宋者也。”鉴于有些苏集的具体刊刻时间不详，下面不按北宋、南宋刊刻时间先后叙述，而分类叙述。

一、诗文合集

从“东坡六集”到“东坡七集”

宋徽宗建中靖国元年（1101）七月，苏轼卒于常州。苏辙《东坡先生墓志铭》说：“（苏轼）有《东坡集》四十卷、《后集》二十卷、《奏议》十五卷、《内制》十卷、《外制》三卷。公诗本似李、杜，晚喜陶渊明，追和之者几遍，凡四卷。”胡仔《苕溪渔隐丛话后集》卷二八说：“世传《前集》乃东坡手自编者，随其出处，古律诗相间，谬误绝少。如《御史府》诸诗，不欲传之于世，《老人行》《题申王画马图》非其所作，故皆无之。《后集》乃后人所编，惜乎不载《和陶》诸诗，大为阙文也。”所谓“《后集》乃后人所编”的“后人”，如果是指苏轼三子，也许大体符合实际；如果是指更晚的人，那就未必了。在我看来，不仅《前集》为东坡手定；而且整个六集，苏轼生前都可能曾经整理过，有一定基础。《墓志铭》有“明年闰六月，葬（轼）于汝州郏城县钧台乡上瑞里”一语，可见《墓志铭》必作于崇宁元年（1102）六月以前。如果苏轼生前没有编辑、整理过自己的集子，在不到十个月的时间昭，恐怕是很难整理完毕的。《东坡集》可能是苏轼在“京师印本《东坡集》”的基础上手自编定的，《东坡后集》可能是苏轼与其三子在刘沔所编二十卷诗文的基础上编定的。《奏议集》十五卷是苏轼向朝廷前后所上奏议，《内制集》十卷、《外制集》三卷是苏轼任翰林学士和中书舍人时，代皇帝起草的文告和诏敕，都是比较现成的。至于《和陶诗》不载入《后集》，则决不是如胡仔所说的“大为阙文”，而是因为苏轼生前已把和陶诗单独另编成集，有苏辙《追和陶渊明诗引》为证。无论《后集》是苏轼生前自己所编，还是苏轼之子所编，都没有必要把《和陶诗》重新收入《后集》。

北宋末年苏集被禁毁，南宋弛禁后的“东坡六集”变成了七集。晁公武成书于淳熙十四年（1180）的《郡斋读书志》（上海古籍出版社校点本，1990）卷一九著录：“苏子瞻《东坡集》四十卷、《后集》二十卷、《奏议》十五卷、《内制》十卷、《外制》三卷、《和陶集》四卷、《应诏集》十卷。”这是“东坡七集”的首次著录，比《墓志铭》所说的东坡六集多出了《应诏集》十卷。可见“东坡七集”是在“六集”的基础上补入《应诏集》，并在南宋初年已经出现。

苏轼全集在宋代传本很多，陈振孙《直斋书录解题》卷一七著录《东坡别集》时曾提及杭本、蜀本、建安本、麻沙书坊本、吉州本。杭本是“东坡六集”本，又叫临安本。蜀本，当即洪迈所说“今苏氏眉山功德寺所刻大小二本”（《容斋五笔》卷九）。陈振孙《直斋书录解题》卷一七著录“东坡七集”云：“杭、蜀本同，但杭本无《应诏集》。”可见蜀本首刊“七集”。建安本即苏峤家集本，陈振孙《直斋书录解题》云：“坡之曾孙给事（苏）峤季真刊家集于建安……建安本亦无《应诏集》。”杭本、建安本均无《应诏集》，但并不是同一本子。杭本是“东坡六集”各自为书的本子，而建安苏峤家集本“则是取《前》《后集》及《内制》《外制》《奏议》《和陶》诸集中诗文编次为一，以别于‘六集’之各自为书也。”（余嘉锡《四库提要辨证》，中华书局标点本，1980）麻沙书坊本即《东坡大全集》，其特点是兼收六集之外的诗文及《志林》《杂说》之类；吉州本是建安苏峤家集本的补遗本，即《续别集》，均详后。

除《直斋书录解题》提及的以上诸本外，还有居世英刊本值得一提。陈鹄《耆旧续闻》卷三云：“姑胥居世英刊《东坡全集》，殊有序，又少舛谬，极可赏。”胡仔《苕溪渔隐丛话》后集卷二八云：“居世英家刊大字东坡前、后集，最为善本。”明刊《东坡全集》卷首旧序亦云：“姑苏（即姑胥）所传（指居世英刊本）《前》《后集》六十卷，编次有伦，虽岁月间有小差，而是者十九矣。”居世英为南北宋间人，刊《东坡（前）集》《后集》当在南宋初年。

《容斋五笔》卷九还提及江州本，具体情况不详。

今存宋刊“东坡七集”，除《东坡先生和陶渊明诗集》四卷外，已无足本。

分类合编的东坡集

陈振孙《直斋书录解题》卷一七著录有“《东坡别集》四十六卷，坡之曾孙给事峤季真刊家集于建安，大略与杭本同”。《宋史·艺文志》及宋叶盛《菉竹堂书目》、明焦竑《国史·经籍志》、清钱曾《述古堂书目》等都著录有《东坡别集》一书，大约清中叶才失传。此书“是取前、后集及《内制》《外制》《奏议》《和陶》诸集中诗文编次为一”，“然不收六集以外之诗文及《志林》《杂说》之类，故与《大全集》不同”（余嘉锡《四库提要辨证》卷二二）。可见苏峤家集本（建安本）是最早的苏集分类合编本。

赵希弁《郡斋读书附志》卷五除著录《东坡先生别集》三十二卷外，还著录有《续别集》八卷，注云：“乃苏公峤刊置建安而删略者，淳祐甲辰庐陵郡庠刻。”即陈振孙《直斋书录解题》所说“张某为吉州，取建安本所遗尽刊之而不加考订，中载《应诏》《策论》，盖建安本亦无《应诏集》也”。余嘉锡

《四库提要辨证》卷二二云：“‘删略’云者，苏峤刊家集时删去略去之文，此即陈振孙所谓‘张某为吉州（吉州即庐陵郡），取建安本所遗尽刊之’者也。虽仍名《别集》，实则《别集》之补遗耳。”

《东坡大全集》，前人称引最多，有的是“东坡七集”的总称，如邵复孺家藏宋末刻本《东坡大全文集》，正如余嘉锡所说：“《东坡大全文集》者，一书之大名。《东坡前集》以下者，则其子目也。名虽为《大全》，而其书仍是分编之‘七集’。”（《四库提要辨证》卷二二）这里所说的《东坡大全集》是指麻沙书坊所刻的分类合编本，胡仔《苕溪渔隐丛话后集》卷二八云：“东坡文集行于世者其名不一，唯《大全》《备成》二集诗文最多，诚如所言，真伪相半。”陈振孙《直斋书录解题》卷一七云：“麻沙书坊又有《大全集》，兼载《志林》《杂说》之类，亦杂以颍滨及小坡之文，且间有讹伪剿入者。”宋版“东坡大全集”屡见称引，因多赝作，入明以后，遂渐失传，故既不知其分类体例，也不知其具体内容。只是从前人记载还可略知其梗概。

一含《志林》或《东坡手泽》，《直斋书录解题》卷一一云：“《东坡手泽》三卷，苏轼撰，今俗本《大全集》中所谓《志林》者也。”苏轼在《与郑靖老书》所说的《志林》是史论即《东坡后集》卷一一所载的十三篇《志林》。《直斋书录解题》卷一一所说的《志林》却是《东坡手泽》。据黄庭坚《跋东坡叙英皇事帖》所记，《东坡手泽》乃苏轼“平生作字”，随手杂录，本非著作：“往尝于东坡见手泽二囊，中有似柳公权、褚遂良者数纸，绝胜平时所作徐浩体字。手泽袋盖二十余，皆平生作字，语意类小人不欲闻者，辄付诸郎入袋中，死而后可出示人者也。”可见南宋时流传的《志林》已非苏轼所说的《志林》，而类似现今流传的《东坡志林》。苏轼“幼而好书，老而不倦”（苏辙《东坡先生墓志铭》），是北宋著名书法家。早在苏轼青年时代担任凤翔签判的时候，他的手迹就为人所珍藏，所谓“书成辄弃去，谬被旁人裹”（苏轼《和子由论书》）。以后宦游各地，也经常应人之求而书字，他的墨迹散落人间者甚多。王辟之《渑水燕谈录》卷四说：“子瞻文章议论独出当世，风格高迈，真谪仙人也。至于书画，亦皆精绝。故其简笔，才落手即为人藏去，有得真迹者重于珠玉。”苏轼晚年历尽忧患，所书某些随笔，不愿示人，则装入袋中，竟多达二十余袋。同时代人和苏氏子孙所藏的东坡手迹，虽经徽宗朝禁毁和金人搜索，但传世作品仍不少。何薳《春渚纪闻》卷六《翰墨之富》云："先生翰墨之妙，既经崇宁、大观焚毁之余，人间所藏盖一二数也。至宣和间，内府复加搜访，一纸定值万钱。"东坡死后不久，有人将以上两部分文字（《志林》和《手泽》）同残存的苏氏家藏和他人所藏的苏轼墨迹、笔记、杂谈，汇编成一书，取名为《东坡志林》或《东坡手择》。《四加全书总目》卷一二〇云："今观所载诸条，多自署年月者，又署读某书书此者，又有泛称昨日今日，不知何时者，盖轼随手所记，本非著作，亦无书名，其后人裒而录之，命曰《手泽》，而刊轼集者不欲以父书目之，故题曰《志林》耳。"宋左圭《百川学海》本仅一卷，此书流传过程中时有增删，还有五卷本和十二卷本。

二含《杂说》，据李治《敬斋古今黈拾遗》卷二，《杂说》系指《渔樵闲话》《艾子杂说》及《诗评》："《东坡大全文集》所载《渔樵闲话》凡十一事，其言论颇涉粗浅，恐非坡笔。纵是坡笔，决其少作。然独《记伥鬼》一说，为能曲尽小人之所为，虽百世不可废也。"《渔樵闲话（录）》上下两篇，晁公武之《郡斋读书志》卷一三已著录此书："《渔樵闲话》二卷，右设渔、樵问答及史传杂事，不知何人所为。"可见南宋初已有此书，但并未定为苏轼所作。元末陶宗仪编《说郛》录此书已题作苏轼撰，《四库全书总目》卷一四四云："疑宋时流俗相传有是书，而明人（实际更早）重刻者复假轼以行耳。"

《艾子杂说》前已论及。《诗评》或即《郡斋读书志》及《文献通考》著录的《东坡诗话》二卷；《宋史・艺文志》与《通志・艺文略》著录的苏轼《诗话》一卷。此书成书甚早，南宋建安本《分类集百家注东坡诗》曾多次引用"先生诗话"，《诗话总龟》前集卷二四亦引有《苏公诗话》，但非苏轼自撰。《郡斋读书志》卷一三云："（轼）杂书有及诗者，好事者因集成二卷。"

可见分类合编的"东坡大全集"乃真伪杂糅，不仅夹杂有苏辙、苏过的作品及"言论颇涉粗浅"的文字，甚至还有"后人论坡者"。

南宋前期传世的《东坡外集》，也属于分类编纂系统，专收《东坡集》《后集》遗漏的诗文。入南宋后，苏轼在政治上得到昭雪，加之宋高宗、孝宗对苏轼的表彰，其诗文更是风靡全国，受到人们喜爱，东坡遗墨尤为人们所珍惜。而《东坡集》、《后集》所载苏轼诗文并不完备，遗漏较多，于是有人旁采博收，编成《东坡外集》。

焦竑在《刻苏长公外集序》中云：“得《外集》读之，多前所未载，既无舛误，而卷帙有序，如题跋一部，游行、诗、文、书、画等，各以类相从，而尽去《志林》《仇池笔记》之目，最为精覈。其本传自秘阁，世所罕睹。”（《重编东坡先生外集》卷首，明刻本）《四库全书总目》卷一七四云：“辙所作轼墓志，载所作凡六集。晁、陈二家所录，多《应诏集》十卷。《宋史·艺文志》所载凡十一集，皆无此八十六卷之本。且‘外集’之名以别‘内集’，轼之诗文既已全载于此，别无所谓‘内集’，则‘外集’之名殊无根据。竑称得之秘阁，不知明代之书尽于杨士奇、张萱所录，二家之目不载，竑又何从而得之？此直竑以意删并，托之旧本耳。”其实梅尧臣、欧阳修等皆曾有《外集》传世，用作正集的补编，《东坡外集》作为《东坡集》与《后集》的补编，未见得就“无根据”。《东坡外集》之名，也并非始见于焦竑《刻苏长公外集序》，而早见于郎晔（南宋淳熙时人）编注的《经进东坡文集事略》卷五五《韩文公庙碑》题注：“《东坡外集》载《与吴子野论〈韩文公庙碑〉书》云：‘《文公庙碑》近已寄去矣。’”正如明人康丕扬《刻苏东坡外集序》（《重编东坡先生外集》卷首）所说：“长公以振世奇才，操不朽巨笔，凡所谋画，忧先君国，止以与时不合，放逐海外而死。遂并其文之传世者，一切令禁毁，无使片文只语存焉，其亦可惜也已！然而考之当时，文人墨士私藏者尚有全集若是之多，即梵释杂流，亦爱若片玉颗珠，或藏之石上，或掩之壁间。至事解网疏，尚出而应搜罗者之旁采，不先荆山之一顾。此《外集》之所由传，而君子不能不感慨于斯集也。”

郎晔所见南宋的《东坡外集》的编者，已不知为谁。明刻《重编东坡先生外集》卷首有一序，从语气看，似为原编者所作，而非明刻重编者所为：

《南行集》《坡梁集》《钱塘集》《超然集》《黄楼集》《眉山集》《武功集》《雪堂集》《黄冈小集》《仇池集》《毗陵集》《兰台集》《真一集》《岷精集》

《掞庭集》《百斛明珠集》《玉局集》《海上老人集》《东坡前集》《后集》《东坡备成集》《类聚东坡集》《东坡大全集》《东坡遗编》。右文忠苏先生文集之传世者盖如此。唯姑苏所传《前（集）》《后集》六十卷，编次有伦，虽岁月间有小差，而是者十九矣。其他诸集，皆杂取同时诸人文字，苟充部帙。有一章而两见者，有题异而文同者，丛冗互复，良误学士大夫观览。今将如上诸集，详加校定，其文既出他集者所不敢取，如《碧云三酌赋》《睡乡记》之类凡数百篇，具见卷末须知中；其疑非先生文而未见孰可者亦未敢删削，如《菜羹赋》《静常》《醉乡》等记凡十余篇。……次序间不可考，辄以类附，合为一编，目曰《外集》……亲迹出于先生子孙与凡当时故家者皆在，庶几观是集者，并前、后二集，则先生之文无复遗逸之憾，而如上诸集皆可废也。

从此序可看出，第一，作者所见“苏先生文集之传世者”多达二十四种；第二，除“《前（集）》《后集》六十卷，编次有伦”外，“其他诸集，皆杂取同时诸人文字”，“丛冗互复”，错误很多。第三，编者曾“将如上诸集，详加校定”，删伪存疑，并收有“出于先生子孙与凡当时故家者”的“亲迹”（当指苏轼手笔）。第四，编者对其所编《东坡先生外集》颇自负，认为“先生之文无复遗逸之憾，而如上诸集皆可废”。南宋《重编东坡先生外集》的编者所见到的苏轼二十余种诗文集，在明代大都失传了，因为《外集》确实编得好，他在《前》《后集》以外，广泛搜罗东坡遗文，详加校订，汲取各本精华，去伪存真，做了集大成的工作，故能后来居上，编者自诩有了《外集》，“诸集皆可废”，看来并非自吹自擂之词。

丁丙《善本书室藏书志》卷二八《重编东坡外集》条提出是否“《外集》即《别集》”的问题。刘尚荣先生《〈东坡外集〉杂考》对此作了详尽辨析，认为《别集》与《外集》不是同书异名：“首先，《东坡别集》别是一书，尤其是《别集》正编四十六卷，即刊于建安或临安的苏峤家集本，实即杭本‘东坡六集’的改编本，内容与《外集》无涉。其次，作为《别集补遗》的吉州本亦即庐陵郡庠本，其刊行时间比郎晔所称引的《东坡外集》迟半个多世纪；《外集》有真迹得自东坡先生孙，《别集补遗》出自东坡曾孙苏峤之所删略；《外集》系补前、后二集之遗逸，《别集补遗》则拾掇‘六集’之所无。在内容上它们有同有异。相同的是：《东坡志林》及大量的题跋、尺牍，既为前、后集所不取，又为苏峤所删略，故《外集》和《别集补遗》分别收录，这也正是《外集》和《别集补遗》各自的主要内容所在。不同的是：《别集补遗》的吉州本还收载‘应诏’‘策论’及见于《大全集》的‘杂说’之类，《外集》则不收这些文章。总之，《东坡外集》成书更早，选材更精。清人将它与《东坡别集》或《别集补遗》混为一谈，合二而一，纯属误解。”

二、诗集

以上所述为苏轼去世后，宋人分集编纂或分类合编的苏轼诗文合集的刊刻情况，以下分述苏轼去世后，宋人对苏诗、苏词、苏文的注释刊刻情况。

南宋为苏诗作注的人比为苏词、苏文作注的多得多。今人注今人诗，自苏、黄之诗始，钱文子《山谷外集诗注序》云：“书存于世，惟六经、诸子及迁、固之史有注其下方者，以其古今之变，诂训之不相通也。而今人之文，今人乃随而注之，则自苏、黄之诗始也。诗动乎情，发乎言，而成乎音，人为之，人诵之，宜无难知也。而苏、黄二公，乃以今人博古之书，譬楚大夫而居于齐，应对唯诺，无非齐言，则楚人莫喻也。如将以齐言而喻楚人，非其素尝往来庄岳之间，其孰能之?”（史容《山谷外集诗注》卷首，四部丛刊续编本）

查慎行《初白庵苏诗补注》（清乾隆辛巳香雨斋刊本）《例略》云：“绍兴中，有吴兴沈氏注、漳州黄学皋补注，今皆不传，传者唯王氏、施氏两家耳。”其实不止以上四家注，今所知的宋代苏诗注至少有赵夔《注东坡诗集》、吴兴沈氏注、漳州黄学皋补注、宋刊五家注、宋刊五注与十注拼合本、旧题王十朋注、施顾注、廖群玉莹中注，凡八种。今存宋人所注东坡诗只有三种：一为集注，即《东坡前集》五注及十注残卷；二为类注，即《王状元集百家注分类东坡先生诗》；三为编年注，即《施顾注苏诗》。但比较完整传世的只有《王注》《施注》两种。

赵夔《类注东坡先生诗序》云①：

昔杜预注《春秋左传》，颜籀注班固《汉书》，时人谓征南、秘书为丘明、孟坚忠臣；又李善于梁、宋之间，开《文选》学，注六十卷，流传于世，皆仆所喜而慕之者，此注东坡诗集所以作也。东坡先生读书数千万卷，学术文章之妙，若太山北斗，百世尊仰，未易可窥测藩篱，况堂奥乎！然仆自幼岁诵其诗文，手不暂释，其初如涉大海，浩无津涯，孰辨淄渑泾渭，而鱼龙异状，莫识其名，既穷山海变怪，然后了然无有疑者。崇宁年间，仆年专志于学，逮今三十年，一句一字，推究来历，必欲见其用事之处。经史子传，僻书小说，图经碑刻，古今诗集，本朝故事，无所不览；又于道、释二藏经文，亦尝遍观钞节，及询访耆旧老成间，其一时见闻之事，有得既已多矣。顷者赴调京师，继复守官，累与小坡叔党游从至熟，叩其所未知者，叔党亦能为仆言之。……三十年中，殚精竭虑，仆之心力，尽于此书。今乃编写刊行，愿与学者共之。若乃事有遗误，当俟博雅君子补而镌之，庶俾先生之诗文与《左传》《汉书》《文选》并传无穷，而仆于杜预、颜籀、李善三子亦庶几焉。

赵注早佚，从此序可看出，赵夔为北宋末年人，曾与苏轼幼子苏过叔党交游，这是最早的苏诗注本，惜已失传。此序真伪，在清代颇有争论，讫无定论。《四库全书总目》不相信此序的真实性：“夔序亦出依托。核书中体例，与杜诗千家注相同，殆必一时书肆所为，借十朋之名以行耳。”冯应榴《苏文忠公诗合注》、王文诰《苏诗编注集成》、胡玉缙《四库提要补正》等都认为赵夔确实曾为苏诗作注，并且首倡分类，分为五十门（其序自谓“仆于此诗分五十门，总括殆尽”）。

集注本即《东坡前集》五注及十注残卷，冯应榴《苏文忠公诗合注》云：“宋刊五家注不全本七卷，五家者：赵云、李云、程云、宋云、新添云。其编次一如七集，惜只见《后集》而未见《前集》也。”这个残存七卷五家注本

① 《增刊校正王状元集诸家注分类东坡先生诗》卷首，明成化汪氏诚会斋集会堂本。

《东坡后集》，今亦不知去向。另一五注与十注拼合的宋刻本《集注东坡先生诗前集》残帙，是迄今存世最早的东坡诗分集笺注本。此书原为清乾嘉时期常熟藏书家陈揆旧藏，其《稽瑞楼书目》著录此书云：“苏诗十家注四卷，宋刻残本，三册。”后归瞿镛，今存北京图书馆。瞿氏《铁琴铜剑楼宋金元本书影》云：“原书十八卷，目录抄补，今存卷一至卷三，其卷四十一配以别一宋本，行式不同。”《铁琴铜剑楼藏书目录》亦载此书，云：“此书题名、原序已失，不知何人编辑。”卷一至卷三为十注本。卷四一为五注本，行格款识与前三卷完全不同，当属另一集注本。注家有赵云、李云、程云、宋云、新添，与冯应榴见到的宋刊五家注《东坡后集》七卷完全一样。此书对北宋诸帝、南宋高宗赵构皆避讳，而对宋孝宗赵眘则不避讳，证明此书成书于宋孝宗前。

旧题王十朋《集百家注分类东坡先生诗》

今存最早的苏诗分类注本为王十朋的《集百家注分类东坡先生诗》，前有王十朋序，对苏诗作了很高的评价：“训注之学，古今所难，自非集众人之长，殆未易得其全体。况东坡先生之英才绝识，卓冠一世，平生斟酌经传，贯穿子史，下至小说、杂记、佛经、道书、古诗、方言，莫不毕究，虽天地之造化，古今之兴替，风俗之消长，与夫山川、草木，禽兽、鳞介、昆虫之属，亦皆洞其机而贯其妙，积而为胸中之文，不啻如长江大河，汪洋闳肆，变化万状，则凡波澜于一吟一咏之间者，讵可以一二人之学而窥其涯涘哉!”（《增刊校正王状元集诸家注分类东坡先生诗》卷首）

《百家注分类东坡先生诗》以分类编次和汇集诸家注为特征。关于集注，王序云：“予旧得公诗八注、十注，而事之载者十未能五，故常有窥豹之叹。近于暇日搜索诸家之释，裒而一之，划繁剔冗，所存者几百人，庶几于公之诗有光。虽然，自八而十，自十而百，固非略矣，而亦未敢以繁言。盖以一人而肩乌获之任，则折筋绝体之不暇，一旦而均之百人，虽未能舂容乎通衢，张王乎大都，而北燕南越亦不难到，此则百注之意也。”此书的最大功绩就在于汇集了此前的苏诗旧注，使之得以局部保存至今。其缺点就是注典多不标出处。关于分类，此书各本分类多不同，有二十九类、三十类、五十类、七十八类、七十九类等。分类很难合理，王注也一样："其分类颇多颠舛，如《芙蓉城》诗入古迹，《虎儿》诗入咏史之类，不可殚数，不但以《画鱼歌》入书画，为查慎行《东坡诗补注》所讥。"

传世的最早刻本，是宋黄善夫家塾本，题名《王状元集百家注分类东坡先生诗》，分五十类，署"王十朋龟龄纂集"，凡二十五卷，前有赵夔序。避宋讳至光宗赵惇（1190—1194年在位），为南宋中叶刻本，北京图书馆收藏有此本。此书流传至今的宋刻还有泉州市舶司本（存十四卷），日本建安万卷堂本及魏仲卿家塾本。宋末元初，又有《增刊校正王状元集注分类东坡诗》二十五卷，七十八类本。除仍署"王十朋龟龄纂集"外，增署"东莱吕公祖谦分类，庐陵须溪刘辰翁批点"。此书借王十朋、吕祖谦、刘辰翁三位学者的大名，得以在金、元、明三朝广为翻刻流传，朝鲜、日本亦有翻刻，存世之本甚多。

所谓"王十朋纂集"及其书前自序的真实性，清代以前并无异议，清以后颇有争论。《四库全书总目》卷一五四认为此书此序皆出于伪造："考十朋《梅溪前集》载序八篇，《后集》载序三篇，独无此序，又有《读苏文》三则，独无一字及苏诗。《梅溪集》为其子闻诗、闻礼所编，十朋著述，搜集无遗，不应独漏此序。"还有人以王序文理拙缪，《文献通考》不曾著录、陆游的《施顾注苏诗序》未提及此书，断为书贾伪托。清人冯应榴、王文诰、杨绍和及近人傅增湘等都不同意伪托之说。冯应榴《苏文忠公诗合注》卷首反驳道："王楙《野客丛书》已有'集注坡诗'一条，明王弇州（世贞）《长公外纪》云：'王十朋集百家注'，杨升庵（慎）集亦云：'王十朋注。'则由来已久，未可竟疑其伪托矣。"并认为《王注》出现在施、顾注之前，"若施、顾注先出，集百家注本必兼采之，今并无其姓名，则杨氏所云施氏书后出，无疑也"。王文诰《苏文忠公诗编注集成·凡例》云："百家注既已复出，可见龟龄未尝自称《王注》，此即龟龄手定确证。赵夔分五十门，吕祖谦广为七十八类，龟龄与祖谦厚善，实主吕本，故百家注亦七十八类，且于百家姓氏赵夔名下不及分门，独于祖谦名下载明分诗门类，千古疑案，今始勘定。"

《百家注分类东坡诗集》自南宋中叶至元、明两朝，影响很大，在海内外广泛流传，此书一出，"闽中坊肆遂争先镌雕，或就原版以摹刊，或改标名以动听，期于广销射利，故同时同地有五、六刻之多。而于文字，初无所更订也[1]”。清以前对此书的评价也无歧义。自清代康熙年间发现并翻刻了《施顾注苏诗》后，学术界更重视施、顾注，对《百家注分类东坡诗集》多有贬词。邵长蘅补注《施顾注苏诗》，作《王注正讹》《注苏例言》，指责《王注》。但他的《苏诗补注》却主要依据《王注》的注文来补施、顾注本之佚阙，可见《王注》有《王注》的价值。王文诰《苏诗编注集成·凡例》云：“《王注》谬在分类。如以注论，犹似全牢，任其脔割，割无不正。”近人傅增湘《藏园群书题记》续集卷四亦云：“平情论之，此注兼收博蓄，诚不免舛杂之讥。然搜采近百家，网罗宏富，足供后人掇拾之资……编辑出自宋人，援旨详明。邵长蘅补注《施顾注苏诗》，多取材于此书。且流传至今而不废者，要其征取繁富之足珍也。”

宋刊《施顾注苏诗》

施、顾《注东坡先生诗》为编年注，此书刊于南宋嘉定六年（1213）淮东仓司（治所在今扬州），书名为《注东坡先生诗》，注者为施元之、顾禧、施元之之子施宿。三人《宋史》皆无传，据前人多方考证，略知其梗概如下：

施元之，字德初，吴兴（今浙江湖州）人。绍兴二十四年进士及第，乾道二年为秘书省正字；乾道五年为秘书省著作佐郎，兼国史院编修，除左司谏；乾道七年为衢州刺史，曾知赣州。后以亲老为由，退居故里，不知所终。

顾禧，字景藩，或作蕃，吴郡（今江苏苏州）人。少纵游任侠，后折节读书，但终生不仕，工诗文，闭户著书，享高寿而终。

施宿，字武子，元之子。幼承家学，绍熙四年进士，庆元初知余姚县。后为绍兴通判，嘉定间知吉州，提举淮东常平仓，刊《注东坡先生诗》于仓司，终以此为言者劾罢。施宿《注东坡先生诗序》对苏轼一生遭际颇多慨叹：

盖熙宁变法之初，当国者势倾天下，一时在廷，虽耆老大臣、累朝之旧

---

① 傅增湘：《藏园群书题记》续集卷四，上海古籍出版社校点本，1988。

有不能与之力争，独先生立朝之日未久，数上书言其不便，几感悟主意；而小人嫉之，擯使居外，至其忠诚愤郁不得发，始托于诗以规讽，大抵斥新法之不为民便、而小人之罔上者，盖凛凛也。既谪黄冈，躬耕东坡之下，若将终焉。遇其兴逸，绝江吊古，狎于鱼龙风涛之怪，放浪无涯涘，盖莫得以窥其际。元祐来归，挟益大议论，终不为苟同。宣仁圣后察见神宗皇帝末年之意，亲加擢用，然周旋禁近，不过四年，迄以不容而去。追绍述事起，岭海万里，濒于九死，而皓首烟瘴，岿然独存。为时□人和陶之作，出《骚》入《雅》，深涉道德性命之境，落笔脱手，人争传诵，愈不可禁。盖先生之出处进退，天也。神宗皇帝知之而不及用，宣仁圣后用之而不能尽，与夫一时用事者能挤之死地而不能使之必死，能夺其官爵，困戹僇辱其身，而不能使其言语文字不传于世，岂非天哉？故宿因先君遗绪，及有感于陆公之说，反复先生出处，考其所与酬答赓倡之人，言论风旨足以相发，与夫得之耆旧长老之传，有所援据，足裨隐轶者，各附见篇目之左。而又采之国史以谱其年，及新法罢行之目，列于其上，而系以诗之先后，庶几观者知先生自始出仕，至于告老，无一念不惓惓国家，而此身不与。读其诗，论其所遭之难，可以油然置怨，而笃于君臣之大义矣。（施宿编《东坡先生年谱》卷首，原件今藏日本）

陈振孙《直斋书录解题》卷二〇著录此书云：“四十二卷，《年谱》《目录》各一卷，司谏吴兴施元之德初与吴郡顾景蕃共为之，元之子宿从而推广，且为《年谱》，以传于世。陆放翁为序，颇言注之难。盖其一时事实，既非亲见，又无故老传闻，有不能尽知者。”这一记载显然即据施宿序：

东坡先生诗，有蜀人所注八家，行于世已久。先君司谏病其缺略未究，遂因闲居，随事诠释，岁久成书。然当亡恙时，未尝出以视人。后二十余年，宿佐郡会稽，始请待制陆公（游）为之序。……宿因先君遗绪，及有感于陆公之说，反复先生出处，考其所与酬答赓倡之人，言论风旨足以相发，与夫得之耆旧长老之传，有所援据，足裨隐轶者，各附见篇目之左。而又采之国史以谱其年，及新法罢行之目，列于其上，而系以诗之先后，庶几观者知先生自始出仕，至于告老，无一念不惓惓国家，而此身不与。读其诗，论其所遭之难，可以油然置怨，而笃于君臣之大义矣。虽然，宿之区区，岂以为有补于先生哉？盖先君之志在焉，不敢使之泯没不见于世，如斯而已矣。

陆游《施司谏注东坡先生诗序》（《渭南文集》卷一五），慨叹注苏诗之难，谓范成大曾请陆游为苏诗作注，自己不敢为：“近世有蜀人任渊，尝注宋子京、黄鲁直、陈无己三家诗，颇称详赡。若东坡先生之诗，则援据闳博，指趣深远，渊独不敢为之说。某顷与范公至能（成大）会于蜀，因相与论东坡诗，慨然谓予：‘足下当作一书，发明东坡之意，以遗学者。’某谢不能。……后二十五六年，某告老居山阴泽中，吴兴施宿武子出其先人司谏公所注数十大编，属某作序。司谏公以绝识博学名天下，且用功深，历岁久，又助以顾君景蕃之该洽，则于东坡之意，亦几可以无憾矣。某虽不能如至能所托，而得序斯文，岂非幸哉！”

《施顾注苏诗》凡四十二卷，前三十九卷为编年诗；卷四〇收翰林帖子及遗诗，不编年；最后两卷为《和陶诗》。传世宋刊本并缺卷首，故无凡例，该书自嘉定原版至郑羽修刊，均未标明三人分注情况，三人之注颇难区分，历来众说纷纭。或以为题下注为施作，句中注为施元之[①]；或谓题下注乃施氏父子合注[②]；或谓题下注为施元之，句中注为施、顾合注，施宿所作仅题末校记与《年谱》[③]。王、阮、余之说似乎已成定论，但却与施宿序“各附见篇目之

---

① 郑元庆《湖录经籍考》卷六：“施元之注东坡诗，传是楼有宋刊本，残缺不全。余细阅书中句解，是元之笔；诗题下小传低数字，乃武子补注。”

② 冯应榴《苏文忠公诗合注》卷首：“诗题下亦有元之注。”

③ 王文诰：《苏文忠公诗编注集成》卷首《王施注诸家姓氏考》：“最要是题下注事，故（陆）《序》曰司谏‘绝识’；次谓句下征典，故《序曰》助以顾君‘赅洽’；其中容有互为参酌之处，施、顾各有所掌也。所谓武子‘推而广者’，乃题注末补载墨迹、石刻及校改同异之字，间有征引及增辑《年谱》所无。父作子述，前人多有此例，参入一处，其德初原文，非武子所敢损益也。若如郑说，则景藩无处着一字。重句解而轻题注，亦非知诗者之言也。”阮元《苏文忠公诗编注集成序》（《揅经室三集》卷五）力主王说：“据陆游原序，概论作诗事实，而下云‘德初绝识博学’，系指题下施注纪事；又谓‘助以顾禧该洽’，系指句下顾注。征典纪事引本集、《栾城》、史传，不载出处，征典引经、史、子、集、外藏，悉载出处，显属二手。”余嘉锡《四库提要辨证》卷二二：“推勘全书体例，证以陆序，实如王氏、阮氏之言。”

左”矛盾，宿序证明郑元庆所谓“诗题下小传低数字，乃武子补注”是符合实际的，只是未明确句中注实为施、顾合注。

此书传本甚少。嘉定二年（1209）施宿罢新知吉州任，嘉定七年（1214）正月二十一日，中书舍人范之柔劾其“刻薄亭户，规图出剩”，罢职与祠禄，时施宿病没已百日。周密《癸辛杂识》载，施宿“为淮东仓曹”，傅穉（字汉儒，湖州人，书法名家）因“穷乏相投”，施命傅“书写锓版，以赒其归”，忌者“因摭此事，坐以赃私”。此案殃及他所刊刻的《注东坡先生诗》，故未能广为流传。景定三年（1262），郑羽曾就嘉定原版修补印行，其《补刊施注本跋》云：“坡诗多本，独淮东仓司所刊，明净端楷，为有识所宝。羽承乏于兹，暇日偶取观，汰其字之漫者，大小七万一千五百七十七，计一百七十九板，命工重梓。他时板浸古，漫字浸多，后之人好事，必有贤于羽者矣。景定壬戌中元，吴门郑羽题。”此本传世亦稀。

本书为编年注，苏轼一生行迹，十分清楚：“吴兴施氏生南宋初，去公之世未远，其诠订先后，颇为精当。”（邵长蘅《施注苏诗·注苏例言》）在编排体例上，编年注也较以类相从的《百家注分类东坡诗》更为合理，有利于知人论世。注文“援引必著书名，诠诂不乖本事，又于注题下务阐诗旨。引事征诗，因诗存人，使读者得以考见当日之情事”（张榕端《施注苏诗序》）。苏诗涉及亲朋师友很多，其中一些人生平事迹不详，注者均详加考核。邵长蘅《注苏例言》特别欣赏《施注》题解：“《施注》佳处，每于注题下多所发明，少或数言，多至数百言，或引事以征诗，或因诗以存人，或援此以证彼，务阐诗旨，非取泛澜，间亦可补正史之阙遗。即此一端，迥非诸家可及。”施宿搜集有大量苏轼的墨迹碑帖，并用以校勘苏诗文字异同。作为宋人注宋诗，此书还保留了不少今已不存的宋或宋以前的佚诗佚文，有利于辑佚，如章惇集早失传，其《寄苏子瞻》即保存在苏轼《和章七出守湖州二首》的题下注中。

此书今无完帙，现存书四部，分藏三处（中国大陆、台湾，美国）。一为《施顾注苏诗》卷一一、一二、二五、二六凡四卷，四卷中有缺页，目录分列各卷之前。此乃施元之、施宿、顾禧注，傅穉书，嘉定六年淮东仓曹锓本。

原为清人缪荃孙所藏，后归刘承幹嘉业堂，今藏北京图书馆。二为《和陶诗》部分。此书也是嘉定六年淮东仓曹原版书，其行款版式、讳字缺笔、纸墨字体皆与上述四卷全同。所存只是原书“第四十一卷”“第四十二卷”，已被书贾分别挖改为“卷上”和“卷下”，以冒充《和陶诗》全帙。此书先后曾经季振宜、马嶰谷、周锡瓒、黄丕烈、杨绍和、周叔弢收藏，最后由周氏将此书捐赠给北京图书馆。三为嘉定原版十九卷，此书原为明人毛子晋所藏，后归徐乾学，康熙间宋荦得其书三十卷，用作新刊《施顾注苏诗》（即委宛堂新刊《施注苏诗》）的底本。经翁方纲、吴荣光、南海潘氏、叶润臣、邓诗庵、袁伯夔等人收藏，缺卷并同。后袁家失火，又佚去十二卷，仅存十九卷，抗日战争期间，由“国立中央图书馆”购得，现藏“台湾中央图书馆”。四为移居美国的翁同龢后人翁万戈收藏的景定年间郑羽补刊本残帙三十四卷。《施顾注苏诗》嘉定原版书传本不多，景定年间，郑羽就嘉定原版修补印行。郑羽只是就嘉定原版修补其漫漶处，故此补刊本仍能真实保留嘉定原版的面貌，其版式行款、讳字缺笔等均与嘉定原版书相同。此书原为清宗室允祥安乐堂旧藏，同治十年（1871）翁同龢购得此书，后一直藏于翁家，今由翁同龢玄孙现居纽约的翁万戈收藏，不肯轻易示人，得见此书者寥寥，大概只有嘉兴沈曾桐，闽县王仁东，侯官沈瑜庆，钱塘汪鸣銮，蜀人傅增湘，日本著名汉学家吉川幸次郎、小川环树等见过此书。1969 年，台北艺文印书馆从翁万戈处借得此书，完全依照原书大小影印刊行，从此大家才能见到这一海内孤本的影印本。“台湾”的艺文印书局还曾将“台湾中央图书馆”所存嘉定原刊本四卷（翁藏本所缺的七、一〇、一九、二〇凡四卷）及日本京都大学人文科学研究所《苏诗佚注》辑得的施、顾注佚文六卷，汇编成《增补足本施顾注苏诗》出版。以上四部残帙合计，去其重复，仍缺卷一、二、五、六、八、九共六卷。傅增湘在《藏园群书经眼录》卷一三《宋刊施顾注苏诗跋》中，提出利用这四个残本整理出一部比较接近原刊的《施顾注苏诗》：“余窃谓施、顾注本传世本稀，自袁氏藏本被毁，唯松禅师（翁同龢）此帙存卷独多，断为海内孤本秘笈。倘得有志者取原书精摹印行，不妄增减一字，所缺之卷，只录本文，无烦补辑，庶几神明焕然，顿还旧观，一洗邵、查诸氏紊脱之失。

余蕴蓄于怀久矣，聊于此妄发之。嗜苏之士，并世不乏其人，有能锐心奋力以助其成乎？余日夜引领而望之矣。”现在王水照先生正在进行这一工作，不久，我们当读到较为完整的《施顾注苏诗》。

和陶诗

晁公武《郡斋读书志》卷一九、陈振孙《直斋书录解题》卷一七均著录《和陶诗》四卷，但《直斋书录解题》卷一五还著录为：“《和陶诗》十卷，苏氏兄弟追和，傅共注。”这是宋人唯一的《和陶诗》注，因原书早佚，不知其详。

三、词集——傅幹《注坡词》

南宋苏词的单刻本和注本都很多，但传世者极少。就现在所知，至少有一卷本《苏轼词》、二卷本《东坡词》、曾慥辑的《东坡先生长短句》二卷、《拾遗》一卷、傅幹《注坡词》十二卷、顾禧《补注东坡长短句》等六种。

苏词自南宋以来，多为集外单行。陈振孙《直斋书录解题》、马端临《文献通考·经籍考》均著录《东坡词》二卷；《宋史·艺文志》著录《苏轼词》一卷，均属集外单行，因原书失传，不知其内容体例。现能略知其情况的只有曾慥辑的《东坡先生长短句》。曾慥（？—1155），字端伯，号至游子，晋江（今属福建）人。初为尚书郎，历秘阁修撰，知处州、荆南、庐州，绍兴二十五年卒。著述甚富，有《类说》《高斋漫录》《道枢》《集仙传》《至游子》《宋百家诗》《乐府雅词》等。曾慥辑《东坡先生长短句》二卷、《拾遗》一卷，刊于绍兴二十一年（1151），是今存苏词“最早”的本子。黄丕烈士礼居旧藏毛晋汲古阁影宋钞本《东坡拾遗词》，后录有曾慥跋语：“《东坡先生长短句》既镂版，复得张宾老所编并载于蜀本者悉收之。江山丽秀之句，樽俎戏剧之词，搜罗几尽矣。传之无穷，想象豪放风流之不可及也。绍兴辛未孟冬至游居士曾慥题。”此书按调编纂，不分类。从曾跋可知，北宋末还有“张宾老所编并载于蜀本”的《东坡词》。

早在南宋初年，就开始陆续出现多种苏词注本，多已失传。现存最早的苏词注本为傅幹《注坡词》十二卷，收苏词凡六十七调二百七十二首，其体例是按调名编次，同调者汇编在一起，并自第二首以下，以二、三、四……代调名。幹，字子立，仙溪（今福建仙游）人，博览强记，有前辈风流，为傅共族子。共为作《注坡词序》，对其《注坡词》称颂备至，谓此书对苏词“削其附会者数十（首）”，“益之以遗轶者百余首，凡十有二卷。敷陈演析，指摘源流，开卷烂然，众美在目。予曰：兹一奇也，不可不传之好事者。……自兹以往，别屋闲居，交口教授，吾知秦、柳、晁、贺之伦，束于高阁矣”。洪迈《容斋续笔》卷一五云：“绍兴初，又有傅洪（“共”之误）秀才《注坡词》，镂版钱塘。”显然，洪迈误序作者为笺注者。但这一记载很重要，说明《注坡词》在“绍兴初”已“镂版钱塘”。与傅共对《注坡词》的评价相反，洪迈《容斋续笔》“注书难”条，曾指出傅注之失：“‘不知天上宫阙，今夕是何年’，不能引‘共道人间惆怅事，不知今夕是何年’；‘笑怕蔷薇罥’，‘学画鸦黄未就’，不能引《南部烟花录》，如此甚多。”此书《直斋书录解题》卷二一已予著录：“《注坡词》二卷，仙溪傅幹撰。”“二卷”当为十二卷之误。《文献通考》卷二四六沿袭《直斋书录解题》之误，亦谓“《注坡词》二卷”。此书长期只有钞本流传，鄞县范氏天一阁收藏过一部，清嘉庆时阮元刻文选楼选本《天一阁书目》卷四之四著录的“注坡词十二卷本，傅幹撰，傅共洪甫序”即指此本。此本后失传，光绪十五年薛福成刻《天一阁现存书目》已不载。沈德寿《抱经楼藏书志》卷六四著录有一部此书钞本，后为寓居上海的徐乃昌所得。

南宋还有一种顾禧的苏词注本，亦已失传。陈鹄《耆旧续闻》卷二云：“赵右史家有顾禧景蕃《补注东坡长短句》真迹。”前已述及，顾禧曾与施元之共著《注东坡先生诗》，为南宋前期人，他的《补注东坡长短句》，“补”谁之注？是否为补傅幹《注坡词》而作？已不可知。

四、苏文选集——郎晔《经进东坡文集事略》

苏诗、苏词，宋代都有单独的全文刻本及注本，苏文只有《经进东坡文集事略》《三苏先生文粹》两种选本存世。

郎晔的《经进东坡文集事略》六十卷，选注东坡文四百九十八篇。郎晔，字晦之，钱塘（今浙江杭州）人。师事张九成，以儒学知名。淳熙十四年（1187）特奏得官，以荐举绍兴嵊县簿，未赴任。此书前两卷为赋，第三卷为南省讲三传，卷四至卷一四为论，卷一五至卷二三为进策、策、策问，卷二四为上神宗万言书，卷二五至卷二六为表，卷二七至卷二八为启，卷二九至卷三六为奏议，卷三七至卷三九为内外制，卷四〇至卷四七为书状、书，卷四八至卷五四为记，卷五五为碑，卷五六为叙，卷五七为迩英进读、杂说，卷五八为拟作，卷五九为铭、赞，卷六〇为杂著。北京图书馆、“台湾中央图书馆”皆藏有宋刊本，但都不全，北图存三十二卷，台图存五十五卷。最全最易得者为四部丛刊本，此本乃上海涵芬楼借吴兴张氏、南海潘氏所藏宋刊本影印。前有宋孝宗《御制文集序》《苏文忠公赠太师制》《东坡先生言行》和《目录》。《四部丛刊书录》云：“《经进东坡文集事略》六十卷十册，乌程张氏、南海潘氏合藏宋刊本，宋郎晔注。……原书六十卷，今唯乌程张氏藏上半部，南海潘氏藏下半部，皆宋椠本，两本凑合，尚缺五卷，六十卷末亦缺数叶，然亦仅有之秘本矣。……缺卷以成化本补其白文。”《爱日精庐藏书志》卷三〇评此书云：“是书钩稽事实，元元本本，具有条理，可与施元之、王十朋诗注相颉颃。”此书当时虽曾进呈乙览，但并未颁行，故流传不广，宋、元、明历代书录未见著录，清修《四库全书总目》亦未提及。清初《季沧苇书目》始载其名，季氏藏有宋刊残本，连全书卷数亦不可知。直至日本岛田翰购得宋刊全本，并著录于《古文旧书考》卷二，世人始知全书为六十卷。民国年间收入《四部丛刊》后，此书始大量流传。

《三苏先生文粹》七十卷，不详编者，含老泉文十一卷，东坡文三十二卷（卷一二至卷四三），颍滨文二十七卷。南宋坊间刻本，为备场屋考试模仿，故颇为流行。“台湾中央图书馆”藏有宋绍兴饶州董氏集古堂刊本，残存三卷。其他书目还载有多种宋刊本，如宋绍兴初蜀大字本、宋刊巾箱本、宋淳熙三年巾箱本。明代亦曾多次翻刻，有明刘氏安正书堂刊本、明嘉靖四十三年归仁斋刊本、明嘉靖十二年眉州刊本等。

五、其他著述编刻情况

晁公武《郡斋读书志》卷一、陈振孙《直斋书录解题》卷一著录有《东坡易传》《东坡书传》《东坡论语解》，因后有专章论述，此从略。这里仅略述南宋时苏轼其他著述的编刻情况。

《东坡广成子解》 此篇既收入苏轼文集，又曾集外单行，晁公武《郡斋读书志》卷一一云：“《东坡广成子解》一卷。……轼取《庄子》中‘黄帝问道于广成子’一章为之解。景迂尝难之。其序略曰：‘某晚玷先生荐贤中，安敢与先生异论？然先生许我不苟同，翰墨俱在。’”晁说之所“难”，今其集中未见。明代有嘉靖刊本、范钦《二十种奇书》本、一百二十卷重编《说郛》本、《艺海珠尘》本、《函海》本、《道藏精华录》本等，台湾另存钞本及影印本。

《苏沈良方》 题苏轼、沈括撰。括（1031－1095），字存中，钱塘人，寄籍吴县。嘉祐八年进士，神宗时参与王安石变法，提举司天监，累官翰林学士、权三司使。支持出兵西夏，后永乐城失陷，谪均州团练副使。复光禄寺少卿，分司南京，卜居润州以终。《宋史》卷三三一有传。沈括著有《良方》是实，苏轼并无医药专著，更未与沈括“合撰”《苏沈良方》。但苏轼文章多涉及医药，故南宋人把苏、沈有关医药的专著和文章拼合而成此书。晁公武《郡斋读书志》卷一五著录“《沈存中良方》十卷（注云：“袁本‘十’作‘十五’”）……存中博学通医术，类其经验方成此书，用者多验。或以苏子瞻论医药杂说附之。”可见晁《志》虽未著录《苏沈良方》，但晁已见过附有“子瞻论医药杂说”的沈氏《良方》。陈振孙《直斋书录解题》、尤袤《遂初堂书目》却相反，只著录《苏沈良方》而未著录单独的沈括《良方》，《解题》卷一三云：“《苏沈良方》十卷。苏即东坡，沈即存中也。不知何人所录。……《馆阁书目》别有《沈氏良方》十卷，《苏沈良方》十五卷。”可见附有“子瞻论医药杂说”的沈氏《良方》已改名为《苏沈良方》。《四库全书总目》卷一〇三云：“盖晁氏所载《良方》，即括之原本；其云：‘或以苏子瞻论医药杂说附之’者，即指《苏沈良方》。由其书初尚并行，故晁氏两载；其后附苏说者盛行，原本遂微，故尤氏、陈氏遂不载其原本。”此说大体可信。

明代中叶，其书尚存。今存《苏沈良方》有二，一为清乾隆中吴郡程永培据家藏旧刻十卷本翻雕，一为四库馆臣据《永乐大典》所载辑佚而成的八卷本，其他各本皆出自此两本，有闽复聚珍本、清武英殿聚珍本、乾隆吴郡程永培刻本、六醴斋刻本、《艺海珠尘》本、清鲍廷博《知不足斋丛书》本等。《四库全书总目》对此书评价较高："史称括于医药卜算，无所不通，皆有所论著。今所传括《梦溪笔谈》，末为《药议》一卷，于形状性味，真伪同异，辨别尤精。轼杂著时言医理，于是事亦颇究心。盖方药之事，术家能习其技而不能知其所以然，儒者能明其理而又往往未经试验。此书以经效之方而集于博通物理者之手，固宜非他方所能及矣。"但也有不以此书为然者，如陆以湉《冷庐医话》谓"统观该书，热药居多"，不可"执此方以治一切暑暍症"。

《仇池笔记》　《四库全书总目》卷一二〇云："《仇池笔记》二卷，旧本题宋苏轼撰。今勘验其文，疑好事者集其杂帖为之，未必出轼之手著……并有所附会窜入。然相传引用已久，亦间可以备考证也。"此说大体可信。"相传引用已久"，可追溯到南宋初年。南宋初年曾慥编《类说》，其卷九、一〇，就收《仇池笔记》一百三十五条；北京图书馆藏宋本《类说》三卷中有《仇池笔记》一卷，收文六十九则；明赵开美刊此书，收一百二十六则；上海书店影印涵芬楼版明赵开美刊《仇池笔记》二卷，共一百三十八则；明陶宗仪《说郛》卷二八下收《仇池笔记》三十九则。《仇池笔记》与《东坡志林》内容多有重复。

六、托名苏轼之作

杜诗伪苏注　《东坡事实》又名《老杜事实》（见《容斋随笔》卷一、《韵语阳秋》卷一七）《东坡事实》（《朱文公文集》卷八四《跋章国华所集注杜诗》）《释事》[①]《东坡杜甫事实》[②]《东坡杜诗故事》[③]。赵次公《杜诗先后解》（今人林季中辑有《杜诗赵次公先后解辑校》）甲帙卷一《巳上人茅斋》："所谓《杜陵句

① 《分门集注杜工部诗》卷首《集注杜工部诗姓氏》："眉山苏轼……著《释事》。"
② 汪应辰：《书少陵诗集正异》："闽中所刻《东坡杜甫事实》者，不知何人假托。"
③ 《直斋书录解题》卷一九《杜工部诗集注》："世有称《东坡杜诗故事》者，随事造文，一一牵合。"

解》者，南中李歜所为也。”《苕溪渔隐丛话》前集卷一一：“余观《注诗史》是二曲李歜述。”《苕溪渔隐丛话》后集卷八：“若近世所刊《老杜事实》及李歜所注《诗史》皆行于世，其语穿空，无所考据，吾所不取焉。”可见《杜陵句解》《诗史》《注诗史》与《老杜事实》等当为一书异名，乃李歜所为。

“伪苏注”（注文见于《分门集注杜工部诗》）产生的上限为绍兴十五年前后。假托苏轼口授，言及苏轼晚年行迹，大体符合实际，如《分门集注杜工部诗》卷三：“予寓惠州，适值春日，访翟夫子。”可见当伪造于苏轼谪海南后。

《王直方诗话》《洪驹父诗话》讥笑注杜之误，皆见于伪王洙注，而未言及“伪苏注”，王卒于大观三年（1109），洪卒于建炎中（1127—1130），可见此时尚未出现“伪苏注”。

王观国《学林》亦批评伪王洙注，但未及“伪苏注”，而此书成于绍兴十二年（1142），可见此时亦未出现“伪苏注”。

最早提到“伪苏注”的是蔡兴宗的《重编少陵先生集》（见汪应辰《书少陵诗集正异》），绍兴四年至十七年间（1134—1147）出现的赵注即赵次公《杜诗先后解》甲帙卷一《巳上人茅斋》明言：“《东坡事实》乃轻薄子所撰”，可见“伪苏注”当出现于绍兴十二年至十七年之间（1142—1147）。

“伪苏注”的流行时间是绍兴十七年至淳熙中的三十多年中：孙觌绍兴二十五年前与曾慥书：“又有俗子假东坡名注杜诗”；黄彻于绍兴二十八年之前作的《䂬溪诗话》卷一〇云，苏轼以为《杜鹃》“诗意盖讥当时刺史有禽鸟不若者”，亦显指“伪苏注”；成书于绍兴三十一年（1161）前后的胡仔《苕溪渔隐丛话》前集卷一一云：“近时有妄人假东坡名作《老杜事实》一编，无一事有据”；作于隆兴三年（1165）的洪迈《容斋随笔》卷一《浅妄书》有“至以《老杜事实》为东坡所作者”语；淳熙八年（1181）郭知达《新刊校正集注杜诗序》：“至有好事者，穿凿附会，设为事实，托名东坡，刊镂以行。”以上均证明“伪苏注”在绍兴、淳熙中已很流行[①]。

《历代地理指掌图》 旧题苏轼撰。晁公武《郡斋读书志》未著录，但南

① 参见莫砺锋《杜诗“伪苏注考”研究》，《文学遗产》，1999年1期。

宋已经出现，《朱子语类》卷一三八已谓“《指掌图》非东坡所为”，费衮《梁溪漫志》卷六亦云：“今世所传《地理指掌图》不知何人所作，其考究精详，诠次有法，上下数千百年一览而尽，非博学洽闻者不能为，自足以传远。然必托之东坡，其序亦云东坡所为，观其文浅陋，乃举子缀辑对策手段，东坡安有此语？最后有本朝升改州郡一图，乃有崇宁以后迄于建炎、绍兴所废置者，此岂出于东坡之手哉?”《玉海》卷一四引《中兴馆阁书目》云：“《指掌图》三卷，不知作者，始自帝喾，迄于皇朝。图其疆域，著其因革，刊其同异。”《四库全书总目》卷七二亦云：“此书之伪，南宋人固已言之，而流传刊本仍题轼名。……其书疏略殊甚，费衮所称，殊为过当，亦不足据也。”谭其骧《中国历史地图集》前言云：“九百年前北宋元符中税安礼所绘《历代地理指掌图》，‘始自帝喾’，迄于北宋，‘著其因革，刊其异同’，共有图四十幅，至今犹有翻刻本传世。”据谭说，则《历代地理指掌图》当为税安礼所作。

《物类相感志》　《物类相感志》十八卷，《四库全书总目》卷一三〇云：“旧本题东坡先生撰，然苏轼不闻有此书；又题僧赞宁编次。按晁公武《读书志》及郑樵《通志·艺文略》皆载《物类相感志》十卷，僧赞宁撰。是书分十八卷，既不相符。又宁为宋初人，轼为熙宁、元祐间人，岂有轼著此书，而赞宁编次之理！其为不通，坊贾伪撰，售欺审矣!”晁公武《郡斋读书志》、陈振孙《直斋书录解题》、马端临《文献通考·经籍考》、《宋史·艺文志》皆题僧赞宁撰。又朱胜非《绀珠集》、曾慥《类说》、元末陶宗仪《说郛》、明《永乐大典》均曾录此书，足证赞宁确实著有此书，东坡撰实为坊贾妄加。此书有明万历间陈继儒刻《宝颜堂丛书》本、一百二十卷《说郛》重编本、《唐宋丛书》本、《五朝小说》本及旧钞本等。又有《物类相感志》一卷本，《四库全书总目》卷一三〇谓“疑十八卷之本，即因此而衍之也”。

《格物粗谈》　《格物粗谈》二编，《四库全书总目》卷一三〇云：“旧本亦题苏轼撰，分天时、地理等二十门，与世所传轼《物类相感志》大略相似。后有元范梈识，断为后人假托。他书亦罕见著录，唯曹溶收入《学海类编》中。盖《物类相感志》已出伪作，此更伪书之重伪也。”可见此书元代已存世，甚至也可能为南宋人所伪，只是未见著录。

第三节 南宋对苏轼生平的研究

南宋人所撰苏轼年谱很多，就今天所知，蜀人何抡、程子益、李焘、孙汝听、汴阳段仲谋、清源黄德粹、五羊王宗稷、仙溪傅藻、庐陵罗良弼、吴兴施宿等都著有《苏轼年谱》或《三苏年谱》，不下十种。明康丕扬《重编东坡先生外集》卷首云：“谱先生出处岁月者几十家，如汴阳段仲谋、清源黄德粹、五羊王宗稷、仙溪傅荐可，盖特详者，然皆不免差误。”南宋人所编苏轼年谱之多，为历代之冠，虽其篇幅远不及清人王文诰的《苏诗总案》和今人孔凡礼的《苏轼年谱》。形式也多种多样，多为文谱，也有表谱，如施宿《东坡先生年谱》分为纪年、时事、出处、诗四栏；有合谱，如何抡《眉阳三苏先生年谱》即谱父子三人；有专谱，如程子益《苏轼诗谱》专为苏诗系年而作。

罗良弼《欧阳三苏年谱》 罗良弼（1108－1164），字长卿，自号漫叟，庐陵（今江西吉安）人。绍兴二十七年进士，尝官会昌东阳尉。家中藏书上万卷，亲钞书上千卷，博学强记，凡百家杂志，裨官虞初之说，无不淹贯。著有文集三十一卷、《欧阳三苏年谱》一卷。另有《欣会录》十卷、《诗话》二十卷、《闻书》七卷。见胡铨《会昌县东阳尉罗辖功墓志铭》（《胡澹庵先生文集》卷二六）。

孙汝听《三苏年表》 陈振孙《直斋书录解题》卷一七云：“《三苏年表》三卷，右奉议郎孙汝听撰（今《永乐大典》所存《苏颍滨年表》作“左奉议郎、赐绯鱼袋孙汝听编”）。汝听当是蜀人，叙蜀甚详。”《四库全书总目》卷五九《史传类存目一》著录：“《三苏年表》二卷（《永乐大典》本），宋孙汝听撰。陈振孙《书录解题》载《三苏年表》三卷，右奉议郎孙汝听编，即此本也。然《永乐大典》所载，唯存苏洵一卷、苏辙一卷，苏轼则别收王宗稷《年谱》，而汝听之本遂佚。盖当时编录不出一手，故去取互异如是。今仍以《三苏年表》著录，从其本名也。”可见在清代修《四库全书》时，《永乐大典》中尚存《苏洵年谱》一卷。但由于《永乐大典》多已失传，今所残存的《永乐大典》中已只有《苏颍滨年表》一卷。此卷《永乐大典》原书存日本天理图书馆，1909年缪荃孙曾以抄本刻入《藕香零拾丛书》；1980年中华书局影印《永乐大典》收有此卷；1980年《天理图书馆善本丛书》、1989年上海古籍出版社出版的王水照《宋人所撰三苏年谱汇刊》亦予收录。

李焘《苏东坡年谱》 李焘也作有《苏东坡年谱》。焘（1115－1184），字仁甫，号巽岩，丹棱（今属四川）人。绍兴八年进士，累官礼部侍郎，进敷文阁学士。博极群书，著述甚富，有《巽斋文集》与史学名著《续资治通鉴长编》。周必大《敷文阁学士李文简公焘神道碑》载其著述还有“范、韩、富、王、欧阳、三苏及六君子《年谱》各三卷”。《三苏年谱》中自然含有《苏东坡年谱》。惜已失传，不知其详。

段仲谋《东坡先生行纪》、黄德粹《东坡先生系谱》 傅藻《东坡纪年录》跋云：“汴阳段仲谋编为《行纪》，清源黄德粹撰为《系谱》，一则择焉而不精，一则语焉而不详。”二书皆佚，仅从傅藻所云，知段谱不精，黄谱太略，这大概也是失传的原因吧。

程子益《东坡诗谱》 程子益所作名《东坡诗谱》，有魏了翁《程氏〈东坡诗谱〉序》（卷五一），为证。此序首论谱至宋代始发达：“谱三百五篇诗自郑氏（玄），不尽用郑谱而又别为谱，自国朝欧阳氏，考世次以定先后，审正变以观治忽，谱之作不但为诗而已，抑亦当代之编年也。”次论作诗谱之难，如杜诗“前之为谱者有吕氏（大防），后之为谱者有蔡氏（兴宗），所以忠于少陵者多矣。然自除官至剑南后事尚多疏漏，其卒也，或谓在耒阳，或谓在岳阳，或谓当永泰之二年，或谓在大历之五年，自新旧史列传以逮二家之编年，俱不能定于一，则其转徙之靡常，本末之无序，当有未易考者。诗谱之作，殆非易事也。”作苏轼诗谱尤难：“文忠苏公之诗，其世虽近而易考，其诗则博而难究。公之里人程子益以谦，既为之谱，又举其一时之唱和，与公之追和前人，后人之追和于公者，皆参列而互陈之，谱之作不知睎二家为何如。然以数百年之酬唱，会粹成编，亦谱少陵者所未及也。……矧惟文忠公之诗盖不徒作，莫非感于兴衰治乱之变，非若唐人家花车斜之诗，竟为瘦辞险韵以相胜为工也。永歌叹美之词，闳挺而不浮；隐讽谲谏之词，纯实而不怼；而又所与交游者皆一代之闻人，千载而下，诵其诗者不必身履熙（宁）、（元）丰、（元）祐、（绍）圣之变，而识世道之升降，不待周旋于熙、丰、祐、圣诸公，而得人品之邪正，兹又有出于谱之外者。”程子益《东坡诗谱》早已失传，赖魏序略知其内容，其特色为苏轼“一时之唱和，与公之追和前人，后人之追和于公者，皆参列而互陈之”，这大概就是名为《东坡诗谱》的原因吧。程子益别无传记资料，从序文语气看，当与魏了翁（1178－1237）同时，程谱可能作于宋宁宗朝（1195－1224），或其前后不久。

以上宋人所作的苏轼年谱均已失传，现在存世的仅有何抡《眉阳三苏先生年谱》、施宿《东坡先生年谱》、傅藻《东坡纪年录》、王宗稷《东坡先生年谱》四种。

何抡《眉阳三苏先生年谱》 郎晔《经进东坡文集事略》卷一《后杞菊赋》注引何抡《年谱》云：“东坡年四十在密州任。按公《后杞菊赋》叙云：‘余仕宦十有九年，家日益贫，移守胶西。’公以丁酉年登第，至乙卯恰十九年矣。”此书还有四处引《年谱》（卷二六《杭州谢表》、《扬州谢表》、卷三四《乞开西湖状》、卷五六《江行唱和集叙》之注），虽未明言为何抡《三苏年谱》，但据王水照先生核对，都为日本所藏何抡《三苏年谱》所有，证明郎晔所引《年谱》皆何抡《三苏年谱》），这是宋人首引何抡所作《三苏年谱》。

赵希弁《郡斋读书附志》上云：“《三苏先生年谱》一卷，右左朝请大夫、权发遣成都府路提点刑狱公事何掄（当为抡）编。”这是宋人早最对何抡《三苏年谱》的著录。

此书国内久佚，日本名古屋市藏有旧钞本施宿《东坡先生年谱》，附《东坡纪年录》，实为何抡《眉阳三苏先生年谱》。钞本后题款为：“应永二十七年岁次庚子春三月于龙皐之万秀山下书了。”应永二十七年为明永乐十八年庚子，即公元1420年。

这一钞本，施宿《东坡先生年谱》为全帙，节钞有何抡《三苏先生年谱》、王宗稷《东坡先生年谱》、傅藻《东坡纪年录》的序传部分、日本《四河入海》所附的《纪行之图》的节录。节钞的何抡《三苏先生年谱》，一部分钞在书眉，一部分混入施宿《东坡先生年谱》各栏中。王水照先生从中节录出四五千字（“凡辑自此书者，一般不再注明”），又从《四河入海》（引何抡《三苏年谱》多达五十余条，有三十余条可补日本应永钞本之阙）、《经进东坡文集事略》中辑录何抡《三苏先生年谱》的文字（均一一注明出处），共得七八千字，重编为《眉阳三苏先生年谱》辑本，收为《宋人所撰三苏年谱汇刊》第一种。

何抡《三苏年谱跋》，自叙其作《三苏年谱》之因云：“文有年谱，犹史之有年表，盖不可以阙。苏氏父子俱以文章显，其集虽盛行，而年谱不传，使士大夫无以考信其事业之出处，良可叹惜。余顷官成都，行部至眉，访诸故老，得其家传，三复玩味，喜其所载事迹，皆有岁月可知，乃类而编之，为《三苏年谱》。凡所记事，必广援引以为之证，非惟有益于其文，至于忠义慷慨之节，终始出处之致，历历可见，如以灯取影，以镜求形，有不容遁匿者。昔唐杜工部、韩吏部与本朝王荆公，皆有年谱之编，流传人间，至今不泯，盖取其记事之详耳，非以矜夸其所长也。今吾于苏氏亦然，万一公英灵不泯，当有以德于我，必有以报于我。否则，姑任之而已，吾又何求焉。永康口何抡书。”此自署“永康口何抡”，阙字当为“军”字。永康军，宋置，在今四川灌县。陈骙《南宋馆阁录》卷七秘书省少监条载：“何抡，字抡仲，青城人，何涣榜上舍及第。（绍兴）八年八月自著作除（秘书监少监），是月知邛州。”青城亦属四川灌县，与《南宋馆阁录》所载一致。何涣为宣和三年进士（见《宋历科状元录》），何抡亦为同年进士。何抡《三苏年谱》卷首署名为“左朝请大夫、权发遣成都府路提点刑狱公事何抡编”；胡寅《何抡除著作佐郎制》（《斐然集》卷一三）有“以尔殚见洽闻，词藻清丽，召自西蜀，入直东观”语。洪迈《容斋四六丛谈》云：“何抡除秘书少监，未几，以口语出守邛。《谢启》云：‘云外之山，风引舟而莫近；海滨八月，槎犯斗以空还。”王水照先生根据以上资料推论说：“可知他是由成都府路提点刑狱公事调任为著作佐郎，进而为秘书省少监，又出为邛州知州的。也就是说，他作成此谱在成都府路提点刑狱任上，早在绍兴八年（1138）八月任秘书省少监之前。今存三苏年谱的宋代编者，其生平大都不能详知，但年代都比何抡要晚。”（《宋人所撰三苏年谱前言》）何《跋》谓苏氏父子“集虽盛行，而年谱不传”，亦证明其他宋人所作《苏轼年谱》或《三苏年谱》皆出其后。

何抡《三苏年谱》的资料来源为类编其“家传”，“凡所记事，必广援引以为之证”，故翔实可靠。以何抡《三苏年谱》与施宿《东坡先生年谱》、王宗稷《东坡先生年谱》、傅藻《东坡纪年录》相比较，多有异同，可供我们作进一步深入研究。

根据王水照《宋人所撰三苏年谱汇刊》的影印本及整理本，此谱不是苏洵、苏轼、苏辙三人年谱的分集分编本如孙汝听的《三苏年表》，而是三人事迹的合编本。在二苏还未出生时，只有苏洵一人的事迹，如真宗皇帝大中祥符二年己酉至景祐二年乙亥都只有关于苏洵的记载。从景祐三年丙子起，则为苏洵、苏轼的记载：“老苏年二十八，生仲子轼（《四河入海》卷十八之四《生日，王郎以诗见庆，次其韵并寄茶二十一片》诗注）。冬十二月十九日先生生，卯时也。”（同书卷二十五之四《眉山先生纪年之歌》注）从宝元二年己卯起，苏辙生，三苏均有记载：“颍滨先生生于是年二月二十日亥时，讳辙，字子由，又字同叔（《四河入海》卷二十二之四《子由生日以檀香观音像及新合印香银篆盘为寿》诗注）。按《东坡诗评》云：‘苏黄门以己卯生，故东坡诗多有卯君之句。’（同书卷六之四《中秋见月记子瞻》诗注）《极乐院六菩萨记》云：‘丁母夫人之忧，盖廿有四矣。其后五年而次女卒。至于丁亥之岁，先君去世。又六年而失其幼女，服未除而有长子之丧云云。年四十九而妻丧焉。’老苏年三十一。”治平三年丙午老苏卒，其后所记就只有苏轼兄弟，如熙宁四年辛亥条：“子由年三十三，熙宁四年在陈州。十月至颍州，与子瞻相别（《四河入海》卷二之三《颍州初别子由二首》诗注），先生三十六，赴杭州通判。十月始渡淮，经行濠、楚、扬、润诸郡，此时游金山、甘露等，十一月始到杭州也。”（《四河入海》卷五之二《游金山寺》诗注）建中靖国元年苏轼卒，从崇宁元年壬午起，就只有关于苏辙的记载。这都证明此书是苏洵、苏轼、苏辙三人事迹的合编本，而不是三人年谱的分编本。

施宿《东坡先生年谱》 陈振孙《直斋书录解题》卷二〇最先著录此书：“《注东坡集》四十二卷，《年谱》《目录》各一卷，司谏吴兴施元之德初与吴郡顾景蕃共为之，元之子宿从而推广，且为《年谱》，以传于世。”它表明施元之德初、顾景蕃作苏诗注，《东坡年谱》乃施宿所作，并附于《施顾注苏诗》卷首。这与施宿《注东坡先生诗序》（已详前）所言完全一致。

但因《施顾注苏诗》在国内外久无足本，故不见此谱。清康熙时邵长蘅谓“施氏谱无考”（《施注苏诗》卷首《注苏姓氏》），冯应榴亦谓“施武子所为《年谱》已不传”（《苏文忠公诗合注》卷首《年谱》按语）。但在日本还有此谱钞本，一为日本名古屋市藏旧钞本施宿《东坡先生年谱》，此为全帙（“书写比较草率”）；一为1963年仓田淳之助购得的钞本，有缺页（缺熙宁六年、七年间四页，绍圣元年、二年间两页，共缺六页），并于1965年影印于《苏诗佚注》。据王水照先生考证，这两种钞本“从内容上看，乃同出一源，所据乃同一祖本；从笔迹上看，竟是同一钞手”。1981年顾易生先生从日本带回此谱影印件，1984年王水照先生将此谱附录于他的《苏轼选集》，使得这一不绝如缕的施宿《东坡先生年谱》成为易见之书。

傅藻《东坡纪年录》　傅藻《东坡纪年录》，前有自序，基本上是节录苏辙所作《墓志》。末有跋云：“平生出处游历，悲欢感叹一寓于诗与其杂著，其文集行于世者，不但《东坡集》与《后集》，又有《兰台》《毗陵》《备成》《大全》者矣。其间诗文颠倒错乱，不可胜纪，览者病焉。……予以暇日因二家之述，遍访公之文集，采其标题与其岁月，芟夷繁乱，剪裁浮辞，而质诸名士大夫，以求其当，足以观公宦游穷达之节，吟咏著作之时，名之《东坡纪年录》。又将因此而类公之诗文，使成次序，固有志焉，姑少候之。”其“类公之诗文”，似未成集，或已失传。其序、跋皆未署撰写时间，故不详《东坡纪年录》作于何时。最早见于南宋黄善夫家塾本王十朋（1112－1171）《百家注东坡先生诗》，此书避宋讳至光宗赵惇（1190－1194年在位），为南宋中叶刻本，故《东坡纪年录》也应作于南宋中叶以前。因何抡、施宿之谱长期不传，王宗稷《东坡先生年谱》、傅藻《东坡纪年录》成为最流行的苏轼年谱。傅谱亦为不少苏轼集附载，如元建安熊氏刻本《分类东坡先生诗》，金刻本《分类东坡先生诗》，明万历茅维刻本《东坡先生诗集》，明陈仁锡刻本《东坡先生诗集》、清康熙、乾隆、同治刻本《苏东坡诗集注》，四部丛刊本

《增刊校正王状元集注分类东坡先生诗》等。

王宗稷《东坡先生年谱》　《宋史·艺文志七》云：“苏轼《前》、《后集》七十卷……《年谱》一卷，王宗稷编。”这是王宗稷所作苏轼年谱的最早著录。今存最早王宗稷《东坡先生年谱》，见明成化七集本《苏文忠公全集》卷首，有刊者记云：“右王宗稷编次《东坡先生年谱》，其援引多以《大全集》为据，虽若未尽善，然稽考先生出处大略，用心亦专矣，故为刊之。”《四库全书总目》卷五九《史传类存目一》著录：“《东坡年谱》一卷（《永乐大典》本），宋王宗稷撰。宗稷，字伯言，五羊人，自记称绍兴庚申随外祖守黄州，到郡首访东坡先生遗迹，甲子一周矣。思诸家诗文皆有年谱，独此尚阙，谨编次先生出处大略，叙其岁月先后为年谱云云。今刻于《东坡集》首者，即此本也。迨国朝查慎行《补注苏诗》，于此谱多所驳正，皆中其失。盖创始者难工，踵事者易密，固事理之自然耳。”“绍兴庚申”为绍兴十年（1140），“甲子一週”作此谱，则当作于庆元五年（1199）。《四库全书》据收的《永乐大典》，此册已佚，明成化七集本所收王宗稷《东坡先生年谱》，没有《四库全书总目》提及的这段重要的“自记”文字。此谱流传甚广，很多苏轼集子都曾附录，如明刻《东坡全集》、明嘉靖刻本《东坡先生全集》、明万历刻本《东坡先生全集》、明世锦堂刻本《东坡先生文集》《苏长公外纪》《坡仙集》、清康熙刻本《东坡全集》、三苏全集本《苏东坡集》等等。对王宗稷《东坡先生年谱》的重编订正本也不少，如有王世贞重编本（明刊《东坡诗选》附）、邵长蘅订正本（四库全书《施注苏诗》附）。

关于苏轼生年，何抡谱云：“（景祐）三年丙子，老苏年二八，生仲子轼。冬十二月十九日先生生，卯时也”；施谱云：“景祐三年丙子（仁宗在位之十五年），先生以是年十二月十九日卯时生于眉山县纱縠私第”；傅藻《东坡纪年录》云：“景祐三年丙子十二月十九日卯时，公生于眉山县纱縠私第”，所载与施谱基本相同；王谱却详尽得多：“仁宗皇帝景祐三年丙子，先生生于是年十二月十九日卯时。按先生《送沈逵》诗云：‘与公同丙子，三万六千日。’又按《玉局文》云：‘十二月十九日，东坡生日，置酒赤壁矶上。’又按《志林》云：‘退之以磨蝎为身宫，而仆以靡蝎为命。’推之则为卯时生。议者以先生十二月为辛丑，十九日为癸亥日，丙子癸亥，水向东流，故才汗漫而澄清。子卯相刑，晚年多难。”“议者”以下文字，固与旧时“算命”类似，不足为训；但其前连引苏轼诗文三处出生年、月、日、时之据，确实堪称“稽考先生出处大略，用心亦专矣”。

今存宋人诸种苏轼年谱，各有所长，施谱开创纪年、时事、出处、诗各栏，叙事简明，条理清晰；王谱详于苏轼生平，傅录详于作品系年。各有所侧重，因其均距苏轼生活的年代不远，故他们所见到的一些资料是后人所不能见到的。

第三章 “苏学行于北”

——金、元“靡然”期

10世纪至13世纪，在中国北方相继出现三个少数民族政权，这就是辽、金、元。后梁贞明二年（916），契丹耶律阿保机建国，国号契丹。后汉天福二年（947），改国号为辽，建都上京（今内蒙古巴林左旗南波罗城），疆域包括今东北、内蒙古、华北的一部分，南与河北霸县、山西雁门接壤，直至宣和七年（1125）为金所灭。金是政和五年（1115）女真族领袖阿骨打所建，建都会宁（今黑龙江阿城南），在消灭辽和北宋后，先后迁都中都（今北京）、开封（今属河南），疆域包括今东北、内蒙古，西与西夏接壤，南以秦岭、淮河为界，与南宋接壤，直至端平元年（1234）为蒙古和南宋所灭。辽、金都未能统一全国，而元不仅统一了全国，并使领域空前扩大，东、南皆到海，西部到新疆、西藏，北部包括了西伯利亚大部。南宋开禧二年（1206）蒙古族领袖成吉思汗建国，先后攻占了西辽、西夏、金、大理、吐蕃，于咸淳七年（1271）改国号为元，至元十六年（1279）灭南宋，建都大都（今北京），直至至正二十八年（1368）为朱元璋所灭。

辽、金、元作为文化相对落后的少数民族入主中原，十分注意向汉文化学习，金、元的文学成就尤高。翁方纲有所谓“苏学行于北”之语，主要指金代，但用来概括辽、金、元文学、文化特征也未始不可。“谁将家集过幽都”，苏轼生前，三苏著述已在辽国广泛流传。金、元初期文坛吸收了大量由宋入金、入元的文人，他们自然会把自己对苏轼诗文的爱好带入金、元；金代与“人传元祐之学，家有眉山之书”的南宋并世，更不可能不受南宋文坛的影响；而苏轼豪放不羁的诗词文风格，更易为粗犷的北方少数民族所接受。但南宋朱熹所批评的“苏学”主要指三苏经学，翁氏所谓“苏学行于北”的苏学，则主要是指文学创作、文学批评，如果仅就苏轼研究而言，金、元远不能与南宋、清人媲美。

第一节　“诸家俱学大苏”——苏轼对金代文学的影响

苏轼对金代文学影响更大，《三朝北盟会编》卷七三（靖康元年十二月）二十三日甲申载：“金人索监书藏经、苏、黄文及古文书、《资治通鉴》诸书”；“金人指名取索书籍甚多，又取苏、黄文墨迹及古文书籍。开封府支拨见钱收买，又直取于书籍铺。”[①] 钱谦益《题中州集钞》（《牧斋初学集》卷八三）云：“自靖康之难，中国文章载籍，捆载入金源，一时豪俊，遂得所师承，咸知规摹两苏，上溯三唐，各成一家之言，备一代之音，而胜国词翰之盛，亦嚆矢于此。”《四库全书总目·御定全金诗》云：“宋自南渡以后，议论多而事功少，道学盛而文章衰，中原文献，实并入于金。”

元好问《翰林学士承旨……赵公墓志铭》（元好问《元好问全集》，山西人民出版社校点本，1988）概括辽、金诗文演变云：“辽则以科举为儒学之极致，假贷剽窃，牵合补缀，视五季又下衰，唐文奄奄如败北之气，没世不复，亦无以议为也。国初因辽宋之旧，以词赋经义取士。预此选者，选曹以为贵科，荣路所在，人争走之，传注则金陵之余波，声律则刘、郑之末光，固已佔高爵而钓厚禄，至于经为通儒，文为名家，良未暇也。及翰林蔡公伯正甫，出于太学大丞相之家学，接见于宇文济阳、吴深州之风流，唐、宋文派，乃得正传。然后诸儒从而和之，盖自宋以后百年、辽以来三百年，若党承旨世杰、王内翰子端、周三司德卿、杨礼部之美、王延州从之、李右司之纯、雷御史希颜，不可不谓之豪杰之士。”元人徐明善《送黄景章序》（《芳谷集》卷上，四库全书本）云：“中州士大夫文章翰墨颇宗苏、黄，盖唐有李、杜，宋有二公，遒笔快句，雄文高节，今古罕俪，宗之宜矣。”虞集《庐陵刘桂隐存

---

① 徐梦莘：《三朝北盟会编》，上海古籍出版社影印，1987。

稿序》(《道园学古录》卷三三，四库全书本)云："宋之末年，说理者鄙薄文辞之丧志，而经学、文艺判为专门，士风颓弊于科举之业。岂无豪杰之出，其能不浸淫汩没于其间，而驰骋凌厉以自表者，已为难得，而宋遂亡。中州隔绝，困于戎马，风声习气，多有得于苏氏之遗，其为文亦曼衍而浩博矣。"据清人周寿昌《思益堂日札》(《申报馆丛书》余集)卷五载，金世宗曾向右相耶律履道问"宋名臣孰优"，耶律履道以苏轼对，并说："世徒知轼之诗文，人不可及，臣观其论天下事，实经济之才，求之古人，陆贽而下，未见其比。"遂录苏轼奏议上之，诏国子监刊行。周寿昌感叹道："世宗为金朝有道之主，值宋孝宗临朝，东坡文忠之谥、太师之赠，皆出自孝宗，而奏议复刊行于敌国，亦一时奇遇也。"《四库全书总目》卷一九〇《御定四朝诗》提要云："金人奄有中原，故诗格多沿元祐。迨其末造，国运与同衰，诗道乃较宋为独盛。"宋荦《漫堂说诗》(清诗话本)云："金初以蔡松年、吴激为首，世称'蔡吴'体。后则赵秉文、党怀英为巨擘，元好问集其成，其后诸家俱学大苏。"翁方纲更有"苏学行于北"之说，其《石洲诗话》(人民文学出版社校点本，1982)卷五云："有宋南渡以后，程学行于南，苏学行于北，其一时才人俊笔，或未能深入古人腠理，而一二老师宿儒之传，精义微言，又与文章家之妙，非可同条而语。至如南宋诸公之学，尤在精于考证，如郑渔仲、马贵与以逮王深宁，源远流长，百年间亦须有所付受。入元之代，虽硕儒辈出，而菁华酝酿，合美为难。虞文靖公承故相之家，本草庐之理学，习朝廷之故事，择文章之雅言，盖自北宋欧、苏以后，老于文学者，定推此一人，不特与一时文士争长也。"这段话对南宋、金、元文学、学术之别概括得十分简明。又云："当日程学盛于南，苏学盛于北，如蔡松年、赵秉文之属，盖皆苏氏之支流余裔。遗山崛起党、赵之后，器识超拔，始不尽为苏氏余波沾沾一得，是以开启百年后文士之脉。"他在《书遗山集后诗三首》(《初复斋诗集》卷三二，苏斋丛书本)中也说："程学盛南苏学北，陆元二老脉谁传？绍熙正际明昌日，南北相望二十年(遗山生于明昌元年庚戌，正放翁提举武夷冲祐观时，二先生竟算同时未相见耳)。"也有人不同意"苏学行于北"之说，如潘德舆《养一斋诗话》(扫叶山房本)卷一云："遗山贬苏如此，而石洲犹以为'程学盛于南，苏学盛于北'，屡屡举此语以教人，古人有知，岂不为遗山所笑!”遗山不满苏轼是实，但不能因此否认苏轼对金人的影响。除金世宗曾刊东坡奏议外，苏轼其他著述也在金源广泛流传。正如赵翼《瓯北诗话》（人民文学出版社校点本，1963）卷一二所说：

宋南渡后，北宋人著述有流播在金源者，苏东坡、黄山谷最盛。南宋人诗文则罕有传至中原者，疆域所限，固不能即时流通。今就金源诸名人集考之：密国公完颜璹有“只因酷爱东坡老，人道前身赵德麟”之句。张仲经有《移居学东坡》八首。文伯起《小雪堂诗话》载坡词数十首，孙安常并有《东坡词注》。高士谈有《次韵东坡定州立春》诗，又集坡诗赠程大本。赵秉文有跋东坡《石钟山记》墨迹，又和东坡《谪居三适》诗。张子羽有《次韵东坡跋周昉欠伸美人》诗。王若虚因人言文首东坡，诗首山谷，乃作四诗正之。刘从益有和东坡《守岁》诗。李屏山有《题东坡赤壁风月笛图》，又谓东坡为文字禅、山谷为祖师禅。乔扆有“独诵隔林机杼句”，则并及东坡之方外友参寥矣。赵秉文《除夜》诗云“小坡著号是前身”，则更及于坡之子叔党矣。李澥《得第》诗云：“姓名偶脱孙山外，文字幸为坡老知。谁念三生李方叔，欲将残喘寄炉锤。”则并及坡之门下士李廌矣。而尤服膺坡、谷者，莫如元遗山，如《琴辨》一首引谷诗云：“袖中正有南风手，谁为听之谁为传?”又引坡诗云：“琴昭若能知贺若，诗中应合爱陶潜。”《毛氏千秋录序》又引坡文云：“人无所不至，惟天不容伪。”遗山又特选苏诗为《东坡雅》，序而传之。并乐府亦倾倒备至，谓东坡圣处非有意于文字之工，乃不得不然之为工也（《新轩乐府引》）。甚至苏、黄字迹，亦所矜赏，谓二公翰墨，片言只字，皆未名之宝，百不为多，一不为少。”（见《跋苏、黄帖》）是遗山之于苏、黄，可谓染神刻骨矣。

清末民初的陈衍亦有“长公之诗，自南宋风行，靡然于金、元”之语。赵翼所谓“南宋人诗文则罕有传至中原者”，不尽符合事实，据今人孔凡礼《南宋著述入金述略》（《文史知识》1993年第7期）考证，金人王若虚“《杂著》提到的南宋作者约四十人，著述约达五百多种，包括文学、经学、史学几个方面。”孔文所举如下：“据《杂著》载，入金的诗话有惠洪《冷斋夜话》、严有翼《艺苑雌黄》、叶梦得《石林诗话》、胡舜陟《三山老人语录》、胡仔《苕溪渔隐丛话》、朱弁《风月堂诗话》、黄彻《碧溪诗话》、葛立方《韵语阳秋》以及吕本中的论诗语。晚一些，还有何汶的《竹庄诗话》，此书在南宋极少人提到。南宋在北宋的基础上，总集、别集、笔记、类书的刊刻，蓬勃发展。据《杂著》载，南宋入金，以上一类著述而今存者有：吕祖谦奉孝宗之命编纂的《皇朝文鉴》，林之奇辑《观澜集》，叶棻、魏齐贤合编的《播芳大全文粹》，徐宅的《集千家注分类杜工部诗》，孙觌的《鸿庆居士集》，刘子翚的《屏山集》，葛胜仲的《丹阳集》，邵伯温的《邵氏闻见录》，邵博的《邵氏闻见后录》，吴曾的《能改斋漫录》，洪迈的《容斋随笔》，曾慥的《类说》等。……朱熹《论语集注》及《语孟集义》、吕祖谦《东莱博议》及《吕氏私塾记》、张栻《癸巳论语解》、叶适《水心别集》等。”

金初苏学之盛，是由北宋使金文臣被留之人所带去的，诗文风格往往“不出苏、黄之外”。**宇文虚中**，字叔通，成都华阳人。登大观三年进士第，历官州县，入为起居舍人、国史编修官、同知贡举，迁中书舍人。北宋亡，出使金廷，为金扣留，加以官爵，累官翰林学士、知制诰兼太常卿，封河内郡开国公，书金太祖《睿德神功碑》，进阶金紫光禄大夫，金人号为国师。后以谋反罪，老幼百口同日受焚死。《北窗炙輠录》卷上载，宇文虚中在金作有三诗：“满腹诗书漫古今，频年流落易伤心。南冠终日囚军府，北雁何时到上林。开口摧颓空抱朴，胁肩奔走尚腰金。莫邪利剑今安在，不斩奸邪恨最深”；“遥夜沉沉满幕霜，有时归梦到家乡。传闻已筑西河馆，自许能肥北海羊。回首两朝俱草莽，驰心万里绝农桑。人生一死浑闲事，裂眦穿胸不汝忘”；“不堪垂老尚蹉跎，有口无辞可奈何。强食小儿犹解事，学妆娇女最怜他。故衾愧见沾秋雨，短褐宁忘折海波。倚伏循环如可待，未愁来日苦无多。”这些诗颇能代表被迫留金文士的心情。

朱弁使金被扣留十七年，在金著《曲洧旧闻》十卷、《风月堂诗话》三卷，在金刊刻，其中有不少对苏轼的记述，对在金传播苏轼作品起了一定作用。

施宜生也是入金宋人，宣和末担任颍州教官，曾从赵德麟游，得苏门沾溉。入金官至翰林侍讲学士。据《耆旧续闻》卷六载，著名的《弔东坡》诗即其所作："文星落处天应泣，此老已知吾道穷。事业谩夸生仲达，功名犹忌死姚崇。"

朱之才，字师美，洛西人，自号庆霖居士，有《霖堂集》传于世。其诗有《次韵东坡跋周昉所画欠伸美人》《后薄薄酒》（苏轼有《薄薄酒》诗），表明他对苏诗也很爱好。

吴激，字彦高，建州人，米芾之婿。将宋命至金，为金扣留，命为翰林待制。工诗能文，字画俊逸，得芾笔意。尤精乐府，造语清婉，哀而不伤。刘迎《题吴彦高诗集后》云："片云踪迹任飘然，南北东西共一天。万里山川悲故国，十年风雪老穷边。名高冀北无全马，诗到西江别是禅。颇忆米家书画否，梦魂应逐过江船。"道出了被扣留者的共同心情。其《人月圆》词云："南朝千古伤心事，犹唱后庭花。旧时王谢，堂前燕子，飞向谁家。　恍然一梦，仙肌胜雪，宫髻堆鸦。江州司马，青衫泪湿，同是天涯。"刘祁《归潜志》（四库全书本）卷八评此词云："彦高词集篇数虽不多，皆精微尽善，虽多用前人诗句，其翦裁点缀若天成，真奇作也。先人尝云：'诗不宜用前人语，若夫乐章，则翦截古人语亦无害，但要能使用尔。如彦高《人月圆》半是古人句，其思致含蓄甚远，不露圭角，不犹胜于宇文自作者哉！'"

蔡松年，字伯坚，他是自宋入金官位最高的文人，官至右丞相。其"文词清丽，尤工乐府，与吴激齐名，时号吴蔡体"（《金史》卷一二五《蔡松年传》）。蔡之诗词都颇类东坡，《金元诗选》评蔡《晚夏驿骑再之凉陉，观猎山间，往来十有五日，因书成诗》云："吐属清新，笔似坡公。"《声执》卷下评其词云："金源词人以吴彦高、蔡伯坚称首，实皆宋人。吴较绵丽婉约，然时有凄厉之音；蔡则疏快平博，雅近东坡。"蔡尝"追和老坡韵"，如《水调歌头》（玻璃北潭面）及两首《念奴娇》词，特别是其中的重赋一首尤为世人称美：

离骚痛饮，笑人生佳处，能消何物。夷甫当年成底事，空想岩岩玉壁。五亩苍烟，一丘寒碧，岁晚忧风雪。西州扶病，至今悲感前杰。　我梦卜筑萧闲，觉来岛桂，十里幽香发。嵬隗胸中冰与炭，一酌春风都灭。胜日神交，悠然得意，遗恨无毫发。古今同致，永和徒记年月。

《中州集》卷一称此词为“公乐府中最得意者。读之，则其平生自处为可见矣”。张蓉镜《萧闲老人明秀集注跋》评此词云：“读其《念奴娇》一阕，激昂慷慨，宜乎遗山称为集中压卷之作。”

如果说金初崇苏的文人多来自宋廷，那么到了金代中叶，金国文人已成长起来，他们对苏轼的崇拜较之金初仍有过之而无不及。元好问《中州集》（四部丛刊初编本）卷五《高博州宪》载：“宪，字仲常，辽东人。仲常黄华之甥，幼学于外家，故诗笔字画俱有舅氏之风。天资颖悟，博学强记，在太学中诸人莫敢与抗。泰和三年乙科登第。自言于世味澹无所好，唯生死文字间而已，使世有东坡，虽相去万里，亦当往拜之。”又卷七《卫承庆》载：“承庆，字昌叔，襄城人。父文仲，承安中进士，以孝友淳直称于乡里，官至文登令，年七十余卒。临终沐浴易衣冠，与家人诀，怡然安坐，诵东坡《赤壁乐府》，又歌“人间如梦”以下二句，歌阕而逝。”这两条资料颇能代表金人对苏轼的崇敬。

蔡松年的两位得意弟子，一是在南宋抗金的辛弃疾，一是在金官至翰林学士承旨的党怀英，他们都是学苏的。刘祁《归潜志》卷八云：“党承旨怀英、辛尚书弃疾，俱山东人，少同舍。属金国初遭乱，俱在兵间，辛一旦率数千骑南渡，显于宋。党在北方擢第，入翰林，有名，为一时文字宗主。二公虽所趋不同，皆有功业宠荣，视前朝陶穀、韩熙载亦相况也。”《蕙风词话》卷三云：“辛、党二家，并有骨干。辛凝劲，党疏秀。”

党怀英（1134—1211），字世杰，大定十年进士，十八年充史馆编修，应奉翰林文字、翰林修撰、翰林待制。明昌元年迁直学士，六年预修《世宗实录》及《辽史》，改翰林学士。承安二年出知兖州、泰定军节度使。三年入为翰林学士承旨。赵秉文《中大夫翰林学士承旨文献党公神道碑》论其诗文风格云：“文章非能为之为工，乃不能不为之为工也。非要之必奇，要之不得不然之为奇也。譬如山水之状，烟云之姿，风鼓石激，然后千变万化，不可端倪。此先生之文与先生之诗也。”这显然与苏轼诗文的风格相似。

赵沨，字文孺，号黄山，大定二十二年进士，仕至礼部郎中。性冲澹，其诗平淡自然，《归潜志》卷八云：“章宗春水放海青，时黄山在翰苑扈从，既得鹅，索诗，黄山立进之，其诗云：‘驾鹅得暖下陂塘，采骑星驰入建章。黄缴轻阴随凤辇，绿衣小队出鹰坊。抟风玉爪凌霄汉，瞥日风毛堕雪霜。共喜园陵得新荐，侍臣齐捧万年觞。’章宗览之，称其工，且曰：‘此诗非宿构，不能至此。’”其余如《凉陉》的“山空白昼永，野旷清风来”，《放远亭》的“晴日未消千嶂雪，暖风先放一川花”，《秦村道中》的“桃花都被风吹却，杨柳似将烟染成”等，其自然明畅都颇具苏诗之一体。

周昂，字德卿，真定人，年二十一擢第，历台省，坐诗得罪，谪东海上十数年，始入翰林。其甥王若虚尝学于昂，其《滹南诗话》卷一载：“吾舅尝论诗云：‘文章以意为之主，字语为之役，主强而役弱，则无使不从。世人往往骄其所役，至跋扈难制，甚者反役其主。’可谓深中其病矣。又曰：‘以巧为巧，其巧不足；巧拙相济，则使人不厌。惟甚巧者乃能就拙为巧，所谓游戏者，一文一质，道之中也。雕琢太甚则伤其全，经营过深则失其本。’”这些文论主张，也明显受苏轼影响。

金代中叶有一些人模仿苏诗的峻峭风格，**蔡珪**就是其中颇有名的一位。珪（？—1174），字正甫，中进士第，为翰林修撰，同知制诰，迁礼部郎中。为文条畅有法，金源文派实以蔡珪为正宗，诗亦清劲有骨。《历代诗话》卷六二评其《野鹰来》云：“正甫以胜情谱爽事，自尔下笔，奔峭殆不减坡公。”苏轼有《雪后书北台壁》诗，以用典奇，用韵险为珪所喜，他的《雪拟坡公韵》即拟苏轼此作。

与珪同科进士及第的**王寂**，字元老，以文章政事显。著有《拙轩集》。《四库全书总目》卷一六六《拙轩集》提要称其“诗境清刻鄺露，有戛戛独造之风。古文亦博大疏畅，在大定、明昌间卓然不愧为作者。……文章体格亦足与《滹南》《滏水》相为抗行。”其《和陈无已送东坡韵》集中表现了他对苏、陈的仰慕：“坡公守余杭，饯客伤乍远。人生贵知己，旅退其可忍。陈三天下士，好德吾未见。垂涎嗜熊掌，摆手谢关键。观过斯知仁，如月蚀辄满。闻风激庸懦，所恨我生晚。”其《辽东行部志》云：“己未，发龙岩山。前数十里，北望大山，连延不绝，数峰侧立，状如翠屏，秀色可掬。……凭鞍信马，目逆而送之，不觉去山已远，眷眷犹不能舍，诗兴甚浓。忽忆坡公‘前山正可数，后骑且勿驱’之句，岂特为我设？况马上看山之意，尽于此矣，故不复敢措一词，但嗟赏讽诵而已。”这也同样表现了他对苏诗的熟悉与仰慕。

王寂有《儿子以诗酒送文伯起，复继三诗，予喜其用韵颇工，为和五首》《伯起善用强韵，往复愈工，再和五首》诗。（王寂《拙轩集》卷三，四库全书本）

与王寂为友的**文伯起**，著《小雪堂诗话》，专门搜集苏轼诗词及其评论资料。此人作诗也以“强韵”为特色。

王庭筠（1156—1202），字子端，号黄华山主，辽东人，登大定十六年进士第。历州县，用荐者供奉翰林。文采风流，照映一时，诗文有师法，高出时辈。元好问《王黄华墓碑》称其“为文能道所欲言……暮年诗律深严，七言长篇，尤以险韵为工”。《归潜志》卷一〇载：“李屏山于前辈中止推王子端庭筠，尝曰：‘东坡变而山谷，山谷变而黄华，人难及也’”；赵秉文却批评其尖新：“王子端才固然高，然太为名所使，每出一联一篇，必要时人皆称之，故止是尖新。”元好问跋其《狱中赋萱》云：“王内翰子端《狱中赋萱》凡九首，予请闲闲公共作一轴写，因题其后云：柳州怨之愈深，其辞愈缓，得古诗之正，其清新宛丽，六朝辞人少有及者。东坡爱而学之，极形似之工，其怨则不能自掩也。……王内翰无由追配古人，而偶与之合，遂为集中第一。大都柳出于雅，坡以下皆有骚人之余韵，所谓生不并世，俱名家者也。”

这种求新务奇之风为金代后期的赵秉文、王若虚、元好问等所不满，他们起而纠正之。

赵秉文（1159—1232），字周臣，自号闲闲老人，磁州滏阳（今河阳磁县）人。登大定二十五年进士第，累迁礼部尚书、翰林学士。元好问《闲闲墓志铭》（卷一七）称其“文出于义理之学，故长于辨析，极所欲言而止，不以绳墨自拘。七言长诗，笔势纵放，不拘一律。律诗壮丽，小诗精绝，多以近体为之。至五言古诗，则沉郁顿挫似阮嗣宗，真淳简淡似陶渊明。”赵对苏轼是十分推崇的，其《东坡真赞》（《闲闲老人滏水文集》卷一七，四部丛刊本），首写坡少年及第云："坡仙西来自峨眉，手扶云汉披虹霓。天庭射策如虎罴，奔走魍魉号狐狸。"次写其远谪赤壁、岭南："大儒发冢挥金锤，要观赤壁窥九疑。南宫玉堂鬓成丝，鸿文大册帝载熙。"再写其文学成就："入海簸弄明月玑，归来貌悴文益奇。荒坟不朽骨与皮，何况闻望江河驰。"最后四句写观赏东坡之真即欲往从之游，集中抒发了对苏轼的仰慕之情："壁间倏睹轩须眉，无乃示吾横气机。裹粮问道往从之，人言画图君绝痴。"他的《东坡赤壁图》（卷三）称其"平生忠义心，云涛一扁舟"；《题东坡眉子石砚诗真迹》（同上）亦称其"忠义"："东坡袖里平原手，忠义胸藏笔发之。"他在《跋东坡四达斋铭》（卷二〇）中说："东坡先生，人中麟凤也。其文似《战国策》，间之以谈道如庄周；其诗似李太白，而补之以名理似乐天；其书似颜鲁公，而飞扬韵胜，出新意于法度之中，寄妙理于豪放之外，窃尝以为书仙。"他对宋王朝不能用苏轼深感惋惜："庙堂竟何人，此老乃石上。盘礴万古胸，入此一藤杖。击去荆舒蛮，扶来司马相。君看熊虎颜，百兽不敢傍。"（卷九《题赵琳画东坡石上以杖横膝肩头》）清人吴仰贤《小瓠庵诗话》（光绪间刻本）卷二对赵此诗十分欣赏，认为写出了"坡公气象"："起二句直中肯綮，以下自迎刃而解矣。具此力量，方能写得坡公气象出。"他在《答李天英书》（卷一九）中说："尝谓古人之诗，各得其一偏，又多其性之似者。……太白词胜于理，乐天理胜于词，东坡又以太白之豪、乐天之理，合而为一，是以高视古人，然亦不能废古人。至于诗文之意，当以明王道、辅教化为主。六经，吾师也，可以一艺名之哉！贾谊、董仲舒、司马迁、扬子云、韩愈、欧阳、司马温公，大儒之文也，仆未之能学焉。梁肃、裴休、晁迥、张无尽，名理之文也，吾师之；太白、杜陵、东坡，词人之文也，吾师其辞，不师其意；渊明、乐天，高士之诗也，吾师其意，不师其辞。"他的诗词文风格都颇类东坡，《养一斋诗话》卷九云："闲闲亦有率句开裕之（遗山）派者，如《上方》云：'贪看归鸟过林隙，不觉奇峰堕眼前。'沿袭长公句法。"又云："赵闲闲诗多效古人……拟东坡《谪居三适》三首。"《六研斋笔记》卷三云："余得其擘窠书自作《和东坡赤壁词》稿，雄快震动，有渴骥怒猊之势，而词亦壮伟不羁，视'大江东去'信在伯仲间，可谓词翰两绝者。词曰……元遗山题云：‘夏口之战，古今喜备道之。东坡《赤壁》词，殆戏以周郎自况也。词才百许言，而江山人物之胜，无复余蕴，宜其号乐府中绝唱。昐昐公以仙语追和之，非特词气放逸，绝去翰墨畦畛，其字画亦无愧也。……’商挺题云：‘东坡《赤壁》词，闲闲公追和，书于玉堂之署，遗山谓坡词乐府中绝唱，闲闲谓为仙语，题评已竟，欲复何言。前代风流，可敬可慕。……东坡之后而有闲闲，闲闲之后而有遗山，未卜他日知遗山者，复何人耶?”

王若虚（1174—1243），字从之，藁城人。擢承安二年经义进士甲科，以荐为国史院编修官，迁应奉翰林文字、著作佐郎、直学士。元好问《内翰王公墓表》称其“学无不通，而不为章句所困。颇讥宋儒经学以旁牵远引为夸，而史学以探赜幽隐为功……诗不爱黄鲁直……文以欧、苏为正脉，诗学白乐天，作虽不多，而颇能似之。”《四库全书总目》卷一六六《滹南遗老集》提要云：“《文辨》宗苏轼而于韩愈间有指摘，《诗话》尊杜甫而于黄庭坚多所訾议。盖若虚诗文不尚劖削锻炼之格，故其论如是也。统观全集，偏驳之处诚有，然金、元之间学有根柢者，实无人出若虚右。吴澄称其博学卓识，见之所到，不苟同于众，亦可谓不虚美矣。”他对苏轼十分推崇：“文至东坡，无复遗恨矣”（王若虚《滹南遗老集》卷三六《文辨》，四部丛刊初编本）；“欧文信妙，讵可及坡？坡冠绝古今，吾未见其过正也”（同上）；又云：“东坡之文，具万变而一以贯之者也，为四六而无俳谐偶俪之弊，为小词而无脂粉纤艳之失；楚辞则略依仿其步骤，而不以夺机杼为工；禅语则姑为谈笑之资，而不以究葛藤为胜。此其所以独兼众作，莫可端倪。而世或谓四六不精于汪藻，小词不工于少游，禅语、楚辞不深于鲁直，岂知东坡也哉?”（同上）他对江西诗派扬黄抑苏颇不以为然：“黄不如苏，不必辨而后知。……江西诸子以为黄胜苏，人之好恶固有不同者，而古今之通论，不可易也。”（卷三五）他的《滹南诗话》对苏轼也十分推崇：“东坡，文中龙也。理妙万物，气吞九州，纵横奔放，若游戏然，莫可测其端倪。鲁直区区持斤斧准绳之说，随其后而与之争，至谓‘未知句法’。东坡而未知句法，世岂复有诗人?”又在《评东坡山谷四绝》（《滹南遗老集》卷四五）中说：“山谷于诗，每与东坡相抗，门人亲党，遂谓过之。而今之作者，亦多以为然。予尝戏作四绝云”：

骏马由来不可追，汗流余子费奔驰。
谁言直待南迁后，始是江西不幸时？

信手拈来世已惊，三江滚滚笔头倾。
莫将险语夸勍敌，公自无劳与若争。

戏论谁知是至公，蝤蛑信美恐生风。
夺胎换骨何多样，都在先生一笑中。

文章自得方为贵，衣钵相传岂是真。
已觉法师低一着，纷纷法嗣复何人？

王若虚对苏词也评价很高，《滹南诗话》卷中驳晁补之云："晁无咎云：'眉山公之词短于情，盖不更此境耳。'是直以公为不及于情也。呜呼，风韵如东坡，而谓不及于情，可乎？彼高人逸士，正当如是。其溢为小词，而间及于脂粉之间，所谓'滑稽玩戏，聊复尔尔'者也。若乃纤艳淫媟，入人骨髓，如田中行、柳耆卿辈，岂公之雅趣也哉？公雄文大手，乐府乃其游戏，顾岂与流俗争胜哉？盖其天资不凡，辞气迈往，故落笔皆绝尘耳。"

他在充分肯定苏轼的同时，也有不少中肯的批评，如"次韵实作者之大病也。诗道至宋人，已自衰弊，而又专以此相尚。才识如东坡，亦不免波荡而从之，集中次韵者几三之一，虽穷极技巧，倾动一时，而害于天全多矣。使苏公而无此，其去古人何远哉！"（《滹南诗话》卷中）"东坡酷爱《归去来辞》，既次其韵，又衍为长短句，又裂为集句诗，破碎甚矣。陶文信美，亦何必尔，是未免近俗也。"《滹南诗话》还曾指出苏轼诗词中有一些经不住推敲之处，如谓"东坡送王缄词云：'坐上别愁君未见，归来欲断无肠。'此未别时语也，而言'归来'，则不顺矣。'欲断无肠'，亦恐难道。《赠陈公密侍儿》云：'夜来倚席亲曾见。'此本即席所赋，而下'夜来'字，却是隔一日。"

金代系统批评宋诗特别是苏诗的应推**元好问**。好问（1190－1257），字裕之，太原定襄人，七岁能诗。年十有四，从陵川郝经学，不事举业，淹贯经传百家，六年而业成。下太行，渡大河，为《箕山》《琴台》等诗，赵秉文见之，以为近代无此作，于是名震京师。兴定五年（1221）登第，官至尚书省左司员外郎，金亡不仕。郝经《遗山先生墓铭》（《陵川集》卷三五）：

金源有国，士务决科干禄，置诗文不为；其或为之，则群聚讪笑，大以为异。委坠废绝，百有余年，而先生出焉。当德陵之末，独以诗鸣，上薄风雅，中规李、杜，粹然一出于正，直配苏、黄氏。天才清赡，邃婉高古，沉郁大和，力出意外，巧缛而不见斧凿，新丽而绝去浮靡，造微而神采粲发。杂弄金璧，糅饰丹素，奇芬异秀，洞荡心魄，看花把酒，歌谣跌宕；挟幽并之气，高视一世。以五言雅为正，出奇于长句杂言，至五千五百余篇。为古乐府不用古题，特出新意，以写怨思者，又百篇余。用今题为乐府，揄扬新声者，又数十百篇，皆近古所未有也。汴梁亡，故老皆尽，先生遂为一代宗匠，以文章伯独步几三十年，铭天下功德者，尽趋其门。有例有法，有宗有趣，又至百余首。为《杜诗学》《东坡诗雅》《锦机》《诗文自警》等集，指授学者。方吾道坏烂，文曜曀昧，先生独能振而鼓之，揭光于天，俾学者归仰，识诗文之正，而传其命脉，系而不绝。其有功于世又大也。每以著作自任，以金源氏有天下，典章法度，几及汉唐。国亡史兴，己所当为……乃为《中州集》百余卷，又为《金源君臣言行录》。

徐世隆《元遗山集序》（《遗山文集》卷首）亦云：

窃尝评金百年以来，得文派之正而主盟一时者，大定、明昌，则承旨党公；贞祐、正大，则礼部赵公；北渡则遗山先生一人而已。自中州斫丧，文气奄奄几绝。起衰救坏，时望在遗山。遗山虽无位柄，亦自知天之所以畀付者为不轻，故力以斯文为己任，周流乎齐、鲁、燕、赵、魏、晋之间，几三十年。其迹益穷，其文益富，其声名益大以肆。且性乐易，好奖进后学，春风和气，隐然眉睫间，未尝以行辈自尊，故所在士子从之如市然，号为泛爱。

至于品题人物，商订古今，则丝毫不少贷，必归之公是而后已。是以学者知所指归，作为诗文，皆有法度可观，文体粹然，为之一变。大较遗山诗祖李、杜，律切精深，而有豪放迈往之气；文宗韩、欧，正大明达而无奇纤晦涩之语；乐府则清雄顿挫，闲婉浏亮，体制最备；又能用俗为雅，变故作新，得前辈不传之妙。东坡、稼轩而下，不论也。呜呼，遗山今已矣，灵明英秀之气，散在天壤间，不知几年几时，复聚而为斯人乎？”

清人钱谦益《复李复则书》（《有学集》卷三九）云：“眉山之学，流入于金源，而有元好问。”元遗山对苏轼非常仰慕，表示“九原如可作，从公把犁锄”（《元好问全集》卷二《学东坡移居》，山西人民出版社校点本，1988）；认为苏诗“不烦绳削而自全”：“方外之学有‘为道日损’之说，又有‘学至于无学’之说，诗家亦有之。子美夔州以后，乐天香山以后，东坡海南以后，皆不烦绳削而自合，非技进于道者能之乎？诗家所以异于方外者，渠辈谈道不在文字，不离文字；诗家圣处不离文字，不在文字。”（卷三七《陶然集诗序》）他对苏词评价也很高，其《新轩乐府序》云：“唐歌词多宫体，又皆极力为之。自东坡一出，情性之外不知有文字，真有一洗万古凡马空气象。虽时作宫体，亦岂可以宫体概之？人有言，乐府本不难作，从东坡放笔后便难作。此殆以工拙论，非知东坡者。……由今观之，东坡圣处，非有意于文字之为工，不得不然之为工也。坡以来，山谷、晁无咎、陈去非、辛幼安诸公，俱以歌词取称，吟咏性情，留连光景，清壮顿挫，能起人妙思。亦有语意拙直，不自缘饰，因病成妍者，皆自坡发之。”

他的诗文风格颇近苏轼，杜仁杰《遗山先生文集后序》（《遗山文集》附）云：“敢以东坡之后请元子继，其可乎！”方戊昌光绪本《元遗山集序》云：“文诗皆宪章北宋，直接长公。屹然为一大宗。”王士祯《带经堂诗话》卷四云：“七言妙处，或追东坡而轶放翁。”翁方纲《读元遗山诗四首》云：“遗山接眉山，浩乎海波翻。效忠苏门后，此意岂易言？尔日读坡诗，胸有节制存。元精贯当中，耿耿与谁论？我观窦《书品》，于褚斥篱藩。萧阮羊薄上，遂拟探本根。未审防浇漓，如何追胚浑？望古俯众流，兴定之初元。令人缅星汉，峻极穷昆仑。傥以质坡翁，孰竟委与原？秦晁诸君子，恐未参妙门。”凌廷堪《读元遗山诗》（《校礼堂诗集》卷一二）云：“身经北渡流离际，才与东坡伯仲间。”他的词风也颇类苏轼，况周颐《蕙风词话》卷三云：“遗山之词，亦浑雅，亦博大，有骨干，有气象。以比坡公，得其厚矣，而雄不逮焉者。豪而后能雄，遗山所处不能豪，尤不忍豪。牟端明《金缕曲》云：‘扑面胡尘浑未扫，强欢讴、还肯轩昂否。’知此可与论遗山矣。”

但元遗山敬苏轼而又知其短，他不满苏诗杂体，编成《东坡诗雅》，对苏诗予以清理。其《东坡诗雅引》（卷三六）云：“五言以来，六朝之谢、陶，唐之陈子昂、韦应物、柳子厚，最为近风雅。自余多以杂体为之，诗之亡久矣。杂体愈备，则去风雅愈远，其理然也。近世苏子瞻绝爱陶、柳二家，极其诗之所止，诚亦陶、柳之亚；然评者尚以其能似陶、柳，而不能不为风俗所移，为可恨耳！夫诗至于子瞻，而且有不能近古之恨，后人无所望矣。”苏轼喜作次韵诗，元好问对次韵诗颇致不满，认为“次韵是近世之弊，以志之所之而求合他人律度，迁就傅会，何所不有?”（《十七史蒙求序》）其著名的《论诗三十绝句》（卷一一）对宋诗，特别是对苏、黄多有批评，或批评其多唱酬：“窘步相仍死不前，唱酬无复见前贤。纵横正有凌云志，俯仰随人亦可怜。”或批评其追逐新奇：“奇外无奇更出奇，一波才动万波随。只知诗到苏黄尽，沧海横流却是谁”；“金入洪炉不厌频，精真那计受纤尘。苏门果有忠臣在，肯放坡诗百态新。”苏诗好骂，元好问也不以为然：“曲学虚荒小说欺，俳谐怒骂岂诗宜?”

清人翁方纲的《石洲诗话》却把元遗山批评苏、黄的话解为称颂苏、黄，潘德舆《养一斋诗话》卷一反驳道：

（翁氏）酷好苏诗，以之导引后进，谓学诗只此一途，虽根本忠爱之杜诗，必不可学：“人不知杜公有多大喉咙，以为我辈亦可如此，所以棼如乱丝。”夫苏诗非不雄视百世，而杜诗者，尤人人心中自有之诗也。今望而生怖，谓不如苏之蹊径易寻，则是避难就易之私心，犹书家之有侧锋，仕途之有捷径，自为之可耳，岂所以示天下耶！又谓“五言诗自苏、黄后，放翁已不能脚踏实地。居此后者，欲以平正自然上追古人，其谁信之”。夫苏、黄之诗，标新领异，旁见侧出，原令人目眩心摇。然久于其中，竟谓举世之人舍此断无出路，何其轻量人才之甚也！且必不以平正自然为诗，则诗之为物，累人心术亦甚矣！尤可异者，偏爱苏诗，并以遗山《论诗绝句》中攻苏之作，亦傅会为爱苏之论也。如：“奇外无奇更出奇，一波才动万波随。只知诗到苏、黄尽，沧海横流却是谁？”此首明以“沧海横流”责苏，而石洲以为遗山自慨身世。“金入洪炉不厌频，精真那计受纤尘？苏门果有忠臣在，肯放坡诗百态新？”此首明言苏门无忠直之言，故致坡诗竞出新态，而石洲以为收足论苏之旨，即苏诗“始知真放本精微”意。“百年才觉古风回，元祐诸人次第来。讳学金陵犹有说，竟将何罪废欧、梅？”此首明言欧、梅甫能复古，而元祐苏、黄诸人次第变古，学元祐者，废金陵犹可，废欧、梅则必不可。而石洲以为“‘回’字乃坡公‘升平格力未全回’之‘回’，何尝有人讳学金陵，何尝有人欲废欧、梅？此可得文章风会气脉。”凡石洲所解，皆与遗山本诗义理迥不入，脉络绝不贯，不知何以下笔？盖既为偏好苏诗所蔽，而又不敢贬驳遗山，故于无可解说处，亦强为傅会，遂使人览之茫然耳。且遗山贬苏如此，而石洲犹以为“程学盛于南，苏学盛于北”，屡屡举此语以教人，古人有知，岂不为遗山所笑！

当时流传一部托名苏轼的《杜诗事实》，元遗山曾指出其妄：“杜诗注六七十家，发明隐奥，不可谓无功。至于凿空架虚，旁引曲证，鳞杂米盐，反为芜累者亦多矣。要之，蜀人赵次公作证误，所得颇多；托名于东坡者为最妄，非托名者之过，传之者过也。”（卷三六《杜诗学引》）

金代也有人像南宋人一样，指出苏诗用典多误者，比较突出的就是金末元初的**李冶**的《敬斋古今黈》。其卷八：“东坡先生，神仙中人也。其篇什歌咏，冲融浩翰，庸何敢议为。然其才大气壮，语太峻快，故中间时时有少榥杌者。如牏厕、厕牏之倒，滹沱河、芜蒌亭之误皆是也。今聊疏其一二，可以为峻健者之戒。《和刘贡父》云：‘数奇逢恶岁，计拙集枯梧。’按《晋语》：优施歌曰：‘暇豫之吾吾，不如乌乌。人皆集于荒，己独集于枯。’东坡此诗意，全用《晋语》事，而押韵处便加‘梧’字，岂非太峻快耶？《次韵秦少游》云：‘山围故国城空在，潮打西陵意未平。’此则全用刘禹锡《石头城》诗，但改其下三五字耳，亦是太峻快也。《桓魋墓》云：‘纵令司马能鑱石，奈何中郎解摸金。’按陈琳为袁绍檄曹操云：‘曹又特置发丘中郎将，摸金校尉。”则摸金乃校尉，非中郎也。《病起》云：‘何妨一笑千金散，绝胜仓公饮上池。’按《史记》：‘长桑君出药与扁鹊，饮以上池之水，曰：‘三十日，当知物矣。’坡则以为仓公。仓公，淳于意也。《送陈六》云：‘去年持节发仓禀，到处卖刀收茧栗。’按《王制》：‘祭天地之牛角茧栗，宗庙之牛角握，宾客之牛角尺。’此用茧栗，不得便为牛。《次韵张秉道》云：‘怜君嗜好更迂阔，得我新诗喜折屐。’按《晋书》，折者屐齿，非屐也。若云‘得我新诗齿折屐’，则其为喜，不言可知。《石鼓歌》云：‘上蔡公子牵黄狗。’本誉李斯善作篆，而复引黄犬事，殆似勉强。《次韵周长官见寄》云：‘罔罔可怜真丧狗，时时相角是虚舟。’‘丧家之狗’而只用两字，似不甚妥。又《送客》云：‘钟乳金钗十二行。’乐天诗云：‘钟乳三千两，金钗十二行。’今便配合为一句，恐非后辈楷式。《观欧阳钤辖刀剑战袍》云：‘书生只肯坐帷幄，谈笑毫端弄生杀。叫呼击鼓催上竿，猛士应怜小儿黠。’此语虽有激而出，然使不知道者观之，能无失伦之嫌乎？”其中有些是南宋人已指出的，但不少是李冶新指出的，《敬斋古今黈》还曾指出苏轼其他一些用事之误，由此也可看出金人对苏诗研究之深。

第二节 “宗尚眉山之体”的元代文学

宋宁宗开禧二年（1206）成吉思汗统一了蒙古各部落，建立了大蒙古国，宋理宗端平元年（1234）灭金，宋端宗景炎元年（1276）占领南宋都城临安，直至元至正二十八年（1368）朱元璋灭元，这一百多年是少数民族蒙古族逐渐统治中国北方乃至整个中国的时期。任何落后民族的武力征服，最后都被他们征服的民族的较高文明所征服。蒙古族也一样，他们以武力征服了汉民族，却接受了汉文化。元世祖忽必烈改国号为元，就是根据汉族《周易》的“大哉乾元”而改的。他又根据许衡“必行汉法乃可长久”的建议，推行汉民族的典章制度，但又把全国之人分为四等，对汉民族实行歧视性统治。元仁宗恢复了科举考试制度，规定以程、朱传注为经学考试的依据，使程朱理学成为官学。但实际上元代是仕出多门，科举应试只是入仕的途径之一。汪元量《自笑》云：“释氏掀天官府，道家随世功名。俗子执鞭亦贵，书生无用分明。”可见元代对释、道、武士的重视远远超过对儒生的重视。

元代的戏剧、散曲、小说很发达，传统的文学形式诗、文、词也取得了突出的成就。陈基《孟待制文集序》（《夷白斋稿》卷二二，四库全书本）云：“国朝之文凡三变。中统、至元以来，风气开辟，车书混同，名家作者，与时更始，其文如云行雨施，雱霈万物，充然有余也。延祐初，继禅之君，虚己右文，学士大夫涵煦乎承平，歌舞乎雍熙，出其所长，与世驰骋，黼黻皇猷，铺张人文，号极古今之盛。然厉金石以激和平之音，肆雕琢以洩忠厚之朴，而峭刻森严，殆未易以浅近窥也。天历之际，作者中兴，上探诗、书、礼、乐之源，下泳秦、汉、唐、宋之澜，摆落凡近，宪章往哲，缉熙典坟，照熠日月，登歌清庙，气凌骚雅，由是和平之音大振，忠厚之朴复还。其用力也，如蔺相如抗身秦庭、全璧归赵。呜呼，亦不易矣。”《四库全书总目》卷一九〇《御定四朝诗》提要云：“有元一代，作者云兴，虞、杨、范、揭以下，指不胜屈。”

袁桷《书程君贞诗后》（《清容居士集》卷四八，四库全书本）认为宋诗亦有三变：“由宋以来，有三变焉：欧、梅以纡徐写其材，高者凌山岳，幽者穿岩窦，而其反复蹈厉，有不能已于言者，风之变尽矣；黄、陈取其奇以为言，言过于奇，奇有所不通焉；苏公以其词超于情，嗒然以为正，颓然以为近，后之言诗者争慕之。”苏轼狂放不羁的诗文风格，易为元人所接受。元初的王恽、胡只遹、戴表元、方回、刘埙等都深受苏轼影响，他们对苏轼都有很高的评价。

戴表元（1124—1310），字帅初，一字曾伯，庆元奉化（今属浙江）人。七岁学古诗文，多奇语。方逢辰、刘辰翁，以论策表厉进士，得其程文，大奇之。咸淳六年（1270）登进士乙科，授建康府教授，以兵乱归剡。元大德八年（1304）为信州教授，再调婺州，以疾辞。著有《剡源戴先生文集》。其文近柳宗元，亦间似轼，从容不迫，清深整雅。宋濂《剡源集序》（《文宪集》卷六）云：“辞章至于宋季，其敝甚矣。……先生之文，新而不刻，清而不露，如晴峦出云，姿态横逸，而连翩弗断，如通川萦纡，十步九折，而无直泻怒奔之失。”《元史》卷一九〇《戴表元传》云：“表元闵宋季文章气萎苶而辞骫骳已甚，慨然以振起斯文为己任。时四明王应麟、天台舒岳祥并以文学师表一代，表元皆从而受业焉。故其学博而肆，其文清深雅洁，化陈腐为神奇，蓄而始发，间事摹画，而隅角不露，施于人者多，尤自秘重，不妄许与。至元、大德间，东南以文章大家名重一时者，唯表元而已。其门人最知名者曰袁桷，桷之文，其体裁议论，一取法于表元者也。”他的很多文章都表现了他对苏轼的崇敬，《东坡雨行图》（《剡源戴先生文集》卷二〇，四库全书本）称其不为荣辱所动云：“玉雪心肝，泥涂巾屦。赤壁矶而褰裳徐步，宜乎马（司马光）、吕（公著）诸贤援之銮坡禁苑而不为荣，章（惇）、蔡（卞）二子投之蛮烟瘴雨而不加惧也。”《题蜀苏氏族谱后》（卷一八）云：“其家屏处荒远，郁勃几世，至宫师公（苏洵）始以名字动于京师，不过得一编太常礼书而卒。至文忠公兄弟，大科异等，名官美爵，若仅酬之者。然荣华几何，忌嫉不少，因而逋流分窜于蛮烟蜑雨之域，汹汹至身死而未定，人以为无天道矣。诚不自意，时移事换之后，子孙幸而存者，皆以家世录用。其星居他处，谱牒不可详考。乃若二公之后，皆尝守婺，而留居婺者，皆延二公之赏，班班预于天官之籍。……当二公之与诸贤得祸也，累然在机井之中，想望章（惇）、蔡（卞）威严，何敢仰首视。死骨未寒，而彼二宗衰微销灭，言之令人颈缩。尝见建州章氏家《登科题名记》，惇虽位至宰相，丑其人，削而不录；莆田姓蔡士人书应举卷首，明称不係京、卞子孙。士大夫能不没其名，则百世之下，他人亦为之惊嗟喜诧；一辱之身，虽子孙尤知羞而讳之，可不惧哉！”三苏之后与章、蔡之后的遭遇再次证明好人必有好报，恶人必有恶报。

胡只遹（1227—1296），字绍开，磁州武安（今属河北）人。少孤，既长读书，见知于名流。至元元年（1271），授应奉翰林文字，寻兼太常博士，调户部员外郎，转右司员外郎，寻兼左司。忤权臣阿合马，出为太原路治中，改河东山西道提刑按察副使。宋平，为荆湖北道宣慰副使。迁济宁路总管，召拜翰林学士，改江南浙西道提刑按察使，后以疾归。著有《易解》三卷、《老子解》一卷，《紫山集》六十七卷。王恽《故翰林学士紫山胡公祠堂记》（《秋涧大全集》卷四〇，四库全书本）对他作了很高的评价："公起诸生，秉雄刚之俊德，负超卓之奇才，慨然特达，力振颓风。志大学、致实用，谈笑议论，挥斥流俗。文章气节，振荡一时。"刘赓《紫山大全集原序》（《紫山大全集》卷首，四库全书本）云："文章以气为主，其为气也至大至刚，以直养而无害，则塞乎天地之间，赓读紫山胡公文集见之矣。"《四库全书总目》卷一六六《紫山大全集》提要称其为中流一柱："今观其集，大抵学问出於宋儒，以笃实为宗，而务求明体达用，不屑为空虚之谈。诗文自抒胸臆，无所依仿，亦无所雕饰，惟以理明词达为主。元代词人，往往以风华相尚，得兹布帛菽粟之文，亦未始非中流一柱矣。"他在《题三苏翰墨》（胡只遹《紫山大全集》卷四）中称三苏父子"文章烂漫如长虹"："眉山岩岩挟双峰，西南陋邦岂能容。地轴左转来向东，直与太华争尊雄。英伟惊倒六一翁，京师多士为一空。望尘罗拜趋下风，姓名即日彻帝聪。谈屑散作香雾濛，文章烂漫如长虹。帝尧堂下添夔龙，圣贤千载一相逢。"他的《东坡赞》（卷一四）云："孰图公像，野夫冠裳。公岂野人，与世相忘？铁龙横膝，雅志莫量。绪余土苴，云汉奎章。死不可泯，文正忠刚。魂兮归来，瘴海茫茫。"

王恽（1228—1304），字仲谋，号秋涧，卫州汲县（今属河南）人。恽有材干，操履端方，好学善文。中统元年（1260）辟为详议官。以选至京师，上书论时政，擢为中书省详定官。二年（1261）春，转翰林修撰、同知制诰兼国史院编修官，寻兼中书省左右司都事。至元五年（1268），建御史台，首拜监察御史。历任河南、河北、山东、福建等地地方官，后又召回京师，官至翰林学士、知制诰。著《相鉴》五十卷、《汲郡志》十五卷、《承华事略》《中堂事记》《乌台笔补》《玉堂嘉话》并杂著诗文，合为《秋涧先生大全文集》一百卷。《元史》卷一六七有传。其文学韩愈，诗学杜甫，多感时之作，词类苏、辛，清丽雅正。曹学佺《元诗选》（石仓十二代诗选本）初集乙集云：“秋涧诗才气横溢，欲驰骋唐、宋大家间。然所存过多，颇少持择，必痛加芟削，则精彩愈见。北方之学变于元初，自遗山以风雅开宗，苏门以理学探本，一时才俊之士，肆意文章，如初阳始升、春卉方茁，宜其风尚之日趣於盛也。”季振宜《秋涧先生大全集跋》云：“其题跋、榜约诸文，戏谑风流，皆有源流，则东坡、山谷之流也。”他对苏轼是十分尊崇的，其《东坡赤壁图》云：“先生胸次有天游，万里长江一叶舟。欲托悲风泻遗响，恐惊幽壑舞潜虬。”《东坡南海醉归图》歌颂苏轼远谪岭南云：“当时何有雪堂翁，一斥南荒无复北。那知兹游奇绝神所相，海水天容清一色。铁杖横秋瘴雾空，新诗落笔鱼龙泣。枫香树高溪雨濛，醉后黄衫两颊红。多随父老燕同社，或喜契顺来相从。一朝竟作迁客没，造物未见哀龙钟。岂其中州淑气到尔恐终绝，故令着此眉山公，故令着此眉山公!”《东坡汲乳泉图》云：“儋州迁客玉堂仙，服食天教得乳泉。三咽遽惊滋皓气，一甘无坏是冷渊。中朝清议孤忠里，瘴海鲸波九死边。落月澹随人不见，满襟风露独翛然。道宫独发服泉香，似与坡仙养浩方。井冽不从炎海瘴，味甘还比上池觞。化机轩豁元胎湿，孤影追随月色苍。天地此身忠义在，一杯三咽濯肝肠。”他非常欣赏苏轼的书画：“此老何心作此君，一枝中发锦江春。无穷露叶烟梢意，散作先生百亿身。”他称美苏轼书法的诗更多，《题东坡手简》云：“文章大节中所立，海岳英灵未易招。只为峻高人竞仰，有时秦吉作鹦娇。”

元初对苏轼诗文作过系统深入研究的，应算方回、刘辰翁和刘壎。

方回（1227—1305），字万里，歙县（今属安徽）人。幼孤，从叔父瑑学，颖悟过人。少长，倜傥不羁，赋诗为文，天才杰出。景定三年（1262），以别院省元登第，调随州教授。后任江东干办公事，历江淮都大司干官、沿江制干，通判安吉州、都堂禀议。上书数贾似道之罪有十可斩，中外快之。出知建德府，宋亡降元，改授建德路总管兼府尹。代归，不复仕。徜徉钱塘湖山间二十余年，豁达轻财，喜接引后进。八十一岁卒。至老嗜学不厌，经史百氏靡不研究，而议论平实，著述甚富，有《璧流集》《桐江集》《读易释疑》《易中正考》《皇极经世考》《古今考》《历象考》《衣裳考》《玉考》《先觉年谱》《名僧诗话》《瀛奎律髓》。今所存者，唯《桐江集》四卷、《桐江续集》三十六卷及选评唐、宋近体诗的《瀛奎律髓》四十九卷。

方回在《题东坡先生惠州（当为黄州）定惠院海棠诗后赵子昂画像并书》（方回《桐江续集》卷二四，四库全书本）中称海棠为蜀花第一（“蜀第一花世无匹”），称以苏轼为代表的蜀文为海内的文章之首：“海内文章蜀党魁。”他的《诗思十首》（同上，卷二八）以陶潜、杜甫、韩愈、柳宗元、苏轼、黄庭坚、陈师道、陈与义为“八贤”：“万古陶兼杜，谁堪配享之？赦还儋耳海，谪死瘴城宜。无己玉堂冻，去非榕岭驰。更添韩与柳，欲筑八贤祠。”而“释菜四先生”为陶潜、杜甫、李白、苏轼，反而没有黄、陈：“老子持公论，评诗众勿惊。更无双子美，止有一渊明。响接东坡和，肩随太白名。吾尝图画像，释菜四先生。”其《追和东坡先生亲笔陈季常见过三首》对苏轼评价很高：“坡仙果何事，黄州七年客。价高日月低，名大天地窄。”（同上）他甚至做梦也梦见苏轼，在《梦东坡先生》（卷三）诗序中说：“坡公和太白感秋诗，山谷继和，非后人所当续也。有索予和者，勉强成章。因至江州天庆观访紫极宫旧迹，徘徊秋声堂，求观碑刻，又借《眉山大全集》于李君应孙，读味再四。二月十二夜梦坡公手龙脑香一掬，分其半置予所佩革囊中。予思之，此何祥耶？非精神所注，作是梦幻，则坡公在天之灵真于遗馥沾丐有所不靳也。乃赋诗以纪之。”诗云：“孺子可教欤，驭风来帝旁。跛鳖傅羽翼，恍惚迢龙骧。文通五色笔，尚为文字祥。公名蔽天壤，谁敢邀余光。再拜《眉山集》，一上秋声堂。残馥果容丐，永流千古芳。”诗和诗序都充分表现了方回对苏轼的崇敬之情。

刘元辉《读东坡诗》批评苏诗“讥诃”云：“诗不宗风雅，其诗未足多。气如存笃厚，辞岂涉讥诃？饶舌空吾悔，吹毛奈汝何。为言同道者，未许学东坡。”方回在《刘元辉诗评》中反驳道：“东坡以诗为舒亶、李定所劾，当路欲杀之，神庙察《桧诗》‘蛰龙’非有他志，乃舍而谪焉。黄州七年后诗，未尝再为讥诃，但诗律宽而用事博，学者自不可学。元祐臣僚被谪，乃熙、丰小人用事报复，宋之存亡攸关。坡过岭过海，不为诗也。名高众忌，视死如归，故诗曰：‘九死南荒吾不悔，兹游奇绝冠平生。’元辉责之太甚，千万世东坡自不朽也。”（方回《桐江集》卷四，影印宛委别藏本）方回诗学黄庭坚、陈师道，倡江西诗派一祖三宗之说。他编的《瀛奎律髓》是提倡江西诗说的集中表现。他在《瀛奎律髓序》中说：“‘瀛’者何？十八学士登瀛洲也。‘奎’者何？五星聚奎也。律者何？五七言之近体也。‘髓’者何？非得皮，得骨之谓也。斯登也，斯聚也，而后八代、五季之文弊革也。文之精者为诗，诗之精者为律。所选，诗格也；所注，诗话也。学者求之，髓由是可得也。”这篇简短的自序，说明了本书的编纂目的和收诗范围。此书的突出特点是只选律诗，只选唐、宋五七言律诗，并侧重于宋代，共选三百八十家，三千〇一十四首（重出二十二首，实为二千九百九十二首），而宋代达二百二十一家，一千七百六十五首，江西诗派的作家作品入选最多。此书取材宏富，以大家为主，兼顾不同流派、不同题材的作品，基本上囊括了唐、宋律诗的代表作。吕本中作《江西诗社宗派图》，首先提出“江西诗派”这一名称，并把黄庭坚作为这一诗派的创始人，把陈师道等二十四人作为这一诗派的成员。江西诗派是统治南北宋诗坛近百年之久的诗歌流派，直至南宋后期，四灵派和江湖派兴起，崇尚晚唐，江西诗派式微。方回为重振江西诗派的雄风，于是编了这部《瀛奎律髓》。他在评晁端友《甘露寺》诗时说：“宋诗有数体，有九僧体，即晚唐体也；有香山体者，学白乐天；有西昆体者，祖李义山。如苏子美、梅圣俞并出欧公之门，苏近老杜，梅过王维，而欧公直拟昌黎，东坡暗合太白。唯山谷法老杜，后山弃其旧而学焉，遂名黄、陈，号江西派。非自为一家也，老杜实初祖也。”又云：“古今诗人，当以老杜、山谷、后山、简斋四家为一祖三宗，余可配飨者有数焉。”这就是著名的江西诗派一祖三宗之说。

此书把选诗与评诗结合起来，对所选之诗详加圈点，标明句眼，以江西诗派关于诗歌创作的命意、结构、格律、句法、对仗、用典的观点对各流派的各个作家作品进行了详尽的辨析。他以格高、意到、语工为其论诗的主要标准：“诗先看格高而意又到、语又工为上；意到、语工而格不高，次之；无格无意又无语，下矣。”（卷二一曾几《上元日大雪》评）他所谓的格高，主要是指以黄庭坚为代表的苍劲瘦硬风格。拗体是这种风格的重要表现之一，卷二五《拗字类》云："拗字诗在老杜七言律中谓之'吴体'，老杜七言律一百五十九首，而此体凡十九出。不止句中拗一字，往往神出鬼没，虽拗字甚多，而骨格愈峻峭。"同卷杜甫《巳上人茅斋》评云："'入'字当平而仄，'留'字当仄而平，'许''支'二字亦然。间或出此，诗更峭健。"

此书颇受前人推崇，龙遵《瀛奎律髓后序》云："自序谓'诗之精者为律'，今观其所选之精严，所评之当切，涵泳而隽永之，古人作诗之法，讵复有余蕴哉！诚所谓'律髓'也。"不满此书的人也不少，清初取法晚唐的冯班对此书就多所否定："方君所娓娓者，止在西江一派。观其议论，全是执己见以绳缚古人，以古人无碍之才、圆变之学，曲合于拘方板腐之辈，吾恐其说愈详，而愈多所戾耳。"《元诗选》编者认为"此言可谓深中虚谷之病"。

此书虽标榜江西诗派一祖三宗之说，但选苏诗仍多达四十四首（选黄庭坚诗为五十五首），对苏诗的评价也是比较公正的。他评《六月二十日夜渡海》（卷四三）云："或谓尾句太过，无省愆之意（"九死南荒吾不恨，兹游奇绝冠平生"），殊不然也。章子厚、蔡卞欲杀之，而处之怡然。当此老境，无怨无怒，以为兹游奇绝，真了生死、轻得丧，天人也。"苏轼观弈，胜败皆喜，正是这种"轻得丧"精神的集中表现，他认为黄庭坚的《弈棋呈任公渐》（卷二七）远不如苏轼的《观弈》，黄诗虽"尽弈者用心忘身之态，或者以为不如东坡'胜固欣然，败亦可喜'远矣"。他也如实承认苏诗有不足处，评苏轼《新城道中二首》[①] 云："起句十四字妙，五、六亦佳，但三、四颇拙耳。所谓武库森然，不无利钝，学者当自细参而默会。虽山谷少年诗，亦有不甚佳者，不可为前辈隐讳也。"但他强调苏诗不可以律缚，评《女王城东禅庄院》（卷一〇）云："坡诗不可以律缚，善用事者无不妙，他语意天然者如此，尽十分好。"评《雪后书北台壁二首》（卷二一）云："或谓坡诗律不及古人，然才高气雄，下笔前无古人也。观此雪诗亦冠绝古今矣。虽王荆公亦心服，屡和不已，终不能压倒。"评黄庭坚《春雪呈张仲谋》（卷二一）亦云："坡诗天才高妙，谷诗学力精严；坡诗宽而活，谷律刻而切云。"纪昀对方回此语十

① 卷一四《新城道中二首》：身世悠悠我此行，溪边委辔听溪声。散材畏见搜林斧，疲马思闻卷旆钲。细雨足时茶户喜，乱山深处长官清。人间歧路知多少，试向桑田问耦耕。

分欣赏，谓“四语评苏、黄恰当”（《瀛奎律髓刊误》卷二一）。他称美苏诗虚实结合，神妙流动，如评《送春》[①]云：“‘酒阑病客惟思睡’，我也，情也。‘蜜熟黄蜂亦懒飞’，物也，景也。‘芍药樱桃俱扫地’，景也。‘鬓丝禅榻两忘机’，情也。一轻一重，一来一往，所谓四实四虚。前后虚实，又当何如下手？至此则知系风捕影，未易言矣。坡妙年诗律颇宽，至晚年乃神妙流动。”这种神妙之法，他人是很难学的，他评《首夏官舍即事》（卷二六）云：“此诗变体，他人殆难继也，首唱两句自说榴花（指“安石榴花开最迟，绛裙深树出幽菲”），下面如何着语，似乎甚难。却自想吾庐之好，而恨此身之未归（“吾庐想见无限好，客子倦游胡不归”）。第五、第六却又谓不是无酒，只是心事自不乐尔（“坐上一樽虽得满，古来四事巧相违”）。至尾句却又摆脱，而归宿于湖上之寺，盖谓虽未可遽归，一出遊僧舍亦可也（“令人却忆湖边寺，垂柳阴阴昼掩扉”）。变体如此难学，姑书之以见苏公大手笔之异。”

刘壎，字起潜，南丰（今属江西）人。博学工诗文，著有《隐居通议》《水云村稿》《英华录》。其《自志》（刘壎《水云村稿》卷八，四库全书本）云：“性宽静忍辱，然浸成堕弛，见事迟而课效疏，所丧败常什九，初不改。其尤骇特者，无位而思救时，无责而喜论事，无财而乐施予。道不行，守道不易；学不用，嗜学不厌。众迂之，自亦迂之，终不改。……生嘉熙庚子岁，年六十有三矣，诵陶诗自挽，羡其达，成《自志》。”符遂《刘水村先生传》云：“庄诵之余，见公于经史百家之书，无所不考；于天文、地理、性命之学，无所不通。诗文如布帛粟菽，雅淡有味。”曾子良《水云村吟稿序》（《隐居通议》卷一五）评其诗云：“诗，予视之，古视《选》，近古视黄；律，五视杜，七视杜若黄；绝，五视《选》、七视晚唐而轶焉，皆合大家数。盖其材全，其力钜，其气雄，故能持众美而不自以为名，刻众形而不自以为功。”他曾作《编少陵诗继以山谷赋呈谌桂舟》诗，刘凝《水云村吟稿笺注》云：“公谓学坡不以杜黄为宗，岂所谓识其大者？”徐兆丰《读元刘起潜水云村吟稿题后》亦云：“庾信词章老更工，一腔热血吊孤忠（稿内有《十忠诗》，纪宋末

① 卷二六《送春》：梦昭青春可得追，欲将诗句绊余晖。酒阑病客惟思睡，蜜熟黄蜂亦懒飞。芍药樱桃俱扫地，鬓丝禅榻两忘机。凭君借取法界观，一洗人间万事非。

死事诸公)。杜文贞共黄文节,诗派江西此正风(先生南丰人,论诗以少陵、山谷为宗)。”他虽诗学江西诗派,但对苏轼也十分推崇。他的《隐居通议》三十一卷,分理学、古赋、诗歌、文章、骈俪、经史、礼乐、造化、地理、鬼神、杂录十一门,是一部以理学观点评诗论文的专著。如果说方回的《瀛奎律髓》仅评及苏诗,那么《隐居通议》对苏轼诗文都有评论,而其对苏文的评论尤可补《瀛奎律髓》所缺。他称美苏轼之文奇纵:“三苏皆得谥文,老泉文安,东坡文忠,颍滨文定,森然鼎峙,为五代文宗。老泉之文豪健,东坡之文奇纵,而颍滨之文深沉。”(卷一五《三苏》)他称《中山松醪赋》“句语雄健,可以见其胸次轩豁,笔端浩渺也”(卷四);称《昆阳城赋》“殊俊健痛快”(卷五);称《游桓山记》“感慨深长,超然物化”(卷一五);称《答谢民师书》“深中子云之病”;称《滕元发墓志铭》“笔力跌荡振发,风起云涌”;他还就《谏用兵书》,称“东坡长于论事,笔端有口,真是入妙”(均同上)。他认为“宋朝之诗,金陵、坡、谷三大家,或以其精,或以其博,或以其雅,体虽不同,而气壮语浑,同出于杜,此则诗之正派也”(卷六)。他评苏轼《子由渑池怀旧》云:“此诗若纯以唐人律体,大概疏直欠工。然‘鸿泥’之论,直是造理,前人所未到也。且悠然感慨,令人动情,世不可率尔读之,要须具眼。”(卷一〇)他也批评苏诗之率,既称美《漱玉亭》“高岩下赤日”等句的“雄奇峭健”,又批评其结语(“愿从琴高生”以下)“意度甚卑,殊无归宿,与起句如出两手。岂非坡公天才横纵,肆笔成书,非若拘谫者以排布锻炼为工,故若是耶?”(同上)

元代中期即大德至天历年间(1298—1330)的代表作家为虞(集)、扬(载)、范(梈)、揭(傒斯),但受苏轼影响最大的是吴澄、马端临、张之翰、袁桷、虞集、吴师道等人。

吴澄(1249—1333),字幼清,抚州崇仁(今属江西)人。三岁,颖悟日发,教其古诗,随口成诵。五岁,日受千余言。九岁,从群子弟试乡校,每中前列。尝举进士,不中。入元,官至翰林学士。所居草屋,程钜夫题曰“草庐”,故学者称为草庐先生。为学折衷朱(熹)陆(九渊)两派,而更接近于朱。著有《纂言》《老子注》《吴文正公集》。刘岳申《祭草庐先生吴公文》（《申斋文集》卷一二）云：“皇元肇兴，先生时超。道程、朱之问学，参王、陆以游遨。谈经于杂乱纷纠既解之后，若易而实难；析理于毫厘千里既辨之末，宜逸而反劳。”吴澄称美苏云：“坡公以卓荦之才，瑰伟之器，一时为群小所挤，几陷死地，赖人主保其生，谪处荒僻。公尝痛恨曹孟德害孔文举，谓文举不死，必能诛操，其胸中志气为何如哉！身之所经，苟有阿瞒遗迹，则因之以发其感愤。此壬戌泛江之遊，所以於赤壁而不能忘也。不然，夫岂不知黄州之非赤壁哉！‘一世之雄，而今安在’，託客之言，公不自言也。水也、月也、道士也，神化奇诡，超超乎《远游》《鹏赋》之上，长卿之人，何可仿佛其万一？公之所造如此，而犹不能不有所託以泄其感愤者，何耶？殆亦示吾善者机尔。公视操如鬼，鬼犹可也，当时害公者，沙虫粪蛆而已矣。人间升沉兴仆，不过梦幻斯须之顷，公岂以是芥蒂于衷也哉？”[①] 他在《题东坡戴笠着屐图》中又说：“城南白昼魑魅现，赖有东黎诸弟昆。……何人为作野老像，风流不减乘朱轿。谪来天仙堕尘网，化身千亿难名论。我从像外得真相，神交心醉都忘言。”他认为宋诗，王（安石）、苏（轼）、黄（庭坚）三家各得杜诗之一体：“黄太史必于奇，苏学士必于新，荆国丞相必于工，此宋诗之所以不能及唐也。”他很欣赏苏轼不求门人“同乎己”的气度，其《皮昭德诗序》云：“宋氏王、苏、黄三家各得杜之一体。涪翁于苏迥不相同，苏门诸人其初略不之许，坡翁独深器重，以为绝伦。眼高一世，而不必人之同乎己者如此。”他已大体提出“唐、宋八大家”这一概念：“文人称欧、苏，盖举先后二人言尔。欧而下，苏而上，老苏、曾、王，未易偏有所取舍。……古文之统，其必曰唐韩、柳子，宋欧、苏、曾、王、苏五子也。”（卷一三《刘尚友文集序》）他还指出了宋古文家与唐古文家的不同：“唐、宋二代之文，可与六经并传者：韩文公自幼专攻古学。既长，人劝之举进士，始以策论诗赋试有司。欧阳文忠公、王丞相、曾舍人、苏学士，皆由时文转为古文者也。”（同上《遗安集序》）

马端临（1254？—1323？），字贵与，乐平（今属江西）人。父廷鸾，为

---

① 《吴文公正集》卷五九《题赤壁图后》，清万氏刻本。

宋咸淳中右丞相。以荫补承事郎，宋亡不仕。著《文献通考》，记载自上古至南宋宁宗时的典章制度沿革。其《经籍考》是著名的目录提要，《古文眉诠》卷七九云："《经籍》一考，网罗放失，诸所荟粹，尤赖有昭德晁氏、直斋陈氏两家，厥功伟焉。"其书虽主要辑自晁公武《郡斋读书志》和陈振孙的《直斋书录解题》，但其"网罗放失"之功仍不可没，所据皆一一说明，治学态度十分谨严。苏轼著述，他著录了《东坡易传》《东坡书传》《东坡论语解》《东坡前集》《后集》《奏议》《内制》《外制》《和陶集》《应诏集》，颇能反映宋、元之际的苏轼著述存世情况。因为他崇尚朱子之学，故所引多《朱子语类》。

张之翰，《元史》无传，唯《松江府志》等书有简略记载。之翰，字周卿，晚号西岩老人，邯郸（今属河北）人。中统初（1260），知洺磁。至元末（1294），自翰林侍讲学士知松江府事，有古循吏风。时民苦荒，租额以十万计。之翰力除其弊，得以蠲除。其《镜灯诗》，脍炙人口，时呼为"张镜灯"。生平著述甚富，有《西岩集》二十卷。他自称"我亦从来爱坡者"（《西岩集》卷一〇《题东坡醉帖二绝》，四库全书本），他对当年迫害苏轼的人十分轻蔑，在《题德公梦东坡卷四首》（卷九）中写道："骖鸾骑鹤海天东，来现枯禅假寐中。二百年来犹画像，当时同辈枉相攻。"其《题东坡琼华帖》（卷一〇）亦云："世隘何能着此仙，惠州更向海南迁。流传一幅《琼华帖》，恐是当年未贬前。"他以宋之欧、苏、黄、陈与唐之李、杜、韩、柳并列，其《方虚谷以诗饯余，至松江因和韵奉答》（卷三）写道："宋称欧苏及黄陈，唐尊李杜与韩柳。自余作者非不多，殆类众星朝北斗。"他认为诗是自写性情的，其《九皋诗集序》（卷一三）云："夫诗者，所以自乐吾之性情也，而岂观美自鬻之技哉！欣悲感发，得之油然者有浅深，而写之适然者有浓淡。志尚高则必不可凡，世味薄则必不可俗。故渊明之冲寂，苏州之简素，昌黎之奇畅，欧之清远，苏、黄之神变，彼其养于气者落落相望，皆如嵇延祖之轩轩于鸡群。宜其超然尘埃混浊之外，非复喧啾之所可匹侪。"他对江西诗派和江湖诗派都不满，他在《黄公诲诗序》（卷一四）中说："盖余尝怃然于世之论诗者也，标江西竞宗支，尊晚唐过《风》《雅》，高者诡《选》，如删前缀，袭熟字，枝蔓类景，轧屈短调，动如夜半传衣，步三尺不可过。至韩、苏名家，放为大言以概之，曰：‘是文人之诗也。’……东坡神迈千古，至回文作词，语更可爱。于以见文人於诗，皆寝处而活脱之，宜诗人者之望而娟之。”

袁桷（1266—1327），字伯长，庆元鄞县（今属浙江）人。大德初，擢翰林国史院检阅，官满，升应奉翰林文字、同知制诰、兼国史院编修官，遂迁修撰，凡历两考，迁待制，又再任，进拜集贤直学士。久之，移疾而还。复遣使召入集贤，仍进学士。未几，改翰林直学士、知制诰、同修国史，迁拜侍讲。桷少从戴表元、王应麟、舒岳祥诸遗老游，学问渊源，具有所自。其在朝践历清华，再入集贤，八登翰苑，凡朝廷制册、勋臣碑版多出其手。练习掌故，长于考据，援引经训，原原本本，非空谈聚讼者所能。其诗格俊迈高华，造语亦多工炼，卓然能自成一家。他生当大德、延祐间，为元代极盛之时，故其著作宏富，气象光昌，蔚为承平雅颂之声。文采风流，遂为虞、杨、范、揭等先路之导，为一代文章之钜公。著有《易说》《春秋说》《清容居士集》。他在《自赞》（《清容居士集》卷一七）中说：“讷文词而三直承明之庐，拙骑射而五游朔漠之域。居安以穷牺爻之变，比事以纠麟经之释。至於见几归田，服恬淡而守贞白，识者谓为知止，而独慊然犹以为有形迹也。”这颇足以概括他的一生。

他认为宋诗有王、苏、黄三宗：“自西昆体盛，襞积组错。欧、梅诸公，发为自然之声，穷极幽隐，而诗有三宗焉：夫律正不拘，语腴意赡者，为临川之宗；气胜而力夸，穷抉变化，浩浩焉沧海之夹碣石也，为眉山之宗；神清骨瘦，声振金石，有穿云裂石之势，为江西之宗。二宗为盛，唯临川莫有继者，于是唐声绝矣。”（卷四八《书汤西楼诗后》）从地域上看，实为江西、四川两宗；从影响上看，苏学盛于北：“江西之文，曰欧阳、王、曾，自庆历以来为正宗，天下师之无异辞。宋金分裂，群翕然师眉山。”（卷二二《曹伯明文集序》）金代“师眉山”，元代也一样。

他对苏轼十分崇敬，他在《苏公图赞》（卷一七）中写道：“岷峨之山，扶舆氤氲。诞育至英，绝类离群。溢为江河，乘为风云。高绝俊颖，探迹炳文。承明迩英，细思运精。骋辔以行，华夷是惊。蹇蹇匪躬，上通帝灵。才以贬官，谤以长名。播迁徼荒，百虐寇攘。缮性养神，弥介弥刚。”他写有不少题跋，如《书东坡寄真隐诗》《鲁公坐位帖》《书东坡凉热偈》《跋东坡黄州谢表》《跋姚子敬所藏东坡书飞白记》《东坡玉堂制草》《跋苏文忠与黄师是尺牍》《跋东坡岭表书〈归去来辞〉赠卓契顺道者》等等，表明他对苏诗、苏文都认真研究过。他在《书东坡凉热偈》（卷四六）中说："释氏之书，皆自梁隋诸臣翻译，故语质而文窘。至若《楞严》，由房融笔授，始觉畅朗。公文如万斛泉，风至水涌，凤翔祈文与训诰相表里，则房融文体，一规近之。"《跋东坡黄州谢表》（同上）云："昌黎公《潮州谢表》，识者谓不免有哀矜悔艾之意。坡翁《黄州谢表》悔而不屈，哀而不怨，过于昌黎多矣。然余尝读《岭海谢表》有云：'人皆相传其已死，臣亦自厌其余生。"言至于此，章、蔡之罪，可胜数哉!"他对苏轼岭外诗尤为推崇，他在《书杜东洲诗集后》（卷四八）中说："苏文忠自渡岭海以后，诗律大变。盖其精神气概，逢海若而不慑，喷薄变化，迎受之而莫辞。昔之善赋詠者，必穷涉历之远。至于空岩隐士，其所讽拟，不过空林古涧，语近意短，又安能足以广耳目之奇，写胸臆之伟哉!"他研究了苏、王四六文之别，苏以才气胜，王以经学胜："寡学而才气差敏者，直师东坡，南渡以后皆宗之，金源诸贤，只此一法。惟荆公一派，以经为主。"

虞集（1272—1348），字伯生，虞允文五世孙，祖籍仁寿（今属四川），宋亡后侨居临川崇仁（今属江西）。夙慧，避地无书籍，母常以《论》《孟》及《春秋左传》、欧、苏文口授，辄成诵。元成宗大德六年，以大臣荐，授大都路儒学教授。元仁宗时任为集贤殿修撰。泰定帝时任翰林直学士、知制诰、同修国史兼经筵官、国子祭酒。天历三年（1330），特授中顺大夫；未几，拜奎章阁侍书学士。被旨修《皇朝经世大典》，为总裁官。顺帝即位，以病谒告归家。欧阳玄《虞雍公神道碑》（《圭斋文集》卷九）云："皇元混一天下，三十余年，虞雍公赫然以文鸣于朝著之间，天下之士，翕然谓公之文当代之巨擘也，而不知公之立言无一不本于道也。既而退居山林，垂二十载，乃得昌言于斯道，一志于斯文，而遂老矣。惜哉!"其存稿自题为《道园学古录》。

他的诗、文、词风格都颇类苏轼，《道园类稿》卷首宪司牒文云："虞集，阀阅名家，久居禁林，近以文章道德黼黻皇猷，后韩子而继出者，士论有所归矣。……所著文章词华典奥，追唐韩、柳之风；体制精严，绍宋欧、苏之作。俾锓诸梓以传世，实足模范於将来。”王叔载评虞集诗云：“‘元朝诸人诗，虽以范、杨、虞、揭并称，然光芒变化，诸体咸备，当推道园。如宋朝之有坡公也。’予谨识之，久而益信。”（瞿佑《归田诗话》卷下）翁方纲《清影元抄本重锓道园稿序》云：“诗至苏、黄而后，难乎其为作者矣。若先生之诗，酝酿六经，荟萃百氏，镕精炼液，以成一家之言。善读者深探而神会之犹恐不及，遑复多求哉。”其《石洲诗话》卷五亦云：“盖自北宋欧、苏以后，老於文学者，定推此一人，不特与一时文士争长也。”虞集亦能词，今存词二十余首，《艺概·词曲概》云：“虞伯生、萨天锡两家词，皆兼擅苏、秦之胜。”

虞集作为苏轼乡人，对苏轼十分崇敬。他在《题刘贡父、苏子瞻兄弟、邓润甫、曾子开、孔文仲兄弟赓和诗墨迹》（《道园学古录》卷一一）中，对元祐党争深有感慨：“元祐同朝诸贤，历官行事，日月可考知尚多。七君子偶以唱和，同在此卷，使人览之，有无穷之悲慨者，何也？当时君子之多，近古所未有；固为君子而为道不同，亦古所未有。故贲然文明错著，曾见于一日，而天下少福，卒莫睹夫久大之德业，胥为摧败沦丧，而终不可复，皆天也耶？”苏轼贬官黄州，月用四千五百钱，日用不过五十，以叉取钱，善于处约。他在《书坡公帖后》（《道园诗遗稿》）中说：“士君子不以穷乏累其心，而区画亦尽人事，皆中礼之所为也。夫子在陈、蔡，以子路之贤不能无愠色，然处约之道，君子小人之分见焉。微子路，无以发圣言矣。”晚年贬官海南，则与诸黎往来，载酒读书，戴笠着屐，混迹于田父野老。他在《题儋耳东坡载酒堂》（卷一）说：“翳翳儋耳城，历历桄榔树。百年遗故丘，新堂设宾阼。清风海上至，朝阳在庭户。丹山五色凤，览德屡来下。甘辛熟桂酒，罗列杂藷蓣。苻黎多孙子，食饮祭先具。蛟龙波浪深，归来风雨遽。凿井得甘泉，渴者恒自私。流润不择地，委顺复何疑。海南绝风雨，水木况华滋。邻舍解读书，诸生还诵诗。何必还故都，聊乐宜在兹。星河度白鹤，山月悬峨眉。来晚去何速，劳人千载思。”《东坡笠屐图》（《道园诗遗稿》卷一）亦云：“谪居荒滨，无谁与语。言从诸黎，归在中路。风雨适至，借具田父。犵童怪随，传像画者。笠以雨来，屐以泥行。匪以为容，用适其情。”

吴师道（1283—1344），字正传，婺州兰溪（今属浙江）人，至正元年（1341）进士。授高邮县丞，改宁国路录事，尹建德，入为国子助教、博士，后以礼部郎中致仕。著有《吴正传文集》《吴礼部诗话》《敬乡录》等。其《吴礼部诗话》，对苏轼诗文词多有精辟评论。如评其诗文云："东坡送别子由诗云：'登高回首坡垅隔，时见乌帽出复没。'模写甚工。异时记凌虚台，谓'见山之出于林木之上者，累累然如人之旅行于墙外，而见其髻也'，盖同一机轴。"又评其词云："东坡《贺新郎》词'乳燕不华屋'云云，后段'石榴半吐红巾蹙'以下皆咏榴，《卜算子》'缺月挂疏桐'云云，'缥渺孤鸿影'以下皆说鸿，别一格也。"他的一些考证对研究苏轼也颇有参考价值，如考苏诗出处："旧作集句，用东坡'庭下已生书带草'句对唐人'马头初见米囊花'，以为的切。近阅张祜诗有云'碧抽书带草，红节米囊花'，已有此句矣。"或考作品伪讹："近有《醉翁（欧阳修）琴趣外篇》，二百余首。所谓鄙亵之语，往往而是，不止一二也。前题东坡居士序，近八九语，所云：'散落樽酒间，盛为人所爱尚，犹小技，其上有取焉'者，词气卑弱，不类坡作，益可以证词之伪。"

活动于至顺（1330）以后的元代重要作家有萨都剌、杨维桢、顾瑛、王冕等，其他一些人对苏轼也有一些精到的论述，对苏轼研究作过一些有益的工作。这时受苏轼影响较深应算**刘将孙**。将孙（约1320年前后在世），字尚友，别号养吾，刘辰翁子。少质鲁，长而颖悟过人，为文较辰翁愈奇崛。皇庆二年（1313），荐授光乐主簿。著有《养吾斋集》。吴澄《刘尚友文集序》云："叙古文之统，必曰唐韩、柳二子，宋欧阳、苏、曾、王、苏五子也。宋迁江南百五十年，诸儒孰不欲以文自名？可追配五子者谁与？国初庐陵刘会孟氏突兀而起，一时气焰震耀，远迩乡人尊之，比于欧阳。其子尚友式克嗣响。夫一家二文人，由汉迄今，仅见眉山二苏，而尚友之嗣会孟，不忝子瞻之嗣明允。"曾闻礼《刘将孙养吾斋集原序》称其文类苏轼："知源泉万斛，初不择地而出，其浩乎沛然者，诚得于天分之本自高，非徒力所能至也。方之苏氏父子，将追坡翁以翱翔。"《四库全书总目》卷一六六《养吾斋集》提要亦云："辰翁以文名于宋末，当文体冗滥之余，欲矫以清新幽隽，故所评诸书，多标举纤巧，而所作亦多以诘屈为奇。然蹊径独开，亦遂别自成家，不可磨灭。将孙濡染家学，颇习父风，故当日有‘小须’之目。吴澄为作《集序》，谓其浩瀚演迤，自成为尚友之文，如苏洵之有苏轼。”

刘将孙的文论主张深受苏轼影响，其《谭村西诗文序》（《养吾斋集》卷一〇，四库全书本）云：“文以气为主，非主于气也。乃其中有所主，则其气浩然，流动充满而无不达，遂若气为之主耳。……故昌黎之古文，其小律小绝无不精妙；东坡之大才，其回文丽句各极体裁。或有谓能文不能诗，能诗不能文者，皆其主弱而气易衰也。……昔韩公于东野有‘昌其诗’语，而东坡二百（年）后，自昌身、昌诗、昌气，而极于昌志。”他对苏轼诗文特点有精到的概括，苏轼作品多感慨之词，其《适安堂记》（卷二〇）云：“东坡当承平盛时，三迁未已。至往复渡海，慨然有乘桴之叹。泛合浦，下苍梧，他乡清夜共方外，萧条赋诗，乃知天壤间，何人不清安，若此者又不得而安之者也。”《自有乐地记》（卷一六）亦云：“山水之雄杰，本不预人事。虽如欧公于滁，东坡于百步洪，自以为乐矣，然或内不得于意，而外讬以自宽，谈笑之中有景景者焉，燕酣之外有郁郁者焉，地与人不相属也。”苏轼诗文词都有不少强作自宽之语，嘻笑掩藏着的往往是抑郁之情。他认为苏轼的古文时文都很好，其《题曾同父文后》（卷二五）云：“予尝持一论云：能时文，未有不能古文。能古文而不能时文者有矣，未有能时文，为古文而有余憾者也。如韩、柳、欧、苏，皆以时文擅名，及其为古文也，如取之固有。韩《颜子论》，苏《刑赏论》，古文何以加之？而苏之进论、进策，终身笔力，莫汪洋奇变于此，识者可以悟矣。”他认为苏轼之飘飘欲仙正得之于风月，其《风月吟所记》（卷一六）云：“古今称太白、子瞻飘然如仙，而二公之得意语，正在风月间。‘惟江上之清风与山间之明月，取之无尽，用之不竭，是造物者之无尽藏’者，东坡之淋漓放浪，固如在目中也。此风此月，千古常新。吾吟吾所，绝尘奔轶。二仙者精意浮动，吟风弄月，如将见之。”他认为苏文特点以苏轼自己对自己的概括为最准确，其《从孙千林小草序》论苏轼《自评文》“吾文如万斛泉”云：“欲探坡之所自得者，更千万言亦不能得此语之仿佛也。”

苏轼好隐括前人之作，刘将孙亦曾隐括苏轼前、后《赤壁赋》入《沁园春》，其词序云："近见旧词，有隐括前、后《赤壁赋》者，殊不佳。长日无所用心，漫填《沁园春》二阕，不能如公《哨遍》之变化，又局于韵字，不能效公用陶诗之精整。姑就本语，捃拾排比，粗以自遣云。"

元代词话不多，据《词话丛编》，元代有吴师道**《吴礼部词话》**、陆辅之**《词旨》**各一卷。《吴礼部词话》论苏词仅有评东坡《贺新郎》词一则，已见前。《词旨》含词说、属对、警句、词眼等，偏重于词法，也未专门论及苏词。元末**陈秀明**编有《东坡文谈录》一卷和《东坡诗话录》三卷。秀明，字庶子，四明人。初官步巡检，擢知常熟州，后为张士诚参军，历浙江行中书省参知政事、翰林学士。《东坡文谈录》杂采诸家（如李端叔、米芾等）评论苏文之语，亦间有评诗之语，体例不纯。南宋已有《东坡诗话》，乃"（轼）杂书有及诗者，好事者因集成二卷。"（《郡斋读书志》卷一三）陈秀明的《东坡诗话录》三卷与此不同，非苏轼杂书有及诗者，而是"杂采诸家论苏诗者。其排纂后先，既不以本诗之事类为次第，又不以原书之年代为次第，殊无体例"。所采亦多"挂漏"（《四库全书总目》卷一九七）。但在元代是采辑苏轼诗、文评较多的专书，仍有一定参考价值。

以上是元人对苏轼评论较多或较系统的一些作家，偶尔论及苏轼者更多。或称其忠义，柳贯《题苏长公书曹侍中与王省副论赵元昊事》（《柳待制文集》卷二，四部丛刊本）："坡翁忠义人。"苏伯夔《题东坡制策稿》（《滋溪文集》卷三〇，四库全书本）："忠君忧世之心，溢于文辞。"或谓宋诗可追杜甫者唯苏轼一人，程文海《王寅夫诗序》（《雪楼集》卷一四，湖北先正遗书本）云："继风骚而诗者，莫昌于子美。秦蜀纪行等篇，山川风景，一一如画，逮今犹可想见。他诗所咏，亦无非一时事物之实，谓之诗史，信然。后之才气笔力可以追踪子美，驰骋躏借而不困惫，在宋唯子瞻一人。其平生游览经行及海南诸诗，读之者真能知当时土风之为何如。诗之可以观，未有过于二公者也。"或谓苏轼一生学术有三变，赵汸《跋东坡尺牍后》（《东山存稿》卷五）云："宋礼部尚书赠太师东坡苏公，忠义贯日月，名声塞宇宙，盖千载一人也。妙龄登高科，思以文学经济如贾太傅、陆宣公。中岁偃蹇不偶，留心佛乘，交友禅伯，如白乐天、柳子厚。晚节播迁岭海，遂欲阴学长年，超然遐举，如安期生、梅子真。此公学术三变，见于手笔书疏者，具有本末也。若夫文章妙天下，特其余事。传《周易》《尚书》，解《论语》，亦博洽之及尔，要非志气所存。”这也是很精到的见解，对苏轼一生作了全面而又简明的概括。

后人多在苏轼游宦之地纪念苏轼。杭州西湖岳飞的府宅，宋末改为国子监，入元，即其地建书院，祠林逋、白居易、苏轼三贤。至正十六年又翻新。杨维桢《重修西湖书院记》（《东维子文集》卷一二，四部丛刊初编本）中说：“处士（林逋）以洁身独善，合乎道之清。苏、白皆棲心忠鲠，有遗爱，实裨于风化，而无忝于六经之道。”

徐州有苏公楼，陈基《徐州》（《夷白斋稿》外集）云：“伤哉楚君臣，伯（霸）图已寂寞。空余苏公楼，突兀倚寥廓。徐人昔恃公，安若山与岳。文章与元气，万古相磅礴。大河失故道，崩奔势逾虐。生人化鱼鳖，中州废耕凿。安得不世才，为君拯民瘼。九原何茫茫，可爱不可作。”

苏轼贬官黄州，黄冈赤壁更是元人题咏的对象。陆文圭《赤壁图二首》（《墙东类稿》卷一九，四库全书本）称其文辞可敌周瑜的武功：“公瑾子瞻二龙，文辞可敌武功。却怪紫烟烈焰，不如白月清风。”戴良《题赤壁图》（《九灵山房集》卷一七，四库全书本），更笑赤壁图不写周瑜的赤壁之战，却写苏轼的赤壁之游：“千载英雄事已休，独余明月照江流。画图不尽当年恨，却写苏家赤壁游。”张之翰《赤壁图》（《西岩集》卷一〇，四库全书本），谓正是苏轼的被贬，进一步成就了他的文学成就，我们才能读到《赤壁赋》和赤壁词：“一时谪向黄州去，四海传为赤壁图。争得谢墩方罢相，有人曾画半山无”；“战舰烟消几百年，江山风月属坡仙。玉堂果有容公处，二赋何由世上传。”胡只遹《题赤壁图》（《紫山大全集》卷四），则对苏轼被贬鸣不平：“雪堂胸中十万兵，西戎东辽何足平。用违所长计已失，黄州一贬良无情。才长定为众所忌，直词更敢相讥评。霜寒木落江水清，茫然万顷江月明。扣舷釃酒不一醉，感激俊气怀群英。千岁一合岂易得，老鹤孰与鸡争鸣。不须遥想周公瑾，只合移文酹贾生。”王直《题赤壁图后》云：“先生虽为（李定辈）所困，然胸次悠然，无适而非乐，其清忠直节，自足以照映千古，不特文章之美也，而定辈皆已弥败自腐而无余矣。”

元丰七年（1084），苏轼自黄移汝，曾去筠州看望苏辙，途经兴国仅六七日，当时李仲览曾为之修建怀苏阁，后经南宋王十朋、林仁厚，直至元朝至元三年（1343）夏日孜复建。许有壬《怀坡楼记》（《至正集》卷三六，四库全书本）详尽记载了这一过程：

苏文忠公文章在天地间，后世学者无所容喙。尚论其平生忠义而迹其出处，有不能不为之浩叹者焉。进尽忠论，只以贾杭之倅；咏歌庸言，乃以媒黄之贬；翰林骎骎乎用，复出知杭；又两入而出，则惠州、儋耳之谪，遂终身矣。其在朝廷，始终不七八年，倅、守郡者十四年，居贬所，在路者十三年。台狱之危，殆如朝露。夜碇涨海，身厌毒疠，所以阻遏摧轧者可谓极矣。其自黄移汝也，访黄门公（苏辙）于筠。道兴国，访太守杨元素；谒李仲览，识岁月于壁；宿石田驿南野人舍，有诗。仲览力学精修，登元丰八年进士第，筑怀坡阁里舍旁。乾道间，端尹王十朋作《怀坡》诗。淳熙间，郡守林仁厚始刻公诗若十朋诗于石，置百叠楼下。阁与楼废，石刻故在。至元三年岁丁丑（1343），庐陵夏日孜为录事，访阁遗址，沦为民居，谓复于郡，郡守左贤从之，直郡东富川门外作楼三间，仍榜“怀苏”。……昔公莅临才七日，风声所被，若历年之浃洽。所见杨元素、李仲览一二人，而一郡之人物均淑，于今日遂使兴国山川草木并闻于天下，不泯于后世。则黄五年，惠、儋六七年，道路之所及，忠义之所化，光华之所贲，至于今而未息者，可胜纪哉！所谓瘁其躬而昌于天下，屈其今而信于后世者，其益信矣。

许有壬（1286—1364），字可用，彰德汤阴（今属河南）人。他是元代著名文学家，诗词文均佳。从其《怀坡楼记》可看出，元人怀苏敬苏之情并不亚于宋人。

苏轼晚年贬官惠州，宋人曾多次重修苏轼白鹤峰故居即惠州东坡书院，元代至元三十一年（1294），佥广东道肃政廉访司事张处恭又在此茀地树堂以祀苏。大德十年（1306）韩克泰曾加以扩建。延祐四年（1317）佥事张世荣出钱为建祠堂。至正元年（1341）佥事周琦又扩大其祠，以孔子燕居殿为东坡书院。危素的《惠州东坡书院记》，记述了惠州东坡书院的兴建始末，并感慨道：“公父子兄弟起西南万里外，俱为宗公钜儒，而声名震耀海宇，愈远而愈光。盖出而遭逢其国之休运，上有仁之君，下有韩（琦）、范（仲淹）、富（弼）、欧阳（修）为之臣，一时居显荣者，汲汲焉以荐贤报国为先务，所以矜嗟奖宠者无所不用其极。公兄弟既擢进士，公之父亦以布衣授官，与修典礼，岂非太平极盛、拔茅汇征之时欤！一旦佥人用事，来之邵与李定、舒亶诸人，罗织诬蔑，争欲致公于死地，磨牙肆毒，不遗余力。曾不若后之盗贼，犹能知敬此诗人，比青蝇于谗口，而反复切责之也。”

苏轼在海南有载酒堂，柳贯《载酒堂诗》（《柳待制文集》卷三）序云：“兰溪州同知州事彭侯震卿为南宁军判官日，尝访得苏文忠公载酒堂遗趾，筑室肖像，即修祠事。朝野名胜，往往形之赋咏。”诗云：“东坡先生如龙鸾，世人疑其欲飞蟠。九州四海不容足，摄身径去窥髦蛮。南荒万里儋耳国，帝遣海若开奇观。”

苏轼死于常州，葬汝州郏城，王恽《谒苏坟》（《秋涧先生大全集》卷八）对苏轼一生作了总结：“神嵩崩腾万马东，汝流西来横玉虹。山川秀润不少悴，知有峨眉老仙宅其中。先生立朝有大节，南游天使完其忠。胸中英气蟠不尽，余蕴散作文章宗。天章昭回烂云汉，下探万古英灵空。前年西堂睹先生之遗像，今年此山拜先生之堂封。嗟予何者有此幸，青藜得照龙渊宫。汝阳楼上重回首，安得追逐逸驾攀高风？涤濯固陋开颛蒙，公虽僵臣其犹龙。”屈子元《二苏墓诗跋》云：“东坡先生，古今忠义一人而已。其作为文章，见于行事者，固不一而足。无何，道之不行，命宫磨蝎，窜居黄冈数年，然后归隐。流离顿挫，处之自若，胸中一点，可谓之养浩然者也。”可见，苏轼一生形迹所在，元人都仰慕有加。

元代有不少题苏轼像的诗文，张雨《独游龙井方圆庵……》（《句曲外史贞居先生诗集》卷一，武林往哲遗著本）云：“堂堂苏长公，英气渺难干。邛枝紫道服，天风吹袖宽。”又《东坡戴笠图》（卷二）云：“步过黎子云，不意风雨至。借渠两不借，一笠盖天地。海上得生还，所养浩然气。束带立于朝，毋使庞也吠。”元代戏剧很发达，元人还以戏剧形式写苏轼，如费唐臣之《苏子瞻风雪贬黄州》、吴昌龄《花间四友东坡梦》之类。

所谓“苏学盛于北”主要是指创作而言，如果就对苏轼的研究看，金代根本不能与南宋媲美，元代也远不如南宋。

由于何抡、施宿的苏轼年谱长期不传，王宗稷《东坡先生年谱》、傅藻《东坡纪年录》成为最流行的苏轼年谱，为金、元苏诗刻本所附载，如金刻本《分类东坡先生诗》、元建安熊氏刻本《分类东坡先生诗》，但未见金、元人自撰的苏轼年谱。

南宋至元，“东坡七集”的面目大体没有什么变化，马端临的《文献通考·经籍考》《宋史·艺文志》的著录基本上沿袭《郡斋读书志》《直斋书录解题》二书，其所登录的苏轼著述，基本上反映的是南宋存世的苏轼著述情况。

邵桂子、邵复儒家藏有宋本“东坡七集”。邵桂子为宋末元初人，鲍楹《雪舟诗序》云：“清溪邵桂子，字德芳。太学上舍。登咸淳进士，任处州府教授。宋亡，避地云间，赘曹氏。居泖湖之蒸溪，尝濒湖构亭名雪舟，著述其间。”据《天禄琳琅书目》载，所藏东坡各集各卷首尾，皆钤有邵桂子名号印及其各种闲章。邵复儒为元明之际人，邵桂子之孙，《松江志》载：“邵桂子之孙亨贞，字复儒。博通经史，赡于文辞，凡阴阳医卜佛老之学，莫不究其奥。洪武间为府学训导，寻戍颍州，后归。卒年九十三。著有《蛾术集》。”家藏《东坡集》，卷八也有朱文“亨贞”“邵氏复儒”印章。叶盛《水东日记》卷二〇云：“邵复儒先生家藏《东坡大全文集》——《东坡集》四十卷、《东坡后集》二十卷（原误作十卷）、《东坡奏议》十五卷、《东坡内制集》十卷（《乐语》附）、《外制集》上中下卷、《东坡和陶渊明诗》四卷、《东坡应诏集》十卷。此是细字小本。”可见邵氏家藏《东坡大全文集》实为南宋的“东坡七集”。余嘉锡《四库提要辩证》云：“桂子以遗老入元不仕，此书恐仍是宋刊本。以印于兵难之时，故纸不能佳耳。”

元人收藏过的宋刊“东坡七集”残本，有北京图书馆收藏的大字宋刊本《东坡集》四十卷，残存三十卷。清人韩应陛跋此书云：“宋本《东坡集》三十册……此册末有记语一行十二字云：‘至正二十二年二月二十三日借读。’

不署姓名。字虽未必佳，玩其笔意，必非出近人手。”“至正”为元顺帝年号，可知此书为元人收藏过。民国年间潘宗周《宝礼堂宋本书录》认为此书乃“南宋孝宗时刊”，根据是避宋讳至宋孝宗赵眘的“眘”字。

元人刊刻过《增刊校正王状元集注分类东坡先生诗》二十五卷，有元建安虞平斋务本书堂刊本，宋本书名题作《王状元集百（一作诸）家注分类东坡先生诗》，虞本于书名上加“增刊校正”四字，删除“百家”或“诸家”字样；宋本赵夔序在前，王十朋序在后，虞本王序在前，赵序在后；所收《东坡纪年录》，宋本署傅藻撰，虞本作傅藻；虞本对宋本有增注，亦有删改。此书北京图书馆、北京大学图书馆、上海图书馆、辽宁省图书馆（存三卷）、天津图书馆（存一卷）、华东师大图书馆（存七卷）均有收藏。《四部丛刊》所收即为此书影印本。

元代还有建安熊氏鼎新绣梓的《增刊校正王状元集注分类东坡先生诗》二十五卷，有刘辰翁评点，今存北京图书馆；元庐陵坊刻《增刊校正王状元集注分类东坡先生诗》二十五卷，存“台湾中央图书馆”；又有元刻《增刊校正王状元集诸家注分类东坡先生诗》二十五卷，书名比虞本多“诸家注”三字，有刘辰翁评点，藏北京大学图书馆，北京图书馆、上海图书馆、辽宁省图书馆、四川省图书馆有此书残帙。

金人元好问编有《东坡诗雅》，《金史》卷一二六《元好问传》，《千顷堂书目》卷三二，《诗薮》杂编卷六，倪灿撰、卢文弨补的《补辽、金、元艺文志》都有著录，原书今已失传。

元好问还编有《东坡乐府集选》，是就金人孙镇《东坡乐府注》精选的。孙镇，字安常，金章宗承安二年（1197）赐第，官陕令。八十四岁卒。著有《注东坡乐府》《历代登科记》行于世（《中州集》卷七《孙省元镇》）。元好问《东坡乐府集选引》云：

绛人孙安常注坡词，参以汝南文伯起《小雪堂诗话》，删去他人所作《无愁可解》之类五六首，其所是正亦无虑数十百处，坡词遂为完本，不可谓无功。然尚有可论者，如“古岸开青葑”《南柯子》，以末后二句倒入前篇，此等犹为未尽。然特其小者耳。就中“野店鸡号”一篇，极害义理，不知谁所作，世人误为东坡，而小说家又以神宗之言实之云：“神宗闻此词，不能平，乃贬坡黄州。且言：‘教苏某闲处袖手看朕与王安石治天下。’”安常不能辨，复收之集中，如“当时共客长安，似二陆初来俱妙年。有胸中万卷，笔头千字，致君尧舜，此事何难。用舍由时，行藏在我，袖手何闲处看”之句，其鄙俚浅近，叫呼衒鬻，殆市驵之雄，醉饱而后发之。虽鲁直家婢仆且羞道，而谓东坡作者，误矣。又前人诗文有一二字异同者，盖传写之久，不无讹谬。或是落笔之后，随有改定。而安常一切以别本为是，是亦好奇尚异之蔽也。就孙集录取七十五首，遇语句两出者，择而从之。自余“玉龟山”一篇，予谓非东坡不能作，孙以为古词删去之，当自别有所据，姑存卷末，以俟更考。丙申九月朔书于阳平寓居之东斋，元某引。

孙镇《东坡乐府注》除“删去他人所作”外，似收了全部苏词，这是傅幹《注坡词》之后的另一重要苏词注本（“坡词遂为完本”）；清初黄虞稷《千顷堂书目》卷三二曾著录此书，其后未再见流传。元好问“就孙集录取七十五首”，即他选的《东坡乐府集选》，丙申即金章宗天兴五年（1236）。《东坡乐府集选》更以精为特征，可惜二书俱已失传。

元延祐七年庚申（1320）叶曾云间南阜草堂刊刻《东坡乐府》二卷，是今存东坡词集的最早刻本，世称元延祐本或云间本。这是元人对苏词的最大贡献。卷首有叶曾序，序称东坡词“乐而不淫，哀而不伤，真得六义之体”；指责“好事者或为之注释，中有穿凿甚多，为识者所诮”；自称“用家藏善本，再三校正一新，刻梓以永流布”。全书按词调编次，同调汇刻。上卷凡四十一调，收词一百一十五首；下卷共二十七调，收词一百六十六首，总共六十八调，收词二百八十一首。叶曾用作“校正”的“家藏善本”，可能包括了傅幹的《注坡词》及曾慥所辑《东坡长短句》，故能兼傅本、曾本之长，而又有所增订。它比傅幹《注坡词》多九首，比曾慥辑本《东坡长短句》多十首。原本辗转流传，钱曾《读书敏求记》曾予著录，先后为顾广圻思适斋、黄丕烈士礼居、汪士钟艺芸精舍、杨绍和海源阁、天津周叔弢等收藏，现存于北京图书馆。

第四章　“不好宋诗而独爱东坡”

——明代“中熄”期

自洪武元年（1368）朱元璋称帝于南京，至崇祯十七年（1644）朱由检自缢于北京，凡二百七十六年，是中国历史上的明王朝时期。在欧洲，正是文艺复兴时代，而在中国，资本主义的萌芽却被明王朝的封建专制统治所抑制，程朱理学被尊为官方学说，文字狱和八股文取士禁锢了士子的自由思想。此前中国社会居于世界历史的前列，从这时起中国社会开始落后于西方。明代文学亦落后于唐、宋，正如黄宗羲《明文案序》所说：“有明之文莫盛于国初，再盛于嘉靖，三盛于崇祯。……然较之唐之韩、杜，宋之欧、苏，金之遗山（好问），元之牧庵（姚燧）、道园（虞集），尚有所未逮。盖以一章一体论之，则有明未尝无韩、杜、欧、苏、遗山、牧庵、道园之文，若成就以名一家，则如韩、杜、欧、苏、遗山、牧庵、道园之家，有明固未尝有其一人也。”《四库全书总目》卷一九〇《御定四朝诗》提要云：“明诗总杂，门户多岐。约而论之，高启诸人为极盛。洪熙、宣德以后，体参台阁，风雅渐微。李东阳稍稍振之，而北地信阳已崛起与争，诗体遂变。后再变而公安，三变而竟陵，淫哇竞作，明祚遂衰。”

从南宋开始的唐、宋诗之争，到明代以尊唐派占优势，所谓“文必秦汉，诗必盛唐”，宋诗大受冷落。宋荦《漫堂说诗》云：“明自嘉（靖）隆（庆）以还，称诗家皆讳言宋，至举以相訾謷，故宋人诗集，庋阁不行。”正是在这一背景下，明人对苏轼的研究既落后于前之南宋，更不能与后之清代媲美。明人对苏轼生平、苏轼作品没有做过深入研究，几乎没有明人自编的苏轼年谱传世，也没有明人自注的苏集传世。但正如清人李调元《雨村诗话》卷下所说：“余雅不好宋诗，而独爱东坡。”或如吴之振《宋诗钞·东坡诗钞》所云："世之訾宋诗者，独于子瞻不敢轻议。"此二语可用来概括明、清的所有尊唐派。即使他们对苏轼有所批评，但也掩盖不了他们对苏轼的喜爱。有人说，明人刻书而书亡，但明人很重视苏轼诗文的辑佚，不少苏轼诗文都靠明刻而得以保存至今。明代评点派流行，他们翻刻或编刻的各种苏轼诗词文选评本，无疑有利于普及苏轼诗文。

第一节　"操觚之士鲜不习苏公文"

王世贞《苏长公外纪序》云："操觚之士鲜不习苏公文。"明代文学的突出特点是宗派林立，有以李东阳为代表的茶陵诗派、以前后七子为代表的复古派，以归有光、唐顺之、王慎中、茅坤为代表的唐宋派，以袁宏道为代表的公安派，以钟惺、谭元春为代表的竟陵派，以李贽为代表的童心说。这些不同的文学流派的文论主张、文学风格各不相同，但对苏轼却几乎都做肯定的评价。

在封建专制的高压下，在明成化以前的一百多年，明代文坛万马齐喑，相当衰落。从弘治（1488）到隆庆（1572）的明中叶，这近百年是明代文学从衰落到复苏，并逐渐形成明代文学高潮的时期，相继出现了吴中四才子（徐祯卿、祝允明、唐寅、文徵明）、前七子（李梦阳、何景明、徐祯卿、康海、王九思、边贡、王廷相、王世贞）、唐宋派（以唐顺之、王慎中为首）、后七子（李攀龙、王世贞、谢榛、宗臣、梁有誉、吴国纶、徐中行）。万历以后的明代后期，随着东南沿海商品经济的发展，以李贽为代表的启蒙思想家反对假道学，力主尊重人欲，在文学理论上提出了童心说、性灵说，强调文学要有真情，要有个性，使明代文学形成高潮。明代后期的公安、竟陵派正是这一文学思潮的表现。

明代前期的文人多从元末而来。**苏伯衡**，字平仲，苏辙远孙。他博览群籍，善为古文。元末贡于乡，明初入礼贤馆，擢翰林编修、翰林学士。后坐笺表误，下吏死。著有《苏平仲集》。从苏伯衡《跋先文忠公墨迹》（《苏平仲集》卷一〇，四部丛刊本)、《跋先文忠公和韦诗后》可看出他对苏轼生平事迹十分熟悉，后文云：“夫当窜责放逐之日，流离道路之际，而游戏翰墨，字势笔意无秋毫不足之意，则公之超然自得，夷险不改其度，抑亦可见矣。”《书读〈易〉后》(均同上)云：“夫《易》之为书，古矣完矣粹矣，而汩而不明者，吾祖以为诸儒之说乱之也。……文忠之书，非为应有司之问而设。”

明初的宋濂、王祎同苏平仲都有交往，对苏轼评价甚高。**宋濂**《送国子正苏君还金华山中序》(《宋学士文集》卷七，四部丛刊初编本)云：“以论乎家世，则三苏之名闻天下，其隆德重望，至今与岷峨争雄。”其《苏平仲文集序》(同上，卷六六)云：“自秦以下，文莫盛于宋，宋之文莫盛于苏氏。若文安公之变化瑰伟，文忠公之雄迈奔放，文定公之汪洋秀杰，载籍以来，不可多遇。其初亦奚暇追琢絺绘以为言乎？卒至于斯极而不可掩者，其所养可知也。”**王祎**慕苏轼《志林》，作《续志林》十八篇(《王忠文公集》卷一四)，其序云：“古称文章家，自汉唐而下，莫盛于宋。东都欧阳修氏、曾巩氏、王安石氏，并时迭起，而苏轼氏于其间为尤杰然者也。苏氏之文，长于持论，纵横开阖，上下变化，无不如其意之所欲言。虽其理不能皆纯，而其才气之浩博，固将躐汉唐而上之矣。余读其书，爱其《志林》诸篇，议论超卓，而文章驰骋殊可喜，中心慕之。因窃其绪余，续为十八篇。”他的《苏君(苏友龙，字伯夔)小传》(卷一八)云：“苏氏之所从来远矣，唐世自赵入蜀，隐约数世。至宋之盛，而文公(苏洵)父子者也。及其自蜀居婺，则光显又累世。当元之盛，而君以生，盖上下不啻五百余年矣。昔文公与二子至京也，翰林欧阳公荐之，以故名大显。其父子皆知名，故时称文公为老苏。余闻伯衡(友龙第三子)举进士，赴礼部，君与俱行。是时，欧阳玄在翰林，亦极称扬之。而一时复以昔时称文公者为君称，至今以为美谈也。语曰：‘莫为之先，虽美而弗彰；莫为之后，虽盛而弗传。’岂谓是耶？苏氏之泽，盖未艾也。”

高启(1336—1374)，字季迪，号青丘子，晚号槎轩，长洲(今江苏苏州)人。他是元末明初的重要文人，因其不肯与明统治者合作，为朱元璋所杀，死时不足四十岁。著有《高太史大全集》。他的《东坡小像赞》云：“或置诸銮坡玉堂，或放之朱崖黄冈。众皆谓先生之憾，余则谓先生之常。先生盖进不淫，退不伤，凌厉万古，麾斥八荒，而大肆其文章者也。”

瞿佑（1341—1427），字宗吉，钱塘（今浙江杭州）人。学博才赡，著有《春秋贯珠》《阅史管见》《存斋诗集》《乐府遗音》《归田诗话》等。《归田诗话》分上中下三卷，内容以记事为主，所记多为师友言论、宦游见闻之有关诗道者。他尊崇宋诗，反对“举世宗唐”，认为“世人但知崇唐，于宋则弃不取，众口一词。至于诗盛于唐、坏于宋之说，私独不谓然”。其论诗多以君臣大义为旨归，如称美杜甫诗“识君臣上下”，指责李白“略无上下之分”。“陆秀夫殉国”“家铉翁持节”“汪水云赐还”“岳鄂王墓”等条，还表现出强烈的民族意识。他有一个颇为特殊的看法，认为“诗虽能致祸，然亦能解患”：“东坡为舒亶、李定辈所论，自湖州逮系御史台狱，时宰欲致之死，于狱中作诗寄子由……神宗见而怜之，遂得出狱，谪授黄州团练副使。后作中秋月词云：‘惟恐琼楼玉宇，高处不甚寒。’神宗览之曰：‘苏轼终是爱君。’得改汝州，听便。”（卷上）瞿佑特别欣赏苏轼的旷达，其《归田诗话》卷中云：“韩文公《上佛骨表》，宪宗怒，远谪，行次蓝田示侄湘，又题临泷寺，读之令人伤感。东坡则放旷不羁，出狱和韵即云：‘却对酒杯浑似梦，试拈诗笔已如神。’方以诗得祸，而所言如此。”又云：“‘却笑睢阳老从事，为予投檄向江西。’不以为悲而以为笑，何也？至惠州云：‘日啖荔枝三百颗，不妨长作岭南人。”渡海云：‘九死南荒吾不恨，兹游奇绝冠平生。’方负罪戾，而傲世自得如此。”

方孝孺（1357—1402），字希直，宁海（今属浙江）人。官翰林学士，为《太祖实录》《类要》总裁，当时诏令多出其手。成祖夺权，拒绝为其草诏，被杀。著有《逊志斋集》。他曾从宋濂学为文章，轻文艺而重教化，以明王道、致太平为己任。其文风格豪放雄健，颇类东坡。他在《赤壁图赞》（《逊志斋集》卷一九，四部丛刊本）和《赤壁》（卷二四）诗中，把曹操同苏轼作对比云：“群儿戏兵，污此赤壁。江山无情，犹有愧色。帝命伟人，眉山之苏，酹酒大江，以涤其污”；“东夏口，西武昌，赤壁峭绝当中央。奸雄将军气盖世，败卒零落惭周郎。得鲈鱼，沽美酒，孰若黄州苏子瞻，谪向江湖动星斗。噫吁戏，曹公气势，苏子文章，人物销铄，尘迹荒凉。惟有江水，千古万古空流长。”他认为苏轼之文得庄子之意，他在《苏太史文集序》中说：“庄周没殆二千年，得其意以为文者，宋之苏子而已。苏子之于文，犹李白之于诗也，皆至于神者也。”他认为苏轼之文以理明气达为特征，其《答王仲缙》云：“宋之以文名者，曰欧阳氏，曰苏氏，曰曾氏，曰王氏。此四人之文，尤三百年之杰然者，未尝以奇怪为高，则夫文之不在乎奇怪也久矣，惟其理明辞达而止耳。”

介于台阁体和前七子之间的茶陵诗派的代表人物是李东阳，他对苏轼也十分推崇。东阳（1447—1516），字宾之，号西涯，湖南茶陵人。幼为代宗所喜，英宗天顺八年（1464）进士。官至太子少保、礼部尚书、文渊阁大学士，为朝廷重臣。宦官刘瑾专权，他能委曲周全，“保全善类，天下阴受其庇”（《明史·李东阳传》）。明永乐、成化间，文坛流行台阁体，形式典雅而内容空虚。弘治中期，“文必秦汉，诗必盛唐”的前七子的文学复古运动取代了台阁体。李东阳上承台阁体，下开前后七子，在成化、弘治年间以大臣主持诗坛数十年。钱谦益《书李文正公手书东祀录略卷后》（《牧斋初学集》卷八三，四部丛刊本）云：“西涯之文，有伦有脊，不失台阁之体。诗则原本少陵、随州、香山，以追宋之眉山，元之道园，兼综而互出之，弘正之作者，未能或之先也。”著有《怀麓堂集》一百卷。其《蜀山苏公祠堂记》（《怀麓堂文后稿》卷八）详细记述了苏轼与常州的关系以及后人对苏的怀念：

常州宜兴之荆溪，有蜀山，本独山也。志称苏文忠公与蒋学士之奇同举进士，买田卜筑于兹山之麓，于是易独为蜀。按《尔雅》，山独者皆为蜀。志又称，爱其名而居之者，理则然也。公尝欲作亭种橘，预名曰“楚颂”。后上表乞居常。及归自岭南，卒于州邸。其弟文定公以其丧去，葬于颍上，其家亦不复至常。当是时，盖有所谓东坡书院者。寻辄废。越七十年，郡守晁子健择州学旁地，建祠祀公。元僧敏机因山为祠，为之居守。晁公武、徐一夔皆有祠记。今常州祠尚存，而蜀山祠废已久。弘治庚申，县人沈公晖自南京工部侍郎致仕归，以告抚按暨府县，佥议既协，躬访遗址，悉为居民所据，赎而归之，得地三十余亩，为堂六楹，肖公像其中，寝称之。为左右二亭，一刻公《楚颂帖》及诸诗词，一刻兴造之碑。东西庑及门各四楹，厅馆庖湢诸室为楹者以千数。其外则甃石为週垣百二十丈，视州祠深广略称，而伟丽过之矣。既乃用表忠观故事，命道士居之，岁奉祀焉。

文末作者感慨道：

公之自蜀入洛，隐然重京师，父子兄弟之名，遂擅天下，则公乃天下之人，俗传三苏生而眉山之草木皆枯者妄也。及其流离贬窜，不能归其乡，卜居兹山，托名以寄意。颍之山名曰峨眉者，亦此义耳。后虽其体魄在颍，而魂气之无不之者，安知不徘徊眷恋于兹山也耶？且公所谓不待生而存，不随死而亡者，将流行充塞于天地间，而况其经过寄寓之地哉！公之文章气节，天下莫不尊之。是虽不得与于天下之祭，揆之乡先生社祭之义，有过而无不及。独山之为蜀也，其社之类乎？然则是祠之设，固耆民俊士衣冠俎豆所宜周旋而倾注焉者也。

他认为赤壁所表现出的苏轼文才可与周瑜的武功媲美，其《苏子瞻》（《怀麓堂全集·诗稿》卷一九）云：“两国山川一战功，子瞻辞赋亦争雄。江流自古愁无限，落木长天万里风。”他对黄庭坚所谓苏轼诗不及古人颇不以为然，其《书愧斋唱和诗序后》（卷七四）云：“昔黄山谷谓坡老曰：‘有文章名一世，诗不逮古人者。’而彭渊材恨曾子固不能诗。自今观之，子瞻豪雄浩翰，决不出山谷下；子固集所传诸作，当世亦岂多得？不足信也。夫天下无两似之物，二美相并，必有所掩。”

他对苏文推崇备至，其《思石钟山辞》（《怀麓堂文稿》卷一八）云：“予尝读苏文忠公《石钟山记》，壮其为辞，以为善辩者无所施其巧，博物者无所用其智，诚兹山之伟观也。窃尝疑之：辞胜者近夸，势勍者难敌，而材力萎薄，莫之敢撄。加以逸步多艰，寡闻成癖，未尝不攘擘三叫，临文长吁，思欲驾长舻，逆巨浪，揖山灵于岩际，醻坡仙乎水中，而卒莫可得也。王君湖口之产，宦游京师，出所为图，发我幽思，作《思石钟山辞》。”

其《怀麓堂诗话》是一部理论性较强的诗话，他特别推崇唐诗：“唐人不言诗法，诗法多出于宋，而宋人于诗无所得。所谓法者，不过一字一句，对偶雕琢之工，而天真兴致，则未可与道。其高者失之捕风捉影，而卑者坐于粘皮带骨，至于江西诗派极矣。惟严沧浪所论，超离尘俗，真若有所自得，反复譬说，未尝有失。”严羽所论成了李东阳崇唐抑宋的理论根据，但他并没有像前后七子那样对宋诗全盘否定。他认为唐、宋、元诗在诗律上并无不同，其区别在格调：“所谓律者，非独字数之同，而凡声之平仄亦无不同也。然其调之为唐、为宋、为元者，亦较然明甚，此何故耶？大匠能予人以规矩，不能使人巧。律者，规矩之谓；而其为调，则有巧存焉。”他所谓的调就是指声之“轻重、清浊、长短、高下、缓急之异，听之者不问而知其为吴为越也”；“试取所未见诗，即能识其时代格调，十不失一，乃为有得”。这就是他著名的格调说。又云：“昔人论诗，谓‘韩不如柳，苏不如黄’；虽黄亦云‘世有文章名一世，而诗不逮古人’者，殆苏之谓也。是大不然。汉、魏以前，诗格简古，世间一切细事长语，皆著不得。其势必久而渐穷，赖杜诗一出，乃稍为开扩，庶几可尽天下之情事。韩一衍之，苏再衍之，於是情与事，无不可尽。而其为格，亦渐粗矣。然非具宏才博学，逢源而泛应，谁与开后学之路哉？”他还分析了言苏诗不逮古人的原因，这就是快直而少沉着：“苏子瞻才甚高，子由称之曰：‘自有文章，未有如子瞻者。’其辞虽夸，然论其才气，实未有过之者也。独其诗伤于快直，少委曲沉著之意，以此有不逮古人之诮。然取其诗之重者，与古人之轻者而比之，亦奚翅古若耶？”

继茶陵派而起的是力主“文必秦汉，诗必盛唐”的前后七子，其首领**李梦阳**（1473—1530）对宋代诗文进行了猛烈的抨击，认为宋无诗[①]：“宋人主理，作理语，于是薄风云月露，一切铲去不为。又作诗话教人，人不复知诗矣。”（卷五二《缶音序》）前七子的另一首领何景明也提出“秦无经，汉无骚，唐无赋，宋无诗”（《大复集》卷三八《杂言十首》，四库全书本）。

① 《潜虬山人记》，《李空同集》卷四八，四库全书本。

但不少明人是不赞成前后七子这种复古论的，如**都穆**的《南濠诗话》（历代诗话续编本）论诗不专主一家，反对崇唐抑宋云：“昔人谓‘诗盛于唐，坏于宋’。近亦有谓元诗过宋诗者，陋哉见也。刘后村云：‘宋诗岂惟不愧于唐，盖过之矣。’予观欧、梅、苏、黄、二陈至石湖、放翁诸公，其诗视唐未可便谓之过，然真无愧色者也。元诗称大家，必曰‘虞、杨、范、揭’，以四子而视宋，特太山之卷石耳。方正学（孝孺）诗云：‘前宋文章配两周，盛唐诗律亦无俦。今人未识昆仑派，却笑黄河是浊流。’又云：‘天历诸公（指虞、杨、范、揭）制作新，力排旧习祖唐人。粗豪未脱风沙气，虽诋熙（宁）（元）丰作后尘。’非具正法眼者，乌能道此。”这是鲜明反对“诗必盛唐”的拟古之风。

前后七子中也有一些人对苏轼仍评价甚高，特别是谢榛、王世贞。**谢榛**（1495—1575），字茂秦，号四溟山人，又号脱屣山人，临清（今属山东）人。眇一目，终身布衣。他在后七子中年龄最长，其《四溟诗话》可说是后七子一派的诗论基础，虽然他后来与他们矛盾较深。此书以论诗法为主，其崇唐抑宋，拟古复古与李攀龙、王世贞的主张是基本一致的，提出“学诗当如临字”。但他也承认“文随世变”，反对蹈袭，主张写性情之真：“今之学子美者，处富有而言穷愁，遇承平而言干戈，不老曰老，无病曰病，此摹拟太甚，殊非性情之真也。”（卷二）在学唐上他主张取径宜广，取初盛唐十四家诗“录成一帙，熟读之以夺神气，歌咏之以求声调，玩味之以裒精华，得此三要，则造乎浑沦，不必塑谪仙而画少陵也。夫万物一我也，千古一心也，易驳而为纯，去浊而归清，使李、杜诸公复起，孰以予为可教也。”（卷三）钱谦益《列朝诗集小传》谓谢榛此论出，而“诸人心师其言，后虽争摈茂秦，其称诗之指要，实自茂秦发之”，是符合实际的。他对苏轼的和陶诗也评价较高：“和古人诗，起自苏子瞻。远谪南荒，风土殊恶，神交异代，而陶令可亲，所以饱惠州之饭，和渊明之诗，藉以自遣耳。”

王世贞（1526—1590），字元美，号凤洲、弇州山人。嘉靖二十六年（1547）进士，官刑部主事，迁员外郎，郎中。官至刑部尚书。其《书三苏文后》（《读书后》卷四，味菜庐集印本）对苏文作了全面评述：“明允、子瞻俱善持论，而明允尤雄劲有气力。独其好胜而多骋，不甚晓事体，考故实，而轻为可愕可喜之谈，盖自战国中得之。子瞻殊爽朗，其论策沾溉后人甚多。记叙之类，顺流而易，竟不若欧阳之舒婉，然中多儁语。骚赋非古，而超然玄著，所以收名甚易。吾尝谓子瞻非浅于经术者，其少之所以不□，则明允之余习，晚之所以不纯，则葱岭之绪言。然得是二益，亦不小也。”他编有《苏长公外纪》（明燕石斋刻本），专收苏轼小品文，其序云：“今天下以四姓目文章大家，独苏公之作最为便爽，而其所撰论策之类，于时为最近，故操觚之士鲜不习苏公文者，而雌黄之颊，于公不能无少挫。然使天下而有能尽四氏集者，万不得一也。苏公才甚高，蓄甚博，而出之甚达而又甚易。凡三氏之奇尽于集，而苏公之奇不尽于集，故夫天下而有能尽苏公奇者，亿且不得一也。”其《书苏诗后》（《读书后》卷四），是肯定苏诗的历史地位的：“苏长公之诗，在当时天下争趣之，若诸侯王之求封于西楚，一转首而不能无异议。至其后则若垓下之战，正统离而不再属。今虽有好之者，亦不敢公言于人，其厄亦甚矣。余晚而颇不以为然。彼见夫盛唐之诗格极高，调极美，而不能多有，不足以酬物而尽变，故独于少陵氏而有合焉。所以弗获如少陵者，才有余而不能制其横，气有余而不能汰其浊，角韵则险而不求妥，斗事则逞而不避粗，所谓武库中器，利钝森然，诚有以切中其弊者。然当其所合作亦自有斐然而不可掩，无论苏公，即黄鲁直倾奇峭峻亦多得之少陵，特单薄无深味，蹊径宛然，故离而益相远耳。鲁直不足观也。庄生曰神奇化而臭腐，苏公时自犯之。臭腐复为神奇，则在善观苏诗者。”他的《艺苑卮言》（历代诗话续编本）对苏轼诗文也有很多独到的评论，卷四云：“读子瞻文，见才矣，然似不读书者。读子瞻诗，见学矣，然似绝无才者。懒倦欲睡时，诵子瞻小文及小词，亦觉神王。”可见他尤为欣赏苏轼小品。他把苏轼诗文同历代诗文作比较说：“诗自正宗之外，如昔人所称广大教化主者，于长庆得一人，曰白乐天；于元丰得一人焉，曰苏子瞻；于南渡后得一人，曰陆务观：为其情事景物之悉备也。”又云：“子瞻多用事实，从老杜五言古排律中来。鲁直用生拗句法，或拙或巧，从老杜歌行中来。介甫用生重字力于七言绝句及颔联内，亦从老杜律中来。”他认为苏轼远远超过黄庭坚：“诗格变自苏、黄，固也。黄意不满苏，直欲凌其上，然固不如苏也。何者？愈巧愈拙，愈新愈陈，愈近愈远。”

不满前七子复古的唐宋派如归有光、唐顺之、王慎中、茅坤等尊崇先秦两汉的文学传统，又称美唐、宋文学的成就，对宋代诗文，特别是苏轼诗文给予了更高的评价。**唐顺之**（1507—1560）所编《文编》，既选秦、汉文，又选了大量唐、宋文。他在《读东坡诗戏作》（《唐荆川文集》卷三，四部丛刊本）中写道：“公诗句句写胸臆，一滴水成大海翻。（九）方皋牝牡无定相，曼倩（东方朔）滑稽有至言。扫除李、杜刍狗语，出入鬼神傀儡门。异代或疑后身在，告终此地招其魄。”**王慎中**（1509—1559）《寄道源弟书》（《遵岩集》卷二四，四库全书本）云：“学六经史汉最得旨趣根源者，莫如韩、欧、苏诸名家。”**茅坤**（1512—1601），字顺甫，号鹿门，归安（今浙吴县）人。嘉靖十七年（1538）进士，历任青阳、丹徒知县，迁礼部主事，转吏部稽勉司，贬广平通判，屡迁广西兵备佥事，河南副使、大名兵备副使。后落职家居五十余年。著有《白华楼藏稿》和《玉芝山房稿》。他反对前后七子“文必秦汉”的主张，力主学习唐、宋古文，并选评《唐宋八大家文钞》（四库全书本）与复古派抗衡。其《东坡文钞引》云：“予少谓苏子瞻之于文，李白之于诗，韩信之于兵，天各纵之以神仙佚世之才，而非世之问学所及者。及详览其所上神宗皇帝书及代张方平、滕甫谏兵事等书，又如论徐州京东盗贼事宜并西羌鬼章等劄子，要之于汉贾谊、唐陆贽，不知其为何如者。朱晦庵尝病其文不脱纵横气习，盖特少时沾沾自喜或不免耳。入哲宗朝，召为两制及谪海南以后，殆古之旷达游方之外者已。然其以忠获罪，卒不能安于朝廷之上，岂其才之罪哉。”又《唐宋八大家文钞论例》云：“行乎其所当行，止乎其所不得不止，浩浩洋洋，赴千里之河而注之海者，苏长公也。”

明代后期，袁宗道（1560—1600）、袁宏道（1568—1610）、袁中道（1570—1623）三兄弟，进一步反对前后七子的文学复古主张，因为他们为湖北公安人，被称为公安派。他们中以袁宏道的影响为最大。他反对抄袭，《与丘长孺书》（《袁宏道集》卷五，上海古籍出版社校点本，1981）云：“陈、欧、苏、黄诸人，有一字袭唐者乎？又有一字相袭者乎？至其不能为唐，殆是气运使然，犹唐之不能为《选》，《选》之不能为汉、魏耳。”他力主通变，认为文学是随时代的发展而不断变化的，他在《江进之》（卷一一）中，提出“古不可优，后不可劣”：“近日读古今名人诸赋，始知苏子瞻、欧阳永叔辈见识真不可及。……张、左之赋，稍异扬、马，至江淹、庾信诸人，抑又异矣。唐赋最明白简易，至苏子瞻直文耳。然赋体日变，赋心愈工，古不可优，后不可劣。若使今日执笔，机轴尤为不同。何也？人事物态，有时而更，乡语方言，有时而易，事今日之事，则亦文今日之文而已矣。”这里他充分肯定了苏轼文赋是时代发展的产物。他在《雪涛阁集序》（卷一八）中，反对因循旧法，强调诗文是随时代的变化而变化的：“夫法因于敝而成于过者也。矫六朝骈俪饤饾之习者，以流丽胜，饤饾者固流丽之因也，然其过在轻纤。盛唐诸人以阔大矫之，已阔矣，又因阔而生莽。是故续盛唐者，以情实矫之。已实矣，又因实而生俚。是故续中唐者，以奇僻矫之。然奇则其境必狭，而僻则务为不根以相胜，故诗之道至晚唐而益小。有宋欧、苏辈出，大变晚习，于物无所不收，于法无所不有，于情无所不畅，于境无所不取，滔滔莽莽，有若江河。今之人徒见宋之不法唐，而不知宋因唐而有法者也。”其《答陶石篑》（同上）亦云：“弟近日遍阅宋人诗文。宋人诗长于格而短于韵，而其为文，密于持论而疏于用裁。然其中实有超秦、汉而绝晚唐者，此语非兄不以为决然也。夫诗文之道，至晚唐而益小，欧、苏矫之，不得不为巨涛大海。至其不为汉唐人，盖有能之而不为者，未可以妾妇之恒态责丈夫也。”

他认为苏诗超过李、杜，其《答梅客生开府》（卷二一）云：“苏公诗无一字不佳者。青莲能虚，工部能实。青莲唯一于虚，故目前每有遗景；工部唯一于实，故其诗能人而不能天，能大能化而不能神。苏公之诗，出世入世，粗言细语，总归玄奥，恍惚变怪，无非情实。盖其才既高，而学问识见，又迥出二公之上，故宜卓绝千古。至其遒不如杜，逸不如李，此自气运使然，非才之过也。”《与李龙湖》（卷三二）亦云：“近日最得意，无如批点欧、苏二公文集。……苏公诗高古不如杜，而超脱变怪过之，有天地来，一人而已。仆尝谓六朝无诗，陶公有诗趣，谢公有诗料，余子碌碌，无足观者。至李、杜而诗道始大。韩、柳、元、白、欧，诗之圣也；苏，诗之神也。彼谓宋不如唐者，观场之见耳，岂直真知诗何物哉?”他所谓批点苏公文集，可能即指他编的《东坡诗选》。他在《东坡诗选识语》中说：“宋初承晚唐习，诸公多尚昆体，靡弱不足观。至欧公始变而雅正，子瞻集其大成，前掩陶、谢，中凌李、杜，晚跨白、柳，诗之道至此极盛。此后遂无复诗矣。”① 这与唐、宋之争中宗唐派的“宋无诗”一样，是宗宋派的过激言论，很难令人完全信服。其《识雪照澄卷末》（卷四一）亦云：“坡公作文如舞女走竿，如市儿弄丸，横心所出，腕无不受者。公尝评道子画，谓如以灯取影，横见侧出，逆来顺往，各相乘除，余谓公文亦然。其至者如晴空鸟迹，如水面风痕，有天地来，一人而已。”《德山暑谭》（卷四四）云：“东坡诸作，圆活精妙，千古无匹。惟说道理，评人物，脱不得宋人气味。”

明代后期以竟陵人钟惺、谭元春为代表的竟陵派，在反对前后七子的复古方面与唐宋派和公安派是一致的，但他们不满公安派的俚俗浮浅，而救以“幽深孤峭”，形成一种新奇隐晦、佶屈聱牙的风格。但他们对苏文均十分推崇，钟惺《东坡文选序》（《东坡文选》卷首，万历刊本）云：

或曰东坡之文似战国。予曰有东坡文，而战国之文可废也。何以明之?战国之言非纵横则名法，于先王之仁义道德、礼乐刑政无当焉，而其文终古不可废者，以其雄博高逸之气、纡回峭拔之情常存于天地之间也。使战国人舍其所为纵横名法，而以为仁义道德、礼乐刑政之言，则其心手不相习、志气不相随，必不能如是雄博、如是高逸、如是纡回峭拔，以成其为战国之文。故文之存，理之亡也。夫必亡理而后存文，则是理者词之祟，而文之贼也，岂有是哉？今且有文于此，能全持其雄博高逸之气、纡回峭拔之情，以出入于仁义道德、礼乐刑政之中，取不穷而用不敝，体屡迁而物多姿，则吾必舍战国之文从之，其惟东坡乎？……世有病战国之文无当于道，而爱其文终不能废者，吾请以东坡之文代之。

---

① 明天启元年白门刊本《东坡诗选》卷首。

谭元春《刊东坡诗选序》（卷首，明天启元年白门刊本）云：

选东坡文者，更十余家而始定焉，独其诗尚无选。非无选也，人之言曰东坡诗不如文，文通而诗窒，文空而诗积，文净而诗芜，文千变不穷，而诗固一法足以泥人。夫如是，是其诗岂特不如其文而已也。虽然，有东坡之文，亦可以不为诗；然有东坡之文，而不得不见于诗者，势也。诗或以文为委，文或以诗为委，问其原何如耳。东坡之诗，则其文之委也。吾尝思之，使东坡之文而一人之文则可，东坡而古今之全力也，虽欲执人从来之言，与信己一时之目，而将有所不敢；则其重东坡之文，而不敢不求之于诗者，亦势也。故瀹其窒而通自见，芟其积而空自生，约其芜而净自出，日出没于千变之中，而后穷者乃我之目，固者乃人之言，而东坡不存焉，惟求其东坡之所存，为古今之所共存者而已。……唯东坡知诗文之所以异，唯东坡知其异而异之，而几于累其同，则文中所不用者，诗有时乎或用；文中所有余于味者，或有时不足于诗。亦似东坡之欲其如是，而后之人不必深求者也。盖尝为之说曰：文如万斛泉，不择地而出；诗如泉源焉，出择地矣。文行乎不得不行，止乎不得不止；诗则行之时即止，虽止矣，其行未已也。文了然于心，又了然于手口；诗则了然于心犹不敢了然于口，了然于口犹不敢了然于手者也。请以是而求东坡之诗文，庶几焉。

以上论述了明代各文学流派对苏轼的评价，其他一些文人也有不少对苏轼的评论。

杨慎（1488—1559），字用修，号升庵，新都（今属四川）人。年二十四廷试第一，授修撰。世宗时，充经筵讲官。以议礼不合，廷杖削籍，谪云南永昌卫。以投荒多暇，于书无所不览，记诵之博，著述之多，为明第一，有《杨升庵全集》传世。他作为苏轼乡人，对苏轼更为推崇。他的《题赤壁图》（《杨升庵全集》卷二〇，乾隆间新都刊本）对苏轼黄州之贬，颇为不平：“怀哉玉堂仙，逖矣黄州客。文光贯斗牛，天游忘迁谪。名姓识儿童，画图灿金碧。赤壁几千秋，山青江月白。”其《鄮山正论》（卷四九）对朱熹深求苏轼之短颇不以为然："于东坡何损，于半山何益，独可为大儒惜耳。"他在《周受庵诗选序》（卷三）中，对所谓苏轼"诗律不逮古人"反驳道："苏文忠公，宋代诗祖，而轻诠后进云：'文章妙天下，诗律不逮古人。'盖规磨之谈，娼嫉之訾耳。唐庚、韩驹、巽岩、后溪、鲁交、李石、文丹渊、喻三嵎袭其残芳。元则虞道园兄弟、邓文原父子，不陨其掞藻，以开皇明。嘉州杨孟载，青城王汝玉，成都袁可潜、徐遵晦，富顺晏振之，近得宜宾牟君伦，长宁侯汝弼、嘉州安公石、程以道，卓然名家。往年慎修《全蜀艺文志》载之，不能尽也。"这里他充分肯定了苏轼对宋、元、明三朝诗坛的影响。他的《升庵诗话》考证居多，评论次之，还兼录佚诗遗事。他论诗不主一格，认为从总体上看，"唐人诗主情"，"宋人诗主理"（卷八），"宋诗信不及唐，然其中岂无可匹体者？在选者之眼力耳。"（卷四）就具体作品而言，宋诗有绝似唐者，他举苏舜钦《吴江》诗、王安石《雨》诗、孔文仲《早行》诗、寇准《南浦》诗、郭祥正《水车》诗、苏辙《中秋夜》诗、朱熹《雨》、张栻《题南城》等诗，反诘道："谁谓宋无诗乎？"（同上）又举文与可《咏闲乐》、《过友人溪居》等八诗说："置之开元诸公集中，殆不可别。今曰宋无诗，岂其然乎？"（卷一）他批评前后七子"诗必盛唐"之说云："亡友何仲殊（景明）尝言：'宋人书不必收，宋人诗不必观。'余一日书此四诗（指张耒《莲花》诗、杜衍《雨中荷花》诗、刘才邵《夜渡娘歌》、寇准《江南曲》）询之曰：'此何人诗？'答曰：'唐诗也。'余笑曰：'此乃吾子所不观宋人之诗也。'仲默沉吟久之，曰：'细看亦不佳。'可谓倔强矣。"他称美苏轼《东坡八首》"种稻清明前"一首云："此诗叙田家自清明至成熟，曲尽其趣，注未能尽发其妙。"

焦竑，字弱侯，号澹园，江宁（今江苏南京）人。万历十七年以殿试第一授翰林修撰。以疏直敢言谪福宁州同知，后退居。他博览群籍，自经史至稗官、杂说，无不淹贯，其文典正驯雅，著述甚富，有《澹园集》、《焦氏笔乘》等。他在《东坡二妙题词》中说（《东坡二妙集》卷首，明刻本）：

今学士传诵者，独其论、策、序、记之文，而坡公之妙，不尽于此。其流为骈语、佛偈、稗杂、谐谑，莫不矢口霏玉，动墨散珠。而至于思表纤旨，文外口致，则无如简牍、诗余，出言入笔，义味腾跃而生，辞丛杂而至。若弇州所云，韵则温、韦让壮，舌则侯、白让雅，笔则黄豫章让隽，是坡公之独擅，亦三家之未有也。盖公天才飙发，学海渊泓，而机锋游戏，得之禅悦，凡不可摹之状，与甚难显之情，一入坡手，无不跃然。以故模山范水，随物肖形，据案占辞，百卦各意。凝云结藻于清真，□思流韵于婉转，嬉笑怒骂，无非文章，巷语街谈，尽成风雅矣。弇州少与历下嘐嘐修古，每厌薄四家文，晚乃酷嗜坡公蕞尔小言，为《外纪》，至比之山腴海错。余得秘阁藏本，独缀书、词二种，揭其妙处，以示同志，见坡公之妙，不尽于论、策、序、记，有能尽其妙者，即与《外纪》并绝韦编可也。

其《刻坡仙集抄引》亦云：“古今之文，至东坡先生无余能矣。引物连类，千转万变，而不可方物。即不可摹之状与其难显之情，无不随形立肖，跃然现前者，此千载一快也。”① 其《东坡全集序》亦云：“苏子瞻氏少而能文，以贾谊、陆贽自命，已从武人王彭游，得竺乾语而好之。久之，心凝神释，悟无思、无为之宗，慨然叹曰：‘三藏十二部之文，皆《易》理也。’自是横口所发，皆为文章，肆笔而书，无非道妙，神奇出之浅易，纤秾寓于澹泊，读者人人以为己之所欲言，而人人之所不能言也。才美学识，方为吾用之不暇，微独不为病而已。盖其心游乎六通四辟之涂，标的不立，而物无留镞焉。迨感有众至，文动形生，役使万景而靡所穷尽，非形生有异，使形者异也。”② 他在《苏长公外集序》（《重编东坡先生外集》卷首）中，阐明了苏轼《答谢民师书》对孔子“辞达而已矣”的解释：“世有心知之而不能传之以言，口言之而不能应之以手，心能知之，口能传之，而手又能应之，夫是之谓辞达。”并根据这一解释，比较韩愈、柳宗元、李翱、欧阳修、曾巩、苏辙之文说：“唐、宋以来，如韩、欧、曾之于法至矣，而中靡独见，是非议论，或依傍前人；子厚、习之、子由乃有窥焉，于言有所郁勃而未畅；独长公洞览流略，于濠上、竺乾之趣，贯穿驰骋而得其精微，以故得心应手，落笔千

① 李贽选评《坡仙集》卷首，万历己未程氏刊本。
② 《东坡全集》卷首，万历吴兴茅维刊本。

言，坌然溢出，若有所相；至于忠国惠民，凿凿可见之实用，绝非词人哆口无当者之所及。使竟其用，其功名当与韩、范诸公相竞美，而卒中于谗以没，何哉？岂其才太高、锋太隽而不能委蛇以至是矣，天之赋材亦有不能两全者欤？然能锢其身而不能揜抑其言，能遏于一时而不能不彰显于后世，至今奸邪谄谀，如蛆虫粪壤，影响销灭，而公文与日月争光，令读之者快然，如醉而醒，瘖而鸣，痿而起行，可谓盛矣。”

茅维，字孝若，茅坤子，他曾刻《苏文忠公全集》。其《宋苏文忠公全集叙》，针对前后七子的复古理论说：“在昔论文者，咸以梁昭明《文选》为指南，而长公独非之。盖其书出，而士习益趋于文，而文日降。譬之曦薄虞渊，波泄尾闾，质丧旨淆，莫之能挽者。以隋炀之不君，特患文之无节，史氏嘉之，殆骎骎乎启唐风之一变。五季承唐之靡，而宋复振之，以绍唐之元和。其间庐陵先鸣，而眉山、南丰为辅。卒之士人所附，萃于长公，而庐陵不自功矣。然文之变也，变则创，创则离，离其章而壹其质，是谓唐、宋之复古。顾徇名之士，求其离而瑕之，哓哓然援古以自多，将谓越唐、宋而逼秦、汉，其合者直章焉尔，而质不唐、宋若也，奚其古？”他指出，其先父茅坤编《唐宋八大家文钞》就是为纠正前后七子的复古，而他刻《苏文忠公全集》正是其先父遗命：“先大夫患之，辑唐、宋八家行于世，而眉山氏居其三。则尝授诸维曰：‘吾以长公合八家，姑举其要，要以长公成一家，必举其赢，然吾已矣，小子维识之。’”他对苏文给予了很高的评价：“自古文士之见道者，必推眉山苏长公其人，读其文而可概已”；“盖长公之文，犹夫云霞在天，江河在地，日遇之而日新，家取之而家足，若无意而意合，若无法而法随，其亢不迫，其隐无讳，澹而腴，浅而蓄，奇不诡于正，激不乖于和，虚者有实功，泛者有专诣，殆无位而摅隆中之抱，无史而毕龙门之长，至乃羁愁濒死之际，而居然乐香山之适，享黔娄之康，偕柴桑之隐也者，岂文士能乎哉！噫，世能穷长公于用，而不能穷长公于文；能不用长公，而不能不为长公用。当其纷然而友，粲然而布，弥宇宙而亘今古，肖化工而完真气，无一不从文焉出之，而读之澹乎若无文也，长公其有道者欤！又尝语人以文之旨，第举夫子所谓‘辞达而已矣’。盖文止乎达，而达外无文，原六艺而垂万代，旨其蔽之哉，彼所指离不离者抑末耳。在昭明固云‘老、庄、管、晏之书，以意为宗，不以文为本’者，无庸进退之也。若长公者，非其亚耶？借令起昭明以进退其文，吾知难乎为政矣。则不佞是役也，盖不徒以先大夫之成命在。”

娄坚（1567—1631），字子柔，嘉定（今属江苏）人，隆庆间贡士，著有《学古绪言》。他特别爱好苏轼诗文，其《书东坡孔北海赞后跋》云：“余喜读东坡文，以为世俗之步趋古人者，皆优孟之学孙叔敖耳。公为《韩庙碑》，言其‘文起八代之衰’，自宋至今，有识者莫不服膺。近始为掇拾雕缋者所汩乱，靡然从之，殆若效南蛮之𫛞舌，而笑诸夏之为陈人也。予喜读韩苏之文，诵读之暇，手书卷帙者数数矣。至其诗，多有独创而高奇，不无信笔而率易。然性所偏嗜，亦时讽于口焉。訾我而当者，尝改容谢之，不复与争论。然中心之好，终不为衰减也。独时之轻诋，妄目以今而不古，所不能为洗涤胃肠，徒付之窃贼而已。此本为老友陈士远写，既题其后矣，世或有与我同好者，又当以一言告之：如其万斛泉源，不择地可出者，听其评论可也。”[①] 又《题手书东坡文后》（卷二三）云：“东坡公之文，人知其不钩棘而奇，不绳削而合，华然浩然，为古今文人雄豪逸宕之宗。至其悠然以长，渊然以邃，可想见公之胸次坦洞夷旷，必非世俗之君子所可几者，他人未必能知之也。”《手书苏长公问养生后题》（同上）云：“窃尝妄论六经之外，文之谭理而达者，无如《庄子》；论事而达者，无如《国策》；后之作者能兼撮二书之胜，无如苏长公。自韩昌黎振累代之衰，力去浮蔓以为怪奇，然其句琢字炼，犹在虚实之间。至欧学韩而益畅之，并去雕刻而务出于平易，又一变焉。长公后出，与欧同出于用虚，而笔力豪横，倏忽变化，后有作者，无以复变，亦无复能逮矣。”

从以上可以看出，这三百多年的文学流派很多，其主张虽不同，甚至十分对立，但他们尊崇苏轼却几乎是一致的。

对苏轼人品和政治立场的非议主要在其生前，元明以来对苏轼很少有这方面的非议，而明人方鹏《责备余录》卷下对苏轼为人却有两则批评，应该

---

① 《学古绪言》卷二四，嘉定四先生集本。

说都批评得有一定道理。一为“五礼有吉有凶，吉凶之礼不可以并行，以哀乐之情，不能以遽变也。入而庆贺，出而吊哭，于朝廷则不敬，于温公则不专，程子之说，未为不当。而苏氏辄加戏侮，盖亦娼嫉之心所发耳。夫程子以道义自尊，子瞻以文辞为业，各行其志而已。譬如不饮者固当恕夫醉人，而善饮者不当忌夫醒客也。且子瞻，温公门下士也，闻其捐馆，不见有惨戚之容，悼惜之语，而轻浮谑笑，无异平时，亦可以占其所好矣。”一为“元祐中，东坡知贡举，属意李方叔，命其子叔党持一简去。值方叔出，仆受简置几格间。俄而章惇子持、援来访，取简窃视，乃《刘向优于扬雄论》也。二子径持去。场中果出此题，援第一人，持第十人。东坡为之怅然。近世大儒有云：‘固不当假公法以报私怨，亦不当废公义以报私恩。’此名言也。君子之于故旧，汲引之可也，勉进之可也，如轼之所为，不可也。上欺其君，下私其友，明干乎典法，幽犯乎鬼神，且使权奸之子夤缘而进，轼之罪于是乎不可文矣。”

明人有对苏轼的另一些批评却未必公正，王鏊《震泽长语》下云：“东坡为诗，无非讥切时政。借曰意在爱君，亦从讽可也。乃直指其事而痛诋之，其间数诗，或几乎骂矣。以诗得罪，非独李定诸人之罪也。”这恰是“李定诸人”的议论。刘定之《杂志·苏子瞻》云：“宋仁、英以前用差役而民不扰，王安石用雇役，民始扰矣。司马君实废雇差，虽苏子瞻亦喋喋不已，岂稍欲中立于荆、温两间，冀免后患耶？观其为哲宗言：‘臣私忧神宗励精之政渐至隳坏，理财疏而备边弛，故撰策问，欲以感动圣意。’子瞻之情，殆可见也。然其后患，儋之贬，罪子瞻，全佐助温，而不贷其略护向荆，则昔者之言，徒为向背，亦何益哉？子瞻作君实神道碑，深美其诚，盖自觉诚之未如君实者也。”其实，苏轼反对废免役而尽复差役，反对尽废新法，完全不是故为中立以“冀免后患”，而是他出于公心的表现。

不赞成苏轼观点的文章也有一些，苏轼《乐毅论》云：“乐毅以百倍之众，数岁而不能下两城者，非其智力不足，盖欲以仁义服齐之民，故不忍急攻而至于此也。”方孝孺《乐毅》（《逊志斋集》卷五）反驳道：“天下岂有行王道而不兴者乎？……汤武以一国征诸国，则人靡有不服；毅以二国征二小邑，且犹叛之。谓毅为行王道可乎？汤武以义而毅以利，成败之效，所以异也。苏子乃谓‘王道不可以小用，小用之则亡’。王道特患乎人之不行耳，小用之则小治，大用之则大治，犹之菽粟疗饥，小食之则不死，恒食之则充实，奚可谓菽粟不可少食，而宁啖糠核之为愈乎？”

王世贞《读庄子》《书苏子范增论后》《书贾谊传及苏轼所著论后》《书苏子瞻诸葛亮论》均为反驳苏轼之文而作，苏轼《乐毅论》云：“当时使昭王尚在，反间不得行，乐毅终亦必败。何者？燕之并齐，非秦、楚、三晋之利。今以百万之师，攻两城之残寇，而数岁不决，师老于外，此必有乘其虚者矣。诸侯乘之于内，齐击之于外。当此时，虽太公、穰苴不能无败。”王世贞《书乐毅传后》（《读书后》卷一）反驳苏轼此论道：“愚以为苏子之论事势审矣，独未能悉乐毅也。夫乐毅者，夏侯玄之所谓仁人也。彼非独仁人也，而又且智。彼其合诸侯而击齐，一战而大破之临淄下，湣王走死，齐之重器奇瑶，输之燕中矣。如是而不急莒、即墨者，以为二城弹丸之地，不足为吾害；莒南近楚，急之则必借楚以为我敌；即墨东近海，死守虏耳，急之则多杀士卒，而未即破；而齐故数百年大国也，其人强武而习兵，且易以乱，且必缓而用威德拊循之，既久而齐人皆为燕矣。夫岂直为燕，彼且以乐毅真吾主。然则毅之兵固未尝五载而尽顿于二城之下也，以故新主立而南面之闻得行，骑劫代之，势不得不尽锐以攻即墨，而又以新将攻，不识地利，而恣为暴。燕人失毅而离，齐人失毅而振，盖不待火牛出，而燕之败形成矣。且诸侯之所以不窥燕者自有说。夫以齐举宋而伐之，燕举齐而不伐，非独妬齐而厚燕也，谓湣王之不若昭王治也，谓湣王之待诸侯倨，而昭王之待诸侯恭也，谓湣之举宋而暴宋，不若毅之举齐而拊齐也。且骑劫败而诸侯犹偃然，以此知苏氏所论误也。不然，使毅而有可訾，则惠王必不悔而召之，召之不归，而何以封其子？高帝异代主也，毅之后何以无功而封？孔明三代才也，何以自比毅而人犹未之许也？若苏子者，真所谓以成败论者也。”

苏轼《论武王》云：“武王，非圣人也。昔者孔子盖罪汤、武，顾自以为殷之子孙而周人也，故不敢，然数致意焉，曰：‘大哉，巍巍乎舜禹也。禹，吾无间然。’其不足于汤、武也，亦明矣。曰：‘尽美矣，未尽善也。’又曰：

‘三分天下有其二，以服事殷，周之德，其可谓至德也已矣。’伯夷、叔齐之于武王也，盖谓之弑君，至耻之不食其粟，而孔子予之。其罪武王也甚矣。”胡广《东坡祖黄生说》反驳道（《明文衡》卷五五，四库全书本）：“东坡武王非圣人之说，盖本于汉儒黄生。黄生曰：‘汤武非受命，乃杀也。’……斯言窃为未当。《论语》于篇终历叙尧舜禹以及汤武，孔子何尝不称汤武？试观《易·革》之彖曰：‘汤武革命顺乎天而应乎人。’孔子何尝不足于汤武？所谓顺天应人者，岂虚言乎？……黄生不师孔、孟而立异论，东坡何为而师其说欤？”

从论点上反驳苏轼的还有明末的张自烈。自烈，字尔公，宜春（今属湖北）人。博学洽闻，著述甚富。他写有几篇文章来反驳苏轼，其《与苏子瞻论秦始皇书》云：“足下言始皇致乱，在用赵高，在积威好杀，不误。至谓易篆以隶，创纸易简策，簿书繁多，奸人有以措手足，皆秦之过，则误甚。篆之有隶，犹结绳之有书契，秦虽变古趋便，势也，非秦罪也。信如足下所云，则古人创弧矢以威天下，后世奸雄盗贼，或以之肆暴杀人，将罪奸雄盗贼而并罪昔之创为弧矢者乎？”其《与苏子瞻论倡勇敢书》反驳苏轼的“无功可赏”“有罪可赦”之说云：“仆以为赏罚未可偏废，公以行之而已。苟能如孔明之待李平、廖立，虽无赦可也。况李、廖二人终其身冀孔明复用，不忍自绝于汉。及孔明殁，二人皆流涕，此又未始不可为倡。如第以狙公之术笼其下，实无所以感之，而曰我能‘倡勇敢’，缓急岂可恃哉？”其《与苏子瞻论封建郡县书》云：“足下笃信柳子论，以为封建者乱之始，三代圣人，不能已篡杀之祸；近世无复封建，此祸几绝。谓秦用李斯议，罢侯置守，当为万世法。以某论之，后世时异势殊，非郡县不可。然治乱由主术，不专在封建与郡县也。昔汉高欲立六国后，子房以为失计，帝辄吐哺骂郦生。至光武，曰：‘自古亡国皆由无道，未闻功臣地多而灭亡者也。’由光武之言推之，得其道，封建未必不利；失其道，郡县未必不亡。审如足下之说，则后世用秦之郡县，虽桀纣可以长治；不用秦之郡县，虽尧舜必至于乱，举三代治天下之道，皆出李斯、子房诸人下，其谁信之！某非谓封建必可复，郡县必不可废，盖必求所以治郡县者，而后郡县无弊，不则弊与封建等。郡县果可为万世法，秦何独以二世亡哉!”应该承认，这些观点也有一面的道理。

明人为学粗疏，但其诗话、笔记亦偶有一些可取的小考证或精彩的评论。如杨升庵的《升庵诗话》云：“东坡‘春事阑珊芳草歇’，或疑‘歇’字似趁韵，非也。唐刘瑶诗：‘瑶草歇芳心耿耿。’传奇女郎王真诗：‘燕折莺离芳草歇。’皆有出处，一字不苟如此。谢康乐：‘芳草今未歇。’”又云：“王梅溪注东坡诗，世称其博。予偶信手翻一册，《除夜大雪留潍州》诗云：‘敢怨行役劳，助尔歌饭瓮。’山东民谣云：‘霜淞打雾淞，贫儿备饭瓮。’淞音宋，积雪也，以为丰年之兆，坡诗正用此。而注云：‘山东人以肉埋饭下，谓之饭瓮。’何异小儿语耶？又《祈雪》云：‘岁晏风日暖，人牛相对闲。’‘人牛’用东方朔《占书》：‘春与岁齐，人牛并立’之语，而注亦失引。”

杨慎还著有《丹铅录》，考证诸书异同。胡应麟又著《丹铅新录》，以订其误。二书皆有不少涉及苏轼诗文者，如杨云：“朱文公谈道著书，百世宗之。愚详观其评论古今人品，诚有违公是而远人情者。……苏文忠公，文章忠义，古今所同仰也，乃力诋之，谓其得志，其祸过于安石。”胡反驳杨说：“凡用修指摘紫阳语，皆割裂首尾，不会全文。今详考之，则文公之意，千载可白，用修诸诬，不辩自明。”杨云：“东坡词‘游人都上十三楼，不羡竹西歌吹古扬州’，用杜牧诗‘婷婷袅袅十三余’之句也。”胡反驳说：“按坡‘游人都上十三楼’，或其地自有此楼名，坡直用之，如‘绿衣公言’之类，非故事也。‘婷婷袅袅’之句，杜牧本咏妇人，于楼何与？杨以十三余为十三楼，大可笑。”

胡应麟是当时的大学问家，其所著《诗薮》对苏轼诗文也有很多精彩的评论，如“禅家戒事、理二障，余戏谓宋人诗病政坐此。苏、黄好用事，而为事使，事障也；程、邵好谈理，而为理缚，理障也”（内编卷二）；“苏长公诗无所解，独二语绝得三昧，曰：‘作诗必此诗，定知非诗人。’盖诗惟咏物不可汗漫，至于登临、燕集、寄忆、赠送，惟以神韵为主，使句格可传，乃为上乘。今于登临则必名其泉石，燕集则必纪其园林，寄赠则必传其姓氏，真所谓田庄牙人、点鬼簿、粘皮骨者，汉、唐人何尝如此？最诗家下乘小道。即一二大家有之，亦偶然耳，可为法乎”（卷五）；“子美之不甚喜陶诗，而恨其枯槁也；子瞻剧喜陶诗，而以曹、刘、李、杜俱莫及也。二人者之所言皆过也。善乎钟氏之品元亮也，千古隐逸诗人之宗也，而以源出应璩，则亦非也”（外编卷二）；“子瞻虽体格创变，而笔力纵横，天真烂熳。集中如《虢国夜游》《江天叠嶂》《周昉美人》《郭熙山水》《定惠海棠》等篇，往往俊逸豪丽，自是宋歌行第一手。”（卷五）

俞弁《逸老堂诗话》卷上云：“南荒人称瓶罂谓之具理，人不知为何物。东坡在儋耳，以诗别黎秀才，诗后批云：‘新酿佳甚，求一具理。’即瓶罂是也。”郎瑛《七修类稿》的考证更多，如《续稿》卷四《东坡赤壁考》云：“东坡游赤壁者三，今人知其二者，由其有二赋也。余尝读其《跋龙井题名记》云：‘予谪黄州，参寥使人示以题名，时去中秋十日，秋涛方涨，水面十里，月出房心间，风露浩然。所居去江无十步，独与子迈棹小舟，至赤壁。望武昌山谷，乔木苍然，云涛际天，因录以寄。元丰三年八月记。’今古《赤壁赋》注，谓指赤壁者三，非此之谓乎？据二赋在六年，此则第一游也。且二赋情景，不过衍此数语，略少增其事耳。若前赋，佳固佳矣，入曹操事，恐亦未稳。晁补之因其‘而今安在’之言，遂误指赤壁为破曹之地，后人因之纷纷，并辩赤壁之有五，尤可笑也。殊不思周瑜破曹者，在今武昌之嘉鱼，自有壁上‘周瑜破曹处’数字，东坡之游自在黄州。”

第二节　明人对苏轼诗文的收集整理与刊刻

前人有所谓明人刻书而书亡之语，讥明人所刻书错误很多。这大体是合符实际的，但也不可一概而论。他们新编了几种苏轼集，对宋代的苏轼集多有补充，尽管真伪杂陈，但也为我们提供了一些真正的东坡佚诗佚文。中华书局整理出版《苏轼文集》以明末茅维刊本《苏文忠公全集》为底本，就充分说明了明人整理搜集苏文之功。都穆《南濠诗话》云：“苏文忠公文章之富，古今莫有过者。予顷见公诗真迹于友人家，皆集中所不载。诗凡五首，前题云《村醪二尊献张平阳》。其一云：“万户春浓酒似油，想须百瓮列床头。

主人日饮三千客，应笑穷官送督邮。”何孟春《余冬诗话》卷下亦就都穆所辑感慨道：“东坡词真迹，流落人间，本集不收者多矣。”可见明人也曾留心苏诗的辑佚。此诗现已收入查注、冯注及现在流行的中华书局本《苏轼诗集》，但从都穆《南濠诗话》、何孟春《余冬诗话》看，他们所见的苏轼诗集是没有这两首诗的，故为“见公诗真迹于友人家，皆集中所不载”者特别高兴。

明代书目繁多，著录的苏集不少。据明代的各种书目所载，宋、元刊刻的各种东坡集，明代存世仍不少，只是有的已成残本；明人新刻的东坡集尤夥。《文渊阁书目》卷九载《东坡诗须溪批点》《东坡诗王状元分类》，卷一〇载《苏东坡诗集》《东坡诗》。《菉竹堂书目》卷三载《苏东坡文集》二十九册、《苏东坡别集》十五册、《东坡后集》五册、《三苏文集》一百五十一册、《苏东坡文集》二十九册，卷四载《宋东坡诗集》六十册、《东坡和陶诗话》二册、《东坡诗须溪批点》二册、《东坡诗王状元分类》十册。《赵定宇书目》载《苏文全集》二十本、宋板大字《东坡集》，《东坡诗》二本及宋板大字东坡、子由《和陶诗》。《古今书刻》卷上载江西布政司《苏文忠公全集》。《百川书志》卷一二载苏子瞻《东坡集》七十五卷、《东坡文粹》三十二卷，卷一五载《东坡类编歌诗》十九卷、《王状元集注东坡诗》二十卷，卷一八载《东坡奏议》十五卷，卷二〇载《东坡和陶诗》五卷。《内阁藏书目录》卷三载《东坡文集》二十六册、《东坡内外制》二册、《东坡诗集》三十四册，卷五载《东坡奏议》五册。《脉望馆书目》载《东坡集》二十本、《东坡外集》四本、《东坡诗注》十二本，又元板十六本。《澹生堂藏书目》卷一二载《苏文忠内外制》十卷，嘉兴板《苏文忠公全集》一百一十五卷，苏州板一百五十卷，湖州板《文集》七十五卷、《诗集》三十二卷，江陵陈梦槐辑《选集》五十卷，又《外集》八十六卷，《续集》十二卷，《居儋集》五卷，李贽批选《坡仙集》十六卷；卷一三载《诗集百家注》十二册，三十二卷，王十朋注。《纪年录》一卷，诗三十卷，乐府一。《近古堂书目》下载宋版《东坡全集》，元版《东坡诗集》（百家注）。《世善堂藏书目录》下载《苏长公集》一百五十卷。《国史经籍志》卷五载《苏轼集》四十卷、《后集》二十卷、《和陶集》十卷、《应诏集》十卷、《东坡别集》四十六卷。《万卷堂书目》卷四载《东坡文集》四十卷。《徐氏家藏书目》卷六载苏轼《东坡集》一百〇八卷。以上既有宋、元流传下来的（多为残本），但更多的是明人新刻者。

诗文合集

宋本“东坡七集”的大小字本，明代仍有流传，明人叶盛《水东日记》卷二〇云：“邵复孺先生家藏《东坡大全文集》：《东坡集》四十卷、《东坡后集》十（二十之误）卷、《东坡奏议》十五卷、《东坡内制集》十卷、《乐语》附《外制集》上中下三卷，《东坡和陶渊明诗》四卷，《东坡应诏集》十卷，此是细字小本。松江启东白和尚所藏大本《东坡集》四十卷，又二十卷，《奏议》十五卷，《内制》十卷，《外制》十五卷，前有御制赐苏峤序。又有小字大本，前有诰词并峤谢表，及黄门所为乃兄志铭云。”启东白即善启东白，明人何良俊《四友斋丛说》卷一六云：“郡中（按指松江府）有一僧，名善启，字东白，号晓庵。亦有诗名，能书。永乐中召至京修《永乐大典》。”可见“松江启东白和尚”乃一儒僧。明人张萱《西园闻见录》卷一〇五记述善启生平甚详，称善启长洲人，“有《江行唱和诗》一卷，正统八年（1443）十一月八日卒。其动止显然一儒者”。余嘉锡《四库提要辩证》卷二二认为善启“其所藏当亦是宋本”。

前曾述及宋、元之际和元、明之际邵桂子、邵复儒家藏本“东坡七集”，到明代仍存世，曾为明代名士文徵明所收藏。《天禄琳琅书目》谓该书目录卷内有“翠竹斋”“竹坞”“江左”朱文印记，皆文徵明的藏书印。此书清初仍存世，藏于乾清宫旁昭仁殿内，嘉庆二年（1797）毁于火。

明人对苏集的主要贡献，不仅在于收藏有宋本“东坡七集”，而且在于刊刻了新版的“东坡七集”。洪熙元年（1425）明仁宗命工翻刻内阁所藏大苏文全集，“工未毕而上升遐”。成化四年（1460）吉安知府程宗，完成了这一工程。李绍《成化重刊苏文忠公全集序》云：“求其全集，则宋时刻本虽存，而藏于内阁。仁庙亦尝命工翻刻，而欧集止以赐二三大臣，苏集以工未毕，而上升遐矣。海虞程侯（宗）自刑部郎来守吉……尝求欧公大全集刻之郡黉，以幸教吉之人矣。既以文忠苏公学于欧者，又其全集世所未有，复遍求之，得宋时曹训所刻旧本及仁庙所刻未完新本，重加校阅，仍依旧本卷帙，旧本无而新本有者，则为《续集》，并刻之，以与欧集并传于世。”成化本的特点就在于“旧本无而新本有者，则为《续集》”，以《续集》取代了原有的南宋“东坡七集”本中的《和陶集》，还包括南行诗、东坡书简等《前集》和《后集》未予收录的东坡诗文。可见同为“东坡七集”，宋刊“东坡七集”与明成化本“东坡七集”已有明显不同。明成化本“东坡续集”的编纂质量远不如其他六集，有重收、漏收、互见之诗文，但显然比宋本“东坡七集”更全。加之宋本“东坡七集”只有残本存世，为一般人所难见到，明成化本“东坡七集”广为流传，明、清两代一刻再刻，是今人所见刊刻最早、保存最完整的“东坡七集”。明嘉靖十三年（1534）江西布政司重刊“东坡七集”，行款同于成化本，但已有修订，《续集》就比成化本少收诗文九十三首。清光绪三十四年（1908）宝华庵影刊明成化本，经缪荃孙校跋，改正了原刊本的许多疏漏。中华书局《四部备要》据缪校本排印，为今人常用的通行本“东坡七集”。

又有明刊本（似成化、弘治间刊本）《苏文忠公集》一百一十二卷，为分类编次，卷一、卷二为赋，卷三至三一为诗，卷三二至一一二为各体文；明万历刊本《东坡全集》一百一十二卷，是据七集本而重加类次。

前已论及的郎晔所见《东坡外集》，元、明两朝未见著录，但有抄本流传。明万历年间，康丕扬得到两种《外集》抄本，遂交毛九苞校订，刻于维扬。毛九苞《校苏长公外集序》云：“自束发慕先生，今得校梓其文，窃窃以托名自喜，故受命不辞。常置数卷箧中，携与出入，毕复易置。参考经史及先生《全集》《志林》诸书，若原本，若誊本，若刻本，凡三历心目，订定讹谬。必不可解，存旧阙疑。”焦竑《苏长公外集序》称毛氏“博雅而文，校雠审谛，于此编尤勤”，是大体符合实际的。北京图书馆收藏有明万历三十六年（1608）康丕扬刻本《重编东坡先生外集》八十六卷。

北京图书馆还藏有明刻《苏文忠公集》一百一十四卷，前两卷为赋，卷三至三一为诗，其余皆为文。《四库全书总目》卷一五四谓“有一百一十四卷者，号《苏文忠全集》，版稍工而编辑无法”，即指此本。

文集

茅维刊有《苏文忠公全集》，这是宋、元以来第一次把苏轼的文章单独全部辑集[①]，收文较全。其《万历本宋苏文忠公全集叙》云："昔长公被逮于元丰间，文之秘者，朋游多弃去，家人恐怖而焚之者，殆无算。逮高宗嗜其文，汇集而陈诸左右，逸者不复收矣。迄今遍搜楚、越，并非善本，既嗟所缺，复憾其讹。丐诸秣陵焦太史所藏阁本《外集》。太史公该博而有专嗜，出示手板，甚核。参之《志林》《仇池笔记》等书，增益者十之二三，私加刊次，再历寒燠而付之梓。即未能复南宋禁中之旧，而今之散见于世者，庶无挂漏。为集总七十五卷，各以类从，是称《苏文忠公全集》云。……万历丙午元日，吴兴茅维撰。"此书在明、清两代曾多次刊印，中华书局出版的《苏轼文集》亦以此书为底本。但茅维本脱误较多，印制亦不精，这是明刊本的通病。

诗集

明代曾翻刻旧题"王十朋纂集"的《增刊校正王状元集注分类东坡先生诗》二十五卷。明成化年间，有汪氏诚意斋集书堂的新刊本，北京图书馆、北京故宫博物院、"台湾中央图书馆"有收藏。又有刘氏安正书堂刻本，北京故宫博物院、北京大学图书馆有收藏。此二书与元庐陵坊刻本的书名、类别、版式、卷数皆同，当是据庐陵坊刻本而翻刻。明万历年间，茅维将宋、元以来流行的二十五卷、七十八类王注本，从内容到体例作了一次大修改，书名改为《东坡先生诗集注》，删去宋、元类注本中"百家"（或"诸家"）及"分类"字样；把原有的七十八类（或七十九类）并为三十门，将原有的二十五卷重编为三十二卷；增收宋、元旧类注本未收的《和陶诗》及见于《东坡续集》而漏收的诗，使苏诗多达二千五百余首；删去宋、元旧注十余万字，又增添了一些注文，增收的诗无注文；署名改为宋眉山苏轼子瞻著，永嘉王十朋龟龄纂集，吕祖谦分类，明吴兴茅维孝若芟阅。明崇祯年间，梁溪王永积

① 宋人郎晔的《经进东坡文集事略》只是收文较多的选本。

又据茅维本翻刻，版式、行款、卷数、分类与之相同，但将前人序跋、百家姓氏删削，扉页改署“梁溪王崇严先生订正苏文忠诗集，嘉乐堂藏版”。明人任意改书，于此亦可见一斑。

这里特别值得一提的是中华书局图书馆收藏的《新编东坡先生诗集》十九卷，原书内封及序言、凡例均缺，故不知编者、出版者。据卷首《新编东坡先生诗集目录》，全书厘为十九卷，共收各体苏诗约二千一百三十首，另附乐府词三十四首。现存的苏轼诗集，此书是唯一按诗体编次的，分四言五言绝句、六言七言绝句、五言七言律诗、五言七言排律、五言七言古诗等体。此书书根题“宋椠苏诗”，卷三末叶又有“香溪范氏修刊”识语，卷一一、卷一九末叶皆有“德祐二年香溪范氏修刊”牌记。书末附有明代文学家吴国伦手书跋语一则：“余家向藏宋范香溪刻《东坡文集》，不甚爱惜，为友人携去。越数年，有以《诗集》示余者，视之绝类《文集》，因价售之。至是始求向所藏《文集》，已不知归之谁何之手，为之怃然。盖书非秘本，字画不甚工，然以其为宋刻也，好古者知，必有以取之矣。嘉靖丙寅惟楚山人吴国伦识。”刘尚荣先生《〈新编东坡先生诗集〉考辨》认为：“《新坡诗》更接近于明初刻本。谓为‘德祐修刊’或‘范香溪刻’之‘宋刊’，实乃欺人之谈。”其理由如下：“范香溪本名范浚，字茂明，兰溪（今浙江金华）人，生于宋徽宗崇宁元年（1102），卒于宋高宗绍兴二十年（1150）。著有《香溪集》。……范浚写诗，不宗江西诗派，也不推重苏轼。很难设想，范香溪在无暇编印本人文集的冷落境遇中，竟有闲情逸致去整理刊行自已并不赏识的东坡诗文集，此其一。其二，德祐二年（1276）上距范浚卒年已有一百二十六年矣，莫非范氏死后有灵，出而‘修刊’苏诗！”又云：“《新坡诗》在宋、元诸家书目中，例如《郡斋读书志》《直斋书录解题》《文献通考·经籍考》《宋史·艺文志》等等，均无著录，可证宋元时期该书并未问世。清代公私书目繁多，无一记载过此书，可见入清以来未曾翻刻。唯一正式著录过《新坡诗》的，是明人高儒所撰《百川书志》，提要如下：云：‘《东坡编类歌诗》十九卷，文忠公眉山苏轼撰。此后人摘去文赋，取诗以古近体类之，凡二千一百有奇。’”刘先生还从此书的“行款、字体、避讳等方面”，断言此书非宋刊，而乃明初刊本，证据确凿可信。但刘先生并不否定此书的“资料价值与收藏价值”：“《新坡诗》在苏诗流传过程中，处于宋元至明清的中间环节，具有承前启后的特殊地位。因此，全面考辨该书与众不同的篇目与文字，对于校订东坡诗，对于探明苏轼诗集的演变经过，都有重要参考价值。”这是颇为客观、颇有分寸的评价。

词集

宋、元本苏词，在明代流传不广，但仍多存世。傅幹撰《注坡词》十二卷，元、明两代诸家书目不见著录，亦未翻刻，只有钞本流传。钞本源出明人范钦的“天一阁”，直至清初，此书仍存于“天一阁”。

宋曾慥的《东坡长短句》为明人吴讷忠实钞存于他所编《唐宋名贤百家词》[①]，今人所说曾慥《东坡长短句》，实指吴讷本。吴讷本亦收《东坡词》二卷，拾遗一卷，仅有钞本传世。明红格钞本，存天津图书馆；紫芝漫钞本，存北京图书馆。

明钞本《东坡乐府》二卷，有些书目著录为“影宋钞本”，实非影宋本，而是影钞元延祐刊本《东坡乐府》，其内容、编次、行款、版式、误字、缺字，皆同元刊。此书上卷已佚，仅存下卷，现藏“台湾中央图书馆”。

明人所刻苏词，多附于苏集或其他总集、丛书中。明万历年间，茅维编《苏文忠公全集》，收文不收诗[②]，但却收词（卷七四、七五），系改编曾慥辑本而成。共七十三调，三百一十六首。明万历三十四年（1606）的原刊本附有曾慥辑本的跋语，明末陈仁锡阅文盛堂翻刻本，内容与茅维万历原刊本相同，但删去了曾慥的跋语。此本较通行，是明代收集苏文、苏词最全的本子。

《苏长公二妙集》二十二卷，旧题瑯琊焦竑批点，茂苑许自昌等人校订，钱塘徐象樗梓。所谓“二妙”指东坡尺牍与诗余，收《东坡先生尺牍》二十卷，《东坡先生诗余》二卷。此书各篇尺牍题下标明写作地点，对校订东坡尺

---

① 紫芝漫钞本作《宋元名家词》，《千顷堂书目》作《四朝名贤词》，《中国丛书综录》作《百家词》，实为同书异名。

② 因茅维曾改编刊行王十朋纂集的《东坡先生诗集注》，故此书不再收诗。

牍及东坡词颇有参考价值。但此书评语浅陋，有人怀疑未必为焦竑所为。因焦竑（1540—1620）为当时著名学者，其评应不只如此水平。此书刊于明天启元年（1621）徐氏曼山馆，北京图书馆、“台湾中央图书馆”皆有原刊本。明末毛晋编东坡词依据的“金陵本子”即此本。《全宋词》（修订本）在1964年的《订实附记》中说：“本书所引汲古阁本《东坡词》，实出自《苏长公二妙集》中之《东坡先生诗余》，仅毛晋误补之数首除外。”这里讲清了焦本与毛本的源流关系，但未涉及焦本系增补茅本而成，茅本和焦本又都来源于曾本。但据赵万里考订，焦竑似未见元延祐刊本（此本中有八首词，焦本未收），又其增补者疑有赝品。不管怎样，焦本（又称《二妙集》本）在东坡词版本发展史上的地位及其承前启后的作用不容忽视。

明崇祯三年毛晋汲古阁《宋六十名家词》，中收《东坡词》一卷，按词调编排，字数少的词调在前，字数多的词调在后，体例较严密，编排较合理，并曾用多种版本参互校正。凡七十二调，三百二十八首词。其自跋云：“东坡诗文不啻千亿刻，独长短句罕见。近有金陵本子（指焦竑《二妙集》本），人争喜其详备，多混入欧、黄、秦、柳作，今悉删去。至其词品之工拙，则鲁直、文潜、端叔辈自有定评。”这是清初以来流传最广、影响颇大的本子。有明毛晋崇祯三年（1630）汲古阁家塾刊《宋名家词》本，又有明末毛氏汲古阁刻《宋名家词》本，二书皆存北京图书馆。

《东坡小词》二卷，明海阳黄嘉惠校刊本，与山谷词合刊，题《苏黄小品》，书前有陈继儒序。上卷五十三首，下卷亦五十三首，共收词一百〇六首。各首词有黄氏评语，词题多数同毛本，正文出自茅维《苏东坡全集》本，按调编次，可能刊行于崇祯三年毛本之后不久。存“台湾中央图书馆”。

明人对苏词研究虽不深入，但对苏词仍很喜爱。王世贞对苏轼《念奴娇·赤壁怀古》可谓赞不绝口：“铜将军，铁绰板，唱大江东去，固也。然其词跌宕感慨，有王处仲挝鼓意气，傍若无人。鲁直书莽莽，亦足相发磊块。时阅之，以当阮公数斗酒。”（《弇州四部稿》卷一三《山谷书东坡大江东去帖》）又云：“昔人谓铜将军、铁绰板唱苏学士“大江东去”，十八九岁好女子唱柳屯田‘杨柳外晓风残月’，为词家三昧。然学士此词，亦自雄壮，感慨千古。果令铜将军于大江奏之，必能使江波鼎沸。”（《艺苑卮言·东坡咏杨花词》）俞彦《爰园词话》云：“子瞻词无一语着人间烟火，自比大罗天上一种，不必与少游、易安辈较体裁耳。”杨慎《词品》极为吴衡照《莲子居词话》（退补斋刊本）所称：“杨升庵《词品》云：‘词人语意所到，间有参差，或两句作一句，或一句作两句。惟妙于歌者，上下纵横取协。’此是笃论，如曲子家之有活板眼也。东坡‘小乔初嫁了，雄姿英发’，‘细看来不是杨花，点点是离人泪’等处，皆当以此说通之。若契舟胶柱，徐虹亭所谓髯翁命宫磨蝎，身后又硬受此差排矣。”（卷一）杨慎《词品》（明嘉靖刊本）卷一《关山一点》称苏词一字不苟：“宋人作诗与唐远，而作词不愧唐人，亦不可晓。《太平广记》载妖女一词云：‘五原分袂真胡越，燕折莺离芳草歇。年少烟花处处春，北邙空恨清秋月。’其词亦佳。坡词‘春事阑珊芳草歇’亦用其语。或疑‘歇’字似趁韵，非也。唐刘瑶诗：‘瑶草歇芳心耿耿。’皆有出处，一字不苟如此。”又云：“杜诗‘关山同一点’，点字绝妙。东坡亦极爱之，作《洞仙歌》云：‘一点明月窥人’，用其语也。……今书坊本改点作照，语意索然。”

其他单刻本

前代已有的单刻本，明人多重印或改编，如《苏沈良方》《东坡志林》《仇池笔记》《广成子解》等。

《东坡志林》在明代版本很杂，书名卷次多有不同。有一卷本，明成化刊《东坡后集》本，所收《志林》只存有《史论》十三篇；有明万历赵开美刊五卷本，此本较通行，焦竑评明刊朱墨套印本即翻刻的赵开美刊本，并增加了陈眉公、王圣俞、茅鹿门、袁中郎等诸家评语；明万历商濬《稗海》十二卷本；其他还有《说郛》本，明钞本等。此外，明东吴毛凤苞子晋辑、虞山毛氏绿君亭刊本《苏米志林》三卷，中有《苏子瞻志林》二卷，米芾轶闻编为一卷，“台湾中央图书馆”有原刊本二帙。明万历三十九年郭化撰《苏米谭史》一卷，《苏米谭史广》六卷，杂采苏轼、米芾事，不著所出。北京图书馆、美国国会图书馆均有收藏。

明万历三十年壬寅（1602）海虞赵开美刊《东坡杂著五种》，中有《仇池笔记》二卷；北京图书馆、“台湾中央图书馆”均有收藏；明白鹤山房蓝格钞本，亦二卷，今存台湾东大图书馆；陶宗仪《说郛》《唐宋丛书》《龙威秘书》等亦收有此书。

明代还有一些抽印本，是从《东坡集》中抽出一部分单刻印行。如《东坡后集》卷九收有《酒经》，明人摘出单行，以《东坡酒经》名书，一卷，见重编本《百川学海》及《说郛》。又如《天篆记》《子姑神记》皆从《东坡续集》卷一二录出刊行，《方山子传》则从《东坡集》卷三三录出刊行。明毛晋汲古阁《津逮秘书》本《东坡题跋》六卷，收文近六百篇，是从茅维所刊七十五卷本《东坡全集》卷六六至七一中抽出单刻的，有商务印书馆《丛书集成》影印本，较易见。《杂书琴事》一卷，亦系明人从万历间茅维刊七十五卷本《东坡全集》第七十一卷录出单行，见重编本《说郛》。明海阳黄嘉惠校刊的《苏黄小品》，中收《东坡题跋》四卷，日本东京大学东洋文化研究所有原刊本。

第三节　明代对苏轼诗文的评点

明代诗文评点盛行，印刷术发达，出现了多色套版印刷，因此各种刻印精美的苏轼诗文选评本特多，既有重印本，也有不少新编本，或把宋、元以来旧有的某些苏文选本，改头换面，略加评点，广为传刻，并深受读者喜爱。泥沙俱下，往往挟有不少伪托之作。概括起来，大概有以下类型。

诗文或诗词文皆选的**综合性选本**有**《苏长公集选》**二十二卷，附《艾子杂说》一卷，明钱士鳌编选。士鳌，字季梁，号石庵，钱塘（今属浙江）人，万历十四年（1586）进士。知福宁（今福建霞浦），任内编刻此选。其自序云：“与长公相知半生，尚不能窥其藩篱，而世腐儒小生辄举一二论策为便举子，便以尽长公，公得无掩口胡卢而笑乎？因辑长公大小文几千篇，托友人何文叔校而刻之，俾世得以窥苏长公之全，且谓长公之文有以进于举子业也。”其编选宗旨在于全面揭示“东坡文之精妙”。全书共收各体苏文六百六十二篇，按文体分类编纂，含赋、铭、辞、颂、赞、琴操、论、策、杂文、经说、论语解、评史、叙、字说、拟作、奏议、内外制、赦文、表状、启、书简、书、记、碑、传、墓志铭、神道碑、青词、祝文、祭文、释教、诗余等，苏轼各体诗文都选了一些精品。明万历二十六年（1598）福宁府原刻本，藏"台湾中央图书馆"。

《东坡集选》五十卷，明陈梦槐选。梦槐，字元植，江陵（今属湖北）人。卷首二卷，收《宋史》本传及王宗稷《东坡年谱》。正文五十卷，卷一至四二为各体苏文，卷四三至四九为苏诗，卷五〇为苏词。附王世贞《苏长公外记》二卷，璩之璞《外记逸编》一卷和潘允宜《集余》，堪称大型选本。陈继儒《东坡集选序》云：

古今文章大家以百数，语及长公，自学士大夫以至贩夫灶妇，天子太后以及重译百蛮之长，谁不知有东坡？其人已往，而其神日新、其行日益远，则千古一人而已。……长公起自西裔中，更摈窜流落于蜃坞獠洞之间，出入掉弄于悍相狱吏刀笔之手，几不能以身免，而其所遭人文之盛，实可与汉武比隆。长公以文安先生为之父，文定为之弟，先辈则韩、范、富、欧、蜀公、温公，后辈则秦、黄、张、晁四学士，以朝云、琴操为达生友，以元章、伯时、与可为书画友，以赵德麟、王晋卿为赏鉴友，以参寥、辩才、了元为禅友，以葆光、蹇道士为长生友，即有怼而与之角者，非理学之正叔，则经术之介甫，而天地之人文至此极矣。人文凑合，如五星相聚，而长公以奎壁之精临之。诸君子而当长公，不得不五色相宣；长公而当诸君子，亦不得不八面受敌。三鼓而气不衰，百战而兵益劲，此天授，亦人力也。微至于风流调笑，大至于患难死生，非惟不足为公困，而反足以为公文章翰墨之助。铁之镕而为金也，乳之出而为酪也，市人之驱而战，竹头木屑之罗而为用也，惟长公能之，即老泉、颍滨不能也。故曰：古今文人，一人而已。

此序深刻揭示了出现苏轼的文化环境。其万历原刻本，"台湾中央图书馆"、日本静嘉堂、内阁文库、尊经阁皆有收藏。

《宋苏文忠公集选》三十卷，“明河南道监察御史魏郡崔邦亮选，大理寺右少卿大梁杨四知校，河南左布政使武陵姚学闵阅”（卷首）。崔、杨事迹皆不详。姚学闵，字颙山，武陵（今湖南常德）人，隆庆进士，由知县历官礼刑兵三科给事中，著有《谏垣疏稿》。明万历二十七年（1599）刻于大梁，“台湾中央图书馆”有原刊本一帙，又有残本二帙。此书与钱士鳌的《苏长公集选》一样，选苏轼各体诗文。

专选苏诗有袁宏道选、谭元春评之**《东坡诗选》**，收苏诗七百余首，其评颇精，历来享有盛名。如评《夜泊牛口》“富贵耀吾前，贫贱独难守”云：“是真实语，前人不曾说破疼根”；评《牛口见月》云：“气格浑苍，无咿嗄之病。且无故思及丙申河决事，便远”；评《舟中听大人弹琴》云：“才是子听父弹琴诗，古穆庄严，无一毫亵怠欢畅之气”；评《真兴寺阁》“山川与城郭”四句云：“意外意，象外象，子美不能道也”；评《秦穆公墓》，袁宏道评云：“似论矣，此理学之始也”；谭元春称“袁此语甚有益”；评《爱玉女洞中水……》“常恐汲水人”四句云：“忽发此深想密义，老氏五千言也。”谭元春《刊东坡诗选序》云：“斯选也，袁中郎先生有阅本存于家，予得之其子述之。而合诸夙昔之所见，增减焉。”可见此书是谭元春据袁宏道评阅本增删而成，有明天启元年刊本。

专选苏文的选本尤为明代苏轼选本的大宗。**《苏文忠公文选》**六卷，收苏文九十一篇，明闵尔容辑评。沈闻章序云：“明兴，操觚家递为评选，屈指未易更仆数。丰寰钱先生（谷）业加品隲，而鹿门先生（茅坤）又有《文钞》行海内，然览者不无浩夥之叹。余友闵氏尔容，复取而综核之，批评以丰寰为宗，间采鹿门附焉。”可见此书取材于茅坤、钱谷二家的选评。明末乌程闵氏刊，“台湾中央图书馆”、美国国会图书馆存有原刊本。

《苏长公文集》六卷，明张溥编选，吴伟业评点。张、吴皆为明末清初名家。张溥（1602—1641），字天如，号西铭，太仓（今属江苏）人。崇祯间创复社，以“吾嗣东林”自称。诗文敏捷，名高一时。其自序云：“坡公历事三朝，值阳九之厄，媒孽坎壈，诸难备尝，养其刚大之气以立朝，批鳞沥胆，不避权奸，不顾斧锧。凡策对奏议，皆提纲启钥之讦谟，非正心诚意之阔论；

皆天王明圣之丹志，非嵩呼觞祝之靡文。……真宇宙第一人物，宇宙第一文字也。”所收诸家评语多达三四十人，但精彩者少。中华书局及日本东洋文库有明末刊本各一帙。

《苏文嗜》六卷，明唐顺之选。顺之（1507－1560），字应德，一字义修，武进（今属江苏）人，嘉靖八年（1529）进士，官翰林院编修。他是明代中叶唐宋派领袖，著有《荆川先生文集》。《明史》卷二〇五有传。此书最初只有抄本传世，万历四十八年庚申凌云始刊刻。凌跋云：“始余从友人斋头得唐荆川先生《苏文嗜》抄本，方谋梓行，公诸同好，因为合诸名家评，时为庚申夏五月也。近又得李恒斋评本，颇有发明，因仍唐本行之，而缀李氏以黛。”北京图书馆藏有原刻本。

苏轼的小品文尤为明人所喜，明末小品文盛行，他们都向形式灵活，常行于所当行，止于不可不止的苏轼小品文学习。**《苏文忠公表启》**二卷，明“左使葵山郑公”编，朱睦㮮选校。郑姓名事迹俱不详。朱睦㮮为明宗室，字灌甫，号西亭，聪颖好学，储书颇富，曾就宅西建万卷堂。朱睦㮮《刻苏文忠公表启序》云：“左使葵山郑公博闻好古，雅志述作，旬宣之暇，乃取文忠公表启二卷，命余删其繁重，掇其菁要，得若干首，因为序之。”北京图书馆藏有明嘉靖四年（1555）朱氏刻本。

另有一种**《苏长公表启》**为五卷，编者题名或作“明盛文明选编”，或作“明凌濛初选”，或著录为“明钱櫕编”。含表三卷，六十五篇；启二卷，八十二篇。明凌濛初朱墨套印本，本文墨印，圈点、眉批、文末评语乃朱印，版刻颇精。卷前有钱櫕、凌濛初序各一篇。中国台湾、日本、美国国会图书馆均有收藏。凌濛初《刊苏长公表启序》（明吴兴凌氏刊本《苏长公表启》卷首）云：“眉山长公自目万斛之泉，不择地出，宜寻声琢句之难工；式观偶言之属，珠本天成，更随方逐圆之入妙。稚年带马之拟对，已称赏于避地之欧阳；他时尧鲧之狱词，乃见奇于操戈之李定。仇口之不难心服，谁则为之？宗工之非出私阿，益可知已。岂不跨越一代，而鞭驾六朝哉？后之君子为是学者，不作镂金刻玉之想，而存行云流水之观，寤寐于斯，堂奥即在。就一种以得东坡诸文，因一人以概全宋诸子，则排体无束缚之苦，而散句悟啣勒之微，可不判为两途，自尔汇为一派矣。吴兴后学凌濛初撰并书。”钱椟《苏长公表启序》（同上）云：“有宋苏文忠公体三才之茂典，践得二之庶几，宏览载籍，博游才艺，含沉郁之思，衍黼黻之篇。或缉熙帝图，或宣达民瘼；或寄情于伐木，或托兴于采荣。其词沨沨乎可谓兼四体而备二难者矣，后之修词者，匪此奚式？譬之金不淬砺弗为干将，骥不调习焉可导御哉？余故取文忠表启凡五卷，校其讹舛，付之剞劂，用贻同志者览焉。吴郡钱椟撰。”从“余故取文忠表启凡五卷”可看出，此书似乎即钱椟编。

《坡仙集》十六卷，明李贽（1527－1602）选评。贽，号卓吾，晋江（今属福建）人。在哲学上，他反对礼教，抨击假道学；文学上反对复古，主张“童心”说，并且是明代著名的评点家，所评《水浒传》，影响颇大。他是明代著名的文学家，也是著名的异端思想家。著述甚富，而以《焚书》《续焚书》为最有名。《明史》卷二二一有附传。他在《书苏文忠公外纪后》中说：“苏长公以文字故获罪当时，亦以文字故取信于朋友，流声于后世，若黄、秦、晁、张皆是也。略考仁、英、神、哲之朝，其中心悦而诚服公者，盖不止此，盖已尽一世之杰矣。黄、秦、晁、张，特其最著者也。”[①] 其《复焦秣侯书》阐明了他评选《坡仙集》的主旨：“苏长公何如人！故其文章自然惊天动地。世人不知，只以文章称之，不知文章直其余事耳。世未有其人不能卓立而能文章垂世不朽者。弟于全刻抄作四册，俱世人所未尝取者。世人所取者，世人所知耳，亦长公俯就世人而作者也。至其真洪钟大吕，大扣大鸣，小扣小应，俱系彼精神骨髓所在。弟今尽数录出，闲时一披阅，平生心事宛然如见，如对长公披襟面语，朝夕共游也。”可见此书专选“世人所未尝取者”，目的是要揭示东坡“精神骨髓所在”，要看出东坡“平生心事”，也就是要借此书以知东坡。《与袁石浦书》亦云：“《坡仙集》，我有批削旁注在内，每开看便自欢喜，是我一件快心却疾之书。大凡我书，皆是求以快乐自己，非为人也。”正文有圈点，有旁批，有题下评，文后评等，皆画龙点睛、简明扼要、发人深省，可看出评点者的思想主张。如评《凌虚台记》：“一篇骂太

---

① 《续焚书》卷二，中华书局标点本，1959。

守文字”；评《乞开杭州西湖状》：“妙甚，有才有识，真仁真忠”；评《杭州召还乞郡状》：“可怜可痛”；称《策略五》“刺骨”；《策略六》“痛切不可当”。

由于此书所选所评都有突出特点，故传刻甚多，有明万历二十八年庚子（1600）焦竑序刊本，藏美国国会图书馆；其翻雕本、重刻本、钞本也不少，北京图书馆、“台湾中央图书馆”、日本东洋研究所内大木文库都有收藏。焦竑《坡仙集序》云：“古今之文，至东坡先生无余能矣！引物连类，千转万变而不可方物，即不可摹之状与甚难显之情，无不随形立肖，跃然现前者，此千古一快也！独其简帙浩繁，部分丛杂，学者未睹其全，而妄以先入之言少之。故先生之文，学者未尽读，即读而弗知其味，犹弗读也。卓吾先生乃诠择什一，并为点定，见者忻然传诵，争先得之为幸。大若李光弼一入汾阳之军，而旌旗壁垒无不改色，此又一快也！”程明善《坡仙集跋》云：“予尝怪李卓老文过坡仙，及读《坡仙集》与卓老诸书，而卓老未尝不深服膺，且其为文，丰神态度，自无一不肖坡仙。”

李贽《坡仙集》十六卷选文不选诗，陈继儒（1558—1639）**《订补坡仙集》**三十八卷，就李贽所选增选诗词。万历间有刊本。

直接以小品名书的有明王圣俞选评的**《苏长公小品》**二卷和明末陈天定编的《古今小品》。圣俞，字纳谏，号观涛，江都（今江苏扬州）人，明末学者。该书所选以题跋居多，次则尺牍、杂记等短文，有评语，于明万历三十九年（1611）由圣俞友人章万椿（古生）付梓，凡二卷。后吴兴凌启康重编此书为四卷，以朱墨二色套印又添补了十余家评语。“台湾中央图书馆”藏有这两种刊本，美国国会图书馆收藏有四卷本。民国三年（1914）北京正蒙书局凌氏套印四卷本铅印传世，批语又有增添，首都图书馆有铅印本两部。所收评点主要有王圣俞、唐顺之、茅坤、姜宝、钱毂、楼昉、李贽、陶望龄、吕雅山、袁宏道、陈继儒、刘士璘、郑之惠等家。王圣俞、凌启康、章万椿、施扆宾皆有序（均见该书卷首）。王序云：“人于万物，大者取大，小者取小，诗文亦然。……余读古文辞，诸舂容大篇者，辄览弗竟，去之。噫嘻，此小品之所以辑也。始余欲遍阅子史而掇其小言，而力未之逮也。以长公多韵且善谑，时复参微言，故辑先成。友人章古生（即章万椿）见之，而为之梓之，余犹病多帙焉。且夫舍其大而论其细，无乃万斛泉拾其溅珠者乎？而古生氏又欲缀吾珠珥之佩之也耶?”凌序云：“世读苏长公文綦众矣，选不一集，集不一种，然未有选小品者，选之自圣俞王先生始。……夫宋室文章，风流藻采，至苏长公而极矣。语语入玄，字字飞仙，其大者恣韵泻墨，有雪浪喷天、层峦迤地之势，人争取之。其小者命机巧中，有盆山蕴秀、寸草函奇之致，人或忽之。自兹拈出，使片楮只言共为珍宝，圣俞固长公千载之知己哉。”章序云：“人惟才短，所以喜长；圣俞才长，故善取短。天下精奇神怪，政不以多惊人。”施序云：“人未啖九鼎，而啖一脔则美，谓一脔之不足尽九鼎，而不知九鼎之尽于一脔也。……度山越海，不无卷石寸沼；弋奇钓异，不无野芹泽芷，则圣俞所选长公小品是也。”以上诸序皆道出了王圣俞此书专选东坡小品的原因。

陈天定编的**《古今小品》**，所收苏轼的小品文并有评论。其评《老饕赋》云：“流丽清旷，如春帆映日，浮于云渚”（卷一）；评《到昌化军谢表》云：“读此而不酸心者非人也。彼谮人者亦已太甚”；评《量移汝州谢表》云：“归诚君父，如对家人，如语素交，恳恻乃尔”（以上卷二）；评《答秦太虚书》云：“琐琐散散，自成佳致”；评《答范蜀公书》云：“反推上一层，令他坠在云雾中，妙妙”；评《与彦正判官书》云：“禅理文心，皆在不即不离之间，拈出可会”；评《答参寥书》云：“达甚，如此则生死得丧，皆不足以挠之矣”；评《与李公择书》云：“一气流转，一转一韵，如清泉之出峡”（以上卷三）；评《书黄子思诗集后》云：“花看蓓蕾，到烂熳时，便是披离，此意要知”；评《跋子由老子解后》云：“其胸甚圆，故如是兴叹”；评《文与可琴铭》云：“意之中外，言之前后，缥缈无际”；评《淡妙斋铭》云：“空灵无点尘”；评《砚铭》云：“亦达亦玄，亦铭之变体”（以上卷七）；评《记承天夜游》云：“‘江山风月本无主，闲者便是主人。’皆静者之言”；评《黠鼠赋》云：“许大名理，说来如此透脱，前后点染，历历落落”；评《书海南风土》云：“此有妙理，摄仙佛二门；评《怪石供》云：‘形语一段，不相粘而相关，慧甚。末亦楚楚有致”；评《后怪石供》云：“妙在喜存根亡一语，与上篇天机之说，同一禅理。”（以上卷八）这些评语皆画龙点睛，言简意赅。

明人所刻的《东坡尺牍》有焦竑批点**《苏长公二妙集》**二十二卷，含《东坡先生尺牍》二十卷，前已述及，兹不赘；还有钟惺编的**《苏长公尺牍选》**二卷，万历间澄志堂刻本，存北京大学图书馆；明海阳黄嘉惠校刊本《苏黄小品》，从茅维刊七十五卷本《东坡全集》的卷五〇至卷六一的《东坡尺牍》中选出一百四十六篇，厘为二卷，于明末刊行。

《苏长公密语》六卷，明李一公选，吴亮辑评。为什么这一选本名以“密语”？李一公《东坡密语序》（卷首，明天启刊本）云：“姑略其论、策、奏疏诸文之显易窥者，而独取颂、偈、铭、赞、记、传诸文之最沉密者，时密密佩服不置。既乃遍辑诸名公评选附录参证，时若悠悠然有所会焉，以为文字祖派统是矣，殆长公所为千载而一见者耶。遂深自密藏，从未轻以示人。至是，两儿子长矣，因欲以先博士之课余者课两儿子，乃出是篇授之曰：‘此余家密谛也，其密佩之。’两儿子跪请曰：‘祖仙（指李白）诗文显示今古，不闻其秘密之也。然千载而下，密证之在心而显出之为语者，微长公莫与焉。则文何显密，是在能者会之耳。且释家有密语，无密义，显密又孰从歧之？’用是，遂俾显诸梓。”可见取名“密语”，是因为苏轼“文最沉密”“密密佩服不置”；所选“深自密藏，从未轻以示人”，视作“余家密谛”，故取释家“密语”二字以为书名。有天启元年（1621）朱墨套印本和天启四年（1624）吴用先序刻本，中华书局、“台湾中央图书馆”、美国国会图书馆均有收藏。吴用先《苏长公密语序》云：“盖论策奏疏诸文，或束于功令，其显易见，则其神不全；惟是颂、偈、铭、赞、记、传，直写其所独得，其密难证，则神偏到。或著韵而成趣，或致微而近幽，或摹写而成景，或浓或淡，或近或远，或玲珑而小巧，或干硕而姿伟，随其神之所至，穷万道而曜三灵，变化不可名状，要以不用意得之，即坡仙亦不自知其所以然而然者。虽重岩袭室，光彩潋滟，此密谛真种子也。省之之神，其藉坡仙之神而畅乎？宜其秘诸笥中也。”

明代也有人不满这种专选苏轼小品的选本，而以专选苏轼鸿篇巨制与之相抗。如钟惺评选**《东坡文选》**二十卷。惺（1574－1620），字伯敬，竟陵（今湖北天门）人，万历三十八年（1610）进士，官至南京礼部郎中，擢福建提学佥事。为人严冷，不喜接俗客。此书选苏文二百〇一篇，包括各种文体，针对时人多推崇苏轼小品，而以“雄博高逸之气，纡回峭拔之情”为选文标准，颇能代表竟陵派的文论主张。他说：“今之选东坡文者多矣，不察其本末，漫然以‘趣’之一字尽，故读其序、记、论、策、奏议，则勉卒其业而恐卧，及其小牍小文，则损寝食殉之。以李温陵心眼，况其下者乎？”（钟惺《东坡文选序》）此书有明万历四十八年（1620）刊本、明天启间刊本、明刊朱墨套印本等，“台湾中央图书馆”、美国国会图书馆均有收藏。

明代还有为举子应试而编选的苏文选本，如郑之惠评选、凌启康增编的**《苏长公合作》**。此书明万历间曾两次刻印。一为明万历三十年（1602），不分卷，而分内外篇。郑之惠《苏长公合作内外篇叙》云：“俗儒泥古疑今，拘儒是非，今谓三代、秦、汉而下无复有文字，辄以长公侧于唐、宋诸人之例，此宇宙间一大不平之事也。……举子业至今日，无复开元、大历之诗矣。以无所不忆之论为工，以无所不忆之才为奇，则谓长公之文为今业举子者《训》《诰》可矣。因录其尤合作（合于法度）而与举子业合者于篇，评隲句读（正文无评，文末时有数评语），授门人，而为引其意以告之如此。”可知编纂此书目的，一则与文必秦、汉的复古派对抗，一则为科举考试提供范文。首都图书馆等处有收藏。二为万历四十八年（1620）凌启康墨（正文）朱蓝（评）三色套印增编本，把原来的内外篇厘为八卷，并增补了补遗二卷、附录一卷（收本传、杂说、评论等），正文也增补了大量评语。日本尊经阁、东大图书馆及“台湾中央图书馆”均有收藏。

《苏文奇赏》五十卷，明陈仁锡选评。仁锡（1581－1636），字明卿，号芝台，长洲（今江苏苏州）人。天启二年（1622）进士，官至南京国子监祭酒。好学重气节，喜著书。《明史》卷二八八有传。此书取《东坡七集》分体选录，以时文之法批点，可见亦为举子应试而编。此书疏于考证，沿《东坡续集》之误，亦误收苏过《飓风赋》。有明崇祯四年（1631）刊本。北京各大图书馆、日本内阁文库等均有收藏。

《三苏文范》十八卷，其卷五至卷一六为苏轼文，题杨慎编注、袁宏道辑评。所选多科举之文，不类慎之所为，亦属伪托，平步青《霞外攟屑》卷六谓其卷首《三苏考实》错误百出，并云："嘉乐堂选评注《三苏文范》十八卷，云'袁中郎增删，参阅。'……盖明末坊贾不读书者所为，决不出中郎手也。"是书始刻于天启二年（1622）。

又有**《三苏文粹》**，不著编者姓氏，亦无序跋，所录多议论文字，亦为科举考试而编；**《新刊许海岳先生精选三苏文粹》**四卷，其卷二、卷三为苏轼文，有明嘉靖四年刊本；张焕如编**《合刻三苏先生文》**六十卷，含东坡文四十卷，并辑有宋以来诸家评语，有明末刊本。

明代还有为纠当时文弊而选的苏文选本，如明陈绍英编选**《苏长公文燧》**。绍英，字生甫，武林人。其自序云："独怪子瞻文，自有本领，而习之者徒袭其貌以取资，如抱瓮灌畦，苟无源本，终究槁索。余故遴选子瞻文若干首付梓，欲人缘其文以师其意，毋徒从指上索音。周礼司爟掌行火之政，令四时变国火以救时疾。今夫文之时变而不一也，亦犹榆、柳、杏之以时禅也，随变而不出于苏，贵夫持器者按时取焉，余故名之曰燧。以见子瞻之文任取无穷，而学人取之，不徒为宿火困则可矣。"这里阐述了此书取名为《文燧》的原因。全书共选东坡文二百三十七篇，明崇祯四年（1631）刊刻，台湾师范大学图书馆收藏有原刊本。

在宋代就有人以苏轼为官谪居之地为他编集，有《武功集》《钱塘集》《超然集》《黄楼集》《雪堂集》《黄冈小集》等等。但这些书久佚，明人另编有类似之集。**《东坡守胶西集》**四卷，为明阎士选编。士选，字立吾，绥德州人，万历八年（1580）进士，官至山东按察史。此编为他任莱州府知府时，采苏轼在胶西诗文刻为一帙，后又有所增补。北京大学图书馆有原刻本。

明代万历三十二年（1604）鲁点编有**《黄楼集》**二卷，万历三十五年（1607）胡廷晏补。所收为苏轼知徐州时的诗文。见《四库提要》卷一七四集部别集类存目，未见传本。

《苏公寓黄集》二卷、附录一卷，明文部郎陆志孝谪官黄州时，嘱文学王行父搜集苏东坡谪居黄州团练副使期间所著诗文汇编成一集。明万历十一年（1583）刊，北京大学图书馆、台湾师范大学图书馆有原刻本。

《苏文忠公寓惠集》，明方介卿编，辑录东坡绍圣年间（1094—1097）贬官惠州期间所作诗文而成，以诗为主。此书是以地区编选的苏轼选集中较好的一种，因此，自明正德七年（1512）首刻至清初，此书曾多次翻刻。除正德本外，还有嘉靖五年（1526）再刻本、嘉靖二十三年（1544）三刻本、嘉靖三十四年（1555）四刻本、嘉靖四十五年（1566）五刻本、万历四年（1576）六刻本、万历三十七年（1609）七刻本、万历四十七年（1619）八刻本、崇祯五年（1632）九刻本、清顺治五年（1648）十刻本，中国大陆、台湾，日本多有收藏。

另有**《寓惠录》**十卷，明正德七年，嘉靖五年、二十三年、三十四年、四十五年，万历四年凡六次刊印。万历年间归善令林民止考正的《寓惠录》，有明惠州知府李畿嗣《寓惠录序》（明万历广东归善县刊本《寓惠录》卷首）云：“侍御马公柳坡奉简书按百粤……乃采风谣山川形胜以及名贤隐迹，于是畿嗣取苏文忠之《寓惠录》进，公览之移日，得其寓言赋咏，游睇周适，恍乎如见其人。复出以示曰：‘美哉思深乎！是流寓之风也，可以观矣。’……遂檄归善令林民止考正，付畿嗣重校而梓之。嗟乎！文忠之文章节概无二于天下，而公言论讽议廉直劲正，其后先有相望焉者，固知是梓不独以其文焉已也。几嗣不佞，谨以公命为数言识其事云。公讳应梦，嘉靖乙丑进士。大明万历四年岁在丙子仲春望日，广东惠州府知府李畿嗣拜书。”林民止《寓惠录跋》（同上卷末）亦云：“嗟乎！方苏公寓此，一羁旅人尔，今去此殆数百年，其遗言断简，尤为人所歆慕，不令其散逸刓缺，辄辑而录之。假如九原可作，又不知何如为情也？当时亶、定、惇、卞辈炙手可热，不旋踵而灰弃，其宅垅无可问，况篇什乎？纵有之，人且见而唾之矣。于此见忠直流芳，奸回贻笑，千古人心如一日也。观斯录者，其亦有所感也夫。”此书不仅收有苏轼贬惠诸作，而且收有苏轼度岭及迁儋诸作，与书名体例不合。

《苏文忠公居儋录》五卷，明陈荣选编。卷首有胡桂芳所撰序，谓“儋故有公《遗思录》，然编次失伦，渔采太滥，览者病之”。后经陈荣选校理，“要在记公当时言动与所为诗文，垂之海外，以风百世，更其名曰《居儋录》，重纪实也”。卷一为东坡年谱及与苏轼有关的古迹简介八条，东坡在儋耳言行录十六条。卷二为苏轼在儋所作之文，卷三、卷四为苏轼在儋所作之诗，卷五附录《东坡祠记》《载酒堂记》、名人咏坡诗。有明万历二十三年（1595）陈氏自刻本，台湾“中央”研究院历史语言所傅斯年图书馆有明万历间原刻本残帙。南京图书馆有清康熙刻本一部。

明人还按内容编选有《东坡禅喜集》《东坡养生集》《苏文忠公策论选》。徐长孺尝取苏轼谈禅之文，汇编成九卷**《东坡禅喜集》**，唐文献为作跋并刊行。凌濛初以其未备，更为增订重编为十四卷。万历三十一年（1603）濛初与冯梦祯各加评语，天启元年（1621），与《山谷禅喜集》并付之梓，朱墨套印，北京图书馆、“台湾中央图书馆”、日本内阁文库均有收藏。日本内阁文库还存有九卷本《新刻东坡禅喜集》，徐长孺编，陈继儒为作序。北京图书馆又有明万历刻本《东坡先生禅喜集》，附《禅喜纪事》。可见明人编刻有多种《东坡禅喜集》，最有名的为凌氏套印本。评语主要采自王圣俞、李卓吾、袁石公、陈眉公、茅鹿门、钱鹿屏等人的评选本，而又多所更改。陈继儒《东坡禅喜集序》云：“唐、宋而后，天下无才子，聪明辨才之士，往往窜为高僧，如永明、觉范、大慧、中峰，其所为文章，纵横自在，有今之文人不能措其一语者。然而独网漏一眉山之长公，何也？长公少年之文与栾城先生皆得老泉法，而终未尽其变。晚而游于禅那，与佛印、参寥诸子互呈伎俩，于是掀翻宝藏，以三寸镳铲舌颠扑半生，譬张僧繇画龙，一点眼便欲昂首飞去。妖狐老猿窃获真人符箓，则千奇万怪，跳梁于青天白日之下，而终不可以尺组约束，今《禅喜集》是也。此集辑自徐长孺，而唐元征欲刻之以示同志，且以广诸才子之学为文而穷于变者。长公为五祖戒后身，其母与子由弟皆亲梦见之。祖戒，陕右人，而长公七八岁亦时时梦游关中。宋二百年仅得此人，乃前生又为高僧所罗，五祖逸出之而始得为东坡，不者宋几无才子矣。”① 唐文献《跋东坡禅喜集后》云：“子瞻平日熟于荀、孟、孙、吴，晚遇贬谪，落落穷乡，遂以内典为摈愁捐痛之物。浸淫久之，斐然有得。唐有香山，宋有子瞻，其风流往往相期，而其借禅以为文章，二公亦差去不远。香山云：‘外以儒行修其身，内以释教汰其心，旁以琴酒诗歌乐其志。’则不特一眉山之老

① 《东坡禅喜集》卷首，明天启吴兴凌氏刊本。

人而已。子瞻于生死二字，虽不能与维摩庞蕴争一线，然其谈笑轻安，坦然而化。如其为文章，则铺禅之糟，而因茹其华者多也。徐长孺汇集成编，余故喜而刻之，使天下老居士有生死心者按此卷，或士大夫热闹中欲乞清凉扇子，不妨向子瞻案前烧一瓣香。”

明末王如锡编有**《东坡养生集》**十二卷，分饮食、方药、居止、游览、服御、翰墨、妙理、调摄、利济、述古、志异等十二门，收录东坡诗文小品中有关闲适颐养之作，有明崇祯八年序刊本，存北京大学图书馆、日本内阁文库等处，清康熙年间亦曾刊行。

《苏文忠公策论选》十二卷，文起编选，明天启元年（1621）三色套印。墨印为苏轼原文，朱印为茅坤评语，黛印为钟惺评语。北京图书馆有收藏。沈绪蕃《苏长公策论叙》云：“公处熙宁、元丰时，天下渐已多故，其所论著、条奏亦署当时善败利害之原，而以古今必然之画，为一时救时之务。……而世之论眉山者，以老泉、子由比班氏父子，而以长公比司马子长，又有谓公之文大要读《南华》而得之者。夫有庄之洸洋而去其诞，是则坡公之论策而已矣。余友文起精心此道，并欲出以公世，于以揭而出之，以见坡之为用与古今之用坡公者，端于此有赖焉。”① 韩昌箕《苏长公策论叙》（同上）云：“东坡先生集中所著论策一百余篇，羽翼经史，阐析理道，近裨时务，远备边功，当时仁庙读之，未尝不叹为奇才。因时制宜，视病发药，在嘉祐则务变更，在熙宁则务安静，在元祐则主免役，一是之从，而不狗人为爱憎。仁人之言，其利溥矣。半山翁与先生议论相左，然自黄州归，访于钟山，与先生剧谈，屡日不厌，至约卜邻以老，非其忠谠恺直，有以服人之深，何以致此？若夫文之舂容逸宕，奇伟渊博，如万斛流泉，九霄瑞露，岂止为后生小子脍炙以润场屋笔端而已！”

明代还有不少不是专选苏轼作品的选本，但其中所选的苏轼作品却影响甚大，甚至比专选苏轼作品的选本的影响更大，这就是唐顺之编的《文编》、茅坤编的**《唐宋八大家文钞·苏文忠公文钞》**（万历、崇祯、清刊八大家文钞

① 《苏文忠公策论选》卷首，明天启间朱墨套印本。

本），录有唐顺之、王慎中、茅坤对苏文的评论。唐顺之称苏轼《孟轲论》“纵恣不羁”，《无沮善》“严密”，《策略三》“疏畅”，《练军实》“信手拈来，头头是道”，《倡勇敢》“体方而意圆”，《策断下》“极其变化横发而不可羁制”，《六一居士集序》“体大而思精，议论如走盘之珠，文之绝佳者也”，《墨宝堂》与《王君宝绘堂记》“此二篇皆小题从大处起议论，有箴规之意”，《大悲阁记》“精于佛家之言”，《司马温公神道碑》“长江一千里，而波澜曲折，自有妍姿，真文人之豪也”，等等，皆可谓一语中的，颇能把握苏文特色。王慎中评苏轼《留侯论》云：“此文若断若续，变幻不测，曲尽文家操纵之妙。”又评苏轼《贾谊论》云：“谓贾生不能用汉文，直说得贾生倒，而文字翻覆变幻，无限烟波。”评苏轼《荀卿论》云：“以‘异说高论’四字立案，煞是荀卿顶门一针。而李斯焚书，破坏先王之法皆出于荀卿，此尤是长公深文手段。”（《苏文忠公文钞》卷一四、一五引）字里行间充满了他们对苏文的喜爱。茅坤评苏文，大体有以下内容：

第一，认为苏轼长于议论，评《代张方平谏用兵书》云：“予尝谓自古论用兵，唯汉淮南王安谏伐闽越书为最，而此书法度，似又胜之。此等文章，与天地并传者。东坡长于论事，口端有舌，真是入妙”（卷三）；评《思治论》云：“首尾二千五百言，如一串念佛珠，其深入人情处，如川云岭月”（卷一一）；评《论武王》云：“通篇将无作有，转辗不穷，大略从战国辩口中来。此是东坡议论文中滑稽也。子瞻之论武王，虽非天下万世之公，而其援孔子之所与，以见其所欲罪，援《书》之所及以见其所不及，又以《春秋》所书赵盾者以案武王，亦成一家纵横之言”（卷一二）；评《论始皇汉宣李斯》云：“前罪秦始皇误用赵高，人所共知者；后罪秦始皇积威，故足以制太子之死而不请，人所不知者。予览《志林》十三首，按年谱，子瞻由南海归后所作，公于时经历世途已久，故上下古今处所见尤别，而此篇亦古今痛快卓荦之议”（卷一二）；评《留侯论》云：“此文只是一意反复，滚滚议论。然子瞻胸中见解，亦本黄、老来也”（卷一四）；评《省试刑赏忠厚之至论》云：“东坡试论文字，悠扬宛宕，于今场屋中极利者也”（卷一七）。苏轼奏议为其议论文之一种，评《论高丽僧买书利害劄子》云：“深忧远识之言”（卷四）；评《辩试馆职策问劄子第一首》云：“苏子瞻忠义明辩，虽九死而不惧，亦子瞻供状”（卷五）；评《策略四》云：“破庸俗之论，有奇气”（卷一九）；评《去奸民》云：“论利害处刺骨”；评《练军实》云：“欲为择兵而募，而又限以年，精悍之识，博达之才。此等文须看承上联下字眼。”（以上均卷二一）评《敦教化》云：“看他行文纡徐婉转，将言不言处”；评《定军制》云：“经国之言。成禁兵不如募土兵。今岁延、绥之兵以卫蓟、辽，无策之甚者。”（以上均卷二二）

第二，认为苏文能以情动人，评《乞郡劄子》云：“览此而不为呜咽流涕者，非人情也”（卷五）；评《方山子传》云：“余特爱其烟波生色处，往往能令人涕洟”（卷二三）；评《祭欧阳文忠公文》云：“欧阳文忠公知子瞻最深，而子瞻为此文以祭之，涕入九原矣”（卷二八）；评《代滕甫辩谤乞郡书》云：“悲切，予观子瞻一生所横被谗构处，往往痛心矣。故所代滕甫辩谤处，亦种种刺骨”（卷三）；评《寄文潞公书》“呜咽，然亦情悃洒然”（卷九）；评《答王承议启》云：“以编管而逢故知，情谊婉然。”（卷八）

第三，认为苏文超脱旷达，行文自然曲折，妙趣横生。评前后《赤壁赋》云：“予尝谓东坡文章，仙也。读此二赋，令人有遗世之想。”又评《后赤壁赋》云：“萧瑟。借鹤与道士之梦，以发胸中旷达今古之思。”（卷二）认为《答李端叔书》乃“随手写出”，“却自疏宕而深隽”（卷一〇）；《答秦太虚书》“随手淋漓者，却自潇洒脱俗可爱”（卷一〇）；《与李端叔书》“词旨潇洒可诵”（卷一〇）；《答刘沔都曹书》“情致脱落潇飒”（卷一〇）；《礼论》“文特纡徐曲折可诵”（卷一六）；《策略五》“行文如行云、如江流，曲尽文家游衍之妙”（卷一九）；《倡勇敢》“通篇行文，如虬龙之驾风云而撼山谷，而杳不可测”（卷二二）；《送钱塘僧思聪归孤山叙》“所思远而文亦遒俊”（卷二三）；认为《范文正公文集叙》亦“率意而书”，“识度自远”（卷二三）；《凫绎先生诗集叙》“非公着意文，却亦澹宕而有深思云”（卷二三）；《田表圣奏议》“不为巉刻之言，而文自达”（卷二三）。他认为苏轼的杂记文多诙谐滑稽之言，《文与可画筼筜谷偃竹记》“中多诙谐之言，而论画竹入解”（卷二四）；《石氏画苑记》“中多以文为戏，然亦自是佳品”（卷二四）；《墨君堂记》“东坡滑稽之文，篇终却少归之于正”（卷二四）；《喜雨亭记》“好为滑稽”《卷二五）；

《盐官大悲阁记》"彼所谓信手拈来，头头是道矣。苏长公于禅宗本属妙悟"（卷二五）；《汉鼎铭》"借漏以发明道术，吾所以谓苏长公仙于文者也"（卷二七）；认为《日喻赠吴彦律》"如佛家参禅妙解"（卷二八）；《书六一居士传后》"本庄生齐物我见解，而篇末类滑稽可爱"（卷二八）。

他还比较了三苏父子的不同文风，如评《上神宗万言书》云："苏氏父子兄弟所上皇帝书不同：老苏当仁庙时，朝廷方尚安静、畅德泽，故其书大较劝主上务揽威权、责名实；长公、次公当神庙时，朝廷方变法令、亟富强，故其书大较劝主上务省纷更、持宽大。然而次公之言，犹纡徐曲巽；而长公之言，似觉骨鲠痛切矣。然三人中，长公更胜，其指陈利害似贾谊，明切事情似陆贽。汝辈读古人文章，须于此细细权衡，方得下手处。"（卷二）

有些评论还揭示了苏文背景，如评《上神宗万言书》云："公感神宗之允所议贡举及停止买灯二事，以故敢为危言，痛陈时政。然所以结知主上者在此，而所以深执政之嫉怨者亦在此。大略摹仿陆宣公奏议来。"（卷二）

明代继宋、元之后，继续出现了一些托名苏轼之作。这类书往往真伪杂陈，故以下诸书至今仍有人以为是苏轼作，但从总体看，这些书多属伪托苏轼之作。

《东坡问答录》，所记皆与僧了元往复之语，书中有"东坡之妹，少游之妻"之类的无稽之谈，加之宋、元以来诸家书目均未著录，显为明人伪托。收入明万历三十年（1621）海虞赵开美刻《东坡杂著》五种中，又有明万历间陈继儒《宝颜堂秘笈》本，北京图书馆、"台湾中央图书馆"均有收藏。

《调谑篇》一卷，明以前各家书录均未著录，明末重编《说郛》始收之，《五朝小说》据以翻印，显出明人伪托。

《东坡杂纂》二卷，《续杂纂》一卷，万历间赵开美刻《东坡杂著》五种，收有此书，原刻在北京图书馆。皆自陶宗仪《说郛》出，上卷题李义纂，中卷题王君玉续纂，下卷题苏子瞻纂。此外《说郛》《古今说海》，《草花庵丛书》《丛书集成》亦收有此书，亦为元、明之际伪托之作。

明末重编一百二十卷本《说郛》有**《东坡诗话》**一卷，录东坡诗词题跋三十一则，与南宋的《东坡诗话》和元代的《东坡诗话录》皆不同。

第五章　“家诵户习皆东坡”

——清代“复炽”期

明末各地农民起义风起云涌，崇祯十七年（1644）李自成攻入北京，明朝末代皇帝朱由检自缢，继而清军入关，建立了清王朝，中国历史进入了一个新的时期。清顺治、康熙、雍正三朝（1644—1735），是清代前期，清王朝稳定了自己在全国的统治；乾隆、嘉庆至道光十九年（1736—1839）鸦片战争爆发，是清代中期，中国仍然是一个封闭的专制国家；自鸦片战争到辛亥革命（1840—1911），是清代后期，也是中国堕入半封建半殖民地的时期。清统治者一面大兴文字狱，倡导程朱理学，以八股取士，钳制士人思想；另一方面大大加强汉化过程，清统治者是历代入主中原的少数民族汉化程度最高的，对中国历代典籍进行了大规模的整理，先后编纂了《古今图书集成》《四库全书》《全唐诗》《全唐文》等大型类书和总集，足以代表所谓“康乾盛世”。清代是中国古代文化的回光返照，几乎在各个领域都取得了集大成的成就，文学也是如此。清人不满明人对宋诗的否定，对宋诗作了较充分的肯定。康熙时，厉鹗等人就提出了“书，诗材也”；“有读书而不能诗，未有能诗而不读书之理”①。这正是黄庭坚的主张。沈德潜的格调说，翁方纲的肌理说，袁枚的性灵说，以及嘉庆以后的宋诗派、清末的同光体都推崇宋诗。道光、咸丰年间的何绍基、郑珍、莫友芝等尊宋诗人，更取得了诗坛盟主的地位。词在清代也出现了复兴的势头，陈维崧、纳兰性德、朱彝尊、厉鹗、张惠言、周济都是清词名家，形成影响颇大的浙西词派和常州词派。清代无论古文、

① 厉鹗：《绿纱野屋集序》，《樊谢山房续集》卷三，四部丛刊本。

骈文都很发达，形成所谓桐城派古文，出现了方苞、刘大櫆、姚鼐等名家；而阮元、钱大昕、章学诚、袁枚等则大力提倡骈文，形成与桐城派古文抗衡的局面。清代的小说、戏剧也有很高的成就。

正是在这一背景下，清代苏轼研究取得元、明不可比拟的集大成的成就。清人对苏诗进行了系统整理，不仅继续整理刊刻历代广泛流传的《王注苏诗》，而且整理出版了不绝如缕的《施顾注苏诗》，清人自己也注释苏诗成风，先后有查慎行的《补注东坡先生编年诗》、翁方纲的《苏诗补注》、冯应榴的《苏文忠公诗合注》、王文诰的《苏文忠公诗编注集成》、沈钦韩的《苏诗查注补证》等。明代的评点派多评苏文，特别是苏轼的小品文，清代却评苏诗成风，代表作有查慎行《初白庵诗评》中的苏诗评、汪师韩《苏诗选评笺释》、纪昀《评苏文忠公诗》、赵克宜《角山楼苏诗评注汇钞》、温汝能《和陶诗笺》等，清人诗文集、总集、诗话、笔记评及苏诗者也很多，其数量超过清以前的总和。

清人之所以评注苏诗成风，是因为从宋代开始的唐、宋诗之争，清代以宋诗派占优势，他们为纠正明人的"诗必盛唐"，故推重宋诗以矫之。《四库全书总目》卷一七三《精华录》提要云："当我朝开国之初，人皆厌明代王（世贞）、李（攀龙）之肤廓，钟（惺）、谭（元春）之纤仄，于是谈诗者竞尚宋、元"；张崇兰《角山楼苏诗评注汇钞序》云："国朝诗人厌薄明代，摹仿唐贤风气，力矫其失，一以清快透脱为宗，而苏诗于是乎盛行。二百年来，家置一编，五尺童子，皆能上口矣。"清末民初陈衍《知稼轩诗叙》（《石遗室文集》卷九，武昌刊本，1905）认为，清代是苏诗继"明中熄"之后的"复炽"期，"二百余年中，大人先生殆无不濡染及之者。"

清代的苏轼生平研究也取得了巨大成就，出现了王文诰的《苏诗编注集成总案》，这实际上是一部极其详尽的苏轼年谱。清代的苏词、苏文研究远逊于苏诗，评及苏词、苏文者虽不少，却没有人为苏词、苏文作注。

第一节　清人对苏轼著述的整理

历代对苏轼著述都做了不少整理刊刻，但贡献最大的一为南宋，二为清代，三为近二十年。清人对苏轼著述，特别是对苏诗，进行了系统整理。

一、诗文合集、学术著作及杂著

清人重刊的苏轼诗文全集，清康熙时有蔡士英刊本《东坡全集》一百一十五卷，系据明嘉靖本重订而成。《四库全书》所收即此本，《四库全书总目》卷一五四云：“《东坡全集》一百一十五卷，内府藏本，宋苏轼撰。……（《苏轼全集》）传本虽多，其体例大要有二：一为分集编订者，乃因轼原本面目，而后人稍增益之，即陈振孙所云杭本，当轼无恙时已行于世者。至明代江西刻本犹然，而重刻久绝。一为分类合编者，疑即始于居世英本，宋时所谓‘大全集’者类用此例。迄明而传刻尤多，有七十五卷者号《东坡先生全集》，载文不载诗，漏略尤甚；有一百一十四卷者号《苏文忠全集》，版稍工而编辑无法。此本乃国朝蔡士英所刊，盖亦据旧刻重订，世所通行，今故用以著录。”前三十二卷为诗，第八十三卷以后皆文。但收文仍不全，较通行本，仅尺牍所缺就数以百计。另一较为通行者为眉山三苏祠本《三苏全集》中的《东坡全集》八十四卷，为清道光壬辰所镌。

宋、元本“东坡七集”，清代虽有流传，但已多为残本，并十分罕见。清代所刊“东坡七集”多据明成化本刊刻。光绪三十四年有端方宝华盦影刊明成化本，题《东坡七集》，凡一百一十卷，卷末附有缪荃孙跋及校记二卷。缪全孙《明成化程宗刊本东坡七集跋》（《藏园群书经眼录》卷一三）云：“宣统初元，匋斋（端方）建节金陵，深惜坡集世无佳本，适江南图书馆以七万五千金尽收丁氏善本书室藏书，其中正有成化本七集，因发官帑重付梓人，而缪艺风（荃孙）为之校订。顾丁书原有阙失，艺风又出家藏钱求赤校宋残本合而校正，仍不足者，更取嘉靖本补勘完之。由是坡公全集得此本传播于世，使人人获窥宋刻之旧观，端、缪之功，上接曹、程，流风余韵，后先嗣美，乡邦人士，披诵此书者，所宜瓣香祝颂于无既矣。”

宋、元流行的各种苏轼学术著作及杂著，清代多有传刻，**《东坡志林》**有清马俊良辑《龙威秘书》五集所收一卷本；清张海鹏《学津讨原》翻刻赵开美五卷本，还有铁琴铜剑楼藏的旧钞十二卷本。

《东坡尺牍》有清瞿镛《铁琴铜剑楼藏书目录》著录的《东坡先生翰墨尺牍》，其提要云：“此书与全集尺牍类颇有出入，乃单刊别行本，犹山谷集外之有《刀笔》也。”现存北京图书馆。清道光八年（1828）纷欣阁刊有《东坡先生翰墨尺牍》八卷，首都图书馆有藏本。道光二十八年（1848）群玉山房重刊《苏东坡尺牍》八卷，亦藏首都图书馆。北京图书馆还藏有《东坡尺牍》王纳钞本一部。

《东坡题跋》有乾隆五十一年（1786）曹吴霞序的盱眙吴棠“望三益斋”藏的石印本，是在明人所编《东坡题跋》基础上改编的，清同治十一年（1872）印本较通行。北京大学图书馆有清潘伯演藏钞本《苏东坡题跋杂书》四册一函。

明万历二十三年（1595）陈荣选编的**《苏文忠公居儋录》**五卷，清顺治十八年（1661）王昌嗣曾补版重修刊行，北京图书馆有此书重修本，《江苏省立国学图书馆善本书目》载有康熙刻本。

明人方介卿编有《苏文忠公寓惠集》，清初又经改编，仍名**《苏文忠公寓惠集》**，郑卿陛《苏文忠公寓惠集凡例》云：“集名《寓惠》，则当止录在惠州所作。原集，途中岭外诸作，皆在所收，极得南迁始末。但尚多挂漏及前后紊乱，不无遗憾。今途中之作，则以《临城道中》诗为始；岭外诗文，则除海南之作，已有《居儋录》录之，兹不更载；而自惠闻命赴海南，及南还过海后至惠阳，并后度岭复次前韵诸作，悉皆录入，庶首尾井然，俾读是集者，不独当年晦明夷险、合离聚散之景，了了心目，而山川风物，所至依然，征马轺车，指南斯在，是集无遗憾矣。”其后萍庵郑寅翁又曾“补佚删衍”，叶维扬《寓惠录序》云：“王荆公惊叹先生曰：‘子瞻，人中龙也。’噫，龙之润泽大矣哉，是天下后世之所沾被也。先生寓惠九百四十日，似类蟠龙之失水，而节义文章，霖雨岭表者，抚今追昔，孰非其润之泽之也乎？托迹江楼，栖迟鹤观，丰山鳄渚之间，留题更拓，凡探奇者，无不引重于先生。”又论及明、清《寓惠集》编纂过程说：“入明百余年，介卿方公始探荟遗文，授诸剞氏，数传而见可徐公因之，嗣是乡先达黎公是因、郭公菽子，后先裒益，缀葺全书，余小子窃与校雠之末。既而昆火几焚，移梨漫灭，残山剩水中，每怀胜事未能也。汝南萍庵郑公李惠君，节义文章不减先生，而清介人拟之包孝肃云。公余检阅囊编，更加翻订，损禄入以梓之。观其补佚删衍，手眼高悬，厘然大观矣。”陈应相《苏文忠公寓惠集叙》亦云：“文忠盖不幸而遭窜逐，惠之人犹幸而得见文忠。……然则千载后，欲师公节义，先读公文章者，安得不汇纂成编，以垂不朽？世人辄以公海外所作，尤称奇绝，而不及惠。以当时寓惠，未有耑集耳。嗣后集《寓惠》者，庶几长公功臣。而多所搀越，是非长公本色，不免唐突苏子。萍乡郑寅翁来李惠，爰为厘正，纠伪汰冗，锲为定本，出以示予。予读而醉心焉。”

清樊庶编注的**《宋苏文忠公海外集》**二十二卷，收苏轼谪居惠州、儋耳等地所为诗文，北京图书馆藏清刻本两部。王时宇也编有《宋苏文忠公海外集》，其序云：“窃尝读《居儋录》一编，见其割裂舛错，意以先生当日之作不止于此，而板复漫灭难稽，辄为抚卷叹息。己丑赴儋谒先生祠，瞻仰之余，益慨然有校刻之志。以时方北上，未逮也。迩从春圃学师（祁寯藻）案头得《海外集》读之，视《居儋录》加什之六七，几几乎称善本矣。第取之太博，往往将前后之作栏入，而版镌自临邑明府樊君时已携去，琼人鲜有见之者。爰不揣固陋，取先生全集与施注、查注诸书，细加考校，凡非海外所作者，概不录，而间补其一二。唯《书传》诸篇，则颍滨所谓在海外所作，以推明上古绝学者，故悉录之，以表先生羽翼经传之功。书成付梓，仍以《海外集》名之，不必区区以居儋域也。乾隆四十年岁在乙未四月，中浣琼山后学王时宇识。”同年郡守萧应植亦为此书作序云：“儋州旧有《居儋录》镂板，其于谪居四年事迹，往往多所舛漏。前临高令樊侯《海外》一集，汇辑颇富，版又无存，心窃惜之。乙未岁，琼山孝廉王君慎斋因校郡志之余，出所订《海外集》数卷就正于予，将付梨枣。予读之，见其删补考正笺释详明，视原本洵为称善。而表章前贤，嘉惠后学之意綦勤矣。”陈景埙《重修海外集序》云：“唐、宋来谪居海以外者，代有名公卿。而学士风流，著书立说，脍炙人口，久而不衰者，莫如文忠苏公。公来岭南，由英谪惠，渡海至琼，至处文章，未尝一日废也。而儋耳著作之遗独多，蛮烟瘴雨，写情之郁郁不得已者与！昔人谓公放浪岭海，其文益伟，力斡造化，元气淋漓。今读其书，浑涵光芒，自作一家，洵所谓一代文章之宗矣。而阐释经传，以卫圣贤之道，一言一行，海表钦式，其为功于琼之人者，正复不小。琼人沐公之泽，俎豆至今。顾其文载之《居儋录》《海外集》者，既择之弗精，而历年久远，版复残缺，识者惜之。孝廉慎斋王君浸浸乎公之文章，于向之集而成书者，讹者正之，缺者补之，凡非海以外之作概不录。诚以见公大有造于是邦之人，而是邦之人藉以仰慕乎公者，不忍听其缺略而难稽也。公之苦心，孝廉识之，孝廉于是为文忠知己矣。”

有些苏轼著述，明代前期还存世，但后来失传了，如《苏沈良方》，编《四库全书》时已只能从《永乐大典》中辑出，今本**《苏沈良方》**皆沿四库辑本。据《增订四库简目标注》及邵章《续录》，有闽复聚珍本、清武英殿聚珍本、乾隆吴郡程永培刻本、六醴斋刻本、《艺海珠尘》本、清鲍廷博《知不足斋丛书》本等。

二、诗集

清人对苏轼著述整理研究的主要贡献在苏诗方面。他们不仅出版了历代广泛流传的《王注》苏诗，整理出版了不绝如缕的《施顾注苏诗》（邵长蘅等补注，康熙三十八年即 1699 年），而且清人自己注释苏诗成风，先后有查慎行《补注东坡先生编年诗》（康熙四十一年即 1702 年）、翁方纲《苏诗补注》（乾隆四十七年即 1782 年）、冯应榴《苏文忠公诗合注》（乾隆五十八年即 1893 年）、王文诰《苏文忠公诗编注集成》（嘉庆二十四年即 1819 年）、沈钦韩《苏诗查注补证》（道光二年即 1882 年）等。梁章钜《退庵随笔》云：“注苏诗者，宋代已有王梅溪、施元之二家。王本分门别类，不免割裂颠倒，然其书流传最久。施本则随年之先后，编订成书，元、明以来，久已淹没，本朝宋漫堂始得之，又多残缺，属邵青门为之补订，而后出处老少之迹，粲然可观。施本既出，王注遂微，故读苏诗者，无人不知施注。继此查初白慎行有《补注》，冯星实应榴有《合注》，翁苏斋亦有《补注》，而纪文达师评点本，尤为度人金针也。”这一记述，基本概括了清代苏诗注本、评本的演变过程。

朱从延《增刊校正王状元集注分类东坡先生诗》

整理出版苏诗旧注方面，朱从延有《增刊校正王状元集注分类东坡先生诗》三十二卷。在清代以前，苏诗注本以旧题王十朋《集注分类东坡先生诗》最为流行。清康熙三十七年，新安朱从延据明茅维本、王永积本重刻《增刊校正王状元集注分类东坡先生诗》，将三十类中的“酬和”与“酬答”并为一类，共分二十九类，仍为三十二卷。注文与茅维刊本大同小异，只个别地方据宋刻影钞本《施顾注苏诗》残卷做了补注。此即《四库全书》所收之本，亦即冯应榴《苏诗合注》所称之“新王本”，近三百年来流行的苏诗分类注即此本。

自从清初《施注苏诗》重新刊刻以来，《王注苏诗》受到部分清人的批评，邵长蘅甚至专作《王注证伪》《注苏例言》力证《王注》之非、之伪。邵氏云：“永嘉王氏（十朋）注本孤行最久，几于家有其书。顾其失，大要有三，不能曲为讳也。一曰分门别类失之陋……其间篇章割裂，首尾冲决，有一人一时之酬赠而强分数卷者，有一题数诗而强分数卷者。玩其标目，了无意义。且就分门之中，亦必颠倒次第，晚年之诗或杂于少作，凤翔之什可厕于岭南。……一曰不著书名失之疏，《王注》所引故事，不标出某书者十之四五；仅著书名不标篇名者又居什一。中间援引详明、俾览者展卷了如，仅仅及半耳。……一曰增改旧文失之妄，王本所引，每引苏诗句字，有改窜古诗以傅会之者，有改窜子史他书以傅会之者。鲁鱼亥豕，触手纷然。”（《注苏例言》）又云：“分类苏诗注三十二卷，旧刻永嘉王十朋龟龄纂集。注中引用故事，谬误实多，有极浅陋可为失笑者。王龟龄为南渡名臣，著《梅溪集》若干卷行世，史称其天资颖悟，廷对万余言，淹通经史，学者争传诵之，以拟晁（错）、董（仲舒）。……其所注苏诗，虽云百家，必经一手采辑，何至纰谬乃尔？愚意当是贾人俗本版写淆伪，而后生耳食，沿踵至今，释氏所谓可怜愍者。”（《王注证伪》）李调元《雨村诗话》卷下云：“苏诗注自以施元之为第一，王梅溪赝注，无论荒唐未必非王，即就一人诗分类，乃《兔园册子》，老学究所为也。”

但《王注》自有《王注》的长处，顾嗣立《王十朋苏诗集注序》云：“若夫征引之浩博，考据之精核，则王氏之分类集注，亦不多让于施氏也。……王氏由八注、十注而搜索诸家，会集一编，划繁剔冗，及其书成，所存者且至几百人，则王氏之用力，亦不可谓不久且深。故二注出，而他家可以尽废。《顾施注》仅有嘉泰时刻本，后学无由多见。间有购而得者，已失旧本之三四。《王注》流传甚广，故其书得孤行于世。然而俗本沿袭既久，其舛伪亦莫之能辨。余因思前人注书之难，幸有博雅君子出而为之旁搜远稽，殚精敝神，积数十年之功力，始成一编。又不幸而散亡缺失，至残编断简之留遗于世，仅如一线，其有幸而全本俱存无恙者，又多舛伪如此，后学将何所据依？数十年来，曾不闻有起而厘定之者，其可慨也夫。尝以语友人朱子翠庭，翠庭因取《王注》反复校勘，意欲力去相沿之谬。八阅月而始竟其业，纷纷俗本，从此可以渐正，然则厘定之功，未必不始于翠庭，夫岂非王氏之功臣也邪？”杨瑄《王十朋苏诗集注序》论分类、编年各有用处亦云：“一则州次部居，比于史家之纪事；一则年经月纬，合于史家之编年。途辙虽分，指归则一，固未要偏废也。”

关于此书的校订刊刻经过，朱从延《增刊校正王状元集注分类东坡先生诗序》云：“永嘉是书，几于家弦户诵矣。独是自宋迄明，俗本淆乱，转相沿袭，脱简甚多，而又鲁鱼亥豕，不可卒读。予每展卷，慨然思有以雠校之。……从延不辞谫陋，闭户校勘，鸠工剞劂，凡有遗漏，悉照宋本订补。复遍集经史百家诸书，反复翻阅，正其伪谬，八阅月而始毕事，心力为之几瘁。……使永嘉之面目重新，眉山之精神愈显，则是编不为无助矣。”杨瑄《王十朋苏诗集注序》云：“余甥朱翠庭中翰，年少多才，甫学声律，便超然有出尘之概。性好苏诗，朝夕手一编，咿唔不辍。尝借得宋刻编年本，即施武子注者，与梅溪注初无大异，又字句脱落，中间缺至十余卷，不为完善，为惋惜者久之。适有分类善本，得之拊掌称快，因参互考订，折衷至当，一仍分类本之旧，而以本传、年谱置之卷首，洵能兼二本之长，而正流俗舛讹之失者。”李枢《王十朋苏诗集注序》云：“新安朱子翠庭，余表弟也，读书嗜古，来吴游学，因商及东坡先生诗注，慨然有志重为校雠刊刻，其中伪谬舛错，悉取宋本商略改正。翠庭以枢素耽字学，属互相检校……俗书伪字，务期扫除刊落。”《王注》之重要与传播之广，诚如顾序所说；但朱从延“厘定”之功，却远不如顾序、杨序、李序和朱自序所吹嘘。对两千多首“鲁鱼亥豕，不可卒读”的苏诗注，仅“八阅月”而“竟其业”，应该说是相当草率的。正如杨绍和《楹书偶录》云：“（此本）芟夷羼改，舛缪纷然，于是邵长蘅辈起而诟之。”傅增湘亦云：“呜呼，真本久佚而谬种流传，转使前贤蒙其谤议，斯亦深足慨喟者矣！”可见此本虽流传颇广，但并非善本。

邵长蘅等补注的《施顾注苏诗》

清人整理苏诗旧注的更大贡献是邵长蘅等补注的《施顾注苏诗》。《施注苏诗》四十二卷，《续补遗》二卷，施元之撰。传本甚少，不绝如缕。元、明未见翻刻，书目著录止于元人马端临的《文献通考·经籍考》。正如钱曾《读书敏求记》卷四《陈后山诗注》所说：“宋人《老杜千家诗注》，荒陋百出，而传之最广最久。任子渊注山谷、后山诗，施武子增补其父司谏所注东坡诗，皆注家之绝佳者，而传之独少。……独东坡诗注，武子因傅稚汉孺善欧书，俾书之以锓板者，曾见于绛云楼中，后广搜不可得，为生平第一憾事。”直至清人宋荦购得此书残本，邵长衡、李必恒为之补阙，冯景注《续补遗》，此书才复见于世。

宋荦，字牧仲，号漫堂，又号西陂，商丘（今属河南）人。康熙时以荫入官，累擢江苏巡抚，官至吏部尚书。淹通典礼，练习掌故，精鉴书画，诗与王士祯齐名，著有《西陂类稿》《漫堂书画跋》《筠廊偶笔》《筠廊二笔》《漫堂说诗》《枫香词》等。

邵长蘅，字子湘，别号青门山人，武进（今属江苏）人。十岁补诸生，性坦易，喜游山水名胜。康熙间游京师，与诸名士交，后客宋荦幕府。早年学唐诗，晚乃学宋诗，格律在苏、黄、范、陆之间。著有《青门集》。邵氏订补《施注苏诗》，在康熙三十八年（1699）客宋荦幕府时。

李必恒，字北岳，一字百药，江苏扬州人。能诗，著有《湖草堂集》。

冯景（1652—1715），字山公，浙江杭州人。见闻渊博，能诗善文。入宋荦幕府，甚为时辈所敬。著有《解春集文钞》。他对苏轼十分崇敬，其《祀东坡先生生日文》（《解春集文钞》卷一一，丛书集成初编本）历颂苏轼一生，末云："先生孤忠，百折不磨。先生奇文，如泻天河。汲引后进，黄晁秦张。一附青云，千秋以光。嗟彼宵人，朽骨犹臭。明明日星，如何不寿。玉糁羹香，花猪肉荐。进药玉船，酌酒三奠。赤壁黄楼，忽生苏州，先生之神，何处不游。掀髯乘云，下骑骐麟。不鞿以笑，启我后人。"他承担的任务是为宋荦辑的《苏诗续补遗》二卷作注，这些苏诗的绝大多数过去无注，是冯景首次为之注，多为以后冯应榴的《合注》、王文诰的《集成》所采用。

关于补注《施注苏诗》的原委，宋荦《施注苏诗序》云："尝图公像悬座右，而貌予侍其侧。稍长，遍诵公集，然嗜有韵之言尤深。其始筮仕，得黄州倅，又幸与公同。乌虖，岂非天哉！公诗故有吴兴施氏元之注四十二卷，元之子宿推广为年谱，而陆放翁序之，宋嘉泰间镂版行世，其后罕流传。予常求之数十年，莫能得。及抚吴，又数数购求，始得此本于江南藏书家，第缺者十二卷。乃属毗陵邵长蘅子湘订补，且为之芟发正讹，而佐之以吴郡顾嗣立侠君洎儿子至。其续补遗诗四百余首，采摭施本所未备，别为二卷，则以属钱塘冯景山公为之注。先是，永嘉王氏有《苏诗注》二十五卷，行世颇久，然有三失，分类则陋，不著书名则疏，改窜旧文则妄，诚如子湘所言；加之俗本相沿，淆讹多有。兹编出，而王氏旧本可束高阁矣。"宋荦曾把此书赠朱彝尊，朱为作《巡抚宋公以新雕苏诗施注见贻赋谢》云："元祐罪人编年诗，谁其注者施元之。中丞访得嘉泰本，上客为补《由仪》辞。梅溪旧笺付酱瓿，傅稚遗楷传漕司。"也肯定此书将取代王注苏诗。张榕端《施注苏诗序》云："古今诗人之总萃，唐则子美，宋则子瞻。……余少时读《渭南集》，知有吴兴施司谏所注苏诗，每购之而不可得，意当世已无其书。独时取放翁序读之，因以见作者用意之深，与后人发明之不易。而司谏之书，愈往来余心矣。漫堂获宋椠本于吴中旧家，其间阙轶凡十二卷，乃属门人子弟订补之，尽抉永嘉之瑕纇，而亦间采其英，以助施氏之阙遗。余读之，心开目张，为之狂喜。盖施氏体编年，一洗永嘉分类之陋；而援引必著书名，诠诂不乖本事；又于注题之下，务阐诗旨，引事征诗，因诗存人，使读者得以考见当日之情事，与少陵诗史，同条共贯，洵乎其有功玉局而度越梅溪也。"邵长蘅《题旧本施注苏诗》云："施氏《注东坡诗》四十卷，镂板于宋嘉泰间，世之学者，往往知有其书，而流传绝少。商丘公（宋荦）购之数年，从江南藏书家得此本，又残缺仅存三十卷。是书卷端题吴兴施氏、吴郡顾氏而不著名，而序文目录又阙，故览者莫得其详也。其后得陆放翁所作《施注苏诗序》，有云'施宿武子出其先人司谏公所注数十大编属余序'，又云'助之以顾子景繁之该洽'。又按《文献·经籍考》载，司谏名元之，字德初，其注诗本末，与序合。又参考郡邑志及他书，而三君之名字，乃灼然亡疑。商丘公幸是书之存而惜其残缺也，进门下士邵长蘅属以订补，为之缀缺正讹，芟芜省复，而所谓四十二卷者，犁然复完，可版行。"但邵氏未能完成补注，《四库全书总目》卷一五四云："其注则仅补八卷（共缺十二卷，还有四卷未补），以病未能卒业，更倩高邮李必恒续成三十五卷、三十六卷、三十九卷、四十卷。荦又摭拾遗诗为施氏所未收者得四百余首，别属钱塘冯景注之，重为刊版。乾隆初又诏内府刊为巾箱本，取携既便，遂衣被弥宏。……数百年沉晦之笈，实由荦与长蘅复见于世。"此书虽未能如宋荦所说"兹编出，而王氏旧本可束高阁"，但确实以后流行的是编年体的《施注苏诗》，不再是分类的《王注苏诗》。

邵长蘅在《注苏例言》中，首论补刊《施注》之因，因为苏诗与杜诗一样宜于编年，而《施注》编年"颇为精当"："诗家编年始于少陵，当时号为诗史。以后唯东坡之诗于编年为宜。尝迹公生平，自嘉祐登朝，历熙宁、元丰、元祐、绍圣三十余年，其间新法之废兴，时政之得失，贤奸之屡起屡仆，按其作诗之岁月而考之，往往概见事实。而于出处大节，兄弟朋友过从离合之踪迹为尤详，更千百年犹可想见，故编年宜也。吴兴施氏生南宋之初，去公之世未远，其诠订先后，颇为精当。……识者谓自有苏注来，最称善本。”次述他对施注残本所作的加工，一为补阙：“施氏注苏原厘为四十二卷，世传之者绝少。商丘公（宋荦）购得宋椠旧本，阙十二卷，仅存三十卷，而虫蠹腐蚀，脱简又几什二。是书于阙卷则参酌《王注》，征引群书以补之，脱行残幅可补者补之，不可补者则阙之。至旧注所未收，不敢轻有增益，惧失实也。”二为删重删冗：“注家于诗中引用故事，每见辄注，有寻常习见语，而再注、三注，或至十余注，施氏亦同。……是书力为搔除复出，有语非复出，而于文义冗庞者亦从删。”三是间采《王注》：“王本有可采者，间取补入，仍标《王注》以别之。”实际邵之补阙，多数采自王注，有的标明，有的未标明，邵氏自己所注不多。四是变《王注》的“分疏句下”为“离注于全诗之后”（均见《注苏例言》）。

对邵氏这些做法，后之注苏诗者往往颇致不满。查慎行《苏诗补注略例》云：“新刻（指邵氏补注）后经增删，大都拾掇王氏旧说，失施氏面目矣。今于《施注》原本所有而新刻所删者，辄补录以存其旧。”汪师韩《诗学纂闻》“苏诗补注”条云：“邵、李所补者，皆是钞袭王注，恐人之议之也，乃特作《王注正伪》，刻之卷首。其所指责，不过字句传写之讹耳。至如王注所阙所讹，并未能改正增益也。”冯应榴《苏文忠诗合注·凡例》云：“通行之宋牧仲所刊删补施注本，现与王本并行，然施、顾原注，并未全采，其中大半以王注为施注，查氏讥之，汪师韩《诗学纂闻》亦以为非。又间以施注窃为己说，此外别无心得矣。”王文诰《苏文忠公诗编注集成·凡例》对邵注尤为不满。一谓当刊原书，再作补注：“《施注》残编，不绝如缕，得宋刻本、影钞本者，当如原书若干字一行，若干行一编，若干篇一卷，空其残蚀之字刊行，此前人本来面目，仍当公之于世。其是非得失，亦施、顾之责，非藏书家责也。原书既出，而后都为一编，并行不悖。”二谓“邵注既补《施注》，当纠《施注》之谬，乃于编首，刊《王注正伪》一卷，是何体例?”并讥其所补之注甚少：“犹赘婿依妻为活，井臼旋荒，孤露立见。故自《合注》（冯应榴注，见后）分列王、施、邵注，使各有归，而邵注未免向隅。”黄丕烈谓其“注语竟无一首完全者，岂向所收宋刻，虽非缺卷，而亦多残损耶？抑系妄人之删削耶”[1]；缪荃孙谓其“有旧有注而今无者，有旧有注而今易之者，有旧注短而引申之者，有易书名者，几几无一完篇”[2]。总之，诸人皆指责邵氏臆改原书，既未全采施、顾注，又以旧题王十朋注冒充自己补注，或以之冒充施、顾注，使得施、顾注“无一完篇”，语虽尖刻，但确实深中邵注之弊。

查注苏诗与查评苏诗

这里所说的“查注苏诗”，是指清初查慎行《补注东坡先生编年诗》五十卷（有清乾隆辛巳香雨斋刊本、四库全书本），“查评苏诗”主要是指查慎行《初白庵诗评》（扫叶山房石印本）中的《东坡诗评》，也包括他的诗文集和《补注东坡编年诗》中对苏轼和苏诗的评论。

查慎行（1650—1727），初名嗣琏，字夏重，后改名慎行，字悔余，号他山，海宁（今属浙江）人。又因苏轼《龟山》诗有“僧卧一庵初白头”句，而号初白，并名其室曰初白庵。康熙四十二年（1703）进士。特授编修，直内廷。五十二年辞官归里，家居十年，雍正四年以弟查嗣庭讪谤案牵连被捕入京，次年放归，不久去世。著有《敬业堂诗集》《周易玩辞集解》《经史正伪》《补注东坡编年诗》等。他受经史于黄宗羲，受诗于钱澄之，又与朱彝尊为中表兄弟，学有渊源。清初诗人多学唐，查兼学唐、宋，为清初效法宋诗最有成就的诗人。他论诗提倡空灵，主张“诗之厚在意不在辞，诗之雄在气不在直，诗之灵在空不在巧，诗之淡在脱不在易”（《莲坡诗话》）。他很推崇苏轼和陆游，受苏轼影响尤深，李绮青《论国朝诗人·查初白》云：“老守眉山一瓣香，磨砻更觉玉精良。纷纷宋派矜新格，却未追寻敬业堂。”《四库全书总目》卷一七三《敬业堂集》提要云：“核其渊源，大抵得诸苏轼为多。观其积一生之力，补注苏诗，其得力之处可见矣。明人喜称唐诗，自国朝康熙初年窠臼渐深，往往厌而学宋，然粗直之病亦生焉。得宋人之长而不染其弊，数十年来，固当为慎行屈一指也。”赵翼《瓯北诗话》卷一〇云：“梅村（吴伟业）后，欲举一家列唐诸公之后者，实难其人。惟查初白才气开展，工力

---

① 《荛圃藏书题识》卷八，《清人书目题跋丛刊》，中华书局，1993。
② 《艺风藏书再续记·宋刻本第一》，同上。

纯熟”，“要其功力之深，则香山、放翁后一人而已”。

查慎行在《补注东坡先生编年诗例略》中谈到他补注苏诗的原因时说：“余于苏诗，性有笃好，向不满于王氏注，为之驳正瑕璺，零丁件系，收弆箧中，积久渐成卷帙。后读《渭南集》，乃知有施注苏诗。旧本苦不易购，庚辰春与商丘宋山言并客辇下，忽出新刻本见贻。检阅终卷，于鄙怀颇有未惬者，因复补辑旧闻，自忘芜陋，将出以问世。”又云：“施氏本又多残脱，近从吴中借钞一本，每首视新刻（指邵注）或多一二行，乃知新刻复经增删，大都掇拾王氏旧说，失施氏面目矣。今于施注原本所有而新刻所删者，辄补录以存其旧，漫不可辨者则缺之。”可见他是为不满所谓王十朋分类注而作此书，后又因不满宋荦、邵长蘅等补的《施注苏诗》而进一步加工自己所注。《四库全书》此书提要亦云：“宋施宿注苏轼诗，陆游为之序，久无传本。康熙中，宋荦得其残帙而阙佚数卷，属邵长蘅等补之，急遽成书，潦草殊甚。又旧本霉黯，字迹多难辨识，长蘅等惮于寻绎，往往臆改其文，或竟删除以灭迹，并存者亦失其真。慎行是编，凡长蘅等所窜乱者，并勘验原书一一厘正，又于施注所未及者，悉采诸书以补之。其间编年错乱及以他诗溷入者，悉考订重编。”

“查注苏诗”，历时三十年，艰苦备尝，其《略例》云：“补注之役，权舆于癸丑，迨己未、庚申后，往还黔、楚，每以一编自随。己卯冬，渡淮北上，水触舟裂，从泥沙中检得残本，淹浥破烂，重加缀葺。辛巳夏，自都南还，夜泊吴门遇盗，探囊胠箧之余，此书独无恙也。自念头童齿豁，半生著述，不登作者之堂，庶几托公诗以传后，因闭门戢影，毕力于斯，追维始事，迄今盖三十年矣。虽蠡测管窥，何足仰佐万一，顾视世之开局于五月，蒇事于腊月，半年勒限，草促成书，浅深得失，必有能辨之者。康熙壬午仲春，初白菴主人查慎行识。”查慎行注苏诗历时三十年，而于康熙壬午（四十一年，1702）成书，比“半年勒限，草促成书”的邵长蘅等补注的《施顾注苏诗》（康熙三十八年即1699年），成书仅晚三年。

“查注”成书虽较邵氏略晚，但实际开始不仅比邵注早，而且认真得多，收获也大得多。此书因不满王氏分类注与邵氏补注而作，故驳王注、邵注处颇多。如驳《送吕希道知和州》“君家联翩三将相”云：“王氏注于蒙正、夷简而外，不引公弼而引公著，按公著于哲宗元祐初方入相，先生作诗在熙宁中，其谬戾昭然。《施氏补注》（指邵注）复踵其讹。”

此书调整了施、顾原有编年的一些错误，《略例》云：“苏诗宜编年，固矣。惟是先生升沉中外，时地屡易，篇什繁多，必若部居州次，一一不爽，自非朝夕从游，畴能定之？施元之、顾景繁生南渡时，去先生之世未远，排纂尚有舛错。如《客位假寐》一首，凤翔所作，而入倅杭时；《次韵曹九章》一首、黄州所作，而入守湖州时。姑举二段，以见编年之难。凡慎所辨正，必先求之本诗，及手书真迹；又参以同时诸公文集，洎宋、元名家诗话、题跋，年经时纬，用以审定前后。”这既说明了编年之难，又说明了他在这上面所花的功夫。三苏父子合著的《南行集》中的苏轼诗，过去一直置于《东坡续集》中，《查注苏诗》第一次把它置于卷一、卷二中，《略例》云：“公诗自仁宗嘉祐己亥（四年，1059）始见集中，所谓《南行集》也。《牛口见月》诗，亦是年作，注家顾系诸嘉祐元年。按嘉祐元年为丙申，而诗中有‘忽忆丙申年’之句，其背戾可知。从来编年者，或起辛丑（六年，1061），或起壬寅（七年，1062）。《南行集》乃己亥、庚子（嘉祐四、五年，1059、1060）诗，反置续集中，殊失位置。考《宋史·艺文志》有《南征集》一卷，‘征’字乃‘行’字之讹。当时此卷本自单行。今自《郭纶》及《初发嘉州》以下，编次一准《栾城集》。例虽独变，序固不紊也。”《和陶诗》过去亦为单刻，《查注苏诗》亦把它分别编入各年：“《和陶诗》一百三十六首，子由有序，自成二卷。细考之，惟《饮酒》二十章和于扬州官舍，余悉绍圣甲戌（元年，1094）后自惠迁儋七年中作也。岁月大略可稽，分之各卷，以符编年之例。”这些重大改变都是比较合理的，使编年苏诗更趋完善。

《四库全书提要》称《查注苏诗》云：“考核地理，订正年月，引据时事，原原本本，无不具有条理，非惟邵注新本所不及，即施注原本亦出其下，自有苏诗以来，注家以此本居最。”李调元《雨村诗话》卷下亦云：“近日查他山有补注，甚详该，编年井井有条，并列同时诸公和什，甚有体裁。”评价虽高，但符合实际，兹举其开卷之篇，以见一般。《苏诗补注》卷一为“古今体诗四十二首”，双行小字注云：“仁宗嘉祐四年己亥冬侍老苏公自蜀至荆州作。”此卷所收时限，交代得十分简明、清楚。下为查慎行按语：“《南行集序》略云：‘己亥之岁，侍行适楚，舟中无事，凡耳目所接者杂然有触于中，而发于咏叹，盖家君之作与弟辙之文皆在，凡一百篇，谓之《南行集》。十二月八日江陵驿书。’子由诗云：‘初来寄荆渚，鱼雁贱宜客。楚人重岁时，爆竹声磔磔。新春始破五，田冻未生麦。相携历唐许，花柳渐芽坼。’盖己亥十月，先生自眉州入嘉陵江，经戎、泸、渝、涪、忠、夔诸州，下峡抵荆门度岁。明年庚子正月自荆门出陆，由襄、邓、唐、许，至开封。道里岁月，历历可考。故《栾城前集》以《郭纶》一首压卷，《初发嘉州》以下诸诗次之。明万历朝焦弱侯叙《东坡外集》，自言得秘阁善本，其编次一如《栾城集》，今从之。施氏原本以辛丑十一月初赴凤翔诗为冠，而己亥所作，概弃弗录，开卷便错，何取于编年，吾不解也。”注释只有三条，一为郭纶，仅引苏轼自注；二为河西：“《汉书》：‘武帝初置张掖、酒泉、敦煌、武威四郡。昭帝又置金城，为河西五郡。’欧阳忞《舆地广记》：‘陕西路凉州，汉武威郡，前凉张轨、后凉吕光皆据此。唐初为凉州，后改河西节度。”三为弓箭手：“《宋史·兵志》：‘乡兵者，选户籍团结训练，以为防守，陕西曰保毅，本周旧制。开宝八年发平凉、潘源二县民治城隍，因立为保毅弓箭手。咸平五年，点沿边兵壮六万八千人与正兵同戍边郡。庆历初悉敕为保捷军。环庆、保安亦各置籍，曰河西弓箭手。’”

“查注”对混入苏诗的他人之作亦多有考证：“本集诗与他集互见者，凡九十余篇，皆施氏原本所无也。新刻本收入续补上下卷，王氏本散见于分类中。赝作极多，颍滨及苏门六君子作，率皆混杂，至有割截他集半首，误为全篇者。如《答晁以道索书》，则陈后山五律前半首也；《寄欧阳叔弼》七言绝句，则子由《赠刘道士》七律后半首也。唐人诗甚且有阑入者。”从苏轼生前起，就有不少他人之作或托名苏轼之作混入苏集，南宋、元、明更甚，查注作了不少辨伪工作：“唐、宋名家诗文，间有互见他集者。……但未有舛缪混杂几及百篇，如东坡诗之甚者也。李端叔有言：先生自岭外归，所作字多他人诗文。盖绍圣以后严禁苏氏之学，至淳熙初禁乃驰，后人得公手迹便采入公集，承伪数百年，注者与读者漫不加辨。凡慎所驳正，非敢一毫臆断，悉从诸家文集、诗话一一搜抉，校对其雷同者，另编二卷。”但他处理得十分慎重：“若概行削去，时俗恐以为疑，故另为二卷，每首后附注‘此诗亦见某集’，令览者有考焉。至施注新刻内有本集重出者……此类径从删例。又如《次韵子由闻予善射》七律一首，《扶风天和寺》五律一首，《答南华长老》一偈，旧本所有，而新刻失载，亟当补录。要归于别真赝，去重复，无脱漏而已。若云纠缪，则吾岂敢！”可见他是十分认真而又谨慎的，既一一搜集辨正，又不径自删去，而是入另编，备后核查。

“查注”也很重视辑佚：“文字之祸，于公为烈。始而牵连诗帐，终则禁及藏书，散轶固多，收藏不乏。今从编简中留心搜辑，共得逸诗一百二十余首。又唐人所谓口号，皆近体诗也。张燕公有《十五夜御前口号》，少陵《紫宸殿退朝口号》《西阁口号》之类是也。宋人帖子词及致语、口号，犹仍其旧。施氏原注有《帖子词》一卷，目录尚存，新刻妄为删削。今一并采入，与逸诗厘为三卷。”宋荦所辑《苏诗续补遗》二卷及他自己所获佚诗一百三十四首，查氏亦尽可能为之编年。这样，查注编年诗达二千四百三十二首，较施、顾注的一千八百八十四首多五百四十八首。

“查注”往往附有同时人的唱和诗，凡七十七人九百一十首，所附苏辙诗就近五百首。如苏轼《郭纶》诗末附苏辙《郭纶》长诗，并加按云：“子由作，叙述郭纶生平最详，足与东坡诗相发明，余之附录同时唱和，凡以此也。”苏轼兄弟的《郭纶》诗，两诗的主旨完全相同，都对郭纶有功不赏寄予了深切的同情；但表现手法和艺术风格却完全不同。苏轼诗为五十六字的七古：“河西猛士无人识，日暮津亭阅过船。路人但觉骢马瘦，不知铁槊大如船。因言西方久不战，截发愿作万骑先。我当凭轼与寓目，看君飞矢射蛮毡。”“首二句写出英雄失意之概”（纪昀评），以“阅过船”这样一个特写镜头，就烘托出了英雄放闲、百无聊赖的神情。“猛士”而“无人识”，眼前的“骢马瘦”与当年的“铁槊大如椽”，构成鲜明对比，以大开大合之笔为我们活画出了英雄无用武之地的郭纶形象。全诗气势磅礴，语言凝练。苏辙的《郭纶》是一篇长达二百九十字的五古，以娓娓叙事见长。首写嘉州遇郭纶，中间以很大篇幅详尽记载郭纶自述其“有功不见赏”，最后是苏辙的感叹：“予不识郭纶，闻此为敛容。一夫何足言，窃恐悲群雄。此非介子推，安肯不计功！郭纶未尝败，用之可前锋。”最后八句，涵蕴非常丰富，曲折地表达了他对郭纶的同情，对朝廷赏罚不公的不满，真可谓“锻意深，下句熟”。“查注”附苏辙诗，确实“足与东坡诗相发明”。

《四库全书总目》此书提要曾列举了此书“编年有差”“校雠不精”“体裁未明”“炫博贪多”、拦入他人之作、同诗前后重出、注文“未穷根底”等缺点。傅增湘《宋刊施、顾注苏诗跋》（《藏园群书题记》卷一三）云：“查氏补注深悟宋、邵之非，于是奋然取其删落者，而逐卷补录之，其志未尝不嘉。然余取箧藏影宋残帙校之，则又有大谬不然者。如卷一一《苏潜圣挽词》，宋本题下固详著其名籍、官职凡三十七字，而查氏乃注云：‘爵里失考。’卷二五《送陈侗知陈州》题下注‘侗与东坡同年’凡八十七字，邵氏删之，查氏亦注‘失考’。”但也正如《四库全书总目》所说，“卷帙浩博，不免抵牾”，“区区小失，固不足为之累”。李调元《雨村诗话》卷下云：“近日查他山有补注，甚详该，编年井井有条，并列同时诸公和什，甚有体裁。”王文诰《苏文忠公诗编注集成·凡例》亦云：“《查注》，施后继起，能于典章文物，山川地舆，草木华实，星罗云布，万象毕呈，从王、施纵横障蔽之下，破壁冲天，别开生面，几于朝庙堂而走列辟，冠裳玉帛，貔貅万幕，旌幢箫管，钧韶竞奏，风度悠扬，俄自天上来归，王、施企望，不得争席，堂哉皇哉，信钜手矣。”总之，这是南宋以来最重要的苏诗注本，开清人苏诗编年注之风，以后的翁方纲注、冯应榴注、王文诰注、沈钦韩注均承其衣钵，纪评苏诗也是评批于《查注苏诗》上。

查慎行对苏诗研究的贡献，除《补注东坡编年诗》外，还有《查初白十二种诗评》中的《苏东坡诗评》。他博览群书，自汉、魏、六朝迄唐、宋、元、明诸家诗集，无不阅览，每阅一编，必加评点，一字不肯放过。乾隆三十二年（1767）张载华收集其评诗之语，编成《查初白十二种诗评》上中下三卷，上卷含陶潜、李白、杜甫、韩愈、白居易，中卷含苏轼、王安石、朱熹、谢翱、元好问、虞集，下卷为《瀛奎律髓》与《词综偶评》。张载华序云：“弱冠后，间事吟咏，瞻望前贤，茫无凭借。从夫子及诸兄处，录先生评本数种，偶阅一编，虽着语不多，动中肯綮。……发前人所未发，使古人有知，亦为心折。至其为后学之津梁，用意恳切，尤足令人朝夕体玩于无穷也。余年忽五十，百念俱灰，自唯平生私淑之志，耿耿难忘。检理故箧，合迩年所得，计十二种，载历寒暑，缀辑成帙，与《带经堂》《静志居诗话》并列案头。”张宗橚序云：“初白先生所著评语，或直抉作者精要，或别裁各家伪体，一经指示，俾轻材朴学，可以由渐而入，视夫一味妙悟之论，果孰难而孰易？”各集详略不同，因其笃好苏诗，故东坡诗评较详，所评达四百三十首。

苏诗查评，曾有人误认为是朱彝尊评，钱泰吉《曝书杂记》上云：“苏诗评本……相传为朱竹垞先生评本也。泰吉案：卷端数条，乃查初白先生《补注》中三分之一。初白与竹垞为中表兄弟，而视竹垞在师友之间，使谓竹垞取初白《补注》而节录之，则必无是。抑初白有取于竹垞乎？然初白注苏诗竭数十年之力，后从宋氏得校补施注，乃更会萃，补其缺遗，正其舛误，成《补注》五十卷。自称家少藏书，每借书于朱竹垞、马衎斋，则仅借书耳。使初白注有取于竹垞，亦必明言之，岂竟掩为己说乎？天下岂有竭数十年之力成一书，三分之一取于人而掩为己说者？泰吉疑此本评注皆出初白，较之《补注》三分之一者，盖得施注后续增欤？不然，则评注当出两手，评为竹垞，注则后人，即竹垞评本而摘录初白注于卷端。卷一《石鼓诗》明标查注，亦其验也。”实际并非“评为竹垞，注则后人，即竹垞评本而摘录初白注于卷端”，而是“评注皆出初白”。

查氏评诗较之汪评，确实“着语为多”，但内容却十分丰富。或称苏轼见解深刻，如谓《读孟郊诗二首》“评隲能令东野低头，知坡老入得自深”；《泗州僧伽塔》云：“耕田欲雨刈欲晴，去得顺风来者怨。若使人人祷辄遂，造物应须日千变。今我身世两悠悠，去无所逐来无恋。得行固愿留不恶，每到有求神亦倦。”查评谓其“说透至理，觉昌黎《衡山》一章，尚带腐气”。或谓苏诗长于议论，《秀州僧本莹静照堂》以议论起：“鸟囚不忘飞，马系常念驰。静中不自胜，不若听所之。君看厌事人，无事乃更悲。贫贱苦形劳，富贵嗟神疲。”查评谓其“发论必透彻中边”。《送岑著作》全诗围绕“静”“直”二字写岑，查评称其“一意萦指，转换不穷”。或谓苏诗能以情动人，苏轼《贺朱寿昌郎中寻母得之》云：“嗟君七岁知念母，怜君壮大心愈苦。羡君临老得相逢，喜极无言泪如雨。”查评称其语简情真：“他人数百言不能了者，先生只以三语了之，能使人人堕泪。”《除夜野宿常州城外二首》云：“行歌野哭两堪悲，远火低星渐向微。病眼不眠非守岁，乡音无伴苦思归。重衾脚冷知霜重，新沐头轻感发稀。多谢残灯不嫌客，孤舟一夜许相依。”查评称其“每当孤舟旅泊，时披读一过，觉陇水巴猿，未是断肠声也”。或称苏诗想象丰富，豪情满怀，以气魄胜，称《焦千之求惠山泉诗》“奇想天开”，称《起伏龙行》“赤龙白虎战明日，倒卷黄河作飞雨。嗟我岂乐斗两雄，有事径须烦一怒”为“句中有力，足以持虎扰龙”。或称苏诗妙喻连篇，对偶天然，妙趣横生，谓《游径山》“工于比拟”。谓《百步洪二首》“联用比拟，局陈开拓。古未有此法，自先生创之”。《过永乐文长老已卒》有“三过门间老病死，一弹指顷去来今”句，查评称为“天然绝对”；称《和柳子玉喜雪，次韵仍呈述古》“波澜动宕，机趣横生”；又称《夜泛西湖五绝》“苍龙已没牛斗横”一首，“潇洒浑脱，笔墨俱化。此种境界，浅人不易解也”。或称苏诗形象生动，语言精确，简洁凝练，谓《九日黄楼作》“朝来白雾如细雨”八句，“阴阳晦明，摄入毫端，作大开合。浅人但见写景耳，吁！”《孙莘老求墨妙亭诗》论颜徐书法云：“颜公变法出新意，细筋入骨如秋鹰。徐家父子亦秀绝，字外出力中藏稜。”查评称其“书评的确，两不可移”。评《饮湖上初晴后雨》“水光潋滟晴偏好，山色空濛雨亦奇”云：“多少西湖诗被二语扫尽，何处着一毫脂粉颜色。”查氏对《定惠院寓居月夜偶出》和《寓居定惠院之东，杂花满山，有海棠一株，土人不知贵也》两篇尤为欣赏，认为“两篇曲折清真，自作风格。不知汉、魏，何论六朝三唐。与《定惠院海棠》各极其妙。即在先生集中，亦不易多得。后人不自揣量，乃有次韵追和者，无羞恶之良者也。”又称后首“读前半，竟似海棠曲矣。妙在‘先生食饱’（“先生食饱无一事”）一转。此种诗境从少陵《乐游园歌》得来。寓其神理，而化其畦畛，斯为千古绝作”。查氏评诗，还很注意苏诗的章法结构，如评《巫山》，谓（“野老笑我旁”）“以下皆述野老之言，结处又为野老进一解”。《傅尧俞济源草堂》云：“微官共有田园兴，老罢方寻隐退庐。栽种成阴十年事，仓黄求买百金无。先生卜筑临清济，乔木如今似画图。邻里亦知偏爱竹，春来相与护龙雏。”查评论其章法云：“直到第五六（句），方说明诗旨，章法奇绝。”认为《自普照游二庵》的“劈头二句，全题已无余景，此后都入议论”；称《有美堂暴雨》“通首都是摹写暴雨，章法亦奇”。评《韩干马十四匹》，认为“前身作马通马语，后有八匹饮且行”是“中簇一波，前后叙致便错落，后半此句是总挈”。《仆曩于长安陈汉卿家见吴道子画佛……》起处云：“贵人金多身复闲，争买书画不计钱”；结处云：“贵人一见定羞怍，锦囊千纸何足捐。不须更用博麻缕，付与一炬随飞烟”；查评云：“结处与起处呼应，言贵人若见此画，应自悔收藏赝物，不值一钱，只宜付之一炬而已。”以上都是论一诗章法，《夜泛西湖五绝》则论其组诗章法：“五首章法，联络不断，前人所未有，亦先生集中变格也。”这类评语确实足为“后学之津梁”。

翁注苏诗

《苏诗补注》八卷，翁方纲撰。翁方纲（1733－1818），字正三，号覃溪，直隶大兴（今北京）人。官至内阁学士，能诗文，精鉴赏，是著名的书法家、金石学家、诗论家，提出著名的肌理说。著有《复初斋集》《石洲诗话》《两汉金石记》《汉石经残字考》《焦山鼎铭考》等。因藏有南宋嘉泰刊本《注东坡先生诗》残帙和苏轼手迹《嵩阳帖》，因名其室曰苏斋（晚年自号苏斋）、宝苏室，每年于东坡生日焚香礼拜，有《十二月十九日东坡生日，同人集苏斋拜像作》《苏斋图并序》《题王麓堂苏斋图》《苏斋图》《雪后苏斋作，坡公生日，用苏韵二首》《十二月十九日苏斋拜先生真像三首》等诗。黄丕烈《士礼居藏书题跋记》卷五《注东坡先生诗》二卷云：“‘东坡生日是今朝，媿未焚香与奠椒。却羡苏斋翁学士，年年设宴话通宵。’……苏斋翁学士岁例出宋刻《注东坡诗》于今日开筵宴客，致祝髯苏，故诗及之。”

《复初斋集》中有关苏轼的诗文特多。《苏诗补注》则为补《查注苏诗》而作，其自序云：“方纲幸得详考施、顾二家苏诗注本，始知海宁查氏所补者，犹或有所未尽。闻前辈于山谷诗任注、半山诗李注序叶残字，皆访求珍录，盖古人一字之遗，后人皆得援据以资考证。是以凡原注所有者，捃残拾坠，录存于箧久矣。歙县曹吉士从方纲订析苏诗疑义，日钞一二条，遂成此帙，而方纲之管见，亦窃附一二于师友绪余之末者，欲以益彰原注之美尔。乾隆四十七年（1782）春正月十有二日，大兴翁方纲书。”曹振镛题云：“辛丑岁（1781），振镛读中秘书，日来苏斋，从秘校叩苏诗疑义，先从事于《施注》及查氏补注，其有施、顾二家原本，为查氏采辑未备者，则师复举囊所手录，条分件系，以授振镛。至是年冬，积成八卷，爰付开雕，以公同好。辛丑十二月二十日歙人曹振镛识。”翁之补注，可举《荆州十首》以见一斑：“方纲补注：按查氏以此十首，皆为嘉祐五年春作，愚谓第七首有‘残腊多风雪’之句，盖四年冬尽时。即到荆州于此度岁，乘春乃北行耳。十首各自即事言之，盖非一时所作，如望沙之楼、沙头之市、游客之携龟、故人之赠雁，亦非一二日间事也。来时则风卷白沙，去时则风动绿芒，时序既更，景事非一，故总题曰《荆州十首》。”所言极是，足补《查注》之粗，全书共补原注二百七十五条，新补九十四条。

翁氏对苏诗研究的贡献，除《苏诗补注》外，还有他的《七言诗平仄举隅》《七言诗三昧举隅》《石洲诗话》对苏诗的评论。他这些诗话著作在神韵说、格调说、性灵说之外又提出了肌理说。《七言诗平仄举隅》所举苏诗为《游径山》《和蒋夔寄茶》《书韩幹牧马图》《书王定国所藏烟江叠嶂图》数诗，析其不守平仄之由。《七言诗三昧举隅》则对所举苏诗略附评语，如评《凤翔八观》中《王维吴道子画》云：“必合读其全篇，而后‘笔所未到气已吞’一句之妙乃见也。若但举此一句，似尚非知言者。”评《和子由送将官梁左藏仲通》云：“此诗转以前半消纳后半，是千古未有之奇格。”《石洲诗话》共八卷，评唐诗二卷，评宋诗二卷，评金元诗一卷，《渔洋评杜摘句》一卷，评元好问、王士祯的《论诗绝句》二卷。肌理说实际上是对格调说、性灵说的调和与修正。他认为“格调即神韵”，肌理亦神韵：“今人误执神韵，似涉空言，是以鄙人之见，欲以肌理之说实之，其实肌理亦即神韵也。”（《神韵论上》）他所谓的肌理包括义理和文理两个方面：“义理之理即文理之理，即肌理之理。”（《志言集序》）符合这一要求的当然是宋诗：“宋人之学，全在研理日精，观书日富，因而论事日密”；“宋人精诣全在刻抉入理，而皆从各自读书学古中来，所以不蹈袭唐人也。”他特别推崇苏轼和黄庭坚：“宋诗之大家无过东坡，而转祧苏祖黄者，正以苏之大处，不当以南北宋风会论之，舍元祐诸贤外，宋人盖莫能望其肩背，其何从祖之乎？”又云：“谈理至宋人而精，说部至宋人而富，诗则至宋而益加细密，盖刻抉入理，实非唐人所能囿也。而其总萃处，则黄文节为之提挈，非仅江西派以为祖，实乃南渡以后，笔虚笔实，俱从此导引而出。”（《石洲诗话》卷四）明人看不起宋诗，清代前期宗唐宗宋争论不休，经过宋荦、查慎行、厉鹗、吴之振等人的倡导，宋诗声势渐大，但只有翁方纲的肌理说才为宋诗派奠定了理论基础。《石洲诗话》评苏诗处不少，如认为其《石鼓歌》“魄力雄大，不让韩公，然至描写正面处，以‘古器’‘众星’‘缺月’‘嘉禾’错列于后，‘郁律蛟蛇’‘指肚’‘箝口’浑举于前，尤较韩为斟酌动宕矣”；“《王维吴道子画》一篇，亦是描写实际，且又是两人笔墨，而浩瀚淋漓，生气迴出。前篇尚有韩歌在前，此篇则古所未有，实苏公独立千古之作”；“《武昌西山》诗不减少陵，而次篇再用前韵尤为超逸，真以云英化水之妙，为万丈光焰者也”。

潘德舆《养一斋诗话》卷一对《石洲诗话》的推崇苏诗多有不满，特别是对翁氏解元遗山《论诗绝句》有尖锐批评：

（翁氏）酷好苏诗，以之导引后进，谓学诗只此一途，虽根本忠爱之杜诗，必不可学：“人不知杜公有多大喉咙，以为我辈亦可如此，所以棼如乱丝。”夫苏诗非不雄视百世，而杜诗者，尤人人心中自有之诗也。今望而生怖，谓不如苏之蹊径易寻，则是避难就易之私心，犹书家之有侧锋，仕途之有捷径，自为之可耳，岂所以示天下耶！又谓“五言诗自苏、黄后，放翁已不能脚踏实地。居此后者，欲以平正自然上追古人，其谁信之”。夫苏、黄之诗，标新领异，旁见侧出，原令人目眩心摇。然久于其中，竟谓举世之人舍此断无出路，何其轻量人才之甚也！且必不以平正自然为诗，则诗之为物，累人心术亦甚矣！尤可异者，偏爱苏诗，并以遗山《论诗绝句》中攻苏之作，亦傅会为爱苏之论也。如：“奇外无奇更出奇，一波才动万波随。只知诗到苏黄尽，沧海横流却是谁?”此首明以“沧海横流”责苏，而石洲以为遗山自慨身世。“金入洪炉不厌频，精真那计受纤尘？苏门果有忠臣在，肯放坡诗百态新?”此首明言苏门无忠直之言，故致坡诗竞出新态，而石洲以为收足论苏之旨，即苏诗“始知真放本精微”意。“百年才觉古风回，元祐诸人次第来。讳学金陵犹有说，竟将何罪废欧梅?”此首明言欧、梅甫能复古，而元祐苏、黄诸人次第变古，学元祐者，废金陵犹可，废欧、梅则必不可。而石洲以为“‘回’字乃坡公‘升平格力未全回’之‘回’，何尝有人讳学金陵，何尝有人欲废欧、梅？此可得文章风会气脉”。凡石洲所解，皆与遗山本诗义理迥不入，脉络绝不贯，不知何以下笔？盖既为偏好苏诗所蔽，而又不敢贬驳遗山，故于无可解说处，亦强为傅会，遂使人览之茫然耳。且遗山贬苏如此，而石洲犹以为“程学盛于南，苏学盛于北”，屡屡举此语以教人，古人有知，岂不为遗山所笑！且石洲于苏诗，亦未得其窔奥也。苏之名作甚多，而石洲举“溪声便是广长舌，山色岂非清净身”二语，谓足尽全集之妙。此非论诗，直表章禅学矣。又举“始知真放本精微”一语，谓可作全集总评，亦禅机而已矣。“浮云世事改，孤月此心明”，前辈多赏之。石洲恐落窠臼，独赏其结句“二江争送客，木杪看桥横”，为言外有神，殆故作奇论，自建一帜耳。……总之矫七子学唐太似之病，必然师法苏、黄。此论竹垞已及之，石洲亦引之而故蹈之，为偏好所蔽耳。

潘氏指责翁氏因推崇苏诗而贬抑杜诗，曲解遗山论诗绝句，谓苏、黄无人可继，确实都深中翁氏之病：为“偏好苏诗所蔽”。但因遗山对苏门有不满而否认翁氏“苏学盛于北”之论，也是矫枉过正之辞。

冯应榴《苏文忠公诗合注》

《苏文忠公诗合注》五十卷，冯应榴撰。冯应榴（1740—1800），字诒曾，号星实，又号踵息居士，浙江桐乡人。乾隆二十六年（1762）进士，官至鸿庐寺卿。他是清代著名的朴学学者，著有《踵息斋集》。他对苏轼十分崇拜，曾请人绘《梦苏图》，并为文以记之。因苏轼诗注，疏舛尚多，遂考定王注、施注、查注诸本之是非得失，择精要，删复出，订舛讹，为《苏文忠公诗合注》以行世。与冯同时而略早的李调元曾有志于合施、查注为一书，而无力完成：“（查注）不与施合刻，翻阅为难。余尝有志合施、查二公为全编，其编年一以查为主，其注施前查后。刊费繁多，尚无此力也。”冯氏却完成了当时不少人的这一共同心愿。

其自序详尽叙述了他研读注释苏诗的经过：“余弱冠以前于苏文忠公诗，全未涉猎也。释褐南归，舟中略讽诵之，亦未究心也。迨后宦途驰逐二十余年，无暇从事研求，中间使蜀，曾一谒眉山故里，肃然起敬，而于诗仍未能深为玩味也。丁未（乾隆五十二年，1787）初夏，公退余闲，偶取王、施、查三本之注，各披阅一过，见其体例互异，卷帙不同，无以取便读者，爰为合而订之，意不过择精要、删复出焉耳。及寻绎再四，乃知所注各有舛讹，因援证群书，并得诸旧注本参稽辨补，朝夕不辍者，凡七年而粗就。虽学植浅薄，万万不及前人，而心志之专，力所能到者，无不尽焉；所不能到者，歉然而已。……乾隆癸丑（五十八年，1793）冬下浣，桐乡冯应榴自序。”

冯氏所采各家注，包括（1）宋刊五家注残本中的赵次公、李厚、程缜、林子仁注；（2）元刊《王状元集百家注》分类本及明茅维刊本、清朱从延刊本，他认为此书虽不全载所引书名，又多改窜旧文，然博采诸家之注，用心之勤，实不可没；（3）宋刊施、顾注残本三十卷，其注虽本自诸家，而考订详审，但重复太甚，亦时有舛误；景定间郑羽重梓本，冯氏未见完书，仅从友人处钞得数条；宋荦所刊《施注》删补本，未全采《施注》，又大半以《王注》为《施注》，甚至以《施注》为己说，颇为查慎行、汪师韩所讥；（4）查慎行《补注苏诗》，考核更详，足匡前人不逮，但重复、舛讹、误驳亦不少。冯氏对以上诸注“合而订之，删其复，正其误，期于旧注，不无裨补”。

《冯注》体例也比较严谨，对所采旧注，皆分别标明；自己所补之注文，亦以“榴案”加以区别。他对王氏分类注，并不全盘否定，认为“宋以前论诗往往如此”，此书既采编年注，自然不能采分类注，但却“注明某本某类于各题下”，各本遗诗亦皆注明。关于资料出处，《施注》《查注》皆标书名，而《王注》多未标书名，冯氏亦为之补标，使全书“如同一注”。习见之字而诸注屡注者，只存一处，以省烦冗，前后详略各殊，义亦不同者不删；各本之误，除随注订正外，又汇为《辨订》一卷。对于编年，冯氏认为《查注》本比施、顾本更严密，但查本细分年月，转欠审确，对《查注》编年之误只附辨于各诗之下，不复改易。此书正文前所列资料也较全，有宋孝宗《御制苏文忠公集序》《赞》；赵夔、王十朋、陆游、郑羽（跋）、杨瑄、朱从延、宋荦、张榕、邵长蘅等人所作序及邵氏《注苏例言》、查慎行《补注苏诗例略》、抄本《查注》附的题跋杂缀、翁方纲本的各条附录；王宗稷《苏文忠公年谱》（并附傅藻《东坡纪年录》）、《宋史》本传、苏辙所作《墓志铭》等传记资料也一并附录于后。《查注》所附同时人唱和诗颇多，冯氏以其太繁，“此非《坡门唱和集》”，故多删去，只保留了少数“于先生诗有相发明考证及流传绝少者”。总之，此书确实堪称后来居上，比切时事，综纬史编，讹者正之，阙者补之，“汇三家（王、施、查）之长”，确实具有“兼总之功”，颇“便读者”。

因此，此书一出，即为时人所重。钱大昕《苏文忠公诗合注序》云：“注东坡诗者无虑百数家，今行于世者，唯永嘉王氏、吴兴施氏及近时海宁查氏本。《王注》分类，经后人删并，然流传最久。《施注》世无完本，宋牧仲尚书属幕客补足，刊于吴中，颇訾王氏之谬，而于《施注》多所芟改，殊失古人面目。查氏依施本补其未备，后来校刊，悉去《施注》，学者又以两读为病，此大鸿胪冯星实先生《合注》之所由作也。先生博极群书，与古为徒，沈酣于东坡诗者有年，精思所感，形于梦寐。又得宋椠《五家注》、元椠《王状元集百家注》旧本，稽其同异而辨证之。于宋代掌故人物，则采李仁父《长编》及各家文集、诸道石刻，一一增益，斯又足裨前人之阙漏，而为论世之助者也。顷先生以侍亲辞荣归里，书成之日，予得受而读之，循环三四，味之弥旨。窃谓王本长于征引故实，施本长于臧否人伦，查本详于考证地理，先生则汇三家之长，而于古典之沿讹者正之，唱酬之失考者补之，舆图之名同实异者核之，以及友朋商榷之言，亦必标举姓氏，其虚怀集益又如此。若夫编年卷第，一遵查本，其编次失当者，随条辨正而不易其旧，则先生之慎也。立言愈慎，考古愈精，披沙而金始露，凿石而泉益清，是书出，而读苏诗者可以得所折衷矣。”吴锡麒《苏文忠公诗合注序》云：“居今识古，写实追虚，人皆称其（冯应榴）诠释之学精，余独叹其兼总之功在也。”又谓苏诗注虽多，但“人各为书，家殊其例，欲求荟萃其菁英，疏瀹其结轖，窃病未能。君乃专精覃思，绳愆纠缪，比切时事，综纬史编，凡水注山疏，竺坟仙笈，咸加甄择，无间寒暑。……信乎，丹炼九还，乃得纯青之候；狐集千腋，斯成粹白之观者已”。王文诰的《苏文忠公诗编注集成·凡例》云：“《合注》补施，不但补邵、查遗弃，并据史传较字数，补其残脱，字联句贯，文义显白，悉以苦心孤诣出之。传之其人，《合注》有焉。余如考补经、传、《史》、《汉》、《方言》、外乘、诗、骚、词、赋、碑、铭、论、辨，五横四纵，具有条理，简净明确，卓然可观。盖《查注》之雄，犹公之文傲睨一世，奔放而不可遏，虽王、施坐大，而划然中分，势成鼎立，自是荒梗全辟，梯航毕达，论者欲求驻足，而卧榻之前，不容鼾睡矣。《合注》起而抗之，頫仰揖让，咸归洽和，土厚水深，自成方域，殆又少公之文，洸洋澹泊，不可尺度，而力与相轧，未之或先也。本集四注（王、施、邵、查）既具，犹天造地设，四维毕张，行其所难，《合注》为极。”

同治九年，冯应榴之子冯宝圻曾将此书修补重印，并作《新修补苏文忠公诗合注序》，对王文诰《苏诗编注集成》“阴据而阳蠚”冯注，进行了尖锐指责，内容详后。

这里顺便论及六注所引的何焯苏诗评。何焯（1661—1722），字屺瞻，号义门，晚号茶仙，江苏长州人。性颖悟，康熙四十一年召直南书房，继赐举人、进士，改翰林院庶吉士，侍读皇八子府，兼武英殿撰修官。为学长于考订，论文与桐城派异趣，评校之书，名重一时。著有《义门读书记》（有四库全书本）。他比冯应榴早八十年，冯注曾大量引其论及苏诗之语，如《王莽》三四句云：“百尺穿成连夜井，千金购得解飞人。”何云：“此诗第三句刺介甫求水利，第四句刺其开边衅。”称美《端午遍游诸寺得禅字》“公诗用字之深博，不在荆公下也”。《六年正月二十日复出东门仍用前韵》有“暗香先返玉梅魂”句，何云：“‘先返玉梅魂’，盖以神宗之必不忍绝弃也。而语意浑然，恰是收足复出东门意。此老诗诚非浅人所能读也。”《义门读书记》也间有评及苏文之语，如《欧阳文中公文》卷上谓“欧公四六，对属流转变化，有如弹丸，而矫枉过正，学之太枯，不若子瞻尚多风致”；“《集古目录序》，使子瞻为之，必不若此费力，自不逮《宝绘》诸记”。

王文诰《苏诗编注集成》

王文诰《苏诗编注集成》实际主要采自《合注》。王文诰，字见大，仁和（今属浙江）人。客粤三十年，做过幕僚。能诗工画，著有《韵山楼集》《苏诗编注集成》。其注苏诗，几乎花费了他一生的精力。他七岁时，有人送给他父亲一部苏轼诗集，父亲转送给他，并说：“异日汝与经史相发明也。”从此谨藏此书，未尝一日去左右。后侍父遍游江南，论文之余，辄求苏诗藏本以观。一日重过江阴，得古本《栾城集》，即于舟中读之。自江阴还，复随父再至太仓，避暑刘河别业，遂专讨《东坡》《栾城》二集。凡集中见有诗之本事，注所失载及牴牾者，辄于记录。后以辑补益备，日有繁芜之患，始为《总案》编年。其《苏文忠公诗编注集成·凡例》叙述他撰写此书经过说：“诰以是取施、查汇集而勖其增补之失，都为一书，名《苏诗补注粹》，凡十年成，已授梓矣。既而以事至京，吴谷人出其近稿见质，读所作《合注序》，又言其书不但以牧仲原本补施，且得古王本与吾侪习见者不类，而抉择亦殆尽。窃喜公道既彰，而诸注归一，何烦更见，遂撤所业，不复置念虑中。又三年，得《合注》读之，而诰欲削正者，悉刊集内，所补虽善，独与本事不合，其所纠误编，施、查皆不可从，至有因驳一诗而全卷动摇不定何年作者。诰欲出其旧作而牵连纠误甚多，非入《合注》并论，各案不可立矣。……使非在处荆棘，不可歇手，必不肯耗尽精力，逐一搜剔出之。由是多得坠绪，越数年而渐以斗筍合键，补全逸事，发明其诗者，未易悉数。是皆《合注》砻错之力，而诰因之勉赴者也。”

此书含《诗目》一卷、《编年总案》四十五卷、《编年古今体诗》四十五卷、《帖子口号词》一卷、《杂缀》一卷、《苏海识余》四卷、《笺诗图》一卷，有韵山堂本、光绪十四年浙江书局本。中华书局出版的《苏轼诗集》即以王文诰的《苏文忠公诗编注集成》为底本。

关于书名，《凡例》云：“名《编注集成》者，一曰编，一曰注，汇为集成也。编者，《施注》编年创始也；《查注》改编补编，则改施误编，补施未编也；冯《合注》纠之，则误改原编，误补新编也。然所纠是非不一，往往施、查交失，而《合注》不任编责，诗多悬宕，其原编、改编、补编之误，《查注》《合注》之未辨者，复倍蓰焉。今详加考定，诸有归宿，注者以《王注》《施注》《查注》《合注》为正，《邵（长衡）注》《李（必恒）注》《冯（景）注》《翁（方纲）注》暨诸家论说皆附。诗既定编，注亦尽善，本诗本事，血脉贯通，上下相维，合为具体，有咸臻治安之思，相与乐成之意，故曰《编注集成》也。”可见此书综合了其前各注的成果，带有集大成之意，他对此书颇自负，竟自许“尽善”。

关于注释，兼取《王注》《施注》，《凡例》云：“《王注》分类固失，《施注》误编亦繁，不得以五十步笑之。诰舍短取长，咸得其用。……此书立法，贤奸同科，岂得于注有轩轾乎？”但此书的价值实不在注释，而在《总案》。《凡例》云：“曩者多有以补《王》《施》《查》《合》见责者，诰皆不答。盖此书诸注大略已具，务补之，则阙者不可多得，必以其易得者争胜之，私欲动而偏谬起矣。务辨之，则所考书名沿革，必与《查》《合》所引不能尽同，势必是所见，非所不见，又将牵涉其中而滋胶轕矣。斯二者，于注实为大害，于诗毫无裨益，必欲治之，此皆人人优为，诰不当插脚是非中也。……诰有参考，大率论本事为多。”可见他很有自知之明，注释可供发挥的余地已不多，故其最具参考价值的是“论本事为多”的《总案》（详后）。

王文诰在召工设局写刻此书的五年中，续有所得，则编为《苏海识余》四卷。其中亦不乏精辟之见。如卷一第一条论苏诗演变过程云：“嘉祐四年己亥，公家居作《怪石》诗，凡二十三韵，诗虽五七言相间，全用老苏家法。正如一林怪石，为山水崩注，皆历落滚卸而下，兀突满前，莫名瑰异。此其诗之最先者也。殆复作《送宋君用游辇下》诗，凡三十五韵，其中申缩转折，极力腾挪，盖已变老苏之法矣。今此二诗虽不入编，已录载卷一案内，学者必先详玩此二诗，知其诗笔之所自起，而后接读南行诸作，考其逐首图变，总欲不凡之意，则诗法入门次第踪迹皆可寻矣。公自不能诗而至能诗，自名家而至大家，皆于此两三年间数十篇之内养成具体。到凤翔首作《石鼓歌》，已出昌黎之上，不可压也。自此以后，熙宁还朝一变，倅杭守密正其纵笔时也。及入徐、湖，渐改辙矣。元丰谪黄一变，至元祐召还，又改辙矣。绍圣谪惠州一变，及渡海而全入化境，其意愈隐，不可穷也。黄鲁直于公诸集，独推尊海外诗。崇、观间禁锢甚严，而海外诗盛行，士大夫无不传习者。”

书前有梁同书、阮元、达三、韩崶诸人序，对此书评价甚高。梁同书序云：“仁和王君见大，学识天成，泛滥群籍，在年少时以其诗文鸣于大江南北。亦既裒然成集，自名一家矣，顾其立意，不尚空言，取诸实用，故于公文独有神契。而因以发明其诗，此其删述之志所由兴也。”阮元序云：“王君学识淹通，深于史，所撰《苏文忠公诗编注集成》尤精博，匪特聚百家为大成，更可订元修《宋史》之舛陋。……予复读王君之书，知其涉历诸家，精校博考，然后能集诸家之成而发其所未及。”韩崶《苏文忠公诗编注集成序》对此书评价尤高：“予友王君见大以武林名宿，宦学粤东，萃经撷史，下逮百家，亦既发为文词，取重当世，而于长公经世之学，尤所笃信，以为唐有李长源、陆敬舆，宋惟长公，不再觏矣。因尽通其所为文，复由文以通诗，遂有是编之作。……诗之外，创为《总案》，遴长公《前》《后集》制、劄、书、状、序、传、铭、记、词、赋、论、说，悉纳入之。事或未备，则佐以老苏、子由、叔党诸集，而系以诗之应入案者，合为编年，自长公始生，至于北归，综六十六年事，都为一通，厘为四十五案，以弁卷首而分编之。诗汇收之注，咸于此取则焉。其立意，不挠理，不遏前功，诸注班论，惟归于是。苟有胶舛，虽子由明文，史家载笔，亦必勔正。其偏扬偏抑，委过卸过，矫驳矫炫之习，终是编不蹈一辞。故其选择精绳，援据赅洽，公是公非，弗臆弗固，深得圣人立言无邪之旨。其毕功也，有如星宿探源，百川归壑，同条共贯，脉络分明，长公一生阅历之境，不特其人其地，其事其时，不容或紊，而自嘉（祐）、熙（宁）、崇（宁）、（大）观，上下百年间，政治之得失，贤奸之消长，包举无遗，了若指掌，可兴可感，诗以会通。在王、施肇端伊始，既足发明，而查、冯铺叙为殿，亦皆扼要。是编既出，光前绝后，非独君所自信，将传之千百世而人所共信，有功眉山，斯为第一，叹观止矣。”林昌彝《海天琴思录》卷三也对此书作了很高的评价：“苏文忠公诗注，近代集大成于仁和王见大。见大名文诰，其书涉历诸家，精校博考，发人之所未发。大旨盖谓变法改法之不明，则由于史陋；朔党洛党之不辨，则由于史讳；纪时纪事之不当，则由于注诬；改编补编之不确，则由于注淆。王注创立总案，以统各诗；复订正志传，以统各案。北宋注苏诗四十七家，南宋注苏诗者三十一家，王注旁搜远绍，气类源流，通感分合，本末明晰，泰然大同。仪征阮文达公谓王注确有所补，足补前注之未达，俾海内读是书者由是而扩苏公诗之义，洵为盛事。”此书对上下百年间的政治得失，贤奸消长，以及苏轼一生阅历，确实“包举无遗，了若指掌”，“能集诸家之成而发其所未及”。

但冯应榴之子冯宝圻对《集成》却作了尖锐批评，他在《新修补苏文忠公诗合注序》中说：“注苏诗者，王龟龄、施德初、查夏重三家皆善。自先大父方伯公《合注》五十卷出，而网罗补苴，益为大备。行世既远，翻雕滋多。苏诗长存天地间而不易，则《合注》亦不可易矣。书成于乾隆癸丑，至嘉庆末年有仁和王见大者，又撰《编注集成》一书，考核事迹，排次年月，自谓于论世知人之学加密，而失之凿且固。元刊《王状元集百家注》本、宋刊施、顾注本及影钞本皆未目睹，但据此书（指《合注》）所采，剪截移易，自谓简明该括，而多失之陋且略。至于《南行集》及他集互见诗、补编诗，恣行删削，一变查注本来面目，顾诩诩然以为搜剔净尽，永断葛藤，又何其专辄僭妄耶？语曰：‘与其过而废之，宁过而立之。’王氏胡不闻耶？其书《总案》四十五卷，诗四十五卷，帖子口号一卷，首尾两册，则皆游谈臆说，强相附益，笔舌冗漫，多半无谓。昔文忠公在日尝言：‘世之蓄轼诗文者，率真伪相半，又多为俗子所改窜，读之使人不平。识真者少，盖从古所病。’呜呼，使文忠见今王氏《编注》，其病之、不平之，又当何如耶？先大父向往文忠，见诸梦寐，与赵尧卿创始作注时相类，精诚所感，何可诬也？发明之功，何可掩也？讵意二十余年后，有著书求胜者，阴据而阳戾之。则今日家藏旧板，允宜急为印行，一洗曲说。”这里指责王文诰对“他集互见诗、补编诗，恣行删削”，对《合注》“剪截移易”“阴据而阳戾”实中其要害，而王氏又动辄喜贬斥前人，确有些“专辄僭妄”。但不能因此否定此书《总案》的考订编年之功。

沈钦韩《苏诗查注补正》

《苏诗查注补正》四卷，沈钦韩撰。沈钦韩（1775－1832），字文起，号小宛，又号柳桥，吴县（今江苏苏州）人。嘉庆举人，官宁国训导。淹通经、史、子、集，尤长于训诂考证，著有《两汉书疏证》《左传补注》《三国志训诂》《水经注疏证》《韩昌黎集补注》《石湖集注》。诗文华赡，有《幼学堂集》。《苏诗查注补正》是为补注订正《查注苏诗》而作，其自序云：“查氏《补注》，意在补施、王二家之疏，纠邵长蘅改刊之妄，自谓毕力于斯，迄三十年，亦云勤矣。惜所据多短书小说，纰缪弥复不少。今摘尤如左，亦略补其阙遗。近日桐乡冯氏又有《合注》刊行而未见也。壬午（道光二年，1822）夏四月识。”有光绪八年心矩斋丛书本，后有广雅书局丛书本。

从以上所述，大体可得出以下结论：第一，清人对宋人的苏诗注，包括分类注（王注）与编年注（施注），都进行了加工整理，对几乎失传的施注的收集、整理、补注、辑佚，尤为功不可没。宋荦、邵长蘅等的《施注苏诗》有《苏诗续补遗》二卷，共四百四十六首；查注苏诗除采录宋荦《补遗》外，又辑得南宋注本未编年之诗一百三十七首（卷四八、四九），他集互见诗九十首（卷四九、五〇）。第二，清注苏诗都是沿着编年注（施注）进行，宋、元、明、清流行的分类注，清人反不重视。第三，清注苏诗颇多，以查慎行《补注东坡先生编年诗》、冯应榴《苏文忠公诗合注》、王文诰《苏文忠公诗编注集成》三家为最重要，并各有特色，《查注》的考核地理，《合注》的汇集诸注菁英，《集成》的比切时事，考订诸诗背景，都能针对前注之不足，多所订正，多重考据，深受乾嘉学风的影响，真可谓后来居上，超过前人。第四，清诗注的成书或刻印的时间多在所谓康、乾盛世，注者除翁方纲为顺天大兴（今北京）外，多为江浙人，邵长蘅为江苏武进人，查慎行、冯应榴、沈钦韩、王文诰皆浙江人。这表明研究苏诗的重镇已在江浙。

三、词集

清代注苏诗成风，成就斐然，但苏词却没有人作注。傅幹《注坡词》仍只有钞本流传，有幸见到此书者也未引起应有重视，甚至多有指责，他们更看重元延祐刊本《东坡乐府》。钱曾《读书敏求记》卷四云：“旧藏注释宋本（即指傅幹《注坡词》）穿凿芜陋，殊不足观，弃彼留此（指元延祐刊本《东坡乐府》）可也。”黄丕烈《延祐本东坡乐府跋》亦云：“近年无力购书，遇宋、元刻又不忍释手，必典质借贷而购之，未免室人交遍谪我矣。故以卖书为买书，取其可割爱者去之，如钞本词，屡欲去而为买宋刻《太平御览》计是已。今秋，顾千里自黎川归，余访之城南思适斋。千里曰：‘闻子欲卖词，余反有一词，欲子买之。’余曰：‘此必宋刻矣。’千里曰：‘非宋刻，却胜于宋刻。昔钱遵王已云宋本殊不足观，则元本信亦可宝。’请观之，则延祐庚申刻《东坡乐府》也。其时需值三十金，余以囊涩未及购取。后思余欲去词，辛词本欲留存，且苏、辛本为并称，合之实为双璧，因检书一二种售诸友人，得银廿四两。千里意尤不足，余力实无余，复益以日本刻《简斋集》，如前需数而交易始成，余遂得以书归。取毛钞《东坡词》勘之，非一本。二卷虽同，其序次前后歧异，当两存之。钞本附《东坡词拾遗》一卷，有绍兴辛未孟冬至游居士曾慥跋，谓‘东坡先生长短句既镂板，复得张宾老所编，并载于蜀本者，悉收之。’似前二卷亦系曾刊，而《直斋解题》但云《东坡词》二卷，不云有《拾遗》，似非此本。然直斋云：‘集中《戚氏》叙穆天子、西王母事。’今毛钞本亦有此语，似宋刻，即毛钞所自出。而此刻《戚氏》下无此注释，大概钱所云‘穿凿附会’者也。且毛钞遇注释处，往往云‘公旧注’云云，俱与此刻合，而余多不同。或彼有此无，或彼无此有。余以毛钞注释多标明公旧注，则此刻之注释乃其旧文。遵王欲弃宋留元，未始无意。此书未必述古旧藏，前明迭经文、王两家收藏，本朝又为健庵、沧苇鉴赏，宜此书之益增声价矣。癸亥季冬六日，荛翁黄丕烈识。”他在《士礼居藏书题跋记》卷六《东坡乐府二卷》中还说：“苏、辛词，余皆有元刻善本……破一日半之工，手校上下二卷，去真存副，自笑其痴也。”从顾千里的“非宋刻，却胜于宋刻”，黄丕烈的“遵王欲弃宋留元，未始无意”，都可看出他们与钱曾一样，重元延祐本，而轻视傅幹注本。

《四库全书》所收亦为沿于元延祐本的明毛晋刻本。光绪十四年（1888）

王鹏运辑四印斋刻本《东坡乐府》二卷亦为元延祐刻本《东坡乐府》。其《东坡乐府跋》云："右延祐云间本《东坡乐府》二卷。……光绪戊子春，凤阿同年闻余有缩刻稼轩长短句之役，复出此册假我，遂借钞合刻。中间字句，间有讹夺，与缺笔敬避，用不合六书字体者，悉仍其旧，略存影写之意。文忠诗文传刻极夥，倚声一集，独少别本单行。且苏、辛本属并称，而二书踪迹，始并见于季沧苇《延令书目》中，继复同归黄氏士礼居，汪氏艺芸书舍。余复从杨氏海源阁假刻以行。三百年来，合并如故，洵乎艺林佳话，而凤阿善与人同之量，亦良足多矣。越月刊成，志其缘起如此。临桂王鹏运半塘识。"清光绪戊子即光绪十四年（1888），临桂王鹏运从杨绍和之孙凤阿处借得元延祐刊本《东坡乐府》二卷（此即黄丕烈旧藏本），遂编入《四印斋所刻词》，并经江宁端木埰（子畴）复校后加以翻刻。卷首除叶曾原序及黄丕烈题识外，增刻许玉瑑序及王鹏运跋语。此书后为朱祖谋用作苏词编年之底本。

清光绪十四年戊子（1888），钱塘汪氏重刻毛晋汲古阁原刊本《宋六十名家词》，《东坡词》亦在其中，此本较通行。

直至清末宣统二年（1910），始有注坡词者，这就是朱祖谋的《东坡乐府》三卷，前两卷为编年，末卷未编年仍依元刻本分调编纂。冯煦《东坡乐府序》云："古微前辈，词家之南董也，酷嗜坡词，乃取世所传毛（晋）、王（鹏运）二刻订讹补阙，以年为经，而纬以词。既定本，属煦一言简端。……若夫校订之审，笺注之精，则前辈发其凡矣，此不具书。时宣统二年庚戌夏五月，金坛冯煦。"可见此书底本为明毛晋编《宋六十名家词》所收《东坡词》和王鹏运四印斋所刻本《东坡乐府》，并经过订讹补阙和编年（"以年为经，而纬以词"）、笺注。但此书重点不在笺注，而在编年，这是苏词最早的编年本。

为什么历代包括清代注苏词者特少？冯煦《东坡乐府序》讲了四条原因（"综其旨要，厥难有四"）：一是苏轼词旨要眇，如列子御风，姑射饮露，很难把握："词尚要眇，不贵质实，显者约之使隐，直者揉之使曲，一或不善，钩辀格磔，比于禽言；扑朔迷离，或侪兔迹。而东坡独往独来，一空羁靮。如列子御风以游无穷，如藐姑射神人，吸风饮露，而超乎六合之表，其难一也。”二是苏词刚柔兼备，动荡空灵：“词有二派，曰刚曰柔，毗刚者斥温厚为妖冶，毗柔者目纵佚为粗犷。而东坡刚亦不吐，柔亦不茹，缠绵芳悱，树秦、柳之前旃；空灵动荡，导姜、张之大辂。唯其所之，皆为绝诣，其难二也。”三是苏轼词外有事，隐忧难测：“文不苟作，寄托寓焉，所谓文外有事在也，于词亦然。世非怀、襄，而效灵均《九歌》之奏；时非天宝，而拟杜陵《八哀》之篇。无病而呻，识者恫之。而东坡夙负时望，横遭谗口，连蹇廿年，飘萧万里，酒边花下，其忠爱之诚，幽忧之隐，旁礴郁积于方寸间者，时一流露。若有意，若无意，若可知，若不可知。后之读者，莫不罣然思，逌然会，而其不得已之故，非无病而呻者比，其难三也。”四是苏词感情真实，怀古物，皆寓其哀乐：“夫恻艳之作，止以导淫，悠缪之辞，或将损性，拘墟小儒，悬为徽缠，而东坡涉乐必笑，言哀已叹。暗香水殿，时轸旧国之思；缺月疏桐，空吊幽人之影。皆属寓言，无惭大雅，其难四也。”陆游不肯注苏诗，谓苏诗“意深语缓，尤未易窥测”，苏词尤其如此，这大概就是不少清人遍注苏诗，而苏词却无人问津的原因吧。

清代还有一种《苏辛词合刻》，是元延祐《东坡乐府》及大德信州本《稼轩长短句》二种的合刻。

第二节　清人的苏诗评

一、“诎唐而尊宋”

由明入清的文人从政治立场上看可分为两类：一类向清统治者妥协，如钱谦益、吴伟业；一类坚决反清，如顾炎武、屈大均。清初诗坛错综复杂，既面临前后七子的空疏肤廓，又面临公安、竟陵派的浅俗晦涩。唐、宋诗之争，仍纷纷扰扰。叶燮《三径草序》云：“有明之际，凡称诗者咸尊盛唐；及国初而一变，诎唐而尊宋；旋又酌盛唐与宋之间，而推晚唐；且又有推中州以逮元者，又有诎宋而复尊唐者：纷纭反复，入主出奴，五十年来，各树一帜。”以陈子龙为代表的云间派，以陆圻为代表的西泠派仍推尊汉、魏，师法盛唐；朱彝尊兼学各代，尤尊唐诗，而看不起宋诗，“务以汉、魏三唐为师，勿堕宋人流派”①，但后来他的态度略有改变，正如洪亮吉所云：“朱检讨彝尊《曝书亭集》，始学初唐，晚宗北宋。”②

钱谦益既推尊盛唐，又下推至宋、元；顾炎武、黄宗羲则推崇宋诗。谦益（1582—1644），字受之，号牧斋，常熟（今属江苏）人。明万历三十八年进士，官至礼部侍郎。降清后，仍为礼部侍郎，不久归隐，从事反清，前朝遗民和清统治者均对他不满。著有《初学集》（收明代作品）、《有学集》（收入清后作品）、《投笔集》（收晚年作品）。他对明中叶以来的学风文风颇不满，认为唐、宋、元诗均有可取，实开清代宗宋一派。对苏轼与王安石之争，他是称美苏轼的，其《苏门六君子文粹序》（《牧斋初学集》卷二九）云：“吾尝观王氏之学，高谈先王，援据《周官》，其称名甚高。而文忠则深叹贾谊、陆贽之学不传于世，老病且死，独欲以教其子弟而已。夫食期于适口，不必其取陈羹也；药期于疗病，不必其求古方也。是故为周公而伪，不若为贾谊、陆贽而真也。真贾、陆足以救世，而伪周公足以祸世，此眉山、金陵异同之大端也。”他认为“眉山之学，实根本六经，又贯穿两汉诸史，演迤弘奥，故能凌躐千古”（《有学集》卷三九《复遵王书》）；又认为苏轼深受庄子、佛学影响：“子瞻之文，黄州已前，得之于庄；黄州已后，得之于释。吾所谓有得于《华严》者信也。中唐已前，文之本儒学者，以退之为极则；北宋已后，文之通释教者，以子瞻为极则。孟子曰：‘孔子之谓集大成。’二子之于文也，其几矣乎！”（《初学集》卷八三《读苏长公文》）他在《答徐祯起书》（《有学集》卷三九）中说：“古今之文，雄浑激射，累千百言，如一气回复者，太史公之后，唯苏子瞻耳。子瞻之文，固未有缅背规矩，流宕而忘返者也。”

冯班（1602—1671），字定远，号钝吟，常熟（今属江苏）人。诸生，为人落拓不羁，与人少谐。他是尊唐的，不喜江西诗派。他崇奉晚唐，与其兄冯舒共同评点韦谷的《才调集》。著有《钝吟文稿》。但他对苏诗仍多有肯定，《瀛奎律髓汇评》辑有不少他对苏诗的评论，如称《雪后书北台壁二首》“自

① 《上李舍人书》，《曝书亭集》卷三九，四部丛刊本。
② 洪亮吉：《北江诗话》，人民文学出版社校点本，1983。

然雄健”；称《有美堂暴雨》“大手，如此才力，何必唐诗？”称《送春》“大手自然不同，岂可以寻常蹊径束之乎？”评《正月二十日往岐亭郡人潘古郭三人送余于女王城东禅庄院》云：“比山谷何啻天壤？大略黄费筋力，苏自然，黄苦而险，苏散而阔。”称《过岭二首》“大笔自然不同”。

黄宗羲（1610—1695），字太冲，号梨洲，余姚（今浙江杭州）人。明亡不仕，曾参与抗清，失败后毕力著述，著有《黄梨洲文集》《宋元学案》等。他在《万贞一和苏诗题词》中称美“子瞻刚劲之气，不以生死患难为屈诎”；在《沈昭子耿岩草序》中，称苏门精于经术：“苏门之盛，凌厉见于笔墨者，皆经术之波澜也。”在《山翁禅师文集序》中称美“苏子瞻之《温公神道碑》，且学《华严》之随地涌出”（均见《黄梨洲文集》序类，中华书局校点本，1995）。全祖望《梨洲先生神道碑》云：“（黄）晚年于《明儒学案》外，又辑《宋儒学案》《元儒学案》，以志七百年来儒苑门户。……尚未成编而卒。”其《宋儒学案》中的《苏氏蜀学略》，实由全祖望（1705—1755）所补（“全氏补本”）。祖望，字绍衣，一字谢山，鄞县（今浙江宁波）人。乾隆元年进士，官翰林院庶吉士。其书体例，基本上遵从黄宗羲所定，以苏洵为“庐陵（欧阳修）学侣”立案，其“老泉家学”列苏轼、苏辙；“老泉讲友”列任孜、任伋；“老泉门人”列钟棐、钟概；“二苏讲友”列家勤国、家安国、家定国（任氏家学列任伯雨）；“东坡同调”列吕陶；“颍滨同调”列李之纯；“东坡家学”列苏迈、苏迨、苏过、苏元老；“东坡门人”列黄庭坚、晁补之、秦观、张耒、李廌、王巩、李之仪、孙勰、孙勴、蔡肇、李格非；“颍滨家学”列苏迟、苏适、苏逊；“颍滨门人”则重列张耒一人。这虽然是从儒学角度列案的，但对研究三苏这一文学流派也有一定参考价值。

吴伟业（1609—1672），字骏公，号梅村，太仓（今属江苏）人。明崇祯四年（1631）进士，为翰林编修，官至左庶子。入清，累官国子祭酒，旋辞职归隐。长于诗，多悲凉之作，论者方之庾信。著有《梅村家藏稿》。他的《湖州岘山九贤祠碑记》和《苏长公文集序》集中表现了他对苏轼的尊崇。前文（《梅村家藏稿》卷四〇，四部丛刊本）云：

子瞻旷代，致主时遭。制策上才，兄弟挥毫。龃龉执政，新法青苗。河决御灾，湖堤便漕。草诏逐奸，魑魅安逃。簿书鱼鸟，谪仙逍遥。道场禅学，碧浪诗豪。岭海崎岖，衰白归朝。

后文（《苏长公文集》卷首，明刻本）云：

宇宙第一文字何居？盖吾师张天如先生选苏长公之文而名之者也。夫长公之文传播宇宙，金石不朽，至今日而益复著，学士家无不人人庄诵，何庸再选？且长公之所以推重于世，固非独文字已也。余每缅想其时，功名之遭逢、气节之崚赠不衰、忠诚之睠顾无已，宇宙间头头第一，未有如苏长公者也。宋制策处第一等，终宋之世仅五人焉，二苏与焉。然长公之际遇为独盛，天子见其文辄称奇才，一时馆阁，恩渥无有比者。其经世大略亦稍稍见于吴、越、淮、徐之间，元祐、熙宁议论之补救尤大。以长公之才，曲意阿随，何患不至卿相？乃其百折不回之气，至于历尽坎坷而不少改。一片忠诚，徒寄于风晨月夕之啸咏。即琼楼玉宇，高不胜寒，天子亦知其为爱君之语。夫是固第一流人之所推也。然而一时之功名事业，气节忠诚，亦往往于文字中见之。读其文想见其人，举可知也。李耆卿评文有云：'韩如海，柳如泉，欧如澜，苏如潮。'非确论也，请易之曰：'韩如潮，欧如澜，柳如江，苏其如海乎！'夫观至于海，宇宙第一之大观也。虽然，以长公之文而不出吾师之手眼，为之选定，以示后世，大海洋洋，谁涉其涯，亦徒有向若长叹而已。然则宇宙之第一文字，固非真第一人不能知也，是集所为选也。

尤侗（1618—1704），字同之，更字展成，号悔庵、艮斋、西堂老人，长州（今江苏）人。康熙时官翰林院检讨、侍讲。自少博闻强记，其诗词古文，多新警之思，体物言情，精切流丽。他在《古五君咏》（《西堂剩稿》卷上，康熙间西堂全集本）中，称美苏轼说："大口吐万斛，江河从之东。逢场但游戏，笑骂起雷风。琵琶同绰板，木鱼与鼓钟。掀髯天地间，万物皆顽童。"又在《七思·苏学士轼》（《右北平集》）诗中称美苏轼说："我思苏学士，少可而多怪。孤舟楚江滨，白头琼海外。戏笔醉淋漓，大瓢歌慷慨。五岳方寸间，吞吐不蒂芥。”他的《读东坡志林》（《西堂杂组》卷八，康熙刻西堂全集本），表现了他对苏轼之酷嗜：“予生平慕坡之人，爱坡之文，犹坡之慕乐天也。吾不知前生曾登苏门，在四学士之列，与髯公相对几年否？不得与此人同时，岂虚恨哉？今冬羁栖千亩潭，案间适有《志林》，信手翻阅，偶有所得，捉笔书之。当尔时便如身入坡公座上问答一番，但无朝云取密龙云解吾吻渴，尚为缺事。”他既有赞同《志林》观点的，也有不尽赞同的。苏轼谓萧统《文选》不能辨李陵诗之伪，侗更进一步，认为即使是李陵诗，因其生降，亦不足录，并感慨道：“京师之变，士大夫半污伪命，犹借李陵为口实，真不知世间羞耻事矣。”苏轼讥司马相如窃文君以逃为“真小人”，侗却称美相如，尤其是文君：“文君之事，不足为相如病也。以相如之才，事景帝、孝王，皆不能知；而临邛令与诸富人又不足与言；乃文君独能怜才。国士之遇，出于闺中，生平第一知己，在汉天子上矣。文君之从相如，不减红拂之识卫公；相如之挑文君，不愈仲容之追貉婢乎？”认为文君识见“在汉天子上”，真是大胆的议论。在文学上，他反对模拟，反对东施效颦：“坡云：‘……张长史见担夫与公主争道，而得草书之气。欲学长史书，便日就担夫求之，岂可得哉？’此论可破效颦之习。……今人必学史于龙门，学骚于湘水，学赋于茂陵，学文于韩愈、眉山，学诗于莲乡、浣溪，学词于‘山抹微云’‘晓风残月’，毋论都无是处，即作衣冠孙叔敖，未免寄人篱下，何异煮桃花作饭，就担夫求书乎？亦小儿、女子之态而已。”他评苏词也有不少精到之见，如比较苏轼、柳永云：“世人论词辄举苏、柳两家。然大苏‘琼楼玉宇、高处不胜寒’，神宗叹为爱君；而柳七‘晓风残月’，有登溷之讥，至‘太液波翻’，忤旨抵地而罢，何遭遇之悬殊耶？予谓二子立身各有本末，即词亦雅俗自别。东坡‘柳绵’之句，可入女郎红牙；使屯田赋赤壁，必不能制将军铁板之声也。”（卷二《三十二芙蓉词序》）又比较苏轼兄弟云：“眉山二苏，风流竞爽，独至填词则丈六琵琶，偏让老髯，而颍滨不得一语，以此定其为兄弟耳。”（同上《王西樵炊闻卮语序》）

汪琬（1624—1690），字苕文，号钝庵、尧峰、玉遮山樵，江苏长洲人。

顺治十二年（1655）进士，授户部主事，康熙十八年（1679），召试博学鸿儒科，授翰林编修，与修《明史》。他从小锐意古文辞，与魏禧、侯方域并称清初三大家。著有《尧峰文集》。他也是清初宗宋派的文人，他反对扬唐抑宋，认为宋即承唐："宋诗未有不出于唐者也，杨、刘则学温、李也，欧阳永叔则学太白也，苏、黄则学子美也，子由、文潜则学乐天也。"（卷二七《皇清诗选序》）他认为宋之苏、陆可与唐代杜甫媲美："唐诗以杜子美为大家，宋诗以苏子瞻、陆务观为大家。此三家者，皆才雄而学赡，气俊而词伟，虽至片言只句，往往能写不易名之状与不易吐之情，使读者爽然而觉，跃然而兴，固非饾饤雕画者所得彷彿其万一也。"（卷二九《蘧步诗集序》）

徐乾学（1631—1694），字原一，号健庵，江苏昆山人，曾任内阁学士、刑部尚书等职。著有《憺园集》，奉敕编纂有《大清一统志》《清会典》《明史》《通志堂经解》《读礼通考》等书。他对苏诗不大以为然，其《焦林二集序》（《憺园集》卷一九，冠山堂藏版）云："北宋杨、刘以前，犹稍规前制，苏、黄决其藩篱。南渡以后，学苏、黄者又失苏、黄之所本，故立论愈快，说理愈透，而举唐人蕴藉渟滀之意，荡然无复遗余，岂非诗道之又一大变乎?"《渔洋山人续集序》（卷二一）亦云："宋以诗名者，不过学唐人而有得焉者也。宋之诗浑涵汪茫莫若苏、陆。合杜与韩而得其旨者，子瞻也；合杜与白而伸其辞者，务观也：初未尝离唐人而别有所师。"他对苏轼具体作品，特别是对苏文也很肯定。康熙二十四年他奉敕编纂《御选古文渊鉴》六十四卷，每篇加注释并附有他自己和其他人的评语，《四库全书总目提要》卷一九〇《御选古文渊鉴》提要吹捧康熙选评云："所录上起《春秋左传》，下迨于宋，用真德秀《文章正宗》例，而睿鉴精深，别裁至当，不同德秀之拘迂；名物训诂，各有笺释，用李善注《文选》例，而考证明确，详略得宜，不同善之烦琐；每篇各有评点，用楼昉《古文标注》例，而批导窾要，阐发精微，不同昉之简略；备载前人评语，用王霆震《古文集成》例，而搜罗赅备，去取谨严，不同霆震之芜杂；诸臣附论，各列其名，用五臣注《文选》例，而夙承圣训，语见根源，不同五臣之疏陋。至于甲乙品题，亲挥奎藻，别百家之工拙，穷三准之精微，则自有总集以来，历代帝王未闻斯著，无可援以为例者。”这虽然是颂圣之语，但大体是符合实际的。全书考证精确，详略得宜，历代帝王确实没有人像康熙这样不仅组织编书，而且亲加品评。徐氏自己也有不少对苏文的评语，评《上神宗皇帝书》云：“历诋时事之失，而括以三言，反复畅述，拳拳之诚，自托于信而后谏，非徒以危言激论沽直声也。”评《拟进士对御试策》云：“轼于仁宗时应制科，意在振厉有为。迨熙宁新法，横山用兵，则又失之欲速而急功利，故复拟进士对策，以讽时政，意在因循旧贯，慎重改作。前后所主不同，其忠君爱国之心，直言敢谏之气，则一也。”评《留侯论》云：“意实翻空，辞皆征实，读者信其证据，而不疑其变幻。”评《志林·商鞅》云：“有为而作，如诗家之咏史，使闻者足戒。”（均见卷一九）书中还选录有其他一些人对苏文的评论，如陈廷敬评（1639—1712）《上神宗皇帝书》“浑浩之气，神理俱足，忠爱之思，溢于毫楮，不独叹其才之该博已也”；评《拟进士对御试策》云：“以浩瀚之气，抒超朗之词，辩析透快，而忠义至性，尤盎然动人”；评《策别》云：“纵横书成，略无停顿，至切中嘉祐间事，尤见先识”；评《韩文公庙碑》云：“文忠一生持论，只重气字，文特踔厉，歌辞雄健，洵足媲美昌黎。”

其他零散评及苏轼或苏诗者还甚多，**陆次云**评苏轼《寿星院寒碧轩》（《唐宋诗本》卷六六引）云：“长公律诗，初读之，似信手而成，无可圈者；再读之，觉有可圈之句；细读之，则无一字有可不圈，以其一气贯注，才法俱奇也。”**张问陶**《眉州》诗云：“长公实忠孝，笔墨乃游戏。宋时多拘儒，惟公有生气。乡人自昔夸汉京，我今一笑皆平平。子云相如文士耳，安敢与公争大名。”**吴仰贤**《小瓠庵诗话》（光绪间刻本）卷一云：“诗至东坡，岂特宋代无敌手，自应横绝古今。然视工部，则不免有王霸之分。”**潘清**《挹翠楼诗话》卷二云：“东坡诗擅长处，全在用譬喻法，既将境地拓开，又觉波澜层出，且无难押之韵。学者悟得此诀，则引申触类，变化无穷，岂尚有窘迫之患哉?”

二、清评苏诗专著

明代的评点派主要在评苏文，特别是苏轼的小品文。清人则主要在评苏诗，出现了一些评论苏诗的专著，如汪师韩《苏诗选评笺释》（有丛睦汪氏遗书本)、查慎行《初白庵诗评》(前已论述)、赵克宜《角山楼苏诗评注汇钞》(咸丰壬子丹徒赵氏镂版本);特别值得重视的是纪昀评《苏文忠公诗集》(有乾隆三十六年刊本、道光十四年刊本),它几乎尽评苏诗;苏诗注本往往也含有对苏诗的评语,如冯应榴《合注》录何焯苏诗评、王文诰《集成》录纪昀苏诗评、温汝能《和陶诗笺》更集前人的和陶诗评,均有自己的评语。

“审择再三,殆无遗憾”——汪师韩《苏诗选评笺释》

《苏诗选评笺释》六卷,汪师韩撰。师韩,字韩门,钱塘(今浙江杭州)人。雍正十一年进士,改翰林院庶吉士,散馆编修官。乾隆元年直起居注,校勘经史。八年,充湖南学政,大学士傅恒荐入上书房,复授编修,任馆职。未几,落职游畿辅,直隶总督方观承延请他主持莲花池书院,观承入奏提及汪,乾隆以“好学问”称之。师韩少以诗文名四方,中年以后一意研习经书,尤深于《易》。著述甚富,有《上湖纪岁诗编》《上湖纪岁诗续编》《上湖分类文编》《上湖文编补钞》《观象居易传钞》《孝经约义》《春秋三传注解》《金丝录》《叶戏源记》《韩门缀学》《韩门缀学续编》《孙文志疑》《文选理学权舆》《诗学纂闻》,还辑有《春星堂诗集》。

《苏诗选评笺释》只是他大量著作中的一种,虽只是一部选评笺释本,但在大量评论苏诗专著中却具有较为重要的地位,这从乾隆《御选唐宋诗醇》几乎尽采其评即可看出。十八年前我参与编纂《苏轼研究资料汇编》,辑录《御选唐宋诗醇》中的资料,觉得评语相当精彩。但越录越觉得似曾相识,后经核对,才知道是汪师韩《苏诗选评笺释》中的评语。《御选唐宋诗醇》四十七卷为乾隆十五年御定,选唐李白、杜甫、白居易、韩愈,宋苏轼、陆游六家诗。其中卷三二至卷四一为苏诗。乾隆二十五年江苏巡抚陈弘谋《奏请恭刊〈御选唐宋诗醇〉表》云:“《御选唐宋诗醇》萃两代之精华,合诸家之美善,虽品格之各异,皆诗学之正宗,一经圣主品题,永为千秋定论。”读此表,仿佛其中“品题”皆“圣主”所为。但这是颂圣之语,不可信。乾隆“御笔”序云:“《诗醇》之选则以二代风华,此六家为最,时于几暇,偶一涉猎,而去取品评,皆出于梁诗正等数儒臣之手。”可见乾隆对六家诗只是“偶一涉猎”，“去取品评”者并非“圣主”，而是“皆出于梁诗正等数儒臣之手”，乾隆并未把他人的功劳据为己有，而汪师韩也许正是“梁诗正等数儒臣”之一。或许汪评早已完成，仅辑入此书而已。但汪评皆顶格，而辑录前人之评皆低一格，可见这一可能性较小。可惜各家顶格的评语并未注明评者，而苏诗评语几乎全部录自汪师韩的《苏诗选评笺释》。之所以加上“几乎”二字，因为发现两书选诗数量虽差不多，但《御选唐宋诗醇》略多一些，选目和编序也略有调整，有少数评语为《苏诗选评笺释》中所没有，如《仆曩于长安陈汉卿家见吴道子画佛……》的“写吴生神授处，洞入玄微”；《泛舟城南，会者五人，分韵赋诗，得“人皆苦炎”字一首》的“境本平近，赋出闲情。四诗思如涌泉，趣昭而理举”；《残腊独出二首》的“通首酷写静境，结云‘松风独不静’，此是反托之法，玄微窅奥，妙处可寻”；《白鹤山新居凿井四十尺，遇盘石，石尽乃得泉》的“‘艰难’二字为通首点睛处，借题抒写，奥美难穷”；《子由生日》的“语语朴挚，祝颂乃弟之体，故当如是”；《贫家净扫地》的“起一语瞥空而入，是诗家兴体”；《郁孤台》的“深稳之至，弥出清新”等，这些评语可能是乾隆或其他儒臣所加。

《御选唐宋诗醇》卷三二开头的苏轼总评就是汪师韩《苏诗选评笺释叙》，只删去了“钱塘汪师韩叙”的署名及末段“若其集中诗有用葱为薤”以后数行。这是汪师韩一篇重要的诗论，首先他从唐、宋诗的演变，肯定了苏轼在诗歌史上的地位：“诗自杜、韩以后，唐季、五代纤佻薄弱，日即沦胥。宋初杨亿、刘筠、钱惟演之徒崇尚昆体，只是温、李后尘。嗣是苏舜钦以豪放自异，梅尧臣以高澹为宗。虽志于古矣，而神明变化之功，未有能骖驾杜、韩而雄视百代者。必也，其苏轼乎。”接着他具体评论苏诗说：

轼之器识学问见于政事，发于文章，史称言足以达其有猷，行足以遂其有为，节义足以固其有守，皆志与气为之也。惟诗亦然，其诗地负海涵，不名一体，而核其旨要之所在，如云“我诗虽云拙，心平声韵和”，此轼自评其诗者也。“作诗须熟读《毛诗》《国风》《雅》《骚》，曲折尽在是”，此轼自以其所得教人者也。且夫“精深华妙”，则苏辙称之矣。“公如大国楚，吞五湖三江”，黄庭坚称之矣。“天才横放，宜与日月争光”，则蔡絛称之矣。“屈注天潢，倒连沧海，变眩百怪，终归浑雅”，则敖陶孙称之矣。前之曹、刘、陶、谢，后之李、杜、韩、白，无所不学，亦无所不工，同时欧阳、王、黄，犹俱逊谢焉。洵乎独立千古，非一代一人之诗也。而陈师道顾谓其“初学刘禹锡，晚学李太白”，乃一知半解欤！但其诗气豪体大，有非后学所易学步者。是以元好问论诗有云：“只知诗到苏、黄尽，沧海横流却是谁？”又云：“苏门果有忠臣在，肯放坡诗百态新？”盖非用此为讥议，乃正可以见其不可模拟耳。其与轼并世之人漫为评论者，如张舜民有“仔细检点，不无利钝”之言，而杨时至谓其“不知风雅之意”，后来严羽更以其自出己意，为诗之大厄，创大言以欺世，夫岂可为笃论哉！

这里他历引苏轼自己及苏辙、黄庭坚、蔡絛、敖陶孙之语，充分肯定了苏诗的成就；并反驳了张舜民、杨时、严羽对苏诗的批评，特别值得注意的是他认为元好问《论诗三十绝句》对苏诗并无“讥议”，只是论其“不可模拟”。他在评《秦少游梦发殡……》诗中也说：“说得通透，使人心融神释。凡经史传记百家之言，信手拈来，无不贯穿协合。前古诗人未尝有此，此所谓‘诗到苏、黄尽’也。”这就是他对元好问语的理解。

叙文末段是他自己对《苏诗选评笺释》的评价和交代：“是编所录，掊菁拔萃，审择再三，殆无遗憾。其生平丰功亮节，与夫兄弟朋友过从雅合之迹，及一时新法之废兴，时事之迁变，靡不因之以见。诗凡五百余首，古体则五言稍多于七言，近体则七言数倍于五言，要归本于六义之旨，亦非有成见也。若其集中诗有用葱为薤，用校尉为中郎，用扁鹊为仓公，用郑余庆为卢怀慎之类，均为严有翼所指摘。以轼读书万卷，集所援用常有不审所出者，安见其非别有根据？且即有笔误，亦似李、杜集中‘黄庭换白鹅’，‘垂杨生左肘’等句，虽疵纇，不失为名章也。句字之有讹，曾何遽为轼诗病也哉！此数诗亦不尽入选，特因论定之次，附及之。钱塘汪师韩叙。”可见他对此书是相当自负的，已到了“殆无遗憾”的程度。从《御选唐宋诗醇》几乎尽录其评可看出，这并非自吹自擂之辞。选诗标准则为“六义之旨”，所选五百余首，五古多于七古，七律多于五律，因为苏轼虽“无所不工”，但以五古、七律见长，并非胸有“成见”。最后他甚至对前人指责苏诗用典用事之误也作了辩解，可见他对苏诗的偏爱。

汪叙仅署名，未署作序时间。录用汪序、汪评的《唐宋诗醇》为乾隆十五年（1750）御定，故汪评当在此前。纪评苏诗《题记》为“乾隆辛卯（1771）八月”，汪评成书在纪评之前至少二十余年。汪评不可能提及纪评，但奇怪的是纪评也未提及汪评。

汪评很重视苏诗的立意，揭示其诗的主旨，如苏轼《守岁》诗有“坐久灯烬落，起看北斗斜。明年岂无年，心事恐蹉跎。努力尽今夕，少年犹可夸”语，汪评云：“结句‘犹可夸’者非幸词，正以见去日之苦多，而盛年之不再也。此与《别岁》一首，佳处不减魏武《短歌》。”评《汤村开运盐河雨中督役》云：“职役之劳与夫妨农之实，历历如绘。所以指陈得失，有《国风》、《小雅》之遗风。”评《次韵张昌言喜雨》云：“寓讽于颂，又援古为说，真能以三百篇谏者。”这都是在揭示苏诗主旨。

汪评很注重苏诗的章法结构，特别是对长诗。如分析《入峡》云：“首二句，虚笼以作起局；‘长江’六句，又作总挈；其‘入峡’十二句，峡中之景物也；‘绝涧’十二句，峡中之人事也；‘气候’八句，则言人居峡之陋；‘叹息’八句，则言入峡之劳。至‘独爱孤栖鹘’以下十二句，前六句就孤鹘写其高超自得之乐，后六句以我之局促与鸟之飞飏两相对照，作开合之势，知高超之乐，则知高遁之甘矣。章法明媚，如观远岫，列秀青青。”

汪师韩《苏诗选评笺释叙》称苏轼“无所不学，亦无所不工”，称他具有杜诗沉郁顿挫的风格，如称《荆州十首》“俯仰陈迹，怀古者所同。悲壮慷慨，则唐贤得意笔也”；评《荔支叹》云：“‘君不见’一段，百端交集，一篇之奇横在此。诗本为荔支发叹，忽说到茶，又说到牡丹，其胸中郁勃，有不可以已而言，斯至言至文也。”称苏具有李白豪迈不羁的风格，如评《书丹元子所示李太白真》云：“笔歌墨舞，实有手弄白日、顶摩青穹之气概，足为白写照矣。赵葵《行营杂录》云，神宗一日与近臣论人才，因曰：‘轼方古人孰比?’近臣曰：‘颇似李白。’上曰：‘不然。白有轼之才，无轼之学。’神宗之知轼者深，虽李定等百方媒孽，而终得保全也。”评《行琼儋间……》云：“行荒远僻陋之地，作骑龙弄凤之思。一气浩歌而出，天风浪浪，海山苍苍，足当司空图‘豪放’二字。”又称苏具有陶诗的清新雅淡的风格，如评《雨后行菜圃》云：“质而实绮，癯而实腴，得陶公田园诸诗之神髓。”评《安州老人食蜜歌》云：“游戏三昧，掣电机锋，合之以成绝世奇作。昔轼尝引佛言‘譬如食蜜，中边皆甜’之语，以论陶、柳诗，谓‘人食五味，知其甘苦皆是，能分别其‘中边’者，百无一二也’。如此篇，其亦诗之‘中边皆甜’者乎！”

汪评苏诗一书不仅论述了苏轼在诗歌史上的地位，阐明其诗的主旨、章法、诗风，而且还从多种角度对苏诗进行充分肯定。如称其情真，评《次韵李公择梅花》云：“胸次勃郁，随处激发。其言感饥贫，念羁旅，如无当于梅花，触绪濡毫，忽深感慨，固知文必本于情也。”《答吕梁仲屯田》是一篇写徐州防洪的诗篇，其中有“旋呼歌舞杂诙笑，不惜饮釂空缾盆”句，有人“谓不于此时殷忧恻怛而以行乐为言，似为失体”。汪评反驳道：“然此语乃在河复之后，幸得免为鱼鼋，因而饮釂，固是人情所有。正见其率真不作妄语，岂比后之矫情自饰者，对人作凄怆之词，而实于民事漠不加意者耶？”称其长于描摹，如评《李氏园》云：“叙园中景物，委折详尽，自西而南而东而北，一一点睛，有刻斫而无冗散，宛如柳州小记”；称其长于对偶，评《小饮西湖怀欧阳叔弼兄弟赠赵景贶陈履常》云：“写景以骈语入情，刘勰所谓‘俪采百字之偶’者可移以评此。”称其善用比喻，如评《百步洪二首》：“用譬喻为文，是轼所长。此篇摹写急浪轻舟，奇势迭出，笔力破余地，亦真是险中得乐也。”

总之，汪评苏诗在清评苏诗中是颇富特色的。纪昀后来几乎尽评苏诗，而大家也有败笔，因此对苏诗的批评也较多；汪评苏诗五百多首，约占苏诗五分之一强，所选确实堪称菁萃（“挹菁拔萃，审择再三，殆无遗憾”），故少有批评之语而多称美之词。

“如老吏断案，剖断精覈”——纪昀《评苏文忠公诗》

纪昀（1724—1805），字晓岚，又字春帆，晚号石云，谥文达，直隶献县（今属河北）人。乾隆进士，累迁侍读学士，因事贬戍乌鲁木齐。释还，复授编修，官至礼部尚书、协办大学士，加太子太保。他精通儒籍，贯穿百家，曾任《四库全书》馆总纂官，纂定《四库全书总目》，评隲精审，一生精力，尽注于此。他是清代的大学者和著名的文学家、评点家。性坦率滑稽，诗和骈文皆颇有名，堪称大手笔。一生著述甚富，除《纪文达公遗集》和《阅微草堂笔记》外，还曾评点《李义山诗集》《陈后山集钞》《瀛奎律髓刊误》，而最著名的应算《纪昀评苏文忠公诗》（下简称《纪评苏诗》）。

他所纂定《四库全书总目提要》，对苏轼著述《东坡易传》、《东坡书传》、《仇池笔记》、《东坡志林》、《东坡全集》、旧题王十朋《东坡诗集注》、《施注苏诗》、查慎行《补注东坡编年诗》、《东坡词》都做了简明扼要的评介。其评《东坡词》云：“词自晚唐、五代以来，以清切婉丽为宗，至柳永而一变，如诗家之有白居易；至轼而又一变，如诗家之有韩愈，遂开南宋辛弃疾一派。寻源溯流，不能不谓之别格。然谓之不工则不可，故至今日，尚与《花间》一派并行而不能偏废。”充分肯定了苏轼在词史上的地位。对旧题苏轼所撰的《历代地理指掌图》《物类相感志》《东坡问答录》等亦有辩驳。

纪昀是清代著名的评点家，其《瀛奎律髓刊误》（嘉庆五年李光垣校刻本）跋云：“余少时阅书，好评点，后岁恒得数十册，往往为门人子侄携去，亦不复检寻。”《评苏文忠公诗》则是纪昀一部评论苏诗的专著。纪评苏诗是批在查慎行的《初白庵苏诗补注》上的，故其编次“悉依其旧”。纪评此书，十分认真，五次评阅，耗其不少精力。其《题记》（《纪评苏诗》卷首）云：

予点论是集，始于丙戌（1766）之五月。初以墨笔，再阅改用朱笔，三阅又改用紫笔。交互纵横，递相涂乙，殆模糊不可辨识。友朋传录，各以意去取之。续于门人葛编修正华处，得初白先生手批本，又补写于罅隙之中，益缪镐难别。今岁六月自乌鲁木齐归，长昼多暇，因缮此净本，以便省览。盖至是凡五阅矣。乾隆辛卯（1771）八月纪昀记。

可见他花了整整五年多时间，三次自批，一次移查慎行之手批，一次缮正，“凡五阅”才完成了此书。卢坤《纪评苏诗序》云：“河间纪文达公于书无所不读，浏览所及，丹黄并下，如汉廷老吏，剖断精核，而适得事理之平。至于苏诗五阅本而后定，盖尤审也。余既刻公所评《文心雕龙》《史通》二种，复梓是集，为读苏诗者得津梁焉。昔公尝谓生平学尽于《四库提要》一书，余集可废，则公不以是集重，读是集者，不能不以公重也。苏诗旧有查初白评本，此则较严，凡涉禅语及风议太峭处，咸乙之。盖子瞻才大，可以无所不有，公为后学，正其圭臬，固其宜也。”这里指出了《纪评苏诗》“严”的特点。

纪昀作为《四库全书》的总纂官，对历代典籍十分熟悉，故能站在整个中国诗史的高度，从诗歌的因革正变来评论苏诗。他认为：“唐诗至五代而衰，至宋初而未振。王禹偁初学白居易，如古文之有柳（开）、穆（修），明而未融。杨亿等倡西昆体，流布一时。欧阳修、梅尧臣始变旧格，苏轼、黄庭坚益出新意，宋诗于时为极盛。”（《四库全书总目》卷一九〇《御定四朝诗》提要）这里阐明了唐诗的演变及宋初诗风的演变，看到苏、黄诗是宋诗的“极盛”时代，其特点就是“益出新意”。因此他对唐诗派的贬抑宋诗颇不以为然：“稽古未能追马、郑，论诗安敢斥苏、黄。”（《纪文达公遗集》卷一二《壬戌会试阅卷偶作》）他认为“唐、宋诗各有门径，不必以一格拘也。”（《删正瀛奎律髓》卷三曾几《蛱蝶》评）

纪昀对苏诗作了全面研究，评论了苏轼一生诗作的演变过程，如卷二尾批云：“以上二卷，太抵少作，气体未能成就。疑当日删定之余稿，后人重东坡名，拾缀存之耳。施氏本诗始辛丑，未必无所受之，未可以疏漏讥也。”纪昀对这两卷的具体诗作，也多类似评语，如评《初发嘉州》：“此少年未纵笔时”；评《犍为王氏书楼》：“亦颇浅弱，此时气格尚未成就也”；评《过宜宾见夷牢乱山》：“清而未厚，峭而未坚。火候未足时，虽东坡天才，不能强造也”；评《夜泊牛口》“‘喜且售’三字（“见客喜且售”）凑。‘安识’句（“安识肉与酒”）率。‘乐且久’（“亦足乐且久”）三字趁韵。此处（“甘与麋鹿友”）可住。后半全是俗径。凡游眺山水之诗，此意摇笔便来，切宜避之。”以上均是《纪评苏诗》卷一的批评，卷二评《渚宫》云：“乏深湛之思，亦乏老健之气。盖七言本难于五言，故此时尚风骨未成。”这可说是纪昀对苏轼早期诗的总的看法。评卷四凤翔所作《记所见开元寺吴道子画佛灭度以答子由》云：“笔笔圆劲，大抵东坡诗，自是气格方成就。”卷八尾批其倅杭诗云：“以东坡管领湖山，宜有高唱，而此卷警策之作却不甚多，岂吏事萦心之故耶?”卷一一尾批云：“才出杭州，诗便深警。非胸中清思半耗于簿书，半耗于游宴耶?（指倅杭时）信乎诗非静力不工。虽东坡天才，亦不能于胶胶扰扰时，挥洒自如也。”卷二九尾批其元祐年间京官诗云：“此卷多冗杂潦倒之作，始知木天玉署之中，征逐交游，扰人清思不少。虽以东坡之才，亦不能于酒食场中，吐烟雾语也。”卷四五尾批其去世前诗云：“此一卷皆冗漫浅易之作，盖至是而菁华竭矣!”通过这些卷尾纪批，我们可以清楚看出纪昀对苏诗演变过程的总体看法。

苏辙谓坡诗本似李、杜，晚喜渊明，纪昀也认为部分坡诗是学杜的，如评《荆州十首》云：“此东坡摹杜之作，纯是《秦州杂诗》。”评《中隐堂诗》云：“亦是摹杜《何氏山林》诸作，句句谨严，不失风格。”认为其中第五首分明是学杜甫《游何氏山林》“万里戎王子”一首。评《荔支叹》云：“貌不袭杜，而神似之。出没开合，纯乎杜法。”

苏轼的才气风格更接近李白，评《张近几仲有龙尾子石砚以铜剑易之》云：“多用长句，而尚不失雅音，颇觉纵横有气。长句始于汉乐府，成于鲍明远，而纵横变化于太白。”评《行琼儋间，肩舆坐睡，梦中得句云于“千山动鳞甲，万谷酣笙钟”，觉而遇清风急雨，戏作此数句》云：“以杳冥诡异之词，抒雄阔奇伟之气，而不露圭角，不使粗豪，故为上乘。源出太白，而运以己法，不袭其貌，故能各有千古。”苏轼甚至还曾《和李太白》诗，纪评云：“非东坡不敢和太白，妙于各出手眼，绝不观摹。”

苏轼晚年学陶，人人皆知，但事实上他早年就开始学陶了。作于凤翔的《和子由记园中草木十首》，正如纪昀所评：“首首寓慨而不露怒张，句句涉理而不入迂腐，音节意境皆逼真古人，亦无刻画之迹。”纪昀所谓“逼真古人”，即汪师韩的所说的此数诗格调具有“柴桑（陶潜）淡远”的特点。纪评《和子由闻子瞻将如终南太平宫溪堂读书》，更直接指出其诗“纯是陶诗气派”：“（起处）一气涌出而曲折深至，无一直率之笔。此一段纯是陶诗气派，但面目不同耳。世人学陶，乃专以面目求之，所谓‘形骸之外，去之愈远。’”赴杭州通判途中作的《出都来陈……》其三云：“烟火动村落，晨光尚熹微。田园处处好，渊明胡不归?”这里苏轼以陶潜自况，隐括陶潜《归去来辞》（“问征夫以前路，恨晨光之熹微”）入诗，风格也酷似陶诗。倅杭、知密时期，苏轼曾无数次地表示过对陶潜的仰慕或以陶潜自比：“胡不归去来，滞留愧渊明”（《汤村开运盐河雨中督役》）；“陶令思归久未成，远公不出但闻名”（《佛日山荣长老方丈》）；“功名一破甑，弃置何用顾。更凭陶靖节，往问征夫路”（《与周长官李秀才游径山……》）；“不独江天解空阔，地偏心远似陶潜”（《远楼》）；“陶潜一县令，独饮仍独醒”（《莫笑银杯小答乔太博》）；“且待渊明赋归去，共将诗酒趁流年”（《寄黎眉州》）；苏轼慕陶潜的超脱，但有时还嫌他超脱得不够：“君且归休我欲眠，人言此语出天然。醉中对客眠何害，须信陶潜未若贤”（《李行中秀才醉眠亭》）；“我笑陶渊明，种秫二顷半。妇言既不用，还有责子叹。无弦则无琴，何必劳抚玩?”（《和顿教授见寄，用除夜韵》）可见苏轼晚年有意学陶，只不过是他前期仰慕陶渊明，追求平淡诗风的继续和发展。其《和陶贫士》之二云：“夷齐耻周粟，高歌诵虞轩。产禄彼何人，能致绮与园。古来避世士，死灰或余烟。末路益可羞，朱墨手自研。渊明初亦仕，弦歌本诚言。不乐乃径归，视世羞独贤。”这首诗表现了苏轼很复杂的感情，很深沉的感慨。伯夷、叔齐义不食周粟，但却“高歌诵虞轩”，可见并未忘怀世情；商山四皓“义不为汉臣”，却被吕禄、吕产等庸碌之辈所罗致；陶潜不愿为五斗米折腰，但当初也曾“聊欲弦歌，以为三径之资”（《晋书》本传）而出仕。古来的高士都未能完全忘怀世情（“死灰或余烟”），结果如四皓之辈竟落得末路可羞、朱墨自研的下场，何况我苏轼呢？这实际是在为自己“半生出仕”解嘲。但陶渊明“不乐乃径归”，即时抽身，而自己却“出仕三十余年，为狱吏所困，终不能悛”，可见“视世羞独贤”是包括了自己的“独愧渊明”的，充满了后悔莫及之情。纪评论此诗说：“借渊明以自托，愈说的平易，愈见身份之高。”又云：“意深至而气浑成”，“置之陶集，几不可辨”。纪昀对《和陶贫士》的这些评价，并非溢美之词。所谓“貌不袭杜，而神似之”；“源出太白，而运以己法”；“纯是陶诗气派，但面目不同耳”，都指出了苏轼对陶、李、杜的因与革。

苏诗各体都有一些好诗，纪昀全面研究了苏诗各体。自《诗经》以后，只有曹操、陶潜写过一些好的四言诗，纪昀虽然认为“四言诗可以不作”（评《息壤诗》），但仍以“语自脱洒”评《颜乐亭诗》。由于苏轼晚年几乎尽和陶诗，因此作了不少四言诗，称其“居然是陶，猝不易别”（评《和陶时运》）；“颇有陶意”（评《和陶停云》）。其评《和陶答庞参军六首》云：“六章虽作四言，而皆有古意，不同他四言之不今不古，当由蓝本在前之故。”樊潜庵评苏轼四言和陶诗云：“昔人谓四言诗，自曹氏父子、王仲宣、陆士衡后，惟陶公最高。愚谓公和陶诗，直可并驾。”又云：“四言尤难，以《三百五篇》在前故也。观公四诗（指《和陶时运》），冲淡隽蕴，大有风人遗意。”（温汝纶《和陶合笺》卷一、卷四引）

苏轼作六言诗甚少，纪昀似乎也认为不必作，其评《和何长官六言次韵五首》云：“六言最难工，即工，亦非正体。”但却称苏轼的《西太乙见王荆公旧诗偶次其韵》云：“六言难得如此流利。”

纪昀对苏轼七古、七律不甚满意，认为“东坡与此种不甚宜，以其主于宛转流利，不便驰骤故也”（评《次韵秦观秀才见赠，秦与孙莘老、李公择甚熟，将入京应举》）。批评《於潜令刁同年野翁亭》“野气太重，似晚唐人七古下调”。他评东坡七律云：“东坡七律，往往一笔写出，不甚绳削。其高处在气机生动，才力富健。其不及古人者，在少熔炼之工与浑厚之致”（评《正月二十日往岐亭，郡人潘古郭三人送余于女王城东禅庄院》）；“东坡七律非胜场，然自有一种老健之气”（评《元日过丹阳明日立春寄鲁元翰》）；“七律非东坡所长，颇以气格胜耳”（评《卧病逾月，请郡不许，复直玉堂，十一月一日锁院，是日苦寒，诏赐宫烛法酒，书呈同院》）；“气机疏畅，东坡七律之本色，所乏沉实之致耳”（评《次韵林子中春日新隄书事见寄》）；“坡公七律，往往失之太快、太豪，此诗故亦不免此病”；（评《赠虔州术士谢晋臣》）这些评论都指出了东坡七律的长处和短处。

东坡七绝，纪昀最欣赏《惠崇春江晚景二首》：“此为名篇，兴象实为深妙！”东坡五律，纪昀最欣赏《宋复古画潇湘晚景图三首》：“题画作五律，已难措手；叠至三首，更难措手矣。”东坡五绝，他最欣赏《次韵子由岐下诗》：“五绝分章，模山范水，如画家之有尺幅小景，其格倡自辋川。尔后辗转相摹，渐成窠臼，流连光景，作似尽不尽之词，似解不解之语，千人可共一诗，一诗可题千处。桃花作饭，转归尘劫，此非创始者之过，而依草附木者过也。东坡此体廿一首，虽非佳作，要是我用我法。固知豪杰之士，必不依托门户以炫俗也。”

查评苏诗不多，汪评苏诗稍多，评语亦较长。纪昀几乎尽评苏诗，却评语甚简，惜墨如金，正如卢坤《纪评苏诗序》所谓“如老吏断案”，并多着眼于艺术风格，如“波峭多姿”“曲折深至”“波澜闲逸”“灵空超妙”“一气浑成”“语语紧健”“谨严有法”“墨气淋漓，一往酣畅”“自在流行，曲折无不如意”“情文相生，兴会飚举”“奇气坌涌，无一语不警拔”等等。他称苏诗多波澜起伏，奇气纵横，评《竹枝歌》云：“每段八句，过接处若断若连，章法甚妙。势须有一总收。（“富贵荣华岂足多”四句）音节酷似《汾阴行》，其声哀曼动人”；评《与子由别于郑州西门之外》云：“作一顿挫（指“亦知人生要有别”句），便不直泻，直泻是七古第一病。……收处又绕一波，高手总不使一直笔”；评《石鼓歌》云：“精悍之气，殆驾昌黎而上之。摹写入微。……（“自从周衰更七国”以下数句）看似顺次写下，却是随手生出波澜，展开境界，文情如风水之相遭。（“登山刻石颂功烈”以下数句）妙以刻石与石鼓相关照，不是强生事端，泛作感慨。陡合捷便。‘传闻’（“传闻九鼎沦泗上”）数语又起一波，更为满足深厚。前路犀利之极，真有千尺建瓴之势。非如此层层起伏潆洄，则收束不住矣”；评《王维吴道子画》云：“（起处）奇气纵横，而句句浑成深稳。……寓整齐于变化之中”；评《病中大雪数日……》“西邻歌吹发”数句云：“生出一波，便笔有起伏，不致直滞，此于无顿挫处生顿挫”。纪昀常以“清”字评苏诗，评《石鼻城》“北客初来试新险，蜀人从此送残山”云：“天然清切”；评《送陈睦知潭州》云：“章法清老”；评《藤州江上夜起对月赠邵道士》云：“清光朗澈，无复笔墨之痕，此为神来之候。”他称苏诗长于比喻，评《游径山》云：“入手便以喻起，耳目一新，东坡惯用此法”；评《和钱安道寄惠建茶》云：“（“纵复苦硬终可录”

二句、“汲黯少戆宽饶猛”二句）将人比物，脱尽用事之痕，开后人多少法门。其源出于蔚宗《和香方》。但彼是以物比人，此翻转用之耳。然语虽翻转，而意则犹是比人也”；评《僧惠勤初罢僧职》云：“取喻精警，语亦高浑。”纪昀认为苏轼长于用韵，评《渼陂鱼》云：“窄韵巧押，神锋骏利，东坡本色”；评《与顿起、孙勉泛舟探韵得未字》云：“窄韵巧押，东坡长技。昌黎亦能押窄韵，而自然则逊矣”；评《送陈睦知潭州》云：“窄韵巧押，绰有余力。”并称其用韵富于变化，评《腊日游孤山访惠勤惠思二僧》云：“忽叠韵，忽隔句韵，音节之妙，动合天然，不容凑泊。其源出于古乐府。”

名家诗并非都是名作，任何名家的全集都有败笔，即使诗圣如杜甫也有“去年渝州杀刺使，今年开州杀刺使”之类的打油之作。纪昀因为几乎是尽评苏诗，因此他对苏诗的批评也特别多。概括起来，有以下几个方面：

第一，反对以理语入诗、以禅偈章咒入诗。纪昀以传统儒家文论观点评苏诗，在内容上主张情真，他常常称美苏诗“情文相生”“含情不尽”“语语真至”“情思深婉”“真至之言，自然浑厚”。称《予以事系御史台狱……》“是处青山可埋骨，他年夜雨独伤神”二句为“情至语，不以工拙论也”；称《东府雨中别子由》云：“愈琐屑，愈真至，愈曲折，愈爽朗，此为兴到之作。清空如话，情味无穷。”他并不反对诗中说理，但反对以理语入诗。他称美《和子由园中草木》“种柏待其成”一首云：“纯乎正面说理，而不入肤廓，以仍是诗人意境，非道学意境也。夫理，喻之米，诗则酿之而为酒，道学之文则炊之而为饭”；评《徐大正闲轩》云：“（起处）纯用议论，亦殊挥斥自如。此种不易学，无其心思笔力，而强为之，便成禅偈。与《静照堂》诗同一翻案，此较和平耳”；称美《书鄢陵王主簿所画折枝二首》“论画以形似，见与儿童邻。赋诗必此诗，定知非诗人”云：“识入深微，不嫌说理”；批评《次韵答荆门张都官维见和惠泉诗》云：“颇参理语，遂入论宗。由其明而未融，故未能纵横无碍”；批评《刘壮舆长官是是堂》云：“太涉理路”；他反对以禅偈章咒入诗，他评苏诗充满了如下的批评：“直是禅偈”“竟是偈颂”“直是偈咒”“太偈颂气”“太章咒气”，因为在他看来，“太似偈颂，便无复诗意”（评《记梦》）。评《题西林壁》云：“亦是禅偈，而不甚露禅偈气，尚不取厌。以为高唱，则未然。”但他并不完全反对以禅语入诗，评《赠月长老》云：“（起处）纯作禅语，却无偈颂之气。”苏轼的《送参寥师》，是以禅入诗的名篇，纪昀也称颂备至：“余谓潜本僧，而公之诗友。若专言诗，则不见僧；专言禅，则不见诗。故禅与诗并而为一，演成妙谛。结处‘诗法不相妨’五字，乃一篇之主宰，非专拈‘空’‘静’也。（此针对查慎行之评“寻出‘空’‘静’二字便有主脑，便是结穴处。”）直涉理路，而有挥洒自如之妙，遂不以理路病之。言各有当，勿以王、孟一派概尽天下古今之诗。”苏轼晚年作《南华寺》云：“云何见祖师，要识本来面。亭亭塔中人，问我何所见。可怜明上座，万法了一电。饮水既自知，指月无复眩。我本修行人，三世积精炼。中间一念失，受此百年谴。抠衣礼真相，感动泪雨霰。借师锡端泉，洗我绮语砚。”纪评云：“（起处）触境寄慨，不同泛作禅语。此方是东坡游南华寺诗，不可移掇他人；是此时东坡游南华寺诗，不可移掇他时。此为诗中有人。”可见纪昀也不是完全反对以禅入诗，主要应看是否“触境寄慨”“挥洒自如”。

第二，不满苏诗过直、过露、过率。在风格上，纪昀强调诗贵意在言外，称美其含蓄的诗，评《馈岁》“官居故人少，里巷佳节过。亦欲举乡风，独唱无人和”云：“归思在言外”；评《和子由园中草木》“自我来关辅”一首云：“此首索性一字不着题，而意中句外，却隐然是园中草木。运意至此，真有神无迹矣”；称《病中闻子由得告不赴商州三首》有“《客位假寐》之感，却说得和平无迹”；评《发洪泽中途遇大风复还》云：“与涡口诗（指《十月二日将至涡口五里所遇风留宿》）同刺小人排抑，然俱不露，所以为佳”；评《次韵柳子玉过陈绝粮二首》“淡语传神”，认为“早岁便怀齐物志，微官敢有济时心”二句，“愤懑而出，以和平故，但觉沈着，而不露张怒”；评《御史台榆槐竹柏四首·榆》云：“纯用写意，妙不怨怒”；评《己未十月十五日狱中恭闻太皇太后不豫有赦作诗》云：“亦和平”；他对锋芒太露、讽刺太尖刻的苏诗多致不满，批评《郿坞》“毕竟英雄谁得似，脐脂自照不须灯”云：“太涉轻薄，便入晚唐五代恶趣中”；批评《客位假寐》云：“太露便非诗品”；评《诅楚文》云：“秦之无道，何须谩骂”；评《妒佳月》云：“不合于上官之作，其词太激亦太露”；评《送曾子固倅越得燕字》云：“愤激太甚，宜其招尤。

即以诗品论，亦殊乖温厚之旨”；评《出都来陈所乘船上有题小诗八首，不知何人，有感于余心者聊为和之》云：“怒张之气太露，殊无所谓‘心平’‘韵和’者”；评《次韵子由初到陈州二首》云：“着语太露，东坡时有此病”；评《送刘攽倅海陵》云：“语少含蓄，便觉浅直”；评《送刘道原归觐南康》云：“风力自健，波澜亦阔。惟激讦处太多，非诗品耳”；评《初到杭州寄子由三绝》云：“两诗并太露，太尽”；评《和刘道原寄张师民》云：“此直叫嚣唾骂，不止怨以怒矣”；评《孔长源挽词二首》云：“太激便伤雅。”他常常批评苏诗“凑”“牵凑”“凑泊”“钝拙”“拙滞”“太拙”“浅直”“太平直”“率易”“粗豪”，用字“未稳”用“字悬脚”“未雅”“太露”“太尽”“太俚”“腐气”“卑俗”“滑调”“伧气”“句太晦”“押字不妥”“强押不妥”“趁韵”“有嵌押之痕”“疏于律”。对苏轼青年时代的诗作尤多这类批评，此后批评其凡近草率处也不少，卷五评《授经台》云：“前二句太吃力，后二句又太率易”；卷一五评《至济南李公择以诗相迎次其韵》：“五句太率易，结亦轻薄”；又评《与梁先舒焕泛舟得临酿字二首》之二云：“出手太快，结二句尤率”；卷一九评《送表忠观钱道士归杭》云：“如此大题，何诗语凡近乃尔？岂美尽于碑，此不妨草草耶?”此不一一列举。

第三，批评苏轼应酬次韵之作过多。纪昀也并非完全反对次韵，他对苏轼好的次韵诗照样称美，如评《次韵张安道读杜诗》云：“字字深稳，句句飞动。如此作和韵诗，固不嫌于和韵。句句似杜。难韵巧押，腾挪处全在用比。结意蕴藉，此为诗人之笔”；评《次韵刘京兆石林亭之作》云：“意境开拓，而理趣亦极融彻”；评《次韵孔毅父久旱，已而甚雨三首》云：“三首皆排宕兀傲，奇气纵横。妙在俱从自己现境生情，不作应酬泛语。凡和诗，最忌作应酬，人与己两无涉”；评《次韵子由书李伯时所藏韩幹马》云：“运意运笔，俱极奇变。”但批评次韵者居多，如评《次韵和子由闻予善射》《次韵和子由欲得骊山澄泥砚》云：“二诗皆不免捉襟见肘之态，故作诗和韵最害事”；评《次韵钱穆父》云：“以下数首，皆词馆应酬之作，毫无佳兴。”他也认为“既涉世故，那能不作应酬诗”，次韵、和韵在所难免；但他认为不应收入诗集：“存之集中，则转为盛名之累。此非作诗者之过，而编诗者之过也。”（评《沈

谏议召游湖……》)

就具体作品而言，不以纪评为然者亦大有人在。纪昀对《舟中听大人弹琴》深表不满："通篇不脱旧人习径，句法亦多浅弱。渔洋《古诗选》取之，是所未喻。'独激昂'三字（"敛衽窃听独激昂"）不似听琴，且与下文不贯。《文王操》（"夜阑更请弹《文王》"）无所取义，即是趁韵。"王文诰《苏文忠公诗编注集成》卷一反驳道："纪晓岚谓'独激昂'三字不似听琴，此不懂琴者之言也。晓岚又谓此三字与下文不贯，彼何由知《风松》《玉佩》诸曲必非激昂者乎？所论皆谬。"纪评《屈原塔》亦云："'渴'（"投饭救饥渴"）字添出趁韵。'遗风'二句（"遗风成竞渡，哀叫楚山裂"二句）亦不自然。结四句（"名声实无穷，富贵亦暂热。大夫知此理，所以持死节"）将屈原说作好名，语病不小。若节去'至今'四句及此四句，转觉完美。"香岩批《纪评苏诗》卷一不同意纪昀的意见，认为"但易去'名声'（"名声实无穷"）两字，便是好诗，节去却不成章法。'至今'四句，亦不可节也"。

"攻玉去瑕，濯锦除颣"——赵克宜《角山楼苏诗评注汇钞》

赵克宜，号小楼，丹徒（今属江苏）人。家富藏书，笃志好学，一意著述，著有《角山楼诗集》《苏诗评注汇钞》。全书凡二十卷，附录二卷。从书名就不难看出，此书既汇钞注，又汇钞评，并附以己意。其《自序》云："说苏诗者不一家，唯纪评为最备，其去取散见于全集。金在沙中，或未能快学者之心目。不揣谬妄，鳞次其佳篇，而余从刊落。全载纪评，兼采众说，而以鄙见参之。苟有发明，不嫌其琐。又辑诸家之注，删芜补缺，开卷了然，其为众口所传诵，不足云佳者，别为附录，庶几相较而观，妍媸自见，不致骇怪于去取失伦。又有他人之作误入集中者，亦类聚而别附焉。"张崇兰《角山楼苏诗评注汇钞序》云："国朝诗人厌薄明代，摹仿唐贤风气，力矫其失，一以清快透脱为宗，而苏诗于是乎盛行。二百年来，家置一编，五尺童子，皆能上口矣。夫众之所趋，必无真赏。骈肩于五都之市，所艳者金玉锦绣，难语于名山大川之奇；连袂于七贵之门，所歆者刍豢膏粱，焉识夫甘露醴泉之味？庸耳俗目，议论尚同，极其知之所能至而止。过此，靡有悟焉。遂使集中超拔高奇之作，寂然无称，而凡猥浅俚，滑稽玩世之辞，流播众口。见为传也，乃适以亡之。此赵君小楼所为亟思救正者也。先是河间纪晓岚先生尝有评本，别白是非，灼然不惑。顾意主祧唐祖宋，持论少偏。又全集繁重，美恶杂陈，殊不便于读者。小楼于是芟薙芜冗，遴其精者汇之。纪评而外，博采众说之有当者。又以己意，益所未备，不为苟同，不蕲立异，期于抉摘匠心，以见苏诗之所以不磨，并以见苏氏习气之有所不可染，攻玉去瑕，濯锦除颣，而光采益昭。至于集之有注，自王、施二家外，踵事者日趋繁富，颇复裁订，足与本诗相发而止，有误是正之。而凡流俗所传诵号为佳篇者，类聚而附录于后。盖诚虑人情溺其所习，遽从刊落，则物议必多。使两者相形，而明标得失，则虽黠者无所容其口，因以渐移其故见，得自进于精微，斯其用力甚勤而用心亦云厚矣。”蒋超伯《角山楼苏诗评注汇钞序》称其“博兼七录，说富九师，贾虎周龙，莫能专美。所著《角山楼诗集》，节节足足，声协鹓鸰；滔滔浮浮，气吞江汉，久已脍炙艺林矣。顷者过访弊庐，出《苏诗评注汇钞》见示，删芜薙翳，磢垢生辉，譬犹陟祝融之巅，盂视星斗；抉雷坪之石，云涌兜罗。凡铅尽而蘥金腾，竭镬而旱莲吐。至其权衡之当，决择之精，囊括王、施，雁行查、纪，洵长公之功臣也。”

从其自序、张序、蒋序可看出，他编撰此书的目的，一是选诗，对苏诗则“鳞次其佳篇，而余从刊落”。明人看不起苏诗，清人特别看重苏诗，几乎家置一编。但即使是苏诗，也并非篇篇都是杰作，赵氏对苏集是“攻玉去瑕，濯锦除颣”，对那些众口传诵，实不佳者，及他人之作而误入集中者，都只收入附录。二是辑注，到清末，苏诗全集注已有《王注》《施注》《邵注》、冯应榴《合注》、王文诰《集成》，注文也颇详，赵氏对诸家之注，删其芜，补其缺，正其误，足与本诗相发明而止。三是辑评。在某种意义上说，评比注更重要，正如蒋超伯《角山楼苏诗评注汇序》所云：“非评无以撷其精，即徒注犹不能见其妙。”查慎行《初白庵诗评》所评苏诗太少，纪昀《评苏文忠公诗》又太多，正如张崇兰《角山楼苏诗评注汇钞序》所慨叹的“众之所趋，必无真赏”。较为适中者，一为清初汪师韩的《苏诗选评笺释》，有五六百首；一为此书，约九百首。

赵评对苏诗十分推崇，如称《戎州》云："排律一气流转，颇为可法"；称《白帝庙》"笔笔转动，结语（"犹余帝王号，皎皎在门楣"）自在眼前，而未经人道"；称《巫山》"实处皆虚，篇法不板"；评《神女庙》"江山自环拥，诙诡富神奸"二句，称其"老重有力，领起下文"；称"神仙岂在猛，玉座幽且闲"二句为"扼要语，不在多"（以上皆见卷一）。称《真兴寺阁》"一气坌涌而出，顺逆往来，笔笔英毅，真绝作也"；称《和子由闻子瞻将如终南太平宫溪堂读书》"清空如话，不知有和韵之苦，此本领过人处"；称《是日至下马碛……》"磊落大笔，举重若轻，起落皆自然无迹"；称《大秦寺》"通体写景逼真，意态雄杰"（以上皆见卷二）；称《次韵张安道读杜诗》"通篇语意沈着，气息逼杜"；称《秋怀二首》"语极平近，足以令人心肯气息，直逼陶、韦"（以上皆见卷三）。

他对苏诗亦间有批评，如《过安乐山，闻山上木叶有文如道士篆符云，此山乃张道陵所寓》云："真人已不死，外慕堕空虚。犹余好名意，满树写天书。"赵氏不满其以议论为诗，谓"论虽透，而乏诗人气息"（卷一）。评《夜行观星》云："起语沈著，以下意之所触，信笔写出，达意而已，不以诗论。"看似称美，实有微词。

赵评苏诗，十分注意理清苏诗脉络。苏轼《竹枝歌》序云："《竹枝歌》本楚声，幽怨恻怛，若有所深悲者，岂亦往者之所见有足怨者与？夫伤二妃而哀屈原，思怀王而怜项羽，此亦楚人之意相传而然者。且其山川风俗鄙野勤苦之态，固已见于前人之作与今子由之诗，故特缘楚人畴昔之意，为一篇九章，以补其所未道者。"赵评据序文论此诗结构云："依序中伤二妃、哀屈原、思怀王、怜项羽，平列四段，下三段事本相因，惟此处（"水滨击鼓何喧阗"句）是突接。"（卷一）既脉络清楚，又简便省力。评《出峡》云，起处"入峡喜巉岩，出峡爱平旷。吾心淡无累，遇境即安畅"，"以宾形主，双起总顿"；谓"东西径千里，胜处颇屡访。幽寻远无厌，高绝每先上"，"四语虚领下文"；谓"忆从巫庙回""以下追叙"；谓"玉虚悔不至"是"以未至之处反托所已至，用笔已妙矣，又以所不知名者多于所知（指"峡山富奇伟，得一知几丧。苦恨不知名，历历但想像"四句），将前文一齐托空，两重裹结，运掉自如”；谓“今朝脱重险，楚水渺平荡。鱼多客庖足，风顺行意王。追思偶成篇，聊助舟人唱”，“此方入题，篇幅已毕，格意绝奇”。经赵氏这样一评点，长诗《出峡》的脉络也清清楚楚。

赵氏对纪评是十分推崇的，所选诗几乎尽录纪评，并不时称美纪评，如《渚宫》，纪评云：“乏深湛之思，亦乏老健之气。盖七言本难于五言，故此时尚风骨未成。”赵评亦指出此诗用典有误，叙次杂沓，绛帐台非渚宫（指“台中绛帐谁复见”），正文安用多衍？篇中叙次杂沓，故纪氏以为“风骨未成”也；《竹鼬》结句云：“就禽太仓卒，羞愧不能飧。南山有孤熊，择兽行舐掌。”纪昀于此处批：“有‘安问狐狸’之概。”赵氏特别称纪为“明眼人”：“结语，乍观之，不解所谓，惟纪氏能得其用意，此名家之诗，所贵明眼人为之标举匠心也。”《送安惇秀才失解西归》云：“旧书不厌百回读，熟读深思子自知。他年名宦恐不免，今日栖迟那可追。”纪评云，起处“意好，而语不精彩”；赵评亦类似：“一起理足而语庸。昔人谓‘诗有别趣，非关理也’，正为此等语下针砭。然而此语遂能深入人意中者，亦由其理足耳。”（以上见附录卷中）纪评《李钤辖坐上分题戴花》，谓“气味似玉溪生（李商隐）”；赵评亦谓“偶效杨（亿）、刘（筠）体格（杨、刘体即李商隐体），真乃绝似”（卷四）。

尤其值得注意的是赵氏间有不以查、纪之评为然者，如苏轼《荆州十首》有云：“朱槛城东角，高王此望沙。江山非一国，烽火畏三巴。战骨沦秋草，危楼倚断霞。百年豪杰尽，扰扰见鱼虾。”查慎行《初白庵苏诗补注》卷一云：“此诗因南平（指南平王高季兴）而致慨于五季也。季兴初为荆南节度，所领止江陵、归、峡三城，地狭而兵弱，难与诸国争衡。……及后唐伐蜀，请以本道兵自取夔、万等州，终不敢出。‘畏蜀如虎’之讥，其能解免乎？未几而强弱大小，同归澌灭。百年以来，战骨已销，孤城犹在。千秋形胜之区，惟‘危楼倚断霞’耳！一时豪杰自命者，细琐么麽，无足比数。‘鱼虾扰扰’一语，说得五代君臣及僭号诸国可怜可悯，可鄙可羞，又无论孱弱之高氏也。施氏补注此篇，专为南平而发，浅之乎论苏矣！”赵氏评云：“此首望沙楼吊古。次联切当日事势，五六转关结，言百年以来，昔时豪猛都已同归于尽，而斯时楼头所见，惟有沙津之鱼虾扰扰而已。此即从楼名生情也。以鱼虾与豪杰相形，自然成趣。”此与查氏所评还大体一致。但查氏对“扰扰见鱼虾”的解说，赵氏却颇不以为然：“查氏谓鱼虾比五季之君臣，夫既谓之豪猛矣，何得又以鱼虾比之？且句中‘尽’字‘见’字，分明有既往、见（现）存之别，若如查说，句意难通矣。”

纪昀评《襄阳古乐府三首》云：“乐府音节失传，不过摹其字句。不似何取乎拟？太似何取乎拟？少陵纯制新题，自是斩断葛藤手。太白虽用古题，多是不敢明言，而托之古，亦非以此题为高。”赵氏反驳道：“乐府本无一定音节，观李、杜、张、王所作可知。纪氏本从苏诗入手，于此体未能潜心，乃遽欲废之，何妄诞也？”（卷一）纪评《野鹰来》云：“此首摹古有痕，故为姿致，都非天然。”赵氏亦反驳道：“此亦未见其为古，何为有痕？”纪评《襄阳乐》云：“似张、王不着意作。”赵氏反驳道：“气息逊前二首，以为似张、王者非也。”（均同上）《轩窗》云：“东邻多白杨，夜作雨声急。窗下独无眠，秋虫见灯入。”纪昀无评，赵氏云：“此首纯乎唐人气息，而纪独不取，可怪之甚。”此诗确有唐诗风味，赵氏颇有见地。《病中大雪数日，未尝起观，虢令赵荐以诗相属，戏用其韵答之》有“何时反炎赫，却欲躬臼磨”语，纪评谓“‘却欲’句未佳，意谓操劳则汗出身暖耳。是有此理，然成何语？”赵氏云：“谓当待暄暖时躬亲劳苦，语本无弊，纪误会矣。”纪昀批评《独游富阳普照寺》云：“此种诗，寺寺可题，何必普照？人人可题，何必东坡？秋谷‘诗中有人’之说，真笃论也。”赵氏反驳道：“唐人题山寺诗，多言见前景色，此外更无切题之法，亦无王不可移之孟，岑不可移之高之作。纪（昀）评纯是门户习气，然防微杜渐，亦不可少。诗中有人，乃吴修龄说，非秋谷也。”（附录卷中）当然，赵氏对纪评的某些反驳，未必能令纪服，如《雨中游天竺灵感观音院》云：“蚕欲老，麦半黄，前山后山雨浪浪。农夫辍耒女废筐，白衣仙人在高堂。”纪评云：“刺当事之不恤民也，妙于不尽其词。”赵氏却云：“此是苦雨对神陈诉之词，纪（昀）以为刺时，非也。”此诗显有刺时之意，当以纪说为是。

纪昀几乎尽评苏诗，而苏诗实在太多，因此赵氏仅作选评。沈岐《角山楼苏诗评注汇钞序》云：“公诗天才亮特，下笔千言，如水银泼地，无孔不入，而酬应及叠韵，三四之什。牵率踳驳，诚所不免，尤以卷帙浩繁，读未终卷，神思辄倦。尝欲去其糟粕，撷其精华，别为善本，以公同好。惜有志未逮也。兹读小楼学博《评注汇钞》，真有先得我心者。小楼家藏书最富，笃志好学，于苏诗尤有神悟。爰博采诸家注释，折衷异同，归于一是，譬诸撷邓林之秀，萧艾除而兰芷升庭；罗波斯之藏，燕石屏而琳琅满目，俾读是集者怡然涣然，不独为艺林之圭臬，而即可为眉山之功臣也。”

温汝能《东坡和陶合笺》

以上苏诗评或苏诗评笺，都是就整部苏诗尽评或选评，温汝能的《东坡和陶合笺》则是专门笺评苏轼的和陶诗。温汝能，字希禹，号谦山，广东顺德人，乾隆举人，官中书，著有《谦山诗文钞》，辑有《粤东诗文海》。从苏轼生前起，其和陶诗即集外单行，苏辙《亡兄子瞻端明墓志铭》就在苏轼前后集外著录和陶诗四卷，南宋傅共又曾注苏轼和陶诗为十卷[①]，明、清人曾把它合入苏轼诗文集，但也一直未废单独刊行。苏轼的和陶诗，在其生前就有争论[②]，历代评价分歧也很大。清代继续有争论，或认为陶、苏二人处境、胸襟、性格都不同，不必和、不当和，和则不似，如张谦宜《䌹斋诗谈》卷三云：“长公与渊明胸襟不同，气味不合，特可言用韵，和则相违”；“陶是袖手不肯做，自讨便宜。苏原攘臂要做，做不来更得祸，才收拾雄心，作恬退消沮语，此即相隔天渊。兼之骨格槎枒，声高气莽，都不是陶家路上人，强用其韵，了无干涉”。也有人持相反看法，温氏《东坡和陶合笺序》则认为陶、苏处境虽异而志道却同，他比较陶、苏异同说：“古之人有生虽同时，而形神若隔，渺不交亲者，以其志与道之不相侔也。有生虽异世，而意气感通，恍然如见者，以其志与道默相孚也。东坡与渊明相去数百载，所遭之世异，所为之事异，所历之险阻艰危，出万死而一生则又异。至其末也，一为乞食之农夫，老死陇亩；一为远谪之孤臣，待罪遐荒，出处始末，何者为同？独以其志同，其道同。假令渊明生东坡之世，所见未不如是；东坡生渊明之世，

① 《直斋书录解题》卷一五著录为：“《和陶诗》十卷，苏氏兄弟追和，傅共注。”
② 参见本书第一章第四节所引晁说之《和陶引辨》《答李持国先辈书》。

所抱亦未必不如是也。所谓曾子、子思同道，异地则皆然者此也。”又论此书笺注体例云：“余既辑《陶诗汇评》，因不能忘怀于《和陶》之什，遂按陶诗次序而递录之，用资诵览。复考向之注苏诗者，多分《和陶》为一类，若王氏本、施氏原本、宋氏删补本及查氏、樊氏等本，皆为精当。其余诸家可采者，复不可枚举。而近世冯氏《合注》，则又集诸家之大成，最称详备。暇因悉心考订，于每篇每句分列诸注，其不见于和陶已见前注者，仍照注苏体例，标明某氏，收入句下，以昭一律，名曰‘合笺’。……余于篇末，每缀评语，谬参鄙见，而不及言评者，以苏诗泉源万斛，取材最富，所重在笺，不重乎评也。”可见编序悉依陶诗，重点在辑前人之注，间缀评语，主要是辑前人之评，间附己见，而标以“愚按”，如评《和劝农》云：“愚按：篇内备言不耕之害，力农之乐，谆谆诫勉。公之为琼人计，诚深且切矣。然岂独琼人为然，天下游手之徒，闻者应为股栗。而力田者有此乐境，何惮而不竭力为之也？仁人之言，其利溥矣，信哉！”评《和影答形》云：“公两诗（指此诗与《和形赠影》）脱尽尘埃，何等萧散冲淡，何等自然，非深于学陶者，那得有如此气味”；评《和乞食》云：“迁谪景况，盖比渊明穷困为甚，而处之泰然，啸吟自得，则又千载一辙。《论语》云：‘君子固穷。’于斯可见”；评《和饮酒》云：“得酒诗成，古今豪旷者多解此趣。但不如渊明之解脱，不为物累，尤得其真耳。末六句冲淡自然酷似陶作①，非公诗固不能为渊明写出真面目也。”又评“酒中有归路，了了自不疑”云：“蕴蓄不尽，真有无限深意。然非悟道人不能知归，不能了了，不能不迷。惟渊明与先生能解此意，亦惟渊明与生能道此语。”

关于苏轼和陶诗，前人每以似与不似评苏轼和陶诗，王文诰反驳道：“公之和陶，但以陶自托耳。至于其诗，极有区别。有作意效之，与陶一色者；有本不求合，适与陶相似者；有借韵为诗，置陶不顾者（按：如《和胡西曹示顾贼曹》，陶诗是示同官，苏轼却借来悼朝云）；有毫不经意，信口改一韵者；若《饮酒》《山海经》《拟古》《杂诗》……此虽和陶，而与陶绝不相干。”

---

① 指《和陶饮酒二十首》之三的末六句：“渊明独清真，谈笑得此生。身如受风竹，掩冉众叶惊。俯仰各有态，得酒诗自成。”

苏轼和陶既不求内容与陶诗一致，更不求句句似陶，只不过求总的风貌相近而已，王文诰继续说：“每观诗话及前人所论，辄以此句似陶，彼句非陶，为牢不可破之说。使陶自和其诗，亦不能逐句皆似原唱，何所见之鄙也！唐时以欧、虞、褚摹《兰亭》为佳者，正取其各有己意。如必毫发似之，此即双钩填廓木石者皆能为之，而欧、虞、褚所不屑也。书且如此，而况诗乎！”苏轼和陶，无论内容还是语言都没有亦步亦趋地去模仿陶诗，他只不过有感于“半生出仕以犯世患，此所以深愧渊明”，故“以陶自托”，借渊明诗以自抒怀抱，自浇块垒而已。清人评及苏轼和陶诗者很多，可能应以王文诰此说最精彩，最通脱，远远趣过温氏《合笺》之评。

三、清代总集、诗话中的苏诗评

其他一些含有苏诗评的选本式总集，如《御选唐宋诗醇》前已论及，此处从略外，再介绍如下几种。

《宋诗钞》一百〇六卷，吕留良[①]、吴之振、吴自牧编。吴之振《宋诗钞序》云：“自嘉、隆以还，言诗家尊唐而黜宋，宋人集覆瓿糊壁，弃之若不克尽，故今日搜购最难得。黜宋诗者曰‘腐’，此未见宋诗也。宋人之诗，变化于唐，而出其所自得，皮毛落尽，精神独存。……宋之去唐也近，而宋人之用力于唐也尤精以专。……曹学佺序宋诗，谓‘取材广而命意新，不剿袭前人一字’，然则诗之不腐，未有如宋者矣。……万历间，李蓘选宋诗，取其离远于宋而近附乎唐者，曹学佺亦云：‘选始莱公，以其近唐调也。’以此义选宋诗，其所谓唐终不可近，而宋人之诗则已亡矣。”吴之振等为使“天下黜宋者得见宋之为宋”，故编了此书。始于康熙二年，每集之首，系以小传，并加品评考证。拟收一百家，有十六家有目无诗，实未编完，一面编，一面刊行，故所传之本，往往多寡不同。1914年经李宣袭校补，由商务印书馆涵芬楼出版；接着又刊管庭芬、蒋光煦等的《宋诗钞补》，以补原阙十六家，并补选了

① 吕留良（1629—1683），字庄生，又名光纶，字用晦，别号晚村，浙江石门人。明亡后，隐居不仕，削发为僧。死后为曾静文字狱牵连，毁棺戮尸，故清人刊《宋诗钞》皆不署其名。明前后七子尊唐黜宋，以为宋无诗。

其他各家诗，使原书更为完善。1984 年中华书局即把这两部书合编为一书，统称《宋诗钞》，于 1986 年出版。这是目前最易得最完整的《宋诗钞》版本。其《东坡诗钞》选苏诗四百六十一首，他针对明人选宋诗专选取其“离远于宋而近附乎唐者”，而着重选“气象洪阔，铺叙宛转”的苏诗：“子瞻诗气象洪阔，铺叙宛转，子美之后，一人而已。然用事太多，不免失之丰缛，虽其学问所溢，要亦洗削之功未尽也。而世之訾宋诗者，独于子瞻不敢轻议，以其胸中有万卷书耳。不知子瞻所重，不在此也。加之梅溪之注，饾饤其间，则子瞻之精神，反为所掩，故读苏诗者，汰梅溪之注，并汰其过于丰缛者，然后有真苏诗也。”此选影响较大，宋荦《漫堂说诗》云：“近二十年，乃专尚宋诗，至余友吴孟举《宋诗钞》出，几于家有其书矣。”

《宋百家诗存》二十八卷，清曹庭栋编。庭栋，字六圃，嘉善（今属浙江）人。因吴之振所辑《宋诗钞》阙略尚多，又未尽刊刻，有的有目无诗，故复搜集遗佚，以补其阙。其序云：“余束发时即好声韵之学，津津乎殆三十年。窃考唐人诗集，则《钦定全唐诗》至精至备，元则秀野顾氏之选，明则朱竹垞辈先后摭辑，亦云盛矣。独有宋一代之诗，诸选本所采寥寥，并不获媲美元、明，岂见闻俭陋，亦侈口三唐者附频逐响，莫为两宋一揭尘翳也。……岁庚申，余园居多暇，敢承先志，选刻两宋诗人遗集，以广诸选本所未及。适同里友人陈希冯雅有书癖，藏本甚夥，倒箧畀余。余复驰书四方朋好，曲折罗致。一时荟萃，因加抉择，次第分编。刻既竣，题曰《宋百家诗存》，盖取存什一于千百之意，并以竟我先人未竟之事。”《四库全书总目》卷一九〇云：“吴之振辑《宋诗钞》，虽盛行于世，然阙略尚多，且刊刻未竟，往往有录无书。庭栋因搜采遗佚，续为是编。所录凡一百家，皆有本集传世者。始于魏野《东观集》，终于僧斯植《采芝集》。贺铸本北宋末人，而升以弁首，置于魏野之前，自云‘少时所最爱’。然选六朝诗者，陶、谢不先于潘、陆；选唐诗者，李、杜不先于沈、宋。以甲乙而移时代，此庭栋之创例，古所无也。其中如穆修以古文著，傅察以忠节传，林亦之、陈渊以道学显，于诗家皆非当行。许棐、张至龙、施枢诸人载于《江湖小集》者，王士祯《居易录》诋为概无足取者，亦皆录其寸长，不遗采择。虽别裁未必尽当，然宋人遗集，徐乾学传是楼二十八家之本、朱彝尊曝书亭五十家之本，皆未刊刻，辗转传钞，陶阴多误。其余专集行世者，又各自为帙，未能汇合于一。庭栋裒辑成编，以补吴之振书之阙，宋诗大略，已几备于此二集矣。”此书有四库全书本。

《宋诗别裁集》八卷，原名《宋诗百一钞》[①]，张景星、姚培谦、王永祺编，共录一百三十七人的六百四十五首诗，分体编排。选苏轼各体诗六十三首，为入选诗人最多的。其选诗标准虽不离温柔敦厚的儒家诗教，但选诗面亦较宽，所选苏轼平易流畅的名篇，大体可反映苏诗面貌。此书有圈点而无评语，但从其圈点亦可看出编者所赏。此书有乾隆二十六年（1761）诵芬楼刊本，1975 年中华书局影印本。

王文濡也很推崇苏诗，**《宋元明诗评注读本》**收有他不少苏诗评。如评《哭干儿》云：“平易近情，最易学步”；评《南窗》云：“焚香闭阁，酣然高卧，羲皇上人，当不是过”；评《书李世南所画秋景》云：“诗中有画”；评《饮湖上初晴后雨》云：“因西湖而忆及西子，比例殊妙”；评《惠崇春江晚景》云：“绝妙风景，老饕见之，馋涎欲滴”；评《雪后书北堂壁》云：“句句切定雪后，‘玉楼’‘银海’一联，颇见烹炼之功”；等等。

综合上述可以看出，清代既有总集中的苏诗评，又有苏诗专集评；既有苏诗选评，又有全集评；既有眉批旁批，又有卷首、卷尾或诗末总评；既有一家评，又有集诸家评；既有直觉式的简略评语（如多数纪评），也有分析篇章结构的较长评语（如汪评），既评苏诗内容，但更多的是评其艺术特色。总之，清评苏诗形式多样，内容丰富，几乎可与清代的苏诗注媲美。

清代诗话数量很多，有四百余种，是清以前诗话总和的三倍；部头也较大，如《带经堂诗话》《随园诗话》都堪称洋洋巨著；理论性更强，王士祯的神韵说、沈德潜的格调说、袁枚的性灵说、翁方纲的肌理说，各有侧重地对诗歌本体论、创作论以及诗歌的艺术形式、鉴赏批评，进行了系统阐述，都有各自的独到之见。林昌彝《射鹰楼诗话》卷五对诗话的作用给予了较客观

---

① 傅王露《宋诗百一钞序》：“钞名‘百一’，盖谓尝鼎一脔，窥豹一斑，亦可见宋诗宗派云耳。”

的评价："昔人有诗话作而诗亡，此论未免太过。……盖以唐人无诗话而诗存，宋人有诗话而诗亡。不知唐人无诗话，至晚唐，风格卑弱，已几于亡。宋人始有诗话，而宋诗至东坡、山谷、渭南，雄视一代，而苍然入古，是诗至宋而未尝亡。诗之存亡，关一代之运会，不关于诗话之作与不作也。"又云："凡涉论诗，即诗话体也，诗必愈论则愈精。昔人谓诗话作而诗亡，岂通论乎？《东坡集》与其子苏过论诗人写物……东坡此书，盖即诗话之例耳。"

清初诗话几乎都是尊唐的。王夫之有**《姜斋诗话》**（人民文学出版社校点本，1981），夫之（1619—1692），字而农，号姜斋，湖南衡阳人。他是明崇祯举人。张献忠陷衡州，招之，坚拒。明亡，曾在衡阳举兵抗清，兵败后先去肇庆依晚明桂王府，后去桂林依瞿式耜。桂林陷，遂归隐湘西石船山，著书立说以终，学者称为船山先生。他是明末清初的著名启蒙思想家、文学家，其学术成就很高，对天文、历法、数学、地理均有所研究，尤精于史学和文学。一生著述甚富，主要有《周易外传》《尚书引义》《读四书大全说》《张子正蒙注》《问思录内外篇》《楚辞通释》《黄书》《噩梦》《姜斋诗话》等，后人集其著述为《船山遗书》五十四种。

《姜斋诗话》是清初尊唐抑宋的著名诗话。其主张与明七子相近，但角度不同，前后七子从格律格调尊唐，王夫之从性情、兴会、思致尊唐，他批评前后七子"但有其格局，更无性情，更无兴会，更无思致"。他偏重于阐释抒情诗的艺术特质，看不起叙事诗，认为诗"不可以史为"，而应"即事生情，即语绘状"，强调诗歌的抒情性和形象性。他认为情景不可分："关情者景，自与情相为珀芥也。情景虽有在心在物之分，而景生情，情生景，哀乐之触，荣悴之迎，互藏其宅。""情景名为二，而实不可离。神于诗者，妙合无垠。巧者则有情中景，景中情。"有人说近体诗中二联，一情一景，他认为这只不过是情景交融之一法，两联全写景或全写情，亦可做到情景交融："'云霞出海曙，梅柳渡江春。淑气催黄鸟，晴光转绿苹。''云飞北阁轻阴散，雨歇南山积翠来。御柳已争梅信发，林花不等晓风开。'皆景也，何者为情？若四句俱情而无景语者，尤不可胜数，其得谓之非法乎？夫景以情合，情以景生，初不相离，唯意所适。"他认为乐景写哀，哀景写乐的效果更好："'昔我往矣，杨柳依依。今我来思，雨雪霏霏。’以乐景写哀，以哀景写乐，一倍增其哀乐。”

他论诗专主盛唐以前，不取中晚唐，尤恶宋诗：“李、杜代兴，杯酒论文，雅称同调，而李不袭杜，杜不袭李，未尝党同伐异，画疆墨守。沿及宋人，始争疆垒。欧阳永叔亟反杨亿、刘筠之靡丽，而矫枉已迫，还入于枉，遂使一代无诗，掇拾夸新，殆同觞令。”因此，他对苏轼亦多不满，或讥苏诗倾囊而出：“太白胸中浩渺之致，汉人皆有之，特以微言点出，包举自宏。太白乐府歌行，则倾囊而出耳。……一失为白乐天，本无浩渺之才，如决池水，旋踵而涸。再失为苏子瞻，萎花败叶，随流而漾，胸次局促，乱节狂兴，所必然也。”或讥苏诗用典过多：“人讥西昆体为‘獭祭鱼’，苏子瞻、黄鲁直亦獭耳。彼所祭者肥油江豚，此所祭者，吹沙跳浪之鲙鲨也。除却书本子，则更无诗。”他甚至连乌台诗案也认为是苏轼咎由自取：“《离骚》虽多引喻，而直言处亦无所讳。宋人骑两头马，欲博忠直之名，又畏祸及，多作影子语，巧相弹射，然以此受祸者不少。既示人以可疑之端，则虽无所诽诮，亦可加以罗织。观苏子瞻乌台诗案，其远谪穷荒，诚自取之矣。而抑不能昂首舒吭以一鸣，三木加身，则曰‘圣主如天万物春’，可耻孰甚焉？”

施闰章，字尚白，号愚山，宣城（今属安徽）人。顺治进士，康熙中召试宏博，授侍讲，进侍读。诗文皆雅醇，著有《学余堂诗文集》《蠖斋诗话》等。他也是清初的尊唐派，对苏诗用典过多深致不满：“古人诗入三昧，更无从堆垛学问，正如眼中着不得金屑。坡公谓浩然诗韵高才短，嫌其少料。评孟良是，然坡诗正患多料耳。坡胸中万卷书，下笔无半点尘，为诗何独不然？（《蠖斋诗话》）但其《续苏长公外纪序》却十分推崇苏诗云：“余多病寡欢，以读书为卧游。尝取古能言之家有得于笔墨之外者，以文则蒙庄、司马太史、苏端明，以诗则陶靖节、王右丞、李供奉、韦左司、白香山，以记则柳柳州，皆诵之，超然泠然，可以解忧，可以愈疾。然合论数家，或有独诣无兼长，求其旁见侧出，嬉笑怒骂，各极才趣，自有文人以来，子瞻一人而已。……诗虽不逮唐人，而古体长歌，多非烟火人语。当时朝士尝举以仿唐李白，神宗曰：‘白有轼之才，无轼之学。’其见推如此。”

毛先舒的**《诗辩坻》**（清诗话续编本）也主张诗学盛唐，对宋、元诗几不持论。先舒（1620—1688），一名骙，字稚黄，钱塘（今浙江杭州）人。为西泠十子之首，又与毛奇龄、毛际可并称浙中三毛。他的《诗辩坻》四卷，前三卷为总论和历朝诗评，末卷论作诗法则、竟陵派得失，末论词曲。全书反对性灵说，提倡格调说。他非常欣赏严羽对宋诗、对苏诗的批判："严仪卿生宋代，能独睹本朝诗道之误。……论眉山、江西，亦可称沈著痛快，真夐绝之识，其书之足传宜也。"（卷三）

主张诗学盛唐者还有贺贻孙的**《诗筏》**（清诗话续编本）。贻孙，字子翼，永新（今属江西）人，明诸生，入清不仕。著有《水田居士集》。《诗筏》自序云："二十年前与友人论诗，退而书之，以为如涉之为筏也，故名曰《诗筏》。"筏为渡河之具，可见诗筏即作诗之具。他主张"诗以蕴藉为主"，要做到神厚、气厚、味厚："厚之一言，可蔽《风》《雅》。《古诗十九首》，人知其淡，不知其厚。所谓厚者，以其神厚也，气厚也，味厚也。即如李太白诗歌，其神、气与味皆厚，不独少陵也。他人学少陵者，形状庞然，自谓厚矣，及细测之，其神浮，其气嚣，其味短。画孟贲之目，大而无威；塑项籍之貌，猛而无气，安在其能厚哉！"又云："李、杜诗，韩、苏文，但诵一二首，似可学而至焉。试更诵数十首，方觉其妙。诵及全集，愈多愈妙。反复朗诵至数十百过，口颔涎流，滋味无穷，咀嚼不尽。乃至自少至老，诵之不辍，其境愈熟，其味愈长。后代名家诗文，偶取数首诵之，非不赏心惬目，及诵全集，则渐令人厌，又使人不敢再诵。此则古今厚薄之别也。"他认为苏轼不满《文选》是因为不满六朝之浮薄："杜子美诗云'熟精《文选》理'，而子瞻独不喜《文选》。盖子瞻文人也，其源出于《国策》《庄》《孟》，而助以晁、贾诸公之波澜，所浸灌于古者深矣。《文选》之文，自秦、汉诸篇外，其余皆不脱六朝浮靡，其为子瞻唾，无足怪者。"他对苏诗多有不满："才小者尺幅易窘，然苏长公翻为才大所累"；"唐人和诗不和韵，宋人和韵，往往至五六首，虽以子瞻、山谷、少游之才，未免凑泊，他集则如跛鳖矣。"但也认为苏轼即使在唐代亦堪称名家："谓宋诗不如唐，宋末诗又不如宋，似矣。然宋之欧、苏，其诗别成一派，在盛唐中亦可名家。"

清代康熙、雍正时期的诗话，开始形成清代诗话自身的特色，即更富理论色彩。比较重要的有叶矫然的《龙性堂诗话》、叶燮《原诗》和王士祯的《带经堂诗话》；其他如田雯的《西圃诗说》、宋荦《漫堂说诗》、顾嗣立的《寒厅诗话》、张谦宜的《絸斋诗谈》等。

叶矫然**《龙性堂诗话初集》**对苏诗比较推崇，自谓“予最喜读昌黎、长吉、义山、子瞻诗，间有所得，辄标识数语于上。……有来历，有根据，用僻事而一一可考，唯坡公可以继之。坡公之诗未易读，彼其傀儡古人，调和众味，命意使事，迴出意表，盖从义山一派窥出《三百篇》‘荇菜’‘瓶罍’‘匏叶’‘冰泮’微意，风雅正派，正在于此。”又称“子瞻诗包罗万象，一由我法。集中一种烟云满纸，咳唾琳琅者为最，清空如画者次之。至有时斗韵露异，不无小巧，求真得浅，未免添足”。这里论苏诗的长处短处颇为实事求是。他对苏轼七古十分欣赏：“予欲合子美、子瞻七言古体，梓为一集，盖此体中之神通广大，无如二公，杜奇而壮，苏奇而秀，千古双绝。”称其知“少陵咏马及题画马诸诗，写生神妙，真空千古，使后人无复着手处”，故《韩幹马十四匹》“不复摹写，第云‘老髯奚官骑且顾，前身作马通马语’，只于马厮身上放一奇语，亦可谓补子美之所不及矣”；《中秋见月和子由》有“明月未出群山高，瑞光万丈生白毫。一痕未尽银阙涌，乱云脱坏如崩涛”句，称其“其气魄直与日月争光，李、杜文章虽光焰万丈，安得不虚此老一席”。

叶燮（1627—1703），字星期，号已畦，浙江嘉兴人，喜咏吟，工诗文。他的**《原诗》**是一部推究诗歌创作本原，反对明代前后七子的复古主义为主要内容的诗歌理论著作。在诗歌反映什么、如何反映的问题上，他反复论述了诗人应具备的主客观条件，强调要探究万事万物的理、事、情，充实自己的识、才、胆、力，要在“表天地万物之情状”的基础上，体现自己的面目，建立自己的艺术风格。在对待诗歌遗产问题上，他针对前后七子的“不读唐以后书”，主张以杜、韩、苏三家为宗，强调自创，反对蹈袭前人。他说：

杜甫之诗，独冠今古。此外上下千余年，作者代有，唯韩愈、苏轼，其才力能与甫抗衡，鼎立为三。韩诗无一字犹人，如太华削成，不可攀跻。若俗儒论之，摘其杜撰，十且五六，辄摇唇鼓舌矣。苏诗包罗万象，鄙谚小说，无不可用，譬之铜铁铅锡，一经其陶铸，皆成精金，庸夫俗子，安能窥其涯涘？并有未见苏诗一斑，公然肆其讥弹，亦可哀也。韩诗用旧事，而间以己意易以新字者；苏诗常一句中用两事三事者，非骋博也，力大故无所不举。然此皆本于杜，细览杜诗，知非韩、苏创为之也。必谓一句止许用一事者，此井底之蛙，未见韩、苏，并未见杜者也。且一句止用一事，如七律一句，上四字与下三字，总现成写此一事，亦非谓不可。若定律如此，是记事册，非自我作诗也。诗而曰作，须有我之神明在内，如用兵然，孙、吴成法，懦夫守之不变，其能长胜者寡矣。驱市人而战，出奇制胜，未尝不愈于教习之师。故以我之神明役字句，以我所役之字句使事，知此方许读韩、苏之诗。不然，直使古人之事，虽形体眉目悉具，直如刍狗，略无生气，何足取也？诗是心声，不可违心而出，亦不能违心而出。功名之士，决不能为泉石淡泊之音；轻浮之子，必不能为敦庞大雅之响。故陶潜多素心之语，李白有遗世之句，杜甫兴广厦万间之愿，苏轼师四海弟昆之言。

他系统阐述了正和变、沿和革、因和创的辩证关系，否定了复古派只讲正不讲变的谬论。他说："吾尝观古之才人，合诗与文而论之，如左丘明、司马迁、贾谊、李白、杜甫、韩愈、苏轼之徒，天地万物皆递开辟于其笔端，无有不可举，无有不能胜，前不必有所承，后不必有所继。"这些论述都是富有理论深度的。他还称美苏诗境界开阔说："苏轼之诗，其境界皆开辟古今之所未有，天地万物，嬉笑怒骂，无不鼓舞于笔端，而适如其意之所欲出，此韩愈后之一大变也，而极盛矣。"称苏诗有其特有的面目："作诗者在抒写性情，此语夫人能知之，夫人能言之，而未尽夫人能然之者矣。作诗有性情，必有面目，此不但未尽夫人能然之，并未尽夫人能知之而言之者也。如……举苏轼之一篇一句，无处不可见其凌空如天马，游戏如飞仙，风流儒雅，无入不得，好善而乐与，嬉笑怒骂，四时之气皆备，此苏轼之面目也。"称其有乐善好才之心："苏轼于黄庭坚、秦观、张耒等诸人，皆爱之如己，所以好之者无不至。盖自有天地以来，文章之能事，萃于此数人，决无更有胜之而出其上者。及观其乐善好才之心，竟若欿然不自足。此其中怀阔大，天下之才皆其才，而何娼疾忌忮之有?”叶燮生当清初，针对明人唐、宋诗之争中的崇唐抑宋倾向，故对苏诗给予很高的评价。

《带经堂诗话》，王士禛撰。王士禛（1634—1711），字子真，一字贻上，号阮亭，又号渔洋山人，新城（今山东桓台）人。顺治十五年进士，累官至刑部尚书。他一生喜交游，进士及第前游历下，曾集诸名士于大明湖，赋《秋柳》诗，和者数百人。官扬州时，“昼了公事，夜接词人”，常与宾客在平山堂饮酒赋诗。后奉命入蜀，下南海，沿途游山玩水，登临赋诗。他是清初著名的文学家和文学评论家，工诗、词、文，其诗为一代宗师，与朱彝尊并称朱、王。他著述甚富，著有《带经堂集》《带经堂诗话》《古诗选》等数十种。他没有叶燮《原诗》那样的系统的文学理论著作，他的文学主张散见于他的笔记、杂著中。他提倡神韵说，早年曾编唐人律绝为《神韵集》，惜已佚；晚年又编《唐贤三昧集》，其自序云：“严沧浪论诗云：‘盛唐诗人唯在兴趣，羚羊挂角，无迹可求，透彻玲珑，不可凑泊，如空中之音，相中之色，水中之月，镜中之象，言有尽而意无穷。’司空表圣论诗云：‘味在酸咸之外。’康熙戊辰春杪，归自京师，居于宸翰堂，日取开元、天宝诸公篇什读之，于二家之言，别有会心，录其尤隽永超诣者，自王右丞而下四十二人，为《唐贤三昧集》，厘为三卷。”这段话颇能代表他的论诗主张，他对唐代诗人不喜杜甫、白居易，而特爱王维、孟浩然、韦应物。他自称“平生论诗曾屡变”，但倡导神韵说却始终未变。他所谓的神韵是指诗的意境“以清远为尚”（《池北偶谈》），要求诗要有情趣、风韵，主张诗贵含蓄、清幽、雅淡。他的创作和诗论在当时产生了深远的影响，《四库全书总目》卷一七三《精华录》提要云：“当我朝开国之初，人皆厌明代王（世贞）、李（攀龙）之肤廓，钟（惺）、谭（元春）之纤仄，于是谈诗者竞尚宋、元。既而宋诗质直，流为有韵之语；元诗缛艳，流为对句之小词。于是士禛等以清新俊逸之才，范山模水，批风抹月，倡天下以‘不着一字，尽得风流’，天下遂翕然应之。”

他对苏轼也很尊崇，其《题坡集后》云：“庆历文章宰相才，晚为孟博亦堪哀。淋漓大笔千秋在，字字《华严》法界来。”《上方寺访东坡先生石刻次韵》亦云："缅想峨眉人，文采真神仙。赠诗日南使，宾佐皆豪贤。邈然竟终古，漱墨留春泉。老笔欲飞动，妙态殊便娟。空堂响人语，怖鸽飞联翩。后游慨今昔，凭吊当同然。"但他更欣赏苏轼晚喜陶潜的一面，他《跋东坡先生小字帖》中说："山谷诗云：'子瞻谪海南，时宰欲杀之。饱吃惠州饭，细和渊明诗。'吾友黄州杜濬亦有诗云：'堂堂复堂堂，子瞻出峨眉。早读《范滂传》，晚和渊明诗。'二作说尽东坡一生，并识之。"其《和苏诗二集序》云："苏文忠公在惠州，和陶诗几遍，其自言曰：'古之诗人有拟古之作矣，未有追和古人者矣。追和古人则始于东坡。'又曰：'吾于渊明，岂独好其诗哉？欲以晚节师法其万一也。'夫以文忠公之为人，卓绝千古，牢笼百代，乃独于渊明惓惓若此，不胜其执鞭之意者何也？及读颍滨之序，谓'渊明不肯为五斗折腰束带见乡里小儿，而子瞻出仕三十余年，为狱吏所折辱，终不能悛，以陷于难，乃欲以桑榆之晚景，自托于渊明，其谁信之？'始喟然而兴曰：文忠之和陶也，其有悔心与？嵇叔夜诗云：'远惭柳下，近愧孙登。'文忠之于渊明，亦若是焉已矣。夫文忠兄弟生当宋庆历、元祐极盛之时，仁祖赏其文，至谓'今日为子孙得二宰相'。神宗虽不进用其身，宫中每叹以为奇才。异日宣仁述之，至于泪下。古来文人遇合之奇，盖未有如文忠者。公即杀身成仁，以报累朝之遇，亦其宜也。故虽流离颠沛，窜逐于海外瘴疠之乡，至于百折九死，而其气不挫。其与渊明生当晋之末造，自以先世宰辅不肯仕他姓者，固不可同日而语也。故颍滨又云：'子瞻之仕，其出处进退犹可考也。'吾谓渊明为其易，而文忠为其难。渊明之不仕也，楚狂接舆、荷篠丈人之类也；文忠之仕也，迟迟去鲁之谓也。渊明、子瞻，易地皆然，未可轩轾乎其间也。"

晚年所著《渔洋诗话》三卷，多记自己一生经历及与兄弟友朋间的诗事交往，理论色彩不浓。平时论诗之语，其门生晚辈辑成多种书传世，影响最大的是张宗柟辑的《带经堂诗话》，汇集王士禛论诗之语达二千余条，分为综论、悬解、总集、众妙、考证、记载、丛谈、外记八门，凡三十卷，可谓集王士祯诗论之大成。综论门品评诗人诗作，评驳前人诗论；悬解门汇总他关于神韵说的观点；总集门是各种书的凡例、序跋、题笺，反映了他一生重要的诗歌活动及诗学见解；众妙门辑录他对唐以下各代诗句的评论，以实例证其神韵理论：这四部分是《带经堂诗话》的精华。此书有很多评苏之语，如卷一云：“宋人之诗多者莫如子瞻、务观。子瞻贯析百家，及山经、海志、释家、道流、冥搜、集异诸书，纵笔驱遣，无不如意”；“七言歌行，至子美、子瞻二公，无以加矣”；“七言歌行，杜子美似《史记》，李太白、苏子瞻似《庄子》，黄鲁直似《维摩诘经》”；卷四云：“文忠公七言长句之妙，自子美、退之后，一人而已”；卷五云：“汉、魏已来二千余年间，以诗名其家者众矣，顾所号为仙才者，唯曹子建、李太白、苏子瞻三人而已”；卷二九云：“七言古若李太白、杜子美、韩退之三家，横绝万古，后之追风蹑景，唯苏长公一人耳。”

他的《古诗选》三十二卷，前十七卷选五古，至唐为止，后十五卷选七古，至元为止，含苏轼七古一百〇四首，是所有入选诗人中最多的。因其推崇唐诗，故所选苏轼七古亦以近唐调者为多，很少选瘦硬排奡、用事较多的苏诗，苏轼次韵诗也很少选。

此外，这一时期还有许多诗话对苏诗有不少评论。如宋长白**《柳亭诗话》**卷五：“苏长公饮郭功甫家，醉画竹石于壁，歌曰：‘枯肠得酒芒角出，肝肺槎牙生竹石。森然欲作不可回，写向君家雪色壁。’真有酒气拂拂从十指间出之意。又《题崔白大图》曰：‘扶桑大茧如瓮盎，天女织梭云汉上。往来不遣凤衔梭，谁能鼓臂扫三尺。’天然豪放，得诸想象之外，较前语更奇。”

也有不满苏诗者，吴乔**《围炉诗话》**对苏诗就多有不满，其卷一云：“李、杜之文，终是诗人之文，非文人之文。欧、苏之诗，终是文人之诗，非诗人之诗”；卷二云：“子瞻古诗如搓黄麻绳百千尺，子瞻极重韦、柳，而自作殊不然”；卷三云：“诗思太苦则为方干，太易则为子瞻，消息其间甚难”；卷五云：“子瞻之文，方可与子美之诗作匹，皆是匠心操笔，无所不可者也。子瞻作诗，亦用其作文之意，匠心纵笔而出之，却去子美远矣”；又引黄公曰：“子瞻诗美不胜言，病不胜摘。大率多俊迈而少渊渟，得瑰奇而失详慎，多粗豪滑稽草率，又多以文为诗，然其才古今独绝”；又云：“苏、黄以诗为戏，坏事不小”；“读子瞻长篇文，惟恐其尽；读子瞻长篇诗，惟恐其不尽。”

张谦宜（1639—1710）**《絸斋诗谈》**（清诗话续编本）对苏诗亦多批评，卷五云："长公才大，而深思隽致殊少"；"坡老精神到处只是豪放，不到处颓唐淡薄而已"；"苏诗，人推重太过，细读之，蕴藉有厚味者甚少，豪放虽可喜，平漫不著意处，更无结作力量"；"古人作诗，精神沉著，故气象凝定。坡老任意布笔，故无收敛渟蓄，一泄而尽。兼之宦途赠送太烦，未必尽由衷出，故颓唐散漫者多"；"苏诗琢炼入细，使人味之无际者少，长篇用韵杂沓，不快意处尤多。由心粗手滑，无矜慎之思也"；"坡老才固豪纵，然古诗多不依通韵成法，似染昌黎习气，有自我作古意，此不可为训"；"坡老唱和诗令人气闷，甚矣，应酬之害诗也"；"东坡和陶诗，豪气不除，鳞甲尽露，那及其万一。"其杂录云："豪放而独存忠厚者，少陵是也。豪放而混入仙佛者，东坡是也，虽令人洞心骇目，咀之实无味。"贺裳《载酒园诗话》（清诗话续编本）卷一对苏诗亦有类似批评。

乾隆、嘉庆时期的诗话是清诗话发展的高峰，其数量约占清诗话的三分之一，多达百余种，在理论上对传统的诗歌理论进行了全面总结，堪称古典诗学集大成时期。

沈德潜的**《说诗晬语》**（人民文学出版社校点本，1979）二卷，是重点阐述格调说的诗话著作。德潜（1673—1769），字确士，号归愚，江苏长洲（今苏州）人。早年过着教馆生活，参与科举考试多达十七次，直至乾隆四年六十七岁时才考上进士，官至内阁学士兼礼部侍郎。一生著述甚富。其《说诗晬语》分上下两卷，上卷一百二十二则，前十一则总论诗道，从第十二则起依次论《诗经》《楚辞》，汉、魏、六朝、唐诗的形式特征；下卷九十五则，前二十九则继论宋、金、元、明诗的特征，这就构成了从《诗经》到明代的诗体发展史；第三十则以后泛论诗歌的作法、题材、考订等问题。论述格调占了全书的主要篇幅。他是叶燮的门人，其论诗见解与其师有相同处，也有不同处。他像前后七子那样提倡复古，这是与其师不同处；但他又主张通变，与叶燮的主张相同："诗不学古，谓之野体；然泥古而不能通变，犹学书者但讲临摹，分寸不失，而己之神理不存也。"叶燮着重从主客观关系探讨诗歌的本源问题，沈德潜则从格调入手，总结诗歌内容与形式方面的规则，评价其成就的高下。他所谓的格就是“三唐之格”；他所谓的调即声调音律：“诗以声为用者也，其微妙在抑扬抗堕之间。读者静气按节，密咏恬吟，觉前人声中难写响外别传之妙，一齐俱出。朱子云：‘讽咏以昌之，涵濡以体之。’真得读诗趣味”；“乐府之妙，全在繁音促节，其来于于，其去徐徐，往往于回朔屈折处感人，是即依韵和声之遗意也。”朱庭珍《筱园诗话》评沈德潜《说诗晬语》云：“古今诗家源流正变之别，及各体句调、章法、规格，则言之娓娓，大旨略具，亦初学发轫之一助。”因此，对格调说应当给予肯定。《说诗晬语》对苏诗有很高的评价：“苏子瞻胸有洪炉，金银铅锡，皆归熔铸。其笔之超旷，等于天马脱羁，飞仙游戏，穷极变幻，而适如意中所欲出，韩文公后，又开辟一境界也。元遗山云：‘只知诗到苏黄尽，沧海横流却是谁?’嫌其有破坏唐体之意，然正不必以唐人律之。苏门诸君子，清才林立，并入寰中，犹之郝、莒也。”他评论苏诗长短云：“苏诗长于七言，短于五言，工于比喻，拙于庄语。”他认为“性情面目，人人各具……其嬉笑怒骂，风流儒雅者，东坡之诗也”(以上所引均见卷下)。

这一时期以格调说论诗的诗话还有叶燮的另一门人薛雪的《一瓢诗话》、李重华的《贞一斋诗说》、乔亿的《剑溪说诗》、冒春荣的《葚原诗说》、方世举的《兰丛诗话》等。《一瓢诗话》云：“苏眉山天才俊逸，萧洒风流，嬉笑怒骂，皆成文章，又因其学力宏赡，无入不得。幸有权臣与之龃龉，成就眉山到老。其长诗差可追随二公，余则不在语言文字间与之铢寸较量也。”《贞一斋诗说》云：“赵宋诗家，欧、梅始变西昆旧习，然亦未诣其盛。至坡公始以其才涵盖今古，观其命意，殆欲兼擅李、杜、韩、白之长。各体中，七古尤阔视横行，雄迈无敌，此亦不可时代限者。黄山谷虽同时并称，才调迥不相及。至谓西江诗祖追配杜陵者，妄也。”乔亿，字慕韩，江苏宝应人，与沈德潜友善，工诗，著有《小独秀斋诗》《窥园吟稿》《三晋游草》《惜余存稿》《剑溪说诗》等。他概括明清唐宋诗之争说：“明代诗人尊唐攘宋，无道韩、苏、白、陆者；国朝则祖宋祧唐，虽文章宿老，宋气不除。”他认为苏轼以才胜：“论诗如论士，品居上，才次之。若但以才言，更千百世之下无出眉山右者；必求诸品，当知韦、柳既没，清音遂杳者五百余年。”他比较韩、苏之诗说："韩、苏笔力相当，韩排奡，苏雄放，并体出杜陵。苏兼有谪仙，然谪仙超忽，终隔一尘在。"他认为韩、苏都以文为诗，打破了诗文界限："《史》、《汉》、八家之文，可通于七古，李、杜、韩、苏之七古，可通于散体之文"；他比较苏、黄之诗说："坡公规模大，波澜壮阔；涪翁笔力高，风格孤峻"；又比较苏、陆、元之诗说："坡公七绝具迈往之气，放翁、遗山亦远擅长。"（《剑溪说诗》卷上，清诗话续编本）

同一时期与格调说相抗衡的是袁枚**《随园诗话》**（人民文学出版社标点本，1960）所倡导的性灵说。枚（1716—1798），字子才，号简斋，浙江杭州人。乾隆中进士，改庶吉士，知栗水、江浦、沭阳、江宁等县，年四十即告归，建随园，以吟咏著述为乐。著《随园诗话》十六卷、《补遗》十卷，又仿司空图《诗品》，作《续诗品》一卷。这两部书集中代表了袁枚的性灵说。他认为"诗言志，言诗之必本乎性情也"；"诗人者，不失其赤子之心者也"（卷三）；"自《三百篇》至今日，凡诗之传者，都是性灵，不关堆垛"（卷五）。他论性，不强调性之善恶，而强调性之真伪："人必先有芬芳悱恻之怀，而后有沉郁顿挫之作。人但知杜少陵每饭不忘君，而不知其于友朋、弟妹、夫妻、儿女之间，何在不情深耶？"（卷一四）这就把杜甫性情之真置于善之上。他并不片面强调天才，在才学识三方面，他更强调识："作史三长，才学识，缺一不可。余谓诗亦如之，而识最为先，非识则才与学俱误用矣"（卷三）；"学如弓弩，才如箭镞，识以领之，方能中鹄"（《续诗品》）。他看重学力，但更看重天分，他说："诗文自须学力，然用笔构思，全凭天分。"（卷一五）他看重天籁，也看重人工："诗有从天籁来者，有从人巧来者，不可执一以求"（卷四）；并引叶书山语云："人巧未极，则天籁亦无因而至。虽云籁，亦需从人工求之。"（卷五）他对严羽诗不关学的观点不以为然："万卷山积，一篇吟成。诗之与书，有情无情。钟鼓非乐，舍之何鸣？易牙善烹，先羞百牲。不从糟粕，安得精英？曰不关学，终非正声。"（《续诗品》）他对以王士祯为代表的神韵说、以沈德潜为代表的格调说都深致不满："严沧浪借禅喻诗，所谓'羚羊挂角，香象渡河，神韵可谓，无迹象可寻'，此说甚是，然不过诗中一格耳。阮亭奉为至论，冯钝吟笑为谬说，皆非知诗者。……若作七古长篇，五言百韵，即以禅喻，自当天魔献舞，花雨弥空，虽造八万四千宝塔不为多也，又何能一羊一象显渡河挂角之小神通哉？总在相题行事，能放收，方称作手。”（卷八）这是对神韵说的偏狭性的批评。又云：“杨诚斋曰：‘从来天分低拙的人，好谈格调，而不解风趣，何也？格调是空架子，有腔口易描；风趣专写性灵，非天才不为。’余深爱其言。须知有性情便有格律，格不在性情外。《三百篇》半是劳人思妇率意言情之事，谁为之格，谁为之律？而今之谈格调者，能出其范围否？况皋、禹之歌，不同乎《三百篇》，国风之格不同乎雅颂，格岂有一定哉？”这是对格律派偏狭性的批评。这些批评应该说都是颇为中肯的。他评苏诗正是从他的诗学理论出发的。他比较苏、黄之别云：“苏诗如丈夫见客，大踏步便出去；黄诗如女子见人，先有许多妆裹作相，此苏、黄两公之优劣也。”但总的说来，他对苏诗多有不满，一是批评其诗短于言情：“苏、黄瘦硬，短于言情”（卷五）；“凡作诗，写景易，言情难。何也？景从外来，目之所独，留心便得；情从心出，非有一种芬芳悱恻之怀，便不能哀感顽艳。然亦各人性之所之，杜甫长于言情，太白不能也；永叔长于言情，子瞻不能也”（卷六）；“东坡诗，有才而无情，多趣而少韵，由于天分高，学力浅也。有起而无结，多刚而少柔，验其知遇早，晚景穷也”（卷七）。其《钱竹初诗序》（《小仓山房文集》卷二八，随园全集本）亦云：“东坡诗风趣多，情韵少，晚年坎坷，亦其证也。”二是批评苏诗过露过尽，不够含蓄：“东坡近体诗，少蕴藉烹炼之功，故言尽而意亦尽，绝无弦外之音，味外之味。阮亭以为非其所长，后人不可为法，此言是也。”（卷三）三是过于胶着，不够超脱：“徐凝《咏瀑布》云：‘万古常疑百练飞，一条界破青山色。’而东坡以为恶诗，嫌其未超脱也。然东坡《海棠》诗云：‘朱唇得酒晕生脸，翠袖卷纱红映肉。’似比徐诗更恶矣。人震苏公之名，不敢掉罄，此应劭所谓‘随志者多，审音者少’也。”（卷一）解诗，他也反对过分胶着：“东坡雪诗，用‘银海’‘玉楼’，不过言雪色之白，以银玉字样衬托之，亦诗家常事。注苏者必以为道家肩目之称，则当下雪时，专飞道士家，不到别人家耶？”（同上）这都是从他重性灵，贵超脱，反对胶着出发的。

这一时期对苏诗持批评态度的有**王鸣盛**。鸣盛（1722—1797），字凤喈，号礼堂，晚号西沚，江苏嘉定人。幼从沈德潜受诗，乾隆十九年进士，累官内阁中书兼礼部侍郎。其经史诗文皆有名，著有文集四十卷、《蛾术编》一百卷、《十七史商榷》一百卷。**《蛾术编》**卷七八批评“东坡用韵，杂乱无章，随意约略，随手填写，其于声韵实一无所解。而后人因其名高，争附会，以为不可及”。又云：“同纽字连用二韵，似全无知识之人所为。集中如此逞笔乱写者甚多，略举数章以明之。古人韵本如《广韵》《集韵》，皆于同纽字另作一圈，以为识别，界限甚严。若如东坡，则何不概去其圈，混而为一？盖在东坡当日，初不知其为病，一时后生小子，从风而靡，同纽连用。东坡见之，亦不以为病，且和其韵，存之集中。识既粗极，心又不虚，贻误千古矣。”

与袁枚论诗旨趣相近的是赵翼的**《瓯北诗话》**。翼（1727—1814），字云崧，一字耘崧，号瓯北，阳湖（今江苏常州）人。乾隆二十六年进士，授翰林院编修。曾任镇安、广州知府，官至贵州兵备道。后辞官家居，主讲扬州安定书院。一生著述甚富，有《瓯北集》《二十二史札记》《陔余丛考》《檐曝杂记》《皇朝武功纪盛》等。《瓯北诗话》十二卷、《续诗话》二卷，正编卷一至卷一〇评历代大家，李白、杜甫、韩愈、白居易、苏轼各一卷，陆游两卷（一卷为年谱），元好问、高启合为一卷，吴伟业、查慎行各一卷；卷一一评论小家；卷一二论各种诗体。

赵翼是清代著名的性灵派诗人，论诗崇尚性情、才气和创新，认为“诗本性情，当以性情为主”（卷四）。论李、杜云：“顾李、杜之前，未有李、杜，故二公才气横恣，各开生面，遂独有千古。”昔人谓杜甫专以学力集诸家之大成，他却认为杜甫“出于性灵所固有，而谓其全以学力乎？”元好问论诗有“苏门若有功臣在，肯放东坡百态新”语，他反驳道：“‘新’岂易言？意未经人说过，则新；书未经人用过，则新：诗家之能新，正以此耳。若反以新为嫌，是必拾人牙后，人云亦云，否则，抱柱守株，不敢逾限一步，是尚得成家乎？尚得成大家乎？”

他认为苏诗特点是以才力胜：“坡诗不尚雄杰一派，其绝人处，在于议论英爽，笔锋精锐，举重若轻，读之似不甚用力，而力已十分，此天才也。”接着他举了苏诗不少名句，并云：“此皆坡诗中最上乘，读者可见其才分之高，不在功力之苦也。”又云：“坡有诗云：‘清诗要锻炼，方得铅中银。’然坡诗实不以锻炼为工，其妙处在乎心地空明，自然流出，一似全不著力，而自然沁人心脾，此其独绝也。”又云：“诗人遇成语佳对，必不肯放过。坡公尤妙于剪裁，由其才分之大也。”接着举了苏轼不少“佳对”，并云：“此等诗虽非坡公著意之作，然自然凑泊，触手生春，亦见其学之富而笔之灵也。”又云：“东坡大气旋转，虽不屑屑于句法字法中别求新奇，则笔力所到，自成创格。”接着他举了苏轼不少奇句，并云：“句法之奇，自古未有，然老横莫有敢议其拙率者，可见其天才无所不可也。”又云：“苏诗不以炼句为工，然亦有研炼之极，而人不觉其炼者。如‘年来万事足，所欠惟一死’‘饥来据空案，一字不堪煮’‘周公与管、蔡，恨不茅三间’‘人间无正味，美好出艰难’‘剑米有危炊，毡针无稳坐’‘舌音渐獠变，面汗尝骍羞’‘云碓水自舂，松门风为关’‘潜鳞有饥蛟，掉尾取渴虎’，此等句在他人虽千锤万杵，尚不能如此爽劲，而坡以挥洒出之，所谓天才也。”正因为苏轼是才子型诗人，常常以游戏为诗：“坡又有集渊明《归去来辞》作五律十首，则不惟集句，且集字矣。坡又有《题织锦回文》三首，此外又有《回文》八首，大方家何至作此狡狯？盖文人之心，无所不存，亦游戏之一端也。……又有口吃诗……使口吃者读之，必至满堂喷饭，而坡游戏及之，可想见其风趣涌发，忍俊不禁也。”

他还认为苏诗以学问胜，纵横恣肆，无施不可：“坡公熟于庄列诸子及汉、魏、晋、唐诸史，故随所遇，辄有典故以供其援引，此非临时检书所能办也。”接着他举了苏诗中所用的不少典故，并云：“以上数条，安得有如许切合典故，供其引证？自非博极群书，足供驱使，岂能左右逢源若是？想见坡公读书，真有过目不忘之资，安得不叹为天人也？”又云：“以文为诗，自昌黎始，至东坡益大放厥词，别开生面，成一代之大观。今试平心读之，大概才思横溢，触处生春，胸中书卷繁富，又足以供其左旋右抽，无不如志。其尤不可及者，天生健笔一枝，爽如哀梨，快如并剪，有必达之隐，无难显之情，此所以继李、杜后为一大家也。而其不如李、杜处亦在此，盖李诗如高云之游空，杜诗如乔岳之矗天，苏诗如流水之行地，读诗者于此处着眼，可得三家之真矣。”

他常常把苏轼与其他诗人作比较，以把握苏诗特点。前引一则，他把苏轼与李、杜、韩作了比较，认为苏“继李、杜后为一大家”，而又“不如李、杜”；他还通过比较具体作品，进一步说明苏不如杜：“坡诗放笔快意，一泻千里，不甚锻炼。如少陵《登慈恩寺塔》云：‘俯视但一气，焉能辨皇州。’以十字写塔之高，而气象万千。东坡《真兴寺阁》云：‘山川与城郭，漠漠同一形，市人与鸦鹊，浩浩同一声。’以二十字，写阁之高，尚不如少陵之包举。此炼不炼之异也。又少陵《出塞》诗：‘落日照大旗，马鸣风萧萧。’觉字句外，别有幽燕沉雄之气。坡公《五丈原怀诸葛公》诗：‘吏士寂如水，萧萧闻马挝。’虽形容军容整肃，而魄力不及远矣。”他还把苏轼与前之韩愈，后之陆游作比较，认为：“昌黎之后，放翁之前，东坡自成一家，不可方物。昌黎好用险韵，以尽其锻炼；东坡则不择韵，而但抒其意之所欲言。放翁古诗好用俪语，以炫其绚烂；东坡则行墨间多单行，而不屑于对属。且昌黎、放翁多从正面铺张，而东坡则反面旁面，左萦右拂，不专以铺叙见长。昌黎、放翁使典亦多正用，而东坡则驱使书卷入议论中，穿穴翻簸，无一板用者。此数处，似东坡较胜。然雄厚不如昌黎，而稍觉清浅；整丽不如放翁，而稍觉率略。此固才分各有不同，不能兼长也。”他特别看重陆游，认为“陆实胜苏”：“宋诗以苏、陆为两大家，后人震于东坡之名，往往谓苏胜于陆，而不知陆实胜苏也。盖东坡当新法病民时，口快笔锐，略少含蓄，出语即涉谤讪。乌台诗案之后，不复敢论天下事。及元祐登朝，身世俱泰，既非所用其无聊之感；绍圣远窜，禁锢方严，又不敢出其不平之鸣。故其诗止于此，徒令读者见其诗外尚有事在而已。放翁则转以诗外之事尽入诗中，时当南渡之后，和议已成，庙堂之上，方苟幸无事，讳言用兵，而士大夫新亭之泣，固未已也。于是以一筹莫展之身，存一饭不忘之谊，举凡边关风景、敌国传闻，悉入于诗。虽神洲陆沉之感，已非时事所急，而人终莫敢议其非。因得肆力其才，或大声急呼，或长言永叹，命意既有关系，出语自觉沉雄，此其诗之易工也。”（以上均见卷五）他对宋以来一直存在的苏、黄优劣论也发表了自己的看法：“北宋诗推苏、黄两家，盖才力雄厚，书卷繁富，实旗鼓相当，然其间亦自有优劣。东坡随物赋形，信笔挥洒，不拘一格，故虽澜翻不穷，而不见有矜心作意之处。山谷则专以拗峭避俗，不肯作一寻常语，而无从容游泳之趣。且坡使事处，随其意之所之，自有书卷供其驱使，故无捃摭痕迹。山谷则书卷比坡更多数倍，几于无一字无来历。然专以选才庀料为主，宁不工而不肯不典，宁不切而不肯不爽，故往往意为词累，而性情反为所掩。此两家诗境之不同也。”（同上，卷一一）

方东树（1772—1851），字植之，安徽桐城人。他是桐城派姚鼐的四大弟子之一，博览经籍，能诗能文，著有《仪卫堂文集》等。**《昭昧詹言》**（人民文学出版社校点本，1961）二十一卷、续八卷、续录二卷，其中卷一二、二〇专评一百余首苏诗。他以桐城派古文家的眼光论诗，认为“古文文法”通于诗，坡诗纵横如古文：“诗莫难于七古。……须解古文者而后能为之，观韩、欧、苏三家，章法剪裁，纯以古文之法行之，所以独步千古”；“李、杜、韩、苏四大家，章法篇法，有顺逆开阖展拓，变化不测，着语必有往复逆势，故不平。韩、欧、苏、王四家，最用章法，所以皆妙，用意所以深曲”；“坡诗纵横如古文，固须学其使才恣肆处，尤当求其法度细致处，乃为作家”。（均见卷一一）他论诗特别推崇杜甫和韩愈，其前则推崇阮籍、陶潜、谢灵运、鲍照、谢朓，其后则推崇元祐诸君子，特别是黄庭坚。他说：

庄以放旷，屈以穷愁，古今诗人，不出此二大派，进之则为经矣。汉代诸遗篇，陈思、仲宣，意思沈痛，文法奇纵，字句坚实，皆去经不远。阮公似屈兼似经；渊明似庄兼似道：此皆不得仅以诗人目之。其后惟杜公本《小雅》、屈子之志，集古今之大成，而全浑其迹。韩公后出，原本六经，根本盛大，包孕众多，巍然自开一世界。东坡横截古今，使后人不知有古，其不可及在此；然遂开后人作滑俗诗，不求复古亦在此。太白亦奄有古今，而迹未全化，亦觉真实处微不及阮、陶、杜、韩。苏子由论太白，一生所得如浮花浪蕊，好事喜名，不知义理之所在。今观其诗，似有然者。要之皆天生不再之才矣。南宋以来诗家，无有出李、杜、韩、苏四公境界，更不向上求，故亦无复有如四公者。一二深学，即能避李、苏，亦止追寻到杜、韩而止。乃若其才既非天授，又不知杜、韩之导源《诗》《骚》，津逮汉、魏，奄有鲍、谢处，故终亦不能到杜、韩也。

这就是他对整个诗歌史的看法。他称美苏轼博极群书，胸中之意特多："玩李、杜、韩、苏所读之书，博赡精熟，故其使事取字，密切赡给，如数家珍"（以上均见卷一）；"杂以嘲戏，讽谏谐谑，庄语悟语，随兴生感，随事而发，此东坡之独有千古也"；"李、杜、韩、苏，非但才气笔力雄肆，直缘胸中蓄道理多，触手而发，左右逢源，皆有归宿，使人心目了然餍足，足以感触发悟心意。"但也常常批评苏诗流易轻滑，不够厚重："以诗言之。东坡则是气势紧健，锋刃快利，但失之流易，不厚重，以此不及杜、韩"；"东坡下笔摆脱一切，空诸依傍，直是前无古人，后无来者，所以能为一大宗。然滑易之病，末流不可处，故今须以韩、黄药之。"（均见卷一）方东树对苏诗的大量单篇也有评论（见卷一二、二〇），如谓《石鼓》"浑转溜亮，酣恣淋漓"，谓《王维吴道子画》"冲口即妙，千古不磨"，谓《秦穆公墓》"有叙有议，笔势奇纵"等等，此不一一论述。

延君寿所著**《老生常谈》**（清诗话续编本）对苏轼亦多评论。他认为唐、宋诗和杜、苏诗，有区别亦无区别[①]："东坡句云：'平生饱蠹简，食笥乃余债。'弄笔生趣，人多知其为宋人句。'我欲泛中流，搪突鼍獭瞋。'乍读之，初不知为工部句，乃知唐、宋之分，是论其大段不似耳。人人读书，具有性灵，安有唐、宋之别哉？即如工部之'溪行衣自湿，亭午气始散。冬温蚊蚋在，人远凫鸭乱'，读者又猜以为东坡诗矣。诸如此类，未可枚举。是又在有眼力人检好的读将去，自不致走差路头。"他称美苏轼悟性高："天地生一传人，从小即心地活泼，理解神透。如东坡《入峡》诗：'闻道黄精草，丛生绿

---

① 钱泰吉《甘泉乡人余稿》卷一《与蒋寅昉书》也有类似观点："诗不必拘唐、宋，宋大家未有不宗法唐人者也。强分唐、宋，亦将强分汉、魏与唐乎？汉、魏特未有近体耳，若五言七言古体，唐之大家，亦何以异？尝有人见宋人诗辄指目之曰：'此宋诗尔。'仆应之曰：'老杜集中宋诗多矣，试细读之。'闻者皆匿笑。涪翁力追少陵生僻之境，盖欲自立门户，与坡翁为勍敌，不肯作苏门君子也。若当世无坡翁，涪翁或不若此。"

玉篸。尽应充食饮，不见有彭聃。’《八阵碛》云：‘神兵非学到，自古不留诀。至人已心悟，后世徒妄说。’《双凫观》云：‘双凫偶为戏，聊以惊世顽，不然神仙迹，罗网安能攀！’以年谱按之，公作此诗不过二十岁。若钝根人有老死悟心不生者，难以语此。”认为东坡天才非他人所及：“尝论东坡七律，固是学问大，然终是天才迥不犹人，所以变化开合，神出鬼没，若行乎其所无事”；“苏、黄并称，特坡公天才横溢，尤不可及耳。其（按：指黄庭坚）《答东坡》句云：‘枯松倒涧壑，波涛所舂撞。万牛挽不前，公乃独力扛。’非东坡不足以当此语”；“东坡作诗，非只不能同孟东野之吃苦，并不能如黄山谷之刻至，赖有天才，抱万卷书，以真气行之耳”；“余谓东坡一集，其命题有极琐屑，他人断不能得好诗者，公偏能于无奇处生奇，无新处生新。细玩其捉笔时，似亦未尝铺排……是其天机活泼，法律精深，其成文也，如风水相遭，亦不知其所以然之故。后人千辛万苦，弄来了无生气，总是读的书不多，心源养得不灵妙耳。”

乾嘉以后，中国进入了晚清和近代的半封建半殖民地社会。帝国主义的侵略激发了广大知识分子的爱国精神，留下了大量的反侵略的爱国诗篇。西方文艺理论的传入，也影响了这一时期的文论主张。

潘德舆（1785—1839），字式周，一字四农，山阳（今江苏淮安）人。道光举人，博学工文章，著有《养一斋诗文集》《养一斋诗话》《养一斋李杜诗话》。**《养一斋诗话》**卷二认为苏轼对“辞达而已矣”的解释不够全面：“‘辞达而已矣’，千古文章之大法也，东坡常拈此示人。然以东坡诗文观之，真所谓‘达’，第取气之滔滔流行，能畅其意而已。孔子之所谓‘达’，不止如是也。盖达者理义心术，人事物状，深微难见，而辞能达之，斯谓之达。”《养一斋李杜诗话》卷一比较李白与苏轼云：“千古以来，足当气格豪逸者，太白一人而已。后来苏长公七古，豪逸处几欲乱真。然李诗源出《风》《骚》，痕迹都融；苏诗行以古文，议论不废。李实正声，苏为别径，终难方驾。”《养一斋诗话》又比较孟浩然、苏轼云：“东坡谓襄阳诗‘韵高而才短’，非东坡不敢开此口。然东坡诗病亦只一句，盖才高而韵短，与襄阳恰相反也。”这与袁枚批评苏诗“有才而无情，多趣而少韵”如出一辙。比较韩、苏云：“昌黎诗有斗胜之意，东坡有游戏之意，皆非古音，而昌黎古于东坡者，昌黎读书精于东坡故也。第斗胜之意迫，游戏之意闲，故诗人觉昌黎诗不如东坡之妙”（卷二）；比较苏、黄异同云：“苏、黄并称，其实相反。苏豪宕纵横而伤于率易，黄劲直沈著而苦于生疏。朱子云‘黄诗费安排’，良然。然黄之深入处，苏亦不能到也”（卷一）；“东坡诗或似《庄子》；鲁直诗或似《韩非子》”（卷二）；比较苏轼、虞集云：“（虞诗）长篇铺放处，虽时仿东坡，而不似东坡之疏快无余地。”（卷三）

林昌彝的**《射鹰（英的谐音）楼诗话》**（清同治刊本）着重评介反对帝国主义侵略的爱国诗人及诗作。昌彝（1803—1876），字惠常，号芗溪，福建侯官人。他是一位经学家，治经的著作颇多；又是一位关心国事的政论家，所著《平逆志》《平夷十六策》提出了一整套退英安国的主张，林则徐认为皆切实可行。《射鹰楼诗话》二十四卷，前二卷专门收集和评论魏源、林则徐等反英题材的诗作。他还著有《海天琴思录》八卷、《续录》八卷，也是诗话性质，论旨与《射鹰楼诗话》相近。他对宋无诗之见颇不以为然：“宋诗至东坡、山谷、渭南，雄视一代，而苍然入古，是诗至宋而未尝亡。”（卷五）他对苏诗十分推崇：“后人为七古诗，动学太白长短句，此何异刻云端之木雁，琢箭上之铜仙耶？东坡毕生何尝不私淑太白，所为七古为长短句，有几首耶？东坡诗所以独步北宋，为一大家也。”（卷一四）又云：“‘奇外无奇更有奇，一波才动万波随。只知诗到苏黄尽，沧海横流却是谁？’此元遗山论诗句也。遗山意以苏、黄诗稍直，少曲折，故不及李、杜，故曰‘沧海横流却是谁’。李、杜诗汪洋澎湃，而沈郁顿挫，赴题曲折，故如沧海横流，苏、黄之不及李、杜者以此，遗山之所以不足苏、黄者以此。此中神妙，难与外人言也。故遗山论诗又曰：‘鸳鸯绣出从君看，不把金针度与人。’”（卷一八）

曾国藩（1811—1872），字涤生，号伯涵，湖南湘乡人。道光八年（1828）进士，累官礼部侍郎。以平太平军功，封毅勇侯，以大学士任两江总督。谥“文正”，世称曾文正公。论学谓义理、考据、文章三者缺一不可，以古文名世。著有《曾文正公全集》，编有《十八家诗钞》《经史百家杂钞》（四部备要本）等。段落分而作意明，其**《曾文正公全集·读书录》卷九《东坡**

文集》评苏诗多着重分析其篇章结构，如评《和子由踏青》云：“前八句叙踏青，后八句就道人卖符生波”；评《司竹监烧苇园，因召都巡检柴贻勗左藏以其徒会猎园下》云：“‘欲出已被苍鹰遮’以上言狐兔藏苇中，叙猎之地；‘野人’以下，正赋猎事；末言猎罢置酒”；评《和子由送将官梁左藏仲通》云：“前八句自叙闲适之趣，后八句叙梁来徐，兼忆子由”；评《和蔡景繁海州石室》云：“‘苍髯白甲低琼户’以上，叙石曼卿种桃；‘我来’四句，叙公尝携家一游，有婢弹胡琴；‘尔来’十句，因蔡寄诗，复念及胡琴婢”；评《武昌西山》云：“前十二句叙昔在黄州往来西山；‘浪公’六句叙邓曾作《洼尊铭》；‘当时’六句叙会宿玉堂”；评《次韵米黻二王书跋尾二首》云：“前六句叙曾在三馆见二王真迹，后八句羡米得此本”；评《书王定国所藏烟江叠嶂图》云：“前十二句状画中胜境，‘使君’四句点明题目，‘君不见’十二句，言樊口胜境亦不减于途中之景，但人自欠闲耳”；评《次韵正辅同游白水山》云：“首八句言被尘俗所缠缚，欲为物外之游；‘首参’十句，叙自到岭南，备历诸胜。‘朱明’八句，言自罗浮游白水。‘故人’至末十四句，有飘逸出世之想”。评单篇如此，评组诗尤注意其结构，如评《次韵孔毅父久旱已而甚雨三首》云：“第一首专咏久旱；第二首前半喜已得雨，后半将谋作塘；第三首咏甚雨而及杨道士。”

刘熙载（1813—1881），字伯简，号融斋，江苏兴化人。道光二十四年（1844）进士，官至广东提学使。精通经、子、史学、对诗词歌赋亦颇有研究。著有《昨非集》《艺概》。《艺概》凡六卷，分文概、诗概、赋概、词曲概、书概、经义概，分类系统论述诗、文、词、曲、书法，简明扼要，多自得之言。**《艺概》**卷二《诗概》评苏诗，认为苏轼敢于说透：“东坡诗打通后壁说话，其精微超旷，真足以开拓心胸，推倒豪杰”；称其敢翻案：“东坡诗推倒扶起，无施不可，得诀只在能透过一层，及善用翻案耳”；称其富于变化：“东坡诗善于空诸所有，又善于无中生有，机括实自禅悟中来。以辩才三昧而为韵言，固宜其舌底澜翻如是”；“滔滔汩汩说去，一转便见主意，《南华》《华严》最长于此，东坡古诗惯用其法”；称其诗以清新、清劲、清旷为特色：“陶诗醇厚，东坡和之以清劲，如宫商之奏，各自为宫，其美正复不相掩也”；“退之诗豪多于旷，东坡诗旷多于豪”；“东坡诗，意颓放而语遒警”；“东坡《题与可画竹》云：‘无穷出清新。’余谓此句可为坡诗评语，岂偶借与可以自寓耶?”称东坡诗以趣胜：“太白长于风，少陵长于骨，昌黎长于质，东坡长於趣。”

施补华（1835—1890），字均甫，浙江乌程人。同治九年（1870）举人，因轻视桐城派古文，不为曾国藩所重。山东巡抚张曜钦其学行，将荐而病卒。其文简洁，其诗深秀，著有《泽雅堂文集》，其**《岘佣说诗》**（清诗话本）对苏诗特色颇富精辟之见，如评东坡五古云：“东坡五古，有精神饱满、才气坌涌、甚不可及者，如‘千山动鳞甲’，‘何人守蓬莱’诸篇”；“东坡才思甚大，而有好尽之病，少含蓄也”；“东坡五古，有禅理者甚佳，用禅语者甚劣”；“东坡五古好和韵叠韵，欲以此见长，正以此见拙。捆了好打，毕竟是捆”。评东坡七古云：“东坡最长于七古，沈雄不如杜，而奔放过之；秀逸不如李，而超旷似之；又有文学以济其才，有宋三百年无敌手也”；“东坡七古间学初唐，亦复音节婉转”；“东坡七古亦时以和韵叠韵见绌，其运用故典亦有随笔拉杂，不甚贴切者，学者宜知其病”。评东坡七律云：“东坡能行气不能炼句，故七律每走而不守”；“东坡七律，一气相生、旋转自如之作，最为上乘；言情深至者亦可取；填砌典故，凑韵凑篇者最下”；“少陵七律，无才不有，无法不备；义山学之，得其浓厚；东坡学之，得其流转；山谷学之，得其奥峭。”认为东坡与杜、韩一样不善五绝：“少陵、退之、东坡三大家皆不能作五绝，盖才太大，笔太刚，施之二十字，反吃力不讨好。言岂一端而已，夫各有所当也，五绝究以含蓄清淡为佳。”而特别推崇东坡七绝：“东坡七绝亦可爱，然趣多致多，而神韵却少。‘水枕能令山俯仰，风船解与月徘徊’，致也。‘小儿误喜朱颜在，一笑那知是酒红’，趣也。独‘余生欲老海南村，帝遣巫阳招我魂。杳杳天低鹘没处，青山一髮是中原’，则气韵两到，语带沈雄，不可及也。”苏轼晚年喜陶和陶，施氏认为苏轼气质与陶终不似：“东坡与陶气质不类，故集中《效陶》《和陶》诸作，真率处似之，冲漠处不及也，间用驰骤，益不相肖”；“陶诗多微至语；东坡学陶，多超脱语，天分不同也”。

张佩纶（1848—1903），字幼樵，丰润（今属河北）人。同治进士，累官侍讲学士。所著《涧于日记》（张氏涧于草堂石印本）己丑卷称苏轼为“开宋诗世界者”：“东坡之才，不知者动以太白拟之，非也。太白守六朝甚谨，其自开世界，不如子美。坡公则开宋诗世界者，谓其作宋之子美则可，谓其作宋之太白则不可。所作七律，避盛唐而近中唐，姚姬传云：‘东坡天才有不可思议处，其七律只用梦得、香山格调，其妙处岂刘、白所能望哉？’然坡之七律，亦不得云刘、白格调。要之，坡才何所不宜，而典太多，笔太疾，专以开合动荡破西昆之饤饾，而率易之病间出，视介甫则近于疏，此当选而学之耳。”又分析苏诗风格演变云：“坡诗自钱塘始纵笔，人皆知之，然放笔为直干，不足尽坡之妙也。试玩其汪洋中之渟蓄，乃知海之大，无所不有。请更续之曰：自黄州始敛笔。……盖统观坡诗，则一首之中，忽纵忽敛；分观坡诗，则一生之中，几纵几敛。言其道则用舍行藏，言其诗则神明规矩。世人但知其纵，不知其敛，亦且但喜其纵，不喜其敛，岂徒皮相汗血，直是自堕野狐禅耳。”

近代资产阶级改良主义在诗坛上的反映是黄遵宪、梁启超、夏曾佑、谭嗣同等倡导的“诗界革命”。梁启超的《饮冰室诗话》记载了“诗界革命”的理论主张和他们的创作实践。所载多为当时改良派的代表人物，都是诗界革命的主要鼓吹者。他广泛搜集他们的作品，分析他们的诗风，对所谓“诗界革命”进行了较为全面的总结。

清末民初也有看不起苏轼的，如章炳麟（1863—1936），其《国故论衡》中的《论式》云：“苏轼父子则佞人之戋戋者，凡立论欲其本名家，不欲其本纵横。儒言不胜而取给于气矜，游豮怒特，蹂稼践蔬，卒之数篇之中自为错牾，古之人无有也。”《与人论文书》自称其论文“上不取季唐，下不与吴蜀六士（原注：欧、曾、王、苏）……宋世吴蜀六士，志不师古，乃自以当时抉科献书之文为体”。但是总的说来，由于清末宋诗派同光体的影响，对苏轼评价仍很高。其代表人物有程恩泽、祁隽藻、郑珍、莫友芝、何绍基、沈曾植、陈三立、陈衍、郑孝胥等，他们成了这一时期诗坛的主流。

陈衍（1856—1937），字叔伊，号石遗，福建侯官人。光绪八年举人。主张变法，应湖广总督张之洞之邀，到武汉任官报局总纂。后为学部主事、京师大学堂教习。清亡后，在南北各大学任教，与章炳麟共同倡办国学会，任无锡国学专修学校教授。他是同光体诗人，著有《石遗室文集》《石遗室诗集》《石遗室诗话》，还选有两部选集即《宋诗精华录》《近代诗钞》。他对苏轼十分尊敬，其《东坡生日陶斋尚书招集宝华盦，成长句七百字》诗云："公生八百七五岁，公卒八百有十年。犹令后人此景仰，莱羹羊肉非浪传。"（《石遗室诗集》卷五）《少藏楼诗叙》（《石遗室文集》卷九）称美苏诗自然高妙："东坡律句极少高调，属对每以动宕出之。……大抵诗要兴象才思两相凑泊，有惘惘不甘之情，不自觉其动魄惊心，回肠荡气也。有自然高妙之恉，乃使人三日思，百回读也。李卫公、白乐天、东坡、荆公、山谷、放翁、遗山，皆有自然高妙语。"其**《宋诗精华录》**仿严羽《沧浪诗话》唐诗分初盛中晚说，把宋诗也分为初盛中晚："元丰、元祐以前为初宋（"西昆诸人可比王、杨、卢、骆"）；由二元尽北宋为盛宋，王、苏、黄、秦、张具在焉，唐之李、杜、岑、龙标、右丞也；南渡茶山、简斋、尤、范、陆、杨为中宋，唐之韩、柳、元、白也；四灵以后为晚宋，谢皋羽、郑所南辈，则如唐之有韩偓、司空图焉。"对所选苏诗多有评论，如评《游金山寺》云："一起高屋建瓴，为蜀人独足夸口处，通篇遂全就望乡归山落想，可作《庄子·秋水篇》读"；评《题西林壁》云："此诗有新思想，似未经人道过"；评《饮湖上初晴后雨》云："后二句遂成西湖定评。"其**《石遗室诗话》**颇能代表尊崇宋诗的同光体的诗论主张。他反对分唐界宋，认为宋诗的变化正是唐诗变化的继续："唐诗至杜、韩而下，现诸变相，苏、王、黄、陈、杨、陆诸家，沿其波而参互错综，变本加厉耳"；"宋人皆推本唐人诗法，力破余地耳。庐陵、宛陵、东坡、临川、山谷、放翁、诚斋，岑、高、李、杜、韩、孟、刘、白之变化也；简斋、沧浪、四灵，王、孟、韦、柳、贾岛、姚合之变化也"（卷一）。此书的价值主要在于对晚清诗人，特别是宋诗派诗人有比较系统的评介，对陈三立、郑孝胥、沈增植的评论尤详，为研究近代诗人提供了可贵的资料，影响之大可与袁枚的《随园诗话》并论。《石遗室诗话》亦多评及苏诗，如他称美欧、苏的事业不能掩其文学成就："余以为古来诗人，如欧阳文忠、苏文忠，何尝以事业掩其文章哉?”(卷二一)他通过苏诗与梅尧臣诗的比较以阐明苏诗的特点:“东坡意笔曲远,多类宛陵;梅以促数,苏以谐畅;苏如丝竹悠扬之音,梅如木石摩戛之音。”(卷一四)指出苏轼与梅尧臣的异同是十分简明、精当的。间亦评及苏词,如谓苏词的“缠绵凄惋,惊心动魄,晏、秦、周、柳,无以过之”(卷二四)也颇有见地。

以上诗话,都是泛评古今各家诗,清末还有一部专评苏诗的诗话,即张道的**《苏亭诗话》**。张道(1821—1862),原名炳杰,字伯几,号少南,浙江杭州人。其家藏书甚富,中年后即屏弃世事,殚心著述,著有《定乡小识》《临安旬制纪》《旧唐书疑义》《渔浦草堂文集》《渔浦草堂诗》《苏亭诗话》(有《渔浦草堂遗稿》本)等。其诗学东坡,秦缃业《张伯几诗序》云:“其诗自言专学东坡,然雄奇瑰丽,平淡天真,无所不有,意君于八代三唐之源流正变,胥能融会贯通,非墨守一家言者。”钟学聚《苏亭诗话序》云:“苏集自冯氏注出,搜罗辨证,已极赅洽。今读此编,拾遗补阙,在在有瘢可索。经指摘者,又系谬误显著,非夫拗执己见,与古人聚讼者比。草本虽未卒业,而博综条贯,意义精详,已足孤行天地间。”此书凡六卷,分论述、考摘、考韵、故事、驳辩、编排、补注等类,内容十分丰富。

第一,对苏诗作了很高的评价,对苏诗特色作了很好的归纳。或称其天才:“东坡诗,天才横逸,力量雄健。树骨于老杜,炼气于太白,其古体纵横跌荡,骏利伉壮,推倒千古豪杰。近体复秀整有姿态,真是奇才。”或称其知识渊博,长于用典:“东坡博极群籍,左抽右取,纵横恣律,隶事精切,如不著力。尤熟于史、汉、六朝、唐史,《庄》《列》《楞严》《黄庭》诸经及李、杜、韩、白诗,故如万斛泉源,随地喷涌,未有羌无故实者。”又云:“东坡博通群籍,故下语精切,每有却肖故实,供其驱使。如《送郑户曹》,则用郑姓故事。《嘲张子野买妾》,通首用张姓故事。《和周长官》以郊有服,则用袁彦道、灌夫事。《以双刀遗子由》,则用王祥、王览事。《与子由五月同转对》,则用温大雅与弟彦博及唐贞元中诏五月朝宣政殿事。《孔常父来访,适宴客,遣人邀孔同饮,孔上马驰去》则用《庄子》季咸相壶子事。若《寿星院寒碧轩》诗,羌无故实,却句句写寒碧。周益公所云‘初若豪迈天成,其实关键甚密’者也。”他认为苏诗不以“小巧精炼”胜，而是以气胜：“东坡诗，不屑讲求字法，纯以气运。”苏轼咏物，不满足于描摹物态，而善体物情：“东坡诗，体物有极细处。……今人赋物，第疏物状，东坡则善体物情，故妙出不穷。至‘风轮晓长春笱节，露珠夜上秋禾根’（《和子由月中梳发》），则从体验而得，尤作寻常物理也。”（卷一）他论“东坡诗有自袭句”，“东坡诗好言衰老”，“东坡诗好使药名”，都各举苏诗数十句为例，表明他对苏诗确实是烂熟于胸。

第二，考证前注之失，如《上元过祥符僧可久房，萧然无灯火》，《武林梵志》误以为守杭日诗，《苏亭诗话》认为“乃熙宁癸丑紸倅杭时作”，并感慨道：“明人著书，疏于考据，而勇于自信如此。”（卷一）《次韵林子中春日新隄书事见寄》诗有“连江梦雨不知春”句，赵次公注云：“先生后篇又云：‘云梦连江雨。’今止言梦字，《左传》昭公三年‘田江南之梦’也。”冯星实注云：“梦雨似以神女事比扬州繁丽，非己所知，故罢花会，非指云梦也。”《苏亭诗话》认为“二说皆非是，梦雨言细雨，宋人有‘风头梦雨’之谚。《滹南诗话》：萧闲云‘风头梦雨吹无迹’，盖雨之至细者，若有若无，名为梦，田父野老皆道之。贺方回有‘风头梦雨吹成雪’之句”（卷五）。

第三，从宋代以来，苏诗注本很多，但仍有漏注，《苏亭诗话》多有补注。如《过巴东县不泊，闻颇有莱公遗迹》有“犹余手种松”句，他认为应补《吴船录》的如下记载：“过归州巴东县，有寇忠愍公祠，县亭二柏，传为公手植。”《洞霄宫》诗有“作者七人相对闲”句，《苏亭诗话》云：“以七人皆有诗，故曰作者。《洞霄诗集》，道士王思明注蔡准诗后云：东坡诗称‘作者七人相对闲’，盖同游者都官郎中蔡准、管勾少卿吴天常、大监乐富国、管勾郎中闻人安道、管勾郎中俞康直、管勾张日华暨坡，凡七人也。坡既首唱，余亦和之。兵火之后，独蔡诗得附坡不泯。又《洞霄图志》云：来贤岩，在宫东南青檀山前，嵌空数丈，盘石蘩竹，可以游息。宋熙宁间，东坡居士为杭通守，与蔡准、吴天常、乐富国、闻人安道，俞康直、张日华，皆幅巾藜杖，盘桓于此，东坡赋诗云云，余不悉纪。后人名岩‘来贤’，作亭其上曰‘宜霜’，亦摘坡语。按此二则，宜补入注中。”认为《铁拄杖》诗题应补注

《老学庵丛谈》：“东坡响簧铁杖长七尺，重三十两，四十五节，嵇康造。”（同上）认为《元修菜》应补盛如梓《老学庵丛谈》：“巢菜有大巢小巢，大巢即豌豆之不实者，小巢生稻畦中，东坡所赋元修菜也。吴中名漂摇草，一名野蚕豆，人不知取食耳。放翁诗曰：‘此行忽似蟆津路，自候风炉煮小巢。’”（卷五）

第四，对旧注编年亦多有订证。未编年者补编之：“苏诗第四十卷遗诗二十九首，施氏原本前后杂编，不叙次，今为编排之。”编排不当者纠正之：“续补遗上下二卷，是宋牧仲所辑。错杂收录，不复编年，殊与施氏本左戾，今稍为编次之。”《苏亭诗话》还列举了旧注的重收误收：“续补遗诗，有已见正集而误收入者。”下举《睡起》《余归自道场山何山》《遇大风因憩耘老溪亭》《命官奴秉烛捧砚写风竹一枝》《与客游道场山何山得鸟字》《赠虔州慈云寺鉴老》诸首。“有误收山谷诗者”，下举《讲武台南》《送柳宜归》《竹枝词》诸首。还认为《观开西湖次韵吴左丞》为释道潜诗，《次韵参寥寄少游》为释元净诗，《复官北归再次前韵》为郭祥正诗，《赠僧思谊》为刘攽诗，《张甥棠美昼眠》为晁补之诗等等。这些对研究苏诗都是颇有用的。

无错不成书，《苏亭诗话》也一样，也有失误。东坡《哭干儿》云：“平生无一女，谁复叹尔尔。”《苏亭诗话》云：“时年四十九，则是无女矣。末后乃有小二娘，其婿为胡仁修，见北归时《与胡郎书》。是女或五十前后所生，至是年亦十六七矣，但不知是朝云女否？又子由《代东坡祭王虢州文》云：‘我迁于南，一往六年。归来执手，白发侵颜。遂以息女，许君长子。朋友惟旧，亲戚惟始。’是东坡尚有女嫁王廷老之长子者，则又为小二娘之妹矣。”张道完全误解了苏轼书信和苏辙祭文的意思。苏轼《与胡郎仁修书》作于建中靖国元年（1101）北归途中，书云：“小二娘持服不易（指其婆母“太夫人捐馆”），且得无恙。伯翁一行甚安健。得翁翁二月书及三月内许州相识书，皆言一宅康安。”这里的“伯翁”乃苏轼自指；翁翁指苏辙，时已北归居许州。若小二娘为苏轼之女，他怎么会自称“伯翁”呢？苏辙《祭王虢州伯敭》文，乃是以“某与弟某”即苏轼兄弟共同名义作的祭文，其中“轼官吴中”至“民亦少安”，是讲苏轼与王伯敭的交谊。自“事之难知，君以罪废。还家宋都，辙适在是”以后，是讲自己同王伯敭的交谊。而张道所引“遂以息女，许君长子”，即在这一段。因此，“嫁王廷老之长子者”仍为苏辙之女，而非东坡之女。王廷老长子，向云无考。苏籀《双溪集》，有代伯父苏迟所作《故中奉敷文阁王公墓志铭》，中有“栾城以妹氏归焉”。这更无可辩驳地证明嫁王廷老长子者乃苏辙之女，苏迟之妹。又云：“父讳廷老……公讳浚明，字子家”，“享寿八十有五”，“仕宦七十余载，历任二十官，阶至中奉大夫”，“赐三品服”。在苏辙诸婿中，王浚明最为显赫。

以上是评苏诗较为集中的清诗话，其他一些诗话也有偶尔论及苏诗者，有的也比较精彩。蒋鸿翮**《寒塘诗话》**评《泗州僧伽塔》“耕田欲雨刈欲晴……每到有求神亦倦”云：“此真有道之言”；评《狱中寄子由》云：“哀而不怨，悱恻淋漓，人尽知为绝调。余读其《捕蝗至浮云岭，山行劳苦，有怀子由》……其情味亦殊不减。要皆性情之言，从肺腑流出，故读之使人生悲”。刘师培的**《论文杂记》**评及苏诗者也不少，如云“子瞻之诗，清言霏屑，是为道家之诗”；“苏诗精言妙理，有东晋之风”；“苏诗用典平实”等等。

第三节　清代的苏词评

清人辑有几种词的资料，徐急钒编**《词苑丛谈》**十二卷，分体制、音韵、品藻、纪事、辨正、谐谑、外编七门，多辑词家故实，又不标出处，文字颇多脱误。冯金伯在此书基础上，编成**《词苑萃编》**二十卷，增旨趣、指摘两门，改外编为余编，并标明出处，比《词苑丛谈》有用。张樕又编有**《词林纪事》**二十二卷，主要录历代词坛掌故，所录词的考证、评论亦附于后，征引颇富。辑录有关词的资料最全的应算唐圭璋所编《词话丛编》[①]，清代虽无人注苏词，但对苏词的评论却很多，清代词话，其篇幅几乎是宋、元、明词话的十倍，《词话丛编》五巨册，有四册半为清代词话。

---

① 中华书局本，1986。以下所举清词话，均见此书，不再一一列举版本。

清代词坛有阳羡词派、浙派、常州词派之分，各派都颇推崇苏词。

阳羡词派的首领是**陈维崧**。维崧（1625—1682），字其年，号迦陵，宜兴（今属江苏）人。他出身于文学世家，少时文思敏捷，词采瑰奇，有“江左凤凰”之称。入清后游食四方，与吴伟业、王士祯都有交往。康熙十八年举博学鸿词科，授翰林院检讨，参与修《明史》，著有《湖海楼集》。他的诗、词、散文、骈文都很有名，尤以词的成就为最高：“国初词家，断以迦陵为巨擘”；“情词兼胜，骨韵都高，几合苏、辛、周、姜为一手”（陈廷焯《白雨斋词话》）。他曾与朱彝尊合刻《朱陈村词》，清初词坛，朱、陈并列。现存词一千六百余篇，风格多样，而其主流则接近苏、辛：“读先生之词者，以为苏、辛可，以为周、秦可，以为温、韦可，以为《左》《国》《史》《汉》、唐、宋诸家之文亦可。……取材非一体，造就非一诣，豪情艳�，触绪纷起，而要皆含咀酝酿而后出。”（蒋景祁《陈检讨词钞序》）

康熙、乾隆年间，词坛主要为浙派所左右，他们推崇姜夔、张炎，追求清空醇雅。浙西派领袖为**朱彝尊**、厉鹗。彝尊（1629—1709），字锡鬯，号竹垞，浙江嘉兴人。早年曾漫游吴越岭南，与清初反清社团有广泛交往，并在各地为幕僚。其《解佩令》云：“十年磨剑，五陵作客，把平生、涕泪都抛尽。老去填词，一半是、空中传恨。几曾围、燕钗蝉鬓。　不师秦七，不师黄九，倚新声、玉田差近。落拓江湖，且分付、歌筵红粉。料封侯、白头无分。”结果并非“无分”，康熙十八年清廷首开博学鸿词科，他因荐应试，以布衣授翰林院检讨，充日讲官，知起居注。朱出仕清廷，颇为时人非议：“朝有《采薇》之篇，而夕有捧檄之喜。”（顾炎武《日知录》卷一九）康熙二十年，出典江南省试。不久，入直南书房。二十三年以“录四方经进书”被劾谪官，二十九年复官，三十一年再次罢官，遂辞京还乡，专事著述。著有《曝书亭集》《日下旧闻》《经义考》《词综》，并曾参与修撰《明史》。他的诗、词、古文俱佳，而词的成就尤著，其词清雅疏宕，与阳羡词派的陈维崧并峙，称雄于词坛。陈廷焯《白雨斋词话》称其“《静志居琴趣》一卷，尽扫陈言，独出机杼”。他认为词“宜于宴嬉逸乐，以歌咏太平，此学士大夫并存焉而不废也。”韩愈有“欢娱之词难工，愁苦之言易好”语，他认为这只适用于诗，而词“大都欢娱之词工者十九，而言愁苦者十一焉耳。”（《紫云词序》，《曝书亭集》卷四〇，四库全书本）论词推崇姜夔，其《黑蝶斋诗余序》（同上）认为“词莫善于姜夔”；《词综发凡》亦谓“姜尧章氏最为杰出”。《词综》选姜词二十二首，苏词也选了十五首。

嘉庆以后，常州词人**张惠言**不满浙派的渐趋空虚，力主词与《风》《骚》同科，强调比兴寄托，一时和者甚多，被称为常州词派。惠言（1761—1802），字皋文，江苏常州人。嘉庆四年进士，改庶吉士，授翰林院编修。论词主张“比兴寄托”，所编《词选》录唐、五代、宋词四十四家，一百一十六首，以宣传其主张。其《词选序》云：“宋之词家，号为极盛，然张先、苏轼、秦观、周邦彦、辛弃疾、姜夔、王沂孙、张炎，渊渊乎文有其质焉。其荡而不反，傲而不理，枝而不物，柳永、黄庭坚、刘过、吴文英之伦，亦各引一端，以取重于当世。”他对苏轼《水调歌头》（明月几时有）的推崇正表现了他的论词倾向：“忠爱之言，恻然动人。神宗读‘琼楼玉宇，高处不胜寒’之句，以为‘终是爱君’。”（卷一）陈廷焯对此书评价甚高：“张氏（惠言）《词选》，可称精当，识见之超，有过于竹垞十倍者，古今选本，以此为最。”又云：“张皋文《词选》，独不收梦窗词，以苏、辛为正声，却有巨识。”（《白雨斋词话》卷一）

周济的《介存斋论词杂著》是常州词派的词话。周济（1781—1839），字保绪，一字介存，晚号止庵，荆溪（今属江苏宜兴）人。他九岁能属文，稍长，深沉有远志，与李兆洛、张琦等以经世之学相切磋。嘉庆十年进士及第，曾两任淮安府教授。隐居金陵春水园，发愤著述，著有《介存斋文稿》《介存斋诗》《介存斋词》。他的《介存斋论词杂著》对“但主清空”深表不满：“近人颇知北宋之妙，然终不免有姜、张二子横亘胸中。岂知姜、张在南宋亦非巨擘乎？论词之人，叔夏晚出，既与碧山同时，又与梦窗别派，是以过尊白石，但主清空。后人不能细研词中曲折深浅之故，群聚而和之。”这里批评的“近人”“后人”，即指浙派。他论“学词途径”云：“初学词求空，空则灵气往来；既成格调求实，实则精力弥满。初学词求有寄托，有寄托则表里相宜，斐然成章；既成格调，求无寄托，无寄托则指事类情，仁者见仁，知者见知。

北宋词，下者在南宋下，以其不能空，且不知寄托也；高者在南宋上，以其能实，且能无寄托也。南宋则下不犯北宋拙率之病，高不到北宋浑厚之诣。"这段话颇能代表常州词派的主张及其与浙派的区别。他正是从这一理论来评判苏词的，他论苏、辛之别云："苏、辛并称，东坡天趣独到处，殆成绝诣，而苦不经意，完璧甚少。稼轩则沉著痛快，有辙可循，南宋诸公无不传其衣钵，固未可同年而语也。"（《宋四家词选序论》）其《介存斋论词杂著·东坡韶秀》云："人赏东坡粗豪，吾赏东坡韶秀。韶秀是东坡佳处，粗豪则病也。"故对苏轼《贺新郎》（乳燕飞华屋）特别推崇："东坡《贺新凉》，当筵命笔，冠绝一时。"（同上《应歌社词》）

陈廷焯《白雨斋词话》，持论也属常州词派。廷焯（1853—1892），字亦峰，江苏丹徒人。光绪十四年举人，著有《白雨斋词存》《白雨斋诗钞》。但影响最大的是他的《白雨斋词话》八卷。论词主张贵"有所感""有所寄托"，风格重沉郁："作词之法，首贵沉郁，沉则不浮，郁则不薄"；"所谓沉郁者，意在笔先，神余言外。写怨夫思妇之怀，寓孽子孤臣之感。凡交情之冷淡，身世之飘零，皆可于一草一木发之。而发之又必若隐若现，欲露不露，反复缠绵，终不许一言道破。匪独体格之高，亦见性情之厚"（卷一）；"所谓兴者，意在笔先，神余言外，极虚极活，极沉极郁，若远若近，可喻不可喻，反复缠绵，都归忠厚。求之两宋，如东坡《水调歌头》《卜算子》（雁）等篇，亦庶乎近之矣"（卷六）；"东坡不可及处，全是去国流离之思，却又哀而不伤，怨而不怒，所以为高。"（卷七）全书对历代词人都有评论，他最欣赏苏词的，正是其寓意高远，运笔空灵，沉郁豪宕："苏、辛并称，然两人绝不相似。魄力之大，苏不如辛。气体之高，辛不逮苏远矣。东坡词寓意高远，运笔空灵，措语忠厚，其独至处，美成、白石亦不能到。昔人谓东坡词非正声，此特拘于音律言之，而不究本原之所在。眼光如豆，不足与之辩也"；"太白之诗，东坡之词，皆是异样出色。只是人不能学，乌得议其非正声"。（卷一）又云："和婉中见忠厚易，超旷中见忠厚难，此坡仙所以独绝千古也。"（卷五）；"东坡心地光明磊落，忠爱根于性生，故词极超旷，而意必和平。稼轩有吞吐八荒之概，而机会不来，正则可以为郭、李，为岳、韩，变则即桓温之流亚。故词极豪雄，而意极悲郁。苏、辛两家，各自不同。后人无东坡胸襟，又无稼轩气概，漫为规模，适形粗鄙耳”（卷六）；“东坡词全是王道，稼轩则兼有霸气，然犹不悖于王也。”（卷八）他还评及苏词一些具体作品，称东坡《水龙吟》（似花还似非花）云：“词至东坡，一洗绮罗香泽之态，寄慨无端，别有天地。……《水龙吟》诸篇，尤为绝搆”；称东坡《浣溪沙》（游蕲水清泉寺）“愈悲郁，愈豪放，愈忠厚，令我神往”；称苏词“纯以情胜，情之至者，词亦至。只是情得其正，不似耆卿之喁喁儿女私情耳”；东坡、少游，皆是情余于词，耆卿乃辞余于情，解人自辨之”；称东坡《西江月》“休言万事转头空，未转头时皆梦”，“唤醒癡愚不少”（均见卷六）；《八声甘州》（寄参寥子）“寄伊郁于豪宕，坡老所以为高”（卷八）。

除阳羡词派、浙派、常州词派虽词论主张不同，但都同尊苏词外，清代其他词人、词话也多推崇苏词。

毛奇龄（1623—1716），字大可，号秋晴，以其郡望称西河先生，浙江萧山人。康熙十八年举博学鸿儒，授翰林院检讨。著有《西河合集》。论诗主张涵蕴，故不满苏轼诗词。其《中州吴孙庵词集序》云：“宋人以词传，若张先，若秦观，若周若柳，若晏同叔，皆不善他体。欧阳永叔、苏子瞻即善他体矣，欧词不减张，而小逊于秦、苏，则遂有起而诮之者。”但也承认东坡之词“伟”，其《西河词话》（西河合集本）卷一谓“词名多取诗句之佳者”，“独《酹江月》《大江东去》则因东坡《念奴娇》词内有‘大江东去’‘一樽还酹江月’二句，遂易是名。夫以词中句而反易词名，则词亦伟矣。”

王士禛（1634—1711），字子真，一字贻上，号阮亭，别号渔洋，山东新城（今恒台）人。他是清初著名的文学家和文学评论家，一生著述甚富，有《带经堂集》《带经堂诗话》《花草蒙拾》等。其《倚声集序》论词之正变，称苏词为“英雄之词”说：“诗余者，古诗之苗裔也。语其正则南唐二主为之祖，至漱玉、淮海而极盛，高、史其嗣响也；语其变则眉山导其源，至稼轩、放翁而尽变，陈、刘其余波也。有诗人之词，唐蜀五代诸人是也；有文人之词，晏、欧、秦、李诸君子是也；有词人之词，柳永、周美成、康与之之属是也；有英雄之词，苏、陆、辛、刘是也。至是声音之道乃臻极致，而诗之为功，虽百变而不穷。”他认为苏词固以豪放为特征：“名家当行，固有二派。苏公自云：‘吾醉后作书，觉酒气拂拂，从十指间出。’黄鲁直亦云：‘东坡书挟海上风涛之气。’读坡词当作如是观。琐琐与柳七较锱铢，无乃为髯公所笑。”（《花草蒙拾·坡词豪放》）但其婉约处也不亚于任何婉约派词人：“‘枝上柳绵’，恐屯田缘情绮靡，未必能过。孰谓坡但解‘大江东去’耶？髯翁直是轶伦绝群。”（《花草蒙拾·坡公轶伦绝群》）他称“词中佳语多从诗出……若苏东坡之‘与客携壶上翠微’”（《花草蒙拾·词语从诗出》），此句见杜牧《九日齐安登高》，苏轼《定风波·重阳》用此成句。又称其《蝶恋花》（春事阑珊芳草歇）“字字惊心动魄，‘只为一声河满子，下泉须吊孟才人’，恐无此魂销也”（《花草蒙拾·坡词惊心动魄》）；称其《浣溪沙》（簌簌衣巾落枣花）“‘牛衣古柳卖黄瓜’，非坡仙无此胸次”（《花草蒙拾·春晓亭子》）；称其《阳关曲》（济南春好雪初晴）“可追追踪唐贤”（《带经堂诗话》卷九《标举类》）。

先著、程洪著有《词洁辑评》对苏词也颇多评论。评《水调歌头》（明月几时有）云：“凡兴象高，即不为字面碍。此词前半，自是天仙化人之笔。惟后‘悲欢离合’‘阴晴圆缺’等字，苛求者未免指此为累。然再三读去，抟捖运动，何损其佳？少陵《咏怀古迹》诗云：‘支离东北风尘际，漂泊西南天地间。’未尝以天地、西南、东北等字窒塞，有伤是诗之妙。诗家最上一乘，固有以神行者矣，于词何独不然？题为中秋对月怀子由，宜其怀抱俯仰，浩落如是。录坡公词若并汰此作，是无眉目矣。亦恐词家疆宇狭隘，后来用者，惟堕入纤秾一队，不可以救药也。后村二调亦极力能出脱者，取为此公嗣响，可以不孤。”（卷三）评《念奴娇·赤壁怀古》云：“坡公才高思敏，有韵之言多缘手而就，不暇琢磨。此词脍炙千古，点检将来，不无字句小疵，然不失为大家。《词综》从《容斋随笔》改本，以‘周郎’‘公瑾’伤重，‘浪声沉’较‘淘尽’为雅。予谓‘浪淘’字虽粗，然‘声沉’之下不能接‘千古风流人物’六字。盖此句之意全属‘尽’字，不在‘淘’‘沉’二字分别。至于赤壁之役，应属周郎，‘孙、吴’二字反失之泛。惟‘了’字上下皆不属，应是凑字。‘谈笑’句甚率，其他句法伸缩，前人已经备论。此仍从旧本，正欲其瑕瑜不掩，无失此公本来面目耳。”（卷四）《行香子》（北望平川）云：“末语（‘望长桥上，灯火乱，使君还'）风致嫣然，便是画意。"（卷二）其他如称《浣溪沙》（山下兰芽短浸溪）"坡公韵高，故浅浅语亦觉不凡"（卷一）；称《水龙吟》（似花还似非花）"'晓来'以下，真是化工神品"（卷五）。但他除批评苏词常"不暇琢磨"外，还批评《蝶恋花》（花褪残红青杏小）云："坡公于有韵之言，多笔走不守之憾。后半手滑，遂不能自由。少一停思，必无此矣"（卷二）。

李调元（1734—?），字羹堂，又字赞庵、鹤洲，号雨村，又号童山蠢翁，绵州（今四川绵阳）人。乾隆进士，曾任广东学政。后因得罪权臣和坤，充军伊犁，以母老释归。著有《童山全集》《雨村诗话》《雨村曲话》《雨村剧论》，辑有《全五代诗》《粤风》等。其**《雨村诗话》**评苏诗兼评苏词，其论苏词影响说："北宋自东坡'大江东去'，秦七、黄九踵起，周美成、晏叔原、柳屯田（案：柳在苏前）、贺方回继之，转相矜尚，曲调愈多，派衍愈别。"（《雨村诗话序》）论苏轼兼工豪放、婉约两种风格云："人谓东坡长短句，不工媚词，少谐音律，非也，特才大不肯受束缚而然。间作媚词，却洗尽铅华，非少游女娘语所及。"（卷一《唤作儿》）谓"宋初叶清臣字道卿，有《贺圣朝》词云：'三分春色二分愁，更一分风雨。'东坡《水龙吟》演为长句云：'春色三分，二分尘土，一分流水。'神意更远。"（卷一《春色三分》）

关于黄氏**《蓼园词评》**，况周颐《蓼园词选序》云："蓼园先生姓黄氏，吾姊夫吁卿比部之曾大父。……曩岁壬申，余年十二，先未尝知词。偶往省姊氏，得是书案头，假归雒诵，诧为鸿宝。……所谓前人名句意境绝佳者，皆载在是编者也。"苏词意境绝佳者也载于是编，如谓苏轼《阮郎归》（绿槐高柳咽新蝉）"清和婉丽中而风格自佳。"《卜算子》（缺月挂疏桐）"乃东坡自写在黄州之寂寞耳。初从人说起，言如孤鸿之冷落。第二阕，专就鸿说，语语双关，格奇而语隽，斯为超诣神品。"《贺新郎》（乳燕飞华屋）"前一阕，是写所居之幽僻。次阕，又借榴花，以比此心蕴结，未获达于朝廷，又恐其年已老也。末四句，是花是人，婉曲缠绵，耐人寻味不尽。"《八声甘州》（有情风万里卷潮来）"此词不过叹其久于杭州，未蒙内召耳。次阕，见人地相得，便欲订终焉之意，未免有激之言，然意自尔豪宕。"《蝶恋花》（花褪残红青杏小）"'柳绵'自是佳句，而次阕尤为奇情四溢也。"《水龙吟》（似花还似非花）“首四句是写花形态，‘萦损’以下六句，是写见杨花之人之情绪。二阕用议论，情景交融，笔墨入化，有神无迹矣。”《水调歌头》（落日绣帘卷）“前阕从‘快’字之意入，次阕起三语，承上阕写景。‘忽然’二句一跌，以顿出末二句来。结处一振，‘快’字之意方足。”《水调歌头》（明月几时有）“通首只是咏月耳。首阕，是见月思君，言天上宫阙，高不胜寒，但仿佛神魂归去，几不知身在人间也。次阕，言月何不照人欢洽，何似有恨，偏于人离索之时而圆乎？复又自解，人有离合，月有圆缺，皆是常事，惟望长久共婵娟耳。缠绵惋恻之思，愈转愈曲，愈曲愈深。忠爱之思，令人玩味不尽。”《念奴娇》（大江东去）“题是怀古，意谓自己消磨壮心殆尽也。开口‘大江东去’二句，叹浪淘人物，是自己与周郎俱在内也。‘故垒’句至次阕‘灰飞烟灭’句，俱就赤壁写周郎之事。‘故国’三句，是就周郎拍到自己。‘人生似梦’二句，总结以应起二句。总而言之，题是赤壁，心实为己而发。周郎是宾，自己是主。借宾定主，寓主于宾。是主是宾，离奇变幻，细思方得其主意处。不可但诵其词，而不知其命意所在也。”这样的评论，称为“鸿宝”，是一点不过分的。

李佳**《左庵词话》**主张新雅：“词以意趣为主，意趣不高不雅，虽字句工颖，无足尚也，意能迥不犹人最佳，东坡词最有新意，白石词最有雅意”；他评及苏词处很多，如谓《念奴娇·赤壁怀古》“淋漓悲壮，击碎唾壶，洵为千古绝唱”；“东坡词如《水龙吟·杨花》《水调歌头·丙辰中秋作》，皆极清新”（均见卷上）。评《水调歌头》（“明月几时有）“此老不特兴会高骞，直觉有仙气缥缈于毫端”。认为“词中用事最难，要体认箸题，融化不涩。如东坡《定风波》‘破帽多情却恋头’，用龙山落帽事；《永遇乐》云‘燕子楼空，佳人何在，空锁楼中燕’，用张建封事。……皆用事不为事所使，自不落呆相。”

刘熙载（1813—1881）《艺概》卷四**《词曲概》**，论词的正变云：“太白《忆秦娥》，声情悲壮，晚唐、五代，惟趋婉丽，至东坡始能复古。后世论词者，或转以东坡为变调，不知晚唐、五代乃变调也。”论苏词内容云：“东坡词颇似老杜诗，以其无意不可入，无事不可言也。若其豪放之致，则时与太白为近。”论苏词风格云：“苏、辛皆至情至性人，故其词潇洒卓荦，悉出于温柔敦厚。世或以粗犷讥苏、辛，固宜视苏、辛为别调者哉。”又谓“东坡词具神仙出世之姿”。他借苏词评苏词：“东坡《水龙吟》起云：‘似花还似非花。’此句可作全词评语，盖不离不即也。”借苏词论学苏词：“东坡《定风波》云：‘尚余孤瘦雪霜姿。’《荷华媚》云：‘天然地别是风流标格。’‘雪霜姿’‘风流标格’，学坡词者，便可从此领取。”他称美苏词空灵蕴藉：“词以不犯本位为高。东坡《满庭芳》‘老去君恩未报，空回首弹铗悲歌”，语诚慷慨，然不若《水调歌头》‘我欲乘风归去，又恐琼楼玉宇，高处不胜寒’，尤觉空灵蕴藉。”冯煦《蒿庵论词·论苏轼词》对此书评价很高：“兴化刘氏熙载所著《艺概》，于词多洞微之言，而论东坡尤为深至。”

王闿运（1832—1916），字壬秋，号湘绮，湖南湘潭人。咸丰二年举人，曾入曾国藩幕，应四川总督丁宝桢之聘，掌成都尊经书院，后掌长沙思贤讲舍、衡州船山书院、南昌高等学堂，门生满天下。光绪三十二年，特授翰林院检讨，加侍讲。以诗文名著一时，著有《湘绮楼诗集》《湘绮楼文集》等。其**《湘绮楼说诗》**（1934 年成都日新社版）除论诗外，亦论及词，认为《念奴娇·赤壁怀古》“通首出韵，然自是豪语，不必以格律求之”；《洞仙歌》（冰肌玉骨）“原本皆七言，以宜作词，故加足成此，不必以续凫断鹤讥之”；《水调歌头》（明月几时有）“通体妥帖，亦恰到好处，大开大合之笔，亦他人所不能。才子才子，胜诗文字多矣”。

王国维（1877—1927）**《人间词话》**提出了著名的境界说：“词以境界为最上。有境界则自成高格，自有名句。五代、北宋之词所以独绝者在此。”戚法仁《人间词话序》云：“求其推究文心，尽极精微，且本末赅备，条贯厘然者，海宁王氏《人间词话》一编，尤有所长。论词主境界，不为虚无要渺之谈。”王氏对苏词也给了很高的评价，认为“咏物之词，自以东坡《水龙吟》为最工”；“东坡之《水调歌头》，则伫兴之作，格高千古，不能以常调论也”；“东坡之词旷，稼轩之词豪，无二人之胸襟而学其词，犹东施之效捧心也”。

况周颐的**《蕙风词话》**是清末一部有名的词话。周颐（1859—1926，原名周仪，以避清帝溥仪讳改），字夔笙，别号蕙风，广西临桂人。自少聪慧，九岁补博士弟子员，光绪五年举乡试，授内阁中书，与王鹏运同官，以词学相砥砺。以会典馆纂修叙劳为知府，入端方幕府。清亡，居上海，牢落以终。况氏为清末著名词人，与王鹏运、朱祖谋、郑文焯并称“清末四大家”。其平生精力均在词，著有《蕙风词》等。《蕙风词话》五卷、《续编》二卷，泛论历代词人，理论性最强的为第一卷，论填词方法，主张重、拙、大，强调情真、景真，对用意、造句、守律都提出了自己的主张。他说：“作词有三要，曰重、拙、大。南渡诸贤不可及处在是”；“填词要天资，要学力。平日之阅历，目前之境界，亦与有关系。无词境，即无词心。矫柔而强为之，非合作也。境之穷达，天也，无可如何者也。雅俗，人也，可择而处者也”；“真字是词骨，情真，景真，所作必佳，且易脱稿”；“词学程序，先求妥帖、停匀，再求和雅、深秀，乃至精稳、沉着。精稳则能品矣，沉着更进于能品矣。……纯任自然，不假锤炼，则沉着二字之诠释也”；“学填词，先学读词。抑扬顿挫，心领神会，日久，胸次郁勃，信手拈来，自然丰神谐畅矣”。他认为“东坡、稼轩，其秀在骨，其厚在神。初学看之，但得其粗率而已。其实二公不经意处，是真率，非粗率也。余至今未敢学苏、辛也。”（卷一）认为苏轼是提倡雅词的：“有宋熙、丰间，词学称极盛。苏长公提倡风雅，为一山斗。”评东坡词《青玉案》“作个归期天应许。春衫犹是，小蛮针线，曾湿西湖雨”云：“上三句，未为甚艳。‘曾湿西湖雨’是清语，非艳语。与上三句相连属，遂成奇艳、绝艳，令人爱不忍释。坡公天仙化人，此等词犹为非其至者，后学已未易摹昉其万一。”（均见卷二）

其他一些诗话、词话也偶尔论及苏词，提出过一些重要观点。**吴衡照**不赞成朱彝尊“词至南宋，始极其工”的观点，认为“北宋也，苏之大，张（先）之秀，柳（永）之艳，秦（观）之韵，周（邦彦）之圆融，南宋诸老，何以尚兹?”他也不赞成苏、辛并称之说，认为“苏、辛并称，辛之于苏，亦犹诗中山谷之视东坡也。东坡之大与白石之高，殆不可以学而至”（《莲子居词话》卷四）。多数人还是赞成苏、辛并称的，但有区别，**谭献**《复堂词话》论苏、辛之别颇为形象：“稼轩心胸，发其才气，改之而下则犷。……大踏步出来，与眉山同工异曲。然东坡是衣冠伟人，稼轩则弓刀游侠。”

清人论苏词多主张对其豪放、婉约两种风格应兼收并采，**田同之**《西圃词说》云："魏塘曹学士云：'词之为体如美人，而诗则壮士也。如春华，而诗则秋实也。如夭桃繁杏，而诗则劲松贞柏也。'罕譬最为明快。然词中亦有壮士，苏、辛也。亦有秋实，黄、陆也。亦有劲松贞柏，岳鹏举、文文山也。选词者兼收并采，斯为大观。若专尚柔媚，岂劲松贞柏反不如夭桃繁杏乎？"

田雯（1635—1704），字纶霞，号蒙斋，康熙进士，累官工部郎中，督学江南。记诵宏博，诗文皆自成一家。著有《古欢堂集》（四库全书本）。其《题赤壁图》（《古欢堂集》卷一三）："曹公横槊苏公赋，残垒寒江夕照黄。词客英雄两奇绝，不须成败说周郎。"这是颇为特殊的，前人多视曹操为奸雄，他却把苏轼与曹并论，称他们"两奇绝"。《论诗二首》（卷一四）之一又以苏、陆并提，嘲笑否定宋诗者云："剑南万丈光芒在，坡老堂堂妙如神。可笑蚍蜉撼大树，少陵不敢薄今人"；《读东坡集偶题》（卷一三）又以苏、韩并提，认为他们都是文章好而一生多灾多难："一代文章苏长公，泉源万斛自称雄。前身直是昌黎子，磨蝎由来守命宫。"

孙兆溎《片玉山房词话》也主张豪放、婉约不可轩轾："词以蕴蓄缠绵、波折俏丽为工，故以南宋为词宗。然如东坡之'大江东去'、忠武之'怒发冲冠'，令人增长意气，似乎两宗不可偏废。是在各人笔致相近，不必勉强定学石帚、耆卿也。今人谈词家，动以苏、辛为不足学，抑知檀板红牙不可无铜琵铁拨，各得其宜，始为持平之论。"

沈谦《填词杂说》也说："东坡'似花还似非花'一篇，幽怨缠绵，直是言情，非复赋物"；"词不在大小浅深，贵于移情。'晓风残月''大江东去'，体制虽殊，读之若身历其境，惝恍迷离，不能自主，文之至也。"

邹只谟既称"欧、苏以文章大手，降体为词，东坡《大江东去》，卓绝千古"（《梅村词序》）；又称"坡公和杨花诸阕，各出新意，篇篇可诵"（《远志斋词衷》）。

贺裳《皱水轩词筌·子瞻春闺词》亦云："苏子瞻有铜琶铁板之讥，然其《浣溪沙·春闺》曰：'綵索身轻常趁燕，红窗睡重不闻莺。'如此风调，令十七八女郎歌之，岂在'晓风残月'之下。"叶申芗《本事词》卷上云："坡公喜于吟咏，词集中亦多歌席酬赠之作。……似此体物绘情，曲尽其妙，又岂皆铜琶铁板之雄豪欤?”

邓廷桢(1775—1849)《双砚斋词话·东坡词高华》讲得更透:“东坡以龙骧不羁之才,树松桧特立之操,故其词清刚隽上,囊括群英。院吏云:学士词须关西大汉,铜琶铁板,高唱‘大江东去’。语虽近谑,实为知音。然如《卜算子》云:‘缺月挂疏桐,漏断人初定。时见幽人独往来,缥缈孤鸿影。惊起欲回头,有恨无人省。拣尽寒枝不肯棲,寂莫沙洲冷。’则明漪绝底,芗泽不闻,宜涪翁称之为不食人间烟火。而造言者谓此词为惠州温都监女作,又或谓为黄州王氏女作。夫东坡何如人,而作墙东宋玉哉?至如《蝶恋花》之‘枝上柳绵飞又少,天涯何处无芳草’,坡命朝云歌之,辄泫然流涕,不能成声。《永遇乐》之‘古今如梦,何曾梦觉,但有新欢旧怨’,和章质夫杨花《水龙吟》之‘晓来雨过,遗踪何在,半池萍碎。春色三分,二分尘土,一分流水’,《洞仙歌》之‘试问夜如何,夜已三更,金波澹、玉绳低转’,皆能簸之揉之,高华沉痛,遂为石帚导师。譬之慧能肇启南宗,实传黄梅衣钵矣。”

冯煦《东坡乐府序》认为豪放不足以概括苏词:“东坡之于北宋,稼轩之于南宋,并独树一帜,不域于世,亦与他家绝殊。世第以‘豪放’目之,非知苏、辛者也。”

蔡嵩云《柯亭词论》也认为苏词豪放是因为苏轼胸襟高旷、才绝一世所致:“东坡词,胸有万卷,笔无点尘。其阔大处,不在能作豪放语,而在其襟怀有涵盖一切气象。若徒袭外貌,何异东施效颦?东坡小令,清丽纡徐,雅人深致,另辟一境。设非胸襟高旷,焉能有此吐属!”

郭麐《灵芬馆词话》卷一称“东坡以横绝一代之才,凌厉一世之气,间亦倚声,竟若不屑。雄词高唱,别为一宗。”

清代也间有批评苏词者,如**刘体仁**《七颂堂词绎》:“檃括体不可作也,不独《醉翁操》如嚼蜡,即子瞻改琴诗,琵琶字不见,毕竟是全首说梦。”贺裳《皱水轩词筌·苏黄檃括体皆不佳》亦云:“东坡(《哨遍》)檃括《归去来辞》,山谷檃括《醉翁亭》,皆堕恶趣。天下事为名人所坏者,正自不少。”

王晓堂、潘德舆、谢章铤、蒋兆兰都曾论及苏轼以诗为词、苏、辛豪放词及其影响等问题。**王晓堂**不满陈师道谓子瞻以诗为词,要非本色之讥,其

《匡山诗话》卷云："东坡词最多，其间佳者如'大江东去'赤壁词、中秋词、快哉亭、咏笛，直造古人不到处，'以诗为词'，是大不然。"**潘德舆**《养一斋诗话》也论及词，称苏轼以诗为词使词起衰振靡，但终非本色："陈履常谓东坡以诗为词，赵闲闲、陈从之辈，均以为不然，称其词起衰振靡，当为古今第一。愚谓王、赵之徒推举太过也。何则？以诗为词，犹之以文为诗也。韩昌黎、苏眉山皆以文为诗，故诗笔健崛骏爽，而终非本色。以诗为词者，以诗为文，六朝俪偶之文是也；以词为诗，晚唐、元人之诗是也。知以诗为文、以词为诗之失，则知矫之者之为健笔矣。而所失究在于不如其分也。夫太白以古为律，律不工而超出等伦；温、李以律为古，古即工而半无真气。持此为例，则东坡之诗词未能独占古今，而亦埽除凡近者欤！"**谢章铤**《赌棋山庄词话》卷五亦云："诗词异其体调，不异其性情。诗无性情，不可谓诗，岂词独可以配黄俪白，摹风捉月之乎？……今之学苏、辛者，亦不讲其肝胆之轮囷，寄托之遥深，徒以浪烟涨墨为豪，是不独学姜、史不之许，即学苏、辛亦宜挥之门外也。"又云："惟苏、辛在词中则藩篱独辟矣，读苏、辛词，知词中有人，词中有品，不敢自为菲薄。"**蒋兆兰**《词说》论苏词影响说："宋代词家源于唐五代，皆以婉约为宗。自东坡以浩瀚之气行之，遂开豪迈一派。南宋辛稼轩运深沉之思于雄杰之中，遂以苏、辛并称。他如龙洲、放翁、后村诸公，皆嗣响稼轩，卓卓可传者也。嗣兹以降，词家显分两派，学苏、辛者，所在皆是。至清初陈迦陵，纳雄奇万变于令慢之中，而才力雄富，气概卓荦，苏、辛派至此，可谓竭尽才人能事，后之人无可措手，不容作，亦不必作也。"这些评价是比较客观的。

第四节　清代的苏文评

清人也像明人一样，新编了一些苏文选本，如储欣选《东坡先生全集录》九卷，有《唐宋十大家全集录》本；浦起龙的《古文眉诠》，有静寄东轩刊本、三吴书院刊本；**陈讦**选《苏东坡文选》六卷，有《山晓阁文选》本；清陈兆仑选《大苏文选》一卷，有《陈太仆批选八大家文选》本。

储欣（1631—1706），字同仁，江苏宜兴人。博通经史而试礼部不遇，著书教授以终。其诗五言雅淡，可追唐风，著有《在陆堂集》，编有《唐宋十大家全集录》，其中含《东坡先生全集录》，又有《唐宋八大家类选》，均有大量评语。《东坡先生全集录自序》云：“（东坡有）文集七十五卷，余择其词理精确，熟复而不厌者若干篇，录为一书，不去几案，常常展对，所以悦于目而讽于口也。……公壮登朝，忠爱孤秉，嬉笑怒骂，铿锵成文。然而嘉祐之政变而为熙、丰，元祐之后继以绍圣，于是群凶得志，众正封屠，日异月新，罔可思议。此则天祸人国，而岂公之所能为哉？公身虽客死，名冠党碑，凡所著书，斧劈火焚，鲜有遗者。岂知物极必反，金师南牧，徽、钦北囚，汴京九庙，刈杀耦耕，禾黍极目，小人得志，其效如此。然邪正之辨，自此较若白黑矣。高宗崎岖艰苦，仅获偏安，追惟前哲，于是有太师之赠。孝宗继之，则又有御制文集之序。然后公之大节炳炳乎与天壤同敝，而其文章亦风驰雨骤，家弦户诵，以迄于今。”《十大家全集录凡例》云：“东坡之文极言尽意。……议论纵横无敌，似有天授。”

储评多称苏文具有独到之见，如称《韩非论》云：“老子与申、韩同传，太史公特笔也。微辞妙旨，读此豁然，真神明于训诂者”；称《思治论》“从众者，非从其口而从众之所不言而同然”，“尤精”；称《论养士》为“有识之论”（均见卷二）；称《定军制》“安民则有教战守之策，省费则有定军制之策。深识远虑，信王佐才”；称《策断上》“述往事，诏来者，此策与天地相终可也。后半料揣敌情，亦是西汉初年文字”，又称“盖臣以为当今之患”数语，“存仁之变，洞若观火。嗟乎，废兴相循，非一代之变，则公之书亦非一代之书也。真当号以为经，讲而读之”（卷四）；称《议学校贡举状》“通经学古莫如孙复、石介”数语“独见亦确见”（卷五）；称《上梅直讲书》为“见道之言”（卷八）；《日喻赠吴彦律》“‘道可致而不可求’，片言御札”（卷九）。

储欣认为苏文富有才气，如评《既醉备五福论》云：“公应制文字，如炎如潮，如花发春，如霞散绮，使人目眩神移，吟咏流连，而不知止也。惊才绝艳，一至于此”（卷一）；评《文与可画筼筜谷偃竹记》“诙谐游戏皆可书而诵之，此记其一也。须知此出天才，尤不易学，学之辄俚俗村鄙，令人欲呕矣”（卷五）；评《谢贾朝奉启》云：“坡公俪句，风华圆转，天分独奇。除李太白诗，顾长康画，无可拟似者”（卷七）；称《记承天夜游》“仙笔也，读之觉玉宇琼楼，高寒澄澈”（卷九）；称《答秦太虚书》“豪于文，又得酒以壮其气，浩浩落落，尽意竭情，彷佛司马子长笔”，是“尺牍中大文字”（卷九）；称《方山子传》为传神之笔：“隐字、侠字一篇骨子。始侠而今隐，侠处写得豪迈，须眉生动，则隐处亦复感慨淋漓，传神手也。”（《唐宋八大家类选》卷一三）

他称苏文能以情动人，评《上神宗皇帝书》云：“念不忘君，忠之至也。思之经月，夜以继昼，表成复毁，至于再三。余每读至此，未尝不呜咽流涕”（卷六）；称《代张方平谏用兵书》“呜咽悲凉，忧深虑远，足继其后”（卷七）；称《到昌化军谢表》云：“人非木石，读此谁不废书而泣”（卷五）；称《谢张太保撰先人墓碣书》“一面表章先论，一面感激张公，情文并茂”（卷八）；评者储欣的评语也充满感情，如评《王安石赠太傅制》云：“传神，传神！安石、惠卿，一赠一责（指《吕惠卿责授建宁军节度副使，本州安置，不得签书公事制》），俱使有识旁观代其入地”；又评责吕制词说：“食肉寝皮，未若此制之快。”（卷七）

浦起龙（1679—?），字二田，江苏无锡人。雍正进士，官苏州府教授，著有《酿蜜集》《史通通释》《读杜心解》，选评有《古文眉诠》。苏轼观点新异，前人多把荀卿与孔、孟相提并论，其《荀卿论》却说：“昔者常怪李斯事荀卿，既而焚灭其书，大变古先圣王之法，于其师之道，不啻若寇仇。及今观荀卿之书，然后知李斯之所以事秦者，皆出于荀卿而不足怪也。荀卿者，喜为异说而不让，敢为高论而不顾者也。”浦氏评云：“昌黎、涑水盛推荀况，而眉山深斥之。摘句立说，原非举全书论全书也。评者纷纷，或护或诃，概非悬解。拈起‘好异’，以李证荀，对勘处一笔松便走失。识其族者，见其难为。”又云：“以‘好异’论荀卿也，乃以圣言为对照，并以扰天下照出李斯流祸，来龙似远，藏针极切。”苏轼善于读书得间，善于从旁人忽视处立论，评《留侯论》云：“论旨曰‘能忍’，然而实无正证也。拈起圯老深折，运化沙椎小忿，惩所不忍以归于忍，假一二初迹，以显佑汉定天下全神也。惟封齐，是用忍一证，亦复拈连洒脱。此与《管仲论》非慧业人无处著手。”（同上）浦氏也善于剖析苏轼的立论用意，如评《晁错论》云：“吾读《应诏集》诸论至此，盖悟公之为此，直自成一家言，而古人特借以为资而已。当积弛忘患之日，恬愉处堂，惮不敢发，发又惧不能收，率用晁错喜事杀身以自解，公故切切然以坚忍矢志望之，而非直为昔者诟病也。推此以观诸论，则謥灇冰释。起幅雄深浑灏，独冠群篇。由其借错为影，直刺时局，自发议论，与《思治》、《策略》等相参，故能凭空横骛如此。要于题事，仍统体笼举也。”借古人为影，“直刺时局”，这是苏轼很多史论的共同特点。

浦氏评文很注意理清行文结构，如论《上神宗皇帝书》云：“全书皆切论柄臣也。体例三条，实则一主两辅，所以长短不齐。首条‘结人心’，备论新法不便，乃全书正文。事款已具，然但请罢其法，未言罢其人也。至次条‘斥躁进’，则指阿意新法者，杜徒党也。后条‘彰公议’，即讽钳口畏柄臣者，激声讨也。以两条尽首条之用，三条只是一条。划看则风俗纪纲为长语，不中款会矣。长公奏议，其源出于宣公，疎散之中，俱藏对偶。”又云：“首条‘结人心’也，新法皆网利拂人之事，故以人心去留为言。此条乃一篇之首，有总冒，有申说，有列款。第二条论‘厚风俗’。此与后条非划出首条外，另言别事也。如此条风俗之偷，成于竞进生事，即指希合新法者。第三条论‘存纪纲’。纪纲者，台谏公议之所持也。宰执非人，惟公议得持之。此条则直斥变法之安石，而借助于台谏，正是论执政也。看其远远说来，侧在内重，以中书令赵高为比，明已指出。”论《思治论》结构云：“首揭‘立’字，举三患以为纲，一节截。‘立’之作用在定规模，有意象，有措施，二节截。定规模，究于能‘收’，而‘立’之事全，三节截。浮议淆之则难收，道在同心以绌之，四节截。丰财、强兵、择吏，提举大要，而其权用，则诸策中详之。以此论作提纲可。”（以上所引均见卷六六）论《练军实》结构云：“首揭‘精’字，为汰老弱伏根。中言国财民命攸关，皆为老弱除籍作势。后曲尽除籍便宜，尾更与‘精’字暗兜，篇法极翔舞，极审细。”（卷六八）论《范文正公文集叙》云：“前幅波澜，天然助发。入正序，则文与业与德，互相容纳，合并双收。如金入冶，非精能者难与道此。中间抽举万言一书，正以坐言起行，验其实用。或诃其所儗非伦者，慎勿以知文许之。”又云：“加一段，迴翔感叹，文情得此增彩。”（卷六九）

浦氏认为苏文多变体，或以记序之体为赋，认为前后《赤壁赋》是“以韵语为记序之体，二赋皆志游也。记序之体，出以韵语，故曰赋焉。其托物也不黏，其感兴也不脱，纯乎化机。潘稼堂《赤壁》诗：‘亦知孙曹争战处，远在鄂渚非齐安。聊借英雄发感慨，移山走海骋笔端。’晓事人也。”他对后赋尤为欣赏：“后赋并刷尽文章色相矣。来不相期，游仍孤往，向后空空，人境俱夺。迁谪旷抱，远过贾傅、白傅。”或以驳论为记，认为《石钟山记》是“以辩体为记体，当作翻案观。李勃翻道元之案，坡老翻李勃之案。每山盘水汇，水搏石窍作声，所在非一。而石之异产，声韵清长者，信有之矣。余外家安氏古墓两石驼，石质不异凡石，击之锵然，若梵磬出林，良久渐远，土人呼为响石，特未详所自致耳。古人之论如此类，两存可也。”（以上均见卷六九）这些论述都颇符合苏文实际。

《御选唐宋文醇》（有清乾隆十五年内府刻四色套印本、四库全书本）五十八卷，乾隆三年御定。乾隆因不满茅坤的《唐宋八大家文钞》和储欣的《十大家全集录》以八股举业论说古文，故指授儒臣，编为此书。凡康熙御评，以黄色书于篇首，乾隆所评则朱书篇后，前人评、跋有所发明及姓名事迹可资考证者，亦各以紫色、绿色分系于末。其所选以明理载道，经世致用，有关法戒，不为空言为准。品题考辨，疏通证明，无不抉摘精微。如《答李端叔书》录李光地评：“人以为牢骚玩世之语，实则自写平生实录也。文尤离奇可诵”（卷四〇）；《凌虚台记》引黄道周评：“此篇不惟文思温润有余，而说安遇顺性之理，极为透彻，此坡翁生平实际也。故其临老谪居海外，穷愁颠倒，无不自得，真能超然物外者矣”（卷四四）；《潮州韩文公庙碑》引王世贞评：“此碑自始至末，无一字懈怠。佳言格论，层见叠出，太牢悦口，夜明夺目。苏文古今所推，此尤其最得意者，其关系世道亦大矣。”（卷四九）

《古文雅正》（光绪乙巳宏道堂重刊本）十四卷，清蔡世远编。世远，字闻之，号梁村，因世居漳浦（今属福建）之梁山，学者称梁山先生。康熙时进士，雍正间官至礼部侍郎。尝主讲鳌峰书院。著有《二希堂文集》《鳌峰学约》《朱子家礼辑要》等。此书录自汉至元之文共二百三十六篇，其自序曰：“‘雅正’者，其辞雅，其理正也。”《四库全书总目》卷一九〇提要谓萧统《文选》收有有乖名教之文，“是雅而不正也”；真德秀《文章正宗》、金履祥《濂洛风雅》持论一准于理，但无人嗜之，是“正而未雅”。认为“世远是集，以理为根柢，而体杂语录者不登；以辞为羽翼，而语伤浮艳者不录。刘勰所谓‘扶质立干，垂条结繁’者，殆庶几焉。”姚铉《唐文粹》不收骈文，此集兼收骈文，“正世远深明文章正变之故，又何足为是集累乎?”“雅正”二字也是他评选苏文的标准，评《代张方平谏用兵书》云：“《吊古战场文》，读之令人心酸，此篇读之令人神悚。此种文，直是关系数千百世国运，数十百万生灵事，至文也。诸葛公六出祁山，宋高宗耑主和议，又当别论。篇中故有得已不得已之分。神宗以用兵故，前后丧师至六十万，闻报徬徨叹悼，悔艾无及，以陨其身。此疏痛切言之，其验若券。”评《范文正公文集叙》云：“余平生最喜诸葛公、范文正公，称公之文，亦酣玩不置。陈寿《上诸葛公文集表》，数百读不厌；苏长公序范文正公，亦数百读不厌。固以其文之佳，亦以其人故也。长公文以雄伟闳畅胜，此篇更出以简劲。”评《论始皇汉宣李斯》云：“因始皇而忽及汉宣、汉武，所以勖人谨微，勉人存厚者，实为良鉴。文亦雄伟宕逸，自行自止，承接之迹都化。此等文，惟韩集《原道》等篇有之；柳、欧、曾、王，未数数也。”他对苏文亦偶有不满，也是从其雅正出发的，如评《六一居士集叙》则称其雅而谓其不正：“长公气节文章照耀千古，谓之知道则未也。观其推崇欧阳子，不喜程正叔，本领具见。然读此篇，非具千古只眼者不能，是何等识力、笔力。”

《古文辞类纂》（四部备要本）七十五卷，清姚鼐编。鼐（1731—1815），字姬传，世称惜抱先生，安徽桐城人，乾隆进士，官刑部郎中，主江宁、扬州等地书院四十年。著有《惜抱轩全集》，选有《古文辞类纂》和《五七言今体诗钞》。他是清代著名的古文家，是桐城派的首领，重义理，认为考据、词章应为义理服务。《古文辞类纂》选录战国至清代的古文辞赋，所选古文分为十三类，其《古文辞类纂序目》云：“少年或从问古文法。夫文无所谓古今也，惟其当而已。……于是以所闻习者编次论说为《古文辞类纂》，其类十三，曰论辨类、序跋类、奏议类、书说类、赠序类、诏令类、传状类、碑志类、杂记类、箴铭类、颂赞类、辞赋类、哀祭类。一类内而为用不同者，别之为上下篇云。……凡文之体类十三，而所以为文者八，曰神、理、气、味、格、律、声、色。神、理、气、味者，文之精也；格、律、声、色者，文之粗也。然苟舍其粗，则精者亦胡以寓焉？学者之于古人，必始而遇其粗，中而遇其精，终则御其精者而遗其粗者。"这里，他论述了编纂此书的目的、文体分类及为文之道。我国的文体非常繁杂，萧统的《文选》把所选的诗文分为三十九种体裁，后人已讥其冗。上承《文选》的《文苑英华》又增至四十五种。宋人吕祖谦的《宋文鉴》，仅收北宋诗文，已达五十二体。明人徐师曾的《文体明辨》，所载文体一百二十七种，也未把我国的众多文体包括无遗。像这样分类过细，眉目反而不清。章炳麟的《国故论衡》把我国的文体区分为有韵、无韵两大类，这种分法虽有一定用处，但分类太粗，等于未分。姚鼐的《古文辞类纂》分类大小较适中，所选古文也具有代表性，能大体反映我国古文的面貌。

书中附有他的一些评语，如评《策略四》："东坡策论，其笔势多取于《庄子》外篇"；评《策略五》："此篇立论极善，而文不免于冗长，此东坡少年体，有未成处"；评《倡勇敢》云："此文体势辞气，俱似明允"；（《奏议类》下编二）评《志林·鲁隐公》云："此与论周东迁，皆杂引古事，错综成论。而此篇尤为奇肆飘忽，其神气盖近孟子，是不可以貌论也"（《论辩类》四）；评《始皇论》云："此文格势直似老泉，盖东坡少年如此，此后乃自变成体耳。东坡才思大于厥考矣，而笔力坚劲或不逮也。"（同上）

百家评本《古文辞类纂》中，还收有其他人的一些评语，如刘大櫆评《省费用》云："子瞻洞悉民隐，发挥闾阎琐屑之情至周到，故权国用而以小民之家推之，最为亲切易晓"（卷二一）；评《倡勇敢》云："行文如蛇龙之驾风云而撼山谷，杳不可测"（同上）；评《石钟山记》云："文章妙趣，洋溢行间，坡公第一首记文"（卷五六）；评《留侯论》云："此文忽妙。长公笔有仙气，故文操纵变化而落韵甚轻。"（同上）

此书颇得后人好评，流播较广。王先谦《续古文辞类纂序》云：“自桐城方望溪以古文专家之学，主张后进，海峰（刘大櫆）承之，遗风遂衍。姚惜抱禀其师传，覃心冥追，益以所自得，推究阃奥，开设户牖，天下翕然号为正宗。承学之士，如蓬从风，如川赴壑，寻声企影，项领相望。百余年来，转相传述，遍于东南。由其道而名于文苑者，以数十计。呜呼，何其盛也！”王文濡《古文辞类纂序》云：“湘乡曾涤生有言曰：‘姚先生持论宏通，国藩之粗解文章，由姚先生启之。’以湘乡之大含细入，不拘拘于一先生之说，独于古文倾服姚氏，列诸圣哲画像中，并标举其义理、考据、辞章三者不可偏废之宗旨，以为发源于此书，不可谓非深知先生者也。溯此书之告成在清乾隆四十四年，迄今已百有四十余年，海内能文之士，众口同声，翕然尊之为姚氏学，誉之者至谓当与六经并传不朽。”

仿《古文辞类纂》而为续书者不止一种，影响较大者为王先谦编的**《续古文辞类纂》**三十四卷。此书专收清文，自乾隆至咸丰凡三十八人、三十四卷，体例一依《古文辞类纂》。

清人也有不少仿茅坤《唐宋八大家文钞》的选评本，如张伯行辑的《唐宋八大家文钞》、**高塘《唐宋八家钞》**（高梅亭读书丛钞本）。后者有高塘不少评语，有的还比较精彩。如评《赤壁赋》云：“有摹景处，有寄情处，有感慨处，有洒脱处，此赋仙也。”（卷七）评《留侯论》，称苏轼善为翻案文字：“子房祖父，五世相韩，始终为韩报仇，于博浪沙击秦，前人嘉其忠勇。此独拈出能忍不能忍立论，即就沙椎、圯遇两事，据为证案；又谓老人为隐士，谓其意不在书，皆是翻案文字。然《书》曰：‘必有忍，其乃有济。’孔子曰：‘小不忍则乱大谋。’其理又何正大确实也。后引楚汉成败大局，及淮阴封齐事，为能忍之效，确是天然佐证。长公才大心慧，从何处得来！意则翻空，事皆征实，惟能征实，乃可翻空。其行文断续离合，曲尽文家操纵之妙。”（卷七）称苏轼感情真挚，文笔生动，《到昌化军谢表》有“臣孤老无托，瘴疠交攻。子孙恸哭于江边，已为死别；魑魅逢迎于海外，宁许生还”语，高塘称其“气象愁惨，不堪卒读”（卷六）；评《方山子传》云：“隐侠二字是通篇关键。写豪侠须眉欲动，写隐沦姓字俱沉。传神之笔，尤妙从隐中追表出来，作倒运格，便写得隐人非庸人，更自奇变非常。”（卷七）高嵣许多评语分析了苏文结构，如评《上神宗皇帝书》认为自起处至“存纲纪而已”，“为第一截，乃通篇总冒也。买灯事作引，三大纲作提。而三大纲中尤以结人心为主，以安石新法皆拂人心之事也。以下虽三条分应，而於首一条，特条畅言之。文局乃一主两辅，故后文详略不同”；自“人莫不有所恃”至“臣之所愿结人心者此之谓也”，“为第二截，申明纲内结人心一条。前有总领，后有总束，中间分款列疏，处处切指新法之害民。故以失人心统括之，乃全书正腹”；自“进言者”至“臣之所愿厚风俗者此之谓也”，“为第三截，申明纲内厚风俗一条。前一段言风俗如人之元气，国之存亡所系。从富强说入，针对新法也。后两段抽出言之，指阿意行新法之少年新进，喜事近功，希图骤用，宜有以抑之，杜结党也。用意仍归到厚风俗上，为一头两脚之格”；自“古者建国”至“臣之所谓愿存纲纪者此之谓也”，“此为第四截，申明纲内存纪纲一条。特言台谏者，缘台谏主持公议，乃纪纲所存。宰执非人，变法厉民，而台谏皆缄口不言，是台谏为执政之私也。语语责谏臣，即语语责相臣。始从内重说来，而以中书令赵高为比，固已明指安石矣。前段言人主宜崇台谏，以折奸臣之萌；后段言朝廷若无直言，必受小人之害。不离存纪纲之意，仍是刺宰执之缪。”“臣非敢历诋新政”以下，“此为第五截，乃通篇总结也。前段就新法言，极意斡全；后段就自己说，无限曲折”。

历代诗话、笔记中往往夹有文话，而专门的文话著作却不多。**高士奇**（1645—1704）《天禄识余》评《上神宗皇书》云：“结人心，厚风俗，存纪纲，三者实可包举政体，不独救时之言”；评《策略五》云：“只‘通上下之情’一语，反复流转，文如奔蛇走虺，不可把捉”；评《韩非论》云：“韩非、老子同传，史迁深意，初未明言，苏氏以‘轻天下’三字道破。”

从南北宋之际起，出现了一种四六话，可说是专门的文话，如王铚的《四六话》、谢伋的《四六谈麈》、杨囦道的《云庄四六余话》之类，对文论和文学批评提出了不少重要观点。清人的文话多为辑录前人论文之作，彭元瑞《宋四六话》、李调元的《赋话》，几乎网罗了宋人有关四六和辞赋的绝大多数论述，是一部研究宋四六文和宋赋颇为重要的书。

彭元瑞（1731—1803），字掌仍，号芸楣，南昌（今属江西）人。乾隆进士，官至工部尚书，协办大学士。著有《思余棠稿》。他编《宋四六选》二十四卷，收宋代四六文七百六十六篇。前四卷为制诏，五至十卷为表章，十一至二十三卷为启，最后一卷为上梁文、乐语。前有自序，阐述四六文之源起，宋四六之演变，反驳对六朝以后骈文的否定，认为“诗裁元、白，亦列正声；词出苏、辛，更添别调”，实际是认为宋四六也是骈文之一派，不容否定。此书在当时影响颇大，海内奉为圭臬者二十余年，至今也是我们鉴赏宋人四六文的重要选本。《宋四六话》是作者编《宋四六选》的副产物。他在自序中说：“予撰《宋四六选》，泛观宋人书，其中间及骈体，多一时典制，议论流利，属对精切，爱不能割，辄钞付箧，积成巨帙，略以文体铨次，凡十二卷。”前三卷为制诏，四至六卷为表，七至九卷为启，卷一一含乐语、上梁文，此皆与《宋四六选》相对应。卷一〇为赋、檄、露布、判、设论；卷一〇别含祝文、青词、道场疏、开堂疏，卷一二为杂文、散语摘句、谐谈，此为《宋四六选》所无，为本书新增。曹振镛跋云：“芸楣先生博览群书，凡有关于宋人骈体者，遍加捃采，所引书百六十九种……片言只句，蒐括无遗。”虽不可轻言“无遗”，但搜罗宏富确系事实。所录资料既分体，又于各体内按时间先后编排，并一一注明出处，有此一编，可省大量翻检之劳。

李调元《赋话》凡十卷，有涵海、丛书集成初编本。其中含《新话》六卷，为李调元所自撰，辑录前人赋中佳语，并评论其体制、技巧；《旧话》四卷，辑录前人作赋的佚闻佚事，间加按语，为指导诸生习赋而作。他认为宋赋不及前人，《赋话》卷五《新话五》云：“律赋雅近于四六，而丽则之旨不可不知。则而不丽，仍无取也。宋人四六，上掩前哲，赋学则不逮唐人，良由清切有余而藻缋不足耳”；又云：“《秋声》《赤壁》，宋赋之最擅名者，其原出于《阿房》《华山》诸篇，而奇变远不之逮，殊觉剽而不留，陈后山所谓一片之文押几个韵尔。朱子亦云，宋朝文章之盛，前世莫不推欧阳文忠公、南丰曾公与眉山苏公，相继迭起，各以文擅名一世，独于楚人之赋，有未数数然者。盖以文为赋，则去风雅日远也”；“宋人律赋大率以清便为宗，流丽有余而琢炼不足，故意致平浅，远逊唐人”。他善于概括各家赋的特点，《赋话》

卷五《新话五》云："宋初人之律赋最夥者田（况）、王（禹偁）、文（彦博）、范（仲淹）、欧阳（修）五公。黄州（禹偁）一往清泚，而谏议（田况）较琢炼，文正（范仲淹）游行自得，而潞公（文彦博）尤谨严。欧公佳处乃似笺表中语，难免于陈无己以古为俳之诮。故论宋朝律赋当以表圣（田况）、宽夫（文彦博）为正则，元之（王禹偁）、希文（范仲淹）次之，永叔（欧阳修）而降皆横骛别趋，而偭唐人之规矩者矣。"此书对苏赋有不少论述，如"苏东坡前后《赤壁赋》，高出欧阳文忠《秋声赋》之上"；"古人作赋，未有一韵到底，创之自坡公始，《老饕赋》题涉于游戏，而篇幅不长，偶然弄笔成趣耳"；称苏轼《浊醪有妙理赋》"通篇豪爽，而有隽致，真率而能细入，前无古人，后无来者"；《明君可与为忠言赋》"横说竖说，透快绝伦，作一篇史论读，所谓偶语而有单行之势者，律赋之创调也"；称《通其变使民不倦赋》"以策论手段施之帖括，纵横排奡，仍以议论胜人……寓议论于徘偶之中，亦是坡公一派"。

曾国藩评论苏文之作见于他的《读书录》（见《曾文正公全集》）。他认为奏疏应求典、显、浅，评《上神宗皇帝书》云："奏疏总以明为要。时文家有典、显、浅三字诀，奏疏能备此三字，则尽善矣。典字最难，必熟于前史之事迹，并熟于本朝之掌故，乃可言典。至浅、显二字，则多本于天授，虽有博学多闻之士，而下笔不能显豁者多矣。浅字与雅字相背，白香山诗务令老妪皆解，而细求之，皆雅饰而不失之率。吾尝谓奏疏能如白诗之浅，则远近易于传播，而君上亦易感动。此文虽不甚浅，而典显二字则千古所罕见也。"他举"驱鹰犬而赴林薮，语人曰我非猎也，不如放鹰犬而兽自驯。操网罟而入江湖，语人曰我非渔也，不如捐网罟而人自信"数语云："善言事者，每于最难明之处设譬喻以明之，东坡诗文皆以此擅长。"又云："东坡言事，或引古事以譬之，或引近事以譬之，取其易晓。"评《代张方平谏用兵书》亦云："东坡之文，其长处在征引史事切实精当，又善设比譬喻，凡难显之情，他人所不能达者，坡公辄以譬喻明之。此文以屠杀膳羞喻轻视民命，以箠楚奴婢喻上忤天心，皆巧于构思，他人所百思不到者。既读之，而适为人人意中所有。古今奏议推贾长沙、陆宣公、苏文忠三人为超前绝后。余谓长沙明于利害，宣公明于义理，文忠明于人情。陈言之道，纵不能兼此三者，亦须有一二端明达深透，庶无格格不吐之态。”

刘熙载《艺概》卷一**《文概》**为评文之作，他认为东坡文兼诸家之长：“东坡文，亦孟子，亦贾长沙、陆敬舆，亦庄子，亦秦、仪。心目窒隘者，可资其博达以自广，而不必概以纯诣律之”；称其悟性过人：“东坡文只是拈来法，此由悟性绝人，故处处触著耳”；称其文明白晓畅：“坡文多微妙语。其论文曰‘快’、曰‘达’、曰‘了’，正为非此不足以发微阐妙也”；“欧文优游有余，苏文昭晰无疑”；称其文敢于说透：“东坡文虽打通墙壁说话，然立脚自在稳处。譬如舟行大海之中，把柁未尝不定，视放言而不中权者异矣”；称其文真：“老子云：‘信言不美，美言不信。’东坡文不乏信言可采，学者偏于美言叹赏之，何故?”称其新生：“东坡最善于没要紧底题说没要紧底话，未曾有底题说未曾有底话”；“介甫之文长於扫，东坡之文长於生。扫，故高；生，故赡”。

吕璜**《初月楼古文绪论》**认为苏文才气不可及，但有可删节处：“苏长公晚年之作，有随笔写出，不待安排而自然超妙者，非天资高绝，不能学之。其少年之作，滔滔数千言，才气真不可及，然精义究不能多。若贾长沙之长篇，则事理本多，所以不可删节。长公文，只论一事，而波澜层出，故间有可节处。”

刘师培的**《论文杂记》**评及苏文者也不少，如云：“东坡之文，出入苏、张、庄、老间”；“子瞻之文，以粲花之舌，运捭阖之词，往复卷舒，一如意中所欲出，而属词比事，翻空易奇”。

清代批评苏轼诗词文者也大有人在，**王夫之**的《薑斋诗话》前已述及，兹不重复。**纳兰性德**的《渌水亭杂识》云：“诗乃心声，性情中事也。……昌黎逞才，子瞻逞学，便与性情隔绝”；“词虽苏、辛并称，而辛实胜苏，苏诗伤学，词伤才”。反驳苏轼具体观点的更多，**全祖望**《诸葛孔明入蜀论》云：“眉山苏氏曰：‘孔明弃荆州而入蜀，吾知其无能为。子全子曰：谬哉，苏轼之言也。荆州之为江左重也，谁不知之？虽然，由西北以取东南，则荆州为要，得荆州而江南不可保。由东南以取西北，则荆州非其地也。”**梁玉绳**也有《反苏子范增论》（《清白士集》卷二八），苏轼认为范增去项羽应在羽杀宋义时，梁氏认为鸿门罢宴之时就应去。**焦循**《易余籥录》卷一六驳苏轼《答张文潜书》所谓王安石“好使人同己”云：“王氏之文，独成一家，其善正在不与人同，其经术学问皆然。当时韩魏公、司马温公必欲其同于己，所以不合耳。圣人之道，同归而殊途，一致而百虑，惟其不同，所以通天下之志，已为其异而欲人之同，王氏之不善，亦诸人之不善也。”这一批评，应该说是比较公允的。

关于苏轼的《石钟山记》，**曾国藩**《读书录·石钟山记》、俞樾《春在堂随笔》卷七均认为苏轼之说不确。曾氏云：“自咸丰四年十二月楚军水师在湖口为贼（指太平军）所败，自是战争八年，至十一年乃少定。石钟山之片石寸草，诸将士皆能辨识。上钟岩与下钟岩，其下皆有洞，可容数百人，深不可穷，形如覆钟。彭侍郎玉麟于钟山之顶建立昭忠祠。乃知钟山以形言之，非以声言之，郦氏、苏氏所言皆非事实也。”**俞樾**所记更详：“东坡《石钟山记》，叹郦元之简，而笑李渤之陋。至今游石钟山者，皆以坡语为然。余亲家翁彭雪琴侍郎，以舟师剿贼，驻江西最久。语余云：湖口县钟山有二，一在城西，滨鄱阳湖，曰上钟山；一在城东，临大江，曰下钟山，即东坡作记处。然东坡谓山石与风水相吞吐，有声如乐作，此恐不然。天下水中之山多矣，凡有罅隙，皆有噌吰镗鞳之声，何独兹山为然乎？余居湖口久，每冬日水落，则山下有洞门出焉。入之，其中透漏玲珑，乳石如天花散漫，垂垂欲落。途径蜿蜒如龙，峭壁上皆枯蛤黏著，宛然鳞甲。洞中宽敞，左右旁通，可容千人。最上层则昏黑不可辨，烛而登，其地平坦，气亦温和，蝙蝠大如扇，夜明砂积尺许。旁又有小洞，蛇行而入，复宽广，可容三人坐。壁上镌‘丹房’二字，且多小诗，语皆可喜。如云：‘我来醉卧三千年，且喜人世无人识’；又云：‘小憩千年人不识，桃花春涨洞门关。’无年代姓名，不知何人所作也。盖全山皆空，如钟覆地，故得钟名。上钟山亦中空。此两山皆当以形论，不当以声论。东坡当日，犹过其门而未入其室也。”

章学诚《文史通义》内篇二《博约》上对苏轼读书法亦不以为然：“或问苏君曰：‘公之博赡，亦可学乎？’苏君曰：‘可，吾尝读《汉书》矣，凡数过而尽之，如兵农礼乐，每过皆一意求之，久之而后贯彻。’因取譬于市货，意谓货出无穷，而操贾有尽，不可不知所择云尔。学者多诵苏氏之言以为良法，不知此特寻章摘句，如近人之纂类策括者尔。问者但求博赡，固无深意；苏氏答之，亦不过经生决科之业，今人稍留意于应举业者，多能为之，未可进言于学问也。而学者以为良法，则知学者鲜矣。”

陈衍《石遗室室诗话》卷三对蔡文姬《悲愤》诗的真实性也与苏轼之见不一：“（蔡）文姬《悲愤》，苏子瞻斥为赝作，以其浅露径尽，与苏、李相反也。窃谓不然，文姬与苏、李时代相后三百余年，文姬究一妇女耳，母子之亲，非止朋友可比。故二诗哀痛质直，非身亲其境者不能道。若出赝作，正有许多文饰之词耳。”可见清人虽尊宋崇苏，但并不佞宋佞苏。

第五节　清人对苏轼生平的研究

元、明对苏轼的评论不少，但扎扎实实的研究却不多。清人对苏轼的研究是南宋以后的另一高峰。他们一面利用、刊刻宋人所编的苏轼年谱，傅藻《东坡纪年录》、王宗稷《东坡先生年谱》，清代刊刻的很多苏轼集子都曾附录。邵长蘅对王宗稷《东坡先生年谱》曾重编订正（四库全书《施注苏诗》附）。清人新编的苏轼年谱也很多，如查慎行《东坡先生年表》（四库全书本《查注苏诗》附）、冯应榴《东坡先生年表》（《苏诗合注》附）、王时宇《苏文忠公年谱》（《苏文忠公海外集》附）、邵广钧《苏东坡年谱》（见《重修常昭合志》）、刘凤辉《东坡年谱》（《居儋录》附）、杨福祺《东坡先生谱》二卷（见《石顽书屋文钞》）。特别值得一提的是王文诰的洋洋巨著，多达四十五卷的《苏文忠公诗编注集成总案》，这实际上是一部特别详尽的苏轼年谱。在众多的苏轼年谱中，《苏诗总案》向以资料翔实、考核精密称。

其《凡例》云：“《总案》，诰之创始，初立成法”；“公在齐安《与陈师仲书》云：‘君所至，诗不择古律，以月日次之，异日展观，便是行纪。’……诰以月日系诸古律，多有月日备而古律阙者，无地弥缝，往往脱阙，诗旨有偏全之憾。前注于古律之外，不再寻求，其编述古律致误，亦由于此。缘立《总案》

统之，使不越于绳墨之外，而后事理通，而诗旨见"；"透《总案》一望了然，而后以诗验注，又借注通诗也"。这是他编纂《总案》之由。又云："诰创立《总案》，排缵年月，密于《查注》百倍，而后发明其诗多有突过前注者，此途既辟，后之人自当于见到地益求其进。今若去其门庭，弃其相与所窥美富，逐诸注徬徨路岐中，而进退涩缩，问所由径，以徇注杜饰说，不亦惑乎！"可见他对他的《总案》是颇自负的。韩崶《苏文忠公诗编注集成序》对其《总案》评价也很高："诗之外，创为《总案》，遴长公《前》、《后集》制、劄、书、状、序、传、铭、记、词、赋、论、说，悉纳入之。事或未备，则佐以老苏、子由、叔党诸集，而系以诗之应入案者，合为编年，自长公始生，至于北归，综六十六年事，都为一通，厘为四十五案，以弁卷首而分编之。"

此书以详著称。史书本纪同一年号往往省去，只书二年、三年，不书甲子，此书为便读者，不省年号、甲子。《凡例》云："《总案》初立，首云宋仁宗景祐三年丙子、又云景祐四年丁丑，其下宝元、庆历、皇祐、嘉祐，并在首卷，书法皆同。见者讶然，或讥不知史法，亦有导以本纪者。因晓之曰：君等史之隶耳，此非《宋史》本纪所能囿也。三代最重甲子，故夏商取以为名；有周专以纪年，而《春秋》本诸《尚书》，不系甲子，以事归简易耳。习《春秋》者更以甲子系年，上一君统若干年，尤在处昭然。自汉建元改号，宋仍其辙，本纪以建元仿古法。史家繁芜非经比，其书二年、三年，省去建元而甲子不著，至于非时改元，一君累见，则亦二、三、四等年，连篇累书，读者不专则晃忽不辨，征考舛错，其法视《春秋》已疏，由于无所统也。"这是他系年取繁不取简的理由。

《凡例》云："《总案》之于本纪尤有不同，所载编年依诗卷为盈缩，有一卷尽二、三年者（第一卷始宋仁宗景祐三年丙子，讫嘉祐四年己亥，即1036—1059年，凡二十四年），有一年分二、三卷进，有以事为起讫，不以年始年终限卷次者，则纪年复见益繁。"这是他纪年取繁不取简的又一理由。

全书长达六十余万字，就是因为取东坡"《前》、《后集》制、劄、书、状、序、传、铭、记、词、赋、论、说，悉纳入之，事或未备，则佐以老苏、子由、叔党诸集"，并尽录全文，因此往往取讥于后人。年谱节录所需资料即可，一般没有必要尽录全文。但这样做也可节约读者翻检原书的时间，不可全盘否定。

智者千虑，难免一失，此书除繁冗外，疏漏之处也不少。关于苏洵与张俞游居青城山白云溪的时间，康定元年庚辰条云：“张俞闻宫师贤，亦订交焉。中都公（苏洵之兄苏涣）移判阆州，宫傅（苏洵之父苏序）往见之，留数月归。”王文诰很谨慎，认为“张俞及中都公二条，皆此数年中事也”。按：苏洵与张俞游居青城山白云溪，确实不在康定元年（1040），而是在庆历四年（1044）以后。王文诰引了苏轼《张白云诗跋》和王称《东都事略·张俞传》为证，未引《宋史·张俞传》。而后者却提供了苏洵、张俞游居青城山白云溪的时间线索：“文彦博治蜀，为置青城山白云溪杜光庭故居以处之。”可见，苏洵、张俞游居青城山白云溪当在“文彦博治蜀”期间或其后。“文彦博治蜀”在何时？宋人家诚之《石室先生（文与可）年谱》庆历四年条云：“是岁按《实录》文潞公除枢密直学士，知益州。七年擢谏议大夫，入政府。”这就表明，“文彦博治蜀”在庆历四年（1044）至庆历七年（1047）期间。苏洵于庆历五年出川赴京应制科试，庆历七年返川服父丧。因此，苏洵、张俞游居青城山白云溪很可能在皇祐元年（1049）服除之后，即比王文诰推测的时间要晚十年左右。关于苏洵与雷简夫订交的时间，庆历七年丁亥条云：“（苏洵）与雷简夫订交九江。”至和二年条又云：“庆历丁亥宫师（苏洵）游庐山，谒简夫。越九年，重见雅州（今四川雅安）。”并引苏洵《忆山送人》“昨闻庐山郡，太守雷君贤。往求与识面，复见山郁盘”为证。考《东都事略》和《宋史》的《雷简夫传》，雷根本就没有做过九江太守。《宋史·雷简夫传》云：“简夫，字太简，隐居不仕。康定中，枢密使杜衍荐之。召见，以秘书省校书郎签书秦州观察判官。……三白渠久废，京兆府遂荐雷简夫治渠事。……知坊州，徙阆州，用张方平荐，知雅州。”这就是雷简夫知雅州以前的全部任职情况。《东都事略·雷简夫传》所载同，并云：“简夫在雅州，眉山苏洵往见之，延誉如不及。”雷简夫知雅州时向张方平、欧阳修、韩琦推荐苏洵的三封信皆存（见邵博《邵氏闻见后录》卷一五），从中也完全看不出他们曾于九年前订交九江的影子。相反，《上韩忠献书》云：“不意得郡荒陋，极在西南，而东距眉山尚数百里，一日眉人苏洵携文数篇不远相访。”“一日”二字表明，这是初见，根本不是什么“越九年重见雅州”。苏洵《忆山送人》诗全按时间先后顺序记游，写庆历七年江西庐山之游时，无只字提及谒雷简夫，而是在庆历七年因父亲去世，未能南游五岭，仓卒返川，并“十年未再出”之后才提到谒雷简夫事：“此意竟不偿，归抱愁煎煎。到家不再出，一顿俄十年。昨闻庐山郡，太守雷君贤。往求与识面，复见山岳盘。”这无可辩驳地证明，谒雷简夫并非在庆历七年，而是在庆历七年以后十年。“昨闻庐山郡”的庐山郡，也不是江西庐山或九江，九江在宋代叫江州，属浔阳郡，见《宋史·地理志四》。而《宋史·地理志五》云：“雅州，上，卢山郡。……县五：严道、卢山、名山、荥经、百丈。”显然，“昨闻庐山郡”乃“昨闻卢山郡”传刻之误，而卢山郡即雅州。王文诰未细审《忆山送人》行文，不知庐山郡乃卢山郡之误，而卢山郡即雅州，遂误庐山郡为江西九江，把苏洵访雷简夫于卢山郡同访雷于雅州分为二事（实为一事），结果把苏、雷初订交误断在江西九江，时间提前了十年。关于苏轼和蔡襄论书的时间，嘉祐二年丁酉条云：“时蔡襄以善书名天下，亦引公（苏轼）为重。”下引苏轼《与蔡君谟论书》为证：“往年余尝戏谓君谟，学书如泝急流，用尽气力，不离旧处。君谟颇诺，以为能近取譬。今思此语，已四十余年，竟如何哉!”王文诰云：“此《记》作于岭外，而与君谟遇于都门当在此时。”按：《续资治通鉴》卷五五至和二年（1055）三月癸未条载：“以权知开封府蔡襄为枢密直学士，知泉州，以母老自请也。”嘉祐元年、二年三苏父子在京期间，蔡襄并不在京，有苏洵“余公（靖）、蔡公远者又在万里外”（卷一二《上欧阳内翰第一书》）之语可证。后余靖“来朝”，苏洵有《上余青州书》（卷一一）。而蔡襄当时没有来朝，故苏洵也没有上蔡襄书。苏轼《与蔡君谟论书》可能作于去世前不久（1101），则苏轼嘉祐五年（1060）服母丧期满返京后与蔡襄论书也可称“四十余年”。关于苏轼《江上值雪效欧阳体》，嘉祐四年己亥条云：“十月，公还朝，与子由侍宫师行。”沿途有诗，其中云：“作《仙都山》诗，《江上值雪效欧阳修禁体和子由韵》。过忠州，作《屈原庙赋》。”按：仙都山在丰都县。显然，王文诰认为苏轼的《江上值雪》诗作于丰都和忠州之间。苏辙原韵已佚，但其

《次韵子瞻病中大雪》诗曾忆及此事：“空记乘峡船，行意被摧剉。溟濛覊洲渚，泠冽光翻座。我唱君实酬，驰骋不惶卧。……诗词禁推类，令肃安敢破?”——“我唱君实酬”，即苏辙原唱，苏轼次韵；“诗词禁推类”，即题中所云禁以咏雪常用字入诗；“空记乘峡船”，说明这次唱和在入峡以后，而丰都、忠州尚未入峡；“行意被摧剉”，说明行程为风雪所阻。而三苏父子行程为风雪所阻却在归州（今湖北秭归）以下四十里的新滩，有苏轼《新滩阻风》（卷一）诗为证：“北风吹寒江，来自两山口。初闻似摇扇，渐觉平沙走。飞云满岩谷，舞雪穿窗牖。滩下三日留，识尽滩前叟。”《出峡》（同上）诗亦云：“新滩阻风雪。”三苏过夷陵（今湖北宜昌东南），苏轼还有《夷陵县欧阳永叔至喜堂》诗，因此，《江上值雪效欧阳体》诗当作于自新滩至夷陵（相距很近）一段，甚至可能与《夷陵县欧阳永叔至喜堂》诗作于同时。因为诗中有“江空野阔落不见，入户但觉轻丝丝”句，“江空野阔”已是出峡以后夷陵一带的景象。关于赵司谏，嘉祐六年辛丑七月条云：“宫师谢赵司谏书。”并说：“据此书则荐宫师者不止欧阳修也。其赵司谏、窦太守皆不详何人。盖欧阳奏上其文之后，必经两制议覆，赵或与其事，故又荐之也。”其实，赵司谏即大名鼎鼎的赵抃。苏轼《赵清献公神道碑》云：“公讳抃，字阅道……移充梓州路转运使，未几移益。……以右司谏召。”此系赵司谏即赵抃之确证。王文诰由于偶然失检，不知赵司谏即赵抃，因此对苏洵《谢赵司谏启》的系年及赵司谏推荐苏洵的背景都弄错了。上引材料证明：苏洵谢启不是作于嘉祐六年七月，而是作于嘉祐五年八月后不久。赵司谏推荐苏洵不是因为“经两制议覆，赵或与其事，故又荐之”，而是以益州路转运使身份推荐本路人才。赵抃任益州转运使时，正是苏轼兄弟居母丧期间，时苏洵亦在老家眉山，故启中云：“向家居眉阳，不能走二百里一至于门。”苏洵当时因拒绝召试舍人院，未去成都访赵抃，但苏轼兄弟，至少苏辙是曾去成都拜见过赵抃的。苏辙曾说：“辙昔少年，始见公于成都，中见公于京师。”（《太子少保赵公诗石记》）前者即指居母丧期间；后者即指嘉祐五年返京之后，时赵抃亦以右司谏召回朝廷，故称赵司谏。《总案》的类似疏误还有不少，不再一一列举。

第六章　20世纪苏轼研究的凋落与“复炽”

20世纪的苏轼研究再次经历了由凋落到“复炽”的过程。前五十年战乱频仍，苏轼研究几乎处于停顿状态。继三十年，政治运动不断，苏轼研究有种种禁忌。只有最近二十年，苏轼研究又才全面复兴，取得了可与清人媲美的成就。这二十年的苏轼研究之所以能取得举世瞩目的成就，是与整个国家的拨乱反正分不开的，由破“四旧”转而重视传统文化，国家拨出专款支持古籍整理研究工作，国务院成立了古籍整理出版规划小组，教育部成立了全国高校古籍整理研究工作委员会，各省也成立了古籍整理机构和古籍出版社，这对推动苏集的整理和苏轼的研究显然起了关键作用。这二十年的政治环境比前三十年宽松得多，国内外的各种学术交流得以广泛开展，各种学会、学刊有如雨后春笋一般蓬勃发展起来，对苏轼研究也起了一定的推动作用。

第一节　苏诗的整理与研究

苏轼诗的流传主要有三个系统，一为全集本，指收在《东坡前集》《东坡后集》《东坡续集》中的苏轼诗，历代都颇流行；二为分类集注本，主要指王十朋的《百家注分类东坡诗》二十五卷，这在南宋、元、明特别流行；三为编年注本，主要指施元之、顾禧、施宿合撰的《注东坡先生诗》四十二卷，元、明流传甚少，几乎失传。但自清人宋荦、邵长蘅、冯景等整理出版《施注苏诗》四十二卷，《续补遗》二卷后，编年注本尤为盛行，查慎行、纪昀、翁方纲、冯应榴、王文诰、沈钦韩等，分别在苏诗编年、考订、笺注、评点、刊行方面做了大量有益工作，出版了一种又一种的苏诗编年注本。而查慎行

《初白庵苏诗补注》、冯应榴的《苏文忠公诗合注》、王文诰的《苏文忠公诗编注集成》更是苏诗注的集大成。20世纪曾多次刊印以上注本。

1919年上海商务印书馆据宋刊本影印《集注分类东坡先生诗》（旧注王本），1922年上海扫叶山房石印此书；同年上海商务印书馆《四部丛刊初编》影印王十朋集注、刘辰翁批点的《增刊校正王状元集注分类东坡先生诗》。民国年间还曾大量重印各种清注苏诗，1924年上海博古斋据清《苏斋丛书》本影印翁方纲《苏诗补注》，1931年上海商务印书馆的《丛书集成初编》排印此书，1935年上海商务印书馆《万有文库》、1937年上海商务印书馆《国学基本丛书》、1978年广文书局都重印此书。1925年文学山房重印清光绪中长洲蒋氏刊《心矩斋丛书》，收有沈钦韩《苏诗查注补正》四卷。1922年张宗祥等集资翻刻南宋刊本《东坡先生和陶渊明诗》四卷，1925年上海扫叶山房温汝能纂订《苏陶合笺》八卷，1980年台湾新文丰出版公司出版此书。1919年上海扫叶山房石印纪匀评点的《苏文忠公诗集》，1969年台湾宏业书局出版此书。1939年江都天倪阁刻印赵克宜辑订的《苏诗评注汇钞》。1940年上海中华书局出版王渔洋选的《东坡诗》。1975年台湾新文丰出版公司出版查慎行《苏诗补注》，同年中文出版社出版冯应榴《苏文忠公诗合注》，台湾学生书局出版王文诰《苏文忠公诗编注集成》。

1982年中华书局出版了孔凡礼先生校点、刘尚荣先生任责编的、以王文诰注为底本的《苏轼诗集》，之所以特别提到刘尚荣先生，因为据我所知，他对本书作了大量的加工工作。

王文诰注实际主要利用了冯应榴注的成果，冯应榴之孙冯宝圻在《新修补苏文忠诗合注序》中，指责王文诰对其祖父的《合注》是“阴据之而阳鳌之”：“考核事迹，排次年月，自谓于论世知人之学加密，而多失之凿且固。元刊《王状元集百家注》本，宋刊《施顾注》本及影钞本未目睹，但据此书（《合注》）所采，翦截移易，自谓简明该括，而多失之陋且略。”

冯应榴以注见长，王文诰以考订苏轼一生行实见长，其主要贡献是《苏诗总案》，可能是因为孔凡礼先生的任务是整理苏轼诗注，故弃《总案》而仅取沿袭《合注》的《集成》。《合注》五十卷，《集成》仅取四十六卷。《合注》

卷四七、四八为互见诗，虽然冯氏也认为只有个别诗为苏轼所作，但仍予保留，颇为慎重；《集成》却删去了这两卷。《合注》卷四九、五〇为补编诗，冯氏亦疑其中一些诗非苏轼所作，《集成》只以少数入集，多数删去。《集成》还删了《合注》前四十五卷中的其他一些诗，冯宝圻指责《集成》"恣行删削，一变《查注》本来面目"，是有一定道理的。看来孔、刘二先生也不赞成王文诰的"恣行删削"，故又收了《集成》删掉的《查注》《合注》中的他集互见诗和补编诗。其《前言》云："见于《合注》而《集成》未收诸诗，真伪杂糅。对于这些诗篇，我们采取审慎态度，还是从《合注》中移编过来。"《点校说明》云："为了使读者看到苏诗全貌，掌握有关苏诗的比较完备的资料，我们从《查注》《合注》中，收入了补编诗和他集互见诗，编成第四十七至五十卷，恢复了《查注》《合注》五十卷的规模。其第四十七卷，收一至四十六卷见于《合注》而《集成》未收诸诗。其第四十八卷，收除已编入《集成》的《合注》全部补编诗，其第四十九、五十卷，收《查注》《合注》他集互见诗。我们斟酌《集成》体例，这四卷采用《合注》注文，并集中排在每篇之末，顺序编号，正文加相应的序号，在排印格式上与前四十六卷稍有区别。"这种做法，我总觉得有些滑稽，既然如此，何不以冯注为底本呢？

但孔凡礼先生决定用王文诰注做底本，也有他的理由，第一，"王氏在苏轼一生立身行实上下过很多功夫，他调整了《合注》中一些诗的次第，大体可信"；第二，"《合注》资料翔实，但征引过繁，往往喧宾夺主。《集成》删去了《合注》中的繁冗注文……诗注部分的篇幅略减于《合注》十之二，比较简明"；第三，《集成》"对苏轼诗句，间有发明，增补了纪昀的评语"。并云："总的说来，王氏的编订，对传播苏诗，认识苏诗，是有意义的。《集成》的诗注部分，创见虽不多，但在前人的基础上，还是有所发展的，它是比较切合实际需要的。我们选用《集成》作为校点苏诗的底本，意实在此。"（《前言》）

孔凡礼校点本在底本选择上或许不无可议之处，但在校勘和辑佚上却下了很大的功夫。其《点校说明》云："校勘是我们整理工作的基础。为此，我们以北京图书馆所藏善本为主，搜集了海外的个别重要版本，参考了前人的部分校勘成果，采用汇校方式，逐条写成校勘记，希望对读者和研究者提供一些方便。”其所用校本和参校本多达三十余种，正如刘尚荣先生所说：“新版《苏轼诗集》的最大特点和优点，在于它审慎细密地校订了全部苏诗的正文和东坡自注。校勘古籍首先应广征异本，详细佔有资料。在这方面，《苏轼诗集》的成绩是显著的。该书使用了今所知见的（包括美国、日本公私藏书在内的）十余种极珍贵的苏诗宋、元刻本及有参考价值的部分明、清刻本，作为主要校本；又参考了存有苏诗真迹的金石碑帖与著录金石诗文的专著；还充分利用了清人、近人校订苏诗的成果。全书采用汇校方式，整理出四千余条校勘记，分载各卷之后。这些校勘记忠实录存下种种苏诗珍本、善本、孤本、秘本的异文资料（唯缺台湾独存的宋刻苏诗残卷的异文）。这就使本书在资料价值、学术水平上超过以往任何一种苏诗版本。……总之，本书使用的校本，大都成为秘籍珍本，其中某些书，专家也无缘得见，更无机会通读通校。本书校点者以得天独厚的便利条件，在中华书局编辑部协助下，获睹诸多善本，细心比勘，汲取了各家之长，收集了各本有参考价值的全部异文，从而在苏诗正文及其自注的订误、补阙方面，取得了可喜的成绩，足以为本书增辉。单从减省读者翻检之劳这一点看，也已功德无量了。”（《评新版〈苏轼诗集〉》）

孔凡礼《苏轼诗集》校点本，除了恢复被王文诰删去的补编古今体诗、他集互见诗四卷外，还新收有辑佚诗二十九首。孔氏云：“明万历刊《重编东坡先生外集》，卷首列东坡诗文集名……二十四种；此二十四种外，尚有见于任渊《山谷诗集注》卷十三之《东坡小集》等。今得见者，唯《东坡集》《东坡后集》。诗之散佚当不少。后世继编者有之，搜潜抉隐，功不可没。然而碔砆鱼目，张冠李戴，亦往往而有。今考《永乐大典》《诗渊》《山谷诗集注》《山谷外集注》《分门类纂唐宋时贤千家诗选》（即《后村千家诗》）、《舆地纪胜》《侯鲭录》等书及西楼帖，题为东坡所作而《查注》《合注》未收之诗有三十六首。此三十六首，经初步甄别，删去其确非东坡作者，得二十九首。其中仍难免有他人之作，大部则可信。”其下还对删去之诗作了说明，可见作者并未以求多为胜，态度十分严谨。亦如刘尚荣先生《评新版〈苏轼诗集〉》

所说："本书所收苏轼诗，若包括他集互见诗与补编诗，则有二千八百二十多首，为目前收诗最全、资料最富的一部苏诗全集。校点者见各本坡诗均有漏收者，又千方百计收集到'辑佚诗二十九首'，作为'增订'，附于卷末。其中见于《永乐大典》的若干首，与栾贵明《苏轼集拾遗》（载《文学评论》1981年第5期）不谋而合，其余皆首次披露。由此可见出校点者在辑佚方面的专长。校点者为佚诗所作的校注和考订，很有参考价值。如剔除了见于《永乐大典》的《游南岳》诗，以其'不可信'，就是言之有据的。当然这方面还有不少资料有待挖掘和鉴别，本书的辑佚还只是初步的，难免有漏辑者。近接友人栾贵明函告：'近来偶然发现我所辑苏诗中，《寄汝阴少师》和《和南郡赵少师》二首，见于《苏魏公集》卷八。故应予注明或删除。'准此，本书增订部分，似应删去这二首诗，或仿《游南岳》之例，在校注中予以说明。校点者的疏失，显然是由于未查《苏魏公集》，由此也可知辑佚之难。"

第二节　苏文的整理与研究

关于苏文，1919年上海扫叶山房曾刊印明杨慎原选、清袁宏道参阅《百三十家评注三苏文范》十八卷。1919年上海商务印书馆影印宋刻本南宋郎晔注《经进东坡文集事略》六十卷，1920年上海罗振常蟫隐庐仿宋活字本刊印南宋郎晔注、罗振常辑佚的《经进东坡文集事略》六十卷，考异四卷，考异补遗一卷，误字记一卷，又辑《经进嘉祐文集事略》一卷、《经进栾城文集事略》一卷，1922年《四部丛刊初编》曾收入《经进东坡文集事略》六十卷，1957年7月北京文学古籍刊行社出版南宋郎晔注、庞石帚校订的《经进东坡文集事略》六十卷，1960年台湾世界书局、1979年香港中华书局也曾刊印《经进东坡文集事略》六十卷。1933年上海商务印书馆曾刊印《东坡禅喜集》。1934年海口海南书局曾刊印清樊庶编、王时雨重校《苏文忠公海外集》。1936年上海商务印书馆影印《元丰题跋·东坡题跋》。1922年上海博古斋据明汲古阁本影印的《津逮秘书》，收有《苏轼易传》九卷；1935年上海商务印书馆的

《丛书集成初编》，收有《苏氏易传》九卷；1974年台湾广文书局《易学丛书续编》、1989年上海古籍出版社《四库易学丛刊》、1992年北京中国书店《中国古代易学丛书》均收有《苏氏易传》。1920年上海涵芬楼据清道光十一年六安晁氏本刊印的《学海类编》，收有苏轼《格物粗谈》二卷。1922年上海文明书局据明万历三十四年刊本石印有《宝颜堂秘笈》（一名《陈眉公订正秘笈》），中有题苏轼撰的《物类相感志》一卷、《渔樵闲话录》一卷。1926年上海扫叶山房《五朝小说大观》收有《杂纂二续》一卷、《调谑编》一卷。1937年上海商务印书馆曾刊印《格物粗谈》，附《物类相感志》《艾子杂说》《杂纂》《问答录》。1921年上海古书流通处据清鲍廷博刊本影印的《知不足斋丛书》，收有《苏沈内翰良方》十卷，1939年长沙商务印书馆刊印《苏沈良方》八卷；1921年上海博古斋据明弘治华氏刊本影印的《百川学海》、1927年武进陶氏所刊《百川学海》（此书是据宋咸淳本景刊，所缺卷以明弘治华氏覆宋本摹补）、1930年依宋本目次编印的《百川学海》，皆收有苏轼的《东坡先生志林》，1939年长沙商务印书馆刊印《东坡志林》，1981年中华书局出版有《东坡志林》校点本，1983年上海华东师范大学出版社出版有《东坡志林》与《仇池笔记》的校注本。1991年湖南文艺出版社也出版有《仇池笔记》的校注本。1919年上海扫叶山房《百子全书》收有《广成子解》一卷。1922年上海文明书局还出版有《唐宋十大家尺牍》，含《苏东坡尺牍》二卷。1935年商务印书馆《旧小说》收有《东坡酒经》一卷、《天篆记》、《子姑神记》、《方山子传》（皆不分卷）。以上所举主要是影印、翻刻以前出版过的，或新从文集中抽印的，总的说来加工量不大。1994年沈阳春风文艺出版社出版有林辰校点的《东坡诗话》，1996年西南师范大学出版社出版有王文龙的《东坡诗话全编笺评》。

继1982年中华书局出版了孔凡礼先生校点、刘尚荣先生任责编的《苏轼诗集》之后，于1986年又出版了孔凡礼先生校点、刘尚荣先生任责编的《苏轼文集》。

苏轼全集多为诗文合编本，包括分集编纂的宋、明“东坡七集”和分类编纂的明刻一百一十三卷本《苏文忠公集》，清蔡士英一百一十五卷刊本《东坡全集》。第一次单独收苏轼全部文章的苏轼文集是明末茅维刊本《苏文忠公全集》七十五卷。中华书局出版的《苏轼文集》即以此书为底本。敢选此书为底本是需要勇气的，因为影响很大的《四库全书总目》卷一五四《东坡全集》提要谓“有七十五卷者，号《东坡先生全集》，载文不载诗，漏略尤甚”即指此本。但孔凡礼先生的《点校说明》认为“底本有其明显的长处”，一是“取材丰富”，二是“底本的分类，从大的方面说，是得体的”。他举例说：“以尺牍而论，底本采用的是上面提到的经过整理的本子，约收尺牍一千三百首。此本以人为纬，有多首尺牍者，则大体按写作时间排列。”总之孔先生认为：“底本瑕瑜相较，瑜远胜瑕。去瑕取瑜，我们应该对底本的编者的搜辑之功，作充分肯定。《四库提要》卷一五四宁取蔡士英刊本，而批评此本‘漏略’，是很片面的。”

新版《苏轼文集》与新版《苏轼诗集》一样，在校勘上花了很大工夫。刘尚荣《新版〈苏轼文集〉书后》云：“本书的校勘比《苏轼诗集》又有所发展。诗集主要用不同版本对校。文集情况复杂，除采用九种主要校本通校外，还使用了金石碑帖、宋人别集、年谱、笔记等多方面资料以解决个别篇目的疑难问题。文集中的制、奏议、尺牍、题跋、杂记各类，又寻觅了各自的参考校本如《宋大诏令集》《历代名臣奏议》《苏长公二妙集》《东坡志林》等等。总之，点校者将传统的本校、对校、他校、理校诸法综合利用，融会贯通，从而订正了底本的某些误脱衍倒，录存下大量有参考价值的异文资料，并对部分篇章的写作时间乃至重出疑伪问题做出了简要交代。……由于进行了全面认真的校订，《苏轼文集》从文题到字句各方面都优于通行本，可以说已向苏文‘定本’的目标迈出了至关重要的一大步。当然，该书的校勘并非尽如人意。其校勘体例稍嫌繁琐，某些校记写得不够精练，表达方式也不尽统一。对底本的个别改动以及不影响文义的文言虚词的出校，总令人感到点校者对所谓墨迹刻石资料有所偏爱和偏信。”

新版《苏轼诗集》辑得佚诗二十九首，新版《苏轼文集》竟辑得佚文四百余篇，编成《苏轼佚文汇编》附于全书之后。其《弁言》云：“苏轼之文，见于《苏轼文集》者，凡三千八百余篇，然犹未尽也。……余于校点《苏轼文集》同时，潜心搜集苏轼佚文。五六年来，自有关总集、别集、笔记、诗话、金石碑帖及题跋、史部、类书乃至苏轼多种版本著作中，得文近四百篇（包括残篇）。中国社会科学院文学研究所王学泰同志复示余所不及，复得若干篇，二者都为四百余篇。乃命之曰《苏轼佚文汇编》，厘为七卷，可为研究一代文宗之助。”其所收佚文，某些或有过滥之嫌，如《简例》云：“《侯鲭录》《曲洧旧闻》篇首云‘东坡云’‘东坡言’‘东坡曰’者，或见于文集，或不见。其不见者即视以佚文，辑入本编。”其实，“东坡云”“东坡言”“东坡曰”情况颇为复杂，都视为佚文，恐怕未必妥当。但编者还是比较谨慎的，也作了一些限制：“篇首虽有‘东坡云’而其中夹有与引述者问答之语者不收，篇中夹有引述者叙事之语者不收。”对一些传为苏轼之书而未必可靠者，如《艾子杂说》《渔樵闲话录》《续杂纂》，编者亦只把它作为附录：“未敢遽定，以其传世已久，又未敢遽弃，今亦入于附录。”刘尚荣《新版〈苏轼文集〉书后》对《苏轼佚文汇编》评价甚高：“由于《汇编》的宗旨是‘期于全而后已’，所以历史上凡传为苏轼作品者，包括零章断句在内，已大体搜罗齐全，庶可省去研究者翻检之劳。这里确实搜集了不少珍品，值得重视。如建中靖国元年六月的《乞致仕状》，诸家年谱均曾言及，正集却未收入。今从《东坡外集》觅得此文，弥足珍贵。又如《与钱穆父书》，正集只存二十八篇，今于《圣宋名贤五百家播芳大全文粹》中发现另外的二十九篇，总数长出一倍有余，这对考查苏、钱交游及东坡思想必将大有裨益。尤其是《西楼帖》保存的几十篇文章，内容比较可靠，更富参考价值。可以预料，《苏轼佚文汇编》对有关专家学者将有更强烈的吸引力，更使人感兴趣。……笔者认为，当个人的校订考辨不足以做出最后案断时，先将它们收入文集，是行之有效的简便措施。而其去伪存真，只能留待各路学者共同承担了。”

吴雪涛著《苏文系年考略》是近年来的重要成果。全书约四十万字，1990 年内蒙古教育出版社出版。苏轼诗词，前人都有编年之作，唯苏文无人全面系统进行编年，此实为第一部苏文系年。为省篇幅，作者对于苏文，但标篇目，不录原文，考略中也只摘引与编年有关的文字。全书所录苏文篇目及所摘引文字，均以清光绪宣统年间覆刻的明成化七集本为准。其中《外制集》《内制集》，为苏轼所草诏令，均已注明写作时间，故作者未再为之编年。其他论、传、赋、记、书简、序跋、表状、祭文、铭、赞、启、颂等，共二千零三十篇，已作系年者凡一千六百九十九篇，约占百分之八十四，可见作者花的工夫是比较大的。凡编年之文，俱以年代先后为序排列，同年之文则以月日先后为序，月日无考者列于该年之后。给同一人的若干书信之类，因作于不同时间，则以数码为之序，分别编年。可见其编例也是比较科学的。但作者说："以往编年之作，凡遇显然知在某地所作而难确其年，但作者在该地起讫时间又清楚者，例编于其在该地最末一年。……如此编法，实与不编相去无几，故本书凡遇此类，概付阙如。"其实前人这一做法亦有其用处，可叫作相对编年，对了解作品背景仍有一定用处，实不应"概付阙如"。书末附的三个索引（编年篇目索引、未编年编目，引用书目）也颇有用处。为全部苏文系年谈何容易，其中疏漏自然难免。但总的说来，这仍堪称是一本填补空白之书，其功不可没。

第三节　苏词的整理与研究

民国以来出了一些苏词白文本或校点本，较早的为林大椿校订的《百家词》本。此书是林大椿据吴讷编《唐宋名贤百家词》校订排印，东坡词在第二册。有1926年中华书局排印本，又有香港商务印书馆1940年本。其书序例谓《百家词》乃"明吴讷编于正统间，在毛刻前二百年。其中如曾慥辑之东坡词并拾遗及范开辑之稼轩甲乙丙丁四集，均为今代稀见之品"。该书所收东坡词的内容、编次与曾慥本《东坡长短句》基本相同，只是拾遗卷中林大椿删去了重收的《醉桃园》等七首，大体保存了南宋曾慥辑本的原貌。此书印数不多，今北京师范大学图书馆、华东师范大学图书馆、上海师范大学图书馆、福建范大学院图书馆、吉林大学图书馆及上海古籍出版社的图书馆有收藏。

属明毛晋编《宋六十名家词》系统的，有民国年间上海博古斋据毛晋汲古阁原刊本《宋六十名家词》石印出版，收有《东坡词》一卷；民国年间上海商务印书馆《国学基本丛书简编》，缩印钱塘汪氏重刊本《宋六十名家词》，中有《东坡词》一卷；1936年上海国学研究社再版毛晋所编《宋六十名家词》，但校订不严，上海中华书局出版的朱居易校辑《毛刻宋六十家词勘误》一书，用毛校本，影宋本及其他精刊精钞本来校勘此本之误；1936年上海杂志公司据毛晋汲古阁原刊本排印《宋六十名家词》，收入《中国文学珍本丛书》第一辑，施蛰存校点，中有《东坡词》一卷；中华书局《四部备要》集部总集所收《宋六十名家词》中，也收有《东坡词》一卷。该书有排印及缩印两种。

属元延祐《东坡乐府》系统的，有民国年间中国书店据清光绪中王鹏运家塾刊本影印《四印斋所刻词·东坡乐府》，印数不多，流传不广。1957年上海古典文学出版社据北图所藏元延祐刊本《东坡乐府》二卷缩印出版，并与元大德刊本《稼轩长短句》缩印本合装为五册一函，其第一册即《东坡乐府》(此缩印本《东坡乐府》亦有单行本同时传世)。可惜不尽收诸家藏书印章，有失原书之真。各大图书馆均有收藏。1959年中华书局上海编辑所据北京图书馆所藏元延祐刊《东坡乐府》二卷原样影印出版，保留了元刻本风貌，书中叶曾序、黄丕烈题识及诸家藏书印章悉照原样。书后排印了赵万里1957年所写的跋，对元延祐刊本与其他东坡词刊本的相互关系作了考订：

右元延祐七年叶曾云间南阜草堂刻本《东坡乐府》，为今日所见坡词最早刻本。迭经黄丕烈士礼居、汪士钟艺芸精舍、杨绍和海源阁收藏。海源阁书散，归天津周叔弢先生。1952年叔弢先生藏书捐献政府，此书与元大德三年广信书院本《稼轩长短句》同归北京图书馆。清光绪间临桂王鹏运曾从杨氏借来刻入四印斋刻词，虽行款未易，而原书面貌不可复见。今据原本影印，使世人得复见原本真相，当亦为治古典文学者所乐闻也。

此本各大图书馆多有收藏。台湾世界书局曾据中华书局影印的元延祐刊本《东坡乐府》二卷，照相制版影印，收入《中国词学丛书》中。1979年上海古籍出版社用上海古典文学出版社影印本《东坡乐府》做底本，又用《宋六十名家词》《四印斋所刻词》《彊村丛书》等书所收东坡词汇校，出版了校点本。校正了元延祐原刊本的某些脱误。此书流传颇广。

宋、元、明、清出版的东坡词都未编年，直至清朝灭亡前一年，即宣统二年（1910），始有朱祖谋的编年本《东坡乐府》，此为苏词编年之始。

朱祖谋所编《东坡乐府》三卷的石印本，出于清王朝灭亡前一年，印数甚少，流传不广。但此书后来收入《彊村丛书》三校本，广为流传，有1922年本，除载宣统二年冯煦序外，还载有1916年沈曾植序、1917年曹元忠序，另有沈修序，未署写作时间。其次为吴虞校录的《蜀十五家词》所收《东坡乐府》三卷，系据朱氏《彊村丛书》本重刊，序跋、凡例、内容、编次，甚至行款均同朱本。三为1960年台湾广文书局影印朱祖谋《彊村丛书》本《东坡乐府》三卷。

朱氏《东坡乐府凡例》，首述底本选择："东坡词，今行世者，只毛氏汲古阁、王氏四印斋二本。毛跋谓得金陵刊本，未详所自；王刻从元延祐云间本出，较为近古。中有十首，为汲古所未载，而汲古多于元刻者六十一首。今以元刻为主，毛本异文著于词后，元刻之确为伪阙者，则依毛本正之。"关于编次，则云："旧本分调编次，今依编年体例，以傅藻《纪年录》、王宗稷《年谱》皆出南宋人手，自足征信，近则王文诰《苏诗总案》搜集最详，合此三家，证以题注，参酌审定，大凡可考者十之六七。因仿冯孟亭注玉溪生诗例，以无从编年者别为一卷，乃依元刻，以调类列其间。"这是对苏词的首次编年，以后的苏词注本多彷此。

以上所举有不少属于总集、丛书所收的东坡词，这类书中影响最大的还应算唐圭璋《全宋词》所收的《苏轼词》。唐先生于1931年开始编纂《全宋词》，1937年完成初稿，1940年由商务印书馆出版。1957年中华书局约请编者进行改编增补，1959年完成。书局根据唐先生的建议，指定王国维次子王仲闻先生对全书进行增订覆覈。王先生以有关总集、别集、史书、方志、类书、诗话、笔记及佛道二藏一一进行检索，补充了唐先生未见到的不少材料，修订了原稿中若干考据结论，较旧版增补词人二百四十余家，词作一千四百余首，删去了误收作品，改写了小传，全书体例、所用版本都有较大改进。

王先生的贡献远远超过了一般意义上的编辑加工，以至于唐先生主动提出与王仲闻共同署名。1964年唐先生与中华书局签订出版合同时，唐先生在“唐圭璋编”后，亲自加上“王仲闻订补”五字。但由于长期“左”的影响，以王先生的“历史问题”，1965年新版及以后的多次重印，均未共同署名，长期埋没了王先生修订《全宋词》的功劳。直至1991年1月中华书局出版简体字横排增补本《全宋词》，才改署“唐圭璋编，王仲闻参订，孔凡礼补辑”。《全宋词》第一册收《苏轼词》三百六十余首。在按调名编次的各种东坡词藉中，此本收苏词最多，是目前校订认真，并注明出处的苏词刊本，互见与可疑作品加案说明，还附录有存目词，亦注明出处，对苏词的去伪存真、拾遗补阙极为有用。

苏词注本除傅幹《注坡词》以钞本形式流传，不绝如缕，见者甚少外，直至1936年商务印书馆出版龙榆生《东坡乐府笺》，才有了广为流传的苏词注本。商务印书馆1958年重印本较为通行。1974年华正书局、1979年香港中华书局都曾刊印。商务重刊本首列夏敬观等所作序，次为龙氏1957年所作《序论》，次为苏辙所撰《东坡先生墓志铭》，次为龙氏所辑宋以来诸家对东坡词的部分总评。各词之后，首列校记，校记后为笺注，部分笺注后列有评、本事附考或附录，分别收录诸家有关东坡该词本事的记载或考证、评论资料，虽收罗不全，但亦极有参考价值，可与龙笺互为补充。

龙榆生（1902—1966），原名沐勋，别名元亮，别号龙七，毕生从事词的创作、研究和教育工作，著有《唐宋名家词选》《近三百年名家词》《唐宋词格律》《词曲概论》等。其《东坡乐府笺后记》云：“曩从上虞罗子经先生，假得南陵徐氏旧藏旧钞傅幹《注坡词》残本，取校毛氏汲古阁本、王氏四印斋景元延祐本、朱氏彊村丛书编年本，时有胜义，而所注典实，多不标出原书。因为稽考群籍，更依朱氏编年，作为此笺，以便读者。其原注可用者仍之，并于每阕之下，别标傅本卷目，以存其旧。……又从徐积余先生，假得郑叔问手评《东坡乐府》，于本笺不少补助，特并附著于此。”夏敬观序云：“其（苏轼）词别本单行，未有从事编注者。归安朱沤尹侍郎，始为之校订编年，刊之《彊村丛书》中。吾友龙君榆生，好学深思，以能诗词，先后教授于厦门、上海诸大学，暇日复取沤尹所编本，考证笺注，精覈详博，靡溢靡遗。”叶恭绰序云：“东坡词夙少完本，兹龙君榆生，萃各本互勘，写定为《东坡乐府笺》三卷，体例详赡，搜采广博，于词之独到处，尤多发微。……至编校之精核，有目共赏，固无事赘言也。”夏承焘序云：“榆生此笺，繁征博稽，十倍旧编，东坡功臣，无俟乎扬赞。”三序皆多溢美之词。此书虽是最早、流传最广的东坡词编年笺注本，但龙氏所做工作其实不多，该书编年所据为朱祖谋《东坡乐府》三卷，仅比朱本增补了四首词：《瑶池燕》（飞花成阵），《点绛唇》（醉漾轻舟），又（月转乌啼），《浣溪沙》（风压轻云贴水飞）；编年只做了个别调整：《菩萨蛮》（娟娟缺月西南落），朱本编元丰二年，龙本改编元丰六年；《西江月》（点点楼头细雨），朱本不编年，龙本编入元丰六年。此外全同朱本。笺注则主要采自宋人傅幹《注坡词》，并采录了朱本的校注、郑叔问手评《东坡乐府》，也有龙氏自注，但不多。龙氏既采傅注，又未全采傅注，遗漏了傅注的一些很有参考价值的注文；所采傅注，有的标明所自，但也有不少实际采自傅注，却未标明。傅注所引前人诗文，有的今已失传，不标明傅注，就不知其所自，可见其笺注编校亦未必“精核”。此书的价值既不在编年，也不在注，而在于一般人还见不到傅幹《注坡词》时，得以通过此书见到傅注，虽非傅注原貌，但在苏词无其他注本时，聊胜于无。

在龙榆生《东坡乐府笺》后，仍后继乏人。在龙《笺》之后数十年，1968 年香港万有图书公司才出版了曹树铭先生校注的《苏东坡词》，1980 年曹氏又对全书做了修订，1983 年、1996 年台湾商务印书馆曾两次印行，内地流传亦较广。台湾出版了郑向恒的《东坡乐府校订笺证》，内地则出版了石声淮、唐玲玲《东坡乐府编年笺注》，并对龙《笺》都有多少不等的改进。

曹树铭，江西丰城人。上海圣约翰大学文科肄业，吴淞中国公学大学部法科毕业，英国伦敦大学政经学院国际关系研究员。曾任南洋大学中文系讲师、中国文化学院中文系教授。著有《李清照诗词文存》《李龙眠之研究》《秦玺考》《杜臆增校》《杜集丛校》《李白与杜甫交往关系之诗》等书。

全书首列宋李公麟所绘东坡像及清王文诰旧藏东坡像（见《苏文忠公诗编注集成》）。次为苏轼墨迹，含小楷、大楷、行书、草书。次为苏轼绘画，并附有文同、苏过等人画。次为曹氏所撰《苏轼小传》《东坡前后反对变法之实录节要》。次为《新增校说明》《校编说明》，论述了编纂此书的动机：一是“为谋东坡词之增补及其编年更符合实际，并尽可能摘出误入之作”；二是“为谋使龙本与《全宋词》本直接沟通，或使此两本有关之各本间接合流，而为治东坡词者另辟一比较广阔之园地”。编校此书的指导思想是：“宁严勿滥，对于《全宋词》本所广泛吸收者，在取舍之间，尤不可忽。……凡在意境方面与东坡之为人及东坡词不类者，尤其现已阑入之伪作，必须竭忠尽智，予以揭发。”“宁严勿滥”的原则本来无可非议，但曹先生在具体执行时多以风格不类否定一些词为苏轼词，就觉得缺乏说服力。曹氏在论述“编年之参考”时，除东坡诗集或文集、地理位置、东坡行踪易于定案外，还有“本词之情感”“本词文字意境”“本词题内文法之启示”等，都较活，难于定案。《校编说明》还介绍了校编的轮廓：增补十五首（含编年词十四首、未编年词一首），改编龙本编年者七首，龙本原不编年移为编年者五十一首，改列龙本卷三不编年词四十首入附录，其次是互见词四首、误入词三十六首。曹氏归纳道：“本书除四十首为不删削之删削外，实收词三百一十九首，包括增补十五首在内；本书编年词较龙本多六十四首；本书不编年词，较龙本少八十九首。”次为《苏东坡词序论》，分三章详尽介绍东坡词之特征、风格与写作艺术，长达七十四页。次为龙榆生辑的《东坡词评》及曹氏辑的续编（附有曹氏自己的论述），收历代对苏词的总评。正文东坡词分编三卷：卷一编年词一百一十六首，卷二编年词一百二十三首，卷三未编年词六十首。附录互见词四首、误入词二十九首、可疑词七首。全书以龙榆生的笺注本为底本，用《全宋词》本《苏轼词》为主要校本，并复核了影印元延祐本、毛本、朱本等。每首词正文后，首列“朱注”（全录龙本内之朱注），次列“原校”（全录龙本之校文，不称龙校而称原校，因除有关傅幹本之校文出自龙氏外，几乎全从朱本转录），最后列“曹校注”，是编者自己的校语。1968年本，龙本原有的笺注等，皆弃而不取；1981年本则收录龙本所有的傅注及诗集的施注、《查注》等。《笺注》之误者概予删去，并加以说明；失注者为之补注。曹氏增补各词，亦补加笺注。正文后有附录四篇，一为日本小川环树的《苏东坡诗词用韵考节要》，二为《词苑丛谈》中关于词韵、词调及词作之资料，三为傅东华原著，曹氏节录并评的《关于李清照批评北宋词人》，四为曹氏的《苏东坡之书画》。附录后为曹氏的《东坡词藉著录》《东坡年表》《苏氏谱系》《东坡行迹简图》（据日本近藤乐男所制图译绘），以及分调编号索引。最末为曹氏《后记》两篇。从以上简介不难看出，全书资料翔实，编次也较合理，对苏词的校订、补辑、编年等方面用力颇多，把互见、误入、可疑词单编为附录，体例上也较严严密，是一部较有参考价值的《东坡词》校注本。

1990 年华东师范大学出版社出版了石声淮、唐玲玲的《东坡乐府编年笺注》，后曾在台湾重印。此书是在朱祖谋《东坡乐府》、龙榆生《东坡乐府笺》编年、注释、校、附录基础上编写的，朱、龙二氏未编年苏词，有三十五首本书进行了编年；认为朱、龙编年不当进行了调整的有十余首。本书的笺注是以龙本为根据的，但有所补充，对龙本误注亦偶有更正；注文更加通俗详尽，更适合普通读者；龙本引书不标篇名、卷数，此书加上篇名、卷数，以便读者复核。书后有附录四种，一为各本题跋，二为历代对东坡词的评论，三为苏辙的《东坡先生墓志铭》，四为东坡词版本简介。

1993 年巴蜀书社出版了刘尚荣的《傅幹注坡词》。此书除南宋绍兴初曾“镂版钱塘”外，元、明、清三代，诸家书目不见著录，不见翻刻，只有钞本流传，皆源出明天一阁旧藏。清末社会动乱，天一阁藏书散佚，《注坡词》钞本亦在其中。幸赖沈德寿再次传钞，后归南陵徐氏“积余斋”。《增订四库简明目录标注》邵章续录“傅幹《注坡词》十二卷，徐积余传钞天一阁明钞本”，即指此书。民国以来，朱祖谋、罗子经、龙榆生、赵万里等人曾见过这部徐积余传钞本《注坡词》，龙榆生还利用此书作《东坡乐府笺》。现存《注坡词》钞本，大都是据徐积余传钞本移录的。北京图书馆藏清钞本一部，书末有钞者落款“从南陵徐氏藏沈德寿家钞本传录”。中华书局藏民国年间武进赵尊岳珍重阁抄本一部，书前有赵氏题记：“此集但有传钞，绝少著录。慈溪沈德寿经楼旧钞本既归南陵徐氏积余斋，岁在中元庚午，获读一过，因手缮之，冀有以广其传也。积余世丈并为考订，因附志岁月于此。武进赵尊岳识于珍重阁。”北京大学图书馆藏晒蓝本一部，观其行款，似据清钞本晒印。陕西师范大学黄永年先生藏徐氏旧藏本。前三本目录俱全，按目索词，可知其缺：卷三佚《戚氏》一首；卷六佚《江城子》其五至其九凡五首，又佚《无愁可解》一首，《蝶恋花》八首；卷一一佚《浣溪沙》其二至九凡八首，又佚《沁园春》半首（存“有笔头千字”以下部分）、《雨中花》一首（存调名及词题）；卷一二佚《皂罗特髻》半首（下片）、《调笑令》一首、《双荷叶》一首、《双荷叶》一首、《荷花媚》一首。

清人对这部唯一借传钞以存世的苏词注本并不重视，钱曾《读书敏求记》卷四甚至指责此书“穿凿芜陋，殊不足观”。近人赵万里亦指责其“注释浅陋，诚有如遵王（钱曾）所讥者”（影印元刊《东坡乐府跋》）。直至今人刘尚荣先生对此书才颇重视。他于1981年作《注坡词考辨》，中有《“纰谬”说辨析》一节，专门批驳历代对此书的不公正指责；又有《傅本价值论》一节，正面阐述他对此书的评价：“《注坡词》问世至今八百余年，其间真正研究并全面利用过此书的，似乎只有龙榆生一人。可能是由于对傅本认识不足，评价不高，致使傅本在笺注、校订、编年等方面所提供的丰富资料，龙氏并未充分利用，或是被有意无意地忽略了，因而留下了某些令人遗憾的、亟需补正的疏漏。”然后从笺注、题序、编年、辨伪辑佚四个方面具体阐述了傅注的价值。关于笺注，刘氏云：“傅注在辑校注典上仍有可发拙的珍贵资料，龙本直间或间接采录傅注就足以说明傅注不容忽视的资料价值；龙本漏收的傅注更有待重新采撷。”关于题序，刘氏认为傅注本有利于证明“今本苏词的某些题序并不是苏轼所作”，而是苏词编者加的题注、题解，并举了大量例证。如《满江红》（忧喜相寻）傅本题注引“杨元素《本事曲集》”，“元本删去‘杨元素《本事曲集》’七字，又于‘曰’前添‘余问之’三字，砍去‘东坡嗟叹’句中的‘东坡’二字，遂变第三人称为第一人称，将题解改为词序”。傅注还有助于苏词编年，例如《南歌子》（海上乘槎侣），傅本有词题：“八月十八日观潮，和苏伯固二首（另一首首句为“苒苒中秋过”）。”元本和其他各本均无“和苏伯固二首”六字，而这六字恰恰是为这两首词编年的关键，它既说明两首词作于同时，又题供了编年的线索。朱祖谋据王文诰《苏诗总案》将这两首词分别编入熙宁五年壬子和熙宁七年甲寅。刘氏注意到了两词作于同时，主张应“均编入壬子”，但却忽略苏轼同苏伯固的交往时间。薛瑞生的《东坡词编年笺证》却注意到了：“公倅杭时尚未与苏伯固相识，二人相往来为东坡守杭时事。”可见这两首词根本不是作于熙宁年间倅杭时，而是作于元祐五年或六年守杭时。刘氏还认为傅注有利于苏词的辨伪与辑佚，而且还可辑他书之佚，如杨元素《本事曲集》。刘氏云：“单从辑校考订古籍的意义着眼，傅注即有不容忽视的资料价值。”

1990年《古籍整理与研究》第5期发表的黄永年先生的《述〈注坡词〉兼论它和曾本、元本之优劣》一文，也对傅幹《注坡词》作了肯定的评价：“总的说来是傅本远胜于曾本、元本，当然曾本、元本也有可以补正傅本之处。……至于这三个本子之间的渊源递嬗关系，一时还不易说清楚。只从曾本《点绛唇》‘醉漾轻舟’注有‘此后二词，洪甫云亲见东坡手迹于潮阳吴子野家’来看，可断定它是参考过傅本甚至是源出于傅本的，因为‘洪甫’者就是给傅本撰序的傅共，而且这个注就见于傅本《点绛唇》‘月转乌啼’之后。……所疏解的古典出处总的说来还是比较翔实确切的，并非如赵蜚云（万里）先生以及《读书敏求记》所说‘浅陋’或‘穿凿芜陋’。而且由于注者傅幹是南宋初年人，注中还能保存一些不经见的唐宋诗词小说佚文。”

刘尚荣先生从1982年起开始整理校点傅幹《注坡词》，他以北图所藏清钞本为底本，以北京大学、中华书局所藏傅注钞本及有代表性的六种苏词其他版本为校本，凡重要异文皆出校记。刘氏《校点凡例》云：“校勘原则是：凡傅本正文、题叙及东坡自注的脱讹衍倒，均据主要校本补改删乙。傅本不误而校本义胜，或主要校本之异文有重要参考价值者，不改傅本正文，但出异文校记。傅本存目阙词者，今据元本补足正文和题叙，并据他本稍加校订。凡傅本明显无疑的误钞（例如“巳”误作“已”之类）以及俗体字、避讳字、常见异体字等，均迳改原文，不再出校。”

关于傅幹注文的整理，刘氏做了以下工作。一是区别苏轼自撰的词题、词引和傅幹补添的题解、校注。前者置于调名次行，上空四格，用五号字；后者一律移到正文后，用做第一条傅注；如果题、注界限不明，难以区别者，暂按注文对待，移编词末，酌加按语说明。二是移编句解，傅注原系双行小字，句中夹注，刘氏一律依次移于词后，并加注码。三是校订文句，傅注所引当时的经史子集，一般未注明版本。刘氏用通行本校其异同，择要出校记；傅注所引当时的笔记诗话、小说传奇，因具校勘辑佚价值，基本上照录傅注；但傅注确有脱讹衍倒，则酌加校改，并出校记。四是补标出处，傅注引文有时漏标作者名、书名、篇名，或有张冠李戴之误，刘氏均以“刘按”补上典故出处，标明诗文题目。

傅注原书为十二卷，校点本仍之。书后有附录三种，一是《注坡词补佚》，收《注坡词》未收的苏词（其中一些真伪待考），二是《历代题跋选录》，三是《苏词版本综述》。

傅幹《注坡词》是今存最早的苏词版本，更是今存最早的苏词注本。但除“绍兴初”曾“镂版钱塘”外，巴蜀书社1993年出版的刘尚荣的《傅幹注坡词》，是九百年来第一次整理出版，使这一只有少数学者见过的《注坡词》得以广泛流传。由于刘氏治学严谨，此书大体恢复了原貌。

1998年9月三秦出版社出版了西北大学薛瑞生的《东坡词编年笺注》。如果说对苏词旧注的整理以刘尚荣的《傅幹注坡词》成就最高，那么在若干苏词新注本中，则以薛氏《东坡词编年笺注》所取得的成就为最高。

全书收东坡词三百六十首，残句十二则，是目前收东坡词较全者。此书以明紫芝漫钞《宋元名家词》为底本，以宋傅幹《注坡词》、元叶曾《东坡乐府》、吴讷《唐宋名贤百家词》、毛晋《宋六十名家词》为校本，并参校了明焦竑《苏长公二妙集》、朱祖谋《彊村丛书》、唐圭璋《全宋词》，对所收词作了详尽的校勘。

此书在编年上下了较大工夫，订证前人编年之误者十首，原不编年今予以编年者一百零三首，对所收三百六十首苏词，编年者共三百一十七首，几占苏词十分之九。“用力最勤，费时最多，广搜博稽，务求合榫，力避穿凿，对三家（傅幹、朱祖谋、龙榆生）不弃不泥，正之者从之，误之者正之，不能证之以正误者暂依之以待更考。对朱、龙原本未编年之词，则如厘丝治狱，寻端绎绪，或征之以赠主行实，或征之以东坡踪迹，或征之以地理景观、节令时序，或征之以诗文事实、词旨意蕴，综合考察，求其凿枘无间而后已。”

（《凡例》）

此书提出“东坡词与苏轼诗文同步说”，认为《浣溪沙》（山色横侵蘸晕霞）作于仁宗嘉祐五年（1060）正月，仅晚于编年诗三个月；认为《点绛唇》（闲依胡床）作于建中靖国元年（1101）自海南北归经九江时，即去世前不久。这些编年也许是将来引起争论最多的部分，即以《浣溪沙》（山色横侵蘸晕霞）为例，这是薛氏《笺注》的开卷之作，词有“湘川风静叶寒花”句，薛氏注意到苏轼平生从未涉足湘水，亦未曾在湘水地域即今湖南为宦。但却认为“湘川乃泛指古荆州地域即今湖南、湖北，乃至四川东部一带”。词中还有“梦到故园多少路，酒醒南望隔天涯”句，薛氏本此认定此词作于嘉祐五年“庚子正月发荆州出陆北行时”。从上下文看，这里的“故园”即指“湘川”，苏轼的故乡在川西的眉州，而眉州无论如何是不能包括在泛指的“湘川”“四川东部一带”之中的；而且“公既北行”，“梦到故园”应西望，而不应“南望”，因此很难肯定此词作于嘉祐五年正月，更难作为“东坡词与苏轼诗文同步说”的铁证。在笔者看来，此词是否为苏轼所作都大可怀疑，既然苏轼“故园”与“湘川”无涉，苏轼一生也“从未涉足湘水”，今存最早的苏词版本傅幹《注坡词》、元延祐本《东坡乐府》都未收此词，今存宋人所作的多种苏轼年谱（何抡、施宿、王宗稷、傅藻）也未提及此词，对苏轼此词的可靠性更应持谨慎态度，更不可轻易以此证明“东坡词与苏轼诗文同步说”。苏轼声名太大，从苏轼生前起托名苏轼之作者就很多，南宋尤甚，在苏轼诗文词中，苏词尤甚。因此，我觉得曹树铭“宁严毋滥”的意见是对的，只为二百七十首苏词编了年，加上未编年词也只有三百一十九首，其他四十首都收入互见词、可疑词，既保留了各种版本所收的苏词，又提醒读者其中一些苏词未必可靠，尚需研究，不可轻信。曹氏把此词编入误入词也是对的：“此词下片三句，尤其次句内‘南望’二字，明示作者家在南方，考本集《醉落魄》‘轻云微月’下片末云：‘此生飘荡何时歇，家在西南，常作东南别。’又本集《醉落魄》‘分携如昨’下片末云：‘故山犹负平生约，西望峨眉，长羡归飞鹤。’可证东坡言及故山或故国之方向，或言西南，或言西，而此词用‘南望’二字，当非东坡故园之所在。……今断定此词非东坡所作，而系家在南方，身在湘水流域之别人所作，移列误入词。”

近数十年除苏词全集注外，还出版有不少苏词选注或虽非专选苏词，但含有苏词的选注本。如王水照《苏轼选集》，收苏词五十多首，附有“评笺”，是选本中富有学术价值的一种，1984年上海古籍出版社出版。至于选有苏词的词选、宋词选更多。此皆不能一一列举。20世纪与宋、元、明、清不同，对苏词的兴趣比对苏诗、苏文还大，因此有关苏词的研究性专著也较多。朱祖谋、吴梅、龙榆生、唐圭璋都是20世纪研究宋词（包括苏词）的代表人物。前已论及，这里只对吴梅做些补充。吴梅（1884—1939），字瞿安，号霜厓，长洲（今江苏苏州）人。终生以教学为业，先后任教于东吴大学、北京大学、中山大学、中央大学。他笃嗜词曲，主讲词曲二十年，在诗词曲的创作和研究上都有很深造诣。著有《顾曲麈谈》《南北九宫简谱》《中国戏曲概论》《词学通论》《霜厓诗录》《霜厓词录》，另有《霜厓文录》未刊印。他非常喜爱苏轼诗：“早起读东坡诗，觉此老胸中无不可告人事，而风发云起，游行无迹。……余藏苏诗初具，如王氏、施氏、冯氏及王文诰《集成》，皆涉猎一过，恨未能搜剔选录，成一简注本耳。”（《瞿安日记》）他对苏词更加推崇：“东坡词在宋时议论不一……余谓公词豪放缜密，两擅其长。世人第就豪放处论，遂有铁板铜琶之诮。不知公婉约处何让温、韦，如《浣溪沙》云：‘彩索身轻长趁燕，红窗睡重不闻莺’；《祝英台》云：‘挂轻帆，飞急桨，还过钓台路。酒病无聊，欹枕听鸣橹’；《永遇乐》云：‘天涯倦客，山中归路，望断故人心眼。燕子楼空，佳人何在，空锁楼中燕’；《西江月》云：‘高情已逐晓云空，不与梨花同梦’。此等处与‘大江东去’‘把酒问天’诸作，如出两手，不独‘乳燕飞华屋’‘缺月挂疏桐’诸词，为别有寄托也。要之，公天性豁达，襟抱开朗，虽境遇迍邅，而处之坦然，即去国离乡，初无羁客迁人之感。惟胸怀坦荡，词亦超凡入圣，后之学者，无公之胸襟，强为摹倣，多见其不知量耳。”（《词学通论》）又比较苏、秦词风之异说：“子瞻胸襟大，故随笔所之，如怒澜飞空，不可狎视；少游格律细，故运思所及，如幽花媚春，自成馨逸。其《满庭芳》诸阕，大半被放后作，恋恋故国，不胜热衷。其用心不逮东坡之忠厚，而寄情之远，措语之工，则各有千古。”（同上）

第四节　苏轼生平研究

林语堂《苏东坡传》

近数十年影响最大的苏轼传，应算林语堂先生旅美期间用英文写成的《苏东坡传》。林语堂（1895—1976），原名玉堂，福建龙溪人，毕业于圣约翰大学，1919年去美国留学，后又去德国留学，获哲学博士学位。1922年回国，任北京大学英文教授，曾参与鲁迅的语丝社。1926年任厦门大学文科主任，1932年起先后编辑《论语》《人间世》《宇宙锋》等刊物，是语丝派的代表人物。1936年赴美任教，1976年去世于香港。他是著名的散文家、小说家，著有《剪拂集》《我的话》《暴风雨中的树叶》《武则天正传》《苏东坡传》等。

《苏东坡传》的观点、史实虽不无可议之处，但他以散文大家来写苏轼传，可读性特强，流传甚广。1977年台湾宋碧云女士译成中文在台湾由远东出版社出版，与此同时台湾张振玉也在做同一工作，因出书稍晚，得以参考宋译。张振玉译者序说："（译）文中对中文的查证，宋小姐做得非常成功，其仔细可知，其辛勤可佩，其译文纯熟精练可喜。……拙稿接近完成，不愿抛弃，乃续译完毕。原文中须加查考引用部分中之尚未解决者，在感激的心情之下，便斗胆借用了，否则，拙译必然拖延甚久，也许竟无脱稿之日，所以在拙稿付印之前，愿向宋碧云小姐及远东出版社敬致万分感激之忱。……《苏东坡传》这部名著有两个译本也是值得的，只愧我这件粗针大麻线的活计比不上宋小姐的细工巧绣那么精致。"两部译本在内地都流传颇广，后出转精，1988、1991年长春时代文艺出版社两次翻印了张译，在内地流传更广。

林氏《苏东坡传》生动刻画出苏轼人格的丰富性，林氏自序云：

像苏东坡这样富有创造力，这样刚正不阿，这样放任不羁，这样令人万分倾倒而又望尘莫及的高士，有他的作品摆在书架上，就令人觉得有了丰富的精神食粮。……元气淋漓富有生机的人总是不容易理解的。像苏东坡这样的人物，是人间不可无一难能有二的。对这种人的人品个性做解释，一般而论，总是徒劳无功的。在一个多才多艺、生活上多彩多姿的人身上，挑选出他若干使人敬爱的特点，倒是轻而易举。我们未尝不可说，苏东坡是个秉性难改的乐天派，是悲天悯人的道德家，是黎民百姓的好朋友，是散文作家，是新派画家，是伟大的书法家，是酿酒的实验者，是工程师，是假道学的反对派，是瑜珈的修炼者，是佛教徒，是士大夫，是皇帝的秘书，是饮酒成癖者，是心肠慈悲的法官，是政治上的坚持己见者，是月下的漫步者，是诗人，是生性诙谐爱开玩笑的人。可是也许这些还不足以勾绘出苏东坡的全貌。我若说，一提到苏东坡，在中国总会引起人亲切敬佩的微笑，也许这话最能概括苏东坡的一切了。苏东坡的人品具有一个多才多艺的天才的深厚、广博、诙谐，有高度的智力，有天真烂漫的赤子之心——正如耶稣所说具有蟒蛇的智慧，兼有鸽子的温柔敦厚。……苏东坡自有其迷人的魔力，就如魔力之在女人，美丽芬芳之在花朵，是易于感觉而难于说明的。苏东坡的主要魔力，是熠煜闪灼的天才所具有的魔力。……他挥动如椽之笔，如同儿戏一般。他能狂妄怪癖，也能庄重严肃，能轻松玩笑，也能郑重庄严。从他的笔端，我们能听到人类情感之弦的振动，有喜悦，有愉快，有梦幻的觉醒，有顺从的忍受。他享受宴饮，享受美酒，总是热诚而友善。他自称生性急躁，遇有不惬心意之事，便觉得“如蝇在食，吐之方快”。……苏东坡会因事发怒，但是他却不会恨人。……他的一生是载歌载舞，深得其乐，忧患来临，一笑置之。……他感受敏锐，思想透彻，写作优美，作为勇敢，绝不为本身利益而动摇，也不因俗见而改变。他并不精于自谋，但却富有赤心为民的精神。

确实，要对苏东坡的“人品个性做解释”是“徒劳无功的”，但时至今日仍以林语堂的解释最为成功。他淋漓尽致地多方位、多角度、立体式地为我们描绘出了苏轼的丰富多彩的人品和个性。正如梅中泉在《书后絮语》中所说：“书中的苏东坡具备双重人格：达则兼济天下，穷则独善其身。他时欲济世，却屡遭挫折，挫折后倒并不沉沦，而以其超凡脱俗的风姿和举世罕有的才华，追逐他认为无与伦比的美好事物：一曰自然（山水田园之类）；二曰艺术（诗词书画之类）；三曰爱情（妻妾歌妓之类）；四曰杂技（瑜珈烹饪之类）；五曰幻境（庄子的“无何有之乡”与佛家的禅机之类）。为赋予苏东坡这些行为以圣洁的光环，林语堂很注意交代、点染这些行为的背景。于是，峨眉月、西湖水、惠州庵、海南林，维妙维肖，跃然纸上，令人感到非亲历亲睹不能有如此神笔；于是，东坡所处的北宋，艺坛消息，妓院风情，养生学问，佛道境况，都有或详或略的叙述，非精通此道不能有这些精到之文。”

今天的某些中西文化比较研究者往往对中西文化都无深入研究，他们对中国学者往往以懂西方文化自炫，对西方学者往往以懂中国文化自炫，甚至还有连外文书都不能读的中西文化比较研究家。林语堂学贯中西，他对中西文化都很娴熟，往往情不自禁作中西文化比较，故很自然，很中肯。如他说：

若与西方相似之人比较，李白是一个文坛上的流星，在刹那之间壮观惊人的闪耀之后，而自行燃烧消灭，正与雪莱、拜伦相近。杜甫则酷似弥尔顿，既是虔诚的哲人，又是仁厚的长者，学富而文工，以古朴之笔墨写丰厚之情思。苏东坡则始终有青春活力，以人物论，颇像英国的小说家赛克瑞，在政坛上的活力与诗名，则像法国的雨果，他具有的动人的特点，又仿佛英国的约翰生。不知为甚么，我们对约翰生的中风，现在还觉得不安，而对弥尔顿的失明则不然。倘若弥尔顿同时是像英国画家根兹博罗，也同时像以诗歌批评英国时事的蒲普，而且也像英国饱受折磨的讽刺文学家绥福特，而没有他日渐增强的尖酸，那我们便找到一个像苏东坡的英国人了。苏东坡虽然饱经忧患拂逆，他的人性更趋温和厚道，并没变成尖酸刻薄。今天我们之所以喜爱苏东坡，也是因为他饱受了人生之苦的缘故（第 5 页）。

林的自序是正面论述苏轼人品才华的丰富性，此则从中西人物比较的角度论述苏轼人品才华的丰富性。

林语堂先生毕竟是著名的散文家，他所始终关心的仍然是社会现实，即使为古人作传也不例外。全书不仅充满了中西比较，而且也充满了古今比较，他对苏轼的洋洋洒洒的很多议论，不少都显然是为现实而发。如“一项神圣不可侵犯的主张，永远是为害最大的。因为在一项主张成为不可侵犯之时，要实现此一目的，手段便难免于残忍，乃是不可避免之事”（第 7 页）；“察访民情的官员，奸伪卑劣，以为对此新政新贵之缺点，最好装聋作哑，一字不提，因为当权诸公并非不知；而对新政的优点，乃予以粉饰夸张，锦上添花。说漫天之谎而成功（倘若那些谎言漫天而又说个不停），并不是现代人的新发明。”这更是明显的为“现代人”而发。

曾枣庄《苏轼评传》

1981 年 9 月四川人民出版社出版了曾枣庄的二十六万余字的《苏轼评传》，印了一万八千三百册，很快销售一空，同年决定重印。1984 年又印了二万七千五百册。共四万五千八百册。1995 年台湾学海出版社出版了作者的《三苏传》，这是作者在分别为三苏父子所写的三部评传的基础上改写的，其中苏轼部分，基本上是《苏轼评传》的内容。作者在《再版后记》中说：“我比较系统地研究苏轼，是从 1974 年所谓的‘批林批孔运动’中开始的。当时四人帮的御用文人罗思鼎之流，把苏轼定为‘典型的投机派’。骂苏轼顽固、保守，还只是政治立场问题；骂他‘投机’，而且‘典型’，这就是人品问题了。像苏轼这样有骨气，一生因坚持自己的政治主张而屡受打击，在元丰不容于元丰，在元祐不容于元祐的人物，竟成了‘典型投机派’，公是公非安在？出于义愤，我决心系统读读苏轼作品及有关历史资料，一面读，一面做笔记，并于 1978 年完成了全书初稿。这就是本书的写作缘起。正因为是在这样一种背景下写成的，因此，我的全部注意力几乎都放在为苏轼翻案上去了，而对苏轼在各个时期的文学成就，分析得很不充分。这是本书最大的弱点。”所谓把“全部注意力几乎都放在为苏轼翻案上去了”，如第九章《关于苏轼的评价问题》的如下观点：“王安石变法在当时条件下有一定进步意义。苏轼反对王安石变法是有错误的。但决不能因此就不敢充分肯定苏轼，更不能像‘四人帮’的御用文人那样攻其一点，不及其余，全盘否定苏轼。王安石变法毕竟也是地主阶级的改良，本身就有很大的局限性，在实际推行过程中也确实存在不少问题。怎么能因为苏轼反对这样一种变法就全盘否定苏轼呢？苏轼一生都是反对王安石变法的，说他在仁宗朝主张变法，神宗朝才反对变法，哲宗朝又改变了对新法的态度是不符合历史实际的。为了肯定苏轼就来竭力缩短他反对变法的时间是没有必要的，而且必然会导致苏轼是动摇的中间派的结论。我们应该如实承认苏轼一生都反对王安石变法，但他一生都主张革新，只是具体的革新主张与王安石不同而已。他一生不仅在文学的各个领域颇富革新精神，而且在政治上也从来没有放弃过他的‘丰财’、‘强兵’、‘择吏’的革新主张，并在他力所能及的范围内，为宋王朝的‘丰财’、‘强兵’，为巩固宋王朝的统治作了不少工作。他一生光明磊落，直言敢谏，始终坚持自己的政治主张。正如刘安世所说：‘东坡立朝大节极可观，才意高广，惟己之是信。在元丰不容于元丰，在元祐则虽与老先生（指司马光）议论亦有不合处，非随时上下人也。’（宋马永卿《元城语录》）他一生几起几落，但从不“俯身从众，卑论趋时”（卷二四《登州谢宣诏赴阙表》）。因此，我们不能说苏轼是什么顽固派、保守派、投机派或动摇的中间派，而应该承认他基本上属于地主阶级的革新派，比较强调改革吏治。不过他强调渐变，反对骤变。比起王安石的变法主张来，苏轼的革新主张具有更多的改良主义色彩。”这就是全书所反复论证的基本观点，虽然也留下了那个时代的烙印。

王水照的《苏轼》和《苏轼传》

同在1981年的12月，上海古籍出版社《中国古典文学基本知识丛书》收入了王水照先生的《苏轼》。王水照以著名的苏轼研究专家撰写这样的基本知识丛书，当然得心应手，仅以八万余字的篇幅概述了东坡一生，并着重剖析他在各个时期的文学成就。因此，此书发行量很大，初版就印了四万三千册。以后又多次重印，包括中国台湾和日本。1978年王先生曾在《文学评论》上发表《评苏轼的政治态度和政治诗》，认为“苏轼一生的政治态度，使自己在北宋统治阶级内部斗争中确定了一个中间派的地位。中间派的特点就是动摇性。”文章还具体勾画了苏轼的“动摇性”：仁宗朝，“苏轼的基本政治倾向是要求变法”；神宗朝，“苏轼的基本政治倾向是反对变法”，“完全是守旧派的论调”；在元祐更化时期，“苏轼的基本政治倾向是维护某些新法”，“改变对新法的态度”，在同司马光等的“尖锐的冲突”中，“苏轼是最为激进的”。我曾在同一刊物上连续发表《论苏轼政治主张的一致性》《苏轼〈与滕达道书〉是“忏悔书”吗?》等文，同王先生商榷。苏轼政治态度，并不是《苏轼》一书的讨论重点，但比较曾、王二书，仍可看出他们在这个问题上的分歧。2000 年 1 月天津人民出版社又出版了王水照和他的学生崔铭女士共同署名的《苏轼传》，印数为三千册。其《编辑手记》概括此书特点说：“这是一本有特点的传记。特点就在于它将苏轼一生的经历与他一生璀璨的作品互为编织，那感人肺腑的诗词后面是一段段鲜为人知的故事，而诗词则是诗人人生荣辱的心迹袒露。诗文与生命经历互为注解，使读者于诗词中读传记，于传记中解读苏词、苏诗、苏文。”

李一冰《苏东坡新传》

1983 年台湾联经出版事业公司出版了李一冰的《苏东坡新传》。此书以内容翔实胜，全书分上下两册，十四章，共一百三十二节，近六十万字，是两岸出版的苏轼传中最长的。其《后记》云：“我开始写这本《新传》，时间还早在 70 年代的头上几年，其间人事牵扯，时作时辍者好多次，直到 1979 年的冬天，才算写完最后一章，自己从头检阅一遍，深感学殖荒落，老而无成，居然要写像东坡这样一个博大精深的历史人物，颇似瞎子摸象，实在有点荒谬，未免愧汗。本来不敢出手示人，不料翌年春天，我又忽然要有海外之行，而且此去国门，还不知何时能回来，‘远适异国，昔人所悲’，当时的心情，充满了茫然空虚的感觉。检点旧居，所幸环堵萧然，只有几册破书，别无长物，倒还没有什么麻烦。只是书架下面积此一叠千余页的原稿，偏觉处置为难。携带它漂洋过海，非但不便，而且毫无意义，寄存他人的地方，时日长久，怕又难免‘用复酱瓿’的命运。……无论如何，这部稿子，总是真诚落笔，费了好几年心力的结果，不能轻自抛弃。行前，偶然和朋友说起此一烦恼，即承吾友刘显叔兄和陈烈夫人为我热心介绍联经公司，惠予出版。”这就是作者撰写、出版此书的经过。此书曾在台湾多次印刷，流传较广。

20世纪为苏轼作传、评传、别传、外传还有不少，如曾普信《苏东坡传》（台湾花莲东净寺，1961）、陈宗敦《苏东坡传》（一文出版社，1973）、刘维崇《苏轼评传》（黎明文化事业公司，1978）、颜其中《苏东坡》（黑龙江人民出版社，1981）、陈昌华《苏东坡》（北京中华书局，1985）等，兹不一一列述。

王水照《宋人所撰三苏年谱汇刊》

民国以来新编的各式各样的苏轼年谱更多，如张尊五的《东坡行实录》（1937年《国学月刊》3—4期）、周景濂《苏东坡年谱》（1947年正中书局本《东坡集》附）、林语堂的《东坡事迹考》（1952年《天风月刊》第4期）、陆侃如、冯沅君《苏轼年表》（1956年作家出版社出版的《中国诗史》附）、曹树铭《东坡年表》（1968年香港万有图书公司《东坡词》附）、苏易民的《三苏年谱汇证》（1969年台北文选社）中的苏轼部分、王保珍《增补东坡年谱会证》（1969年《台湾大学文史哲丛刊》第二十七辑）、陈宗敏的《苏东坡生平事迹》（1973年台湾《花莲师专学报》第五期）、宋碧云《苏东坡年谱》（1978年台湾远景出版社《苏东坡传》附）、陈满铭《苏辛年表》（1980年《苏辛词比较研究附》）、吴鹭山等的《苏轼生平事迹系年》（1982年天津百花文艺出版社《苏轼诗选注》附）、刘乃昌《苏轼年表》（1982年《苏轼文学论集》附）等等①。

宋人所编苏轼年谱，民国以来出版的各种苏集亦多有附录，四部丛刊本《增刊校正五状元集注分类东坡先生诗》等，曾附录傅藻《东坡纪年录》；四部备要本《东坡集》、国学基本丛书本《苏东坡集》，曾附录王宗稷《东坡先生年谱》。这方面成就最突出的应算1989年上海古籍出版社出版的王水照先生编的《宋人所撰三苏年谱汇刊》。此书不仅影印出版了广泛流传的王宗稷《东坡先生年谱》最早版本明成化四年程宗刻《苏文忠公全集》本和傅藻的《东坡纪年录》的最早版本宋黄善夫家塾刻《百家注分类东坡先生诗》本；而

① 可参阅1995年巴蜀书社出版的吴洪泽《宋人年谱集目》。

且还搜集影印出版了国内早已失传的何绘《眉阳三苏先生年谱》的日本名古屋蓬左文库藏旧钞本；原为富冈铁斋旧藏，1963年日本已故著名学者田淳之助于京都旧书肆购得，并于1965年影印于与小川环树合编《苏诗佚注》的宋施宿编的《东坡先生年谱》；日本天理图书馆藏明《永乐大典》本中孙汝听《苏颍滨年表》（孙氏所著《三苏年表》仅存的一种）。以上影印本总计共五种。其中何绘的《眉阳三苏先生年谱》、施宿的《东坡先生年谱》两种，王水照先生还进行了整理校补，使这一施宿《东坡先生年谱》附何抡《眉阳三苏先生年谱》的影印本更便于使用。王先生还撰写了《〈宋人所撰三苏年谱汇刊〉前言》、《评久佚重见的施宿〈东坡先生年谱〉》、《记蓬左文库旧钞本〈东坡先生年谱〉(外一种》，系统评价这五种宋人年谱。这五种年谱在第一章已作论述，兹不重述。

孔凡礼《苏轼年谱》

1998年中华书局出版的孔凡礼的《苏轼年谱》上、中、下三册，是继王文诰巨著《苏诗编注集成总案》之后最翔实的苏轼年谱，这是作者在整理校点《苏轼诗集》《苏轼文集》同时，辑录各有关苏轼资料的基础上编成的，不仅可与王文诰的《总案》媲美，并对之多有补充、订正，超过了王氏的《总案》。其自序云：“王氏穷毕生精力，研讨苏诗，撰写《总案》，发明不少，有功后学。然王氏乃以个人所藏，从事著述，而又僻居一隅，类以百十计有关纂撰苏轼年谱之必读要籍，皆未曾寓目。非王氏不欲寓目，而其时其势，有所不能。故时至今日，其已不能尽餍人之意，此余《苏轼年谱》之所由作也。”

此书旨在记述苏轼一生行实，其突出特点是资料翔实，言必有据。作者充分利用了《续资治通鉴长编》《续资治通鉴长编拾补》《太平治迹统类》《宋大诏令集》《宋会要辑稿》《东都事略》《宋史》及散见于别集、总集、类书、宋人笔记、诗话、宋元方志、碑帖等六百余种图籍中的有关苏轼资料。对苏轼一生交游也做了广泛考察，搜集有一千三百多人，记下每个人的名、字、号、谥、生年、卒年、籍贯、科第、事迹、传记出处及与苏轼的关系。作者所搜集的原始资料长达两百余万字，初稿一百三十余万字，出版时又经压缩，精益求精，也近百万字。多年以前，我曾读到周正举的《苏轼称谓考辨》，考出苏轼多达数十种的不同称谓，并推荐发表在四川大学的《古籍整理研究》第二十七辑上。孔谱甚至连这篇文章也注意到了，并不没周文之功，于行文中注明。对苏文、苏词也尽可能作了系年；苏诗有多种编年注，对旧注编年之疏误亦多所订正。所引资料，均详细注明出处，便于作者复核。

孔谱又一特点是详而不繁。王文诰《苏诗总案》引苏轼作品多为全文，虽也有方便读者的一面，但也使篇幅大增。此书则一般不录全文，而视其需要，或仅录其题，或摘取部分内容。对那些陈陈相因的记载，作者取其时代较早或记述较完整者，附注其并见之书，便于读者按图索骥。对错误记载则不取，对可疑资料则加注说明。

孔谱的再一特点是考证精核，如文同《丹渊集》中的苏子平，前人多认为是苏轼，孔谱指出应为苏钧："《丹渊集》卷一〇《寄题杭州通判胡学士官居诗》之胡学士及诗中所云之子平，原刊此集者谓为苏轼，乃以此集北宋末刊时，'党祸未解，故窜易之'，以致失真。不可据此谓轼字子平。轼友人有苏钧（苏舜钦之子）字子平，见元丰六年《答苏钧简》条。"又如苏轼作品中多次出现王文玉，其人为谁，王文诰《苏诗编注集成》认为是"幼安之父"。孔谱认为幼安名宁，乃王陶之子；并据《宝真斋法书赞》卷一二《苏文忠萧丞相楼二诗帖》，考出文玉名琦，与苏轼同为嘉祐二年进士。对于前人认为无可考的苏轼交游，孔谱往往考出了大体事履。如《苏轼诗集》卷二七有《次韵李修孺留别二首》，《查注》以为"爵里事迹无可考"，孔谱却指出《冯安岳集》卷一一《和李曼修孺户曹》《寄贺李修孺利宪》诗，称其"满腹文章""一生孤直"；《净德集》卷六《送修孺归通泉用陈图南韵》诗，称其"高怀无累能知止"；《范太史集》卷五五《手记》称修孺名曼，为范祖禹所荐，充献纳科；《续资治通鉴长编》卷三一三载，元丰四年六月李曼获罪知遂州；《宋诗纪事补遗》卷一六称曼为四川射洪人，嘉祐进士，熙宁六年知泸州。这样，我们就大体知道了李曼其人。又如苏轼《题沈氏天隐楼》，《查注》亦注"失考"，孔谱却据《丹渊集》卷一八《寄题湖州沈秀才天隐楼》中有"地名水精宫，家有天隐楼”句，知其为湖州人；又据《西溪文》卷一《五言沈沔隐天楼》诗，知沈氏、沈秀才即沈沔。

总之，此书篇幅虽大，但仍简于王文诰《苏诗总案》，而系事则详于《总案》，考订之精，可谓超过前此所有的苏轼年谱，是《苏诗总案》之后另一部苏轼年谱的得力之作。

第五节　苏轼研究的全面繁荣

1911 年的辛亥革命推翻了清王朝，建立了“中华民国”。1949 年中国共产党推翻了国民党统治，建立了中华人民共和国。在这九十年的时间里，苏轼研究再次经历了由凋落到“复炽”的过程。民国年间战乱频仍，外有帝国主义侵略，内有军阀混战，苏轼研究处于半停顿状态；中华人民共和国成立后的前三十年又政治运不断，禁忌很多，特别是“文化大革命”的十年，苏轼被扣上了保守派、反动派、顽固派、投机派等等帽子，苏轼研究几乎完全处于停顿状态。物极必反，最近二十年，苏轼研究又全面复兴，取得了可与清人媲美的成就。其具体表现，除前已分别论述的苏诗、苏文、苏词整理和苏轼生平研究的成果外，还可举如下数端：

第一，苏集的收藏与刊刻。中国历代王朝都十分注意收藏图书，多供王室及少数大臣使用，一般读书人是很难见到这些图书的。在私有制的社会里，私家藏书也很多，而且藏有不少善本，但各家都视作家珍，外人也很难看到。中华人民共和国成立后，国家图书馆成了公共图书馆，私人所藏善本不少也已收归国家图书馆，看书反而比较容易了（但最近十多年，什么都要钱，看书也要钱，故又不容易了），为整理苏集提供了很大方便。

据《北京图书馆古籍善本书目》，该馆收藏有宋孝宗时大字刊本《东坡集》四十卷（卷三配明钞本），残存者有三十卷；宋刊本《东坡集》四十卷、《后集》二十卷；宋刻递修本《东坡先生后集》二十卷、《外制集》三卷，存五卷；宋刻本《东坡应诏集》十卷；宋刻递修本《苏文忠公文集》四十卷、

《后集》二十卷、《和陶渊明诗》四卷、《乐语》一卷、《奏议》十五卷，存第十六卷；翁同龢校并跋的明成化四年程宗刻本《东坡集》四十卷、《后集》二十卷、《奏议》十五卷、《内制集》十卷、《乐语》一卷、《外制集》三卷、《应诏集》十卷、《续集》十二卷、宋王宗稷撰《东坡先生年谱》一卷；《苏文忠公全集》一百一十一卷、宋王宗稷撰年谱一卷，明嘉靖十三年江西布政司刻本；《重编东坡先生外集》八十六卷、年谱一卷，明万历三十六年康丕扬刻本；《东坡集》四十卷、《后集》二十卷、《奏议》一十五卷、《内制集》十卷、《乐语》一卷、《外制集》三卷、《应诏集》十卷、《续集》十二卷、宋王宗稷《年谱》一卷、缪荃孙撰《校记》二卷，清光绪三十四年至宣统元年端方宝华庵刻本；宋刻本郎晔选《经进东坡文集事略》六十卷，存三十二卷；赵夔、师尹等注宋刻本《集注东坡先生诗前集》十八卷，存一至四卷（卷四配另一宋刻本）；宋刻本《王状元集百家注分类东坡先生诗》二十五卷（卷一九至二五配另一宋刻本，卷一五至一八配元刻本）；宋建安黄善夫家塾刻本《王状元集百家注分类东坡先生诗》二十五卷（卷一至四、九至十二配另一印本）、宋傅藻撰《东坡纪年录》一卷；宋建安虞平斋务本书堂刻本《增刊校正王状元集百家注分类东坡先生诗》二十五卷，宋傅藻撰《东坡纪年录》一卷；元建安熊氏刻本刘辰翁评点《王状元集百家注分类东坡先生诗》二十五卷、宋傅藻撰《东坡纪年录》一卷；宋嘉泰淮东仓司刻本施元之、顾禧《注东坡先生诗》四十二卷，存四卷，又一部存二卷；清康熙三十八年宋荦刻本施元之、顾禧注，清邵长蘅、顾嗣立删补《施注苏诗》四十二卷、总目二卷，清冯景撰《续补遗》、《补注》二卷，清邵长蘅撰《王注正伪》一卷，宋王宗稷撰《东坡先生年谱》一卷；清乾隆二十六年香雨斋刻本查慎行撰《东坡先生编年诗补注》五十卷、年表一卷，有纪昀批校并跋；元延祐七年叶曾南阜草堂刻本《东坡乐府》二卷，有黄丕烈跋；明末毛氏汲古阁刻宋六十名家词本《东坡词》一卷；明万历二十三年赵开美刻本《东坡先生志林》；明刻套印本《东坡先生志林》等。

据“台湾”《中央图书馆善本书目》，该馆藏有宋眉山刊大字本《苏文忠公文集》，存卷一七；宋黄州刊本《东坡先生集》，存《奏议》卷一四、卷一五；明万历丙午（三十四年）吴兴茅维刊本《东坡全集》七十五卷；宋刊十二行本郎晔注《经进东坡文集事略》，存五十五卷，缺卷四一至四五；元庐陵坊刻本刘辰翁批点《增刊校正王状元集百家注分类东坡先生诗》二十五卷；元庐陵书坊刊刘辰翁批点，明成化间汪氏诚意斋集书堂修补本《增刊校正王状元集百家注分类东坡先生诗》二十五卷，附《东坡纪年录》一卷；元刊巾箱本刘辰翁批点《选东坡诗注》二十卷；施元之、顾禧注宋嘉泰二年淮东仓司刊本《注东坡先生诗》，存十九卷；明海阳黄嘉惠校刊本《东坡小词》二卷等。

其他各图书馆也存有一些苏集善本，此不一一叙述。

民国年间多以刊刻苏轼原著为主，很少加工整理，苏轼全集主要刊印东坡七集，如1927年上海中华书局的四部备要本，1929年、1930年、1933年、1934年上海商务印书馆，1936年上海中国书店都曾刊印此书。1949年以后前二三十年，仍以重印苏轼著述为主，如1958年商务印书馆重印了《苏东坡集》(三册)。近年上海古籍出版社、黄山书社、北京燕山出版社均出版有简体字本的《东坡全集》。最近二十年，孔凡礼先生和中华书局的编辑刘尚荣先生等，在苏轼著述的整理方面做了大量扎实的工作，取得了举世瞩目的成就。

第二，出版了多种苏轼研究资料。1984年岳麓书社出版有颜中其编的《苏东坡轶事汇编》。1994年中华书局出版了四川大学中文系唐宋文学研究室编的《苏轼资料汇编》全五册，引书六百余种。1998年台湾文史哲出版社出版了曾枣庄编的《苏诗汇评》《苏词汇评》《苏文汇评》。《苏诗汇评》以李香岩手批的纪昀《评苏文忠公诗》为底本，汇集了历代有关苏诗的评论、背景资料。《苏词汇评》汇集了历代有关苏词的评论、背景资料。以上两种都收录了苏轼的全部诗、词，《苏文汇评》则只收有评论、背景资料的苏文，读者面宽而评论、背景资料又较多附原文，多数文章则只在篇名下附资料。2000年1月四川文艺出版社出版了此书的中国内地版，改正了台湾版的一些文字错误。1999年江苏古籍出版社出版了曾枣庄主编的《中华大典·宋辽金元文学分典》，其中收有八十万字的苏轼资料，是宋代作家中收集资料最多的部分。

第三，成立了苏轼研究学会，并定期举行年会。1980年，在四川大学中文系和四川省社科院文学研究所的倡议下，中国苏轼研究学会在眉山三苏祠成立。学会成立以来，已经举行了十多次学术讨论会，专家们对苏轼的诗、词、文、赋、书法、绘画、思想、文艺观点、政治主张等各个方面进行了研究，撰写了大量的论文，全国出版苏轼研究专著数以百计，内容涉及苏诗研究、苏词研究、苏文研究、苏轼文论研究、苏轼思想研究、苏轼书画研究等各个领域。学会隔年（有时连年）开一次苏轼研讨会，至今已在湖北黄州、广东惠州、海南儋县、陕西凤翔、河南郏县（平顶山）、浙江杭州、山东诸城、江苏徐州、河北栾城（三苏祖籍），共开了十二次苏轼研讨会，有的地方还不止开过一次。每次都出版有论文集。先后出版了《苏轼研究专辑》（四川大学学报，1980）、《东坡词论丛》（四川文艺出版社，1982）、《东坡诗论丛》（四川文艺出版社，1983）、《东坡文论丛》（四川文艺出版社，1986）、《论苏轼的岭南诗及其他》（广东人民出版社，1986）、《苏轼贬儋八百九十周年学术讨论集》（四川大学出版社，1991）、《全国第八次苏轼研究会论文集》（四川大学出版社，1996）、《中国第十届苏轼研讨会论文集》（齐鲁书社，1999）等。苏轼研究学会不仅推动了国内专家学者和“苏学”爱好者对苏轼的全面研究，同时推动了对苏洵、苏辙及苏门四学士的研究。学会还联系了日本、韩国、美国及中国香港、台湾、澳门地区的学者，进行了广泛的学术交流，使苏轼的研究走出国门，使外国人更加了解世界文化名人苏轼。

第四，苏轼的遗迹，尤其是苏东坡生前为官，居住、流寓、生活、途经的地方，莫不作为胜迹加以保护和利用。国内各地有苏东坡遗迹遗址多达一百余处，其中影响较大，又有管理机构的有四川眉山的三苏祠、苏坟山、青神中岩寺、乐山大佛寺、丰都平都山，湖北黄冈的东坡赤壁，江西的庐山、鄱阳湖口的石钟山，江苏镇江的金山寺、南京的半山园、徐州的黄楼、宜兴的海棠园，山东的蓬莱、诸城的超然台、陕西凤翔的东湖和喜雨亭，河南郏县的三苏坟，浙江杭州西湖的苏堤及苏东坡纪念馆，广东广州六榕寺、惠州的西湖、朝云墓，海南海口的五公祠、儋州的东坡书院，广西合浦的苏公祠、藤县的东坡亭。很多地方已被开发成旅游景点，吸引很多游客前往观光游览，凭吊古迹。各地政府都大力修复苏轼遗迹，如苏轼初仕的凤翔、贬谪之地湖北黄冈、广东惠州、海南儋县以及苏轼的安葬地河南郏县。中国历史上的达官贵人、文人学士很多，在各地也有不少遗迹，但没有哪一位有苏轼这样多。各地政府都曾拨专款修复苏轼遗迹，还热心收集整理苏轼在当地的资料，出版了不少专书，如湖北人民出版社出版了丁永淮等编的《东坡赤壁》（1979），浙江人民出版社出版了莫高编写《苏东坡与杭州》（1985），陕西人民出版社出版了祁念曾的《苏轼凤翔诗文赏析》（1990），华中师范大学出版社出版了《苏轼黄州诗文选评》（1992），广东人民出版社出版了朱玉书的《苏东坡在海南岛》（1993），北京师范大学出版社出版了朱逸辉的《苏轼海南诗文选注》（1993），齐鲁书社出版了李增坡等的《苏轼在密州》《苏轼密州作品赏析》（1995）。

苏轼出生地四川眉山更做了大量的工作。从元代起就将其故居改建为祠堂，祭祀三苏，这就是三苏祠。明代洪武年间重修，明末毁于战火。清康熙四年重修，到现在已经形成了完整的园林建筑群，馆藏文物丰富。1984年改建博物馆。1987年起眉山每五年举行一次东坡文化节，至今已举行三届。每届文化节除了进行必要的文艺表演外，都进行了学术讨论。四川眉山三苏祠还出版了《苏轼思想探讨》《三苏散论》《苏轼诗词研究》。

第七章　结语：论“苏学”

根据以上各章所述，已可能对“苏学”提出一些看法，对历代的苏轼研究做出一些评论，而今后的研究方向也就不言自明了。

“苏学”之称，宋已有之

近年立“学”成风，“诗经学”“楚词学”“文选学”“朱熹学”“三国学”“红学”、钱（钱锺书）学等等，不一而足。多了就令人生厌，好在“苏学”并不是今天的发明，在宋代就已经出现了。

北宋虽没有“苏学”的提法，但已含有这样的意思，秦观《答傅彬老简》引傅语云：“蜀之锦绮，妙绝天下，苏氏蜀人，其于组丽也，独得之于天，故其文章如锦绮焉。”陈师道《赠二苏公》云：“岷峨之山中巴江，桂椒楠栌枫柞樟。青金黄玉丹砂良，兽皮鸟羽不足当。异人间出骇四方，严王陈李司马扬。一翁（谓苏洵）二季（谓苏轼兄弟）对相望，奇宝横道骥服箱。谁其识者有欧阳，大科异等固其常。小却盛之白玉堂，典谟雅颂用所长。度越周汉登虞唐，千载之下有素王。”三苏父子为蜀人，故秦、陈二人均把苏、蜀联起来讲。

南宋已有“苏学”的正式提法，朱熹《答汪尚书》（卷三〇）有“苏学邪正之辨”“语及苏学”语，《与芮国器》（卷三七）也有“苏氏之学以雄深敏妙之文煽其倾危变幻之习”语，可见，至迟在朱熹时代“苏学”的提法已为世公认。

从元祐年间开始，有所谓洛蜀党争，蜀党以苏轼为首，以吕陶等为辅；洛党以程颐为首，以朱光庭、贾易等为辅。《宋史纪事本末》卷四五《洛蜀党议》云：“颐在经筵，多用古礼，苏轼谓其不近人情，深嫉之，每加玩侮。”

所谓洛学、蜀学也与洛蜀党争有关。

但蜀学之名，并非起于宋代，汉代文翁在蜀兴学，早有“蜀学比于东鲁”之称。宋代的蜀学主要是指以三苏为代表的蜀学。明人冯从吾《元儒学案》卷一云：“先是南北道绝，载籍不相通，洛闽之学惟行于南，北方之士，唯崇眉山苏轼之学。”明末清初的黄宗羲（1610—1695）辑《明儒学案》《宋儒学案》，后一书未完成，其中的《苏氏蜀学略》，实由全祖望（1705—1755）所补，所补为三苏父子经学，可见明、清人所谓蜀学，即指宋代四川眉山三苏经学。其他学派都称“学案”，而王安石新学、三苏蜀学却不称“学案”而称“学略”，是因为在全氏看来，三苏和王安石皆非纯儒：“荆公《淮南杂说》出，见者以为《孟子》。老泉文初出，见者以为《荀子》。已而聚讼大起，《三经新义》累数十年而始废，而蜀学亦遂为敌国。上下《学案》者，不可不穷其本末也。且荆公欲明圣学而杂于禅，苏氏出于纵横之学而亦杂于禅，甚矣，西竺之能张其军也！述《荆公新学》及《蜀学略》[①]。

可见广义的“苏学”并非单指苏轼，而是包括三苏；主要并非指文学，而是指经学。朱熹所说的“苏学”，主要指三苏经学，全祖望纂辑的《苏氏蜀学略》也是三苏经学。本书所说的“苏学”是指苏轼之学，指历代对苏轼的研究。

自宋至今，历代研究苏轼的人很多，而日、韩研究苏轼的历史几乎与中国一样长久，近百年来，欧美研究苏学的人也不少，今天的苏轼更成了各国学者共同的研究对象。因此，“苏学”之称可谓古已有之，于今为盛。

根据九百多年来中外苏轼研究的实际状况，“苏学”至少包括以下内容：苏轼生平研究；苏轼著述整理（辑佚、辨伪、注释、编年）；苏轼评论，包括历代对苏轼政治立场、学术成就、文学（诗、词、文）艺术（书、画）成就的评论及其分歧；对“苏轼研究”的研究，即本书所谓的“苏学研究史”。

苏轼生平研究

中国自古强调“知人论世”，因此历代都很重视对苏轼生平的研究。宋代

① 《宋元儒学案序录》，《宋元学案》卷首，中华书局点校本，1986。

第一个对苏轼生平作系统论述的是苏辙所作的《亡兄子瞻端明墓志铭》，这是关于苏轼生平最原始最权威的文献，以后各种苏轼的传记和年谱皆沿于这一《墓志铭》。尽管晁说之批评"少公黄门（苏辙）铭其圹，亦非实录"（费衮《梁溪漫志》卷四引），但正如平步青《霞外攟屑》卷七所云，"非实录"者实并非苏辙所作《墓志》，而晁说之之言，"反非实录"。南宋人所撰苏轼年谱很多，就今天所知，不下十种。但其篇幅远不及清人王文诰的《苏诗总案》和今人孔凡礼的《苏轼年谱》。在众多的苏轼年谱中，《苏诗总案》向以资料翔实、考核精密著称。孔凡礼《苏轼年谱》的资料详而不繁，言必有据，考证精核，可谓超过前此所有的苏轼年谱，是《苏诗总案》之后另一部苏轼年谱的得力之作。今后的苏轼生平研究可作具体事迹的辨证，恐怕再没有必要作详谱了。

苏轼著述整理

苏轼是通才，他留下的著述，按中国的图书分类法，经部有《东坡易传》《东坡书传》（《论衡说》已佚，只有佚文若干）。子部有《东坡志林》《仇池笔记》《东坡手泽》《苏沈良方》，而《历代地理指掌图》《物类相感志》《调谑篇》《格物粗谈》《杂纂二续》《渔樵闲话》等亦传为苏轼所作。集部既有含诗、文或含诗、词、文的东坡合集，亦有分别刊行的《苏轼诗集》《苏轼文集》《东坡乐府》。

苏轼作品在其生前就散佚很多，一是因为他生前死后所遭的政治迫害接连不断，二是因为他对自己的诗、文、词、书、画作品不甚珍惜，所谓"书成辄弃去，谬被旁人裹"（卷五《次韵子由论书》），这不仅是苏轼书法作品流传情况的实录，而且也是他的绘画及诗、文、词流传情况的实录，所谓"随手云散鸟没"（卷四九《答刘沔都曹书》）。苏轼作品的刊刻，在其生前已有十种以上，而南宋刊刻苏轼著述甚至多达二三十种，本朝人刊刻本朝人著述之多，恐怕没有人能超过苏轼。苏辙的《亡兄子瞻端明墓志铭》所列苏轼著述为六种，南宋晁公武《郡斋读书志》所举苏轼著述已多出《东坡应诏集》；南宋刊刻的《东坡外集》更有不少诗文为《东坡集》《东坡后集》所未载。明人茅维、今人孔凡礼对苏文的辑佚，清人宋荦、查慎行对苏诗的辑佚都做出过不可磨灭的贡献。

苏轼《答刘沔都曹书》（卷四）谓“世之蓄轼诗文者多矣，率真伪相半，又多为俗子所改窜，读之使人不平”。从苏轼生前起，就有不少他人之作或托名苏轼之作混入苏集，南宋、元、明更甚。苏轼作品的辨伪早在苏轼生前就开始了，但历代对苏轼作品的辨伪都比较分散，远没有辑佚那样集中。清人查慎行做了不少苏诗辨伪工作，他说：“唐、宋名家诗文，间有互见他集者。……但未有舛缪混杂几及百篇，如东坡诗之甚者也”；“颍滨及苏门六君子作，率皆混杂，至有割截他集半首，误为全篇者。……唐人诗甚且有阑入者”；而“注者与读者漫不加辨”。苏词辨伪则以今人唐圭璋先生的贡献最大，所编《全宋词》以“存目词”的形式，列出见于他集的“苏词”，多达四十六首。苏轼的诗、词、文、书、画及一些专著，都有赝作，很值得进一步作系统考证。苏轼作品的辑佚，今后仍需注意，但斩获不会很多，重点应摆在辨伪上①。

从南宋起，为苏诗作注的人就很多，号称百家注，流传至今的既有分类注，也有编年注。元明两代流行的是旧题王十朋的分类注，清代则流行施顾编年注，继起为之补注者很多，有查慎行、翁方纲、冯应榴、王文诰、沈钦韩等，而近百年却再没有人为苏诗作注。苏词情况刚相反，除南宋有一傅幹《注坡词》以钞本形式在极小范围内流传外，元、明、清三代无人为苏词作注，或虽有而未流传下来。近百年来更重视苏词，先有朱彊村为之编年，继有龙榆生合朱的编年、傅的注释为一书，叫《东坡词编年笺注》，最近三十年曹树铭、郑向恒、唐玲玲、薛瑞生等都有苏词全集注，傅幹《注坡词》亦第一次由刘尚荣先生整理问世。苏文至今没有全集注本，只有选注本，值得重视的只有南宋郎晔的《经进东坡文集事略》。由此不难看出，今后苏集的注释

① 前已述及，薛瑞生《东坡词编年笺注》的开卷之作《浣溪沙》（山色横侵蘸晕霞）就颇令人怀疑。《文学遗产》1997年第三期曾发表叶瑞汶先生《对苏轼佚文〈叶氏宗谱序〉的考证》，声称在浙江义乌发现《义乌南阳叶氏宗谱》中有苏洵的《叶道卿先生遗像赞》和苏轼的《叶氏宗谱序》两篇佚文。其实两文均一望可知其为伪托之作，因为两文与两苏的经历完全不合，参见曾枣庄《“强附贤达”的伪托之作》，《文学遗产》第一期，1998；《三苏研究》，巴蜀书社，1999。

重点应放在苏文上，苏诗、苏词注只需为之补正，不需重注，因为重注即使有新的内容，也会淹没在重复前人绝大多数已有的注文中，易受“阴据而阳鳌”之讥（冯宝圻《新修补苏文忠公诗合注序》）。清末张道作《苏亭诗话》而不作苏诗注，是值得深思的。《苏亭诗话》分论述、考摘、考韵、故事、驳辩、编排、补注等类，博综条贯，意义精详，内容丰富，他完全胜任作苏诗注。但如果他真作苏诗全集注，亦难免阴据阳鳌之讥，很难像《苏亭诗话》那样突出其独见卓识。

与苏集注相联系，历代都很重苏轼作品的系年，苏诗编年从南宋到清代已作得很细。苏词编年，从清末朱祖谋到今人曹树铭、薛瑞生也已作得很细，其中尤以薛注编年用力为多。可见苏诗、苏词编年，今后也只需为之补正。苏文至今尚无编年注本，只有吴雪涛一种《苏文系年考略》，可略补其缺。这样，“苏学”中的作品编年，可说已经相当全面，虽然待酌的问题仍很多，特别是苏词与苏文。

南宋刘辰翁开始的评点派在明、清两代颇为盛行，明代以评点苏文小品，清代以评点苏诗为最有名。对苏轼诗词文的评点可深可浅，既有深入研究后画龙点睛式的评点，也有缺乏真知灼见的即兴式评点。

苏轼研究及其分歧

按今人的学科分类，苏轼著述涉及政治学、哲学（经学）、美学（他的文艺思想、美学思想）、文学（他的诗、词、文）、书学、画学、史学①、宗教学（他的释、道思想）、教育学、医学、军事学（他应制科试所上的进策、进论及后来的不少奏议都涉及军事问题）等不同领域，都很值得进行专题研究，其中不少领域早已有人进行过专题研究。

苏轼是历代人们最喜爱的人物，这与他的人格魅力和文学艺术成就是分

---

① 苏轼虽然不像苏辙那样有史部专著如《古史》六十卷、《龙川略志》十卷、《龙川别志》二卷，但在他的文集中，史论专文却很多，如《论郑伯克段于鄢》《宋襄公论》《秦始皇帝论》《汉高帝论》《魏武帝论》《伊尹论》《周公论》《管仲论》《孙武论》《乐毅论》《留侯论》《贾谊论》《晁错论》《霍光论》《诸葛亮论》《论鲁隐公》《论范蠡》《论伍子胥》《论商鞅》《论封建》《论始皇汉宣李斯》《论项羽范增》等等，涉及历史人物、历史事件的文章就更多，故其史学思想仍值得专门研究。

不开的；也是历代争论最多的人物，可以说对苏轼的任何评论几乎都有两种对立的观点。

关于苏轼的政治立场，争论的焦点是反对王安石变法。在苏轼生前，因其反对王安石变法遭到种种迫害；在他死后的徽宗朝，其后代还继续遭到迫害；近五十年的前三十年，因苏轼反王安石变法，不敢充分肯定苏轼，最初还只是说他保守，而在“文化大革命”时，更给他加上反动派、顽固派等等恶谥；其他时间，南宋、元、明、清各代，对苏轼很少有这种指责，只有南宋理学家朱熹曾说：“二公（王安石、苏轼）之学皆不正。……东坡初年若得用，未必其患不甚于荆公（王安石）。”（《朱子语类》卷一三〇）这正从反面说明苏轼是主张革新的，其革新主张甚至比王安石还更广泛，在某些方面甚至还更彻底，更深刻。苏轼在《辩试馆职策问劄子》中历述了他在仁宗、神宗、哲宗三朝的政治立场，仁宗朝因循守旧，所以他着重“劝仁宗励精庶政，督察百姓，果断而行”；神宗敢作敢为，励精图治，所以他着重“劝神宗忠恕仁厚，含垢纳污，屈己以裕人”；元祐初，废除新法，“多行仁宗故事”，苏轼又强调新法“不可尽废”，主张“参用所长”。也就是说，历朝他都在唱反调，都在针对当时存在的一些问题，提出与当政者不同的政见。他之所以这样做，是因为他认为：“圣人之治天下，宽猛相资，君臣之间，可否相济。若上之所可，不问其是非，下亦可之；上之所否，不问其曲直，下亦否之；则是晏子所谓以水济水，谁能食之？”不同的调料，才能做成可口的羹汤；不同的声调，才能构成悦耳的音乐；宽猛相资，可否相济，才能达到“圣人之治”。太单调，太划一，没有不同意见，人人都存“观望希合之心”，那是无补于政的。当时一些朝臣，特别是谏官，根本不懂得“宽猛相资”“可否相济”的道理，他们只知道跟在别人后面摇旗呐喊：“台谏所击，不过先朝（神宗朝）之人；所非，不过先朝之法。正是以水济水，臣甚忧之。”这些人，在神宗朝附和王安石；在元祐初附和司马光：“昔之君子，惟荆（荆国公王安石）是师；今之君子，唯温（温国公司马光）是随。所随不同，其为随一也。老弟（自指）与温相知至深，始终无间，然多不随耳。”（《与杨元素书》）这正是宋孝宗《苏文忠公赠太师制》所说的“不可夺者，峣然之节”；或《苏轼文集序》

所说的“忠言谠论，立朝大节，一时廷臣，无出其右”。这几乎成了历朝对苏轼的定评。明人方鹏《责备余录》卷下对苏轼为人有两则局部的批评：一为“子瞻，温公门下士也，闻其捐馆，不见有惨戚之容、悼惜之语，而轻浮谑笑，无异平时，亦可以占其所好矣”；一为元祐中，东坡知贡举，向李方叔漏题，而为章惇子所得，“君子之于故旧，汲引之可也，勉进之可也，如轼之所为，不可也。上欺其君，下私其友，明干乎典法，幽犯乎鬼神，且使权奸之子夤缘而进，轼之罪于是乎不可文矣”。应该说这两则批评都有一定道理。

关于苏轼思想，一般都认为苏轼是杂家，兼受儒、释、道思想的影响，而以儒家思想占主导地位，这在学术界几乎没有分歧。但学术界还普遍认为，苏轼对儒、释、道的态度，前后期各不相同：前期（指贬官黄州以前）主异，认为儒与释、道是对立的；后期（从贬官黄州到去世）主同，融合儒、释、道。这一观点，南宋汪应辰就已提出：“东坡初年力辟禅学，其后读释氏书，见其汗漫而无极……始悔其少作。于是凡释氏之说，尽欲以智虑臆度，以文字解说。”（《与朱元晦书》）今人多采此说。说苏轼随着仕途的失意，受释、道影响越来越深，确为事实。但是，如果说苏轼前期才“辟佛、老”，后期则“融合佛、老”，根据并不充分。实则苏轼一生在政治上都在“辟佛、老”，而在其他方面又都在“融合佛、老”，他在融其所认为可“融”，辟其所认为不可不“辟”。事实上苏轼从少年时代起就开始接触释、道著作，有《子由生日以檀香观音像为寿》（卷三七）可证：“君少与我师皇坟，旁资老聃释迦文。”苏轼“龆龄好道”，他与和尚、道士的交往也始于青少年时代。八岁入小学即以眉山天庆观道士张易简为师，二十岁时与成都僧惟度、惟简结为好友（卷一二《中和胜相院记》），南行赴京有乡僧宗一送行（见《初发嘉州》），入京后又与净因大觉琏师往来密切（见《次韵水官诗》等），通判杭州时更广交杭州寺僧。而这一切都是贬官黄州以前的事。苏轼从贬官黄州起，受佛、老思想的影响确实更深了，但对释、道的态度并未发生本质变化。他在黄州作的《答毕仲举书》中说：“学佛、老书，本期于静而达。静似懒，达似放，学者或未至其所期，而先得其所似，不为无害。”元祐年间所作的《居士集叙》云：“自汉以来，道术不出于孔氏而乱天下者多矣。晋以老、庄亡，梁以佛亡。”在治学上，苏轼后期并未以主要精力研究释、道典籍，而仍以主要精力研究儒家典籍。儒家经典他阐释了《易》《书》《论语》三部，而且都是在贬官黄州、惠州、儋州期间，而《老子》《庄子》和佛书，他却一部也没有作过传注。这充分说明，释、道思想对苏轼后期的影响虽较前期更显著，但儒家思想始终仍占主导地位。说“他的后半生”“真正接受了禅宗的思想”，是不符合实际的。

苏轼在文学各个领域的创新，只有苏文没有多少异议。李之仪在徽宗朝禁毁苏集时说：“东坡老人，未可轻议。虽时所禁，要亦不得而舍。”（卷一六《答人求所为诗文书》）王十朋《读苏文》（卷一九）云：“不学文则已，学文而不韩、柳、欧、苏是观，诵读虽博，著述虽多，未有不陋者也。”不可“轻议”苏文，学文需以欧、苏之文为典范，这几乎为历代文家所遵从。只是到了明代，袁宏道、李贽推崇东坡小品，袁宏道《苏长公合作引》云：“坡公之可爱者，多其小文小说。使尽去之，而独存高文大册，岂复有坡公哉?”钟惺的《东坡文选序》则不以为然，指责袁、李说：“今之选东坡文者多矣，不察其本末，漫然以‘趣’之一字尽，故读其序、记、论、策、奏议，则勉卒其业而恐卧，及其小牍小文，则损寝食徇之。”

对苏诗的评价分歧很大，在内容上，有人肯定其“托事以讽”的现实主义精神，而有人则指责其“多怨刺”（《后山诗话》），“短处在好骂”（黄庭坚《答洪驹父书》，卷一九）。在风格上，宋诗形成与唐诗有别的风貌，是到王安石、苏轼、黄庭坚才完成的。陈善《扪虱新话》下集卷三云：“欧阳公诗，犹有国初唐风气。公能变国朝文格，而不能变诗格。及荆公、苏、黄辈出，然后诗格遂极于高古。”对以苏、黄为代表的宋诗风格，江西诗派认为苏不如黄，陈长方《步里客谈》卷下云：“黄之诗律，苏亦不逮也。”尊唐派则对苏、黄都指责：“自汉、魏以来，诗妙于子建，成于李、杜，而坏于苏、黄。……苏、黄用事、押韵之工，至矣尽矣，然究其实，乃诗人中一害，使后生只知用事、押韵之为诗，而不知咏物之为工，言志之为本也，风雅自此扫地矣。”（张戒《岁寒堂诗话》卷上）“近代诸公乃作奇特解会，遂以文字为诗，以才学为诗，以议论为诗。夫岂不工，终非古人之诗也，盖于一唱三叹之音，有所歉焉。且其作多务使事，不问兴致，用字必有来历，押韵必有出处，读之反覆终编，不知着到何处。其末流甚者，叫噪怒张，殊乖忠厚之风，殆以骂詈为诗。诗而至此，可谓一厄也。”（严羽《沧浪诗话·诗辩》）总而言之，宋人对宋诗、苏诗的总体风貌有截然相反的两种评价；分而言之，对苏轼“以文字为诗”“以才学为诗”“以议论为诗”，对苏诗的用事、押韵、对偶，也有两种截然相反的评价，前已分别论及，此不赘述。对苏轼晚年的和陶诗也有两种完全相反的评价，苏辙《子瞻和陶渊明诗集引》云：“自其斥居东坡，其学日进，霈然如川之方至，其诗比杜子美、李太白为有余，遂与渊明比。”这一评价显然过高，故晁说之反驳道：“或以东坡之诗胜李、杜而比陶渊明者，其言大可惧哉！”（卷一四《和陶引辨》）他在《答李持国先辈书》（卷一五）中对众人跟随苏轼大和陶诗也不以为然，谓“造之者富，随之者贫。童子无居位，先生无并行，与吾师共推东坡一人于渊明间可也”。这一争论历代都有，至今仍在继续，如谢桃坊先生的《苏诗分期评议》就认为①，苏轼从黄州起“诗才明显地开始衰退”，元祐诗的“思想内容和艺术水平却较差”，而岭海的“和陶和学陶诸诗，在艺术上是基本失败的”。

对苏词的评价，分歧更大，主要围绕以诗为词、豪放词风、不谐律等三个方面有不同看法。无论赞颂或讥刺苏词的人都说苏轼“以诗为词”：“退之以文为诗，子瞻以诗为词”（陈师道（《后山诗话》）；“少游（秦观）诗似小词，先生（苏轼）小词似诗”（胡仔《苕溪渔隐丛话》前集卷四二引《王直方诗话》）；东坡词“皆句读不葺之诗耳”（李清照《词论》）。所谓苏轼“以诗为词”主要是指苏轼大大扩大了词的题材。诗的内容几乎是无所不包的，东坡词的内容也几乎是无所不包的。他以词的形式记游咏物，怀古伤今，歌颂祖国的山川，抒发个人的豪情和苦闷。历代文人往往只以诗的形式来抒写自己的理想，怀抱、志向、而词似乎是不能登这大雅之堂的。但苏轼打破了“诗言志，词言情”的传统藩篱，到了他的手里，词也可以言志了。他经常用词抒写他那激昂排宕、不可一世的气概和壮志难酬、仕途多艰的苦闷，充满了

① 《苏轼研究论丛》，广东人民出版社，1985。

理想同现实的矛盾。苏轼在词的发展史上的主要贡献，在于创立了豪放词，革新了婉约词，就艺术水平看，苏轼不仅豪放词写得好，他的婉约词也不亚于任何婉约词人。在现存三百六十余首苏词中，真正堪称豪放词的并不多，东坡词的绝大多数仍属婉约词，因此有人否定苏轼创立了豪放词。但决定事物性质的主要不是数量，而应看他在历史上有什么新的贡献。正如胡寅《酒边集后序》所说：柳永“掩众制而尽其妙，好之者以为不可复加；及眉山苏轼，一洗香罗绮泽之态，摆脱绸缪婉转之度，使人登高望远，举首高歌，而逸怀浩气，超然乎尘垢之外。于是《花间》为皂隶（奴仆），而柳氏为舆台（奴隶）矣”。诗、词与音乐的关系，刘熙载的《艺概·词曲概》指出：“乐歌，古以诗，近代以词。如《关雎》《鹿鸣》，皆声出于言也，词则言出于声矣。故词，声学也。”这就是说，古代以诗为乐歌，唐、宋则以词为乐歌；古代的乐歌是“声出于言”，即按词谱曲；唐宋的乐歌是“言出于声”，即按谱填词；“故词，声学也”，词是附属于音乐的。苏轼作词虽然也遵守词律，但他又敢于不受词律束缚。贬抑苏词的人常说它“不入腔”“不协律”。推崇苏词的人，也常常就此为苏轼做辩解，晁补之说：“居士词横放杰出，自是曲中缚不住者。”（《苕溪渔隐丛话》后集卷三三）陆游说：“公非不能歌，但豪放不喜裁剪以就声律耳。”（《老学庵笔记》卷五）

对苏轼的书论、书作、画论、画作的评论历来也有分歧。东坡论书反对独贵瘦硬：“杜陵评书贵瘦硬，此论未公吾不凭。短长肥瘠各有态，玉环飞燕谁敢憎。”（卷八《孙莘老求墨妙亭诗》）东坡作字笔丰墨浓，以肥硕褊浅为特征，黄庭坚曾笑其“甚似石压蛤蟆”（曾敏行《独醒杂志》）。苏轼以单钩法执笔，又腕不能悬肘，致有卧笔之态，“士大夫多讥东坡用笔不合古法”，黄庭坚又为之辩护说：“殊不知西施捧心而颦，虽其病处，乃自成妍。”（卷二九《跋东坡水陆赞》）又云：“翰林苏子瞻书法娟秀，虽用墨太丰，而韵有余，于今为天下第一。”（同上《跋自所书与宗室景道》）明人谢肇淛则讥“苏公字如堆泥，其重处不能自举”（《五杂俎》卷七）。苏轼论画推崇王维和吴道子的画：“吾观画品中，莫如二子尊。”但在“二子”中，他尤其推崇王维：“吴生虽妙绝，犹以画工论。摩诘得之于象外，有如仙翮谢笼樊。吾观二子皆神俊，又于维也敛衽无间言。”（卷三《王维吴道子画》）首先起来反驳苏轼的就是苏辙：“谁言王摩诘，乃过吴道子？……丁宁勿相违，幸使二子齿。”（《栾城集》卷二《王维吴道子画》）苏辙认为吴、王应该并重，不应有所抑扬。但东坡的画论多为历代文人所认同，自宋至清，苏轼对王、吴画艺高下的比较，他关于王维“诗中有画”“画中有诗”“诗画本一律”的论断，均广为流佈。

以上是历代评价苏轼其人及其在各个文学、艺术、学术领域的成就时的主要分歧，而且远不止此，可谓人言言殊，这正反映了他在各个领域的创新，故容易引起争论。这些分歧，也许永远得不到统一，但可供我们进一步研究时思考。

对“苏轼研究”的研究

对“苏轼研究”的研究，即本书所谓的“苏轼研究史”，也是“苏学”内容之一。对苏轼研究做研究，并非今天提出的新问题，而是历代苏轼研究者都在不断进行的。如旧题王十朋的《集注分类东坡先生诗序》云：“予旧得公诗八注、十注，而事之载者十未能五，故常有窥豹之叹。近於暇日搜索诸家之释，裒而一之，划繁剔冗，所存者几百人，庶几于公之诗有光。”这显然是对南宋初年苏诗八注、十注乃至百家注的研究。宋荦《施注苏诗序》云：“公诗故有吴兴施氏元之注四十二卷，元之子宿推广为年谱，而陆放翁序之，宋嘉泰间镂版行世，其后罕流传。予常求之数十年，莫能得。及抚吴，又数数购求，始得此本于江南藏书家，第缺者十二卷。”这显然是对《施顾注苏诗》流传情况的研究。查慎行《补注东坡先生编年诗例略》中云：“余于苏诗，性有笃好，向不满于王氏注，为之驳正瑕衅，零丁件系，收弃箧中，积久渐成卷帙。后读《渭南集》，乃知有施注苏诗。旧本苦不易购，庚辰春与商丘宋山言并客辇下，忽出新刻本见贻。检阅终卷，于鄙怀颇有未惬者，因复补辑旧闻，自忘芜陋，将出以问世。”这显然是对王十朋注、施顾注及宋荦的新本施顾注的研究，他自己的《补注》则是因不满所谓王十朋分类注而作，后又因不满宋荦、邵长蘅等补的《施注苏诗》而进一步加工。苏词亦然，王鹏运《重刻元延祐印本东坡乐府跋》云：“右延祐云间本《东坡乐府》二卷，钱遵王《读书敏求记》：‘东坡乐府二卷，刻于延祐庚申。旧藏注释宋本（指傅幹《注坡词》）穿凿芜陋，殊不足观，弃彼留此可也。’”这是王鹏运对傅幹《注坡词》、元延祐本《东坡乐府》的比较研究。龙榆生《东坡乐府笺后记》云：“曩从上虞罗子经先生假得南陵徐氏藏旧钞傅幹《注坡词》残本，取校毛氏汲古阁本、王氏四印斋影元延祐本、朱氏《彊村丛书》本，时有胜义而所注典实，多不标出原书，因为博稽群籍，更依朱氏编年，作为此笺，以便读者。”这是对苏词主要版本的研究。孔凡礼《苏轼年谱自序》云：

窃考宋人所撰苏轼年谱传世较广者，有王宗稷《东坡先生年谱》及傅藻《东坡纪年录》。二书所依据之苏集，不尽见于今，其依据之其他书，亦有失传者。二家之作，颇为历代所重视。近年，何抡《眉阳三苏先生年谱》、施宿《东坡先生年谱》久晦复彰，读苏者为之惊喜不已。前者距离苏轼年代较近，后者有“时事”专栏，置苏轼个人于广阔背景之中，于年谱中实为首创。二书有裨于苏轼研究，自不待言。此二书，益以前二书，记述皆简略，虽当时年谱体例类如是，不可苛求于古人，然终觉不足。集全力探讨苏集及其他有关材料以详细纪述、考察苏轼一生行实者，则有清人王文诰《苏文忠公诗编注集成总案》。王氏穷毕生精力，研讨苏诗，撰写《总案》，发明不少，有功后学。然王氏乃以个人所藏，从事著述，而又僻居一隅，类以百十计有关纂撰苏轼年谱之必读要籍，皆未曾寓目。非王氏不欲寓目，而其时其势，有所不能。故时至今日，其已不能尽餍人之意，此余《苏轼年谱》之所由作也。

这是对历代苏轼年谱的研究，详尽叙述了历代各种苏轼年谱的得失，从而阐明了自己撰写《苏轼年谱》的原因。以上均说明苏轼研究的研究确非始于今日，而且稍为严肃的苏轼研究都需从对苏轼研究的研究开始，因为不知其前的研究情况，是无法开始自己的研究的。

从对苏轼研究历史的回顾不难看出，苏轼研究在不同时期、不同领域极不平衡。纵观历代的苏轼研究，以南宋、清代和今人的研究成果为最丰硕。这既与政治形势有关，也与文学思潮有关。南宋与今天的苏轼研究热，都与为苏轼恢复名誉有关，清代治者则为巩固其统治，千方百计地把读书人吸引到书斋中。从南宋起，一直存在着唐、宋诗之争与苏、黄之争。从南宋后期出现唐、宋之争起，到金、元，尊宋派大过尊唐派；明代则“文必秦汉，诗必盛唐”，尊唐派大过尊宋派；清代反过来，尊宋派又占优势，一直到清末，都是宋诗派的天下。在尊宋派内部，还有尊苏、尊黄之争。南北宋之际，江西诗派统治诗坛近百年，尊黄超过尊苏，但整个宋代基本上是苏、黄并称；金代尊苏者多，元代虽有方回《瀛奎律髓》提倡江西诗派，但即使方回也几乎是苏、黄并重；明代苏、黄并黜，而喜苏者仍不少；清代则苏、黄并尊，苏诗研究成果尤多。苏词则以今人成果最多，苏文则历代都较薄弱，苏轼自己最看重的三部学术著作《东坡易传》《东坡书传》和《论语说》则基本上无人过问。再根据前面列举的历代苏轼研究中的各种争论，就不难确定今后苏轼研究的方向和重点。当代苏轼研究虽然热闹，但并不深入，写过苏轼文章的人何其多，读完苏轼作品的人又何其少！读完三苏作品、读完与苏轼有关的人的作品者，更是凤毛麟角了。这对一般的苏轼爱好者无可厚非，但对苏轼研究者来说就很不应该了。不把苏轼置于整个当时的文化环境中作研究，不深入研读他的全部作品，对苏轼的研究是很难深入的。

后　记

感谢王水照先生为本书写了一篇充满情谊的序言，但他说我“这部新著”是“战胜病魔后奋力拼搏的产物”，却言之过重，实不敢当：癌症何敢轻言“战胜”；“奋力拼搏”更说不上，因为我一生从来就未“奋力拼搏”过，除了喝酒聊天，我从不熬夜就是明证，更何况现在身患绝症，“病魔”相伴，怎么会去“拼搏”而且“奋力”呢？

我是1998年11月检查出癌症的，陪我看病的老伴当时就泣不成声，我却很平静地开导她说：哭有什么用呢？你哭一次，我就多活一天，那你就哭吧。我们不懂医，只有听医生的，按医生的意见治疗，做好最坏的思想准备就可以了。我所谓的最坏的思想准备，就是只有三五个月的时间了，至多无非是下不了手术台。

有人说我太悲观了，其实，我既不悲观，也不乐观，而是比较达观。我对一切工作，都较认真，但对其成败得失都看得较淡。我一向认为理想同现实是矛盾的，理想是极难实现的。因此，我对未来从不抱太大希望，认为不抱希望，就不致失望，希望越大，失望也就越大。医生向我宣布患了癌症后，我的第一个反应是赶快收摊子，但没有一点死的恐惧和悲哀，也许是我受佛老思想影响太深吧，认为人生总有这样那样的痛苦和烦恼，死未必不是最好的解脱。我要老伴通知接替我职务的两位所长舒大刚、李文泽和我的研究生吴洪泽晚上到我家碰头。我把病情告诉了他们，我说，我手边一些刚刚开始或只是计划要做的工作，只好放弃了，但手边有一些即将完成的工作，还是想完成，希望你们三位帮助我了结。当时手边最重要而又即将完成的项目是《中华大典·宋辽金元文学分典》，我请李文泽替我同江苏古籍出版社的高纪言、黄希坚保持联系，善始善终地完成《大典》的最后审订工作，因为此前一直是他协助我工作，我在台湾讲学期间更由他全权代我处理有关事宜。我在台时，答应台湾文津出版社年底交《北宋文学家年谱》的书稿，我请舒大刚组织人帮我录、校，并要他把他撰写的苏过、苏籀年谱也附上，作为合著，按时寄给文津的邱镇京先生；台湾三民书局曾向我约《苏辛词选》的书稿，我请吴洪泽帮我完成辛词部分。还有一部即将完成的书稿《集部要籍概说》，因涉及面较宽，别人不好续作，我未作安排。至于只收集了一些资料还未实际动笔的《宋代文学编年史》（已立项）和《苏轼研究史》，就打算放弃了。大刚说，我发表那样多论文，应编一部论文集。我说，我已没有精力编论文集了，要编就你为我编吧，论著目录是现成的，文章在电脑里也有一部分，其余就只能由你请人为我录、校，由你为我取舍编排了。这实际上是在安排后事。我对老伴也交代了后事：人总是要死的，无非是早点晚点而已，当已经无救时，没有必要再救，因为勉强维持生命，只会增加生者和病者的痛苦；我死后不要通知任何人，不发讣告，不开追悼会，不保留骨灰，由家属拉到火葬场烧掉就算完事，只当这世上根本不存在曾某其人。

我是 11 月 8 日入院的，在川医（华西医院）的外科大楼八号楼八层八号床位。吴洪泽来看我时说，四个八，这是吉利的数字。我一向不相信这些，笑笑而已。手术倒是比较成功的，手术后的化疗，我也几乎没有反应，既无呕吐现象，也没有脱发，饮食一如往常。因此，我术后恢复得较快，不到两个月，我又开始读书写作。正像“文化大革命”期间当牛鬼蛇神时仍在偷偷读书写作一样，不是为了“拼搏”，而是为了打发日子，因为除了读书写作，我几乎一无所好。

我首先续写《集部要籍概说》（这是全国高校古籍整理研究工作委员会组织的一套高校文科教材），并于 1998 年 4 月交稿。二是大刚按原定时间编完《北宋文学家年谱》，交台湾文津出版社，1999 年 6 月已出版。三是根据江苏古籍出版社的意见，反复修订《中华大典·宋辽金元文学分典》，并于 1999 年 9 月正式出版。这一工作主要是其他同事在做，我只是参与研究罢了。四是亲自编定论文集，因为健康情况不像以前想象的那样糟糕，我把委托舒大刚代编的论文集接过来，由自己定稿，由吴洪泽校订。汇总起来的论文不少，于是决定按内容分为三册：《三苏研究》《唐宋文学研究》《中国文化研究》。前两册早已在 1999 年 10 月出版，最后这册却至今未编定，因为看样子一时半时还死不了，也就不急了。五是修订我和吴洪泽合著的《苏辛词选》，已由台湾三民书局出版。

我的主治医生在我手术前曾对我说，川医儿科主任患了与我相同的病，手术后已十多年，国内外到处讲学开会，并未影响工作。我当时认为这只不过是医生为解除我的顾虑对我进行的“思想教育”，但现在看来，确实完全做得到。我手术后不到一年，1999 年 9 月就去北京香山植物园参加教育部组织的重点学科基地评审。会完后，大刚陪我去游香山，早饭后上山，直至中午才回宾馆，连续走四个多小时，并不感到疲倦。10 月，我又出席了北京人民大会堂召开的《中华大典·宋辽金元文学分典》出版的新闻发布会。12 月又经上海去苏州参加江苏出版局召开的《中华大典·宋辽金元文学分典》总结会。《中国大百科全书》决定要出版修订本，聘请我担任修订版宋辽金文学部的主编，我又出席了 2000 年年初在北京召开的《中国大百科全书》中国文学部的主编会。3 月底 4 月初又在上海参加复旦大学王水照先生主办的国际宋代文学研讨会。5 月又到南京参加《中华大典·文学理论分典》《魏晋南北朝文学分典》的样稿审订会。这后两次正是王水照先生序言中所说的“今年三月和五月，我在上海和南京的两次学术会议上与他晤见”。在短短半年多的时间里，去北京三次，去苏州、上海、南京各一次，下半年又去韩国及广州、深圳、珠海讲学，这样频繁的出差，就是病前也是不多的，这大概是回光返照吧。

以上工作虽多，但并未花费我多少精力，开会实际是休息和会友，所出书多为本将结束的书稿。手术后真正花费我精力的是撰写《苏轼研究史》。多年以前我就想写此书，但因杂事太多，一直未排上日程。直至 1998 年我从台湾回来后，才正式约请几位不同国籍的朋友同我一起撰写此书，均蒙应允。我原计划在完成《集部要籍概说》后就动笔，但《概说》未写完就住院了。我把我的病情如实告诉了各位作者朋友，并说，如果我承担的部分不能完成，此书当然无法出版；但即使出现这种情况，我也可以作为单篇论文在中国为他们发表，不会让他们白白浪费时间，故请他们按原计划、原定时间表撰写。1999年4月，《概说》交稿后，我就集中全力撰写此书，花了一年的时间，完成了我所承担的部分。感谢各位友人对我的信任，他们都按计划于2000年春节前后陆续交稿。4月以后我就开始统稿，统一全书体例，力争使出自众手的书稿，不至于成为论文汇编，而尽可能成为一部完整的专著。我要特别感谢各位朋友都写得很认真，读完全书就不难发现，他们撰写的部分比我撰写的部分好得多，提供了大量中国学者未必知道的信息。

我过去爱喝酒，常以“君当恕醉人”求人原谅自己；如果读者对我所写的部分不满意，我现在有更充分的理由求您原谅：“君当恕病人。”这不是挡箭牌，君子爱人以德，书中存在的各种问题，仍望诸君不吝指教。

曾枣庄

2000年秋于四川大学

参考书目

《梅尧臣集编年校注》，上海古籍出版社校点本，1980。

欧阳修《欧阳文忠公集》，四部丛刊初编本。

张方平《乐全先生文集》，四库全书本。

苏洵《嘉祐集笺注》，上海古籍出版社，1993。

陈襄《古灵先生文集》，四库全书本。

文同《丹渊集》，四部丛刊初编本。

曾巩《元丰类稿》，中华书局校点本，1984。

王安石《临川先生文集》，四部丛刊初编本。

郑獬《郧溪集》，湖北先正遗书本。

刘攽《彭城集》，四库全书本。

杨绘《时贤本事曲子集》，词话丛编本。

郑侠《西塘先生文集》，万历刊本。

徐积《节孝先生文集》，康熙重刻本。

李之仪《姑溪居士文集》，粤雅堂丛书本。

王巩《闻见近录》，知不足斋丛书本。

苏辙《栾城集》，上海古籍出版社校点本，1987。

范祖禹《范太史集》，四库全书本。

毕仲游《西台集》，四库全书本。

僧道潜《参寥子诗集》，四库全书本。

黄庭坚《豫章黄先生文集》，四部丛刊本。

黄庭坚《山谷诗注》，武英殿聚珍版。

马永卿《元城语录》，畿辅丛书本。

秦观《淮海集笺注》，上海古籍出版社校注本，1994。

米芾《宝晋英光集》，四库全书本。

赵令畤《侯鲭录》，知不足斋丛书本。

《张耒集》，中华书局校点本，1990。

张耒《明道杂志》，学海类编本。

陈师道《后山居士文集》，上海古籍出版社影印宋刊本，1984。

陈师道《后山丛谈》，学海类编本。

晁补之《济北晁先生鸡肋集》，四部丛刊初编本。

李廌《济南集》，宋人集丙编本。

李廌《师友谈记》，学津讨原本。

何薳《春渚纪闻》，中华书局唐宋史料笔记丛刊本。

邵伯温《邵氏闻见录》，中华书局唐宋史料笔记丛刊本。

蔡絛《西清诗话》，宋诗话辑佚本。

李昭玘《乐静集》，四库全书本。

林之奇《拙斋文集》，四库全书本。

许觊《许彦周诗话》，历代诗话本。

释惠洪《石门文字禅》，四部丛刊初编本。

释惠洪《石门题跋》，津逮祕书本。

叶梦得《石林诗话》，历代诗话本。

汪藻《浮溪集》，四库全书本。

孙觌《鸿庆居士集》，常州先哲遗书本。

吕本中《童蒙诗训》，宋诗话辑佚本。

韩驹《陵阳先生室中语》，说郛本。

胡仔《苕溪渔隐丛话》前集、后集，人民文学出版社校点本，1962。

王灼《颐堂先生文集》，四部丛刊三编本。

周必大《二老堂诗话》，历代诗话本。

朱弁《风月堂诗话》，中华书局校点本，1988。

朱弁《曲洧旧闻》，知不足斋丛书本。

邵博《邵氏闻见后录》，中华书局唐宋史料笔记丛刊本。
葛立方《侍郎葛公归愚集》，常州先哲遗书本。
傅幹《注坡词》刘尚荣校证本，巴蜀书社，1993。
王楙《野老记闻》，四库全书本。
赵鼎臣《竹隐畸士集》，四库全书本。
毛滂《东堂集》，四库全书本。
苏籀《双溪集》，粤雅堂丛书本。
杨囦道《云庄四六余话》，丛书集成初编本。
吴炯《五总志》，四库全书本。
徐梦莘《三朝北盟会编》，上海古籍出版社影印本，1987。
李焘著、黄以周等辑补《续资治通鉴长编》附《拾补》，中华书局标点本，1979。
周紫芝《太仓稊米集》，四库全书本。
魏齐贤、叶棻《圣宋名贤五百家播芳大全》，四库全书本。
祝穆《方舆胜览》，四库全书本。
《宋大诏令集》，中华书局排印本，1962。
《宋会要辑稿》，影印北京图书馆藏本。
李流谦《澹斋集》，四库全书本。
无名氏《国朝二百家名贤文粹》，宋庆元眉州书隐斋刊本。
陈模《怀古录》，中华书局校点本，1993。
史绳组《学斋佔毕》，百川学海本。
曾敏行《独醒杂志》，知不足斋丛书本。
戴埴《鼠璞》，学津讨源本。
史容《山谷外集诗注》，四部丛刊续编本。
陈昉《颍川语小》，四库全书本。
刘辰翁《须溪集》，四库全书本。
俞琰《书斋夜话》，四库全书本。
李耆卿《文章精义》，四库全书本。

王正德《余师录》，四库全书本。
沈作喆《寓简》，四库全书本。
张邦基《墨庄漫录》，稗海本。
胡寅《斐然集》，中华书局校点本，1993。
黄彻《䂬溪诗话》，历代诗话续编本。
晁公武《郡斋读书志》，上海古籍出版社校点本，1990。
陈善《扪虱新话》，儒学警悟本。
陈岩肖《庚溪诗话》，历代诗话续编本。
曾慥《高斋诗话》，宋诗话辑佚本。
吴曾《能改斋漫录》，上海古籍出版社，1960。
葛立方《韵语阳秋》，四库全书本。
王十朋《梅溪王先生文集》，四部丛刊本。
《增刊校正王状元集诸家注分类东坡先生诗》，明成化汪氏诚会斋集会堂本。
吴沆《环溪诗话》，学海类编本。
王灼《碧鸡漫志》，知不足斋丛书本。
洪迈《容斋随笔》，上海古籍出版社校点本，1987。
陆游《陆游集》，中华书局校点本，1976。
周煇《清波杂志》，中华书局唐宋史料笔记丛刊本。
杨万里《诚斋集》，四部丛刊本。
杨万里《诚斋诗话》，历代诗话续编本。
张镃《仕学规范》，四库全书本。
李心传《建炎以来系年要录》，上海古籍出版社，1992。
王明清《挥麈录》，丛书集成初编本。
朋万九《东坡乌台诗案》，丛书集成初编本。
徐兢《宣和奉事高丽图经》，四库全书本。
郎晔《经进东坡文集事略》，文学古籍刊行社校点本，1857。
《朱熹集》，四川教育出版社校点本，1996。
朱熹《朱子语类》，中华书局校点本，1986。

陈造《江湖长翁文集》，四库全书本。
吕祖谦《古文关键》，金华丛书本。
巩丰《后耳目志》，说郛本。
楼钥《攻媿集》，四部丛刊初编本。
王楙《野客丛书》，四库全书本。
费衮《梁谿漫志》，上海古籍出版社校点本，1985。
敖陶孙《臞翁诗集》，影印南宋群贤六十家小集本。
敖陶孙《臞翁诗评》，说郛本。
严羽《沧浪诗话校释》，人民文学出版社，1981。
陈鹄《耆旧续闻》，四库全书本。
魏了翁《鹤山先生大全集》，四部丛刊本。
罗大经《鹤林玉露》，中华书局唐宋史料笔记丛刊本。
叶大庆《考古质疑》，武英聚珍丛书本。
刘克庄《后村先生大全集》，四部丛刊初编本。
刘克庄《后村诗话》前集、后集、续集、新集，中华书局校点本，1983。
陈振孙《直斋书录解题》，上海古籍出版社校点本，1987。
俞文豹《吹剑录》《续录》，知不足斋丛书本。
俞文豹《清夜录》，宛委山堂说郛本。
王应麟《困学纪闻》，四部丛刊三编本。
黄震《黄氏日钞》，四库全书本。
叶寘《爱日斋丛钞》，四库全书本。
无名氏《瑞桂堂暇录》，说郛本。
韦居安《梅硐诗话》，历代诗话续编本。
王寂《拙轩集》，四库全书本。
赵秉文《闲闲老人滏水文集》，四部丛刊本。
王若虚《滹南诗话》，人民文学出版社校点本，1983。
王若虚《滹南遗老集》，四部丛刊初编本。
元好问《元好问全集》，山西人民出版社校点本，1988。

元好问《中州集》，四部丛刊初编本。
徐明善《芳谷集》，四库全书本。
李治《敬斋古今黈》、《遗文》、《附录》，四库全书本。
刘祁《归潜志》，四库全书本。
王恽《秋涧先生大全集》，四库全书本。
方回《桐江集》，影印宛委别藏本。
方回《桐江续集》，四库全书本。
方回《瀛奎律髓》，乾隆双桂堂刻本。
胡祇遹《紫山大全集》，四库全书本。
刘壎《水云村稿》，四库全书本。
刘壎《隐居通议》，丛书集成初编本。
戴表元《剡源戴先生文集》，四库全书本。
程文海《雪楼集》，湖北先正遗书本。
马端临《文献通考》，万有文库本。
陆文圭《墙东类稿》，四库全书本。
张之翰《西岩集》，四库全书本。
柳贯《柳待制文集》，四部丛刊本。
虞集《道园学古录》，四库全书本。
张雨《贞居先生诗集》、《补遗》，武林往哲遗著本。
许有壬《至正集》，四库全书本。
苏天爵《滋溪文稿》，四库全书本。
杨维桢《东维子文集》，四部丛刊初编本。
刘将孙《养吾斋集》，四库全书本。
脱脱等《宋史》，中华书局校点本，1977。
陈基《夷白斋稿》、《外集》，四库全书本。
戴良《九灵山房集》、《补编》，四库全书本。
陈秀明《东坡诗话录》，学海类编本。
陈秀明《东坡文话录》，学海类编本。

宋濂《宋学士文集》，四部丛刊初编本。
苏伯衡《苏平仲文集》，四部丛刊本。
方孝孺《逊志斋集》，四部丛刊本。
李梦阳《李空同集》，四库全书本。
陈献章《白沙子》，四部丛刊本。
程敏政《明文衡》，四库全书本。
李东阳《怀麓堂全集》，丛书集成初编本。
李东阳《怀麓堂诗话》，丛书集成初编本。
都穆《南濠诗话》，历代诗话续编本。
杨慎《杨升庵全集》，乾隆间新都刊本。
杨慎《词品》，明嘉靖刊本。
方介卿编《苏文忠公寓惠集》，正德七年刊本。
唐顺之《唐荆川文集》，四部丛刊本。
唐顺之选《苏文嗜》，万历四十八年庚申凌云始刊刻。
茅坤《唐宋八大家文钞》，四库全书本。
王世贞《弇州山人四部稿》《续稿》，四库全书本。
王世贞《读书后》，味菜庐集印本。
王世贞《苏长公外纪》，明燕石斋刻本。
王世贞《艺苑卮言》，历代诗话续编本。
李贽《焚书》《续焚书》，中华书局标点本，1959。
李贽选评《坡仙集》，万历己未程氏刊本。
焦竑《重编东坡先生外集》，明刻本。
焦竑《东坡二妙集》，明刻本。
胡应麟《诗薮》，上海古籍出版社标点本。
娄坚《学古绪言》，嘉定四先生集本。
袁宏道《袁宏道集》，上海古籍出版社校点本，1981。
袁宏道选、谭元春增删《东坡诗选》，明天启元年白门刊本。
张溥编选，吴伟业评点《苏长公文集》，明刻本。

陈讦选《苏东坡文选》，《山晓阁文选》本。

陈兆崙选《大苏文选》，《陈太仆批选八大家文选》本。

陈梦槐选《东坡集选》，万历刻本。

鲁点编《黄楼集》，万历三十二年刊本。

茅维《东坡全集》，万历吴兴刊本。

王圣俞选评《苏长公小品》，万历三十九年（1611）刊本。

郑之惠评选，凌启康增编《苏长公合作》，万历四十八年墨朱蓝三色套印增编本。

崔邦亮选《宋苏文忠公集选》，万历二十七年刊本。

陆志孝《苏公寓黄集》，万历十一年刊。

钱士鳌编选《苏长公集选》，万历二十六年刊本。

陈荣选编《苏文忠公居儋录》，万历二十三年陈氏自刻本。

钟惺评选《东坡文选》，万历四十八年刊本。

林民止《寓惠录》，万历四年刊本。

阎士选编《东坡守胶西集》，万历刊本。

崔邦亮选《宋苏文忠公集选》，万历二十七年刊本。

陆志孝《苏公寓黄集》，万历十一年刊本。

李一公选，吴亮辑评《苏长公密语》，天启元年朱墨套印本。

闵尔容辑评《苏文忠公文选》，明末乌程闵氏刊。

曹学佺《元诗选》，石仓十二代诗选本。

吴亮辑评《苏长公密语》，明天启刊本。

文起编选《苏文忠公策论选》，明天启元年三色套印本。

徐长孺《东坡禅喜集》，天启元年刊本。

凌濛初编、冯梦祯批点《东坡禅喜集》，明天启吴兴凌氏刊本。

凌濛初选《苏长公表启》，吴兴凌氏刊本。

陈绍英编选《苏长公文燧》，崇祯四年刊本。

陈仁锡选评《苏文奇赏》，明崇祯四年刊本。

王如锡编有《东坡养生集》，明崇祯八年序刊本。

俞彦《爰园词话》，蕙风簃藏本。
吴蘅照《莲子居词话》，退补斋刊本。
钱谦益《牧斋初学集》，四部丛刊本。
贺贻孙《诗筏》，清诗话续编本。
吴伟业《梅村家藏稿》，四部丛刊本。
黄宗羲《黄梨洲文集》，中华书局校点本，1995。
黄宗羲《宋元学案》，中华书局标点本，1986。
尤侗《西堂剩稿》，康熙间西堂全集本。
尤侗《西堂杂俎》，康熙刻西堂全集本。
《御选唐宋古文渊鉴》，四库全书本。
乾隆敕编《御选唐宋文醇》，四库全书本。
乾隆敕编《唐宋诗醇》，四库全书本。
王夫之《姜斋诗话》，人民文学出版社校点本，1981。
毛奇龄《西河诗话》，西河合集本。
汪琬《尧峰文集》，四部丛刊本。
吕留良、吴之振等编《宋诗钞》，中华书局校点本，1986。
曹庭栋编《宋百家诗存》，四库全书本。
厉鹗《宋诗纪事》，上海古籍出版社校点本，1983。
厉鹗《绿纱野屋集序》，《樊谢山房续集》，四部丛刊本。
洪亮吉《北江诗话》，人民文学出版社校点本，1983。
朱彝尊《曝书亭集》，四部丛刊本。
徐乾学《憺园文集》，冠山堂本。
储欣选《东坡先生全集录》，《唐宋十大家全集录》本。
王士禛《带经堂诗话》，人民文学出版社校点本，1982。
王士禛《渔洋诗话》，清诗话本。
王士禛《花草蒙拾》，词话丛编本。
宋荦《漫堂说诗》，清诗话本。
赵翼《瓯北诗话》，人民文学出版社校点本，1963。

张谦宜《絸斋诗谈》，清诗话续编本。
《龙性堂诗话》，清诗话续编本。
宋长白《柳亭诗话》，清康熙天茁园刻本。
查慎行《初白庵诗评》，扫叶山房石印本。
查慎行《苏诗补注》，清乾隆辛巳香雨斋刊本。
贺裳《载酒园诗话》，清诗话续编本。
冯景《解春集文钞》，丛书集成初编本。
何焯《义门读书记》，四库全书本。
沈德潜《说诗晬语》，人民文学出版社校点本，1979。
沈德潜《唐宋八大家文读本》，光绪宁波汲绠斋石印本。
浦起龙《古文眉诠》，三吴书院刊本。
蔡世远《古文雅正》，光绪乙巳宏道堂重刊本。
毛先舒《诗辩坻》，清诗话续编本。
方东树《昭昧詹言》，人民文学出版社校点本，1961。
耿文光《万卷精华楼藏书记》，中华书局影印清人书目题跋丛刊本。
田雯《古欢堂集》，四库全书本。
田雯《古欢堂杂著》，清诗话续编本。
瞿镛《铁琴铜剑楼藏书目录》，中华书局影印本清人书目题跋丛刊本。
乔亿《剑谿说诗》，清诗话续编本。
汪师韩《苏诗选评笺释》，丛睦汪氏遗书本。
汪师韩《诗学纂问》，清诗话本。
薛雪《一瓢诗话》，人民文学出版社校点本，1979。
袁枚《小仓山房文集》，随园全集本。
袁枚《随园诗话》，人民文学出版社标点本，1960。
王鸣盛《蛾术编》，商务印书馆校点本，1958。
纪昀《四库全书总目提要》，中华书局影印本，1965。
纪昀《评苏文忠公诗》，乾隆三十六年刊本。
姚鼐《古文辞类纂》，四部备要本。

翁方纲《石洲诗话》，人民文学出版社校点本，1982。
翁方纲《初复斋诗集》，苏斋丛书本。
温汝能《和陶诗笺》，嘉靖听松阁藏版。
冯应榴《苏文忠公诗合注》，乾隆踵息斋刻本。
高嵣《唐宋八家钞》，高梅亭读书丛钞本。
王文诰《苏文忠公诗编注集成总案》，巴蜀书社影印本，1985。
延君寿《老生常谈》，清诗话续编本。
沈钦韩《苏诗查注补正》，心矩斋校本。
潘德舆《养一斋诗话》，扫叶山房本。
曾国藩《曾文正公全集·读书录》，光绪二年求阙斋曾文正公全集本。
曾国藩《经史百家杂钞》，四部备要本。
刘熙载《艺概》，上海古籍出版社校点本，1984。
吴仰贤《小瓠庵诗话》，光绪间刻本。
俞樾《春在堂随笔》，上海进步书局春在堂全集本。
林昌彝《射鹰楼诗话》，清同治刊本。
王闿运《湘绮楼说诗》，成都日报社本，1934。
施补华《岘佣说诗》，清诗话本。
平步青《霞外攟屑》，上海古籍出版社，1980。
赵克宜《角山楼苏诗评注汇钞》，咸丰壬子丹徒赵氏镂版本。
傅增湘《藏园群书题记》，上海古籍出版社校点本，1988。
傅增湘《藏园群书经眼录》，中华书局校点本，1983。
余嘉锡《四库全书总目提要辨证》，中华书局标点本，1980。
王国维《人间词话》《人间词话删稿》，人民文学出版社校点本，1982。
张佩纶《涧于日记》，张氏涧于草堂石印本。
朱祖谋《东坡乐府编年》，彊村丛书本。
况周颐《蕙风词话》，人民文学出版社校点本，1982。
陈衍《石遗室文集》，武昌刊本，1905。
陈衍《石遗室诗话》，商务印书馆刊本，1929。

陈衍《宋诗精华录》，江西人民出版社校点本，1984。
郑向恒《东坡乐府校订笺注》，台湾师范大学文学院，1969。
曹树铭校编《东坡词》，台北华正书局，1980。
《苏轼诗集》，中华书局校点本，1982。
《苏轼文集》，中华书局校点本，1986。
谢桃坊《苏轼诗研究》，巴蜀书社，1987。
刘尚荣《苏轼著述版本论丛》，巴蜀书社，1988。
刘尚荣《傅幹注坡词》，巴蜀书社，1993。
王水照《宋人所撰三苏年谱汇刊》，上海古籍出版社，1989。
王水照《苏轼研究》，河北教育出版社，1999。
吴雪涛《苏文系年考索》，内蒙古教育出版社，1990。
石声淮、唐玲玲《东坡乐府编年笺注》，华东师范大学出版社，1990。
刘石《苏轼词研究》，文津出版社，1992。
唐玲玲《东坡乐府研究》，巴蜀书社，1993。
四川大学中文系《苏轼资料汇编》，中华书局，1994。
曾枣庄《苏诗汇评》《苏词汇评》《苏文汇评》，台湾文史哲出版社，1998。
曾枣庄主编《中华大典·宋辽金元文学分典》，江苏古籍出版社，1999。
孔凡礼《苏轼年谱》，中华书局，1998。
孔凡礼《孔凡礼古典文学研究论集》，学苑出版社，1999。
衣若芬《苏轼题画文学研究》，台湾文津出版社，1999。
薛瑞生《东坡词编年笺证》，三秦出版社，1998。
王友胜《苏诗研究史稿》，岳麓书社，2000。

图书在版编目（CIP）数据

历代苏轼研究概论/ 曾枣庄著. —成都：巴蜀书社，2017.12
（曾枣庄三苏研究丛刊）
ISBN 978-7-5531-0894-0

Ⅰ.①历… Ⅱ.①曾… Ⅲ.①苏轼（1036—1101）—人物研究—概论 Ⅳ.①K825.6

中国版本图书馆 CIP 数据核字（2017）第 275119 号

历代苏轼研究概论

LI DAI SU SHI YAN JIU GAI LUN

曾枣庄 著

策　　划	侯安国
封面题字	乐　林
责任编辑	陈亚玲
封面设计	冀帅吉
出　　版	巴蜀书社 成都市槐树街 2 号　邮编 610031 总编室电话：(028)86259397
网　　址	www.bsbook.com
发　　行	巴蜀书社 发行科电话：(028)86259422　86259423
经　　销	新华书店
照　　排	四川胜翔数码印务设计有限公司
印　　刷	成都东江印务有限公司
版　　次	2018 年 2 月第 1 版
印　　次	2018 年 2 月第 1 次印刷
成品尺寸	240mm×170mm
印　　张	27.25
字　　数	480 千
书　　号	ISBN 978-7-5531-0894-0
定　　价	120.00 元